沈建中　著

施蛰存年谱

浙江大学出版社 · 杭州

ZHEJIANG UNIVERSITY PRESS

图书在版编目（CIP）数据

施蛰存年谱／沈建中著. -- 杭州：浙江大学出版
社，2025.1. -- ISBN 978-7-308-25636-0

Ⅰ. K825.6

中国版本图书馆 CIP 数据核字第 2024897NN1 号

施蛰存年谱

沈建中　著

责任编辑	宋旭华　吴心怡
责任校对	蔡　帆
封面设计	周　灵
出版发行	浙江大学出版社
	（杭州市天目山路 148 号　邮政编码 310007）
	（网址：http://www.zjupress.com）
排　　版	浙江大千时代文化传媒有限公司
印　　刷	杭州宏雅印刷有限公司
开　　本	880mm×1230mm　1/32
印　　张	27.375
字　　数	615 千
版 印 次	2025 年 1 月第 1 版　2025 年 1 月第 1 次印刷
书　　号	ISBN 978-7-308-25636-0
定　　价	148.00 元

浙江省文化研究工程指导委员会

浙江现代文学名家年谱
编纂委员会

浙江文化研究工程成果文库总序

有人将文化比作一条来自老祖宗而又流向未来的河,这是说文化的传统,通过纵向传承和横向传递,生生不息地影响和引领着人们的生存与发展;有人说文化是人类的思想、智慧、信仰、情感和生活的载体、方式和方法,这是将文化作为人们代代相传的生活方式的整体。我们说,文化为群体生活提供规范、方式与环境,文化通过传承为社会进步发挥基础作用,文化会促进或制约经济乃至整个社会的发展。文化的力量,已经深深熔铸在民族的生命力、创造力和凝聚力之中。

在人类文化演化的进程中,各种文化都在其内部生成众多的元素、层次与类型,由此决定了文化的多样性与复杂性。

中国文化的博大精深,来源于其内部生成的多姿多彩;中国文化的历久弥新,取决于其变迁过程中各种元素、层次、类型在内容和结构上通过碰撞、解构、融合而产生的革故鼎新的强大动力。

中国土地广袤、疆域辽阔,不同区域间因自然环境、经济环境、社会环境等诸多方面的差异,建构了不同的区域文化。区域文化如同百川归海,共同汇聚成中国文化的大传统,这种大传统如同春风化雨,渗透于各种区域文化之中。在这个过程中,区域文化如同清溪山泉潺潺不息,在中国文化的共同价值取向下,以自己的独特个性支撑着、引领着本地经济社会的发展。

从区域文化入手,对一地文化的历史与现状展开全面、系统、扎实、有序的研究,一方面可以借此梳理和弘扬当地的历史传统和文化资源,繁荣和丰富当代的先进文化建设活动,规划和指导未来的文化发展蓝图,增强文化软实力,为全面建设小康社会、加快推进社会主义现代化提供思想保证、精神动力、智力支持和舆论力量;另一方面,这也是深入了解中国文化、研究中国文化、发展中国文化、创新中国文化的重要途径之一。如今,区域文化研究日益受到各地重视,成为我国文化研究走向深入的一个重要标志。我们今天实施浙江文化研究工程,其目的和意义也在于此。

　　千百年来,浙江人民积淀和传承了一个底蕴深厚的文化传统。这种文化传统的独特性,正在于它令人惊叹的富于创造力的智慧和力量。

　　浙江文化中富于创造力的基因,早早地出现在其历史的源头。在浙江新石器时代最为著名的跨湖桥、河姆渡、马家浜和良渚的考古文化中,浙江先民们都以不同凡响的作为,在中华民族的文明之源留下了创造和进步的印记。

　　浙江人民在与时俱进的历史轨迹上一路走来,秉承富于创造力的文化传统,这深深地融汇在一代代浙江人民的血液中,体现在浙江人民的行为上,也在浙江历史上众多杰出人物身上得到充分展示。从大禹的因势利导、敬业治水,到勾践的卧薪尝胆、励精图治;从钱氏的保境安民、纳土归宋,到胡则的为官一任、造福一方;从岳飞、于谦的精忠报国、清白一生,到方孝孺、张苍水的刚正不阿、以身殉国;从沈括的博学多识、精研深究,到竺可桢的科学救国、求是一生;无论是陈亮、叶适的经世致用,还是黄宗羲的工商皆本;无论是王充、王阳明的批判、自觉,还是龚自珍、蔡元培的开明、开放,等等,都展示了浙江深厚的文化底蕴,凝聚了浙江人民求真务实的创造精神。

代代相传的文化创造的作为和精神,从观念、态度、行为方式和价值取向上,孕育、形成和发展了渊源有自的浙江地域文化传统和与时俱进的浙江文化精神,她滋育着浙江的生命力、催生着浙江的凝聚力、激发着浙江的创造力、培植着浙江的竞争力,激励着浙江人民永不自满、永不停息,在各个不同的历史时期不断地超越自我、创业奋进。

悠久深厚、意蕴丰富的浙江文化传统,是历史赐予我们的宝贵财富,也是我们开拓未来的丰富资源和不竭动力。党的十六大以来推进浙江新发展的实践,使我们越来越深刻地认识到,与国家实施改革开放大政方针相伴随的浙江经济社会持续快速健康发展的深层原因,就在于浙江深厚的文化底蕴和文化传统与当今时代精神的有机结合,就在于发展先进生产力与发展先进文化的有机结合。今后一个时期浙江能否在全面建设小康社会、加快社会主义现代化建设进程中继续走在前列,很大程度上取决于我们对文化力量的深刻认识、对发展先进文化的高度自觉和对加快建设文化大省的工作力度。我们应该看到,文化的力量最终可以转化为物质的力量,文化的软实力最终可以转化为经济的硬实力。文化要素是综合竞争力的核心要素,文化资源是经济社会发展的重要资源,文化素质是领导者和劳动者的首要素质。因此,研究浙江文化的历史与现状,增强文化软实力,为浙江的现代化建设服务,是浙江人民的共同事业,也是浙江各级党委、政府的重要使命和责任。

2005 年 7 月召开的中共浙江省委十一届八次全会,作出《关于加快建设文化大省的决定》,提出要从增强先进文化凝聚力、解放和发展生产力、增强社会公共服务能力入手,大力实施文明素质工程、文化精品工程、文化研究工程、文化保护工程、文化产业促进工程、文化阵地工程、文化传播工程、文化人才工程等"八项工程",实施科教兴国和人才强国战略,加快建设教育、科技、卫生、体育等"四个强省"。作为文化建设"八项工程"之一的文化研究工程,其任务就是系统研究浙江文化的历史成就和当代发展,深入挖掘浙江文化底蕴、研究浙江现象、总结浙江经验、指导浙江未来的发展。

浙江文化研究工程将重点研究"今、古、人、文"四个方面,即围绕浙江当代发展问题研究、浙江历史文化专题研究、浙江名人研究、浙江历史文献整理四大板块,开展系统研究,出版系列丛书。在研究内容上,深入挖掘浙江文化底蕴,系统梳理和分析浙江历史文化的内部结构、变化规律和地域特色,坚持和发展浙江精神;研究浙江文化与其他地域文化的异同,厘清浙江文化在中国文化中的地位和相互影响的关系;围绕浙江生动的当代实践,深入解读浙江现象,总结浙江经验,指导浙江发展。在研究力量上,通过课题组织、出版资助、重点研究基地建设、加强省内外大院名校合作、整合各地各部门力量等途径,形成上下联动、学界互动的整体合力。在成果运用上,注重研究成果的学术价值和应用价值,充分发挥其认识世界、传承文明、创新理论、咨政育人、服务社会的重要作用。

我们希望通过实施浙江文化研究工程,努力用浙江历史教育浙江人民、用浙江文化熏陶浙江人民、用浙江精神鼓舞浙江人民、用浙江经验引领浙江人民,进一步激发浙江人民的无穷智慧和伟大创造能力,推动浙江实现又快又好发展。

今天,我们踏着来自历史的河流,受着一方百姓的期许,理应负起使命,至诚奉献,让我们的文化绵延不绝,让我们的创造生生不息。

2006 年 5 月 30 日于杭州

凡　例

一、本丛书之谱主均系公认的浙籍作家。其主要标识为出生于浙江,或童年、少年时期在浙江度过,或长期与浙江保持密切联系,其家世影响、成长经历、文学素养的形成,受到浙江地域文化的浸染,其文学观念、文学创作留有鲜明的浙江文化印记。浙江"身份"尚存争议的作家,暂不列入。

二、本丛书之谱主的主要文学成就,均在"中国现当代文学"时期(包括 1949 年以前的"现代"期和中华人民共和国成立后的"当代"期)产生过广泛影响的各种文学创作、文学活动及其他相关文化活动。其他历史时段与谱主相关的活动,从略记述。

三、每位谱主之年谱为一册,以呈现谱主之文学创作、文艺思想、文学组织、文学编辑等成就为重点,相关背景呈示多侧重其与文学的关联性;年谱亦涉及谱主在中国革命史、思想史、文化史上的成就与贡献,充分展示谱主在建构我国 20 世纪新文化中的特殊贡献。

四、每部年谱共由三部分组成。第一部分为家世简表、谱主照片等有关材料;第二部分为年谱正文和少量插图,图片配发在正文相应部位,以便形成文图互证;第三部分为谱主的后世影响,主要包括正文未及的谱主身份、价值的确切定位及相关悼念、纪念活动,以及谱主的全集出版、著作外译、谱主研究会的成立、重要研究成果等,均予以择要展示。文后附参考文献。

五、年谱使用规范的现代语体文。直接引用资料采用原文文体;人名、地名、书名、文章篇名及引录的原著繁体字或异体字文句,凡可能引起歧义、误解者,仍用原繁体字或异体字。

六、年谱以公历年份作为一级标题,括号内标注农历年份。谱主岁数以"周岁"表述,出生当年不标岁数,只标为是年"出生"。为便于阅读,按通行出版惯例,年、月、日及岁数均采用阿拉伯数字。

七、年谱在一级标题下,以条目形式列出本年度与谱主的文学(文化)活动密切相关、对谱主产生重要影响的若干条"年度大事记"。

八、年谱以公历月份作为二级标题。在二级标题之下,以日期标识谱主相关信息。所有日期均为公历;若农历涉及跨年度等特殊情况,则换算为公历,将所述内容置于相应年份,以利于读者识别。

九、年谱中部分具体日期不明的重要信息,均置于当月最后位置,以"本月 ……"说明之;若有关信息只能确定在"春季""夏季"之类时间段内,则置于本年度末,以"春 ……""夏 ……"等加以说明;若有关信息只能确定在本年度的,则亦置于本年度末,以"本年 ……"进行表述。

十、中华人民共和国成立前国家、民族、地名、组织、机构、职官等名称,除明显带有歧视、污蔑含义者须加以适当处理外,原则上仍用文献记载的原名称。

十一、鉴于资料来源多元和考证繁杂,年谱中若观点出现有待考证或诸说并存的,借助"按……"的形式,简要表述编撰者的考辨,或者以注释形式加以说明。

十二、凡有补充、评述等特别需要说明的内容,皆以注释形式说明。对以往诸家有关谱主传记文字的误记之处,在录入史实后,均用注释的方式予以纠正。

十三、年谱正文原则上不特别标识信息来源;若确需说明的,则以分门别类的方式,在正文表述中进行适当处理。

十四、年谱注释从简。确需注释的,统一采用当页脚注。发表报刊一般不注,用适当方式通过正文直接表述;其中,民国时期报刊之"期""号"等,原则上依照原刊之表述。

十五、因时代关系,部分历史文献之标点符号不甚规范,录入时已根据现时标点符号规范标点。以往相关书籍史料中收录的谱主文献,不同版本在部分文献上有不同的断句,本年谱所录之文系在比对各种资料后基于文意定之。

十六、谱主已知的全部著述,均标注初刊处、写作日期、初收何集、著述体裁(如小说、散文、漫画、艺术论述、童话、诗词、评论、译文、书信、日记、序跋等)。若谱主著译版本繁多,一般仅录入初版本。若该作品有多处重刊、转载或收入作品集,则在正文中进行说明,以表明作品的重要性和社会影响。未曾发表的作品注明现有手稿及作品的现存之处。

十七、谱主的主要社会评价,既反映正面性评价,也反映批评性评价,以体现存真的目的,尽可能体现年谱对谱主的全面评价意义。有代表性的评价文字,节录原文以存真。社会评价文字根据原文发表时间,放在相应的正文中表述;若无法确定时间,则放在相应的月份末尾或年份末尾予以恰当叙述。

十八、年谱若遇历史文献中无法辨认之字,则用"□"表示。

十九、年谱中有关谱主的后世影响,根据不同谱主状况,依照类别和时间顺序,在谱后进行详略有别的叙述。

《浙江现代文学名家年谱》编纂委员会

2020 年 8 月

施蛰存先生(1905—2003)　沈建中摄影

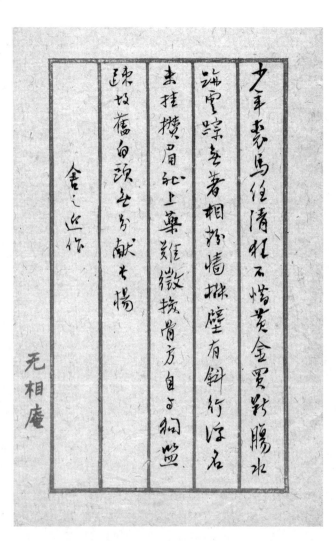

施蛰存先生诗稿《无分》(作于 1964 年 1 月 19 日)

目　录

1905 年(乙巳,清光绪三十一年)　　诞生 ……………… 1

1906 年(丙午,清光绪三十二年)　　1 岁 ……………… 4

1907 年(丁未,清光绪三十三年)　　2 岁 ……………… 5

1908 年(戊申,清光绪三十四年)　　3 岁 ……………… 5

1909 年(己酉,清宣统元年)　　4 岁 ……………… 6

1910 年(庚戌,清宣统二年)　　5 岁 ……………… 8

1911 年(辛亥,清宣统三年)　　6 岁 ……………… 10

1912 年(壬子,民国元年)　　7 岁 ……………… 11

1913 年(癸丑,民国二年)　　8 岁 ……………… 13

1914 年(甲寅,民国三年)　　9 岁 ……………… 15

1915 年(乙卯,民国四年)　　10 岁 ……………… 16

1916 年(丙辰,民国五年)　　11 岁 ……………… 20

1917 年(丁巳,民国六年)　　12 岁 ……………… 22

1918 年(戊午,民国七年)　　13 岁 ……………… 24

1919 年(己未,民国八年)　　14 岁 ……………… 26

1920 年(庚申,民国九年)　　15 岁 ……………… 30

1921 年(辛酉,民国十年)　　16 岁 ……………… 34

1922 年（壬戌，民国十一年）　　17 岁 ……………… 38

1923 年（癸亥，民国十二年）　　18 岁 ……………… 45

1924 年（甲子，民国十三年）　　19 岁 ……………… 58

1925 年（乙丑，民国十四年）　　20 岁 ……………… 65

1926 年（丙寅，民国十五年）　　21 岁 ……………… 71

1927 年（丁卯，民国十六年）　　22 岁 ……………… 76

1928 年（戊辰，民国十七年）　　23 岁 ……………… 85

1929 年（己巳，民国十八年）　　24 岁 ……………… 96

1930 年（庚午，民国十九年）　　25 岁 ……………… 109

1931 年（辛未，民国二十年）　　26 岁 ……………… 116

1932 年（壬申，民国二十一年）　　27 岁 ……………… 127

1933 年（癸酉，民国二十二年）　　28 岁 ……………… 152

1934 年（甲戌，民国二十三年）　　29 岁 ……………… 190

1935 年（乙亥，民国二十四年）　　30 岁 ……………… 211

1936 年（丙子，民国二十五年）　　31 岁 ……………… 232

1937 年（丁丑，民国二十六年）　　32 岁 ……………… 245

1938 年（戊寅，民国二十七年）　　33 岁 ……………… 261

1939 年（己卯，民国二十八年）　　34 岁 ……………… 275

1940 年（庚辰，民国二十九年）　　35 岁 ……………… 283

1941 年（辛巳，民国三十年）　　36 岁 ……………… 295

1942 年（壬午，民国三十一年）　　37 岁 ……………… 303

1943 年（癸未，民国三十二年）　　38 岁 ……………… 312

1944 年（甲申，民国三十三年）　　39 岁 ……………… 320

1945 年（乙酉，民国三十四年）　　40 岁 ……………… 327

1946 年（丙戌，民国三十五年）　　41 岁 ……………… 335

1947 年（丁亥，民国三十六年）　　42 岁 ……………… 344

1948 年（戊子，民国三十七年）　　　43 岁 ················· 359

1949 年（己丑，民国三十八年）　　　44 岁 ················· 368

1950 年（庚寅）　　45 岁 ···································· 374

1951 年（辛卯）　　46 岁 ···································· 378

1952 年（壬辰）　　47 岁 ···································· 383

1953 年（癸巳）　　48 岁 ···································· 387

1954 年（甲午）　　49 岁 ···································· 390

1955 年（乙未）　　50 岁 ···································· 395

1956 年（丙申）　　51 岁 ···································· 399

1957 年（丁酉）　　52 岁 ···································· 406

1958 年（戊戌）　　53 岁 ···································· 414

1959 年（己亥）　　54 岁 ···································· 418

1960 年（庚子）　　55 岁 ···································· 420

1961 年（辛丑）　　56 岁 ···································· 424

1962 年（壬寅）　　57 岁 ···································· 427

1963 年（癸卯）　　58 岁 ···································· 437

1964 年（甲辰）　　59 岁 ···································· 455

1965 年（乙巳）　　60 岁 ···································· 472

1966 年（丙午）　　61 岁 ···································· 483

1967 年（丁未）　　62 岁 ···································· 488

1968 年（戊申）　　63 岁 ···································· 491

1969 年（己酉）　　64 岁 ···································· 494

1970 年（庚戌）　　65 岁 ···································· 497

1971 年（辛亥）　　66 岁 ···································· 499

1972 年（壬子）　　67 岁 ···································· 501

1973 年（癸丑）　　68 岁 ···································· 505

1974 年（甲寅）　　69 岁 ……………………………… 510

1975 年（乙卯）　　70 岁 ……………………………… 517

1976 年（丙辰）　　71 岁 ……………………………… 527

1977 年（丁巳）　　72 岁 ……………………………… 537

1978 年（戊午）　　73 岁 ……………………………… 546

1979 年（己未）　　74 岁 ……………………………… 556

1980 年（庚申）　　75 岁 ……………………………… 571

1981 年（辛酉）　　76 岁 ……………………………… 588

1982 年（壬戌）　　77 岁 ……………………………… 603

1983 年（癸亥）　　78 岁 ……………………………… 633

1984 年（甲子）　　79 岁 ……………………………… 646

1985 年（乙丑）　　80 岁 ……………………………… 659

1986 年（丙寅）　　81 岁 ……………………………… 676

1987 年（丁卯）　　82 岁 ……………………………… 689

1988 年（戊辰）　　83 岁 ……………………………… 699

1989 年（己巳）　　84 岁 ……………………………… 709

1990 年（庚午）　　85 岁 ……………………………… 721

1991 年（辛未）　　86 岁 ……………………………… 733

1992 年（壬申）　　87 岁 ……………………………… 745

1993 年（癸酉）　　88 岁 ……………………………… 755

1994 年（甲戌）　　89 岁 ……………………………… 766

1995 年（乙亥）　　90 岁 ……………………………… 775

1996 年（丙子）　　91 岁 ……………………………… 782

1997 年（丁丑）　　92 岁 ……………………………… 791

1998 年（戊寅）　　93 岁 ……………………………… 800

1999 年（己卯）　　94 岁 ……………………………… 805

2000 年(庚辰)　　95 岁 ……………………………………… 813

2001 年(辛巳)　　96 岁 ……………………………………… 818

2002 年(壬午)　　97 岁 ……………………………………… 824

2003 年(癸未)　　98 岁 ……………………………………… 829

后世影响 ……………………………………………………… 836

引用文献举要 ………………………………………………… 839

后　记 ………………………………………………………… 841

1905年(乙巳,清光绪三十一年) 诞生

▲8月,孙中山领导和组织中国同盟会成立。

▲9月,清朝政府下诏废止科举制度,推广学堂。

12 月

1日 星期五,晚上19时至21时之间,即农历乙巳年(蛇年)丁亥月(11月)甲戌日(初五)戌时,先生诞生于杭州水亭址钱塘县学府(学宫)旁(今杭州上城区中河中路88号上城区公安局一带)的家里。生肖属蛇,排行为二,故曾自称"施二"。全家居住于租赁的西向三间"老屋",自述:"水亭馀址傍宫墙,古屋三间对夕阳。"(《浮生杂咏》)

学名德普,名舍,字蛰存,号:梅影轩主、碧桃花诗室主、蛰庵、无相居士、北山。别署:畏斋、杭人施舍。经查考曾用斋名有梅影轩、萍寄居、曼陀罗花室、碧桃花诗室、蜗居、托尔斯泰室、荷马室、狄更司室、拜芙蓉馆、哀芬室、绻慧室、葱庐、眉庵、慧室、红禅室、蘋华室、无相庵、南望校斋、传柑里寓斋、北山楼、北山板屋(阁)。自青年时代起便以字蛰存行,曾用笔名有:施俊、施瘦花、梦秋、施高德、施太邱、寄萍、兰、施青萍、青蘋、青萍、花月痕中人、眉子、云间眉子、蘋盦、蛰、赟、蛰存、柳安、S、沫、安华、邹萧、安筱、安慧、陈和、谢远君、江思(曾与戴望舒、杜衡合署)、江兼霞(亦与戴望舒、杜衡合署)、蛰庸、歪玉、方进、山眉、子仁、露醒、玄晏、云中居、蒙葵、雕菰、酉生、勹尼、梁云、惜蕙、薛蕙、薛卫、施二、施庵、陈玫、李万鹤、万鹤、薇、也耶、米兹、文生、玄晏、文殊

1

奴、古矜寯、罗平、尧士、欧阳微、散木、施蛰吾、劳无施、蛰庵、萧琅、樊温、丁宁、曾莹卿、曾敏达、陈蔚、乌蒙、施子仁、静远、王了二、幸丸、舍人、舍之、舍止、舍翁、中舍、仲山、北山、是水、痴云、丙琳、秋浦、云士、寅如等。

据张文江记述："学名德普，名舍，字蛰存。语出《易经》乾卦九二：'见龙在田，利见大人。'《象》曰：'见龙在田，德施普也。'又《文言》曰：'见龙在田，时舍也。'""生肖蛇，故取象龙，过去之人，常以属蛇为小龙。乾卦六爻有六龙，排行二，故取九二。《易》九五天而九二地，'蛇是地上的龙'，故取乾九二爻辞。学名德普，取九二《象》，隐含'施'姓。名舍，取《文言》九二，为存身之所。蛰存，取《系辞下》：'尺蠖之屈，以求信也。龙蛇之蛰，以存身也。精义入神，以致用也。'信即伸，蛰即屈，虞翻注：'蛰，潜藏也，龙潜而蛇藏。阴息初，巽为蛇。阳息初，震为龙。十月坤成，十一月复生。姤巽在下，龙蛇俱蛰。初坤为身。故龙蛇之蛰，以存身也。'不仅对应蛇年，而且对应十一月。于姓、名、字皆完全相应，可见取名者旧学修养之深。""后来观之，此姓名的取象，暗合先生一生的发展，不能说没有神奇的成分。于《系辞下》荀爽又注：'以喻阴阳气屈以求信也。'侯果注：'不屈则不信，不蛰则无存，则屈蛰相感而后利生矣。'亦即应时而变，入冬存身，启春惊蛰，以致用于人世，要在《象》的'时'字。于'时'的体认，尚不在趋吉避凶，而是人的一生，'总是要做点事的'（见本书）。此语低调而坚定，先生晚年常言，既是那一代学人的风骨，也是'德施普也'的内在要求。"（《施蛰存先生的名号和"四窗"》）

自述："'无相庵'取佛经中'无人相亦无我相'，是我在抗战以前用的书斋名。'北山'见《文选·北山移文》，我不参加一切政治活动，故另署北山。但在1926年到1927年我是共青团员。

福建长汀有一座山,叫北山,虽然并不出名,1941 年至 1944 年,我在那里的厦门大学任教,学校就在北山之下,从那时起,我开始用'北山楼'作为书斋名。""'文革'中,我把'楼'改为'板屋',但仍叫'北山'。所谓'板屋',是在抄家后,房屋被迫缩小,只得在晒台上搭建半间陋室,冬冷夏热,除放些书外,还能放一小桌子。""'舍之',就是舍弃的意思吧,是在 1957 年之后用的,常用在撰写读词札记和金石题跋上。"(《世纪老人的话·施蛰存卷》)"别署'畏斋',取老子'唯施是畏'之义。施,邪也。既'蛰'而获'舍','舍'而'畏',足下可知我志矣。"(致陆维钊函,1976 年)

据张文江记述:"无相居士,用《金刚经》'无我相,无人相',于名字似乎无关,而仔细体会,依然有内在联系。无相者,不住于相。先生的学问,有着多方面的成就,并不停留在某一领域,相应此名号。于生活而言,他一生多遇坎坷而识见通透,与人交谈,往往流露清澈的洞见,也相应此名号。先生早年曾涉猎佛经,比如在 1933 年读《佛本行经》(见本书)。""以佛学观之,'施,捨也',亦即布施。《金刚经》云:'菩萨无住相布施,福德亦复如是不可思量',与《周易》'德施普也'一致。'北山'典取南朝孔稚珪的《北山移文》,文意是讽刺伪隐士,相应先生性情的洁身自好,志趣高远。""以'北山'为号,并非志在居隐,先生根本上是入世的,积极地做了很多事。"(《施蛰存先生的名号和"四窗"》)

关于家世谱系,自述:"我是吴兴施氏,随司马氏东渡而定籍吴兴。以前为鲁国施氏,即孔子之母也。"(致施议对函,1985 年)"寒家系出吴兴,世居钱唐,咸同兵祸,支族流移,散处吴会。"(《交芦归梦图记》)"寒家自曾祖以来,旅食异乡,至我父已三世矣。"(《浮生杂咏》)"寒门自红羊以后散亡各地,无名公巨卿,谱牒未修。"(致周退密函,1989 年)"寒家于明末清初犹居吴兴,大约清代中叶迁居杭州,清末明初,我父亲以孤儿旅食苏松,遂为松江人。我用'吴兴施舍'印,志南施郡望也。"(费在山《闲闲书》)"我家的谱称为'新桥派施氏宗谱',即以迁居'新桥'的始祖算起。"(复葛渭君函,1991年)

祖辈均系儒生,父亲名亦政,字次于,出生于1881年(清光绪七年、岁次辛巳),浙江仁和县学生(秀才)。自述:父亲"与马叙伦、黄郛同窗,同进学,为知交"。(《浮生杂咏》)本年9月,清朝政府下诏废止科举,推广学堂,使先生父亲亦政失去进身之阶;又由于早丧双亲,孤贫而未能入大学堂求学,遂以佣书授徒谋生。先生出生时其父正在杭州望族陈氏霞起府上课其子,并兼任文牍事宜。自述:"辛亥革命,先君就食云间,遂为五茸侨子,然历代坟茔,均在杭州溪山间。"(《交芦归梦图记》)母亲姓喻,名调梅,苏州人氏,娘家也迁居杭州;上有姐姐,早夭;下有妹妹四人:大妹施绛年(江沂)、二妹施咏沂(允宜、涌霓)、三妹施灿衢(彩榘)、四妹施企襄(跂襄)。妻子陈蔚(慧华),祖籍苏州,松江人氏,出生于1904年4月28日,即农历甲辰年三月十三日。

1906年(丙午,清光绪三十二年)　1岁

▲暨南大学前身暨南学堂在南京创设。
▲沪江大学前身浸会大学、中国公学在上海创办。

12月

20日　农历十一月初五,生辰,"泥猫蜡凤满匡床"。自述:"泥猫为半山名物,蜡凤则为东洋舶来蜡制小动物,皆当时杭州

儿童之玩具也。"（《浮生杂咏》）

本年 父亲施亦政仍在陈霞起府上坐馆。

1907年(丁未,清光绪三十三年) 2岁

▲6月,上海神州日报馆刊行刘鹗著《老残游记》。

▲12月,清末立宪运动兴起。

年初 其父施亦政始与陆懋勋(字勉侪,浙江仁和人)交往。
自述:父亲"渐以文字、书法见知于陆公勉侪"。(《浮生杂咏》)

春间 陆懋勋继罗振玉后出任两级江苏师范学堂(初级、优
级)监督,应陆氏之邀,父亲施亦政随其前往苏州,出任文牍,兼
任掌书(图书馆主任)。

秋间 章钰继陆懋勋任,改校名为江苏师范学堂,施亦政也
改为检察之职。

1908年(戊申,清光绪三十四年) 3岁

▲11月,光绪皇帝、慈禧太后相继逝世。溥仪即位,其父载
沣任摄政王。

1月

本月 其父施亦政继续在苏州江苏师范学堂任职。

3 月

月内 沪宁铁路开始全线通车。

4 月

本月 全家由杭州迁移至苏州乌鹊桥弄入户,租赁位于乌鹊桥西面房东沈氏之屋居住,仅有一间房。先生老年时期回忆,有诗曰:"侍亲旅食到吴门,乌鹊桥西暂托根。记得沈家园子里,紫藤花发满颓垣。"(《浮生杂咏》)

1909 年(己酉,清宣统元年) 4 岁

▲1 月,清朝改年号为宣统。

▲11 月,柳亚子、陈去病、高旭等人发起组织"南社"。

1 月

1 日 元旦。其父施亦政继续在江苏师范学堂任职,开始兼任学务三所稽核(督学)。

22 日 春节。大妹施绛年出生。

4 月

月内 全家移居醋库巷房东赵氏住宅,租赁朝南新屋三间。自述:"醋库巷中新屋好,南窗日日学涂鸦。"(《浮生杂咏》)"天井里确是有着两株老桂树,而每株树上是各有着一个鸦巢。对于

乌鸦的生活加以观察,我是大概从那时候开始的。"(《鸦》)

约在期间 自述:"同居东厢有沈先生者,终日绕室吟哦,不治生产,邻里皆以沈毒头呼之。"(《浮生杂咏》)又回忆,父亲"告诉我,这沈修,号休文,就是我们住在苏州醋库巷那屋子里的'毒头伯伯'","这一本《暖香楼杂剧》恐怕也是他送给我们的"。(《记一个诗人》)

5 月

春间 始与邻居小朋友玩耍。自述:"玩的'泥模模'都是父亲从山塘街或去玄妙观里买来的。""经常和邻居小朋友玩'斋泥模模'的游戏,先是掇一个方凳子放在客堂里或天井里,把'泥模模'排列在上位,然后再摆上小盆子、小碗、小香炉烛台,一律都是红色的木制品,我们称为'小家生'。盆子碗盏里放一些花生米、五香豆、粽子糖,供好之后,大家磕头跪拜,还要念几声'阿弥陀佛'。"(致《苏州杂志》编辑函,1994 年)

7 月

夏间 自述:"九官浓眉工作剧,八官梨涡常弄娇。青梅竹马旧游侣,一别人天几市朝。""邻居钱观瀛之女八官树玉,九官树丰,皆余儿时好友。"(《浮生杂咏》)

8 月

30 日 中元节。自述:"父亲带我到虎丘去看迎神赛会,一尊巨大的'老爷'(神像)由许多人抬着走过,那老爷的眼睛会闪动,十分威严,我非常害怕。"(《论老年》)

10 月

21 日　重阳节。自述:"市上总有得卖重阳糕。""在我们小城市里所能吃到的实在只是普通的糯米白糖糕,加上猪油和洗沙的,已经是最名贵的了。我固然爱吃糕,但尤其喜爱的却是糕上插的旗。重阳糕与平时卖的糕本来没有什么不同,唯一的特点就是重阳糕上有旗。这些三角形的镂花彩纸旗,曾经是我幼小时候的恩物,玩过中秋节斗香上的彩旗之后,就巴望着玩重阳旗了。"(《闲话重阳》)

1910 年(庚戌,清宣统二年)　5 岁

▲5 月,清政府公布《币制则例》,中国银元制度确立。
▲8 月,商务印书馆在上海创刊《小说月报》。

1 月

月内　其父施亦政仍在江苏师范学堂任职。自述:"家君在师范学堂司典书,坐拥百城,涉猎遂博,寝馈一室,虽星期日,或亦不归。"(《浮生杂咏》)

2 月

24 日　元宵节。其父为行开蒙之礼,在家中客堂铺了红毡毯,烧红烛一对于供桌上,他穿了一身新的长袍子、黑马褂,头戴一顶新的红结瓜皮小帽,先叩拜至圣先师孔夫子的神位;父亲端

坐在太师靠椅上,教他念"天地君亲师"五字,命当场讲诵三遍,再让他喝了和气汤,吃了定胜糕,方礼毕。自述:"郑重严亲为启蒙,上元灯下烛花红。"(同上)

25 日 入邻居徐氏老夫子的私塾,先行拜师大礼,老师分配给他一个靠窗座位,从新做的花布书包里取出平生所读的第一本语文课本《千字文》,先学开头四句,老师读一句,他就跟着念一句,这是当天全部功课。老师只教读字音,不讲解字的意思。领读过后,接下来是自己高声朗读,不到放午学,他已经背诵得滚瓜烂熟。第二天,一到先要立在老师的书桌旁边,背对着老师,背诵昨天所教的四句,然后新学四句;第三天就背诵八句,再学四句。如此半年就背熟了。自述:"在初上学半年内就认识了一千个字。"(《我的第一本书》)

3 月

春间 自述:"下午放学后,儿童群集巷中嬉戏,待马铃担子来,又蜂拥担子,买食物或玩具,小贩售糖果者以马铃一串系担子上,行时铃响,似马来,谓之马铃担。儿童闻声,即暂停戏耍,争趋就之。其所售有五香豆、沙炒豆、盐金花菜、粽子糖、霜梅等,皆儿童所好。"(《浮生杂咏》)

10 月

秋间 自述:"到如今也常常惊异着自己的小时候的性格,我是一向生活在孤寂中,我没有小伴侣,散学归家,老年的张妈陪伴着母亲在堂上做些针黹,父亲尚未回来,屋宇之中常是静悄悄地,而此时我会得不想出去与巷中小儿争逐,独自游行在这个湫隘又阴沉的天井里。""桂叶繁茂,天井便全给遮蔽了,我会得从桂叶的隙缝中窥睨着烟似的傍晚的天空,我看它渐渐地冥合下来。""跟着那住在我们的桂树上的几个鸦也回来了。""我回头看室内已是灯火荧荧,晚风乍起,落叶萧然,这时我虽在童年,也好像担负着什么人生之悲哀,为之怅然入室。"(《鸦》)

1911年(辛亥,清宣统三年) 6岁

▲《时事新报》、《申报·自由谈》相继在上海创刊。
▲孙中山领导辛亥革命,推翻清朝统治。

2月

14日 元宵节,自述:"虎丘均有迎神赛会,七里山塘,士女群集,有拂晓即往,占坐茶坊酒肆者,谓之占地方。神眼能左右瞬,威灵可畏。儿童皆不敢看,转而看妇女之丽都者,吴中儿童呼美女曰好娘娘。"(《浮生杂咏》)

4月

月内 自述:"随大人游灵岩,遂知西施故事。游寒山寺,大人教以壁间石刻张继诗,是为读唐诗之始。"(同上)
本月 全家为父亲施亦政庆贺三十生辰。

8月

暑假 自述:"侍大人游寒山寺,见石刻《枫桥夜泊》诗,大人

指授之,琅琅成诵,心窃好焉。"(《北山楼诗·自序》)

10 月

10 日　武昌起义爆发,史称"辛亥革命"。

下旬　江苏师范学堂暂停教学,其父施亦政仍留校,被推任为管理校舍什物之职。

12 月

下旬　江苏师范学堂复课并随即改组,旧人悉退,其父施亦政于年底失去在学堂的职位。

1912 年(壬子,民国元年)　7 岁

▲1 月,孙中山宣告中华民国成立,定都南京,改用公历。

▲9 月,"壬子学制"颁定。

1 月

1 日　孙中山由上海赴南京就任中华民国临时大总统,中午途经苏州,各界代表在火车站迎送。

月内　其父施亦政赋闲在家,日常读书、笔记兼作诗文。自述:"革命军兴时局移,家君失职赋流离。"(《浮生杂咏》)

2 月

15 日　清朝末代皇帝溥仪宣布退位的消息传来,苏州各界

悬灯挂旗庆祝,在王废基鸣炮一百零八响。

3 月

27 日 晚上苏州阊门外新军借故发难,捣毁戏院,纵火焚烧,抢劫一千多户,至翌日上午被弹压平定。

4 月

月内 其父施亦政的旧主(老东家)陆懋勋(勉俦)拟在华亭(松江)县城出资二万两创办履和袜厂,邀请他同主其事,开始参与履和袜厂开业的筹备事宜。自述:"我父亲自共和以后,弃学习商,二十馀年来,操奇计赢,迭经聚散,到如今还只剩了一肚皮不合时宜的孔孟之道,而未得营其兔裘。"(《我的家屋》)

8 月

上旬 其父接受陆懋勋(勉俦)之聘,专程赴华亭县城出任履和袜厂经理兼总会计之职。据史料记载,该厂是继首家杭州光华袜厂后的全国第二家织袜厂。

28 日 晚上苏州玄妙观弥罗宝阁失火。

10 月

上旬 全家由苏州迁至华亭县城,未携家具,惟有书箱 12 只,藏着其父平时节衣缩食买来的书,托航船运送。自述:"跟了父母从苏州搬家到松江,船过上海,停了一天,因此有机会上岸玩了一转。""记得的只有三件,一、平生第一次看见的那个印度巡捕,仿佛比后来看见的印度巡捕高大十倍;二、有许多商家都以鼻烟敬客,鼻烟壶仿佛还是上流社会人物的服饰之一;三、饭店里盛给客人的饭,在一个深碗里堆得又高又尖,一碗饭足有三碗饭之量。这都是我觉得特别新奇的事情。"(《上海第一》)

又　抵达华亭县城后,即赁居于县城内府桥南街 405 号金氏住宅,这所院子有五六家邻居合住,其中有一船屋,榜云"米家书画船",是两户人家合用的客厅。施家所居矮屋三间,狭小逼仄,12 只书箱几无地可安置。

12 月

26 日　中华民国临时大总统孙中山来到华亭县视察。第二天参观清华女校并演讲,旋赴醉白池雪海堂出席欢迎公宴。

1913 年(癸丑,民国二年)　8 岁

▲7 月,二次革命爆发。

▲10 月,袁世凯在北京故宫太和殿就任正式大总统。

2 月

下旬　始入华亭县立第三初等小学校(原清末求忠学院址),插入一年级第二学期就读。自述:"松江虽属南吴,方言已近浙西。语音重浊,无吴语之软媚。昔机云入洛,中原人士,呼为伧父,或亦语言鄙野之故。""入县立第三小学肄业,犹作吴语,久久不能改口,同学皆笑之。猫字苏人读如毛之上声,松人读苗之上声。我亦坚不欲改,以为松人不识猫也。"(《浮生杂咏》)

4 月

5 日　清明节。自述:"侍先君归杭祭扫,行秦亭法华诸山下,泛棹西溪,乐其风景。先君尝有卜居归老之志,余亦慨然愿得侍养于斯。岂知世变纷仍,奉亲息影之计,终成梦幻。"(《交芦归梦图记》)

8 月

16 日　中元节。自述:"府城隍庙后殿庑下,旧有石像一躯……俗呼为石伯伯。每岁中元有庙会三日。""余儿时每入庙,必往视之,几欲如米颠之拜石丈人。""夏日行坊巷间,辄见人家屋檐下列大小瓦钵或覆以纱,盖晒甜酱及梅酱。"(《云间语小录》)

9 月

上旬　升入二年级就读第一学期。自述:"我也正如一般的学童一样,常常喜欢托病逃学。最普通而容易假装的大概总不外乎头痛、腹痛这些病。一生了病,除了可以得到一天堂皇的逃学外,还可以得到许多额外的小食,云片糕、半梅、摩尔登糖,这些东西都曾经是我小时候病榻上的恩物。不过,这种托病逃学也有一个不利之处,那就是得吃药。母亲常常会从床下的药箱里取出一块神曲或午时茶,或到厨房里去切了几片生姜,煎着浓浓的汤来强迫我灌下去,倘若我所装的是腹痛病的话,她有时还得着女仆到药铺里去买些皮硝来,给我压在肚子上。""又因为害怕那些苦汁和冷湿的消食药而取消了我自己的动机。"(《赞病》)

本年　二妹施咏沂出生。

1914 年(甲寅,民国三年)　9 岁

▲3 月,徐枕亚《玉梨魂》出版,为"鸳鸯蝴蝶派"先声。
▲6 月,王钝根、孙剑秋编《礼拜六》在上海创刊。

1 月

上旬　其父施亦政升任松江履和袜厂厂长,主管全厂一切
事务。据《松江县志》记载,当时该厂备有织机 400 台,雇工 500
馀人,年产丝袜已达 12 万打。

月内　华亭县正式易名为松江县,行政区域未变,县城街巷
开始安装路灯(电灯)。

3 月

1 日　在松江县立第三初等小学校就读二年级第二学期。

5 月

月内　松江县商会在醉白池举办物产陈列评选会,其父主
持的履和袜厂也有产品参加。

7 月

暑假　自述:"南京路上的华侨商店,那时是一座旧式三层
楼房,""是'楼外楼',也是一个游艺场所。""我随着父亲走过这

里,看见楼外楼大门口簇拥着一大堆人,大家都在看一个人一手扶着一个大木桶,一手用力地摇一个铁柄。过了一会儿,从木桶里舀出一杯一杯蜜黄色的东西。""随即有人指点一块挂得高高的木牌,牌上用白粉写着,'新发明冰麒麟,每杯三十文'。这就是我平生第一次吃冰淇淋的情况。当时从木桶里舀出冰淇淋来,是用一个汤匙舀的,所以不成圆球形。湿烂的一堆,许多人还不敢吃,宁可喝荷兰水。大约不久之后,四马路、北四川路、吴淞路、法大马路都出现了冰麒麟摊子。"(《冰麒麟》)

9 月

上旬　开学后即升入三年级就读第一学期。自述:"每晚,我母以缝纫机织作窗下,余读书侍焉。"但住所逼仄仅支床,加上多户邻居合用客厅和院子,先生父母以为不便,久欲迁居,"问舍迁乔又一忙"。(《浮生杂咏》)

11 月

约在期间　自述:"苏曼殊的诗大多发表在《南社集》上,为数不多,但每一篇都有高度的情韵。当时我也是他的崇拜者之一,他的诗,我几乎每一首都能背诵。年龄逐渐长大,浪漫气份逐渐消失,对诗歌的爱好逐渐转变方向。"(《燕子龛诗·引言》)

1915 年(乙卯,民国四年)　10 岁

▲5 月,全国各地掀起反对"二十一条"浪潮。

▲12 月,袁世凯复辟帝制,"护国运动"开始。

1 月

上旬 施家迁往同一条街上的府桥南街 403 号(后改址县府路 20 号)的俞氏赁屋,此宅院坐西朝东,三开间三进,大小十一间房屋,独门独户。位于今松江二中西南面,驻松部队营地中西部,西司弄前。

又 自述:全家方得安居,"第一进中间是大门,南边是一个靠街的房间,北边却是一方空地,由一道墙把它和街路分隔开了。第二进是三间正屋,每间都分前后两间。中间前是会客室,后面便是餐室。靠南的一间前后都做卧室,靠北的一间,前面做书斋,后间又作卧室。在书斋前,有一间小小的耳厢,那便是一个小书房。第三进却是小屋,分作厨房及仆役室之用了"。客室"那一堂太古旧的几椅,我们未尝不知道这一套几椅是不能再使用的了,然而我们不忍撤除它。父亲常常提起这一套几椅的来历,说是祖母怎样怎样艰苦地购置了这些家具,才在族人的欺凌之下稍伸了她的委屈。我虽然生不及见祖母,但听了父亲的演述,也深感于先人创业之苦辛"。"两壁的字屏,前十年间挂的是一篇王守仁书客座私祝的拓本,共八幅,分张两壁","父亲之所以选择这东西挂在客室里,我想一定不是无意的","每天看见,就得默读一通,于是在交友之际,就不知不觉地会想起阳明夫子的训诫。这对于我以后的立身处世,不能说是没有影响的。在我弱冠以后,我自问在修身之道这方面,已有了相当的自信","挂上了八幅岳武穆写的前后《出师表》"。(《我的家屋》)

又 宅院后是无主废园,折而向北有旷地,俗称"司阳角"。自述:"余小时常登阜顶放风筝。"(《云间语小录》)

2 月

下旬　始读三年级第二学期。自述,"我始得有一书房","静院华堂喧燕雀,青箱十二满书房"。(《浮生杂咏》)十二只书箱内"经史子集都有","试帖八股几乎占其半数,小说笔记占了十之一二,其馀便是一些五经四书及唐宋八家文集之类了"。"在民国十年以前,靠窗子的一部分,还安置着一架母亲的缝纫机,差不多每天晚上,母亲的机声,父亲的算盘声,我的读书声,和妹妹们的嬉笑声,互为应和"。(《我的家屋》)

5 月

15 日　跟随父亲来上海观看第二届远东运动会。自述:"是坐了汽车去的,那时能坐汽车仿佛是顶出风头的事情,当我们钻进那辆车的时候,车子四周围了许多人,不胜羡慕地看着。"(《上海第一》)

7 月

上旬　从松江县立第三初等小学毕业。

8 月

暑假　自述:"在大舞台看过毛韵珂的戏,是一个亲戚陪我去的。看到一半,外面警笛狂鸣。有人说是起火了。大家逃出来,我也跟了亲戚从人群里拥出大门。出了大门,才知并非失火。""再回进戏院子里去看戏,大家都发现丢了钱包或衣服,原来是歹徒的调虎离山计。我们的损失不大,只丢了一柄檀香骨

折扇。"(《上海第一》)

又　自述:"沟通新世界南北部的地道开放的那一天,我也在场,人挤得很。""我已经走过苏州火车站的那个隧道,觉得新世界的隧道没有苏州火车站的长。""第一次看影戏仿佛是在爱普厅。"(同上)

9 月

上旬　进入松江县立第一高等小学,就读一年级。校长钱蓉詹(鲁瞻),是授课业师,又是邻居。自述:"我们松江的高等小学那时外语最好。因为有个美国人在松江传教,就请他来每个星期上一堂课,所以我们在高等小学念的外语倒是地地道道的美国英语。"(王丽《"把我的意见发表出去"》)

12 月

约在期间　与浦江清同班,过从甚密。自述:"同坐在一个教室里听老师讲课,每星期日,除非雨雪,不是我到他家,就是他来我家,一起抵掌高谈,上下古今。"(《浦江清文史杂文集·序言》)"君练(江清)居荷池巷口,适当桥之东堍,小楼一角,书声琅琅出其间。予常立桥上呼之,即开窗探首出应,或招余入,或从余出游。"(《云间语小录》)据浦江清记述:"蛰存,自读童话时即为良友,廿年之交矣。"(《清华园日记·西行日记》)

本年　三妹施灿衢出生。

1916年(丙辰,民国五年) 11 岁

▲1 月,邵力子、叶楚伧在上海创办《民国日报》。
▲8 月,黎元洪就任大总统。

1 月

寒假 其父虽然执业工商,但还没完全放弃诗书。自述:
"每晚总在昏黄的石油灯下,吟诵一些诗文,那时我便侍立案侧,
倾听着,随时有心领神会的地方。后来,父亲因为业务繁剧起
来,亲畴数之时愈多,事诗书之时日少,于是他的座位由我占据
了。我从书箱中检出一些不甚熟悉的古书来,不管懂得不懂得,
摹仿着他的声调,琅琅然诵读起来,这是我一生爱好国文学的开
始。"(《我的家屋》)

2 月

3 日 春节。自述:"大清早起就躲在那小书房里朗读古文,
却不想被墙外邻居钱瞢詹(鲁瞻)先生听见了。""在举行学期始
业典礼的时候,他就把我在元旦不废讽诵的事实,加以渲染,作
为勉励学生的资料了。"(同上)

月内 邑人姚鹓雏编辑《春声》月刊出版创刊号。

3 月

月初 开学,就读一年级第二学期。自述:"国文教材皆修

身立德之言,如'父母在,不远游''黎明即起,洒扫庭除'之类。忽有一课,文云:'暮春三月,江南草长,杂花生树,群莺乱飞。'同学皆惊异,以为无意义,盖从来未见此种丽句也。自此以后,我始知造句之美。后来读杜诗'清词丽句必为邻',愈信文章之思想内容当饰之以丽句。"(《浮生杂咏》)

7 月

暑假 其父给他买了三件"恩物"。自述:"第一是一个宜兴砂制牧童骑牛水池,牧童背上的笠子便是水池的盖。""第二是一架照相机,当时手提摄影机初来中国,一架'柯达'120 号快镜须售 20 元,连一切冲洗附件,共须 30 元。父亲也不忍拂逆我,给如数买来了。摄景,冲晒,忙了两三个月,成绩毫无。""唯一的珍宝便是这个意大利石像,当时随父亲到上海游玩,在爱多亚路一间空屋里看见正在举行意大利石雕展览会,""标价最便宜的就是这个半身人像,""我当时方读西洋史,以为一定是这个中国人读错了洋文,这是亚列斯妥德的半身像,""诗人亦我所欲也,当下就请父亲买了下来。"(《绕室旅行记》)

9 月

1 日 就读高小二年级第一学期。自述:"星期六下午,只要天晴,我总要到东岳庙里去玩一下。它坐落在松江县城西门,祀泰山府君,也就是阎罗王。据说还是清代初年的建筑物,庙宇宏大壮观,正殿前有一座戏台,殿两旁各有长廊,塑有十殿阎王及其所辖地狱。大殿、戏台、两廊之间是一个大院子,作为民众游乐的广场,有各种小吃摊,卖梨膏糖的,拉洋片的,耍刀弄棒表演十八般武艺的。还有一种个体艺人,诨名叫'小热昏',他站在一条凳上,右手拿一个用三块竹片做的绰板,身边挂一个布袋,袋里装满着唱本小书,他唱过几支时调小曲,就掏出几本薄薄的小书来兜售。"(书面材料)

11 月

29 日 农历十一月初五,生辰。自述:"大人授以诗古文辞,自杜甫《兵车行》、杜牧《阿房宫赋》始,遂渐进于文学。"(《北山楼诗·自序》)

1917 年(丁巳,民国六年) 12 岁

▲《新青年》第 2 卷第 5 号发表胡适《文学改良刍议》。
▲《新青年》第 2 卷第 6 号发表陈独秀《文学革命论》。

2 月

下旬 在松江县立第一高等小学二年级就读第二学期。

3 月

春间 开始对石印本旧小说产生兴趣。自述:"一位同班同学常常讲曹操、刘备的故事,武松杀嫂的故事,才知道有一种书叫'小说'。这种书,我父亲的十二个书箱中却一部也没有。于是,我开始把母亲给我的零用钱积聚起来,星期日到东岳庙书摊上去买小说书看。第一部就是金圣叹批本七十回的《水浒传》。"

（《我的第一本书》）"我应当举出《水浒传》来，这是小时候炒过七八遍冷饭的。"（《我的爱读书》）

4 月

月内　松江县城的官绅集议续修县志，其父身为当地工商界人士也热心参与讨论。

7 月

14 日　上海大世界游乐场开放。自述："第一次吃大菜是在大世界的溜冰场上。"（《上海第一》）

8 月

暑假　自述："父亲书箱里有几本关于词的书，如《白香词谱》《草堂诗馀》之类，我也统统看过，并且学着填词。""东岳庙书摊上不卖词曲书。""我到城里新开的云间古书处去问，那个年轻的老板兼店员请我自己到书架上去找。架上有一堆木版书，全是词曲。我几乎每本都想买，可是口袋里没有足够的钱，只拣了部书名《蕉帕记》的曲子书。回家仔细一看，才知道这是汲古阁刻《六十种曲》的零本。《蕉帕记》是我自己买的第一本戏剧书，也是我看过的第一本古典戏剧书。下一个星期，又到云间古书处去，买到了一部有钱大昕藏书印的《北词广正谱》。这两部书引起了我涉猎曲学的兴趣。"（《我的第一本书》）

9 月

1 日　升入松江县立第一高等小学毕业班就读第一学期。

秋间　耿伯齐、雷补同、吴道春、杨了公、姚鹓雏等人结社成立"松风诗社"，辑印《松风草堂诗集》，对先生产生一定的影响。

1918 年(戊午,民国七年)　13 岁

▲3 月,《时事新报》副刊《学灯》在上海创刊。
▲12 月,《新青年》第 5 卷第 6 号刊载周作人《人的文学》。

2 月

下旬　开学,就读毕业班第二学期,学校增设国语课程,提倡以国语教学。

5 月

月内　松江县立第一高等小学试种美棉,参加种植劳动。

7 月

上旬　从松江县立第一高等小学毕业,阅读兴趣浓厚。自述:"从童话看到中外古今新旧小说,每读一本书都和书中人物融合为一。仿佛自己就是济颠僧、武松、李逵、黄天霸、张君瑞、贾宝玉,或堂·吉诃德、格利佛、达特安。"(《读书乐,乐读书》)

月内　自述:"我颇嗜说部,而社会小说尤其所好。每毕一卷,辄与吾友浦子[江清]就书中人,恣以月旦。""读林[纾]译小说,与吾友浦子[江清]约共摘佳句,旬日后,各易而观之,则所摘均同。"(《梅影轩偶忆录》)

8 月

23 日 考入江苏省立第三中学（今上海市松江区第二中学），为四年制走读生。

下旬 松江县府以旧左营校场拨充为林场，创办学校"公有林"，与同学参加建设劳动。

9 月

1 日 进入江苏省立第三中学就读，参加"行始业式"。

19 日 学校秋节休假，与同学常去松江名胜古迹之处游玩。自述：醉白池"为文士消夏唯一胜地，余常与浦江清、雷震同就水阁中挥扇品茗，论文言志，臧否古今，日斜始归"，亦常与浦江清在北禅寺散步。（《浮生杂咏》）

13 日 重阳节。自述："最高的地方是一座古塔，因而我曾有过三四年，每逢重阳节总得邀几个同学一起去爬塔，看看城郊景色。"（《闲话重阳》）

15 日 据江苏省立第三中学"本校记事"："检查学生体格。"

12 月

7 日 农历十一月初五，生辰。自述："自己取了一个名字，叫施俊，后来觉得这名字太普通了。那时从旧书箱中，寻着了一枚石章，文曰'瘦花书屋'，这原是我父亲为少年时的书室名。于是我觉得张好，便向我父亲讨了那石章，我的名字便叫施瘦花了。但不到三个月之后，我又读着了一部尤西堂的《西堂秋梦录》，我觉得对于这一集，十分惬意，便将我的名字改为梦秋，以

志钦仰,如是将这名字用了半年。"(《我的名字和别署》)

　　23 日　学校冬节休假。自述:"与浦江清过从最密,尝共读江淹恨、别二赋,相约拟作。江清作《笑赋》,我作《哭赋》。腹笥太俭,只得杨朱哭歧路、嫠妇夜泣、孟姜女哭倒长城等典故。纂组兼句,终不成赋。"(《浮生杂咏》)

　　约在期间　松江县立图书馆在普照寺南兴建了新馆。自述:"余少时常就松江县立图书馆阅书,曾见[雷君彦]先生于盛夏曝书数百卷于庭中。""先生长松江图书馆,职守清闲,手不释卷。令子平一随侍在馆中,先生课读不懈,余尝闻平一书声琅然。""松江图书馆收藏乡邦文献至富,皆先生搜聚之功。余尝得黄图珌《看山阁集》,康熙精刻本,此书甚少见。余举以献之图书馆,先生甚以为喜。"(《追怀雷君彦先生诗四章》)

1919 年(己未,民国八年)　14 岁

　　▲5 月,"五四"爱国运动在北京爆发。
　　▲11 月,北洋政府教育部正式公布注音字母。

1 月

　　1 日　参加江苏省立第三中学"元旦日行祝贺式"。

　　23 日　放寒假。自述:"知道了几个英文名字,于是我就想取英文名字,和中文名字谐音了。我拣来拣去,拣了一个施高德。但后来又觉得这名字,也太道学气了。便再寻了一个名字,叫施太邱。这几个名字终究不好,于是渐渐地想改得好看一点。那时我稍稍的也看了几部词章方面的书,同时又能够感觉到人

生的无谓,于是取名叫寄萍。"(《我的名字和别署》)

2 月

16 日　开学,就读江苏省立第三中学一年级下学期。

月内　胡适著《中国哲学史大纲》(上卷)由商务印书馆出版。自述:这本书"是使我接触先秦诸子的第一部书"。(《我的第一本书》)

3 月

约在期间　自述:"国文教师秦卓夫先生,无锡人,教一二年级国文,他朗诵古文的声调非常动人,能读出文章的感情来。""他[历史教师]上历史课不用教本,但他讲得比教本详细。他熟悉历史,讲史事时有批评、有议论。""数理化师资方面,华祇文先生的代数课,许栋材、张江澍先生的物理、化学课,都是在中等教育界著名的,很受学生的爱戴。可惜我无志于理科,仅能考个及格分数,未免辜负了良师。"(《饮水思源》)

4 月

1 日至 8 日　学校放春假。自述:"始学作诗,破天荒第一首为拟汉魏乐府'自君之出矣'。此为五言绝句,第一句不必作,即用乐府题成句。以下只需三句十五字,即可成篇,此易事耳。记得第二句为'寒梅未着花'。"(《浮生杂咏》)

5 月

4 日　五四爱国运动在北京爆发,课馀关心时事新闻。自

述:"五四运动使我懂得了封建主义、民主主义、自由主义、帝国主义这许多新名词、新思想。"(《我的第一本书》)

9 日 松江县城各中、小学校为纪念"国耻日",停课一天。参加"国耻纪念会",同学赵富基啮指血书"毋忘国耻",深受感动。午后参加全体学生执旗游行。

27 日 在读的江苏省立第三中学举行罢课,上街劝说商家罢市,以声援北京学生运动。

28 日 《申报》刊载《江苏第三中学罢课宣言》。

下旬 邑人杨了公等组织在东岳庙内召开松江国民大会,激励市民共同抵制日货。

6 月

6 日 江苏省立第三中学校长电请辞职。

月内 松江县城等市镇的商店先后罢市,抗议北京当局迫害爱国学生,要求严惩卖国贼。不久,松江县城实行戒严,不准集队游行和集会演讲。

7 月

15 日 北京少年中国学会《少年中国》出版创刊号。自述:"田寿昌的诗,虽然没有刊行专集,但《少年中国》上也读到了几首《江户之春》选录,他的诗虽然有许多太雕琢的地方,但音节和意境方面却还有几首很好的。"(《〈流云〉我见》)

月内 邑人侯绍裘等人组织各地返回松江度假的学生,成立"松江回籍学生联合会",进行反帝反封建爱国活动。

月内 松江大生袜厂日纱被民众抄获,松江商会会长未坚持焚毁,引起部分商家不满,另组"商业联合会"。按:其父施亦政系松江商会成员。

8 月

月内　与浦江清等同学传阅报刊,主要有《申报·自由谈》《小说月报》《新潮》《时事新报·学灯》《民国日报·觉悟》等。自述:"我开始了我的投稿生涯。""我的斋名,第一个便是梅影轩;于是,那时就叫梅影轩主。后来再回转来,和用我那寄萍的名字,便称我的斋名叫萍寄居。再后又觉得他不好,便改作了曼陀罗花室。"(《我的名字和别署》)

本月　松江县时疫流行,每天因染病而死亡数十人,临时救疫医院在县城开业。

9 月

1 日　开学,升入二年级就读。自述:学监相菊潭"对学生管教得很严,但是并不威,他对任何一个学生,总是很和善地开导";英语教师叶颂藩"给我们每年讲一本《纳氏文法》,从第二册讲到第四册,使学生掌握了英文的文法结构"。(《饮水思源》)

10 月

8 日　学校秋节休假。自述:"我不懂得印石的好歹,但是我很喜欢玩印章。这趣味是开始于我在十五六岁时从父亲的旧书箱中找到一本《静乐居印娱》的时候,而在一二月以后从神州国光社函购的一本《簠斋藏古玉印谱》使我坚定了玩赏印章的癖性。"(《绕室旅行记》)

11 月

13 日　江苏省立第三中学举行秋季运动会。

12 月

23 日　据江苏省立第三中学"本校记事":"冬节休假。"

31 日　据江苏省立第三中学"本校记事":"年假。"

1920 年(庚申,民国九年)　15 岁

▲1 月,北洋政府教育部下令学校废止文言文教科书。

▲3 月,上海亚东图书馆出版胡适《尝试集》。

1 月

1 日　参加江苏省立第三中学"元旦日行祝贺式"。

月内　松江学生联合会发动各校学生调查日货,并劝各商家签名,立志不卖日货。

2 月

8 日　学校放寒假。自述:"唐诗宋词,即已爱好,经常讽诵,有时也学做几首绝句或小令。"(《词学名词释义·引言》)

3 月

7 日　江苏省立第三中学开学,就读二年级下学期。

15 日　江苏省立第三中学职员学生全体摄影。

27 日　上午参加本校 15 周年纪念会,吴稚晖来校演讲。下午参加全校运动会。

4 月

1 日　学校放春假。自述:"因了室名'碧桃花诗室',而改为碧桃花诗室主了。那时我的思想正专在香艳富丽上用功夫,后来自己一想不好,这样竟入了魔道,于是将我的读书室改名'蜗居'。再后来觉得这名字也不雅驯,那时正研究托尔斯泰的思想,我对于他非常佩服,于是我的书室便又一变而为'托尔斯泰室'了。后来一发现不对了,想做诗人,便改书室名为'荷马室'。想做小说家,便改书室名为'狄更司室'。"(《我的名字和别署》)

上旬　偕同学旅游西湖。自述:"在灵隐道中,经过一蛎粉墙,红杏白杏纷纷着花,探枝朵出墙外。余微引其芬,吟'春色满园关不住,一枝红杏出墙来'之句,忽轻风过处,红杏簌簌下坠及余襟袂,同学皆哗笑。"(《西湖忆语》)

中旬　全国学生为拒绝日本直接交涉取销军事协约,相继罢课。松江县城各校学生举行爱国反日罢课游行。

月内　全家庆贺父亲施亦政四十寿辰。自述:"那一天,我们曾从邻家去折了一枝蔷薇花来插在花瓶里,不料那枝花竟在瓶里生长起来,一个月之后,我们发现他已经长满了一瓶子的须根。母亲很高兴,以为这是一个好朕兆,就把这枝花种在院子里的墙边。""在每年四月间,它总开出一片繁花来,象征我们一家的生意。"(《我的家屋》)

5月

6日　江苏省立第三中学自罢课后,恢复上课。

9日　江苏省立第三中学师生"国耻纪念,茹素一天"。

月内　田汉、宗白华、郭沫若的《三叶集》由上海亚东图书馆初版。自述:"我读这本书,像读鲁迅译的《苦闷的象征》一样,在外国文学知识方面,开了广阔的眼界。关于德国文学和歌德,外国戏剧、外国诗歌,它对我都有启蒙作用。""因而比读一本正经书格外有味,印象也格外深。"(《喜读〈三叶集〉》)

6月

4日　美国学者杜威博士来到江苏省立第三中学演讲。

本月　诗作《重游西林塔》刊于上海中华书局印行《江苏省立第三中学杂志》(附15周年纪念增刊)第3期,署名"施德普"。

7月

月内　暑假多读小说。自述:"以为刻划人情,编造故事,较吟诗作赋为易。于是妄欲效颦,试作小说,投寄上海刊物。中学三、四年级,为我生一大关键。英文大进,导我欣赏外国文学。读《新青年》《新潮》诸杂志,始获得新思想。习作小说、新诗,为一生文学事业之始。"(《浮生杂咏》)

8月

月内　读胡适诗集《尝试集》。自述:"反复地研究它,结果是对于胡适之的新诗表示反对了。因为我觉得他的新诗好像是顶坏的旧诗,我以为那不如索性做黄公度式的旧诗好了。但是我从他的'诗的解放'这主张里,觉得诗好像应该有一种新的形式崛兴起来。"(《我的创作生活之历程》)

9 月

1 日　升入三年级就读上学期。自述:"数、理、化及西洋史,皆用英文教本。英文课亦不再用散篇课文,而每学期专读一书。三年级上学期读《莎氏乐府本事》,三下读霍桑之《丹谷闲话》。四上读欧文之《拊掌录》,四下读司各特之《撒克逊劫后英雄略》。故三年级时读英文最勤苦。我数、理、化成绩甚劣,以教材为语文课本而已。"(《浮生杂咏》)国文教师徐允夫"选的教材极为开明,他给我们讲江淹的《别赋》,唐人小说《南柯太守传》《红线传》,施耐庵《水浒序》","使我在正统的唐宋八家古文之外,开了眼界"。(《饮水思源》)"我家有《龙威秘书》,亦尝阅之,然不以为文章也。""我尝问之徐师,师云:'此亦古文也。如曰叙事不经,则何以不废《庄子》?'"(《浮生杂咏》)

11 月

30 日　小说《纸钱》刊于《民国日报·觉悟》,署名"施德普"。

12 月

13 日　农历十一月初五,生辰。自述:"每晚九点钟光景,我侍奉父母安置以后,就给他们把茶壶搁上了一个铁丝架,把石油灯捺低了火光,放在茶壶底下,预备父亲午夜要喝,于是我退到自己房里睡觉。这睡觉,大多数的日子是假的,因为我怀里早就藏好了一二卷书。我把油灯移在桌子边上,使它更近一些床,于是我伏在被池里看书,若是在寒冬之夜,其趣味更为隽永。有时父亲或母亲觉察到了我尚未真的睡觉,便敲着板壁催我,我虽然答应了,可是事实上,卷帙不尽,总是不肯睡的。"(《我的家屋》)

本年 四妹施企襄出生。

1921年(辛酉,民国十年) 16岁

▲1月,我国最早的新文学团体文学研究会在北京成立。
▲6月,创造社在日本东京成立。

1 月

1日 元旦。天马会第三届绘画展览会在静安寺路开幕。自述:"我看的第一个洋画展览会是天马画会,在寰球中国学生会楼上开的。我自己在上海买的第一本洋书是《希腊文学史》,在商务印书馆西书柜上买的。第一本中文书是黄凌霜先生译的杜威博士〔罗素〕的《到自由之路》,在大自鸣钟对面新青年社买的。这三件事情对于我都极有影响。"(《上海第一》)

7日 诗作《选举歌》刊于天津《益世报》,署名"青萍"。按:此诗又刊12日《锡报》。

10日 沈雁冰主编《小说月报》第12卷第1号出版。自述:"革新了的《小说月报》中所载的许多俄国小说的翻译,引起了我的对于小说的兴趣,并且还很深地影响了我。我于是也写小说了,许多短篇被寄出去了。""除了《觉悟》上给刊载了一二篇之

外,大半都退回来了。"(《我的创作生活之历程》)

3月

1日 就读三年级下学期。自述:美术教师"朱侗僧先生是位书画家,满房间都挂着他自己的书画,我常常在午饭后休息时间到他房间里去看'书画展',他给我讲中国画的道理,欣赏书画的基础知识。我对于书画的兴趣,可以说是朱先生开始培养起来的"。(《饮水思源》)

19日 《礼拜六》周刊复刊续出101期。自述:"我不自觉自己的幼稚,我只要发表。此路不通,则另谋彼路,于是我投稿《礼拜六》《星期》这些杂志了。所以,到现在有许多人骂我曾经是'鸳鸯蝴蝶派'中人,以为这是我的不名誉处,其实除了一小部分杂文之外,我那时的短篇小说倒纯然是一些写实主义的作品。"(《我的创作生活之历程》)

月内 继续阅读《小说月报》所载耿济之、孙伏园、郑振铎翻译的外国小说,尤其是第12卷第3号始载屠格涅夫《猎人日记》,深受影响。自述:"我已决心搞文学,当作家,我十分崇拜歌德、莫泊桑、屠格涅夫、狄更斯的小说。"(《我的第一本书》)

6月

下旬 由郭沫若、郁达夫、张资平、成仿吾、田汉等发起的创造社在日本东京成立。自述:"在早期的新文学运动中,创造社给我的影响,大于文学研究会。"(同上)

月内 邑人侯绍裘、朱季恂接办景贤女子专修学校,并把校名改为松江景贤女子中学。大妹施绛年以及后来成为先生妻子的陈慧华,其时都在该校就读。

7 月

10 日至 13 日 小说《一个劳动妇女的痛苦》连载于《时事新报》,署名"蛰存"。

8 月

5 日 泰东图书局出版"创造社丛书"第一种郭沫若《女神》,是"五四"新文化运动以来的首部重要诗集。自述:"出版的时候,我方在病榻上。在广告登出的第一天,我就写信到泰东书局去函购。焦灼地等了一个多礼拜才寄到,我倚着枕读《女神》第一遍讫。那时的印象是以为这些作品精神上是诗,而形式上绝不是诗。但是,渐渐地在第三遍读《女神》的时候,我才承认新诗的发展是应当从《女神》出发的。"(《我的创作生活之历程》)

中旬 旅居杭州亲戚家并撰《山中琐纪》若干则。自述:"余所居在西溪留下镇之内,地名杨家牌楼。乡亲有小屋三椽,因得假居焉。门外修竹一丛,时正新秋,萧疏益增凉意。宅后清溪一曲,泉响琮琤可闻。余常薄暮坐室中,聆此天籁,忽一鸦掠羽过屋杪,刷然有声,遂为神与俱往。"(《山中琐记》)

9 月

1 日 升入四年级毕业班。自述:"担任英文读本的教师是汪小颂先生,他刚从圣约翰大学毕业,就被校长请来了。他给我们讲了大半本司各特的《艾凡诃》,使我对英国文学和十九世纪英文有了初步的训练。""蒋韵笙先生是本地人,词曲家,能吹笛子,唱昆曲。校长请他来给四年级学生讲词曲,作为国文课的补充课,每星期讲二次,在下午三点钟以后授课。我对词曲的知识,就是在那时候启蒙的。"(《饮水思源》)

11 日 晚上写讫小说《廉价的面包》。

13 日 《廉价的面包》刊于《民国日报·觉悟》,署名"施太邱"。

21 日 周瘦鹃主编《半月》出版创刊号。自述:"每期封面,皆为仕女画,出谢之光笔。其时余年十七,初学为韵语,遂逐期以小词题其画,凡得十五阕,寄瘦鹃,未得报书。《半月》出版至第 2 卷第 1 期,忽刊载拙作,并倩天虚我生之女公子陈翠娜女士续作九阕,以足全年封面画 24 帧之数。瘦鹃以二家词合刊之,题云《〈半月〉儿女词》。"(《翠楼诗梦录》)

12 月

3 日 农历生辰。自述:"我的最初期所致力的是诗。""我从《散原精舍诗》《海藏楼诗》一直追上去读《豫章集》《东坡集》和《剑南集》,这是我的宋诗时期。那时我原做过许多大胆的七律。""比我年长十岁的研究旧诗的朋友看了,批了一句'神似江西',于是我欢喜得了不得,做诗人的野心,实萌于此。以后又从宋诗而转读唐诗了。""《李义山集》《温飞卿集》《杜甫集》《李长吉集》,一时聚集在我书斋里。""《李长吉集》使我爱不忍释,它不仅使我改变了诗格,甚至还引起了我对于书籍装帧的兴趣,我酷爱精装书本的癖性实在是从那时开始的。我摹仿了许多李长吉的险句怪句,《安乐宫舞场诗》就可以作为我那时的代表作。"(《我的创作生活之历程》)

约在期间 尝试创作新诗。自述:"用了各个不同的笔名寄

诗到邵力子先生编的《民国日报》副刊《觉悟》上去发表。虽然是浅薄到了不得的东西,但在我个人是很值得纪念的。"(同上)

1922年(壬戌,民国十一年)　17岁

▲叶圣陶、俞平伯、朱自清等编辑《诗》出版创刊号。
▲《民国日报·觉悟》发表蔡元培《非宗教运动》。

2月

月初　就读四年级下学期。自述:"在四年制中学第三四年级的时候,中、英语文阅读及写作能力,已有相当好的基础。中文是家学,我父亲教我从《古文观止》读到《昭明文选》。英文得力于叶颂藩老师的文法课,他教授《纳氏文法》第四册,使我能基本上懂得英文的语法结构。这两种语文基础,是我的有利条件。"(《我治什么"学"》)

3月

2日至5日　《梅影轩偶忆录》连载于《时报》,署名"寄萍"。
15日　《梅影轩偶忆录》续刊《时报》,署名"寄萍"。
本月　包天笑主编《星期》周刊在上海创刊,不久后向该刊投稿。自述:"在读了许多报刊文学之后,心血来潮,见猎心喜,也学写了一篇又一篇的小说、随笔,冒失地向上海一些'鸳鸯蝴蝶派'文学刊物投稿。最初是屡投屡退,我就以屡退屡投的战术来对付,终于攻进了编辑先生的大门。"(《施蛰存文集·序言》)

4 月

1 日　小说《恢复名誉之梦》刊于《礼拜六》第 155 期，署名
"青萍"。自述："看了许多林琴南译的外国小说，和上海出版的
各种鸳鸯蝴蝶派文艺刊物。看到一篇自己觉得好的小说，或随
笔杂文，就想摹仿，也写那么一篇。当时新文学运动虽已掀起，
但还没影响到内地小县城的中学生，我写的小说、杂文，只有向
鸳鸯蝴蝶派刊物投稿。于是我把文章一篇一篇的往上海寄，好
不容易，陆续在《礼拜六》《星期》《半月》等当时很流行的刊物上
发表出来。""我的小说，虽然在鸳鸯蝴蝶派刊物上发表，但它们
的题材内容和创作方法，还是受了西方短篇小说的影响，以描写
世态人，反映社会现实为目的。""这些鸳鸯蝴蝶派刊物，也正在
想迎合新文学运动，提高自己的地位，因而也愿意发表我的小
说，作为他们逐渐改革的契机。"(《〈中国现代作家选集·施蛰
存〉序》)据郑逸梅记述："施之投稿《礼拜六》，在全《礼拜六》之末
叶时代，所采作品，颇多新进作家。"(《施蛰存之〈山中琐记〉》)

5 月

13 日　小说《老画师》刊于《礼拜六》第 161 期，署名"松江第
三中学施青萍"。

6 月

25 日　《寂寞的街》刊于《星期》第 17 号，署名"施青萍"。

30 日　上午在江苏省立第三中学参加毕业典礼。

下旬　松江图书馆、松江景贤女子中学等单位举办学术演

讲会,邀请沈雁冰、邵力子、施存统、杨贤江等进步学者来到松江讲学,先生参加了演讲会。

7 月

1 日 获得"毕业证书":"学生施德普,系浙江省杭县人,现年十八岁,在本校修业期满,考查成绩及格,准予毕业,此证。江苏省立第三中学校校长林懿均(印章),民国十一年七月。民国十一年六月二十六日江苏教育厅验讫,第 15 号。"

25 日 《逃暑谈片》(上)刊于《申报·自由谈》,署名"青萍"。据郑逸梅记述:"《申报》之'自由谈',施亦常有文稿发表。'自由谈'之取稿,多属文言之小品文字,尤多分段的写意之作,故施作亦多类此。"(《施蛰存之〈山中琐记〉》)

31 日 《逃暑谈片》(中)刊于《申报·自由谈》,署名"青萍"。

月内 自述:"中学毕业,欲入北京大学,二亲未许。遂报考东南大学,乃名落孙山。同去四人,惟浦江清一人获隽。不得已,考入之江大学。"(《浮生杂咏》)

8 月

1 日 《逃暑谈片》(下)刊于《申报·自由谈》,署名"青萍"。按:此文"上"和"下",又分别载于 6 日、11 日天津《益世报》。

下旬 赴杭州,进入之江大学外国语文系求学。自述:"南雍北监无我分,来看钱塘八月潮。""此为教会大学,师资无学者,诸生所肄习者,惟英语耳。"(《浮生杂咏》)"跟外国教师学英文,他们就不大讲究文法。有些从教会中学升上来的同学,他们的口语比我好得多,可是他们都不会分析复合句子。"(《饮水思

源》)"我与林汉达同时,他高一二级。"(致朱宏达函,1993年)

9月

6日 《〈半月〉儿女词》刊于《半月》第2卷第1号,署名"施青萍"。还登载"小翠"《续〈半月〉儿女词》。自述:"余有表叔沈晓孙在家庭工业社执事,家庭工业社者,栩园丈所创企业,其女公子翠娜亦在社中任配料之事。晓孙与陈氏父女日相见也,《儿女词》既刊布,晓孙叔见之,笑曰'大好,大好,是周瘦鹃为两家作蹇修也,吾当成之',遂为余乞婚于陈氏。栩园丈欲先一见余再议。且允晓孙叔携小翠照片一帧以示家君。时家君在松江,余在杭州之江大学肄业,初不知此事。家君携小翠照片来杭州,告以晓孙叔有此举,事或可成。命余即日去上海,由晓孙叔陪同谒栩园丈。余闻之大惊异,自愧寒素,何敢仰托高门,坚谢之,事遂罢。"(《翠楼诗梦录》)"余少时尝与吾杭诗人陈媛小翠有赓咏联吟之雅,相知而未相见也。"(《交芦归梦图记》)

10日 始作日记。自述:"我的最早的日记是民国十一年秋间初到之江大学时所记的。用阴历记日,从7月19〔日〕开始到9月13日终止。"(《我的日记》)

14日 日记:"下午2时后已无课,天气极好,在江边读《园丁集》。"自述:"常带一本泰戈尔的诗集,一个人坐在钱塘江边沙滩上诵读和默想。我也想把这些诗译出来,但译了几首,自己读一遍,总觉得没有味。""郑振铎先生的译本出来了,接着还有别人的译本,我都立刻就去买来看。看了之后,觉得译文还是不够好,没有读英文原本那样的味道。有些句子,太依照原文的句法结构直译,有时反而比原文晦涩。"(《泰戈尔〈爱人的礼物〉译者前记》)

20日　日记:"晚饭后,散步宿舍前,忽见六和塔上满缀灯火,晃耀空际,且有梵呗钟磬声出林薄,因忆今日为地藏诞日,岂月轮寺有视典耶?遂独行到月轮寺,僧众果在哞经,山下渔妇牧竖及同学多人,均行游廊庑间,甚拥塞。塔门亦开放,颇多登陟者,余踌躇不敢上。看放焰口至9时。欲归,无与同行者。山径晦黑甚,立寺门口,不敢独行。旋见×××教授女及其弱弟,方从大殿东边出,望门外黝然者,亦逡巡莫知为计。余忽胆壮智生,拔弥勒佛前蜡烛,为牵其弟,照之归校,并送之住宅前,始返宿舍,拥衾就枕,不胜其情怀恍惚也。"自述:"这段故事,我后来写过一篇小品文,并且似乎还做过一首七绝。"(《我的日记》)

月内　自述:"每星期日总到'旗下'去玩,走过明德斋那家刻字店,总高兴去看看他们玻璃橱里的印章。有一天,我居然花了八毛钱买了一块椭圆形的印石。""想到有个杭州人曾经刻过一块图章,文曰'苏小是乡亲',便摹仿起来,叫刻字店里的伙计给我刻了'家姊是吴宫美人'七个阳文篆字。这是想拉'西施'做一家人了。放了年假,把这颗图章带到家里,给父亲看见了,他就大大的讪笑了我一场,羞得我赶紧来磨掉。"(《绕室旅行记》)

10 月

1日　写讫小说《上海来的客人》。

7日　日记:"晚饭后,在程君房中闲谈,忽从窗中见钱塘江中灯火列成长行,凡及一二里,大是奇观。遂与程君同下山,在操场前江岸边了望,方知是夜渔也。欸忽间,渔舟绕成圆阵,灯火亦旋作阛形。皓月适照江心,如金刚圈绕水晶镜也。须臾,忽闻江上沙沙有声,则数百张网一齐撒下矣。波摇金影,目眩神移,生平未见此景也。"

9 日　写讫小说《进城》。

10 日　日记:"下午携《渐西村人诗集》一册到徐村江边大石矶上坐读,颇艰涩,不数页即废辍。"

11 日　写讫小说《父与母》。

22、24 日　写讫小说《乡人》《两日之出家》。

26 日　日记:"今日课毕后,从图书馆中借到拜伦诗一本,携至山下石桥上读之。尽花生米五十文。"自述:"在之江大学图书馆里,我选抄了一部《英国诗选》。""这是我当时最得意的工作。"(《我的创作生活之历程》)

月内　自述:浦江清"就学于南京东南大学,我在杭州之江大学。从此我们就少了见面的机会,但是我们每星期都有书信往来"。(《浦江清文史杂文集·序言》)

月内　自述:"每星期日辄从云栖越岭,取道烟霞洞,过满觉陇,到赤山埠雇舟泛舟。"(《玉玲珑阁丛谈》)"星期日常常去游西湖名胜,烟霞三洞是便路,因而每次走过便去看看。水乐洞就在烟霞洞山脚下,那时还无人知道。""我和一位同学从烟霞洞下来,走错了路,给一条草丛中的小路引到一个蔓草掩蔽的山洞口,听到洞里有水声。""左边的一个山洞里有水,进不去。我们从右边的一个洞口进去,看到洞底有一道像瀑布似的水在涌出。"(《石屋水乐话旧》)

约在期间　初识杭州文学社团兰社成员,私立宗文中学毕业班学生戴朝寀(望舒)、宗华中学学生戴克崇(杜衡),及张元定(天翼)、叶为耽(秋原)等。自述:"我先认识戴望舒,由望舒而认识天翼、杜衡(戴涤园、苏汶)、叶秋原、李伊凉、马鹃魂(天骙)等同时代的青年文友。"(复沈承宽函,1984 年)

又　据钟韵玉回忆:"兰社社员,以戴望舒为中坚,参加者如叶秋原(为耽)、李伊凉(大可)、施蛰存(青萍)、张天翼(无净)、及钱杏邨、钱棠村、胡光亚等三十馀人,皆望舒在杭浙西醯务小学及宗文中学同学,社址设在大塔儿巷戴宅。"(《兰社戴望舒旧事》)据徐碧波回忆:"无社长,惟推活动分子为外勤人员,如施青萍(后名蛰存)、戴梦鸥(后名望舒)。"(《星社与兰社纪略》)

11 月

5、7 日 写讫小说《十三页半》《两孩》。

21 日 写讫小说《路役》。

26 日 《新妇女之敌》刊于《妇女旬刊》第 90 号,署名"施蛰存"。文末写道:"我到了杭州在同学们口中所听到的和我自己看到的,不觉都使我生了一种感想,所以我草此一篇,贡献给新妇女们。"按:此文收入 1925 年《妇女旬刊汇编》第 1 集。

月内 自述:"脚夫替我挑着行李,彳亍着在到大学去的路上,昏鸦的啼声也曾刺激过我。我们从蜿蜒的小径,翻过一条峻坂。""四野无人,但闻虫响,间或有几支顶上污了雀屎的华表屹立在路旁,好像在等候着我们,前路是微茫不定,隐约间似还有一个陡绝的山峰阻住着。晚烟群集,把我们两个走乏了的人团团围住。"(《鸦》)

12 月

5 日 写讫小说《雪橇御人谈》。

20、31 日 写讫小说《贫富与智愚》《守节者》。

月内 因宿舍寒冷,从学校搬出,始寄居大塔儿巷 28 号戴望舒家中,并参与筹办以发表旧体诗词、小说为主的社刊《兰友》。据杜衡记述:"不单是望舒一个,还有蛰存,还有我自己,那时候,我们差不多把诗当做另外一种人生,一种不敢轻易公开于俗世的人生。我们可以说是偷偷地写着,秘不示人,三个人偶尔交换一看。""是跟蛰存,还是跟望舒,还是跟旁的朋友谈起,说诗如果真是赤裸裸的本能底流露,那么野猫叫春应该算是最好的诗了。我们相顾一笑,初不以这话为郑重,然而过后一想,倒也并不是完全没有道理的。""我们也的确感觉到刻意求音节的美,有时候倒还不如老实去吟旧诗。蛰存也非常少作,只有望舒却还继续辛苦地寻求着。"(《〈望舒草〉序》)

本月 《游戏世界》第 19 期登载"在筹备中之《兰友》"。

1923 年(癸亥,民国十二年) 18 岁

▲5 月,创造社刊物《创造周报》在上海创刊。
▲6 月,中国共产党第三次全国代表大会召开。

1 月

1 日 参加编辑兰社社刊《兰友》出版创刊号,由杭州宏文印刷所承印,刊头字样"兰社定期刊物之一·小说旬刊",为横 8 开长条报纸的形式,每期 4 至 8 页不等,每月出版三次,逢一出版,以刊载旧体诗词、文言或白话小说为主,还有笔记、译作、小说界消息等,编辑所及发行所设在清吟巷 7 号兰社内。戴望舒(梦鸥)担任主编,先生协助其编刊,另有名誉编辑沈禹钟、叶劲风。《兰友》中缝刊有"发行二万份""募集各地销售商"等广告语。

11 日 参加编辑兰社社刊《兰友》第 2 期出版。

21 日　参加编辑兰社社刊《兰友》第 3 期出版。

约在期间　自述:"在之江,没有钻研中国文学的条件,我就钻进了英国文学。一年之间,我读了英国文学史、英国散文和诗歌,英国文学刚才懂得一些皮毛。"(《我治什么"学"》)

2 月

1 日　参加编辑兰社社刊《兰友》第 4 期出版。

7 日　写讫小说《渡船》。

10 日　《礼拜六》出版 200 期后停刊。自述:"旧文学刊物逐渐有所改革,至少在文体上,都在努力向新文学靠拢。于是,我的文学习作,也转向新文学。"(《施蛰存文集·序言》)

上旬　放寒假。返回松江家里过春节。自述:"路过嘉兴,下车逗留",顺道看望娘舅喻祥生。(范笑我《忆施蛰存先生》)

11 日　参加编辑兰社社刊《兰友》第 5 期出版。

寒假　与浦江清等诸位中学时代关系密切的同学交游。自述:"一到开学就得背了书包,上火车分赴宁沪杭各地上学。"(《新松江社落成小言》)

22 日　写讫小说《孤独者》。

下旬　返回杭州。自述:"这是一所美国教会办的大学,宗教气氛浓重,颇不满意,其时又加入了非宗教大同盟,在校中散发反对宗教侵略的言论,因而为学校当局所忌,不待开除,即自行停学。"(书面材料)

3 月

1 日　参加编辑兰社社刊《兰友》第 6 期出版。

2 日　《伯叔之间》刊于《半月》第 2 卷第 12 号，署名"施青萍"。

5 日　《观灯记》（上）刊于《申报·自由谈》，署名"施青萍"。

6 日　《观灯记》（下）续刊《申报·自由谈》，署名"施青萍"。

上旬　开学前，经兰社友人介绍到宁波慈溪普迪小学担任代课教员，同时仍热衷于兰社的文学活动，每逢星期日便返回杭州戴望舒家里，继续参与编辑社刊《兰友》。

11 日　《半月之典》刊于《半月》第 2 卷第 14 号，署名"施青萍"。

同日　参加编辑兰社社刊《兰友》第 7 期出版；刊有其辑《小说家语录》，署名"青萍"；还刊有兰社"社员题名录"共 38 人，"施青萍"名列之一。

同日　《木铎周刊》第 168 期登载"小说旬刊《兰友》"："以小说为主间登杂作，撰述者包天笑、周瘦鹃、戴梦鸥、毕倚虹、李伊凉、戴涤源、孙弋红、张无浄、施青萍、徐卓呆。"

21 日　参加编辑兰社社刊《兰友》第 8 期出版；刊有其作《不忍词》，署名"施青萍"。

4 月

1 日　参加编辑兰社社刊《兰友》第 9 期出版。

5 日　寒食节。写讫《童妃纪》。

11 日　参加编辑兰社社刊《兰友》第 10 期出版；始载《红禅记》，还刊有《不忍词本事之一·玉碎记》，署名"施青萍"。

16 日　《山歌缀俊》刊于《半月》第 2 卷第 15 号，署名"施青萍"。

5 月

1 日 参加编辑兰社社刊《兰友》第 11 期出版;刊有《不忍词本事之一·玉碎记》(二续),署名"施青萍";还刊有《文坛消息·一、维娜丝文学会》(署名"兰"):"本会以破除新旧意见,顺会员内心之情感,发为作品,以创设中国新文学为宗旨一,以整理中国旧文学为宗旨二,以研究及介绍世界文学为宗旨三。"

8 日 《竞适园赏鹃记》刊于《申报》,署名"施青萍"。

9 日 参加编辑兰社社刊《兰友》(国耻特刊)第 12 期出版。

16 日 《〈半月〉校勘》刊于《半月》第 2 卷第 17 号,署名"施青萍"。

18 日 《相足谭》刊于《申报·自由谈》,署名"施青萍"。

21 日 参加编辑兰社社刊《兰友》第 13 期出版。

26 日 《青萍谈吐》刊于《虎林》第 5 号,写到"我对于现今著述界,觉有不少意见","新旧文学家何必互相抨击,以我观之,今日中国文学,实际上尚不能分新旧。盖新文学作品,除去标点,即是《半月》《星期》中小说耳。惟所惜吾侪近来无介绍西洋文学者,且无一与《小说月报》性质相同之杂志"。

6 月

1 日 参加编辑兰社社刊《兰友》第 14 期出版;刊有《不忍词本事之一·玉碎记》(三续),署名"施青萍"。

11 日 参加编辑兰社社刊《兰友》第 15 期出版;刊有《不忍词本事之二·执绋记》,署名"施青萍"。该期刊载预告,将出版"兰社丛书"8 种,包括施青萍《红禅集》、戴梦鸥《心弦集》、张无诤

《红叶别墅》、李伊凉剧本《苧萝村》等；又刊载先生等发起筹备组织维娜丝文学会"启事"。

14 日 《童妃纪》刊于《半月》第 2 卷第 19 号，署"施青萍"。

21 日 参加编辑兰社社刊《兰友》第 16 期出版；刊有《不忍词本事之二·执绋记》（二续），署名"施青萍"。

下旬 学期结束，辞去宁波慈溪普迪小学教职；又在杭州逗留数日，返回到松江家里。

7 月

1 日 参加编辑兰社社刊《兰友》第 17 期出版；刊有《不忍词本事之二·执绋记》（三续），署名"施青萍"。随后停刊。

6 日 《无锡新报》登载西神《台城路·题施青萍江干小说集》。

12 日 《世界小报》登载谢鄂常《杭州的报屁股》："《兰友》旬刊以小说为主体，编者都是属小说界的健者，他们作品早已在海上风行。该报编法与内容，可称全浙之魁。"

25 日 《最小报》刊载黄转陶《卡党小传·施青萍》："曾译《生育女子须知》，载《浙江民报·妇女周刊》中，颇得人誉。小说虽不多，然描摹胜常，如《星期》中之《寂寞的街》，《半月》中之《伯叔之间》，均绝佳。文言亦宗朱鸳雏，与碧波弹同调。《兰友》中之《红禅记》，即君撰也。君近取短篇小说二十馀篇，即小说集，不日出版。""兰社杭党同人，推崇备至，盖亦学有胜人耳。兰社所备之'丛书'及'小说集'，均君编辑。君撰稿好用钢笔，自己细匀，不稍参差。墨水喜紫罗兰色，有瘦鹃风也。"

8 月

1 日 《江干集》(原拟名《江之华兮》)刊印,署名"施青萍",列为"维娜丝丛书第一种",由上海维娜丝学会发行。前有《卷首语》,书尾附录《创作馀墨·代跋》,收录短篇小说 24 篇。自述:"在之江大学肄业时写的,而之江大学在钱塘江边,故题作《江干集》。我请胡亚光画了封面,请王西神、姚鹓雏、高君定题了诗词,交松江印刷所排印了 100 本。这是我自费出版的第一个短篇小说集。""文笔和风格,都在鸳鸯蝴蝶派和新文学之间,是一批不上不下的习作,所以我不认为它是我的第一本正式的文学创作集。"(《我的第一本书》)

9 日 《童妃》(《童妃纪》节录)刊于《时言报》,署名"青萍"。

13 日 《童妃纪》又载于天津《大公报·馀载》,署名"青萍"。

24 日 《绿痕》第 6 期登载:"《芳兰》第 1 期业已出版,是期为施青萍号,有《闺诰》《名人之情书》《兰闺月令》等六篇,细味之如嚼香麝。"

25 日 《作书简之经济》刊于《申报》,署名"蛰存"。

26 日 《拜芙蓉馆艳录》刊于《半月》第 2 卷第 24 号,署名"施青萍"。

30 日 《最小报》登载徐碧波《江浙和平契约和苏杭两党》提及:"现在文字界卡党里,""我就苏杭两党的主脑人物,作一比例,齐燮元(范菊高),卢永祥(戴梦鸥),韩国钧(黄转陶),张载扬(马鹃魂),何丰林(施青萍)。"

下旬 和戴望舒前往苏州访问星社文学同人。自述:"在阊门酒家、吴苑茶室举行了两天的联欢。"(《逸梅选集·序》)据徐碧波回忆:"此时适余值社举行茶话于小仓别墅,招待入座,行迹不拘地谈笑风生。散会后同去城外留园畅叙。"(《星社与兰社纪略》)据郑逸梅回忆:"诸星侣方雅集于温家岸范宅,予亦与焉。施挟其所著《江干集》若干册以分赠,与之把晤自此始。"(《施蛰存之旧作》)

月末 与戴望舒、叶秋原、杜衡等同学结伴同往上海求学,临时赁屋居住。

9 月

1 日 与戴望舒一起进入位于上海闸北青岛路青云里(今青云路 323 号位置)的上海大学中国文学系就读一年级,担任班长,兼听社会学系的课。自述:"我早在报纸和上海大学的教授的著作中,看出上海大学的精神,绝不是和旁的大学一样。我相信我自己的观察是不会错的,于是我毅然决然地进了上海大学。虽然有好多人劝我谨慎,我总不信。"(《上海大学的精神》)"是一个新创办的貌不惊人的'弄堂大学'。""但它的精神却是全国最新的大学,在中国新文学史和中国革命史上,它都起过重要作用。""田汉讲雨果的《让·华尔让》,讲梅里美的《嘉尔曼》,讲歌德的《迷娘》。沈雁冰讲希腊戏剧和神话,方光焘讲厨川白村,讲小泉八云。瞿秋白讲十月革命。恽代英讲封建主义、帝国主义和民主主义。""陈望道讲修辞学,胡朴安讲文字学,邵力子讲中国哲学史。""刘大白先生当时已四十五岁,""讲古诗、古文,都用新的观点。"(《忘不掉的刘大白》)"这些课程都对我有相当影响,西洋文学史的教材是周作人编的《欧洲文学史》,这部书的内容,实在只讲了希腊、罗马部分,我以为不足,就自己去找英文本的欧洲各国文学史看。"(《我治什么"学"》)

5 日 《谈莫泊桑的小说》刊于《最小报》,署名"施青萍"。文中写到"胡寄尘的小说,完全没有一篇像莫泊桑的。而周瘦鹃的《镜台奴痛》的结构和描写,也不能说像莫泊桑。我以为这两年我所看见的小说中,倒是枕绿的《其妻之死》和海鸣的《老琴师》,还能得莫氏的气息"。

7日 《新旧我无成见》刊于《最小报》,署名"施青萍"。开篇写到"我近来的思想,以为小说是应当讲求艺术的,所以《小说月报》和《创造》我也愿意看,冰心和叶绍钧的作品,我也愿意领略。但对于诗的方面,我以为白话诗的格调,简直比弹词还低;并且现在的新诗,愈做愈低,连意味都找不到了"。

9日 《闻名不如见面》刊于《最小报》,署名"施青萍"。该期还刊有朱智先《评〈江干集〉》。

上旬 与戴望舒在校外附近里弄合租一间厢房作为宿舍。叶秋原进入东吴中学求学,不久考入上海大学外文系就读一年级;杜衡则进入上海南洋中学就读五年制的毕业班;"李〔伊凉〕、马〔鸥魂〕二人进商科大学,不搞文艺了;'兰社'从此解散。"(复沈承宽函,1984年)

11日 《名人情书译话》刊于《最小报》,署名"施青萍"。

15日 在上海大学写讫《蘋花寓言》(三、四、五)。

16日 《蘋花寓言》始刊《时事新报·青光》,署名"青蘋";并连载于20、21、26日,10月27日。

19日 《最小报》刊载景吉森《叩首》,写到"施君的译书既意思连贯,还要道歉,那么我只好叩首了"。

21日 于上海大学写讫《蘋花寓言》(六、七、八、九、十)。

23日 《此亦直译乎》刊于《最小报》,署名"施青萍"。文中写到"近来新诗坛上喧传了一篇朱自清的长诗《毁灭》(载小说月报),有许多新文学朋友,都向我不住的说好","在旧而死的文字中是决计做不出的"，"哈哈！狡狯的朱自清，你只是从枚乘的《七发》上套来的调子罢了"，"说现代新作品有套袭古作品的嫌疑，这语新文学家一定死命的反对"，"据我看来，着实还是《七发》好，像《毁灭》一篇，只好拿来骗骗那些根基浅薄的新文学家罢了"。

同日　《创造周报》第 20 号刊载郁达夫《The Yellow Book 及其他》，介绍《黄面志》作家群，其中详细介绍道生并附有诗作。自述："美国出版的'近代丛书'本《道生诗集》到了上海，我们［与戴望舒、杜衡］都受到影响。"（《戴望舒诗校读记·引言》）

26 日　《世界小报》始载戴望舒（署名"梦鸥生"）《苏州的两日》，该期还刊有徐碧波《浪漫谈》："青萍梦鸥去海上，已将半月。濒行时，苏党同人曾请以寓申地址见告，俾可通函。"此文又连载于 10 月 1、3 日，12 月 9、10、11、12、15 日。

月内　结识同学孔另境（令俊），并常去沈雁冰家访问。自述："孔令俊是我们第一个认识的同级同学"，"课馀时间，令俊经常来我们住所闲谈休息。""沈先生是他的姊夫，此后，由于令俊的介绍，我和望舒几乎每星期都上沈先生家"，"总是夜晚去的，""让我们随便翻看他书架上的外国文学书，或者和沈师母，令俊的姊姊孔德沚，谈谈家常和文艺琐事。"（《怀孔令俊》）据孔另境记述："学生中比较和他［茅盾］接近的有施蛰存和戴望舒，他们经常到他家来谈天或讨教问题。"（《怀茅盾》）

月内　认识蒋冰之（丁玲）等同学。自述："我们和丁玲都是一年级。""王剑虹是中文系二年级生，但有时和丁玲一起来听课。我和望舒坐在第三排，正在丁玲背后。"（《丁玲的"傲气"》）据丁玲回忆："同学有戴望舒、施蛰存、孔另境、王秋心、王环心等，这些同学对我们很好。"（《丁玲谈早年生活二三事》）

10 月

5 日 《西湖忆语》始刊《最小报》,署名"施青萍";该期还刊有马鹃魂《替天石驳青萍》。《西湖忆语》又连载于 7 日、13 日、15 日、17 日,11 月 6 日。

12 日 《西湖各别墅比较的批评》刊于《时事新报·青光》,署名"施青萍"。

15 日 夜于蘋花室写讫《蘋花寓言》(十一、十二、十三、十四、十五)。

23 日 在《民国日报·觉悟》上发表《上海大学的精神》:"现在上课一个多月了,就我的观察,愈是我感觉到上海大学是有特殊的精神。""他们秉着刚毅不拔的勇气,从很远很远的地方赶到上海大学来,不是来享福,不是来顶大学生招牌。他们是能忍苦求学,预备做建造新中国的工人的。""上大学生抱着决大的愿心,要竭力扫除一切,要讲我们现在应当归依的真正救中国的目标指示给国民,这是上大学生在政治上所做的。"

25 日至 27 日 《山中琐记》(上、中、下)连载于《申报·自由谈》,署名"施青萍"。据郑逸梅记述:"施作小说什九为白话,而文言亦殊隽洁可喜。十年前之《申报·自由谈》,颇多施之杂作,予尤爱诵其《山中琐记》一种,盖施居西溪留下镇时作也。是文多片段语,清逸拔俗,似不食人间烟火者。""笔墨如此,襟怀又如此,宜其无所不擅,游刃有馀矣。"(《施蛰存之旧作》)

26 日 《滨江杂纪》始刊《时报》,署名"施青萍";又连载于 27 日、30 日。

29 日 在俞平伯老师鼓励下,是夜于上海大学撰《苹华室诗见——周南·卷耳》:"最初我读了郭沫若的《卷耳集》,立刻使我奇怪他所谓的'直觉'。""其次俞平伯先生在上海大学讲《诗经》，同时又做了一篇《葺芷缭衡室讲诗杂记》在《文学》上发表。""昨天又在《觉悟》上看见曹聚仁给平伯先生的一封信。""以为通篇四章都是思妇自述，但终了他自己又不能自信其说！究竟古代妇人可不可以饮酒骑马？他还要'近日正在考查，待有端绪，再行奉告'。""今天俞先生叫我将彼写出来，""所以始终学着郭沫若先生也用我个人的直觉来考察。""我觉得，郭、俞、曹三人的解说，以曹先生的最为不可通。""据我的见解，……完全是征夫行旅的悲歌。""将他演绎成近体诗，或者足以明了些。"自述："俞平伯老师讲过《诗经·卷耳》，指导我研究《诗经》的路子。于是我找到一部方玉润的《诗经原始》，通读之下，豁然开朗，才知道古典文学研究的历史进程。"(《我治什么"学"》)

11 月

4 日 《我的名字和别署》始刊《最小报》，署名"施青萍"。

6 日 《最小报》续刊《我的名字和别署》："'拜芙蓉馆'咧，'哀芬室'咧，'绻慧室'咧，又造了许多。""那时我的名字已定为青萍了，我的意思，青萍是用的长行于薛下之门的故实。但有许多朋友，都还当我仍旧是从前寄萍的意思，其实我这些无聊思想早已没有了。我和父亲说起要取一个斋名，永不改变，而不落俗套的。于是他就给我取名'葱庐'，取萌动生长之意。而葱也是剑名，很能合'青萍'两字，于是我便决意将我的屋子名为'葱庐'了。'葱庐'之后，还有一个名字叫'红禅室'，这是上半年为《兰友》作《红禅记》而取，很觉得有些感伤。现在上海的书室，我便将他名为'蘋华室'。"

8 日 《红禅室漫记》始刊《半月》第 3 卷第 4 号，署名"施青萍";连载于 12 月 22 日第 3 卷 7 号、1924 年 3 月 5 日第 3 卷 12 号；又于 1924 年 2 月 18 日、6 月 24 日、6 月 27 日续刊《广州民国日报》(署名"青萍")。

9 日　在上海大学参加组织成立"青凤文学会",发出"青凤文学会成立启事":"我们也没有一定的组织;也没有章程,也没有什么宣言。我们只是很愉快地报告我们的同志道:'我们的青凤文学会从今天起成立了。'李灏、施蛰存、戴克崇、戴朝寀、叶黄叶、张豪同启。通讯处暂为:上海大学施蛰存转。"(《民国日报·觉悟》,1923 年 12 月 7 日)

10 日　《最小报》刊载 CCC 寄自香港《对于〈江干集〉中〈乡人〉一篇有所怀疑》:"施青萍的小说集,内容极丰富而有价值,我很佩服。不过在《乡人》一篇里,有几句叙土匪为患的说……,我觉得有点小小的意见。"

11 日　《在村教堂里》刊于《苏民报·徐勇》,署名"施青萍"。

20 日　《致马鹃魂书》刊于《最小报》,署名"施青萍"。

29 日　《世界小报》刊载《致姚民哀书》(署名"戴梦鸥、施青萍"):"梦鸥近来生病,所以《苏州的两日》,没有工夫做,累你和碧波久待,""现由青萍代催其早日作就。""苏党久无信息来,请你在《世界小报》上,作一函问问他们,为甚不和我们通信,菊高赓夔,我曾去过两信,有所讯问,迄未得覆,甚惑不解。"

秋冬　自述:"我最早受影响的是奥地利的显尼志勒。""到上海后首先接触的,便是这种心理分析的小说,它从对人深层内心的分析来说明人的行为,对人的行为的描写比较深刻,我学会了他的创作方法。""开始写的还是比较传统的短篇小说,稍稍有点法国派,稍稍有点俄国的契诃夫那种十九世纪的短篇小说。看了显尼志勒的小说后,我便加重对小说人物心理的描写。后来才知道,心理治疗方法在当时是很时髦的,我便去看弗洛伊德的书。当时英国的艾里斯出了一部 *Psychology of Sex*《性心理学》,四大本的书,对弗洛伊德的理论来个大总结和发展,文学上的例子举了不少。我也看了这套书。"(《为中国文坛擦亮"现代"的火花——答新加坡作家刘慧娟问》)

12 月

4 日 《世界小报》刊载姚民哀《编辑完了》:"施子青萍以其近作《江干集》惠示,披阅一二,便觉纸上精神跃跃,不特直追姚闻朱三先生前席,直已抉得畏庐精微要窍。最为余所钦佩者,看透万流同源,非但不强分新旧畛域,且从而调剂之。"

9 日 《朋友的书室》始刊《世界小报》,署名"青萍";又连载于 13 日、14 日。

10 日 《苹华室诗见——周南·卷耳》刊于文学研究会刊物《文学》(原名《文学旬刊》)"100 期纪念号"。自述:"平伯先生来主讲席,先生尝为文解'周南''卷耳',余亦撰文进一解,先生以为可,为发表于'文学旬刊'。""又尝讲词,甚推白石道人,余作惜红衣用白石原韵一阕,以就正于先生,有'眉岑隐离碧'语,先生以为佳,施密圈焉。又先生与许夫人时寓宝山路[永兴路,系西谛旧居],余尝一夕登楼奉谒,会电灯失明,先生遽入市购红烛归,即烛光下谈艺论文,乞二鼓而退。"(《贺俞平伯先生暨德配许夫人重圆花烛诗·跋》)

中旬 宗白华诗集《流云》由上海亚东图书馆初版。自述:"我冒着微雨去买到了一本。""我很记得那一天在冬日的斜阳临照着的宋公园的草坪上坐着读《流云》,这便是我第一次从第一首至末一首读它。还有一天在家里的小院中读《流云》,这便是

我第二次自首至尾的读它。经两次的细读之后,使我对于《流云》不觉得有些失望。"(《〈流云〉我见》)

31 日　《致姚民哀书》刊于《世界小报》,署名"青萍"。

年内　郭沫若译出《查拉图司屈拉钞》第一部全部和第二部一部分,在《创造周报》分 39 期连载,题名《查拉图司屈拉之狮子吼》。自述:"第一次将尼采介绍给我的,是二十年前的《民铎》杂志'尼采专号';第二次是郭沫若先生译的'查拉图斯屈拉如是说',即是登在《创造周报》上的。我读郭氏的译文,觉得不容易懂。但这不是不信任他的译文,也不是说郭氏译笔不好,而是仿佛觉得尼采这种文体没法子译成毫不走样的中文。尽管郭氏的译文,是如何忠实,是如何竭力求达,还好像毕竟与原文隔着一重纱似的。"(《尼采之"中国舞"》)

1924 年(甲子,民国十三年)　19 岁

▲4 月,印度作家、诗人泰戈尔在上海、北京等地演讲。
▲9 月,江浙战争(又称"齐卢之战")发生。

1 月

1 日　元旦。《对于新年之感想》刊于《时事新报》新年号专栏其十五,署名"青蘋"。

5 日　译作波斯诗人 Kabhl Gibran 散文诗《富豪》《大我 Greater galf》刊于《民国日报·平民》第 187 期,并有"附记":"以上两篇系从他另一散文诗集《先驱者》中译出,这两书的译本大

约可在明年青凤文学会出版。"

6 日 《圣诞华筵记》刊于《半月》第 3 卷第 8 号,署名"施青萍"。

7 日 上午与戴望舒等同学到四马路等处购物。自述:"在泰东书局里,买到了田汉先生刊行的《南国》,这是刚从印刷所里送来。""在大马路买了几张画片,即此选择画片的时候,几乎耽误了一句钟。"(《归家》)

同日 下午与戴望舒、王、赵同学结伴乘沪杭火车,回到松江家里过寒假。自述:"在车上谈笑得十二分欢乐,""那知蓦然间我望见了家乡的浮屠,于是我觉得不快活起来,因为他们三人都是到杭州去的,在车中至少还有三点钟好坐。"(同上)

18 日 《归家》刊于《时事新报·青光》,署名"青蘋"。

本月 《小说月报》第 15 卷第 1 号登载:"上海大学的青凤文学会,这会是在上海大学的几个青年的自由的集合,'互助着研究他们所爱的文学',将有《青凤季刊》一种,在今年出现;'丛书'也有几种已编好。"

2 月

5 日 春节。《彩胜纪》刊于《半月》第 3 卷第 10 号,署名"施青萍"。

6 日 《世界小报》登载姚民哀(署名"记者")《编辑完了》提及:"青萍先生之大稿已收到,敝报遵命改寄;梦鸥如何,祈示。"

19 日 始撰《新浪漫谭》。自述:"此时行李已理好,梅窗枯坐,得少佳趣,伸纸挥笔,得数则。忆文学上有浪漫主义,而后有新浪漫主义,则援此例。"

20 日 由松江家里返回上海大学,等待开学。

下旬 寒假期间上海大学校址迁至公共租界的西摩路 132 号,并租借对面新建的时应里部分房屋作为临时校舍。

3 月

2 日 《新浪漫谭》始刊于《世界小报》,署名"青蘋";又续刊于 3 月 8 日、12 日,4 月 4 日、10 日。

同日 《微光》旬刊登载小说痴《说林片集》,文中评论《江干集》中《创作馀墨》。

3 日 开学,升入中文系就读一年级下学期,并与戴望舒、叶秋原迁居学校附近的哈同路(今铜仁路)民厚南里。

约在期间 与戴望舒、杜衡等筹备组织文学社团"水沫社"。据秋山雨《黛丝·杜衡译法郎斯原作》记述:"在上海民厚南里的一角,我们几个人感于外国文学翻译之重要,与创作之必须,无组织的组织了一个集社,这就是'水沫社',题名者是施蛰存。""当时参与者,有施蛰存、叶秋原、杜衡、戴望舒、李大可等。"(《申报》,1928 年 4 月 3 日)据沈子成记述:"刘灿波及徐霞村,是稍后加入的。""'水沫'的意思,据施蛰存氏说,亦系取其微小之义。"(《记水沫社》)

4 日 《世界小报》始载金君珏《读〈江干集〉之后》,又续载于 5、6、7 日。据王寿富记述,《江干集》"大多以乡间农村为背境,暴露出农夫之可愚,乡绅之可恶,经他的老友金君珏逐篇加以短评"。(《提起施蛰存来》)

5 日 《答香港 CCC 君》刊于《最小报》,署名"施青萍"。

25 日 《世界小报》始载黄转陶《读施青萍〈江干集〉以后》,又续载于 27、28、29 日,4 月 1 日、5 日。

26 日 《世界小报》登载王天恨《读本报》提及:"读 3 月 12

日本报青颜君《新浪漫谈》……青萍梦鸥两兄久不通信,乞以寓址告。"

28 日　《创造周报》第 46 号刊载郭沫若复函:"施蛰存先生,小说稿已奉读,请把住址示我。"自述:"创造社同人居民厚南里,与我所居仅隔三四小巷。其门上有一信箱,望舒尝以诗投之,不得反应。我作一小说,题名《残花》,亦投入信箱。"(《浮生杂咏》)

月内　自述:田汉"每星期来上课一次,讲的都是西欧浪漫主义文学,没有教材,每次讲一个作家或作品,至今还记得他津津有味地为我们讲雨果的《悲惨世界》"。"我和戴望舒打听到他的住址,当晚就冒昧地去串门拜访","田老师看到我们上楼,一边热情地招呼我们,一边赶紧去床边放下帐门,原来田师母易漱瑜身子不舒服,已经上床睡了。我们很后悔来得太鲁莽,可是田老师却满不在乎,坐下来和我们聊天,绝没有憎厌的样子。过了几天,田老师创办的《南国》半月刊出版了","田老师自己单印了几十份,带到学校里来分送给同学"。(《南国诗人田汉》)

4 月

1 日　郭沫若乘船离沪赴日本。自述:"逡巡数日,始去叩门请谒。应门者为一少年,言郭先生已去日本。我废然而返。次日晚,忽有客来访,自通姓名,成仿吾也。大惊喜,遂共坐谈。仿吾言,沫若以为《残花》有未贯通处,须润改,可在《创造周报》发表。且俟其日本归来,再邀商榷。时我与望舒、秋原同住,壁上有古琴一张,秋原物也。仿吾见之,问谁能弹古琴? 秋原应之,即下琴为奏一操。仿吾颔首而去。"(《浮生杂咏》)

15 日　《最小报》登载王受生《记卡党大会》:"得卡党通知书,云开大会于姑苏。""入座后,推青萍君为主席,青萍辞不就。

众坚请之,乃含笑起立,作一短宣言。"

18日 《西泠幽梦录》刊于《半月》第 3 卷第 15 号,署"蘋盫"。

中旬 印度作家、诗人泰戈尔来到上海讲学。自述:"当时就买到了他自己译成英文的诗集,《吉檀迦利》和《园丁集》。对于这种东方式的散文诗,我感到很有兴趣。"(《泰戈尔〈爱人的礼物〉译者前记》)

下旬 因病而休学,返回松江家里休养。

5 月

5日 《卖艺者》刊于《工商学报》第 2 期,署名"施青萍"。文末编者按:"施青萍先生……平时对于社会职业问题,极为注重。此篇旨趣,盖感叹生活之难也。"

中旬 病愈返沪,仍往上海大学新校舍复课。

23日 晚上写讫《〈流云〉我见》。

6 月

10日 《世界小报》登载胡亚光《偶忆录》:"兰社的社友,新近有大半不做小说了。""只有马鹃魂、施青萍俩,仍就不改常度。"

13日 《奇文评注·阿拉宁波——商校十周年纪念的演讲辞(洪允祥)》刊于《民国日报·觉悟》,署名"青萍",并有"附注":"这篇东西是我回到学校后追述出来的,当然有些遗漏的地方。但自信对于洪先生的原意决没十分谬误,不过追述得较洪先生的演讲略有点系统罢了。"

7 月

18 日　《世界小报》刊载王天恨《新浪漫谈》提及："谓仍在上海大学。""今读青萍致民哀书,知将返云间。"

26 日　《世界小报》刊载"胡亚光启事":"青萍兄,大著蒙允赐,感感。返松后,乞时赐教为快。"

月内　自述:"于吾友浦[江清]生案头,见鹣雏先生诗稿《搬薑集》一本,假归咏读。以战事起,忽忽便璧赵,但摘录数首。"(《慧室残记》)

8 月

8、9 日　《〈流云〉我见》(未完)连载《时事新报·学灯》第6卷第8册。自述:"我当时实在不知道宗先生就是《学灯》的编者,否则我一定不会向《学灯》投稿,因为这篇评论并不完全是恭维的。"(《喜读〈三叶集〉》)

中旬　与戴望舒迁居哈同路民厚北里。自述:"既迁入,始知为左舜生宅,亦国家主义刊物《醒狮周报》编辑处也。左舜生居楼上,曾琦居前厢房,其后厢房即我与望舒所赁,仅隔一板壁。每星期日,'醒狮'同人毕集,田汉亦来。皆湖南人,发声洪亮,畅言无忌。我与望舒侧耳听之,常闻妙论。"(《浮生杂咏》)

本月　戴望舒进入震旦大学法文专修科特别班。杜衡仍在南洋中学就读。叶秋原远赴美国留学。张天翼考入上海美术专科学校。

9 月

月初 转入校址位于上海南车站路的大同大学三年级求学,与周煦良、王耘庄为同学,专读英国文学。

月内 江浙战争(又称"齐卢之战")发生。自述:"战争影响了交通,上海的米价猛涨着,人们都惴惴不安,工厂里开始罢工。"(《米》)"余避居上海,夜行静安寺路,成一戏句:'亭亭璧上月依依,大纛孤军有冷辉。深夜流入锦城去,却焰银街舞女归。'"(《无相庵随笔》)

10 月

上旬 因江浙战争,受父母之嘱赶赴杭州,把正在杭州女子师范学校读书的大妹绛年接回松江家里避乱。自述:"因为客车为兵车所阻,到城站时已在上午 3 时,霜风凄紧,人心惶惶,那时乘着一辆人力车去投奔亲戚家,站在门外敲了一小时门的境况。"(《玉玲珑阁丛谈》)"我乘夜车到杭州去接大妹回家,火车到站也在后半夜,因为戒严不能通行,遂在一家卖豆浆店里吸豆浆等候天明。"(《适闽家书》)

11 月

11 日 《时事新报·青光》"无线电话"登载:"王受生,请速以通信处通知施青萍君。"

月内 与戴望舒再迁回哈同路民厚南里租居。自述:"左舜生的太太脾气很不好,我们在她家里住不到半年,就迁居民厚南里。"(《怀孔令俊》)"张闻天居前楼,健尔居后楼。健尔亦上海大学学生，我与之善，因而得识闻天。闻天正在泽科洛连科之《盲音乐师》，每晚伏案振笔。有一晚，我方登楼，即闻前楼闻天惊叫。趋之，则煤油打气炉倒翻，滚入床下，火熊熊欲烧及床下书籍报纸。我与健尔急为移床扑火，幸而即熄。是夕，闻天不再译书，三人同出至静安寺散步，以资压惊。"（《浮生杂咏》）

12 月

26 日至 31 日 《谈斩龙遇仙记》连载于《时报》，署名"施青萍"。自述："电影院正在放映德国乌发公司摄制的《斩龙遇仙记》，我写了一篇影评投给李涵秋。"（《报纸的副刊》）

1925 年（乙丑，民国十四年） 20 岁

▲5 月，五卅反帝爱国运动在上海爆发，迅速席卷全国。
▲10 月，浙奉战争发生。

1 月

1 日 元旦。作诗《寄秋原美洲》。

2 月

下旬 就读大同大学三年级下学期，并迁居该校宿舍。自述："转到大同大学读英文，在叶上之、胡宪生老师的指导下，读了司蒂文生的散文《骑驴旅行记》和沙克莱的小说《亨利·爱思芒》。同宿舍的同学有许思玄，读英国文学书甚勤奋，我和他对

床而坐，颇受他的影响。"(《我治什么"学"》)

月内　戴望舒仍在震旦大学攻读法文。自述："我在大同大学读三年级，杜衡读五年制的南洋中学刚毕业。三个人一合议，决定过一年一起去法国。杜衡家道丰裕，我的家庭是小康经济。三人一起去法，我和望舒在经济上有困难时，可以依靠杜衡。"(《震旦二年》)

3 月

9 日　《世界小报》刊载《王受生致施青萍的小简》："烽烟暂息，足下是否避沪。前上一柬，未卜已达否，甚以为念。""见小笺，请即示以近状，梦鸥恕不另候。"

22 日　《施青萍致姚民哀书》刊于《世界小报》，言及"去秋军兴以来，迁徙沪渎，迄未返里一次。破春而后，家人都已归里，而弟仍肄业在申，沉湎典籍，故未遑致消息于师友，而于载笔诸同志方面，尤多膜阂。昨日家严自松来申，谓尊处《世界小报》依然每三日寄松一份"。"受生近有消息否？昨岁曾与一晤"。此期还刊有《附姚民哀覆书》。

26 日　《世界小报》登载姚民哀《编辑完了》："本报投稿诸彦，皆为记者所钦佩，而金君珏之学程善之、施青萍之学姚鹓雏，尤为心折。二君久已乏信，正拟去函询候起居，越昨青萍有书至矣。最奇者，青萍函询王君受生起居，而王君之书，亦同时递到。"

29 日　诗作《绮席》刊于《世界小报》，署名"眉子"。
30 日　诗作《幽情》刊于《世界小报》，署名"眉子"。

4 月

1 日　诗作《忍俙》刊于《世界小报》,署名"眉子"。

2 日　诗作《登临念湘波即寄白门》刊于《世界小报》,署名"眉子"。

11 日　《世界小报》登载《附姚民哀复金君珏书》谈及:"青萍现在大同肄业,公如通函,可书'上海南车站大同大学施蛰存',前者施子函示,云取消'青萍'二字,改用'蛰存'或'眉子',希注意。此君具斯学问,而尚如此孳孳求学,可钦亦复可羡。"

20 日　《云间眉子施蛰存致金君珏书》刊于《世界小报》。

22 日　《云间眉子施蛰存致王受生书》刊于《世界小报》。

26 日　《云间施蛰存致姚民哀书》刊于《世界小报》。

5 月

7 日　《弃家记》刊于《半月》第 4 卷第 10 号,署名"施青萍"。

11 日　《世界小报》刊载《金君珏致施眉子书》。

16 日　《奉金君珏书,眉子拜上》刊于《世界小报》。

19 日至 21 日　《慧室残记》连载《世界小报》,署名"眉子"。

30 日　震惊中外的"五卅惨案"发生,参加五卅运动。自述:"我所识有朱义权,五卅运动中死于南京路。刘华指导纱厂工人斗争,亦以身殉,我至今悼念之。"(《浮生杂咏》)据杨之华记述:"目击五月卅日南京路之惨案,遂使他们[施蛰存、戴望舒、杜衡]'走到十字街头',从事革命工作。"(《文坛史料》)

6 月

1 日 梁溪图书馆初版曹聚仁编纂《卷耳讨论集》,内收《蘋华室诗见——周南·卷耳》。

7 月

中旬 放暑假,即返回松江家里。

28 日 《施青萍致姚民哀书》刊于《世界小报》,落款署"弟蛰存顿首"。

8 月

12、13 日 译作比利时 Maurice Maeterlinck《室内 Interior》连载《时事新报·学灯》第 7 卷第 8 册。

14 日至 18 日 《眉庵纪闻》连载于《世界小报》,署名"眉子"。

15 日 下午在松江图书馆参加新松江社成立大会,并正式加入该社,投入社务活动。自述:"我们这一些人,有的已在本乡服务,有的尚在外埠读书,因为受了'五四'运动的洗礼,每逢寒暑假,休息的休息,回里的回里,彼此在闲谈之中,发愿想在本乡中做一点灌输新文化的事业。"(《新松江社落成小言》)

9 月

月初 在大同大学升入四年级。自述:"在大同大学的文艺书很贫乏的图书馆里,我选抄过一部《世界短篇小说选》,这是我当时最得意的工作。"(《我的创作生活之历程》)

本月 据孙宗塑记述:"邑人钱江春先生捐资创办私立松江初级中学。"(《"县中"之过去与现在》)

10 月

月内 经戴望舒介绍,结识震旦大学刘灿波(呐鸥)等学生。自述:"望舒结识了两位朋友,一位是梁鋆立,他白天在震旦大学读法文,晚上在东吴大学法科读法律,还兼了中华书局的英文编辑。""一位是刘灿波,他自己说是福建人,其实是台湾人。""望舒和这两位同学,天天在一起,跟樊国栋神父(Père Tosten)读法文,课馀休息时,大家谈文学。梁鋆立谈英美文学,刘灿波谈日本文学。当时在震旦本科读书的有李辛阳、杨琦、孙春霆(晓村)、樊华堂、陈志皋,也都成为望舒的好友。"(《震旦二年》)

11 月

1 日 续写日记,为时两个月。自述:"艺学社监制的毛边纸稿本,每页十行,我记得当时曾买了两本,""蓝的那一本上专记些典故或摘录些自己欣赏的好句,所以题名叫做'座右漫录'。红的这本是日记,封面上题着四个蹩脚北魏体字:'残年日记'。底下还标明着:'十四年 11 月 1 日至 12 月 31 日。'这是分作两行写的。这本日记似乎记得很勤,因为其中只失记了三四天,而这三四天也是为了随父母到杭州去而停辍的。""在大同大学读书的时候,生活非常单调,环境又不好。""记事的地方很少,而记思想的地方却较多了。"(《我的日记》)

7 日 日记:"同舍许君今天买回了一本《小说世界》(12 卷 2 期),其中第一篇却颇有意思。该篇题名《未嫁》,系署名'春野'

君所作。读后颇有些回味。""那篇小说的描写艺术方面也并不好,但是我之所以说它好者,因为作者的情绪之体会,竟使我读后登时起了强烈的共鸣。即此一点,它使我充分地愉快了,不禁也悠然地回到我的'记忆之国'里去了。"

13 日 《艺事杂纪》始刊《锡报》"小锡报"副刊,署名"施青萍";又续刊于 18 日、19 日、22 日。

12 月

6 日 日记:"今日在闸北有市民大会,不知召集之团体何名,但知其目的为倒段而已。此时倒段,殊为根本滑稽,盖自郭李倒戈去张而后,老段地位根本摇动矣。从而呼号以倒之,岂非俗所谓打落水拳头哉,不武也。"自述:"我对于时事的关心,并且还下批评,似乎也是这时候开始的。"(《我的日记》)

月内 与戴望舒、杜衡等人又组织文学社团"璎珞社",并筹备社刊《璎珞》,为 32 开 16 页旬刊,每期四分之一张报纸。自述:"这是我们办的第一个新文学同人小刊物。"(《震旦二年》)据杨之华记述:"《璎珞》旬刊便是他们从事文艺工作的第一声。"(《文坛史料》)据沈子成记述:"施蛰存氏告诉我,'璎珞'的取名,系采微小珍贵之意,璎珞本系古代珠玉连成之珍贵颈饰。"(《记水沫社》)据赵景深回忆:"戴望舒、施蛰存和杜衡,也是彼此非常要好的,所以我称之为文士三剑客。这文坛三人以前曾自费刊行过一种刊物,名叫《璎珞》,在形式方面很美观,我猜想这或许是蛰存最初的尝试。"(《文士三剑客》)

本月 《大同大学第二十八期同学录》(民国十四年十二月)记载:"姓名:施德普。学号:3822。字:蛰存。年岁:21。籍贯:浙江杭县。通信处:江苏松江城内县署南。"

1926年(丙寅，民国十五年) 21岁

▲7月，国民革命军正式开始北伐。

▲8月，章锡琛等人在上海正式宣布开明书店成立。

1月

1日 元旦。续写日记。自述："我的第三本日记是从民国十五年一月一日至四月七日，用的是商务印书馆的'国民日记'。"(《我的日记》)

10日 《东方杂志》第23卷第1号始载夏丏尊译日本田山花袋《绵被》。自述："觉得很受启发，这是一篇东方气息很浓重的小说，和欧洲作家的短篇小说完全不同。"(《我的第一本书》)

3月

上旬 仍在大同大学求学，新学期开学就读四年级下学期。

17日 与戴望舒、杜衡合编《璎珞》第1期出版；署名"安华"为创刊号作《序文》："我现在的心情也仿佛如司蒂文生的怕替他一本小小的内地旅行记作序一般的不宁。但同时，我也采取了他智慧的意见，以为作者之于序文，仅可对读者一句话也不说；然而他很谦和地将他的帽子除下了执在手中，在小廊边现身给他的读者，这回事却是必须的。我现在，所以，敢代表我们许多朋友在这里现身，将这个小旬刊介绍给我们友善的读者。"

27日 与戴望舒、杜衡合编《璎珞》第2期出版；刊有其作

《春镫》(后改题《上元灯》),署名"安华"。自述:"我把自己的创
作生命从 1926 年算起,因为《上元灯》这一篇作于 1926 年,到
1936 年因抗日战争而封笔为止,足足十个年头。我淘汰了《上元
灯》以前的一些太不像样的作品。"(《十年创作集·引言》)

月内 自述:"刘灿波(呐鸥)本来不住在校舍内,他和一个
在上海商学院读书的同乡一起,在霞飞路尚贤堂租了一间楼房
住着。特别班结业后,他还住在那里,我和望舒常在晚上去看
他。"(《震旦二年》)"戴望舒、杜衡、刘呐鸥和我同在一起搞文艺
活动,给自己的一群人起了一个社名,叫做'水沫社'。"("我参加
过的党、团、集会")

4月

7 日 与戴望舒、杜衡合编《璎珞》第 3 期出版。

17 日 与戴望舒、杜衡合编《璎珞》第 4 期出版;刊有其作
《周夫人》(署名"安华")。自述:"在自办的刊物上发表了上述的
两个短篇[《春镫》《周夫人》]以后,写小说的心在我胸中蠢动起
来了。"(《我的创作生活之经历》)

又 该刊在印行总 4 期后即告停刊。自述:"我们三人的
诗、散文、译文,都发表在这里。"(《震旦二年》)据杨之华记述:
"《璎珞》旬刊小得有些可怜,仅是 32 开小本样的刊物,而又以作
者均系青年,所以销路甚为不佳,只出了三[四]期也就夭折了。"
(《文坛史料》)

5月

2 日 《街车随笔》刊于《文学周报》第 223 期,开始"转向新

文学"的散文作品之一。

30 日　译诗《安纳克郎短歌四首》刊于《文学周报》第 227
期,署名"蛰存"。

6 月

下旬　学期结束,因大同大学重数理学科,轻文史学科而
"无可师者",遂决定退学。

7 月

上旬　因欲去法国自费留学,与杜衡进入震旦大学法文专
修科特别班攻读法文,并与戴望舒、杜衡合住校内学生宿舍,系
四人一间的寝室。自述:"望舒为了等候我们,升入震旦大学法
科一年级。"(《震旦二年》)据杨之华记述:"施蛰存、戴望舒、杜衡
和刘呐鸥四人正在震旦大学的法文班读书,在他们四人之中,施
与戴同一班,杜与刘又同一班。他们投入震旦唯一的目的,是准
备将来留学法国。"(《文坛史料》)

8 月

26、27 日　译作华逊(John B. Watson)《行为论是什么?》并
"译者记"连载《时事新报·学灯》。"译者记"写到"我想此文对
于我们要了解行为论的人是颇有些帮助,故敢于把它译出来"。

下旬　浦江清由吴宓推荐赴北平,进入清华学校研究院国
学门,担任陈寅恪助教。自述:"他进清华大学后,我希望他参与
西方学者的汉学研究,做些像冯承钧那样的工作。然而他不走
这条路。"(《浦江清杂文集·序言》)

月内　经在上海大学就读时的同学陈均介绍,与戴望舒、杜衡加入中国共产主义青年团和国民党,参加宣传革命的地下工作。自述:"在震旦大学加入共青团(C. Y.),又由团组织布置加入国民党为党员。"("我参加过的党、团、集会")"这件事是望舒开始联系的。""解放以后,屡次审查我的政历,要我交代谁是我们入团的介绍人。可是望舒已去世,我无法说明,但仿佛是一位上海大学的同学陈均。""不久就每人领到一张国民党员的党证。""共产党另外有领导机构,在卢家湾一带,我们曾到西门路,白莱尼蒙马浪路(马当路)一幢里弄民房中去开过会,每次都到了一二十人,各不相识。这两处地方,大约是团部所在。关于团员工作的一切通知,都是由一名交通员送来的。这个交通员是一个伶俐的青年,他会神不知鬼不觉的出现在我们寝室门口,悄悄地塞给我们一份通知,一份简报,或一叠要我们散发的传单。我们接到了散发传单的任务,便在一个晚上八九点钟,三人一起出去散步。在辣斐德路(复兴中路),马斯南路(思南路),吕班路(重庆南路)一带,一个人走在前,留神前面有没有巡捕走来;一个人走在后面,提防后面有人跟踪。走在中间的便从口袋里抽出预先折小的传单,塞入每家大门上的信箱里,或门缝里。有时到小店里去买一盒火柴,一包纸烟,随手塞一张传单在柜台底下。"(《震旦二年》)

9 月

　　1 日　《时事新报·学灯》刊载:施蛰存、李苊甘等"诸君鉴,八月份辱惠大稿,谨备薄酬,请于 9 月 6 日起具条盖章,迳向本馆会计处收取"。

　　月内　开学,与戴望舒、杜衡在樊国栋神父的严格训练之下苦学法文。自述:"他正在把中国古代散文或唐诗译成法文,知道我和杜衡的古文知识比别的学生高,给我们布置的每周作业常常是要我们把一篇古文译为法文。记得我译过的有《阿房宫赋》和李白的几首《古风》。樊神父的中文虽然不坏,但到底是个外国人,不容易了解汉字的许多用法。他把李白诗'徒此挹清芬'的'徒'字译作'你的学生'。他拿出译文给我们看,我们指出了这一错误,并告诉他这个'徒'字是'徒然'的意思。由此,他每星期分配我们译一篇古文古诗,利用我们的译文,为他自己的译文加工润色。"(《震旦二年》)

又 自述:"随即便爱上了法国诗,从龙沙、维雄到雨果,似懂非懂地乱读了一阵。"(《我治什么"学"》)

约在期间 自述:"陈志皋是震旦大学同学,他和戴望舒同级。1926年我进震旦大学特别班后,因戴望舒而认识他。但当时只是在饭厅里见面,彼此招呼,或随便谈几句话。"("关于陈志皋和《世界与中国》")

11 月

10 日 刘灿波(呐鸥)致戴望舒函谈及:"昨天晚上你们走了之后,我一个人无聊得很。听着窗外的微雨,好像深埋在心底里的寂寞一齐流涌出来似的,再也忍不住,我只得戴了帽子,冒着小雨,径往卡尔登戏院那边去了,他们所映的是 *A Waltz Dream* 一片。""我希望你们去卡尔登走一趟,那片是昨天起映五天,你们礼拜六下午有课吗?"

12 月

中旬 与戴望舒、杜衡租居天文台路兴业里 15 号。自述:

"震旦大学学生中有了三个政治派别。我们这一边，人数似乎最少。由于各小组互不打通，我也不知道当时震旦大学有多少共产党团员。但是尽管如此，好像我们已被注意了。我们的寝室一共住四个人，我和望舒、杜衡外，还有一个苏北人，姓孙，也是特别班学生。""一天，我们发现每个人的抽斗都被翻乱了，枕头、被褥，也有凌乱的迹象。肯定是被检查过了。当时，那姓孙的不在室内。不久，他回来了。一坐下，就开他自己的书桌抽斗，一只，两只，乱摸了一阵，就叫起来：'谁来翻过我的东西啦？'于是他问我们。""彼此都是受害人，证明我们的东西不是他私翻的。可是，我们还是提高警惕。""在天文台路一个里弄内，有一座两楼两底的石库门房子，""门口贴着'招租'条子。我们到经租帐房去一问，房租不贵，每月只要 24 元。""其时学期已将结束，我们以回家度寒假为理由，从宿舍里迁入这幢房屋的楼上厢房。厢房挺大，我们每人买了一床、一书桌、二椅子，还合资买了一只圆形茶桌，两个竹书架，以及其他一些日用家具。""整幢房屋还有三大间空着，外加灶披间。""我们在大门上及里弄口，贴了一个'馀屋分租'的条子，""空房始终租不出去。"(《震旦二年》)

1927 年(丁卯,民国十六年)　22 岁

▲2 月,创造社等开始倡导无产阶级文学运动。

▲9 月,沈雁冰用笔名"茅盾"在《小说月报》发表《幻灭》。

1 月

3 日　按刘呐鸥日记:"下午,坐在房里整理书籍,等戴君不

来。""与等和戴君谈事的心急,有些紧张吧!戴君们因为加入国民党,三个人都被学校开除了。听说现在在天文台路租了间房子住着哪。"

4日 按刘呐鸥日记:"晚上,戴君,同到天文台路他们新租的房子去,谈谈'书社'和'旬刊',到11点才回来。"

18日 按刘呐鸥日记:"晚饭后看'大厦'和'持志'的比赛去。""回来的时候,戴君与施君来,讲了好久关于旬刊的事才别了。一、小刊物的名字;二、译初夜权的一件;三、译现代日本短篇;四、译日本名著;五、多做小文字;六、画画图。"

19日 按刘呐鸥日记:"饭后到天文台路去,杂志定名《近代心》了。"

26日 按刘呐鸥日记:"寂寞极了,想去找戴们,可是刚到街上时,就看见他们来,在室里谈了一个晚上。"

28日 按刘呐鸥日记:晚上"恰巧戴们来找我"。

约在期间 仍居天文台路兴业里15号。自述:"在弄外马路口碰到松江同乡钱江春,""江春了解我们的情况后就说,有人在组织松江同乡会,正要找一间会址。过几天,他介绍了一个人来联系,租下了我们的楼下厢房一大间。当晚,这个人就把床板铺盖搬进来,住在那里。此后一二天,看见他搬了两张长桌和几只条凳进来,显然是开会用的。又过了几天,后门上贴了一个纸条,写着'松江同乡会通信处'。我心中纳罕,我是松江人,为什么不来请我加入同乡会?而且钱江春也不来。楼下厢房里经常有人出入,有时有十多人的声音。""一天下午,我从外边回来,在后门口碰到一个人刚闪出来。一看,是侯绍裘。彼此都是熟识的,不能不打个招呼,寒暄几句。绍裘说:他知道我在楼上,不过因为事忙,还没有时间上楼去看我。松江同乡会还在筹备,将来开大会时一定来邀我。当时,我知道他和党有关系,却不知道他的活动情况。他不知道我是共青团员。""岂知这是我最后一次见到烈士侯绍裘,直到1928年,我才知道当时我们楼下的'松江同乡会',实在是柳亚子和侯绍裘主持的江苏省党部。这时已及阴历年底,表面上,上海人家正在忙于过年,但蒋介石率领的国民革命军已在向杭州推进。"(《震旦二年》)

31日　除夕,离开上海回到松江家里过年。按刘呐鸥日记:"跑到天文台路去找他们不着,门锁起来,恐怕回家里松江、杭州过年去了。"

2月

16日　北伐军逼近松江,使得水陆交通断绝,沪杭火车及县城至各乡镇的航船相继停驶。过完春节后,只能滞留家里。

19日　按刘呐鸥日记:"杭州失守,孙军退到松江。"

3月

4日　《纪村教堂之行》刊于《紫罗兰》第2卷第6号,署名"施青萍"。

8日　按刘呐鸥日记:"看施君的短篇小说《红衫》,还不服出幼稚之域。晚上戴君来。"按:此后将《红衫》改为《娟子》发表。

21日　国民革命军第26军第2师从浦南方向由东门进入松江县城。自述:"我在松江迎接国民革命军。"(《震旦二年》)

23、24日　写讫《书相国寺摄景后》(甲、乙)。

下旬　铁路交通恢复后,才来到上海。自述:"一到上海,才知望舒和杜衡,曾被逮捕,在嵩山路巡捕房关了两天,几乎引渡到龙华,被军阀枪毙。""学校在延长寒假,我们和党团已经失去联系。陈志皋是消息灵通的人,他来通知我们,暂时不要出门,也不要到学校里去,因为他知道望舒、杜衡的被捕,与震旦大学某些国民党右派学生有关。我们三人虽然住在校外,但一日三餐,都是到大学食堂里去吃的。这样一来,就不敢再去食堂就餐,只好到附近小饭店去吃饭。"(同上)

4 月

10 日 按刘呐鸥日记:"去看施君们。"按:刘呐鸥接到台湾家里的电报,称其祖母病危,要他速回家。

11 日 按刘呐鸥日记:"晚上整装",戴、施等人来访。

12 日 刘呐鸥离开上海返回家乡台南新营。按刘呐鸥日记:"船八点半开,有邱、翁、戴、施诸君来送行。"

同日 "四·一二"事变发生。自述:"我们楼下的松江同乡会,已经没有人了。陶尔斐斯路的国民党左派党部已被捣毁。震旦大学的国民党右派气焰嚣张,在校内外张贴反共标语。在一片恐怖的环境中,我们觉得不能再在上海耽下去。于是作出散伙回家的计划,卖掉家具什物,付清房租。"(《震旦二年》)"这一天结束了我的学校生活,也结束了我刚才开始不久的政治生活。"(《文艺百话·序引》)

中旬 随即再撤离震旦大学校舍,暂时先隐避于亲友家。自述:"各工厂、各大学中均有国民党右派工人及学生,指引暴徒,绑架或袭击所谓'共党分子'。我与戴望舒、杜衡均为共青团团员,在白色恐怖中,仓皇离校,匿居亲友家。"(《浮生杂咏》)

下旬 自述:"我回到松江家里,望舒和杜衡,也回杭州老家。"(《最后一个老朋友——冯雪峰》)"我归松江后,隐居小楼

上,杜门不出。每日阅上海报纸,慨叹时事。思想紊乱,渐觉过去种种,都无是处。"(《浮生杂咏》)

5 月

15 日 《赚画趣谈》刊于《申报·自由谈》,署名"蛰"。

23 日 《记诗丐》刊于《申报·自由谈》,署名"蛰"。

27 日 《溥仪之滑稽语》刊于《申报·自由谈》,署名"蛰"。

下旬 自述:"杭州有风声鹤唳、草木皆兵的形势,望舒和杜衡感到家居非安全之计,就到我松江来暂住。我家里有一间小厢楼,从此成为我们三人的政治避难所,同时也是我们的文学工场。我们闭门不出,甚至很少下楼,每天除了读书闲谈之外,大部分时间用于翻译外国文学。记得最初的几个月里,望舒译出了法国沙都勃易盎的《少女之誓》,杜衡译出了德国诗人海涅的《还乡集》,我译了爱尔兰诗人夏芝的诗和奥地利作家显尼志勒的《蓓尔达·迦兰夫人》。"(《最后一个老朋友——冯雪峰》)

本月 始译意大利卜迦丘《十日谈》等。

6 月

8 日 《异茧》刊于《申报·自由谈》,署名"蛰"。

月内 经朋友介绍,结识画家洪野(禹仇)。

7 月

2 日 按刘呐鸥日记:"写信两张,一给蛰存说寄书去,稿子和下半年我的行动。"

上旬 江苏省立第三中学改组,分为松江县立女子中学和松江县立(联合)中学。应友人陆宗蔚介绍,开始参与筹备松江县立中学的建校工作,临时月薪40元。

16日 洪雪帆、张静庐、卢芳在四马路重新开办现代书局。据杨之华记述:"施蛰存把他要办一个文艺杂志的计划写信去询问光华书局的老板张静庐。"(《文坛史料》)据沈子成记述:"及后他们又联络周颂棣、姚蓬子、冯雪峰、潘训,向新创的现代书局接洽欲发刊一本文艺杂志,但此事及后因环境及事实上之困难,终告吹了。"(《记水沫社》)

8月

2日 《申报·本埠增刊》刊载:"江苏省教育协会秘书陆宗蔚,昨日下午2时与冯应世女士,结婚于民国路浸会堂,由曾牧师证婚,前往观礼者有40馀人。婚后陆君又设席于远东饭店。""陆冯此次婚事,闻系由施蛰存,宋育勤介绍,陆君毕业复旦大学,冯女士为松江景贤女中高材生。"

20日 诗作《明灯照地》刊于《现代评论》第6卷第141期。自述:"我刚从牛津大学出版部买到了英译本的《海涅诗选》,它对于我的诗格也起了作用,这两首诗[《明灯照地》《古翁仲对话》]便是当时的代表作了。在短短的努力于诗的时期中,我也曾起了一点转移。我吟诵西洋诗的第二阶段是司宾塞的《催妆诗》及《小艳诗》,莎士比亚的十四行诗。我曾读了《催妆诗》的全部,又曾用Spencerian Stanza的脚韵法做过一首较长的诗,题名《古水》。"(《我的创作生活之历程》)

下旬 与戴望舒、杜衡前往开明书店,以《黛丝》(杜衡译)、《少女之誓》(戴望舒译)书稿相投。自述:"找到了闸北宝山路宝山里内一幢半西式的屋子,门口挂着一块小招牌:开明书店。""赵景深,他当时是开明书店的编辑,专管审阅文稿,也兼做校对工作。""我们闲谈了一阵,把两部译稿留下,就分别了。大约不到一个月,收到景深的信,通知我们,两部译稿都可以接受出版。""我们就计划编一套同人性的译文丛书,定名为'彳亍丛书',寓独行无伴之意,两部译稿就作为这个丛书的第一、二种。"(《怀开明书店》)据沈子成记述:"该丛书的版权页上,亦印有水沫社字样,此可为水沫社最初与世相见。"(《记水沫社》)

又 据赵景深回忆:"最初我是与蛰存相识的,从此我便因蛰存的介绍而认识杜衡和望舒,时相往来,成了朋友;我所编的《文学周报》也常请他们帮忙。"(《文士三剑客》)

9 月

1 日 始任松江县立中学国文教员,月薪 70 元,与侯砚圃、洪野为同事。自述:"做了五个月亡命之徒,去到一个中学做语文教师,依赖我的语文知识谋生活命。"(《文艺百话·序引》)据张炳铎回忆:"县立中学在城南创立时,我和原省三中同学陆印泉、吴光贤等多人即转学县中继续学习。当时校长蔡默,教务主任孙宗堃,训育主任是女同学陈逸寰的父亲陈秋实[先生妻舅],初一班教国文的是施蛰存老师。"(松江一中《校友》,第 13 期)

6 日 《申报》刊载《清党委员会宣布共产党名单》,由国民党上海市特别清党委员会"经本会严格审查,确为共产党徒",其中"(六)震旦大学,有 C. Y. 嫌疑者施安华[蛰存]、戴克崇[杜衡]、戴朝寀[望舒]"。自述:"我入团时用笔名'安华',故松江人无知者。"(《浮生杂咏》)"雪峰曾希望我们恢复党的关系,但我们自从四·一二事变以后,知道革命不是浪漫主义的行动。我们三人都是独子,多少还有些封建主义的家庭顾虑。再说,在文艺活动方面,也还想保留一些自由主义,不愿受被动的政治约束。雪峰很了解我们的思想情况,他把我们看作政治上的同路人,私交上的朋友。"(《最后一个老朋友——冯雪峰》)

10 日 作讫新诗《古翁仲对话》。

11 日 刘呐鸥由日本乘船回到上海。按刘呐鸥日记:"写信给松江施君。"

15 日 按刘呐鸥日记:"得施君覆信,说现在在松江当中学教员,上海不来了。"

18 日 按刘呐鸥日记:"施君来访,携同一个 Returned student(美)叶君秋原,现在在《申报》编辑部,也在上海艺术大学教书,满是杭州话,约过几天去找他。近晌午回去。"

23 日 按刘呐鸥日记:"接到戴君由松江寄来的快信,说今晚要找我,他是要到北京去的。""回去时,恰好戴君来,谈到 11 点才去,决定同他到北京去。"自述:"望舒对这样孤寂的隐居生活感到有些厌烦,决计到北京去玩一趟。他要我和杜衡同去,我因为正在参加松江联合中学的筹备工作,走不掉;杜衡只想等形势缓和一些,回杭州去,因此也无意北游。"(同上)

28 日 戴望舒、刘呐鸥结伴搭乘太古轮船公司阜生号离开上海,前往威海卫。

10 月

2 日 戴望舒、刘呐鸥抵达北平。戴望舒结识多位文学朋友,先生也逐渐与他们相识。自述:"他认识了一群正在开始写作的文学青年,他每次来信,都提到几个新交朋友的名字,其中就有姚蓬子、冯至、魏金枝、沈从文、冯雪峰等;莽原、沉钟两社的人,差不多都认识了。丁冰之(丁玲)是上海大学同学,本来认识

的,这一回又在北京遇到,由丁冰之而认识了胡也频。"(同上)

8 日 新诗《古翁仲对话》刊于《现代评论》第 6 卷第 148 期。

11 月

约在期间 据陆印泉回忆:"我在松江县立中学读书时,他任语文教授,教授胡适之、徐志摩等人的文章。他的三个妹妹绛年、咏沂、灿衢先后都与我同学。我常到施老师家里去玩,他住在父亲施亦政所开设的袜厂内,卧室在二楼。"(《再谈施蛰存》)

12 月

6 日 戴望舒、刘呐鸥由北平返回上海。自述:戴望舒"先在杭州家里住了几天,觉得生活无味,又到松江来住。跟着,冯雪峰寄给望舒的信,经常寄到我家里","雪峰的来信中,有时就用'你们',可知那时我们和雪峰已有神交了"。(《最后一个老朋友——冯雪峰》)

17 日 按刘呐鸥日记:"戴、施们由松江来,幸今朝起得太迟,没有去。"

下旬 自述:以宋赵长卿《探春令·早春》"此词歇拍三句制贺年简,以寄师友。赵景深得而喜之,志于其文"。(据自制贺卡)"这首《探春令》词,向来无人讲起。二十年代,我用这首词的最后三句,做了个贺年片,寄给朋友,才引起几位爱好诗词的朋友注意"。(《赵长卿〈探春令〉赏析》)

月内 开始参与编辑"萤火丛书"数种,由光华书局等先后印行。据沈子成记述:"与现代书局接洽之刊物,又不克如愿实现,他们不甘寂寞,乃与光华书局接洽出版丛书,定名为'萤火丛

书',都是翻译西洋作品,出版了好多种。"(《记水沫社》)

本月 为戴望舒翻译法国古弹词《屋卡珊和尼各莱特》出版作"序言":"望舒译作弹词是很确切的,因为它简直和我国的弹词,不仅在体裁这方面,便是性质也完全一样的。""我相信望舒用纯朴的文句将它移译过来,绝对保留着本来的质素的面目。"

1928年(戊辰,民国十七年)　23岁

▲1月,创造社、太阳社与鲁迅开展关于"革命文学"的论争。
▲3月,新月社创办《新月》月刊在上海出版。

1 月

2 日 按浦江清日记:"忽想写信给蛰存;从去年7月里曾有信给他后,他已来了两封信都没有复。从早上写起,中间为他事间断,一直写到下午4时方才停笔。尽6页,约计有四千字。"

10 日 《娟子》刊于《小说月报》第19卷第1号,标志着正式投身于新文学运动。自述:"沈雁冰已是我的老师,他的助理编辑徐调孚,也已是我的新朋友。我想,我已有条件去向《小说月报》投稿了。于是我把这篇小说交给徐调孚,他得到沈先生的同意。"(《我的第一本书》)"从此,我才脱离了鸳鸯蝴蝶派的刊物,挤进了新文学运动的队伍,作为一个青年文艺工作者。"(《〈中国现代作家选集·施蛰存〉序》)

又 据沈善坚记述:"那时我还没有离开莘城,而施先生亦没有离开莘城,那时候是朝夕相会的,因此在文学方面,我是很得到施先生的教益。""关于这篇'娟子',我亦几次同大家谈起

过。""在取材方面,与日本田山花袋氏的《绵被》差不多,在心理描写方面,与全篇结构方面,虽然不能说高过田山花袋氏,但很可与之抗拒哩!"(《"娟子姑娘"》)

月内 为译著《十日谈选》撰"题记":"居然能找到一本英文的私家印行的《十日谈》全译本,从前在读'圣麦丁丛书'本《十日谈》时所对不识的文字而长叹的地方,如今是很欣喜地领会了。欢喜之馀,我选译了八篇,另外加上了相当的题目,让他们在'萤火丛书'中成一个单行本。""至于译文中所有较为情炎的话,我是很忠实地转译过来,虽然没有恐防要有违碍而加以改削,但也决不敢有所增饰。这是我的小心处,因为现在市上'淫书'很多,恐怕增饰了要遭池鱼之殃。最后,我还希望有一日能从原文译一个全本给读者,因为我现在好奇地读意大利文。"

本月 光华书局初版赵景深著《中国文学小史》,书内"三三、最近的中国文学"提及:"像牧歌似的写美丽的抒情文字的是郭沫若、施蛰存、徐蔚南和凌叔华。"

2 月

月内 胡也频、丁玲由北平经天津乘船来到上海,暂住法租界善钟路沈从文处。自述:"始与戴望舒及我有交往。"(《浮生杂咏》)"北平、天津的革命青年纷纷南下,许钦文、王鲁彦、魏金枝、冯雪峰、丁玲、胡也频、姚蓬子、沈从文,都是在这一段时期中先后来到上海,我认识他们,也在这一段时期,而且大半是冯雪峰介绍的。"(《滇云浦雨话从文》)

3 月

1 日 冯雪峰致戴望舒函谈及:"昨日一信想已收到。""我今日颇不乐,并非全为女人。我感到上海的一般弄文学的青年的无聊、投机、无耻,加之头脑不清楚,时时想到自己;也想到你们。我想我们应振作一下,干些有意义点的事,弄文学也要弄得和别人不同点。其实现在我们干的,和别人没有很大的区别。如此下去,我实在感到无聊了。""你们三人的翻译的努力,我实在佩服的。但我希望你们赶快结束旧的,计划新的,计划在人家之前的。祝你们三人好。"

又　自述:"雪峰来了一封信,说打算回南方。但是有许多事纠缠着,一时还走不成。他还问,如果上海没有地方住,可否到松江来歇脚。我就让望舒复信,欢迎他来,我们的小楼上还可以安一张床。""过了几个星期,雪峰忽然寄来了一封快信,信中说:他已决计南归,不过有一个窑姐儿,和他相好,愿意跟他走。他也想帮助她脱离火坑,可是需要一笔钱替她赎身。他希望我们能帮助他筹划四百元,赶快汇去。""还暗示了北京不可久留的意思。""我那时已在松江联合中学任语文教师,每月有七十多元工资,没有家庭负担,几个月来,手头有二百多元,望舒和杜衡也凑了二百元,一起交银行汇出。""忽然收到雪峰从上海来信,说他在上海已四五天,住在旅馆里,想到松江来,叫望舒就去接他。""望舒早车去上海,当天下午就把雪峰接来松江。""望舒告诉我们,雪峰为了帮助几个朋友离京,所以编了窑姐儿的故事,托我们筹款。"(《最后一个老朋友——冯雪峰》)

25 日　《李清照词的标点》刊于《文学周报》第 6 卷第 9 期。

下旬　戴望舒、杜衡与冯雪峰,仍居先生家的小厢楼"我们的文学工场"。自述:"雪峰在我家小楼上住过半年,我们天天谈文艺,就是不谈旧诗。我当时爱读李商隐,一部《玉溪生诗集》常在书桌上,雪峰翻也不翻,有时还斜瞥一眼,给一个'无聊'的评语。于是我读我的李商隐,他翻译他的石川啄木。"(《"管城三寸尚能雄"》)"我当时对于诗的趣味是很杂的,中国诗,我喜欢李贺、李商隐,也喜欢黄山谷、陈三立。外国诗,我喜欢哈代、夏芝,也喜欢惠特曼、桑德堡。因为每天上午要去学校上课,只是偶尔浏览,并没有多译,大约只译了一二十首。"(同上)

本月 开明书店初版"水沫社彳亍丛书"之一种法朗斯著、杜衡译《黛丝》,书尾刊印"彳亍丛书待刊书目":"《黑猫·外十九篇》,美国爱仑颇著,施蛰存译。《西哈诺》,法国何斯当著,戴望舒译。《道莲格雷》,英国淮尔德著,杜衡译。《小屋》,西班牙伊般涅兹著,孙昆泉译。《饿夫》,苏联赛米诺夫著,杜衡译。《杯·外九篇》,日本森鸥外著,画室译。《阿达拉·外一篇》,法国夏都字伊昂著,戴望舒译。《蓓尔达·迦兰夫人》,奥国显尼志勒著,安慧[先生笔名]译。"

4 月

3 日 《申报》刊载秋山雨《黛丝·杜衡译法郎斯原作》提及:"连带地说几句关于'水沫社'的事,'水沫社'现在最大的工作,就是从事于外国文学名篇之翻译与绍介。"

约在期间 自述:"四、五、六月,我们的文学工场最为兴旺,雪峰、望舒、杜衡都翻译和创作了许多东西。""至于我自己,为教学工作所牵绊,不能有较多的时间用于翻译或创作,故成就最少。""大约每二星期,总有一个人去上海,一般都是当天来回。去上海的目的任务是买书或'销货'。""我到上海,先去看几家英文旧书店,其次才到南京路上的中美图书公司和别发书店。英美出版的新书价高,而卖英文书的旧书店多,故我买的绝大部分是旧书。所谓'销货',就是把著译稿带到上海去找出版家。"

（《最后一个老朋友——冯雪峰》）"在译长篇作品的过程中,有时觉得厌烦,就利用一些零碎时间,从事译诗。""望舒和杜衡译成《道生诗集》。""雪峰很喜爱日本诗人石川啄木的短歌,""但他的翻译工作,主要是苏联文艺理论和苏联诗歌。""在雪峰的影响下,我们四人曾合作选译过一部《新俄诗选》,雪峰从日文译,望舒从法文译,我和杜衡从英文译。"(《戴望舒译诗集·序》)

5 月

20 日　《缅想到中世纪的行吟诗人——〈屋卡珊和尼各莱特〉译本序》刊于《文学周报》第 6 卷第 17 期。

约在期间　始译英、美和法国诗。自述:"那时正是意象派流行的时候,我也喜欢这一流在美国被称为'新诗'的作品,因而我所译的大多是意象派的诗。""我在 1928 年才能从原文读法国诗,和我的朋友戴望舒一同爱好了从波特莱尔、魏尔伦开始的象征派诗。"(《域外诗抄》)

6 月

30 日　松江县立中学毕业同学会成立,被推举为"特别会员";三妹施灿衡为"普通会员"。

月内　与戴望舒、杜衡和冯雪峰向光华书局接洽筹办 32 开型的文学月刊《文学工场》。该刊编成两期,第一期付排版后印出清样,光华书局老板沈松泉认为内容有被禁之虞,不敢刊印出版。自述:"编好了第一期稿子,就送到上海光华书局去。""过了二十天,""代替了杂志创刊广告的是光华书局寄来的一封快信,信中很简单地说他们不能给我们刊行这个杂志了,因为内容有妨碍。'"'望舒和画室专程到上海去了。次日,他们回来了。带回来了我们的新兴文学小月刊第一期全部纸型。是的,我还记得画室的那副愤慨的神情:'混蛋,统统排好了,老板才看内容,说是太左倾了,不敢印行。'"(《绕室旅行记》)据杨之华记述:"初校打起[样]送给沈松泉老板检阅的时候,大大反对,因为这个刊物的内容,文章过于激烈,实在有点左倾。'左倾'在当年(民国十七年)已大为不妥了。沈老板为了避免书店关门,遂决定拒绝出版。"(《文坛史料》)

7 月

月内 恢复写日记。自述:"是民国十七年七月间所记,大约是暑假中忽然高兴,想再记一些日记,但这个毅力只坚持了十几天就中辍了。"(《我的日记》)

暑假 自述:刘灿波(呐鸥)"在虹口江湾路六三花园旁边一个日本人聚居的里弄内,租了一幢单间三楼小洋房","邀请望舒住到他家里去,大家商量商量,做些什么事。于是望舒就离开我家,住到上海刘灿波家里去。我到上海,也就住在那里"。"每天上午,大家都耽在屋里,聊天,看书,各人写文章、译书。午饭后,睡一觉。三点钟,到虹口游泳池去游泳。在四川路底一家日本人开的店里饮冰,回家晚餐。晚饭后,到北四川路一带看电影,或跳舞。一般总是先看七点钟一场的电影,看过电影,再进舞场,玩到半夜才回家"。(《我们经营过三个书店》)"刘呐鸥招我与望舒同寓其家,杜衡在老靶子路自赁一小室。冯雪峰与鲁迅均住景云里,相去甚近。徐霞村从法国归,住俭德公寓,亦于此时相识。此六青年,几乎每日下午均聚于刘寓,饮水漫话,或同至江湾游泳池游泳"。(《浮生杂咏》)

8月

上旬 刘灿波(呐鸥)出资,并邀请先生与戴望舒合作筹办文学半月刊《无轨列车》和第一线书店。自述:"灿波对望舒说:'我们自己办一个刊物罢,写了文章没有地方发表,只好自己发表。'经过一二天的商量之后,决定了办一个像《莽原》一样的小刊物。刊物的内容呢?灿波说:'没一定。有什么文章就登什么文章。'于是他给刊物定了名称《无轨列车》,并且自己画了个封面。过不了几天,灿波又说:'我们索性开一个书店罢,自己来印一些喜爱的书。'"(《我们经营过三个书店》)"他做老板兼会计,我们做编辑兼管出版事务。这个计划,商量了五六天就决定了。"(《最后一个老朋友——冯雪峰》)据沈子成记述:"他们同人认为出书不必多,所出版者要合于第一流的文艺书,故取名第一线书店。"(《记水沫社》)

14日 为《上元灯·及其他》作"自序"。自述:"我热心于做作家,以文学创作为我一生的事业。在那一段时期,我把我所写的诗和小说看作是我文学创作道路的起点。在主题选择和创作方法等各方面,我还在摸索阶段。我想逐步地走出一条自己的道路,创造自己的文学风格。"(《十年创作集·引言》)

21日 按浦江清日记:"午抵沪,访友松于施高塔路四达里,同出访蛰存于林肯坊,并遇刘灿波君,刘君方计划一书店也。访育琴于武定路28号,同至雪园进餐。至申园看赛狗,赛狗之风近日始至中国,沪上仕女如狂,余等无甚兴趣。晚宿育琴寓。"

22日 按浦江清日记:"昨夜一夜未睡,与育琴、蛰存作长夜谈,饮汽水尽数瓶。余与育琴各占一床,蛰存睡地板上,非育琴不知客气,蛰存性执拗如是也。晨假寐片刻而起,雇车赴车站,买上海至北平通车三等票,价 35 元 1 角 5 分。站上幸有育琴、蛰存照顾,否则买票、扣行李等等,麻烦十分,而时间局促,或竟走不成也。"

28 日 按浦江清日记:"写信给育琴、蛰存。"

约在期间 戴望舒和杜衡在杭州葛岭初阳台结识林微音。自述:"回到上海,他们已成为朋友,我也连带地结交上了。我们办刊物,办出版社,林微音常来,我们也给他发表了一些诗文,但他不是水沫社中人。"(《林微音其人》)

本月 撰讫《委巷寓言》。

9 月

1 日 沈联璧出任松江县立中学校长,先生兼任教职,月薪 48 元。同时,兼任第一线书店和《无轨列车》的编辑。

5 日 译作美国 Ludwig Lewisohn《近代法国诗人》始刊《中央日报》副刊"红与黑"第 20 号;又连载于 6 日第 21 号、7 日第 22 号、11 日第 23 号、29 日第 35 号,10 月 2 日第 36 号、3 日第 37 号、4 日第 38 号。

10 日 由刘灿波(呐鸥)出资,先生与戴望舒参与筹办的第一线书店,在四川北路、东宝兴路口租屋铺面开幕营业,出版各种文学科学书籍杂志,代售本外埠各大书店出版物。据"第一线书店新书预告":"胡也频《往何处去》、黄嘉谟《断鸿零雁》、杜衡《石榴花》、戴望舒译《爱经》、呐呐鸥译《三女子》、晓村《中国社会的横断面》、施蛰存《幻月》、画室译《艺术与社会生活》、江思译《一周间》、丁玲《白塔》。"(《申报》,1928 年 9 月 11 日)

同日 由刘呐鸥出资创办,先生与戴望舒合编《无轨列车》

第 1 期出版;刊有《委巷寓言》(稻草人和饿了的刺猬、寒暑计、风·火·煤·山),署名"安华"。据沈子成记述:"由施蛰存、杜衡等主持编务。""取名很别致,而封面亦很别致。"(《记水沫社》)

  又 自述:"第一线书店招牌也是刘灿波写的,自左至右横写的,黑地白字的宋体美术字。书店只有一间店堂,开幕时出卖的只有《无轨列车》创刊号。"(《我们经营过三个书店》)"店堂中三壁皆书架,从四马路各书店中批来新文学书二千馀册,暂时应市,逐渐以本店出版物代替。店堂正中设一大书桌,陈列本店所出刊物《无轨列车》。"(《浮生杂咏》)

  又 据徐霞村记述:"我渐渐成了第一线书店的常客,并且开始替《无轨列车》写稿子。"(《记刘呐鸥》)

  中旬 自述:"开张后一二天,就有警察来查问。""于是跑市党部,跑社会局,跑警察局,补行登记,申请营业执照忙了好几天。""没有一个文件获得批示。"(《我们经营过三个书店》)据徐霞村记述:"开张不久就遭到警察的光临,抄了许多《无轨列车》去。据我所知,这般人当时并无政治色彩,我想也许因为《无轨列车》这四个字有点刺目吧。"(《记刘呐鸥》)

  20 日 按浦江清日记:"上午写信致蛰存、叔湘、省衷诸友。"

  25 日 与戴望舒合编《无轨列车》第 2 期出版;刊发冯雪峰(署名"画室")《革命与智识阶级》。自述:"鲁迅和茅盾都住在东横浜路景云里,离灿波的住宅很近,因此,冯雪峰也常来。我们编《无轨列车》创刊号,向雪峰要稿,雪峰就把《文学工场》未印出的那篇《革命与智识阶级》交给我们发表。《无轨列车》共印行了 8 期,大约这是最重要的一篇文章。"(《我们经营过三个书店》)

  本月 胡也频、丁玲和沈从文迁居萨坡赛路(今淡水路)196号。自述:"丁玲、胡也频、沈从文在法租界萨坡赛路租住了两间房子,记得仿佛在一家牛肉店楼上,他们在计划办一个文艺刊物《红与黑》。""丁玲和胡也频比较多的到虹口来,因为也频有一部稿子交水沫书店出版。"(《滇云浦雨话从文》)

10 月

1 日　水沫社编译《法兰西短篇杰作集》(法国沙都勃易盎等著,施蛰存等译),由上海现代书局初版,内收译作法朗氏《预台太守》、沙都勃易盎《阿盘赛拉易之末裔》,以及大妹绛年译作美易梅《炮台之袭取》。自述:"有几种翻译文学书,是大家合作的","都是用'水沫社编译'的名义出版的。"("我参加过的党、团、集会")据"文坛近讯":"光华书局将出《俄罗斯短篇杰作集》,现代书局将出《法兰西短篇杰作集》,二者均由水沫社担任,译者为杜衡、施蛰存、戴望舒。"(《文学周报》,第 6 卷第 301—325 期)

又　据洪素野《法国文学年表·1800—1900》记述:"1846 年乔治桑小说《魔沼》*La Mare au Diabls*,此书中译本水沫书店曾预告出版,译者施蛰存。""1865 年弓氏兄弟小说《叶米尼》*Germinie Lacerteux*,此书中译本水沫书店曾预告出书,译者施蛰存。"

10 日　与戴望舒合编《无轨列车》第 3 期出版;刊有其作《妮侬》,署名"安华"。自述:"在第 3 期上写了一篇完全摹仿爱仑坡的小说《妮侬》。在这时期以前,我所曾写的作品大部分都是习作,都是摹仿品。"(《我的创作生活之历程》)

12 日　《申报》刊载"《复旦月刊》出版预告":"本书店现约徐霞村先生为编辑出版月刊一种,专登有价值的文艺作品,撰稿者有丁玲、胡也频、沈从文、戴望舒、杜衡、施蛰存、画室、郑振铎、叶绍钧……等人,皆一时知名之士,不日刊印。"

25 日　与戴望舒合编《无轨列车》第 4 期出版;刊有其作

《追》(未完)、诗作《雨》,均署名"安华"。

本月 上海复旦书店初版"革命丛书之七"孟明编《吴稚晖陈公博辩论集》,书末刊登《复旦书店出版"文艺丛书"书目》内有:"《美丽的寡妇》,著者显尼兹莱,译者施蛰存。"

11 月

10 日 与戴望舒合编《无轨列车》第 5 期出版;续刊其作《追》(续),署名"安华"。

约在期间 自述:"一夕,霞村来闲话,兴会飙举,时电灯未装设,燃烛,将见跋矣,而意未阑,余忽思饮,携一壶自去叩老虎灶门。及返,霞村俟之门外,门设耶尔锁,已扃矣,钥匙在室内,无从得启,二人俱单衣,寒甚。余遂急雇车至江湾路刘呐鸥寓,取得钥匙,至则霞村方就壶作鲸饮,盖寒不可胜矣。入门,烛方烬,幸免于祝融之厄。"(《无相庵随笔》)

12 月

5 日 农历十月廿四日。与陈慧华女士在松江举行婚礼。自述:"冯雪峰、姚蓬子、丁玲、胡也频、沈从文、徐霞村、刘呐鸥、戴望舒等许多文艺界朋友都从上海来参观婚礼。从文带来了一幅裱好的贺词,这是一个鹅黄洒金笺的横幅,文云:'多福多寿多男女',分四行写,每行二大字,下署'丁玲、胡也频、沈从文贺'。""为了招待上海朋友,特地先期通知办喜筵的菜馆,为这一桌上海客人加一个四腮鲈火锅。""他们都吃得谈笑风生,诵苏东坡《赤壁赋》'巨口细鳞,状如松江之鲈'的名句,看到了直观教材,添了不少酒兴。饮至九时,才分乘人力车到火车站,搭十点钟的

杭沪夜车回到上海。"(《滇云浦雨话从文》)

10 日 与戴望舒合编《无轨列车》第 6 期出版。

16 日 农历十一月初五,二十四岁生辰。自述:"我结婚以后,父母亲就把他们的卧室让出来给我,而自己迁到书斋的后边去了。"(《我的家屋》)

1929 年(己巳,民国十八年) 24 岁

▲8 月,叶圣陶长篇小说《倪焕之》由开明书店出版。

▲是年,水沫书店出版"科学的艺术论丛书"。

1 月

1 日 元旦。续写日记。自述:"是我生平所用的第一本日本制日记册。""这时候,我一方面在家乡教书,一方面与望舒、呐鸥诸人在上海办水沫书店,同时又是新婚时期,故所记的大都是这三方面的事情。"(《我的日记》)

同日 译著奥地利显尼志勒《多情的寡妇》,由上海四马路尚志书屋初版。自述:"书名[《蓓尔达·迦兰》]改作《多情的寡妇》,非常庸俗。"(《新版〈蓓尔达·迦兰〉引言》)

3 日 日记:"妻今日归宁。余初误以为期在明日,故今日伊家遭人来迎去,余未前知。归家后略有寂寞空房之感。"

4 日 第一线书店歇业。自述:"警察局送来一纸公文,内容大约是'查该第一线书店有宣传赤化嫌疑,着即停止营业'。挂了两个月的'第一线书店'招牌,就此除下,卖给油漆匠去做别家店铺的招牌。"(《我们经营过三个书店》)

又　据《国民政府查禁令》（训令第二号）："查上海北四川路宝兴路第一线书店印行之《无轨列车》一种，所载文字提倡阶级斗争云云。"据徐霞村记述："被查抄的第二天，我在街上遇见望舒，他说刘呐鸥预备多拿出点钱来，在租界上组织一个编辑部，大干一下。"（《记刘呐鸥》）

5日　写讫小说《新教育》。

6日　《申报》刊载《十七年度中国文坛之回顾》提及："《小说月报》《文学周报》《熔炉》《红与黑》《无轨列车》《大江》《青海》，要想看茅盾、郑振铎、叶绍钧、谢六逸、徐调孚、赵景深、徐霞村、呐呐鸥、戴望舒、杜衡、施蛰存、沈从文、丁玲、胡也频、陈望道、汪馥泉、刘大白等等先生的文章的，请在这里面找。"

7日　日记："晚上看《黄山谷诗集》，觉豫章诗艺颇有出于玉溪、昌谷处。"

10日　与戴望舒合编《无轨列车》第7期出版。

23日　日记："望舒来信，促本星期六到沪一行，共商书店一切事务。此间校事又急待结束，颇难兼顾，心烦不已。"

本月　小说集《追》，内收《追》《新教育》，被列入"今日文库"，由上海水沫书店初版。自述："水沫书店最早印出的是两本小书：冯雪峰译的苏联诗集《流冰》，我的中篇小说《追》。《追》是我的仿苏联小说，试用粗线条的创作方法，来写无产阶级革命故事。"（《我们经营过三个书店》）"《追》的封面是我设计的，在外文书中钩了一个人的图像，利用了。"（致彭燕郊函，1993年）"《新教育》一篇，那似乎较好得多，因为这篇并没有摹仿任何作品，实在是因为那时已在故乡当教师，对于现行教育制度确实有这样的不满而写出来的。"（《我的创作生活之经历》）

2 月

1 日　与戴望舒合编《无轨列车》第 8 期提前印刷发行。该刊出版至第 8 期,被国民党中央列入"查禁反动刊物表",罪状是"藉无产阶级文学,宣传阶级斗争,鼓吹共产主义"。(张静庐《中国现代出版史料·丁编》)遂被迫停刊。

5 日　国民党上海市政府发出《上海市政府报执行情况》提及:"禁止辖境书肆售卖《无轨列车》共党刊物,并侦察北四川路第一线书店具报等由;""业经会同至北四川路宝兴路第一线书店查得印有《无轨列车》第 1 期至第 8 期 16 捆。询据该店主现不在沪,店中只有佣伙二人,详情未能查悉。除饬该书店以后不得发行并饬属随时严密查禁外,理合将侦查情形及查获书籍呈解鉴核等情前来。除指令该区长仍饬注意侦查该书店情形,有无其他作用,随时具报核转外。""查获之《无轨列车》刊物 16 捆,现存职公安局。""据此,除指令该局等将查获之《无轨列车》刊物 16 捆会同销毁。"

15 日　按浦江清日记:"今日余甚快乐,得余知友以中、蛰存两君函,又得涛弟函。蛰存结婚后,想甚忙,来书寥寥数行。"

16 日　按浦江清日记:"写信复涛弟、蛰存。"

3 月

5 日　晚上续作日记。自述:"这一页上写了'灯下随笔'四个字,以后每一页上便记了一条读书随笔,已不是日记了。"(《我的日记》)

上旬　刘呐鸥出资在四川北路公益坊 1734 号租下一幢单

开间二楼的房屋,创办水沫书店,先生加入筹办并任编辑。据沈子成记述:"第一线书店改组,扩大加资,""分编辑、业务等部,并附设函购部。编辑方面,仍由施蛰存、杜衡、戴望舒等人主持,施氏为总编辑;业务方面,由刘灿波经手。"(《记水沫社》)

又 自述:"不设铺面门市,店名不再作惊人豪语,而定名为'水沫',亦自谦其存亡均不足重也。"(《浮生杂咏》)"开设在租界内,不用登记,店设在里弄内,只在门上挂一块很小的招牌,一点也不会引人注意。""楼上前间是办公室,后间给两个中学生做卧室。这两个中学生专做跑腿的事,买纸,联系印刷所。没有出差任务,就当初校校对员。楼下前间是营业室,兼堆存印书纸。请了一个宁波人崔龙泉,当老师傅,做负重出差的工作,他是谢旦如介绍来的。""楼下后间给他们俩做卧室,他的新娘林翠给我们管伙食。"(《我们经营过三个书店》)

又 自述:"我们都是文学青年,年少气盛,想介绍一点外国文学,也想自己创作一点文学作品,每天总得动动笔头。可是积稿甚多,总是很不容易找到肯为我们印行的出版商。""刘呐鸥出钱,我和望舒出力,我们劳资合作,首先印了我们自己和朋友的创作,定名为'水沫丛书'。""我们自办书店,印出自己的作品,可以说是硬挤上文坛。"(《戴望舒诗全编·引言》)"为同人性出版社,经营三年,出版书四十馀种,一切编辑、校对、发行事,皆呐鸥、望舒与我三人分任之。所出书皆用道林纸印,封面请钱君匋设计,在当时出版物中,称为精好。"(《浮生杂咏》)

又 自述:"常到我们店里来闲谈或联系稿件的有徐霞村、姚蓬子、钱君匋、谢旦如、徐耘阡等等,胡也频和丁玲也来过。最常来的是冯雪峰,对我们办出版事业,寄予很大的期望。有时他白天到我们店里来闲谈,晚上从景云里看了鲁迅之后,又顺便到

我们家里来坐一会儿。"(《我们经营过三个书店》)

4 月

10 日　全国第一届美术展览在上海举行,应同事洪野之邀,前往参观。自述:"我果然看见了他的几幅陈列品,而《黄昏》亦是其中之一。'全国美展'闭幕之后,一日清晨,他挟了一卷画到学校里来,一看见我,就授给我道:'这个现在可以送给你了。'我展开一看,竟就是那幅我所中意的《黄昏》。"(《画师洪野》)

月内　为小说集《娟子姑娘》出版作"序":"从这三篇中却可以见到如我这样的少于创作的人底笔致底改变之轨迹,所把它们集合在一起成为我底创作底试验成绩中之一组。"

约在期间　朱自清《中国新文学研究纲要》提及:"施蛰存:a.个人的低回情调的诗意的抒写。b.纯粹古事小说,不借古人的嘴来说现代人的话。c.思想语言俱不是现代才能有的,观察与手法却是现代的。d.二重人格的描写。e.心理分析。变态的幻象。弗洛依特。新感觉主义。"据赵园《整理工作说明》:"朱自清先生的遗稿《中国新文学研究纲要》是他在清华大学讲授'中国新文学研究'课程所用的讲义。朱先生于 1929 年春首先在清华大学开设此课。"(《朱自清全集》)按:此讲稿所提及部分的成稿时间,估计要推后,俟考。

本月　水沫书店初版柔石《三姊妹》。据沈子成记述:"赵柔石之中篇小说《三姊妹》,因鲁迅、雪峰的关系,亦由水沫书店出版。"(《记水沫社》)

5 月

上旬　参与编辑"科学的艺术论丛书"。自述:"雪峰来闲谈,讲起鲁迅正在译卢那卡尔斯基的《艺术与批评》。我们便灵机一动,想到请鲁迅主编一套介绍马克思主义文艺理论的丛书。我们托雪峰去征求鲁迅的意见。过了几天,雪峰来说,鲁迅愿意编一个这样的丛书,但不能出面主编。对外,他只能参加几种译稿,其他都和他没有关系。我们同意了鲁迅的建议,就请雪峰和鲁迅一起做一个计划,并拟定书目,分配译者者。"(《我们经营过三个书店》)"与戴望舒合编,冯雪峰协助组稿。"("我编辑的丛书")"在这十二本丛书里,鲁迅担任了四本。"(《关于鲁迅的一些回忆》)"依次序出版了五种,排印美观,校对精审。""请钱君匋设计绘制,陈列在书架上,特别显目。发行出去,各地反应极好。"(《我们经营过三个书店》)

　　又　据沈子成记述:"水沫书店编辑部及后又加入了冯雪峰,由冯氏之关系,接受了鲁迅的译文,乃发刊了'科学的艺术论丛书',""由鲁迅、冯雪峰、沈端先、苏汶、林伯修、冯乃超等人翻译,""有六种先出预告。"(《记水沫社》)

　　月内　刘呐鸥夫人黄素贞来到上海。自述:"望舒和我就搬到书店,住在亭子间里。我那时还在松江中学任语文教师,不能常驻上海,总是星期六下午到上海,星期一早车回松江。"(《我们经营过三个书店》)

　　本月　译著意大利卜迦丘小说《十日谈选》,由上海大光书局初版,署名"柳安"。(1930年1月再版,1935年8月三版)

　　本月　水沫社编译《俄罗斯短篇杰作集》(第一、二册),由先生与戴望舒、杜衡等译,水沫书店初版。(1930年5月再版)内收译作两篇:库普林著《沙夏》、莱思珂夫著《古年代记中之一叶》,以及大妹绛年译作迦尔洵《红花》。自述:"苏联短篇小说的第一个英译本《飞行的奥西普》出现在上海中美图书公司,我们立刻去买了来,各人译了几篇,后来都编在水沫书店出版的《俄罗斯短篇杰作集》。"(《最后一个老朋友——冯雪峰》)据沈子成记述:"编译出版了一部'俄罗斯短篇杰作集',预定全书十大册,共容百廿万字,要从普希金起,至新俄作家止,将最好的俄国短篇小说作系统的翻译介绍,但后来只出版了二册。"(《记水沫社》)

6 月

月内 小说集《娟子姑娘》,内收《幻月》《娟子姑娘》《花梦》,由上海亚细亚书局初版。自述:"我把《娟子姑娘》再加上二三篇没有发表的小说,凑足五万字。""这是我的第一本由出版商印行的小说集。"(《我的第一本书》)

7 月

18 日 赵景深作《现代中国小说选序》,文中提及施蛰存的《娟子姑娘》以恋爱为题材,《追》以社会为题材,云云。

月内 参加选编"现代作家小集"丛书。自述:"64 开本的小丛书,每本四五万字。"(《我们经营过三个书店》)据水沫书店初版黄嘉谟译著《别的一个妻子·美国现代短篇选集》书末"现代作家小集丛书初刊书目":"1.《新郎的感想》(外三篇),日本横光利一集,郭建英译。2.《二青鸟》(外二篇),英国劳伦思集,杜衡译。3.《牧人之笛》(外一篇),奥国显尼志勒集,施蛰存译。4.《青色的海》(外二篇),苏俄皮力涅克集,戴望舒译。5.《马戏》(外三篇),英国柯巴特集,安华译。6.《结婚以后》(外七篇),犹太俾莱支集,杜衡译。"

月内 与戴望舒合编"新兴文学丛书",初版第一种日本平林夕イ子著、沈端先译《在施疗室》。自述："没有预定目录，随时有来稿，随时编入。这一套丛书，一共印出了四种。"（同上）据沈子成记述："所编之丛书不少，最早的'萤火丛书''彳亍丛书'，及自行印刷出版的'水沫丛书'等外，后来在水沫书店自己印行的尚有'新兴文学丛书'，计出版了四种。"（《记水沫社》）

本月 校点明代董若雨著《西游补》由上海水沫书店初版。

8 月

月初 始与刘呐鸥、戴望舒和杜衡等合作创办《新文艺》月刊，并与戴望舒主要负责编辑和审稿事务，在每期编后撰写《编辑的话》和部分"国内外文坛消息杂话"。自述："每期的内容，创作与国外文学介绍各占一半。在创作方面，发表了徐霞村、许钦文、叶圣陶、彭家煌、李青崖、刘呐鸥、穆时英和我的短篇小说。""也重视新诗，除了戴望舒的新作品以外，还发表了姚蓬子、邵冠华、章靳以的诗作。""茅盾先生从日本寄来三篇散文，《樱花》《邻一》《邻二》，使《新文艺》的散文栏大为生色。""发表了戴望舒和徐霞村译的法国后期象征派诗歌，西班牙作家阿左林的散文。沈端先、刘呐鸥、郭建英、章克标译的日本文学作品。为了配合译诗，我译了一本介绍法国现代诗派的美国人著作《近代法兰西诗人》分期发表。"（《我们经营过三个书店》）

又 据沈子成记述："由施蛰存、杜衡、戴望舒、刘呐鸥、徐霞村等人组编辑委员会主持之。"（《记水沫社》）

本月 小说集《上元灯·及其他》，列入"水沫丛书"，由上海水沫书店初版。（按：出版月份据版权页。）内收《上元灯》《周夫人》《牧歌》《妻之生辰》《梅雨之夕》《渔人何长庆》《栗芋》。自述："因了许多《上元灯》的读者，相识的或不相识的，给予我许多过分的奖饰,使我对于短篇小说的创作上,一点不敢存苟且和取巧的心。我想写一点更好的作品出来,我想在创作上独自去走一条新的路径。"(《我的创作生活之历程》)

本月　译著英国司各脱小说《劫后英雄》,被列入张梦麟主编"世界少年文学丛书",由上海中华书局初版。(1939 年 8 月再版,1947 年 10 月三版)

9 月

月初　辞去松江中学的教职,专职担任"水沫书店"编辑,先后参与"前卫丛书"和"世界名著丛书"等的编辑出版。自述:"出版的书多了,望舒一人忙不过来,要求我和杜衡全力合作。"(《我们经营过三个书店》)"是半雇员,半朋友义务,每月支取的生活费不到 100 元。"(《知己之感》)

又　与杜衡夫妇合租东横浜路大兴坊(景云里隔壁弄堂)5号的一幢房屋,又把妻子接来长住上海。不久,与杜衡合资购下。先生"夫妻住亭子间,杜衡夫妇住二楼,下面做客堂。一共一楼一底一个亭子间,这是条房租便宜的普通弄堂"。(孔海珠《施家伯伯在虹口》)

10 日　续写日记。自述:"只记了八天,这本日记虽则所占的日子最少,但是最考究的一本。连史纸订,磁青纸封面,版式很阔大,每页衬乌丝栏格子工写。"(《我的日记》)

12 日　按鲁迅日记:"晴。上午施蛰存来,不见。"

约在期间　自述:"鲁迅译的《文艺与批评》排印的时候,要加入一张卢那卡尔斯基的画像。我们找了一张单色铜版像,鲁迅不满意。他送来一张彩色版的,叮嘱要做三色铜版。我们尊重他的意见,去做了一副三色铜版。印出样子,送去给鲁迅看,他还是不满意。""但鲁迅送来的这一张原样,不是国内的印刷品。因此,我们觉得很困难。送到新闻报馆制版部去做了一副,印出来也还是不符合鲁迅的要求。最后是送到日本人开的芦泽印刷所去制版,才获得鲁迅首肯。"(《关于鲁迅的一些回忆》)

15日 与戴望舒合编《新文艺》第1卷第1号出版;刊有其作《鸠摩罗什》、《鸦》(署名"安华")、《受难者的短曲》(署名"刍尼")。自述:"《鸠摩罗什》之作,实在曾费了我半年以上的预备,易稿七次才得完成。这时我们办《新文艺》月刊,我就很自负地把我的新作排在第一篇印行了。"(《我的创作生活之历程》)"在当时,国内作家中还没有人采取这种创作方法,因而也获得一时的好评。"(《我们经营过三个书店》)

又 刊载水沫书店"现代作家小集丛书"书目,内有译作两种:施蛰存译(奥)显尼志勒著《牧人之笛》、安华译(英)柯巴特著《马戏》。自述:"只出版了《新郎的感想》[(日)横光利一著,郭建英译]和《二青鸟》[(英)劳伦思著,杜衡译]两本"。(同上)

又 始以主要撰稿主持每期《编辑的话》(署名"编者""编委"),并参与写作每期"国内外文坛消息杂话"(署名"S""沫")。

17日 中秋节。按傅彦长日记:"十时馀,叶秋原来,请往其家午餐,遇施蛰存,赠予《上元灯》一册。"

23日 《语丝》第5卷第28期登载杨骚《狂吠与批评·答刍尼》。

30日 与戴望舒合编《新文艺》第1卷第1号,由水沫书店再版印行。据沈子成记述:"创刊号出版后,销路大佳,不到半月,初版本全数售罄。"(《记水沫社》)

10 月

10 日　《书相国寺摄景后甲》《书相国寺摄景后乙》刊于《小说月报》第 20 卷第 10 号，署名"安华"。

15 日　译作奥地利显尼志勒小说《牧人之笛》，刊于《现代小说》第 3 卷第 1 期；又续刊于 11 月 15 日第 2 期。

同日　与戴望舒合编《新文艺》第 1 卷第 2 号出版；刊有其撰《文艺漫谈》（署名"沫"）以及书评《"未厌集"》（署名"邹萧"）和《"中国文学进化史"的一章》（署名"歪玉"）。

又　刊发茅盾来稿。自述："《邻二》那篇散文发交印刷所排印时，被印刷工人遗失了最后一页原稿，于是有三四行文字无从排版，作者又远在东京，一时也来不及补送原稿，只得由我胡乱地加上了几个字，让它结束了。""那篇散文印出来后，茅盾先生曾经就他的底稿上补抄了遗佚的字句寄来，但因为《新文艺》已经停刊。"（《〈邻二〉的佚文》）

又　"读者会"刊载"本埠陈华来信"，编者答覆"本刊编辑系《新文艺》编委施蛰存、徐霞村、刘呐鸥、戴望舒共同负责"。

24 日　朱湘致函："《上元灯》仔细看了一遍，我喜欢的是《牧歌》《妻之生辰》《栗芋》《闵行纪事》。《牧歌》无疑是摹仿希腊的，然而老实的摹仿并无损于文章的价值，《依尼意德》是摹仿何默尔，《失彼乐土》是摹仿《神曲》，即就《牧歌》而论，卫基尔摹仿西奥克利忒士，但仍有他的特色。你的《牧歌》在布局上，造辞上，都有许多突过前人的处所，拿来与卫基尔的相比，我以为你的好些。《妻之生辰》在布局、情调之上，都是恰到好处，我个人推此为全集的压卷，《栗芋》中的奶娘，《闵行纪事》中的女子，都写得很好。"

27 日　东吴大学王坟（朱雯）由苏州致曾虚白函谈及："《白华》*La Fleur Blanche* 由我主编，创刊号总算已经编好。""第二期有邵宗汉、亢德诸兄的文章，或许还有施蛰存先生，绿漪女士的作品！"（《真美善》，第 5 卷第 1 号）

同日　按傅彦长日记："灯下阅《新文艺》第 1 卷第 2 号，其中佳文甚多。"

11 月

上旬　与戴望舒合编的"新兴文学丛书"初版第二种德国雷马克著、林疑今译《西部前线平静无事》。自述："在《申报》上登了一个大广告。等到洪深、马彦祥的《西线无战事》出版，我们的林译本已经再版。""在 1930 年的中国出版界，外国文学的译本，能在五个月内销售一万多册，已经是了不起的事了。这本书，恐怕是水沫书店最旺销的出版物，由这本书带销的书，也有三五千册。"（《我们经营过三个书店》）

15 日　与戴望舒合编《新文艺》第 1 卷第 3 号出版；刊有其作《凤阳女》、译作美国勒维生《近代法兰西诗人》及书评《波格达诺夫的社会意识学》（署名"山眉"）；还刊有朱湘通信《〈上元灯〉〈我的记忆〉》。

又　刊有章依（靳以）诗作《秋风吹了姑娘》《SONNET》。自述："后来他自己到水沫书店来看我们，因而认识。"（同上）

30 日　译讫德国托马斯曼小说《脱列思丹》，作"译后记"。

约在期间　《金屋月刊》第 1 卷第 6 期登载书评《〈上元灯〉施蛰存著，水沫书店出版》。

12 月

15 日 与戴望舒合编《新文艺》第 1 卷第 4 号出版;刊有译作美国勒维生《近代法兰西诗人》(续)。

又 "读者会"栏在"编者答覆杭州黄维桢来信"中写到"现闻施蛰存先生正在为本志译一篇西班牙现代名家培那文德的代表剧《寡妇之夫》,待稿到后当即发表"。

又 "读者会"栏刊载"太原赵尊复来信"谈及:"《鸠摩罗什》看了后非常满意。""他的二重人格底冲突的苦楚,都给我们充分的表现出来了。至于这篇小说的收尾的奇妙,更是动人!在这篇创作里,我们可以证明施先生运用古事之自然,与想象力之丰富伟大。很可以与郭沫若并驾齐驱!我们希望施先生以后努力从事于历史小说的创作。"另"琼州王启怀来信"谈及:"施蛰存先生的《鸠摩罗什》一篇,用事实来写创作,写得那样细微,文字那样美丽,真是一篇很宝贵的作品呢!"

28 日 叶圣陶致函:"承饷鲈鱼,即晚食之,依来示所指,至觉鲜美。前在松江尝此,系红烧,加蒜焉,遂见寻常。俾合家得饫佳味,甚感盛贶。调孚振铎,亦云如是。今晨得一绝,书博一粲。'红腮珍品喜三分,持作羹汤佐小醺。滋味清鲜何所拟,《上元灯》里诵君文。'"

下旬 着手筹办《水沫月刊》。据沈子成记述:"由施氏等主持筹备,预定在十九年二月下旬出版,其时我就写了一篇评《上元灯》的小文,名《读〈上元灯〉》寄至水沫书店,给施氏,请其在将创刊之《水沫月刊》上发表。后来不料《水沫月刊》的创刊,因种种的关系,未能实现。我的那篇小文亦无法刊出,施氏在后来信中,深表歉意。"(《记水沫社》)

月内　结识了前来投稿的光华大学学生穆时英,自述:"他送来了他的处女作《咱们的世界》,使我非常惊异。""这种作品,在当时的左翼刊物,如《拓荒者》《奔流》等,也没有见到过。"(《我们经营过三个书店》)

　　本月　长女施蓬一岁病夭。

　　年内　自述:"在上海闸北宝山路世界语学会绿光社,由姚蓬子的介绍认识了王鲁彦。""送了我一本《花束》,这是他从世界语译出的一本极有趣味的民俗学小书。"(《重印〈黄金〉题记》)

　　年内　自述:"周扬(起应)的第一篇散文,发表在我办的《新文艺》上,当时他在大夏大学读书(1929),刊出后,他到水沫书店来看我们,我也是最早认识周起应的。"(复李辉函,1994年)

　　年内　自述:"跟了戴望舒去他[陈志皋]家闲谈,去时总在晚上,而且总是和戴望舒同去的。""陈高庸[傭]是在陈志皋家里认识的。"("关于陈志皋和《世界与中国》")

　　约在期间　自述:"我看到钟伯敬的《隐秀轩集》,是在民国十八、九年间,看了之后,觉得有意思,同时又买了一部《清代图书目录》,按图索骥,随时买了些明人小品文集。"(《"云乎哉?"》)

1930年(庚午,民国十九年)　25岁

　　▲1月,鲁迅、冯雪峰等合编《萌芽月刊》在上海创刊。
　　▲3月,中国左翼作家联盟在上海成立。

1 月

11 日　续作日记。自述:"为中华书局的袖珍日记簿了,所记的日子是民国十九年 1 月 11 日至 2 月 4 日。"(《我的日记》)

15 日　与戴望舒合编《新文艺》第 1 卷第 5 号出版;刊有译作美国勒维生《近代法兰西诗人》(续完)。

本月　与戴望舒合译易可维茨《文艺创作的机构》刊于《现代小说》第 3 卷第 4 期,署名"江思"。

2 月

12 日　按傅彦长日记:"午后到西门书店。""又到水沫书店,戴望舒请往新雅(午后五时左右),同往者施蛰存。"自述:"虹江路四川北路口新开新雅茶室,为文人艺术家每日下班后常聚之所。曹礼吾、曹聚仁、叶灵凤、姚苏凤,画家张光宇、正宇昆仲及鲁少飞诸人,皆在此相识。天津作家潘凫公(伯鹰),常偕曹礼吾同来,我亦因缘定交。""朱应鹏、傅彦长、张若谷,自称'艺术三家',亦新雅常客。""黄震遐在杭州笕桥空军任职,常来上海,与艺术三家沆瀣一气。"(《浮生杂咏》)

15 日　与戴望舒合编《新文艺》第 1 卷第 6 号出版;刊有其作《阿秀》(署名"安华"),以及译作莫尔奈[那]剧作《雏》(署名"方进")。自述:"我在一本美国出版的'繁华市'月刊(*Vanity Fair*)上读到匈牙利现代戏剧家弗朗茨・莫尔那(Franz Molnar)的一个对话,题名曰《雏》,我很喜欢它的幽默与机智。""不久在一家旧书店里买到一本崭新的书,里封面上题着:'丈夫与情人,对话十九篇'。""我译过的那篇《雏鸟》就是这十九篇之一,但不

是其中最有趣味的。"(《丈夫与情人·初版引言》)

约在期间 自述:《新文艺》"第 1 卷 1 至 6 期是倾向性不明显的同人刊物"。(《我们经营过三个书店》)据徐霞村记述:"水沫书店已经出版了三十几种书籍,同时《新文艺》月刊也出到了六期,开始在读书界发生了相当的影响。"(《记刘呐鸥》)

24 日 《大公报·文学副刊》第 111 期刊载书评《上元灯》。

3 月

2 日 中国左翼作家联盟在上海成立,鲁迅、冯雪峰、田汉、沈端先等五十馀人加入。自述:"前一天,雪峰特地来通知我们,邀我们去参加。那时我恰巧回松江去了,没有知道。所以第二天只有望舒和杜衡去参加。"(《最后一个老朋友——冯雪峰》)

15 日 与戴望舒合编《新文艺》第 2 卷第 1 号出版;刊有其作《花》。还刊发穆时英小说《黑旋风》。据杨之华记述:"接着时英第二篇小说《南北极》,也由施蛰存介绍给郑西谛主编的《小说月报》发表。在《新文艺》月刊上,除了穆时英之外,还有章靳以等新起之秀,都是该月刊的小说作家。"(《文坛史料》)

又 自述:"从第 2 卷第 1 期起,《新文艺》面目一变,以左翼刊物的姿态出现。"(《我们经营过三个书店》)"普罗文学运动的巨潮震撼了中国文坛,大多数的作家,大概都是为了不甘落伍的缘故,都'转变'了。《新文艺》月刊也转变了。于是我也——我不好说是不是,转变了。"(《我的创作生活之历程》)"我发表了《凤阳女》《阿秀》《花》,这几篇描写劳动人民的小说。但是,自己看一遍,也知道是失败了。"(《我们经营过三个书店》)"之后,我没有写过一篇所谓普罗小说。这并不是我不同情于普罗文学运动,而实在是我自觉到自己没有向这方面发展的可能。""倘若全

中国的文艺读者只要求着一种文艺,那是我惟有搁笔不写,否则,我只能写我的。"(《我的创作生活之历程》)

本月 水沫书店的"科学的艺术论丛书"改名为"马克思主义文艺论丛"。自述:"由于当时形势好些,我们敢于公然提出马克思主义。但是,不久形势突然变坏了,'论丛'被禁止发行,第六种以下的译稿,有的是无法印出,有的是根本没有译成。"(《关于鲁迅的一些回忆》)"我与戴望舒合译梅林格的'文学史论',未译成,因此丛书被禁止,故不继续印出。"("我编辑的丛书")

4 月

15 日 与戴望舒合编《新文艺》第 2 卷第 2 号出版;刊有译作德国格莱赛小说《拘捕》。自述:苏联诗人马雅可夫斯基自杀,"我们立即找资料,在《新文艺》最后一期上刊载了一个悼念特辑,共有文六篇,译马雅可夫斯基诗四首,由雪峰、望舒、蓬子分别执笔"。(《我们经营过三个书店》)

又 《新文艺》出版总 8 期后停刊。自述:"第 2 卷第 2 期排版竣事,即将出版的时候,受到政治压力,刊物和书店都有被查封的危险。大家研究了一下,还是自动停办刊物,以保全书店。于是第 2 卷第 2 期的《新文艺》封面上印出了'废刊号'三个字。卷尾有一段署名'编委'的'编辑的话'向读者说明刊物停止出版的理由是:'内则受了执笔人不能固定的影响,外则受了暴力的睨视之影响。'前一句是说明这个刊物不是同人性的,并没有人在做核心;后一句是向读者暗示我们受到了政治压力,停刊出于被动。"(同上)

24 日 按傅彦长日记:"阅《十日谈选》,濮卡屈著,施蛰存译,毕。"

6 月

3 日　徐霞村由北京致戴望舒函谈及："在无聊的时候,我常打算在心里描画出你们在那边的情形。——老刘在说话的时候仍旧常说他的 Erotique 吗?老施还是整天跑他的松江吗?在水沫书店的楼上,老戴还是唱着'My Blue Heaven',跳着他的 Blues 吗?"

10 日　译作德国托马斯曼《脱列思丹》及"译后记"刊于《小说月报》第 21 卷第 6 号。

本月　小说集《追》遭国民党当局查禁,理由是"普罗文艺"。(张静庐《中国现代出版史料·丙编》"国民党反动派查禁文艺书目补遗·1929 年—1936 年")

7 月

6 日　《申报》"书报介绍"栏登载译著《多情的寡妇》的书评。

同日　《前锋周报》第 3 期刊载李锦轩《最近中国文艺界的检讨》提及:"说是最热闹的要算是定期刊物,据赵景深先生的调查,大概可分为下面六类。一、《小说月报》《文学周报》《镕炉》《红与黑》《无轨列车》《大江》《青海》,里面的作家是茅盾、郑振铎、叶绍钧、谢六逸、徐调孚、赵景深、徐霞村、呐呐鸥、戴望舒、杜衡、施蛰存、沈从文、丁玲、胡也频、陈望道、汪馥泉、刘大白等。"

8 月

13 日　按傅彦长日记:"访卢梦殊、张若谷、谭抒真、沈在□、戴望舒、施蛰存,遇郭兰馨、王铁华、戴克崇。"

16 日 《现代文学》第 1 卷第 2 期刊载蒲梢《中译苏俄小说编目》(截止于 1930 年 5 月 31 日),内有"Kataev:《侵吞公款者》,施蛰存译,水沫书店出版(未出)。"

9 月

9 日 按傅彦长日记:"午后六时左右外出,到新新公司,就郑宅寿宴,遇徐调孚、顾均正、张梓生、戴望舒、李金发、叶法无、徐志摩、郑振铎、李青崖、赵景深、陶希圣、施蛰存、傅东华、樊从予、章锡琛、周予同、王伯祥等。"

10 日 译作英国罗兰斯《薏赛尔》刊于《小说月报》第 21 卷第 9 号。

上旬 始作小说《石秀》。

月内 据沈子成记述:"水沫社同人又计划了一个'法兰西文学丛书',作系统的法国文学之介绍,拟定第一批均系十九世纪各名家之杰作,共计十册",其中"二、乔治桑著《鬼沼缘》,施蛰存译","六、弓果尔著《吉米尼》,施蛰存译","八、都德著《小东西》,安华译";"但后因水沫书店停业,此丛书之出版,未成事实"。(《记水沫社》)

10 月

10 日 《将军底头》刊于《小说月报》第 21 卷第 10 号。据金文兵记述:"施先生说,这么写是有依据的;接着在纸上写下了书名《渊鉴类函·头部》,这部书里记载有这么一个情节。"(《秋日访施蛰存先生》)

约在期间 自述:"丁玲和也频各自捧着一个大纸盒上我们

的小楼,取出刚从日本商店里买来的一套咖啡饮具(和瓷,即日本瓷器),夸赞其制作精好,似乎很高兴。他俩还答应在新年里邀我们去喝茶。"(《怀丁玲诗四首》)

本月 《现代学生》创刊号刊载沈从文《我们怎么样去读新诗》提及:"正如所谓好的革命创作小说不会从郭沫若笔下产生,或者还可以从一个似乎不甚有革命精神的作者中如施蛰存,丁玲,或不甚知名的作者中如程碧冰,高植,一样。"

11 月

10 日 《魏琪尔之牧歌》《魏琪尔之田功歌》刊于《小说月报》第 21 卷第 11 号。

16 日 中国"笔会"(世界笔会中国支会)在上海成立,蔡元培为理事长,戈公振为书记。先生应邀加入该会为会员。

同日 《真美善》第 7 卷第 1 号登载《名作推选第六次揭晓》"短篇小说"提及:"沈从文之《灯》,施蛰存之《上元灯》,王莹推。"

30 日 为《石秀》脱稿作"后记":"写到第十页的时候又全部毁掉重写,今天终于写完了,全读一遍,自己感到不太满意,与最初的写作计划有很大的不同。"

本月 《现代学生》第 1 卷第 2 期登载沈从文《论施蛰存与罗黑芷》。

约在期间 自述:"刘灿波的经济情况发生问题,他表示无法再投入资金,要求今后的书店自力更生。这样,书店的出版物不得不放慢或减少,因为要节约流动资金。但是书出少了,营业额便低了。在一种恶性循环的经济困难中,书店就顿时萎缩下来。"(《我们经营过三个书店》)

12 月

21 日　据《王伯祥日记》:"晨八时半赴车站,会圣陶、振铎、调孚、君陶,乘特别快车往松江,赴施蛰存啖鲈之约也。十时许到,蛰存来迎,因同步入城,抵其家。席间晤戴望舒及陆维钊,二时始毕。少坐即行。蛰存送出东门,由明星桥站登车回沪。"另据商金林撰著《叶圣陶年谱长编》记述:"晨与王伯祥、徐调孚、钱君匋乘特别快车往松江应施蛰存吃鲈鱼之约,席间晤戴望舒、陆维钊。下午返沪,施蛰存送出东门。"

26 日　按傅彦长日记:"访施蛰存、戴望舒,午后三时馀,到纽约珈琲,叶秋原同往。"

年内　据邵绍红记述:"志摩和小曼常来同和里[邵洵美新居],""施蛰存也是喜欢来夜谈的一个,遇上志摩,便一起畅谈,到深夜还不尽心。"(《我的爸爸邵洵美》)另据盛佩玉回忆:邵洵美"又有新朋友来访,李青崖年龄大些,身高体胖;施蛰存瘦瘦的,二人都戴眼镜"。(《盛氏家族·邵洵美与我》)

本年　长子出生。

1931 年(辛未,民国二十年)　26 岁

▲2 月,左翼作家柔石、殷夫、胡也频等被国民党杀害。

▲9 月,"九一八"事变发生,全国人民掀起抗日高潮。

1 月

1 日 元旦。续作日记："前日收到朱云影先生寄送的此册，正好得用。今年希望能将此册记完。"另自述："然而朱君的美意毕竟是辜负了，这本日记一共只记了 23 页，大概断断续续的不过记了一个多月而已。"（《我的日记》）

同日 又印制录宋赵长卿《探春令·早春》句贺卡，贺曰："奉贺年喜，施蛰存、陈慧华鞠躬。"

9 日 《草野》第 4 卷第 4 期刊载《水沫书店将停止营业》："水沫书店因内部人员发生暗潮，徐霞村诸先生均先后与该店脱离关系，闻最近戴望舒先生亦拟辞去编辑职务，所以对营业上极受损失。""该店地址，则转租于联合书店为门市部。"据徐霞村记述：刘呐鸥"在和望舒诸人开了一个股东会议之后，便决定亲自出马经理营业，而叫望舒和蛰存专管编辑事宜；刘呐鸥上任的第一炮，就是减少稿费和版税的支出"，"自然就起了劳资的纠纷，最先和刘呐鸥发生冲突的是雪峰和我"。（《记刘呐鸥》）

19 日 《大公报·文学副刊》登载浦江清（署名"毂"）《新文艺废刊号》。

20 日 按浦江清日记："复蛰存信关于会款，蛰存近来经济大窘，前年暑假请诸友帮助起一会，我和钱应瑞合住了第三会（首会算在内）及第七会，第三会第次应交 117.50 元，第七会 97.50 元，故我每次交 107.50 元。每年阳历 2 月 1 日及 8 月 1 日是会期，今年 2 月 1 日是第三会，轮及我应收 500 元，除去第七会应交尚有 451.25 元。但蛰存因经济困难拟向我移借百元，我又叫他北汇百元，所以我家里可以实收 251.25 元，此数也尽够过旧历年及还零碎债之用了。"

24 日　《草野》第 4 卷第 6 期登载《水沫书店来函摘刊》："敝店营业部确因地位不佳,让渡与联合书店,而仍旧迁回四马路与光华书局合作。""编辑部方面事物,既因戴望舒先生将有法国之旅行,故自本年度起,已由刘呐鸥先生及施蛰存先生负责办理,徐霞村先生系敝店编辑部同人之夙好,与敝店向无直接关系,现在北京大学担任教务,更无脱离之可言。"

本月　《当代文艺》第 1 卷第 1 期登载狄克《一九三○年中国文艺杂志之回顾》提及:"《新文艺》这是值得注意的水沫书店所发行的一种刊物,编者是施蛰存等。在最初出版的几期中,内容却比其他几种在国内已有悠久历史的刊物为充实,如施蛰存与刘呐鸥等的创作,都各具有一种特异的作风,在中国创作中实可算是另有生面之作,是一时不易多见的作品。"

2 月

7 日　深夜胡也频、柔石等左翼作家被杀害。自述:"1928年到 1931 年,丁玲和胡也频同住在上海,我和望舒和他们俩接触的机会较多。""噩耗传来,我们都有些意外。""当然,冯雪峰是知道的,但他从来没有谈起过。"(《丁玲的"傲气"》)"也频不久即遭惨杀,丁玲亦隐迹深居,不复相见。我常常想到他们许诺的午茶,不胜感慨。"(《怀丁玲诗四首》)

10 日　《石秀》并"后记"刊于《小说月报》第 22 卷第 2 号。据唐弢回忆:"《石秀》一题,借《水浒》题材,状石秀杀嫂时之变态心理,细细写来,别出心裁。郁达夫曾极口称道,叹为佳作。"(《"上元灯"及其他》)

同日　《前锋月刊》第 1 卷第 5 期登载"本刊特约撰述",先生名列 30 位之一。

12日 下午国民党上海市党部宣传部召集各书店经理谈话,勒令即日烧毁一切进步刊物,未出版者须先审查。据《上海市党部召集各书店经理谈话记》:"当到'新生命''新宇宙''卿云''水沫'……等各书局代表30馀人。""讨论中心问题有二:一、查禁之书籍,请即烧毁;二、以后出版书籍,郑重将事,最好事先送本部审核。"(《申报》,1931年2月14日)

下旬 应中国公学国文系主任李青崖之邀、校长马君武之聘,在吴淞的中国公学文理学院预科兼任国文教授,每周去两次,每次上课两小时。自述:"正想在上海找个固定的副业,以贴补生活,李青崖答应我每教时3元的薪给,对我不无小补。""聘书写明聘请我为预科兼任教授,没有任课时数及薪给数,由校长马君武署名签发。""教的是大学预科一年级生。"(《知己之感》)

月内 水沫书店因受政治压力和经济困难的双重影响而停业,改为东华书店,先生继续担任编辑。自述:"国民党上海市党部正在策划查禁进步书刊,封闭某些书店。我们虽然停止了《新文艺》,但'科学的艺术论丛书'也是被视为'宣传赤化'的出版物。于是我们不等查封,自己先宣告停业,另外再办一个东华书店。"(《我们经营过三个书店》)

3月

1日 《读书月刊》第1卷第6期登载:"施蛰存新任水沫书店编辑,兼在中国公学等教书云。""《一九〇二级》即可出版,现在译库普林(Kuprin)之《火坑》Mama,已将竣事,凡36万言。"

7日 《草野》第4卷第12号登载《施蛰存任职中公》:"施蛰存先生之创作小说,为国内创作界最特出者,施先生在任松江女中国文教职有年,主编《新文艺》月刊也得到读者之欢迎。闻施先生现任中公文理学院教职，谅定有良好之成绩也。"

30 日 《文艺新闻》第 3 号登载："施蛰存在 25 日跑来本社买报，当送了两份给他。问他近作什么工作，他说有病不提笔。"

同日 新加坡《星洲日报二周年纪念刊》出版，刊内朱云影《最近世界文坛之展望·九中国文坛》写到"水沫派施蛰存、戴望舒等也转变到了左翼文学研究会，大抵对这派是寄与同情的"，提及"优秀之作"内有"施蛰存的《上元灯》"。

下旬 自述："到中国公学上课不到三星期，学潮又起，不过我并不清楚其中党派斗争的真相，只是有好几次去上课，都碰上学生罢课，听听学生的控诉，显然有'拥马'和'倒马'二派；大约马君武校长此时已不到校。"（《知己之感》）

本月 为译著挪威哈姆生小说《恋爱三昧》出版而作"序"："对于文艺，我一向是以为各人的欣赏力不同，所以其批判也当然有所不同。""但想来读者多少总还可以从这本小书中欣赏到原作者的朴讷的风格、独特的修辞和北国的感伤。"

4 月

10 日 译作奥地利显尼志勒小说《生之恋》刊于《东方杂志》第 28 卷第 7 号；又续刊于 25 日第 8 号。

同日 《现代文学评论》第 1 卷第 1 期"特大号"刊载《中国文坛杂讯：施蛰存将为前锋努力》："施蛰存氏之创作，在国内已获相当之评价，有称为创作界中所杰出者。施氏曾任松江女子中学教授有年，与刘呐鸥诸氏创办水沫书店，主编《新文艺》月刊，成绩斐然，现任中国公学文理学院文学教授，闻将为《前锋月刊》努力创造云。"

同日 《读书月刊》第 2 卷第 1 期登载"中学生丛书已出多

种":"即将出版的有前松江县立中学国文教师、现任中国公学文学教授施蛰存所著的《中学生小说》《中学生诗歌》。"

13 日 《文艺新闻》第 5 号登载:"施蛰存在译《一九〇二级》。"

本月 《魏琪尔》被列入王云五主编"万有文库"第一集,由商务印书馆初版。(1935 年 10 月再版)

本月 全家为父亲施亦政庆贺五十生辰。

5 月

10 日 中国公学副校长朱经农致董事长胡适的信中谈及:"此次文理科教授变动最多,文史系方面新请教员,大抵为文学研究会中人,如郑振铎、李石岑、孙俍工、施蛰存等,也还过得去。"(《胡适来往书信选·中卷》)自述:"我在这些信中,才知道当年中国公学的内幕,这些情况,当时都一点也不知道。朱经农对李青崖很不满意,在这封信中却提到我,和郑振铎、孙俍工、李石岑一起,许为'也还过得去'的教员,可见他对我们四人,并不因为是李青崖的私人而有所歧视。"(《知己之感》)

同日 《现代文学评论》第 1 卷第 2 期登载《中国文坛杂讯:施蛰存闭户翻译》。

同日 《读书月刊》第 2 卷第 2 号登载沈善坚《施蛰存和他的〈上元灯〉》。

15 日 译诗英国彭思《替我铺床的情人》(署名"安华")以及译作濮卡屈《最后的亚里丏陀的家庭》(署名"柳安")刊于《读书俱乐部》第 3、4 期合刊。

20 日 为译著德国格莱赛《一九〇二级》撰"译者致语"。

月内 译作匈牙利莫尔那《接吻》刊于《中国学生》第 3 卷

第 5 期。

月内　为译著奥地利显尼志勒《妇心三部曲》撰"译者序"。

本月　译著德国格莱赛《一九〇二级》,由东华书局初版。

6 月

23 日　据沈从文记述,丁玲给我写信,谈她办《北斗》杂志的计划,"上海的施蛰存我也要他的稿子"。(《记丁玲续集》)

30 日　《文艺月刊》第 2 卷第 5、6 期合刊登载沈从文《论中国创作小说》(续)提及:"孙席珍、施蛰存、沉樱,是几个较熟悉的名字。""《上元灯》笔头秀明,长于描绘,虽调子有时略感纤细,却仍然可算为一个完美的作品。这作品与稍前一年两年的各作品比较,则可知道以清丽的笔,写这世界行将消失或已消失的农村传奇,冯文炳、许钦文、施蛰存有何种相似又有何种不同处。"

下旬　在吴淞中国公学文理学院预科任教一学期后离职。自述:"我在中国公学任课,勉强维持到六月,学潮未平息,提前放暑假,于是结束了我的教学任务。"(《知己之感》)

本月　译著奥地利显尼志勒《妇心三部曲》(蓓尔达夫人、毗亚特丽思、爱尔赛小姐),由上海神州国光社初版。

7 月

10 日　《莼羹》刊于《小说月报》第 22 卷第 7 号。

27 日　《文艺新闻》第 20 期登载:"刘呐鸥近由平返沪,施蛰存将由沪赴平,并闻东华书局或将收盘。"

本月　中国文化服务社出版赵景深、孙席珍等编《现代中国小说选》,内收《娟子姑娘》。

8 月

1 日 《新时代》创刊号登载"邵洵美请吃便饭":"日前邵洵美诗人在府请吃便饭,计到刘呐鸥,施蛰存,戴望舒,张若谷,曾今可,袁牧之,潘孑农,董阳方,徐克培,马彦祥,及画家张振宇,曹涵美等人,诗人夫人盛佩玉女士亦帮同招待,饭后主客大吃西瓜。徐志摩,谢寿康,徐悲鸿等人到时,则已席终矣。"

10 日 《在巴黎大戏院》刊于《小说月报》第 22 卷第 8 号。

同日 《读书月刊》第 2 卷第 4、5 期合刊登载《光华书局近况》提及"'欧罗巴文艺丛书'系将欧洲文艺有系统的介绍到中国来的一个计划,出版者已有十馀种,在排印中者有施蛰存译的《恋爱三昧》"。

月内 上海良友图书印刷公司出版赵家璧主编"一角丛书"。据赵家璧回忆:"施蛰存为我出了许多点子,也给了我很大鼓励。在我编辑生涯中,蛰存是第一个提携我的作家。""'一角丛书'创刊期间,最早提携帮助我的就是他;我在工作中每遇困难,经常去请教他。""当时我认识的成名作家仅有同乡施蛰存,他第一个出来支持我。"(《编辑忆旧》)

9 月

4 日 上海良友图书印刷公司初版胡适等著《今日四大思想家信仰之自述》,书末刊登书讯:"施蛰存创作《李师师》,作者的名字,在近年来的《小说月报》上,每期可发现。最近写的那篇《石秀》,为全国文艺界所注意。《李师师》是一篇中篇创作,给《石秀》曲调有些相似,作者自己也认为是最满意的作品。"

7日　《文艺新闻》第 26 号登载于海《〈一九○二级〉的革命性》(此书东华出版,由施蛰存译出)。

10日　《魔道》刊于《小说月报》第 22 卷第 9 号。自述:"我运用的是各种官感的错觉,潜意识和意识的交织,有一部分的性心理的觉醒,这一切幻想与现实的纠葛,感情与理智的矛盾,总合起来,表现的是一种都市人的不宁静情绪。""是我的一个'顶峰',所以此后我就不敢再发展下去了,在'千夫所指'的情况下,我不得不转一个创作方向。""我几乎用尽了我的心理学知识和精神病学知识,还有民俗学和神话学,一般人以为我在胡言乱语,这是因为他们没有读这篇小说的文化基础。"(复杨迎平函,1992 年)"这篇小说是受法国怪诞小说的影响,最有名的是十九世纪多列维莱的作品,我把心理分析跟怪诞糅合起来,在法国称之为'黑色的魔幻'。"(《中国现代主义的曙光——答台湾作家郑明娳、林燿德问》)

秋间　据叶灵凤记述,与施先生"在旧书店的橱窗里发现了一叠复制的西洋名画,虽然是单色的,但是极好的英国影写版出品","我和施先生选了一阵,他不知怎样看中了一张郎克莱的风景,我却选了一张达文西的'莫娜丽沙'"。(《秋灯琐记》)

10 月

1日　《新时代》第 1 卷第 3 期登载《戴望舒与施蛰存之妹订婚》。

20日　为经增删再版小说集《上元灯》作"再版自序":"我已将最觉得自己失笑的《牧歌》一篇删去。""至于三篇新作——《旧梦》《桃园》《诗人》都是我在前年写原有的几篇小说时所未曾产生的题材,现在因为补缺之故,自己以为将承袭了以前写其馀几篇时的情绪。""当时的一种情绪已经渐就泯灭,我不再能够写到如《周夫人》、《栗芋》那样舒缓的文章了。"

25 日　为小说集《将军底头》出版作"自序":"以前在杂志上发表之后,曾经得到过许多不能使我满意的批评,有人在我这几篇小说中检讨普罗意识,又有人说我是目的在倡议民族主义,我觉得这样下去,说不定连我自己也要怀疑起它们底方法和目的来了。因此,我以为索性趁此机会说明一下,好让大家不再在这样没干系的小说上架起扩大镜来。"

26 日　《文艺新闻》第 33 号刊载适夷《施蛰存的新感觉主义——读了〈在巴黎大戏院〉与〈魔道〉之后》:"作者曾经写过《追》那样的刚捷矫逸的作品,也很写实地写过《阿秀》那样现实的作品,但在一个巨大的白的狂飙之下,作者却不肯坚决的,找自己的生活,找自己的认识,只图向变态的幻象中作逃避,这实在是很不幸的事,以作者那样的文学才智。"自述:"因了适夷先生在《文艺新闻》上发表的夸张的批评,直到今天,使我还顶着一个新感觉主义者的头衔。我想,这是不十分确实的。""我知道我的小说不过是应用了一些 Freudism 的心理小说而已。"(《我的创作生活之历程》)

30 日　《孔雀胆》刊于《文艺月刊》第 2 卷第 10 号。按:后收入小说集《将军底头》,又题为《阿褴公主》。

11 月

7 日　《涛声》第 13 期登载卢旋之《"小说甲选"的批评》提及:"蒋光慈、施蛰存也应该补入。"

19 日　徐志摩因飞机失事遇难。自述:"徐志摩在他飞机出事前两个礼拜,我在一个朋友家见过面。"(杨晓晖、龚建星《施蛰存访谈录》。按:详细俟考。)

20 日　小说集《李师师》内收《李师师》《旅舍》《宵行》,列为"一角丛书"第 12 种,由上海良友图书印刷公司初版。(1932 年 3 月 10 日第二版、9 月 1 日第三版)

约在期间　自述:"在蓬莱路一家旧书店中得到了此书〔爱德华·李亚《无意思之书》〕,真是喜出望外的事。"(《"无意思之书"》)"我的一部英译莫泊桑短篇小说全集便是从虬江路买来的。""我的一本第三版杜拉克插绘本《鲁拜集》,就是从许多会计学书堆里发掘出来的。"(《买旧书》)

12 月

31 日　译作波兰 Adam Szymanski《二祈祷者》刊于《文艺月刊》第 2 卷第 11、12 号合刊。

本月　《葫芦》第 1 卷第 2 期登载沈善坚《"娟子姑娘"》:"特别使我们应该注意的,就是那最后的一篇近作《花梦》了。从这篇里,我们看出作者作风的转变。""我更赞佩作者在对话方面的成功,因为是流露出一种特殊的都会人士谈话的风味。"还载沈子仁《一年来的中国出版界》提及:"'欧罗巴文艺丛书'之发行,这部书由杜衡、施蛰存、姚蓬子等编译,还有一点价值。""第一我要提到的就是水沫书店《新文艺》的停刊,这刊物完全是纯文艺的,半年多努力,很有成绩。"

年内　编撰《江苏全省教育馆联合代表会招待手册》,系民国二十年松江民众教育馆铅印本。

年内　受高尔松、高尔柏昆仲约请,始与盛朗西、朱雯、沈联璧、徐震堮、王季思、陆维钊等编注一套语文教材,初名为《当代国文》(12 册),并申报教育部审定,拟供给江苏省各所高、初中学校作为教材使用。

年内　钱君匋治印"无相盒"。(松江博物馆藏品)

1932 年(壬申,民国二十一年)　27 岁

▲1 月,日本侵略军进攻上海,淞沪抗战爆发。

▲9 月,林语堂、邵洵美主编《论语》出版创刊号。

1 月

1 日　元旦。续写日记。自述:"至 5 月 9 日止,虽然占了四个月之久,但实在只记了三十几天。这是一本美国制的皮面金边日记册,所以其中也有几天是用英文记的。只是我的英文可怜得很,只记了一些思想和行事的断片而已。"(《我的日记》)

11 日　《文艺新闻》周刊第 44 号刊载题为《施蛰存谈一生之希望》致适夷函:"文艺新闻社寄弟一信,列重大问题数十个,要弟回答。""弟一生希望,只是每年能够写几篇惬心的创作,译几本看得过去的书而已。此希望去年如是,今年亦如是,至明年后年亦将如是。"

20 日　《北斗》第 2 卷第 1 期登载钱杏邨《一九三一年中国文坛的回顾》:"总之,施蛰存所代表的这一种新感觉主义的倾向,一面是在表示着资本主义社会崩溃的时期已经走到了烂熟的时代,一面是在敲着金融资本主义底下吃利生活者的丧钟。"

同日　《时事新报》登载"新中国书局新书出版":"俱系当代作家,如施蛰存、叶绍钧、郑振铎、李巴金诸君的杰作。"

28 日　淞沪抗战爆发,东华书店未及出书便停业,遂返回松江家里。自述:"闸北的战火照耀在天空,北四川路秩序大乱,刘灿波(呐鸥)狼狈地迁入法租界,我们所经营的第三个出版机构东华书店等于是流产了。"(《我们经营过三个书店》)

本月　小说集《将军底头》,内收《鸠摩罗什》《将军底头》《石秀》和《阿褴公主》,列入"新中国文艺丛书",由上海新中国书局初版。(1933 年 1 月再版)自述:"《将军底头》忽然倾向于写历史故事,而且学会了一些弗洛伊德的心理分析方法。这条路子,当时给人以新颖的感觉,但是我知道,它是走不长久的。"(《〈中国现代作家选集·施蛰存〉序》)

2 月

上旬　在松江县立中学兼任教职,参加捐款支援淞沪抗日将士和新松江社社务活动。自述:"刘呐鸥不想再干文艺事业,他转而去从事电影,和我们的关系疏远了。戴望舒回杭州去,筹划出国。杜衡住在上海,闭门译书。雪峰、蓬子都已迁居,暂时不通消息。徐霞村回北平去了。我回松江,仍旧当中学教师。只有老师傅崔龙泉夫妇留守在公益坊,保管书店一切财物。"(《我们经营过三个书店》)

月内　洪野贫病交迫而病逝。先生闻讯甚悲,参加松江县立中学师生捐款料理丧事。自述:"画师洪野避乱佘山,不数日以病死,余挽以一联云:'漫言桃洞安宁,秦客移家才几日;莫问佘山消息,眉公遗画足千秋。'"(《无相庵偶撷》)

约在期间　自述:"我看了些英美近代诗的选集和评论集,这一时期的研读使我荒落了好久的诗的兴趣重新升华起来。"(《我的创作生活之历程》)据杨之华记述:"在这烟消云散的过程

中,施蛰存不免感到旧朋云散的寂寞,于是又想有所活动。"(《文坛史料》)

本月 小说集《上元灯》经增删改编后再版,内收《扇子》《上元灯》《周夫人》《旧梦》《桃园》《渔人何长庆》《栗芋》《闵行秋日纪事》《诗人》《宏智法师底出家》,由上海新中国书局初版。(1933年2月再版)

3月

月初 在松江家里收到现代书局经理张静庐来函,征询能否出任新办文学刊物的主编,并请来上海商谈。据张静庐回忆:"'应该立刻出版一种纯文艺刊物'这一建议,很快就得到干部同人的同意。于是由我写信到松江,请施蛰存先生出来主编。在这一时期,他是挺适宜的一位编辑。对无论那一方面都没有仇隙,也不曾在文坛上对某一位作家发生过磨擦,同时更请他兼任公司的编辑主任。"(《在出版界二十年》)自述:"我收到上海现代书局经理张静庐的信,内容很简单:他们要办一个文艺刊物,想请我主编,希望我即日去上海谈谈。这是一件出于我意外的事。"(《我和现代书局》)

翌日 乘早班火车赶往上海虹口海宁路的现代书局办公处,与洪雪帆、张静庐商谈办刊之事。经过两天的讨论,达成协议。自述:"我和雪帆、静庐在经理室中谈了一个上午,才明白他们找我编刊物的前因后果。""我没有加入左联,左联成立大会上没有我的签名。我和国民党没有关系。我有能力在短期内编起一个文艺刊物,他看过我编的《新文艺》,他以为像这样倾向的文艺刊物是适当的。那天从九点钟到午饭时间,静庐把书店的情况都讲清楚了,他希望我立即决定干不干。接着雪帆、静庐、灵凤和我四人一起出门,在北四川路一家饭店里吃午饭。""我就在这一段时间中仔细考虑了一番。饭后,大家一起回到编辑部。""我和静庐单独在经理室里继续谈刊物的事。""协商的结果是刊名定为《现代》,要赶在 5 月 1 日创刊。""我向张静庐提出的最后一个条件,是《现代》杂志在现代书局编辑部中必须有独立自主的权利,我和叶灵凤必须分清工作。""静庐同意了。"(同上)

中旬 着手筹办《现代》杂志。自述:"过去虽曾编刊物,皆同人性,不须向外组稿。今则为综合性、商业性刊物,必须向全国同文征稿。创刊号集稿时间仅二十馀日,不得不邀集'水沫'同人。"(《浮生杂咏》)"我写信邀戴望舒、杜衡一起来上海,为《现代》创刊号撰文组稿。"(《我和现代书局》)

下旬 《现代》创刊号集稿,"幸而张天翼、魏金枝、巴金、瞿秋白诸稿先后寄到"。(《浮生杂咏》)

月内 《读书月刊》第 3 卷第 5 号登载《施蛰存氏近讯》:"《将军底头》由新中国书店印行,版才排好,沪战即起,全部焚毁,现在已重行发排中。""近来施氏甚努力于国外名著的介绍与翻译,最近脱稿为 Kuprin 之《魔窟》。"

4 月

1 日 正式加入现代书局编辑部,并为主任,月薪 100 元。自述:"编辑部,只有叶灵凤和我两个编辑,和一个青年校对员。"(《我和现代书局》)"我和现代书局的关系,是佣雇关系;他们要办一个文艺刊物,动机完全是起于商业观点。""我主编的《现代》,如果不能满足他们的愿望,他们可以把我辞退,另外请人主编。在这样的情况之下,我的《现代》绝不可能办成一个有共同倾向性的同人杂志。"(《〈现代〉杂忆》)

月初　编讫《现代》创刊号文稿。自述："我开始筹编《现代》，首先考虑编辑方向，鉴于以往文艺刊物出版情况，既不敢左，亦不甘右，又不欲取咎于左右，故采取中间路线，尽量避免政治干预。"(《浮生杂咏》)

9日　晚上为《现代》撰"创刊宣言"。自述："这个宣言是在发稿前夜匆匆写成。"(《〈现代〉杂忆》)"说明这个文艺月刊是一个'普通的文学杂志'，而'不是同人杂志'。又申明这个杂志'不预备造成任何一种文学上的思潮、主义或党派'。又说：'本志所刊载的文章，只依照着编者个人的主观为标准。至于这个标准，当然是属于文学作品的本身价值方面的。'这些话，只是间接地说明这个刊物没有任何一方面的政治倾向，刊物的撰稿者并没有共同的政治立场。"(《重印全份〈现代〉引言》)

10日　将编成的创刊号文稿交付印刷厂排版，"得以新型综合性文学月刊姿态问世"。

18日　写讫《无相庵随笔》，并将《"先知"及其作者》《画师洪野》《无意思的书》《五月》，补入待印的《现代》创刊号。

29日　沈从文致函："急就章直到今日为止，尚未完篇，十分罪过。二期月刊我恐怕只能充一读者，无从将稿件赶上付印，特覆，并致歉意。"自述："编《现代》杂志，写信去向他索稿，才从往来书信中继续了友谊。""他不得不挤出时间来从事写作，常常在信里说，他寄我的稿子是流着鼻血写的。"(《滇云浦雨话从文》)

下旬　据汪锡鹏记述："忽接施蛰存兄来信，谓：'弟将主编《现代》，如不以往事为芥蒂，恳即赐稿，并希常援助！'"(《汪锡鹏小说集·校读之后》)

5 月

1 日 主编《现代》第 1 卷第 1 期出版,成为"一·二八"战事后上海率先出版的文艺刊物。自述:"我请戴望舒选编新诗来稿,并主持法国和南欧文学的编辑事务。刊物出版后,创作小说的来稿肯定是最多的,我请杜衡担任一部分创作小说的审稿工作。冯雪峰答应向鲁迅联系,经常为《现代》写稿,他自己也答应为《现代》写或译一些新兴文艺理论。"(《〈现代〉杂忆》)据杨之华记述:"《现代》以既不右而又不左的新姿态出现,遂轰动了当时的文坛,更以冯雪峰、姚蓬子与水沫书店的关系,鲁迅的文章也拉到了,茅盾于《小说月报》停刊之后,也有文章在《现代》发表。其他如远在北平的周作人,前创造社的主干郭沫若、郁达夫等,亦相继为《现代》撰稿。"(《文坛史料》)

又 卷首刊有其撰《创刊宣言》:"但当本志由别人继我而主编的时候,或许这个宣言将要不适用的。所以,这虽然说是本志的创刊宣言,但或许还要加上'我的'两字为更适当些。"据凌美《文坛一月间·上海的文学杂志》:"编者再三郑重声明,是没有任何党派,亦不想形成任何文艺上的思潮的一个纯文艺刊物。"(《读书月刊》,1932 年第 3 卷第 3 期)

又 刊有其作《残秋的下弦月》、《无相庵随笔》(一、"先知"及其作者,二、画师洪野,三、无意思的书,四、"五月"),及译作《夏芝诗抄》并《译夏芝诗赘语》(署名"安簃")。

又 第 1 卷的每期末尾均撰有《编辑座谈》及编撰《艺文情报》。本期《编辑座谈》写到"把本志编成一切文艺嗜好者所共有的伴侣,我不希望我的读者逐渐地离开我(除非他是不能了解文艺本身的精神的),故我当尽我的能力来干。我更切望写文章的朋友,无论相识或不相识者,都肯给我以稿件上的帮助"。

又 还刊发《诗集的征求》:"我国新诗集自胡适的《尝试集》以降,至今无论书局或个人印行者,为数必然很可观了。""其他已绝板或私人印行的,均无从罗致,我很希望这些诗集的作者能将他们的著作检惠一份,使我可以藉此对于我国近十年来的诗看一个全豹。""我还想给它们编一个详细的目录。"

同日 《现代》创刊号出版的大广告在上海主要报纸登载。

9日 赴上海三马路(今汉口路)孟渊旅馆,出席朱雯、罗洪夫妇的婚礼。据朱雯回忆:"除施蛰存和穆时英外,还有巴金、赵景深、陶亢德等。巴金还记得,他同施蛰存第一次见面,就是在我们结婚的礼厅里。他在1979年6月16日写的《创作回忆录》之四《关于〈海的梦〉》里,曾谈到'施蛰存同志创办《现代》月刊,托索非向我组稿,我就把写好的《海的梦》交给索非转去。'""那天蛰存来贺喜时,还带给我一本《现代》的创刊号。""巴金的《海的梦》、穆时英的《公墓》和施蛰存的《残秋的下弦月》,都是一时的名作,这就很自然地成了几位来宾的话题。"(《六十年前事》)

同日 徐霞村、吴忠华夫妇在北京欧美同学会礼堂举行婚礼,"其上海友人蓬子、丁玲、戴望舒、施蛰存、沈松泉、张松涛等均接到其礼帖"。(《读书月刊》,1932年第3卷第3期)

15日 主编《现代》创刊号再版印行,自述:"初版印3000册,五天卖完,又再版了2000册。"(《〈现代〉杂忆》)"这是当时文艺刊物发行量的新记录。"(《我和现代书局》)

中旬 自述:"达夫住在静安寺,我去拜访他,向他索稿。看见此联[郁达夫录定公诗:避席畏闻文字狱,著书都为稻粱谋],就借来制板,印在我编的杂志[《现代》第2卷第1期]上。"(《郁达夫墨迹》)

31 日　为编讫《现代》第 1 卷第 2 期撰《编辑座谈》："茅盾先生新近回了一次家乡，所以写下了一篇《故乡杂记》，为了想给读者先睹为快，不等他全文写完，我就请他允许以第一章先发表在本期。""郁达夫先生搁笔了好久，今年忽然又高兴写起文章来了。""本期所载的一篇论文，阐明中国现代小说并非承接了中国旧小说的脉络，而是继续着西洋的小说系统。""现在已有了刘呐鸥、沈从文两先生的大著。""李青崖先生替本刊把这篇小说赶译起来。""木刻是一种新兴的艺术，在中国，擅此者似乎还很少。一川君于此很用功，他曾给我看过二十馀块习作，我觉得都很能满意，现在本刊上复印了一块。"

月内　辞去松江县立中学教职，常住上海专职从事编辑。除主编《现代》，同时还以编辑主任之职，负责图书的编辑出版。

约在期间　据赵家璧回忆："从此我和他有了更多晤面的机会，""也为我介绍了许多著名的作家，我记得巴金的第一部作品就是通过他组到的。""既是同乡，又是同道；我为《现代》写文章，'良友'为施蛰存出版小说集。"(《编辑忆旧》)

本月　上海中学生书局出版蔡元培题、柳亚子校、洪超编《中学生文学读本第四册·创作小说集》，收录《上元灯》。

6 月

1 日　主编《现代》第 1 卷第 2 期出版；刊有其作《薄暮的舞女》，还有《意象抒情诗》(桥洞、祝英台、夏日小景、银鱼、卫生)。自述："这时候，创刊号在内地，如四川、广东等处，才发生影响。因此，创刊号又添印了 1000 册，第 2 期也相应地添印了 2000 册。"(《〈现代〉杂忆》)

2 日　按周作人日记，收到施蛰存来函。自述："去信约稿，

始有信函往来。这些信抗战时都在松江毁于战火,幸好孔另境编《现代作家书简》已收入一部分。"(《知堂书简三通》)

12 日　译毕《美国三女流诗抄》并撰"译者记"。

16 日　按周作人日记,复施蛰存函。

下旬　为编讫《现代》第 1 卷第 3 期而作《编辑座谈》:"将开始登载老舍先生为本刊特撰的长篇小说《猫城记》。茅盾先生的《还乡杂记》,除本期的续稿外,预备再写下去一点。""他去年曾做了一篇《徐志摩论》,""不幸中日沪战发生,此稿被焚,现在他已重新改写一过,大约将在本刊第 5 期上发表。""郁达夫先生的小说《马樱花开的时候》送来已迟。"

约在期间　叶圣陶、王伯祥、徐调孚等先后在开明书店任职,并与时有过往。自述:"我在现代书局任编辑,工作地方就在开明书店的编辑部邻近,因而有较多的机会去拜访他们,或联系业务。当时开明书店的编辑部,是我很羡慕的。""比起我那间又小又黑暗的阁楼编辑室来,真有天壤之别。"(《怀开明书店》)

7 月

1 日　主编《现代》第 1 卷第 3 期出版;刊有译作《美国三女流诗抄》(陶立德尔女史三章、史考德女史二章、罗慧儿女史二章),署名"安簃"。

又　刊发苏汶(杜衡)《关于文新与胡秋原的文艺论辩》,自述:"在文艺界引起了一场大论争,非但在当时延续了一年之久,即使在以后 40 年来,新文学史家还经常在批判'第三种人'。""我举出'第三种人'的原义,以及何丹仁的二点概括,不过是用作例子,以说明这次论辩,到后来双方都有点离开了原始概念,差以毫厘,失之千里了。""这些论辩文章,都经过我的手,由我逐篇三校付印。我在校样的时候，就发觉有此现象，但我决不介入这场论辩。""双方的文章措辞，尽管有非常尖刻的地方，但还是作为一种文艺思想来讨论。许多重要文章，都是先经对方看过，然后送到我这里来。鲁迅最初没有公开表示意见，可是几乎每一篇文章，他都在印出以前看过。最后他写了总结性的《论"第三种人"》，也是先给苏汶看过，由苏汶交给我的。这个情况，可见当时党及其文艺理论家，并不把这件事作为敌我矛盾处理。我现在回忆起来，觉得当年左翼理论家的观点虽然不免有些武断、过左，但在进行批判的过程中，对斗争性质的掌握是正确的。鲁迅对'第三种人'的态度，后来才有了改变。大概是由于《庄子》和《文选》的事，由于他怀疑我向国民党'献策'，最后是由于穆时英当了图书杂志审查委员，他认为这些都是'第三种人'倒向了反动派，'露出了本相'，从此便对'第三种人'深恶而痛绝之。但是，在1936年的答徐懋庸一文中，却明确地说'杜衡、韩侍桁、杨邨人之流的什么第三种文学'，这是指《星火》的编者了。对于'第三种人'问题的论辩，我一开头就决心不介入。一则是由于我不懂文艺理论，从来没写理论文章。二则是由于我如果一介入，《现代》就成为'第三种人'的同人杂志。在整个论辩过程中，我始终保持编者的立场，并不自己认为也属于'第三种人'——作家之群。十多年来，鲁迅著作的注释中，以及许多批判文章中，屡见不鲜地说我是'自称为第三种人'，这是毫无根据的。"(《〈现代〉杂忆》)"在登了上述两篇文章[苏汶《关于'文新'和胡秋原的文艺论辩》、杨邨人《揭起小资产阶级革命文学之旗》]，情况有所改变后，在左翼这方面，离我们就远了，鲁迅先生也有过几个月不愿给《现代》写稿，后来他和《文学》有了意见，才重又为《现代》写稿。"(《鲁迅研究资料第九辑·施蛰存谈〈现代〉

杂志及其他》)

2日 续写日记。自述："这本活叶簿大约有百馀页"，"到 8 月 27 日止"，"所记的大概是当时在上海编《现代》杂志时的事情"。(《我的日记》)

8日 刘呐鸥致戴望舒函谈及："《现代》要脚本可另写一篇，如果这两三天不忙的话，我也可赶出来的。""《现代》杂志的形式很鲜明可爱。""最后请你代向蛰存兄请罪，因创作又做不出来，归省后如有好的稿子，当奉上。"

14日 按赵景深日记："午后我正在校阅冰心的《姑姑》。""蛰存就来了，他一来，我的精神就振作起来，差不多每次如此。他扬着浓眉，大声的说着，随时都像是演说似的——你可以说他写过《追》，决想不到他会写《上元灯》。他那说话的爽快，所含有饱满的生命力，常使我羡慕不置。不看别的，只看他所编的《现代》，排列的新颖，真是一点也不含糊！图画印到边端，每面旁边的粗黑线，都是别致而又美观的地方。他要我写这正在写着的文章。"

16日 按周作人日记，收到施蛰存来函。

17日 周作人复函："短文或可写成，临时当再寄奉。秋心(梁遇春)病故，亦文坛一损失，废名与之最稔，因此大为颓丧，现又上山修养去，一时或不写文章也。有李君广田在北大英文学系，亦从鄙人学日本文，作散文颇有致，卖文苦学，而北平近来无处可卖，《华北副刊》新出，才登一二首，今日的一篇附呈，乞察阅。如《现代》可以采用，当嘱其写呈。"

19日 郁达夫应先生编辑"夏之一周间"征稿所约而撰《在热波里喘息》："这几日来，只在小小的寄寓里。""第三部看的是《现代》杂志的编者施蛰存君的《将军的头》。以史实来写小说，是我在十几年前就想做而未成的工作,现在看到了这四篇东西,我觉得我的理想,却终于被施君来实践了。""历史小说的优点,就在可以以自己的思想,移植到古代的人的脑里去。施君的四篇东西,都是很巧妙地运用着这一个特点的。尤其是《将军的头》的神话似的结束,和《石秀》的变态地感到性欲满足的两处地方,使我感到了意外的喜悦。"

20 日　日记作有半阕小词,词曰:"思量前事何曾错,曾共伊人花底坐,玉钩不惜露华浓,愁眼生憎明月堕。"

28 日　译毕英国赫克思莱《新的浪漫主义》并作"译者记"。

30 日　按周作人日记,致施蛰存一函。

下旬　为编讫《现代》第 1 卷第 4 期而作《编辑座谈》:"增加了书评一栏,""除了自己随时写一点之外,又约了几位朋友在本志上每期发表几篇对于最新出版的文学书的漫评,""是不署名的,一切责任由我代表《现代》杂志社来负担了。我又想在本志上每期加一点关于外国文坛的通信。"

月内　自述:郑振铎"制定了《世界短篇小说大系》的规划,分别邀请适当的人选担任编译","分配给我的是捷克、波兰和匈牙利三个国家,因为我正热中于东欧文学"。"1930 和 1931 这两年中,我们竭力挤出时间来从事这几部小说的翻译工作。大约到 1932 年夏季,我们才各自完成了译事,把全稿送交商务印书馆","但商务印书馆已无法实现这个计划"。(《关于〈世界短篇小说大系〉》)

月内　据张静庐记述,"民廿一年,《啼笑因缘》发刊于上海","时余方主现代书局,乃与总编辑施蛰存兄合购而研读之,此为余研究恨水小说之始"。(《张恨水〈山窗小品〉跋》)

8 月

1 日 主编《现代》第 1 卷第 4 期出版;刊有其撰《法国之文学海岸》(署名"安华"),以及"书评"等篇。

10 日 南强书局出版王抗夫编《短篇小说年选·1931 年》,内收《在巴黎大戏院》。

15 日 《武汉文艺》第 2 卷第 1 期登载白石《施蛰存的倾向》。

19 日 按周作人日记,收到施蛰存来函。

25 日 上海南强书局初版李君实编《模范语体文评选·第二册》,内收《画师洪野》。(1934 年 5 月再版)

下旬 为编讫《现代》第 1 卷第 5 期而作《编辑座谈》:"在我个人正在计划着'下一卷本志应如何革新'的时候,我敬在这里向本志的爱读者征询一点高见。""唯有读者与编者的合作,才能使一个杂志日有发展,我相信如此。"

月内 自述:"买到了《皇明十六家小品》,才对于明人小品,热烈地着迷起来,而其时沈启无先生的《近代散文钞》尚未出版,我也并没有想到明人小品会有时髦的一天。"(《"云乎哉?"》)

月内 自述:"有一次是白天去[陈志皋家]的。""是想找他设法打听艾青的情况。艾青当时被囚薛华立路法国人的监狱里。"("关于陈志皋和《世界与中国》")

月内 朱雯又返回松江教书。据朱雯回忆:"到 1937 年 8 月抗战爆发离开松江为止,我和蛰存一起度过了一生中过从最密、交往最多的五年。"(《六十年前事》)自述:"我和家璧,都在上海工作,""每周末就回松江,朱雯在松江中学任教,故长住在松江。每个星期日,我们三人互相访问,大家谈些文艺消息,文艺

计划。"(《罗洪,其人及其作品》)

9 月

1 日　主编《现代》第 1 卷第 5 期出版;刊有其撰《新的浪漫主义》《茹连·格林》(署名"安华")。

又　"书评"栏刊有《"将军底头"》:"至于纯粹的古事小说,却似乎还很少看见过。有之,则当以《将军底头》为记录的开始。""我们却发现了一个极大的共同点——二重人格的描写,每一篇的题材都是由生命中的两种背驰的力的冲突来构成的。""我们拿[《自序》]来这样地改正一下是要比较确切得多——《鸠摩罗什》宗教和色欲的冲突;《将军底头》信义和色欲的冲突;《石秀》友谊和色欲的冲突;《阿褴公主》种族和色欲的冲突。"

又　其作《夏之一周间·编者引言》:"因连日上海的奇热,引起我在本期上纂一特辑的动机。""请几位作家自由地写一点短文,或记生活,或抒近感,总之是在最近的一周间的思想行为的自供。"本栏征稿刊发周作人《苦雨斋之一周》、老舍《夏之一周间》、巴金《我底夏天》、沈从文《一周间给五个人的信摘钞》、郁达夫《在热波里喘息》、废名《今年的暑假》、茅盾《热与冷》、圣陶《夏?》和赵景深《书生的一周间》。

同日　《新时代》第 3 卷第 1 期登载毛一波《都会文艺的末路》提及:"而施蛰存、刘呐鸥、穆时英等的新形式和新感觉的作品之成为文坛上的倾向,也还是这个事实的注脚。""不信,我们试一检查施蛰存等的创作便可明白了吧。"

6 日　按傅彦长日记:"遇徐蔚南,请往四时春吃点心与批评,又遇施蛰存、林微音、邵洵美等。"

10 日　按鲁迅日记:"得施蛰存信。"

11 日　按傅彦长日记:"到大马路新雅,遇林微音,施蛰存。"

13 日　巴金由天津致函:"你的文章读过两遍了,对你那批评的态度我是很佩服的。但你并不了解我,有些地方你的确说出了我的弱点。""这是我没法否认的,我的确'取了巧',但这并不是故意的。"

15 日　《学风》第 2 卷第 8 期登载《〈将军底头〉和施蛰存》。

20 日　《如何作文》刊于《青年界》月刊第 2 卷第 2 号。

21 日　日记:"第 2 卷第 1 期的创作增大号,自从拟定了一个假想的目录,分别请人撰文以来,""只有巴金在动身北游之前给写下了的一篇《电椅》呢。"

22 日　收到郁达夫寄来的新作《东梓关》。

23 日　接吴文藻来函,说冰心病又转剧,须入医院疗养,"预定着的文章又少一篇"。

24 日　日记:"穆时英先生曾说在 15 日以前交一个短篇来,但竟失约了。17 日写了一信去催促,幸而今天有了回件,《上海的狐步舞》一篇。""据我个人的私见看来,就是论技巧,论语法,也已经是一篇很可看看的东西了。"

25 日　郭沫若致函:"《现代》月刊要出创作专号,要我做一篇小说,并因期促的关系,叫我在十天之内就要交稿。我本想把最近所感受的一段情绪,写作一篇《紫薇花》出来,但我恐怕不能够如期交出;现在我由日记中钞出了两首诗出来塞责。""《紫薇花》呢? 在最近期内能写出时,希望能在本志上和读者见面。"

同日　日记:"沉默了许久的鲁彦,居然赶得及创作增大号的发稿期,寄来了一篇《胖子的故事》。""苏汶先生交来《论文学上的干涉主义》,关于这个问题,颇引起了许多论辩,我以为这实在也是目前我国文艺界必然会发生的现状。凡是进步的作家,不必与政治有直接的关系,一定都很明白我国的社会现状,而认识了相当的解决的方法。""这篇文章,也很有精到的意见,和爽朗的态度,似乎很可以算是作者以前几篇关于这方面的文字的一个简劲的结束。"自述:"我写这一段话,只有两个目的:其一是想结束这一场论辩,其二是作一个政治表态。""放在《社中日记》里,写得又很隐晦,似乎从来没有人注意。"(《〈现代〉杂忆》)

28 日　下午到开明书店,叶圣陶"到南京去开中小学国语教学研究会了,但他终于在百忙之中,给《现代》写成一个短篇";"为了要编画报,前几天曾向叶先生商量请他将所刻的印谱借来发表几方,承他答应,留交给我三册印谱,今选用六方"。

29 日　李金发寄来诗三首,摄影一版。张天翼寄来小说。

下旬　为编讫《现代》第 1 卷第 6 期而撰《编辑座谈》:"决不想以《现代》变成我底作品型式的杂志。我要《现代》成为中国现代作家的大集合,这是我的私愿。但是,在纷纷不绝的来稿之中,我近来读到许多——真的是可惊的许多——应用古事题材的小说,意象派似的诗,固然我不敢说这许多投稿者都多少受了我一些影响,可是我不愿意《现代》的投稿者尽是这一方面的作者。"

10 月

1 日　主编《现代》第 1 卷第 6 期出版;刊有诗作《即席口占·咏某女史之口琴》,署名"安华"。

又　刊发苏汶《"第三种人"的出路——论作家的不自由并答复易嘉先生》、易嘉《文艺的自由和文学家的不自由》、周起应《到底是谁不要真理,不要文艺?》、舒月《从第三种人说到左联》、苏汶《答舒月先生》。

又　还为刊发巴金 9 月 13 日来函(题为《作者的自剖》)而

作"按语"："我认为是很好的一篇对于他自己的著作态度之自白。""我敢代表该文作者声明，一点没有对于巴金先生不敬之处。""因为我曾声明本刊书评栏的文章，系由几位时常相见的朋友所执笔，而由我代表本刊负责，所以评巴金先生的《复仇》一文，虽然确非我之手笔，但对于巴金先生函中之误认为我所作，也只好将错就错地承认了。"

3日 日记："茅盾先生交来了一篇《春蚕》，在他今年所写的几个短篇中，这是一篇力作。同时，白薇女士的剧本《敌同志》亦因茅盾之介绍，而放在案头了。欧阳予倩先生曾以改正的《同住的三家人》交给我。""但如果马彦祥先生及洪深先生的新著能完全如期寄到，那么就是四个剧本也一定给编进去的。陈雪帆先生送来了一篇小论文《关于理论家的任务速写》，这显然是对于上一期本刊所揭载的苏汶、易嘉、舒月的论争的一个持平之论。"

5日 过录上月间所作新诗三首，拟编入《现代》。

6日 戴望舒将赴法。日记："但他所答应给《现代》的诗与诗论还没有交给我，真是焦灼的事。"

7日 晚上宿于振华旅馆，就戴望舒的手记本上抄录了几首诗和几段关于诗的断片。

8日 与父亲、大妹施绛年等友人在十六铺码头，为戴望舒搭乘达特安号邮船赴法留学送行。据戴望舒日记："从'振华'到码头，送行者有施老伯、蛰存、杜衡、时英、秋原夫妇、呐鸥、王［德孚］、瑛姊、［钟］黄，及绛年。父亲和黄没有上船来，我们在船上请王替我们摄影。"

同日 日记："在送了望舒启程的归途上，又再三叮嘱刘呐鸥君给《现代》写一篇新鲜的创作。我觉得在目下的文艺界中，穆时英君和刘呐鸥君的以圆熟的技巧给予人的新鲜的文艺味是很可珍贵的。"

同日　《申报》登载《全国唯一之寄售书店"作者书社"》，与王伯祥、戈公振、马君武、徐悲鸿、夏丏尊、叶圣陶、巴金、周予同、胡愈之、郑振铎等35位为赞助人。

10日　按戴望舒日记："下午写信给绛年、家、蛰存、瑛姊，因为明天可以到香港。"

13日　老舍寄来了照相。日记："这位幽默家的本来面目，想必一定有人愿意一见的吧。"

14日　按戴望舒日记："起来写信给绛年、蛰存、家。午时便到西贡了。"

15日　收到刘呐鸥来稿《赤道下》。日记："这是从本志创刊的时候就预约着的文章，至今日始能有发排的荣幸。文艺家而忙，对于一个编者是最引为不幸的事"。

16日　《夜叉》刊于《东方杂志》第29卷第4号。自述："在从松江到上海的火车上，偶然探首出车窗外，看见后面一节列车中，有一个女人的头伸出着。她迎着风，张着嘴，俨然像一个正在被扼死的女人。这使我忽然在种种的连想中构成了一个plot，这就是《夜叉》。"（《梅雨之夕·自跋》）

同日　日记："叶灵凤先生好久不写小说了，但今年又重新努力起来。今日交来了他的才脱稿的短篇《紫丁香》，《灵凤小说集》的读者也许会从这里看出一些作者的新倾向来。"

17日　《黄钟》第1卷第3期登载《主编〈现代〉之施蛰存》："近正从事筹备一国学杂志，作旧文学之探讨。闻该杂志内容除理论文字外，并登载诗词戏曲笔记等，诗词由施主编，戏曲由杜衡担任，笔记则由戴望舒负责云。"

18日　按戴望舒日记："明天就要到新加坡，把给绛年、蛰存、家、瑛姊的信都写好。"

19 日 按戴望舒日记:"同舱的刁士衡对我说,他燕大的同学戴维清已把蛰存的《鸠摩罗什》译成英文,预备到美国去发表。"

20 日 郁达夫致王映霞函谈及:"这一忽《迟桂花》正写好,共 53 张,有 21000 字,《现代》当去信通知,大约三日后会来拿。""《迟桂花》我自以为做得很好,不知世评如何耳。"

23 日 日记:"苏汶先生转来鲁迅先生的一篇《论"第三种人"》,因为还赶得及插入已在排印的 2 卷 1 期,让读者先睹为快,便临时编入了。"

24 日 日记:"郁达夫先生自杭州来信,说为《现代》新作《迟桂花》一篇,已寄沪寓。即晚便到赫德路郁宅去取了来。郁夫人并示以达夫家书,关于此作,有语云:'这一回的一篇没有一段败笔,我很得意。'"

25 日 写成"一个短篇"。又以袁牧之送来剧本稿付排。

26 日 发排谢达明译苏俄伏尔可夫的短篇、高明译日本武田麟太郎的短篇。胡秋原来稿《浪费的论争》,遂编入 2 卷 2 期。

28 日 选录臧克家寄来诗稿三首付排,又选了俊闻《岁暮》付排。收到来稿《委曲求全》《岳飞及其他》的书评。

29 日 按郁达夫日记,早晨作《现代》施蛰存信。

30 日 《时事新报》登载《关于"小说甲选"》提及:"下列几个作家的作品,可介绍选入的,如施蛰存的《娟子》《上元灯》。"另刊新中国书局出版广告,介绍《上元灯》"行世以来,久为文艺界所推奖",《将军底头》"在中国的创作界开了一条新的蹊径"。

31 日 到祥记西书铺,购得司各特百年祭的图画,归社后即致函凌昌言约稿,以纪念这位百年前的英国作家。日记:"今年的歌德纪念,竟蹉跎着未尝有一篇纪念文字在本刊刊载,又高尔基著作生活四十年纪念,苏俄政府及人民曾为他开了一个很轰动的纪念会,但图片方面至今无一枚传到中国来,文字方面也一时没有精警的东西可编入,这真是很可惜的事。"

同日 按戴望舒日记:"晚饭后看眉月、看繁星、看银河,写信给绛年、蛰存、家。"

本月 诗作《同情》刊于《白光画刊》创刊号,署名"安华"。

11 月

1 日 主编《现代》第 2 卷第 1 期出版;刊有其作《九月诗抄》(嫌厌、桃色的云、秋夜之檐溜),并始于第 2 卷每期均撰《社中日记》《书与作者》。自述:"这一期内容编得相当整齐,选稿标准也较高。""添印二版,一共卖了一万册。"(《〈现代〉杂忆》)据沈子成记述:"鲁迅的文章亦拉到了,远在北平的周作人,乃客寓日本的郭沫若,都有文稿寄来,其他如郁达夫,茅盾,汪锡鹏,及张天翼,等人的创作,亦陆续刊出,该志因此声誉日隆。""已渐达全盛时期。"(《记水沫社》)

又 刊发陈雪帆《关于理论家的任务速写》、苏汶《论文学上的干涉主义》、鲁迅《论"第三种人"》。

3 日 徐调孚来电话更正,说叶圣陶今年还在《中学生》发表过一个短篇。来稿评冰莹《前路》,遂汇集书评三篇付排。

同日 按傅彦长日记:"到新雅,遇谢旦如、施蛰存。"

4 日 整理所译美国诗人 Carl Sandberg 的数首诗,拟编入《现代》。

5 日 郁达夫复叶灵凤函,谈及"雪帆老板、静庐、蛰存各位乞代候"。

同日　《橄榄月刊》第 26 期刊载《施蛰存从事旧文学运动》：
"近正在筹备一国学杂志，作中国旧文学之探讨，该杂志内容，除
理论文学文字外，并登载旧诗词戏曲笔记等。"

　　6 日　《时事新报》登载徐平《读〈现代〉杂志创作增大号》，写
到"《现代》杂志是 1932 年文坛的一个可喜的现象"，"实不得不
算是中国新文学杂志界空前的盛举"。

　　7 日　收到张天翼寄来新作《梦》，准备编入下一期《现代》。

　　同日　按周作人日记，收到施蛰存来函。

　　10 日　《华安》杂志创刊号出版，先生等 36 位作者被邀为
"特约撰述"。

　　同日　收到徐调孚转来沈从文新作《扇陀》，又得丰子恺《小
白之死》，均拟编入下期。

　　11 日　日记："报载路透电传本年诺贝尔文学奖金系授与英
国高尔斯华绥。""想在本年内将高尔斯华绥介绍给《现代》的读
者，就立即请苏汶先生写一篇《高尔斯华绥论》，并分别请杜衡、
叶灵凤两先生译了他一个短篇及一个短剧。"

　　同日　按傅彦长日记："到新雅、国泰、晶宝。遇林微音、蔡
其恕、朱维基、巴金、施蛰存、叶灵凤、杜衡。"

　　15 日　收到侍桁托巴金带来记念梁遇春的文章，拟编入 3
期。又收到关于高尔斯华绥的约稿，遂到印刷所去斟酌抽出袁
牧之的剧作、高明的译文。

　　16 日　由上海返回松江家里休假，又把《现代》一册、《东方
杂志》二册邮寄驻法国中国公使馆转交戴望舒。

　　17 日　得知邵洵美、李青崖诸人将于 19 日到硖石为徐志摩
作周年祭，因发快信致邵氏，托其乘便为《现代》摄影数帧。

　　18 日　致戴望舒函："《现代》这期创作号销路特别好，初印

八千份,现在已销完,正在再版中。一号那天,上海门市售出四百本之多,不可不谓盛事也。你船开时,我们都不免有些凄怆,但我终究心一横,祝贺你的毅然出走,因为我实在知道你有非走不可的决心。""我的《梅雨之夕》已卖与'新中国',因我要向'现代'预支版税 150 元,未能如愿,而我又急用。""希望能将你的日用账录寄一周,使我有一个参考。书店跑过否? 珍书秘籍的市场已研究过否?"

27 日 按《鲁迅年谱》(增订本)第三卷:"鲁迅在北平应北师大文艺研究社邀请,到师大讲演。"自述:"北京的朋友给我寄来了有关这次演讲的两张照片和一方剪报。照片的说明,一张是'鲁迅在女师大操场演讲',一张是'鲁迅在师大操场演讲'。""我得到这两张照片,非常高兴,肯定他们是新文学史上的重要史料和文物,当时还未见别的刊物发表。"(《关于鲁迅的一些回忆》)

30 日 在松江家里休假半个月,又"给良友公司写了半本短篇集",并于当日返回上海。日记:"今日到社,来稿积至 140 馀封,连以前尚未看过的五六十件原稿,共有 200 馀件。在编了第 3 期后,应当赶紧清理,决定取舍才行。"

本月 乐华图书公司出版顾凤城编《中外文学家辞典》,书内有先生之辞条。

12 月

1 日 主编《现代》第 2 卷第 2 期出版;刊有其作《四喜子的生意》《约翰·高尔斯华绥著作编目》(署名"惜蕙")。刊发胡秋原《浪费的论争——对于批判者的若干答辩》。

同日 为《现代》2 卷 3 期编稿,审阅沈从文新作《扇陀》,日记:"这篇的故事本身是取材于《法苑珠林》的,文章也有意地羼杂着译佛经的语法,无疑地是从文的一种新的尝试"。

同日 黎烈文接任《申报·自由谈》主编。自述:"黎烈文接手编'自由谈'的前几天在福州路会宾楼菜馆请了一次客,我也在被邀请之列。"(《"自由谈"旧话》)

2 日 发排沈从文《扇陀》、丰子恺《小白之死》、李金发诗一首、庄若安《小三子》。茅盾来信,说《徐志摩论》又来不及做。

3 日 复戴望舒函:"昨日收到你从吉布地寄来一信。""今天看了 *Sous Les Toits de Paris* 回来,写信给你。""[熊式弋]上星期曾来找我,我在松江未遇,日内当可晤见,我想请他做英国通讯,并当为你介绍。邵洵美叫叶秋原编一个《时代周报》。""欧阳予倩已到马赛,不知你知道否? 我正在打听他的行踪,为你介绍。""你现在究竟是否先译'中华'的书? 倘若没有决定,我想先编《法国文学史》也好。""《现代》转瞬 2 卷完满,第 3 卷的译小说你似乎也应当动手了。"

同日 发排张天翼《梦》、侍桁《最近逝世的梁遇春》,写信给侍桁请他有便把梁遇春的照片及手迹带来。

4 日 发排傅东华的随笔。日记:"我希望将来散文随笔小品多起来,能够在每期中多占些篇幅。但是,一百个人中可以有一个好的小说家,而很难发现一个好的散文家。"

同日 《时事新报》登载《读〈现代〉十二月号》:"施蛰存主编《现代》在现今定期刊物中,的确是值得我们满意的一种。""《四喜子的生意》是一篇技巧新颖的作品,以描绘历史小说的手腕来写现代大上海的都市生活。"

5 日 整理《猫城记》续稿,发排讫。

6 日 日记:"上期胡秋原先生的文章寄来时,我曾交去给苏汶看。洛扬先生在苏汶处也看见了此文,当时就说也预备写一篇答辩文。""与洛扬先生同时交来者尚有丹仁先生一文,一并发排讫。"

7 日 苏汶送来《一九三二年的文艺论辩之清算》稿件。日记:"读后甚为快意,以一个杂志编者的立场来说,我觉得这个文艺自由论战已到了可以相当的做个结束的时候。苏汶先生此文恰好使我能借此作一结束的宣告,遂为汇合洛扬、丹仁两先生的文章一并发排。在以后的几期《现代》中我希望能换些别的文艺问题来讨论了。"

8 日 韩侍桁来访。日记:"这是我和他第一次晤见,""承他以梁遇春照片并致石民先生信一束惠借,使得刊入《现代》画报。"

9 日 日记:"读梁遇春致石民书信,颇多极有风趣者,拟选抄数通,刊入下期《现代》。叶灵凤先生近日读美国新作家 Dos Passos,Hemingway 诸人作品甚勖,几至废寝忘食,今日交来新作一篇。""邵洵美先生托胡秋原先生带来关于徐志摩周年祭的图片数种。"

同日 《社会新闻》第 1 卷第 23 期登载《施蛰存与戴望舒》,并附先生致编辑函:"请先将事实更正一下。""将此信在贵刊上赐登一遍。否则……否则当然也是没有法子的,自己登广告,打官司,都是要钱的事,也只得被侮辱被造谣一下子了。"

13 日 按周作人日记,致施蛰存一函。

15 日 日记:"披阅外来投稿,小说方面没有什么动人眼目的作品。倒是诗及散文却颇有值得选留者,抄录陈琴、侯汝华、龚树樘诗各一首,略为窜削,付排。"

同日 《文学月报》第 1 卷第 5、6 期合刊登载参加鲁迅、柳亚子、茅盾等 57 人发表《中国著作家为中苏复交致苏联电》。

又   该期还载谷非(胡风)《粉饰、歪曲、铁一般的事实——用〈现代〉第一卷的创作做例子,评第三种人论争中的中心问题之一》。自述:"引'第三种人'的文艺观点来评论《现代》上刊载的创作小说,好像巴金、沉樱、靳以等作家的小说都是遵循'第三种人'的理论创作的,显然他也把《现代》看作'第三种人'的同人杂志了。"(《重印全份〈现代〉引言》)

16 日   付排郑伯奇《圣处女的出路》。

17 日   《宫女与妓女》刊于《申报·自由谈》。

同日   日记:"黄金瑞先生的一册小说原稿《紫的世界》,寄来好久了。我觉得他的作品,如《旅人》一篇,与其说是小说,毋宁说是散文。""一件文学作品,如果一定要以诗、小说、散文这种种抽象的名称区分起来,实在也是很狭义的事。"

20 日   付排孙用译的《小尼克》。日记:"我们没有介绍过罗马尼亚这美丽的小国的新文学,这是给读者以第一个贡献。孙用先生从世界语中译欧洲诸小国的作品,已有好几年的经验,我以为这也应当在这里介绍一次的。"

21 日   译作《鲍乔谐话抄》并"题记"刊于《申报·自由谈》。

24 日   高明送来译作《英美新兴诗派》。日记:"对于现代外国文学的认识很少的一部分读者,这种简易的入门文章,也许倒是很需要的。"

同日   《无相庵随笔》刊于《申报·自由谈》。该期"编辑室"栏登载编者致先生函:"尊著文字优美,雅俗共赏,绝非'鸳鸯''蝴蝶'之滥调可比,以后务乞源源赐稿。"

25 日   《买旧书》刊于《申报·自由谈》。

26 日   巴金送来近作《五十多个》。日记:"从茅盾先生处取来了《徐志摩论》,据作者说这是与从前被毁于《小说月报》中的那一篇大有出入的重作。"

27 日　致戴望舒航空函:"我很为你的经济担心事,而至今连第一批'中华'残稿尚未到。""《朝颜》望即译来。""我第二号信寄在李健吾先生的旧地址。""下星期拟寄《现代》2 卷 1、2、3 期各 5 册,请代分送,最要紧的是巴黎图书馆。""我的小说现有柏烈伟氏在给译为俄文。《爱经》《铁甲车》均已出版,下星期寄你一本。""第三卷的《现代》拟增加字数为 15 万,每页文字加密,内容拟仿日本的《新潮》之类,多载于文艺有关的趣味文字,请你多作些访问记、文艺杂谈,或者我出些题目如《巴黎书画搜猎记》《巴黎图书馆之一日》《Grand Opera 之一夕》。"

28 日　日记:"到穆时英处,看见有一篇新作《夜总会里的五个人》才脱稿,遂取了来。杜衡送来《在门槛边》,我觉得这篇写得比以前更有精神了。"

同日　《无相庵随笔》刊于《申报·自由谈》。

本年　二子出生。

1933 年(癸酉,民国二十二年)　28 岁

▲5 月,丁玲等遭到特务逮捕,左翼文艺界、中国民权保障同盟积极组织营救。

▲7 月,《文学》月刊在上海创刊,由生活书店发行。

1 月

1 日　元旦。续作日记。自述:"至 3 月 23 日止。""除了这

一段我私人生活的史料以外，这本日记中曾记了四五次对于雪的欣赏。""不到三个月，共计看了 27 次电影，两次西洋歌剧，这实在是空前绝后的盛况。"(《我的日记》)

同日　主编《现代》第 2 卷第 3 期出版，本期刊发洛扬《并非浪费的论争》、何丹仁《关于"第三种文学"的倾向与理论》、苏汶《一九三二年的文艺论辩之清算》。

同日　《文房具诗铭三章》刊于《东方杂志》第 30 卷第 1 号；该期还载与 140 馀位人士参加"新年的梦想"征稿，在"梦想的中国"写道："却与每一个小百姓所梦想着的一样，完全一样！是一个太平的国家，富足，强盛，百姓们都舒服。""中国人走到外国去不被轻视，外国人走到中国来，让我们敢骂一声'洋鬼子'——你知道，先生，现在是不敢骂的。"在"梦想的个人生活"写道："不必再在都市中为生活而挣扎，这就满足了。""我以为现在非但不是现实的时候，恐怕连做这个梦的时候，也还没有到呢。"

同日　《新时代》第 3 卷第 5、6 期登载高植《与从文论标点与"之底地的"》提及："巴金有一次在夫子庙吃茶，他说他用这三个助词是有分别的。""施蛰存也是这样用。""我个人觉得施蛰存、叶圣陶和你近来的修辞要仔细阅读才会觉得趣味隽永的。"

4 日　抄录梁遇春致石民书简六篇，编入本期《现代》。

5 日　日记："杨邨人先生的一篇惊人的文章，""我一直踌躇着应如何处置它，今日决定编入《现代》，因为我觉得它也有相当的重要性。但是为了免得有许多误会起见，给加了一段按语。"

7 日　选录伊湄诗二首，"向读者介绍这位司徒乔夫人"。

9 日　发排一篇苏联小说的译作以及何家槐《车水》。日记："《猫城记》全稿到第二十七章终了，因拟从本期起每期刊载一章，让它在本卷 6 期结束。""本期有鲁迅先生在北平演讲的摄影，这是很难得的材料。"

上旬　父母率全家迁移上海，开始租居在玉佛寺附近的江宁路椿荫坊弄堂内的一幢石库门房屋。三妹施灿衢就读于大夏大学高中部。先生每逢休假时日，仍返回松江家里。

12 日　日记："晨到县立中学阅报，午饭后到朱雯家闲话，2时一刻在罗神庙乘汽车赴沪。昨宵初雪，田塍间弥望皆白。"

13 日　穆时英为出版《南北极》作"改订本题记"提及："对几位鼓励我帮助我的朋友，蛰存、望舒、建英、家璧、灵凤和蔡希陶先生，谨在这里致我的谦卑的谢忱。"

15 日　致戴望舒函："接到你的信和 *This Quarter*，*Transition*，以及画报多份，均不误。*This Quarter* 好极，倘若有钱多，还请代买。""英文本的大大主义宣言及超现实主义宣言如有，也请设法。""我的作品下月寄你，现有一德国人译 1932 年中国最好短篇集，已把我的《夜叉》入选了。"

19 日　日记："晨 9 时，雇人力车到梵皇渡车站乘车归里。大雪初晴，一路玉树琼枝照眼昏眩。""真觉诗趣盎然。"

月内　开始策划编辑"现代创作丛刊"，截至 1934 年 10 月，陆续编辑 20 种，有 4 种遭禁而未能刊印或被禁止发售。自述："有老舍、巴金、丁玲等人的创作小说，和戴望舒的诗集，洪深的戏曲集。"（"我编辑的丛书"）"这套丛刊的每本书的广告大多是我写的，也有作者自己写的。"（复李辉函，1990 年）

本月　上海良友图书印刷公司出版赵家璧主编"良友文学丛书"。据赵家璧回忆："在鲁迅、茅盾、老舍、巴金、沈从文、张天翼、施蛰存等著名作家的大力支持下。"（《编辑忆旧》）

2 月

1 日　据《叶圣陶年谱长编》:"夜赴郑振铎'小有天'宴,同坐沈雁冰、何柏丞、王伯祥、俞颂华、傅东华、徐调孚、胡愈之、谢六逸、施蛰存、黄幼雄等,10 时许散。"

同日　主编《现代》第 2 卷第 4 期出版。"文艺画报"刊载《鲁迅在女师大演讲》《鲁迅在师大操场演讲》等照片;还刊发杨邨人《揭起小资产阶级革命文学之旗》,并撰"编者按":"杨邨人先生前曾寄来《论第三种人的文学》一文,当时因有某种特殊关系,未为发表。今天收到此文,拜读之下,我觉得无论如何,这也可以说是一位作家的自白,所以斗胆给发表了。但读者千万不要误会,以为我们是完全同意于作者的态度与倾向。""我们的态度,经过几番的表示,已经早就很明显的了。"

5 日　发排丰子恺、废名的新作散文;还有巴金近作《五十多个》,"作者写一群逃荒的人们在旅途上的情绪及现象,我觉得是很深切的"。

6 日　发排靳以、金丁的小说,另搁置已久的"小延君所译勃克夫人的关于东西小说的论文",亦编入发排。

7 日　发排黎烈文译作;又付排洛依诗作,"虽则题材是一种惯常的恋爱,但她的表现法倒是很新鲜的"。

同日　按《鲁迅年谱》(增订本)第三卷:鲁迅"作《为了忘却的记念》","为柔石等五烈士殉难两周年而作"。

8 日　收到傅东华散文,即为付排。又付排《老铁的话》。

9 日　日记:"熊式式先生译了许多萧伯纳的戏剧,《安娜珍丝加》是去年 12 月间就寄来了的。因为知道这剧本的作者将于本月来华,所以留在本期上发表。"

11日 日记:"前晚阅《文学月报》5、6期合刊,见到谷非先生批评本志第一卷创作的文章。""我实在并不以为苏汶先生的文艺观即是《现代》杂志选录创作的标准。""谷非先生以苏汶先生的理论来衡量《现代》第一卷中各方面作家的创作,当然会有失望之处了,而况且谷非先生又甚至没有彻头彻尾地以苏汶先生的观念来考察它们呢。我本想在本志上写一篇《文艺自由论,现代杂志,与我》,以为答辩,今日晤见苏汶,他说预备写一篇复文,我遂以我的一点意见告诉他,请他带便写入。"

12日 《时事新报》刊载:"良友图书公司将出大批新文学书,执笔为鲁迅、茅盾、施蛰存等,仍由赵家璧主编。"

14日 按周作人日记,收到施蛰存来函。

15日 日记:"对于谷非先生的批评,穆时英及巴金两先生都曾有一点不能满意的表示,他们曾说预备写一点自白的文章,借本志发表。巴金先生的文章今晨寄到,即为付排。下午,穆时英先生来,说不预备写什么意见了。"

17日 致戴望舒航空函:"《紫恋》今日收到,明日欢迎 Bernard Shaw。""《现代》3卷1期起,想增加文学通讯,英国熊式一,德国冯至,美国罗皑岚,日本谷非,苏联耿济之,法国要你。""信收到后即寄一篇来,好排在3卷1期。波兰拟请虞和瑞。""你须写点文艺论文,我以为这是必要的,你可以达到徐志摩的地位,但你必须有诗的论文出来,我期待着。《望舒草》能否加一点未发表的新作品?""《现代》及《东方》均急要你的诗。"

同日 英国作家萧伯纳乘船来到上海访问。自述:"我就去找《申报》馆摄影记者李尊庸,约定他供应萧伯纳在上海活动的全部照片,并且要求他专为《现代》摄取至少一张照片。""找林语堂,""向他打听欢迎萧伯纳的计划。""林又说:'你也是笔会会员,你到世界社来罢。'我谢了他的好意。""《现代》杂志却可以说是尽了'迎送如仪'的礼貌,2月份的《现代》发表了萧的一个剧本,4月份的《现代》发表了萧在上海的六张照片。""鲁迅寄来了一篇《看萧和'看萧的人们'》,是一篇最好的结束文章。""萧参远在莫斯科,得知上海正在闹萧翁热,译了一篇苏联戏剧理论家列维它夫的《伯纳萧的戏剧》来。"(《〈现代〉杂忆》)

19日 《申报》李尊庸送来所摄萧伯纳照片六张,"使我们得以留他一点行踪,想读者一定也很以为是可贵的"。

约在期间 收到鲁迅来稿《为了忘却的记念》。自述:"那一天早晨,我到现代书局楼上的编辑室,看见有一个写了我的名字的大信封在我的桌上。拆开一看,才知道是鲁迅的来稿。问编辑室的一个校对员,他说是门市部一个营业员送上楼的。再去问那个营业员,他说是刚才有人送来的。""后来才听说,这篇文章曾在两个杂志的编辑室里搁了好几天,编辑先生不敢用,才转给我。可知鲁迅最初并没有打算把这篇文章交给《现代》发表。我看了这篇文章之后,也有点踌躇。""给书局老板张静庐看了,他也沉吟不决。考虑了两三天,才决定发表,理由是:一、舍不得鲁迅这篇异乎寻常的杰作被扼杀,或被别的刊物取得发表的荣誉。二、经仔细研究,这篇文章没有直接犯禁的语句,在租界里发表,顶不上什么大罪名。"(《关于鲁迅的一些回忆》)

28日 日记:"鲁迅先生的纪念柔石的文章,应该是编在第5期上的,但因为稿子送来时,第5期稿已全部排讫,只得迟到今天,稍微失去一点时间性了。彭家煌先生离沪已久,最近又翩然而来了,他以近作《喜讯》见示,风格没有什么大变动,可是我觉得他写小说的工夫更加精细得多了。"

同日 穆时英为出版《公墓》作"自序"提及:"我想在这里致

谢于蛰存和家璧，一致地把轻视和侮辱当作唯一的方法来鼓励我的两个人。"

本月 开华书局初版顾凤城、谢冰莹、何景文编著《新文学辞典》，书内"中国文学名著书目"列有《将军底头》《上元灯》，别有译著《妇心三部曲》。

3 月

1 日 主编《现代》第 2 卷第 5 期出版。据报载："本期论文方面有苏汶之《批评之理论与实践》，巴金之《我的自辩》，均为对于文坛状况有重大关系之作；小说、诗歌、散文、剧本执笔者有巴金、靳以、黎烈文、金丁、老舍、丰子恺、傅东华、废名、熊式式等，均为目前文坛上最活动之作家，闻每期销数已有一万以上。"（《时事新报》，本月 5 日）

又 刊发苏汶《批评之理论与实践》提及："蛰存对那篇文章原也想写一点声明，因见我写，便嘱我将他所要声明的意思包含在我这篇文字之内。""这是蛰存站在《现代》编者的地位上所当然要说的话。"

2 日 致沉钟社一函。按：此函现存中国现代文学馆。

3 日 为小说集《梅雨之夕》出版而作"自跋"。

5 日 日记："《工场的一天》，适夷先生给我们译的苏联的报告文学之一脔。"

9 日 《读报心得》刊于《申报·自由谈》。

11 日 收到傅平由汉口寄来的《现代爱沙尼亚文艺鸟瞰》《觅珠人》，"这样有系统的寄稿是我们很欢迎的"。

24 日 《社会新闻》第 2 卷第 28 期登载《黎烈文未入文总》提及："现'自由谈'资为台柱者，为鲁迅与沈雁冰两氏。""其他作品,亦什九系左翼作家之作,如施蛰存、曹聚仁、李辉英辈是。"

29 日 按鲁迅日记:"得施蛰存信并稿费卅。"

31 日 《盛京时报》登载《比较诗人小说家电影界明星》:"我就把中国当代的诗人、小说家和影星做一个比较",文内有"小说家:施蛰存;诗人:俞平伯;女明星:陈玉梅"。

月内 自述:"1932 年山西省发现一部明刻本《金瓶梅词话》。第二年 3 月,北平古佚小说刊行会影印出版 400 部,我和郑振铎都买了一部。"(陈诏《施蛰存先生说〈金瓶梅〉》)

本月 小说集《梅雨之夕》内收《梅雨之夕》《在巴黎大戏院》《魔道》《李师师》《旅舍》《宵行》《薄暮的舞女》《夜叉》《四喜子的生意》《凶宅》,被列入"新中国文艺丛书",由上海新中国书局初版。(1936 年 9 月第三版)

本月 开华书局初版《中国恋爱小说选》,内收《上元灯》。

本月 开华书局(中学生书局)出版何景文编著《新人名辞典》(《中学生人名辞典》),辞条收有"施蛰存"。

约在期间 自述:"一次宴会上,凑巧和王莹坐在一起,因而认识了。""她要写文章,来得正好,就鼓励她为我的刊物写稿。"(《宝姑》)

4 月

1 日 主编《现代》第 2 卷第 6 期出版;刊有译作匈牙利莫尔那《钥匙》,署名"惜蕙"。据《时事新报》登载:"今日如期出版,内容有张天翼、彭家煌、穆时英、王绍清等之创作,鲁迅等之散文及诗,尚有周作人、静华[瞿秋白]等之论文,插绘有柔石纪念,巴比塞、罗曼罗兰、德[特]莱散等反帝作家之来华等。"另据张静庐回忆:"销数竟达一万四五千份,现代书局的声誉也联带提高。""在

第一年内完成初步发行纲。"(《在出版界二十年》)

又 刊发鲁迅《为了忘却的记念》和"柔石纪念"专页。自述:"我向鲁迅要来了一张柔石的照片,一张柔石的手迹(柔石的诗稿《秋风从西方来了》一页)。版面还不够,又配上了一幅珂勒惠支的木刻画《牺牲》,这是鲁迅在文章中提到并曾在《北斗》创刊号上刊印过的。但此次重印,是用我自己所有的《珂勒惠支木刻选集》制版的,并非出于鲁迅的意志。这三幅图版还不够排满一页,于是我又加上一张鲁迅的照片,题曰:'最近之鲁迅'。这张照片,并不是原件,是我在仓促之间从鲁迅和别人合摄的照片上剪截下来的。"(《关于鲁迅的一些回忆》)

又 据上海鲁迅纪念馆藏先生致鲁迅函:"鲁迅先生:兹检出'柔石纪念'插图原稿璧上,惟柔石诗稿一纸制板时略有污损,乞鉴宥。即请撰安。晚施蛰存敬上,七日。"

同日 《掩卷随笔》(两种"娘"、算术之难)刊于《现代出版界》第11期,署名"薛卫"。

同日 按鲁迅日记:"晴。午后复施蛰存信。"

3日 郭沫若致叶灵凤函谈及:"施蛰存先生写来一信,要我在《现代》上做篇创造社历史,我的《创造十年》已经有一半在那里了,我没意趣再写,请你转告他。"自述:"我就冒昧地自己写信给郭,请他为《现代》写一篇关于创造社的文章,因为我正在计划请各个文学社团的主要人物为他们的社团留一个史料。郭先生的复信还是没有允许。没有办法,只好请张资平写了一篇《曙新期的创造社》。"(《〈现代〉杂忆》)

5日 杜衡为出版《怀乡集》作"自序"提及:"蛰存在这时担任《现代》编辑,我那些本来不打算急乎发表的东西居然有机会得发表,自然很愉快,便一连写上好几篇。"

6日 按王伯祥日记:"散班后,晚赴会宾楼振铎、东华、愈之之宴,到15人,挤一大圆桌,亦殊有趣也。计主人之外,有乔峰、鲁迅、仲云、达夫、蛰存、巴金、六逸、调孚、雁冰、望道、圣陶及予12客。纵谈办《文学》杂志事,兼涉谐谑,至10时三刻乃散。"

9日 周作人由北平致函:"前从废名处得见手书,得知近状,甚为欣喜。为《现代》写文章一事,常在念中,无如实在写不出,以是迟迟,非有他也。日前见现代书局北平分局史君,亦曾说及'月刊'令写小文,拟当努力,唯日期未能预定为歉耳。新出一期中有翟资生君所记鄙人讲演,内容本甚空虚,翟君又未将笔记属阅,故不免有笔误。"

上旬 自述:"生活书店要创办《文学》月刊,请茅盾和郑振铎主编,还要物色一个做日常工作的人,郑振铎推荐傅东华,茅盾推荐杜衡。静庐一听到这个消息,就来问我是怎么一回事。""我就去看杜衡,问他有没有这回事。他吞吞吐吐地说:有这回事,但他不想干,又说这事还在商议中。我觉得这件事非常蹊跷,茅盾怎么会找杜衡做助手编刊物?事情的发展,还有使我吃惊的情况。张静庐忽然建议,要把杜衡请来现代书局当编辑,和我合编《现代》。我给他分析情况,杜衡不去生活书店编《文学》,《文学》还是会创刊的。杜衡参加《现代》的编辑工作,恰恰表示《现代》已成为所谓'第三种人'的派性刊物,这一措施对《现代》大为不利。""静庐还是很固执,自己去找杜衡谈话,同时要我同意。静庐是书局老板,杜衡是我的老朋友,对他们,我都不便坚决拒绝。""前后不到二星期,我完全被动,好像在梦中。我不知道茅盾有没有推荐杜衡的事,我始终不敢去问他。"(《我和现代书局》)据杨之华记述:"邀请杜衡合编《现代》的原因,乃避免'文学社'的茅盾之拉拢计。"(《文坛史料》)

13 日　雪炎由北平致函：“《现代》的 2 卷 6 期上，穆时英君《街景》的首段是有着偷窃的嫌疑！”

20 日　为编讫《现代》第 3 卷第 1 期而作“社中谈座”：“本刊因事务繁剧，我一个人实在忙不过来。”“只得改请我的老友杜衡先生来通力合作，使以后的本刊编务能够有锐烈的改进。”自述：“我负责阅创作及翻译稿；杜衡负责论文及理论、杂文部分。”（“我编辑的期刊”）

24 日　穆时英致函：“收到转来雪炎先生的那封信，我真的很抱歉。”“我承认是‘取巧’，可不肯承认‘抄袭’。”“倘若你以为这封信应当登在《现代》上，也可以。”

28 日　按鲁迅日记：“得施蛰存信。”

同日　致戴望舒函：“*Cheri* 至今无出路。”“你的文坛通讯很好，图画材料尤其得感谢你。”“乞再来一篇。”“你能否介绍几个别地的通讯员呢？你说的德国本，定价 18Frs 的 *Lady Chatterly's Lover* 是英文呢法文？如是英文，我要的，等你钱宽的时候给我买一本。Herbert Read，David Gamett，Feliot，Kay Boyli 这些英文书都不必买，因我都在向‘丸善’等处买了，Breton 的超现实主义宣言法文本我也买了。以后我只要杂志（英文的）及新派别法国作品之英译本。”“生活书店将于 7 月 1 日出版《文学》。”“你可译点文艺论文或作品给他们，诗他们不要，但《现代》却要你的新诗。”“李健吾的太太将于暑中赴法，我已约她到沪时一晤，我将托她带点午时茶给你。”

本月　黎明书局初版何家槐著《竹布衫》，“后记”提及：“一年中新认识的徐调孚、巴金、施蛰存三位，也给我写作的勇气不少。”

5 月

1 日 与杜衡合编《现代》第 3 卷第 1 期出版；刊有其撰《支加哥诗人桑德堡》，并与徐霞村合译《桑德堡诗抄》。自述："我选印了一册《现代中国木刻选》，收夏朋、陈烟桥、胡一川等木刻八版，作为别册附赠品。"（《〈现代〉杂忆》）

又 始与杜衡共同署名"编辑人"。自述："我未尝不估计到杜衡参加编辑以后，《现代》可能受到影响。因此我和杜衡有一个协议，要使《现代》坚持《创刊宣言》的原则。尽管我们对当时的左翼理论家有些不同意见，但决不建立派系，决不和左联对立，因为杜衡和戴望舒都还是左联成员。"（同上）

又 刊发周起应（周扬）《文学的真实性》。还刊出茅盾《关于"文学研究会"》。

同日 按鲁迅日记"午后复施蛰存信"："近因搬屋及大家生病，久不执笔，《现代》第 3 卷第 2 期上，恐怕不及寄稿了。以后倘有工夫坐下作文，我想，在第 3 期上，或者可以投稿。"

同日 按傅彦长日记："午后到沪，曾在新雅、安乐园两处小坐。遇施蛰存、杜衡。阅《现代》3 卷 1 期，内有鲁迅记及萧伯纳之语。"

2 日 按周作人日记，收到施蛰存来函。

4 日 函复徐迟来稿。据徐迟回忆："终于看到在退回的彩色诗上，批着一行雅谑似的小字'不要失望，再寄。蛰存。'多么美丽的一行诗呵！至诚可以感天动地，我总算感动了一个名作家、大编辑，他给了我一线希望。"（《江南小镇》）

10 日 按朱自清日记："振铎以为茅盾史事小说过于施蛰存；余谓若论手法，施之深入与细致远在茅公上也。"

14 日　丁玲在上海寓所被国民党特务逮捕。自述:"[《现代》3卷2期]正在进行三校,我就在最后一页'编者缀语'中加了一段,全文如下:'本期中本来还可以有一篇丁玲女士的近作,但她还来不及写成之前,在5月14日那天,我们就听到她因政治嫌疑被捕了。一个生气跃然的作家,遭了厄运,我们觉得在文艺同人的友情上,是很可惋惜的,愿她平安。'我竭力压低愤怒的情绪,反正目的只是要把这件暴行公告于天下。""恰好这一期《现代》上有一篇戴望舒的法国通信,题为《关于文艺界的反法西斯谛运动》,我就紧接着在报道丁玲被捕消息的这一段后面,加上了一段:'法西斯主义弥漫了德国,德国的文艺家大半流亡到异国去了。我们要请读者特别留意本期的法国通信。'我想借这一段为'指桑骂槐',斥责蒋介石的法西斯暴行。不幸望舒这篇通信里把法国作家纪德说成是'第三种人',引出了鲁迅的一篇批评文章《又论"第三种人"》。这样一来,读者对这篇通信的看法就不同了。人们以为这篇通信的作用是'第三种人'想拉纪德为'护法',而不去注意它的主要内容。因而我这一段'编者缀语'似乎也没有人体会其意义。"(《〈现代〉杂忆》)

23 日　为营救丁玲、潘梓年,参加由蔡元培领衔38位具名致汪精卫、罗文幹电文。

24 日　《申报》等报登载"蔡元培等电京营救丁玲、潘梓年"的电文,先生名列之一。

29 日　复戴望舒函:"丁玲于本月14日被捕,我们站在作家的立场上打了一个电报,我把你的名字也加入了。报纸登出后一日,秋原来,李青崖来,他们都面有喜色地来问是不是你已回国。""我总在国内尽力为你接济,你不要因一时经济脱空而悲观。""我想以你我及霞村三人名义编一个'现代之文艺与批评丛书',编译最新的文学作品及理论书,先拟出以下几本。""霞村近在汉口,""我已去信邀他弄几本书出来。你说你不能与×××他们沆瀣一气,当然是的,我们万不能不慎重个人的出处。""正值我与现代书局发生问题之时,我好象曾告诉你的。喂,《望舒草》快出版了,旅法以后的诗为什么不赶些来?""近日正在计划一个'日曜文库',仿'第一书房'的 Holiday Library 形式及性质。""第一本是穆时英的创作中篇,第二本是我译的《曼殊斐尔小品集》,三本以下想弄一点有趣味的轻文学,我想请你做一本《巴黎素描》。"

月内 为中国左联作家联盟捐款而撰《我的创作生活之历程》。据楼适夷回忆:"也约请了几位不属于'左联'的作家为此书写作专稿,他们虽没有参加组织,但对'左联'的事一向都是积极支持的。"(《〈创作的经验〉重印题记·三点说明》)

本月 《春阳》刊于《良友》第76期。

6月

1日 与杜衡合编《现代》第3卷第2期出版;刊有译作西班牙巴罗哈小说《深渊》。以编者名义在"社中谈座"里就读者段广焕、江龙来信询问"关于《春蚕》(茅盾)的疑问",读者李夔龙询问"怎样研究文学?",以及读者雪炎"告发"与作者穆时英"表白"等,均作答复函。还刊发戴望舒《法国通信——关于文艺界的反法西斯谛运动》。

同日 《投稿妙法种种》刊于《现代出版界》第13期。

同日 按鲁迅日记:"得施蛰存信并《现代》杂志稿费八元,晚复。"

同日 据《丁玲年谱长编》:"现代书局为抗议当局逮捕丁

玲,迅速出版了短篇小说集《夜会》。"按:先生将《夜会》编入"现代创作丛刊"之三。

6日 张天翼复叶灵凤函,谈及"京沪相距这么近","以前知你和蛰存要来,我还想由我尽一尽地主之谊的"。

10日 《文学新闻》第6期登载《作家与书·施蛰存》:"书房因为不在上海,所以他书架上的事情,我们一点也不清楚。不过推想起来,他有书一定不少。他不懂日文,却常买日本书。"

17日 致杨晦一函。按:此函现存中国现代文学馆。

约在期间 自述:"现代书局的声誉和营业日见好转。""我编了一个'现代创作丛刊',此外,还出版了一些水平较高的文艺书,也都在文艺界有好的印象。不久,福州路门市部后面有空屋子,雪帆、静庐就把那所屋子租下来,把经理室和编辑部搬到福州路和门市部合在一起。"(《我和现代书局》)"各书局编辑部即在店楼上,或附近,常有本地或外地同文光临,茶酒联欢,亦不可少,因此又多一交际任务。"(《浮生杂咏》)

月内 徐迟来访。据徐迟回忆:"我到门市部后面很湫隘的三间小屋,在那里面认识了施蛰存、杜衡和叶灵凤。""不久就到施蛰存的家里去了,和施蛰存的谈话,大大扩展了我的视野。""带我跑一些书店,四马路的中华书局和商务印书馆,南京路的别发书店和中美图书公司等,还去过一次内山书店。也带我到一些茶室喝下午茶,在那里我见到了上海文艺界的一些人士。""他是写小说的大师,其实他也是一位大诗人,他的气质,既是小说家的,又是能写诗的,并能写很精彩的诗的。"(《江南小镇》)

本月 天马书店出版《创作的经验》一书,内收《我的创作生活之历程》,以及鲁迅、茅盾、丁玲等17位作家谈创作经验的文章,该书作者稿费全部捐赠中国左翼作家联盟。

7 月

1 日 与杜衡合编《现代》第 3 卷第 3 期出版;刊发《话题中之丁玲》专页:"女作家丁玲,于 5 月 14 日忽以失踪闻,或谓系政治性的被绑。疑幻疑真,存亡未卜。"

同日 《文艺座谈》第 1 卷第 1 期登载《笔会近讯》提及:"笔会久已停开,因负责者星散,如徐志摩已死,胡适之、戈公振去国。留沪会员有蔡元培、叶恭绰、林语堂……施蛰存、梁得所、章士钊等多人。"

同日 《文学》出版创刊号,刊有鲁迅《又论"第三种人"》。自述:"这个刊物是文学研究会办的,和《现代》是兄弟刊物,但他们不敢多用左翼作家的作品,而且后来也与鲁迅闹翻。在卅年代,《现代》和《文学》都不能说是'主流',论政治态度,《现代》比《文学》左,论文学倾向,《现代》比《文学》更有现代意识。"(复李欧梵函,1993 年)

11 日 周作人复函:"冯君〔废名〕已返故乡,寄信地址如下。""《水经注》则似已收到,因其临行前曾说及也。久想为《现代》作文,乃总是事与愿违,大半年中不曾写得一篇文章。"

13 日 赵家璧致叶灵凤函谈及:"蛰存在'现代'的话,请你即刻去对他说一声,我明天准下午 3 时到'现代'来,请他等我一等。"按:此 13 日函赵家璧定为"夏",姑且录此。

18 日 按鲁迅日记:"晚得施蛰存信,附程靖宇函。"当晚鲁迅复函:"10 日惠函,今日始收到。近日大热,所住又多蚊,几乎不能安坐一刻,笔债又积欠不少,因此本月内恐不能投稿,下月稍凉,当呈教也。"

19 日 按鲁迅日记:"复施蛰存信,复程靖宇信。"

20 日　鲁迅作《伪自由书·后记》提及："[《社会新闻》]便确指鲁迅与沈雁冰为《自由谈》的'台柱'(3 月 24 日第 2 卷第 28 期)——《黎烈文未入文总》：'……除鲁迅与沈雁冰外，其他作品，亦什九系左翼作家之作，如施蛰存曹聚仁李辉英辈是。'"

27 日　按周作人日记："续写《读颜氏学记》一文了，当寄给《独立评论》蒋君，但不果寄也。后寄予《现代》月刊，又取回交《大公报》文艺副刊登载。"

31 日　与杜衡复读者马毅艇函："关于穆时英的事情，我们不想再有所纠缠。固然穆君的抄袭是有点不可恕似的，但穆君的成就却无论如何总不致因他这一次抄袭而就毁灭无馀，我们自问对于穆君并无偏袒，不过为尊重一个尚有希望的作家起见，并不愿过分的抑制他。"

月内　据徐迟回忆："在施蛰存的指引下，一起去了商务印书馆的外文部看书，并买下《林德赛诗选》。""我的译诗和介绍文章也还是寄给《现代》杂志的施蛰存，他们在这年的 12 月号上刊载出来。长期以来我把它作为我发表作品的第一篇，算作处女作。"(《江南小镇》)

本月　译著挪威哈姆生小说《恋爱三昧》，列入"欧罗巴文艺丛书"，由上海光华书局初版。(1937 年 5 月再版)

8 月

1 日　与杜衡合编《现代》第 3 卷第 4 期出版；"社中谈座"刊有"丁玲究竟是怎样一个人？""关于丁玲及本刊的目标"。自述："《现代》7 月号同一天出版的《涛声》(曹聚仁编)，却刊出了一条消息：《丁玲已被枪决》。""引起了全国广大文学青年的愤怒和激动，鲁迅也写下了那首著名的《悼丁君》诗。接着，我收到各地读者的许多来信,有些信要求介绍丁玲的生平及作品,有些信要求《现代》编刊追悼丁玲专号。我选了两封信,附以答复。"(《〈现代〉杂忆》)

同日 《通信:孟海若·施蛰存》刊于《现代出版界》。

同日 现代书局初版"现代创作丛刊"之八巴金著《萌芽》,作者"付印题记"写道:"施蛰存兄,他使这作品在'现代创作丛刊'里占了一个地位,而且因了他的催促我才在这里多一次饶舌。"

3日 按鲁迅日记:"夜蕴如及三弟来,托其寄复施蛰存信,附稿一篇[《关于翻译》]。"

9日 与巴金、林微音、施蛰存、杜衡、傅彦长在叶灵凤寓所,阅 Ex Libris。

10日 《中央日报》就"穆时英抄袭问题"登载马毅艇《"巧取"与"抄袭"》、《现代》主编施蛰存、杜衡复马毅艇的信等。

同日 按周作人日记,收到施蛰存来函。

同日 与杜衡合编(署名"中国文艺年鉴社")《1932[年]中国文艺年鉴》,由现代书局初版。(本年12月1日再版)书内《一九三二年中国文坛鸟瞰》提及:"他[施蛰存]的一部分作品(例如《残秋的下弦月》),严格的说,应当也算是写实主义的,虽然他所描写的是偏重于心理的生理的方面,但他同时也写了许多纯然是幻想的东西(如《夜叉》)。""是把弗罗伊特的学理运用到作品里去的中国第一个作家,而普遍的被误称为新感觉派。""《意象抒情诗》,也应当算是在诗歌的创作上的一个重要的尝试。"

同日 《国际每日文选》第10号刊载"国际每日文选特约译家一览",内有"施蛰存,英文"。自述:"这个刊物[《世界与中国》]的出版机构设在今重庆南路(当时叫吕班路),楼上是庞薰栞的画室。我去找庞薰琹,顺便去玩过。当时该社还出版了一种每天出一种的时事报导,似乎叫做'每日文选',他们送了我几份。"("关于陈志皋和《世界与中国》")

12 日 《无相庵随笔》刊于《益世报·语林》,署名"蛰存"。

13 日 晚上周作人复函:"答应为《现代》写文章已很久。""史君见访,谈及出书,允以《现代》所登之文将来集为一册,此外实无稿也。""《现代》方面拟仍登《苦茶随笔》,先寄去《读颜氏学记》一篇,请察收。""以后拟续写关于 Ellis'性的心理',及 Lang'习俗与神话'(此稿曾付《东方》,沪战时付之一炬,至今未重写,因大半已忘记了,今拟重新另做)。希望能每月写一篇,却亦未能定耳。随笔性质非文学的,故望登在后边,以免人误会。"

14 日 茅盾复函:"《小说月报》及《文学周报》均在调孚处,弟已嘱奉还。""允兄之文债,只好搁到下月里还清了。森堡的译论既然 9 月号中插不进去,只好放在 10 月号中了。""他住在何处,我也不知,请问起应。我这里有沙汀及何谷天小说各一篇,尚好,如《现代》要小说,弟可以送给兄一看。"

同日 鲁迅复杜衡函谈及:"不知'现代'能不能以和'论文集'一样形式,尤其是不加删改,为之出版?请与蛰存先生一商见告。"

16 日 《大美晚报》刊载鲁迅、茅盾、胡愈之、郁达夫、周扬等105 位签名的《欢迎巴比塞代表团启事》,先生名列之一。

18 日 按浦江清日记:"上午访澄弟于四川路爱多亚路口中国企业银行三层楼开滦售品处。""偕访施蛰存于四马路现代书局,未见。""乘晚车至松江。"

19 日 按浦江清日记:"晚饭后,蛰存来谈。二年之别,相见彼此均依旧。""彼不久将赴北平,我在北方七年,而彼不去。今我离平,而彼偏在此时间内北游。"

20 日 鲁迅复杜衡函谈及:"《现代》用的稿子,尚未作,当于月底或下月初寄上。"

22 日 按傅彦长日记:"李宝泉、朱海肃来,同往新雅,遇施蛰存、黎烈文、郁达夫、马国亮、赵家璧。"

27 日 鲁迅复杜衡函谈及:"又附上萧君[萧参(瞿秋白)]译文一篇,于《现代》可用否? 如不能用,或一时不能用,则请掷还,也交周建人就好。我的短文,一并寄上。"

28 日 按浦江清日记:"晚,施蛰存、宋育琴、钱应瑞、陆宗蔚公饯余于同兴楼京菜馆,姜渭纶及其夫人亦来。第三中学时好友,除盛任吾、曾铭竹二君未至外,馀皆在。"

29 日 按浦江清日记:"假座同兴楼宴请陆荫孚先生,谢其荐江澄之事也。""客有王瞻岩、陆公之子、宋育琴、施蛰存、陆宗蔚、钱应瑞、杜衡、朱炳麒及江澄、忆南、余。"

同日 按季羡林日记:"访长之,遇靳以。听长之说,郑振铎所办之《文学季刊》是很大地规模的,约的有鲁迅、周作人、俞平伯,以至施蛰存、闻一多,无所不有。"

31 日 按周作人日记,收到施蛰存来函。

本月 现代书局出版戴望舒诗集《望舒草》。自述:"'现代创作丛刊'希望有一本望舒的诗集,其时他正要去法国,我要求他把诗稿带去,在法国编好后寄来,他在里昂中法大学住定后不久就寄来了《望舒草》的定稿。"(《戴望舒诗校读记·引言》)据杜衡记述:"末附《诗论零札》十七条,这是蛰存从望舒底手册里抄下来的一些断片。"(《〈望舒草〉序》)

9 月

1 日 与杜衡合编《现代》第 3 卷第 5 期出版;刊有其撰"社中谈座"就"新作家与所谓'成名作家'"、"关于本刊所载的诗"等问题回答读者。

同日 《矛盾月刊》第 2 卷第 1 期登载潘孑农"读者·作者·编者"提及:"其馀倪贻德、叶永榛、施蛰存……诸先生,均答允在下期写稿。"

3 日 按浦江清日记:"城隍庙庙会,四乡农民,皆来赶集,携手工制木器、铁器、铜器等,自县署至城隍庙,满街皆货品,人肩相摩、踵相接。共维钊、育琴、蛰存登云间第一楼而观之。"

同日 按周作人日记:"上午寄《现代》稿一篇。"

4 日 彭家煌在上海红十字医院病逝。即发起组织文化界友人为彭家煌遗孤募集教育基金,又编印彭家煌遗著三种。

5 日 复戴望舒函:"王云五已见到,他说他将直接复你一信。""我为你向'良友'接洽编一本《法国大观》。""如果你以此次所汇 700 元及'法国短篇集'稿费作四个月的生活费,在此时期内写论文,再分出四分之一的时间来编'法国大观',则此稿费就可作论文印刷费。如是只差回来的钱,我想在明年上春头总有办法的。""浦江清定于 9 月 12 日乘 Conte Verde 赴意大利,经巴黎到英国去,他定会来看你。"

6 日 前往江湾上海公墓参加彭家煌安葬仪式。自述:"曾因送彭家煌之殡,到永安(?)公墓,展蒋光慈之墓,萧然无封识焉。退而曾与一二友人谋,欲为募金树碑志,人微言轻,而所与谋者皆穷光蛋,终未实现。"(《一人一书》)

9 日 郭沫若致叶灵凤函谈及:"《现代》月刊按月收到。""我

172

在离沪之前有一个月的日记颇有意义,想整理出版,即颜曰《离沪之前》。'现代'如承印,抽版税亦可。"

又 与杜衡复郭沫若函,并为《现代》4卷1期特大号约稿。

同日 《社会新闻》第4卷第23期登载《钱君匋结婚席上一瞥》提及:"似乎送礼而未到者尚有赵家璧、郁达夫、梁得所、施蛰存诸人,这未免减色不少。"

10日 鲁迅致杜衡函谈及:"顷译成一短文,即以呈览,未识可用于《现代》否?"

11日 按浦江清日记:"晨起甚迟。共〔吕〕叔湘同出,至四马路现代书局见施蛰存,同至天津路大陆银行。""同蛰存、叔湘饭于虹口公寓楼上之西餐室,菜廉而佳。叔湘别去,同蛰存赴洗衣作取衣服,买皮鞋及帽。"自述:吕叔湘是苏州中学英语教师,由浦江清介绍而认识的。("我在昆明的生活和社会关系")

12日 浦江清赴欧洲留学,前往送行。按浦江清日记:"清晨涛弟、育琴即来,瞻岩、蛰存、澄弟继至。见余东西凌乱,代为焦急,相助将东西理好,装提包中。""上午11时由新关码头搭小火轮渡到Conte Verde船上,天大雨,衣帽尽湿。登船送行者王瞻岩、蛰存、育琴、涛弟、澄弟五人而已。"自述:"江清在清华任教已满五年,照例可以休假一年,并以公费出国游学。他决定到英国去,暑假中到上海来候船,住在八仙桥青年会,于是我和他又有了晤谈几天的机会。"(《四婵娟注释本·序》)

16日 《东方杂志》第30卷第18期登载戴望舒译作季奥诺《怜悯的寂寞》。(按:此稿也为互助而以戴望舒名义,交付徐调孚编发;尚有当时戴望舒译著《法兰西现代短篇集》等,皆为先生一手编成并办理出版。纵览先生与戴望舒的友谊史,以及本谱记载,这类情况可谓累见不鲜。尤其在戴望舒留法归国后的

1935、1936 年这段岁月里,都有先生译作,或合译,或译后互为润色校订,而由先生经手寄付沈从文、浦江清诸位编辑并以戴望舒名义刊出的情况,如载 1936 年 2 月 2 日《大公报·文艺》第 86 期戴望舒译作马尔塞·阿尔朗《蔷薇》、3 月 29 日第 118 期戴望舒译作狄亚思·费囊代思《死刑判决》,及 5 月 4 日《国闻周报》第 13 卷第 17 期戴望舒译作斐理泊《邂逅》,包括此篇《怜悯的寂寞》,多年后均被戴望舒在主编《星岛日报·星座》时,分别重刊并恢复译者真姓实名之署名。译作《蔷薇》后载 1946 年 1 月 19 日《新生日报》,署名易为"江思",此系先生与戴望舒合署笔名。)

20 日 《文学新闻》第 12 期登载:"施蛰存近收罗内地私人印行之新诗集甚多,拟编《中国诗歌选》。"

23 日 按周作人日记,致施蛰存一函。

25 日 郭沫若致叶灵凤函谈及:"兹得施杜二君来信,要我在《现代》4 卷 1 号上做些文章,我把前次所说的《离沪之前》整理了出来。""已经寄往内山,这在我是很重要的一段生活记录,在《现代》上发表也好,请你叫书局送三百元去和原稿兑换罢。"

29 日 《大晚报·火炬》刊载先生接受该报编辑之邀所列推荐书目。此为崔万秋寄来的"读书季节"征答表格,共有两栏,第一栏"目下所读之书":先生填了英国李却兹著《文学批评之原理》和《佛本行经》。第二栏"欲推荐于青年之书":先生填写《庄子》《文选》(为青年文学修养之根基),《论语》《孟子》《颜氏家训》(为青年道德修养之根基)。

30 日 世界反帝大同盟远东反帝反战会议在上海秘密召开。自述:"当时很少人知道,我也不知道。伐扬·古久列是法国著名作家,《人道报》主笔,文艺界对他最为注意,《现代》上也译载过他的小说。"(《〈现代〉杂忆》)

秋间　　自述:"王莹住在环龙路,一家白俄开的小公寓里。""每天晚上,王莹大多在寓所,接待文艺电影界的朋友,煮一壶咖啡,和来客聊天,经常要谈到十一二点钟才把客人送走。我也有过几次参加她的'沙龙',觉得她的文学趣味极高。"(《宝姑》)

10 月

1 日　　与杜衡合编《现代》第 3 卷第 6 期出版;刊有其撰《本年国际笔会纪事》,署名"薛卫"。此期刊发鲁迅《小品文的危机》、巴金《墨索里尼这个人》、任钧(署名"森堡")译作华希里可夫斯基《社会主义的现实主义论》、瞿秋白(署名"萧参")译作列维它夫《伯讷·萧的戏剧》、沈端先(夏衍)《屠格涅夫》。

同日　　《文学》第 1 卷第 4 号登载茅盾《怎样编制文艺年鉴》、《一张不正确的照片》(署名"东方未明")。

2 日　　自述:"马莱和古久列将于即晚在新新酒家与上海文艺界见面,我们《现代》杂志社,也在被邀请之列。""下午陈志皋已通知我们,古久列住在霞飞路上的伟达饭店。当天晚上,在杜衡和叶灵凤参加宴会的时候,我去吕班路万宜坊找了李辛阳。""请他帮忙在晚上十点钟时候和古久列通一个电话,告诉古久列:有两个文学杂志编者想访问他,要求他同意,并约定时间。如果古久列同意我们去访问,还希望他陪我们同去,充当翻译。辛阳一口答应照办。"(《访问伐扬·古久列》)

3 日　　清晨与杜衡去李辛阳家。自述:"辛阳再拨电话给伟达饭店,这回接通了古久列的房间,古久列在。辛阳传达了我们的话,要求访问。古久列说:'现在就来,中午要出去吃饭,下午有事,明天上午就上船了。'"(同上)

同日　　上午 9 时,与杜衡、李辛阳来到伟达饭店,在三楼临马路的房间见到伐扬·古久列,在阳台坐下谈话。自述:"把三本《现代》递给他,并说明了关于他的内容。他立即有了反应,他说:'戴望舒,我知道,我认识,我邀他参加了那个会。他是共产党员吗?'我们说:'不是,我们也不是,但曾经是。'他翻了一下《现代》,又问:'这个杂志呢?'我们说:'自由主义左翼,与国民党作家没有关系,共产党作家是朋友。'他点点头。李辛阳也熟悉文艺界的动态,接下去就自动为我和杜衡作了介绍,并简略地讲到关于'第三种人'论争的事。古久列似乎很有兴趣,接口就讲了些法国文艺界的情况,几次提到纪德。""我们要求他为《现代》写一篇文章,做个来华的纪念。他立刻就说:'文章可以写,但我已没有时间,只有今晚或明天清早,大约写一篇短文还是挤得出来的。不过,我也希望你们给我写一点东西,讲讲你们那方面的文艺情况,我可以向法国文艺界做报告。'""我们的文章将赶在10月20日以前的轮船寄出,寄给戴望舒转交。"(同上)

4 日 中午往伟达饭店服务台取到伐扬·古久列留交的为《现代》而作《告中国智识阶级》。自述:"文尾记着'1933 年 10 月 4 日于上海',可知是当天清早赶写出来的。"(同上)

6 日 《申报·自由谈》刊载鲁迅(署名"丰之馀")《感旧》:"有些新青年,境遇正和'老新党'相反,八股毒是丝毫没有染过的,出身又是学校,也并非国学的专家,但是,学起篆字来了,填起词来了,劝人看《庄子》《文选》了,信封也有自刻的印板了,新诗也写成方块了,除掉做新诗的嗜好之外,简直就如光绪初年的雅人一样,所不同者,缺少辫子和有时穿穿洋服而已。"

8 日 《〈庄子〉与〈文选〉》刊于《申报·自由谈》:"我并不想对于丰先生有什么辩难,我只想趁此机会替自己作一个解释。""像鲁迅先生那样的新文学家,似乎可以算是十足的新瓶了。但是他的酒呢？纯粹的白兰地吗？我就不能相信。没有经过古文学的修养，鲁迅先生的新文章决不会写到现在那样好。所以，我敢说，在鲁迅先生那样的瓶子里，也免不了有许多五加皮或绍兴老酒的成分。至于丰之馀先生以为写篆字，填词，用自刻印板的信封，都是不出身于学校，或国学专家们的事情，我以为这也有点武断。这些其实只是个人的事情。"

9 日　《大公报·文学副刊》第 301 期登载书评《施蛰存短篇小说集〈梅雨之夕〉》。

10 日　按周作人日记，收到施蛰存来函。

14 日　《涛声》第 2 卷第 40 期登载曹聚仁《论"庄子"与"文选"——质施蛰存先生》。

15 日　按周作人日记："收《现代》寄回文稿一件。"

同日　《申报·自由谈》刊载鲁迅（署名"丰之馀"）《"感旧"以后》（上）："（一）施先生说我用瓶和酒来比'文学修养'是不对的，但我并未这么比方过，我是说有些新青年可以有旧思想，有些旧形式也可以藏新内容。""（二）施先生说写篆字等类，都是个人的事情，只要不去勉强别人也做一样的事情就好，这似乎是很对的。""但一做教员和编辑，却以《庄子》与《文选》劝青年，我真不懂这中间有怎样的分界。""（三）施先生还举出一个'鲁迅先生'来，好像他承接了庄子的新道统，一切文章，都是读《庄子》与《文选》读出来的一般。""则从这样的书里去找活字汇，简直是胡涂虫，恐怕施先生自己也未必。"

又　该版还载郁达夫《秋阴蓂记·买书者言》，提及"前数个月，施蛰存先生曾写过一篇上海滩上买西文旧籍的记事，但根据着我自己的经验来看，则上海滩上的西书旧籍，价钱亦复不贱"。

16 日　周作人复函："惠函并拙稿均已收到。""承询 Lucian

问答，鄙人前所依据者系 *Oxford Translation* 中 *Fowler* 英译本，虽有四册而系选集，入选文中亦仍有节略，不甚足凭也。"

同日　《申报·自由谈》刊载鲁迅（署名"丰之馀"）《"感旧"以后》（下）："还要写一点。但得声明在先，这是由施蛰存先生的话所引起，却并非为他而作的。"

18 日　致《大晚报·火炬》崔万秋函："我想把《庄子》与《文选》改为鲁迅先生的《华盖集》正续编及《伪自由书》。我想，鲁迅先生为当代'文坛老将'，他的著作里是有着很广大的活字汇的，而且据丰之馀先生告诉我，鲁迅先生文章里的确也有一些从《庄子》与《文选》里出来的字眼。""以后贵报倘若有关于征求意见这类的计划，大可设法寄一份表格给丰之馀先生。""我不幸而自己做了这两个拳击手中间的一个，但是我不想为了瘦裁判和看客而继续扮演这滑稽戏了，并且也希望你不要做那瘦裁判。"

19 日　致《大晚报》崔万秋函以《推荐者的立场——〈庄子〉与〈文选〉之论争》为题刊于《大晚报·火炬》。自述："《大晚报》上那两个标题并不是我自己加的，我并无'立场'，也并不愿意因我之故而使《庄子》与《文选》这两部书争吵起来。"（《突围》）

同日　致黎烈文函："我并不说每一个青年必须看这两部书，也不是说每一个青年只要看这两部书，也并不是说我只有这两部书想推荐。大概报纸副刊的编辑，想借此添一点新花样，而填写者也大都是偶然觉得有什么书不妨看看，就随手写下了。""今天看见《涛声》第 40 期上有一封曹聚仁先生给我的信，最后一句是：'没有比这两部书更有利于青年了吗？敢问。'这一问真问得我啼笑皆非了。""我曾经在《自由谈》的壁上，看过几次的文字争，觉得每次总是愈争愈闹意气，而离本题愈远，甚至到后来有些参加者的动机都是可以怀疑的。我不想使自己不由自主地被卷入漩涡，所以我不再说什么话了。"

同日　复戴望舒函："现在寄上法文一篇，Vaillant Conturier 来华时与《现代》交换的文章，他的一篇《告中国智识阶级》已刊入《现代》4 卷 1 期，现在我们这方面的文章，据他说他要等我们寄去作一次开会的报告用的，故急于寄达，请你一看，并为写一封信说是由你转达的。"自述："古久列回国后，我们也履行诺言，写了一份关于中国文学现状的简报。关于左翼文学的情况，我们估计他肯定已有了第一手的资料，因而我们写的简报，侧重在非党作家的文艺活动，仿佛也约略报道了'第三种人'的论辩情况。"(《〈现代〉杂忆》)

同日　《申报·自由谈》刊载高植《识字与用字》。

20 日　《致黎烈文先生书——兼示丰之馀先生》刊于《申报·自由谈》；该期还刊载致立(徐懋庸)《一点异议》。

同日　《十日谈》第 8 期登载《松江文人小志(一)施蛰存之写意》。

22 日　《申报》登载曹聚仁《谈"别字"》提及："所以施先生的介绍《庄子》与《文选》，刘博士和朱自清先生的嘲笑青年写别字，我也坚决地提出抗议。"

23、24 日　《申报·自由谈》连载鲁迅(署名"丰之馀")《扑空》："这是'从国文教师转到编杂志'，劝青年去看《庄子》与《文选》，《论语》，《孟子》，《颜氏家训》的施蛰存先生，看了我的《感旧以后》(上)一文后，'不想再写什么'而终于写出来了的文章，辞退做'拳击手'，而先行拳击别人的拳法。但他竟毫不提主张看《庄子》与《文选》的较坚实的理由，毫不指出我那《感旧》与《感旧以后》(上)两篇中间的错误，他只有无端的诬赖，自己的猜测，撒娇，装傻。几部古书的名目一撕下，'遗少'的肢节也就跟着渺渺茫茫,到底是现出本相:明明白白的变了'洋场恶少'了。"

26 日　《申报·自由谈》刊载鲁迅(署名"丰之馀")《答"兼示"》:"《自由谈》上的施蛰存先生《致黎烈文先生书》,也是'兼示'我的,就再来说几句。因为施先生驳复我的三项,我觉得都不中肯。""施先生说当他填写那书目的时候,并不如我所推测那样的严肃,我看这话倒是真实的。"

27 日　《申报·自由谈》刊载鲁迅(署名"丰之馀")《"扑空"正误》:"对于颜氏,本应该十分抱歉的,但他早经死去了,谢罪行否都不相干,现在只在这里对于施先生和读者订正我的错误。"

28 日　《涛声》第 2 卷第 42 期登载洛夫《庄子文选与青年》:"这铁般的证实了施先生对于文学的无知!"

29 日　复戴望舒函:"春霆未有复信来,故你的东西如何送至法国尚未定。""如罗大冈来,当托其带一些。""你有许多书运来,甚想早日看见。""我只恨无钱,不然当寄你三四百元给买大批新书来看看也。"

29 日至 31 日　《突围》(未完)连载《申报·自由谈》,"解题"写到"数数剪下来的关于我的文字,从高植先生的《识字与用字》到丰之馀先生的《扑空正误》","居然可成为一本'围剿集'了。我正如被打入文字狱的囚徒,天天在黑暗的狱室里看报纸上记着的我的罪状。到今天,我忍不住想越狱了,对于围剿我的那些文字阵,我有点不甘被围,所以要突围而出了"。

11 月

1 日　按《鲁迅全集》注释:"潘公展、朱应鹏为查禁进步书刊举行的一次有出版商和书店编辑参加的宴会。"(人民文学出版社,1981 年北京第 1 版,以下均同)据鲁迅记述:"先由官训示应该不出反动书籍,次由施蛰存说出仿检查新闻例,先检杂志稿,次又由赵景深补足可仿日本例,加以删改,或用××代之。他们也知道禁绝左倾刊物,书店只好关门,所以左翼作家的东西,还是要出的,而拔去其骨格,但以渔利。有些官原是书店股东,所以设了这圈套,这方法我看是要实行的,则此后出板物之情形可以推见。大约施、赵诸君,此外还要联合所谓第三种人,发表一种反对检查出版物的宣言,这是欺骗读者,以掩其献策的秘密的。"(鲁迅致姚克函,1933 年 11 月 5 日)

　　又　据茅盾回忆:"国民党上海市党部宣传部召集各出版商和杂志主编开了一次会,提出今后不准出版和发表'反动'书刊和文章。会上,《现代》的主编施蛰存表示:我们做编辑的不懂政治,文章可登不可登还是由你们来审定。"(《一九三四年的文化"围剿"和"反围剿"》)

　　又　自述:"说我是'献策'的,其实我的目的不是针对左翼文艺,而是为了我们的杂志。那次会上,先是一些国民党的人谈,其次是出版商人谈。谈了之后,潘公展第一个点名要我谈,我提出,我们编辑,只管看文章,不懂政治,把握不准,只有将文章送给你们看,可登就登,不可登就算。后来有人接着谈,就提出了仿效日本的打×法。因此,鲁迅对我很有意见,说我向国民党'献策',迫害左翼文艺。但是,当时也有人说我是为了保全一本杂志,牺牲了自己。这也见于鲁迅的记录。"(《施蛰存谈〈现代〉杂志及其他》)

　　同日　《突围》(续完)连载《申报·自由谈》:"丰先生作《扑空》,其实并未'空',还是扑的我,站在丰先生那一方面(或者说站在正邪说那方面)的文章却每天都在'剿'我,而我却真有'一个人的受难'之感了。""看到《扑空》这一篇,他竟骂我为'洋场恶少'了,切齿之声俨若可闻。我虽'恶',却也不敢再恶到以相当的恶声相报了。我呢,套一句现成诗:'十年一觉文坛梦,赢得洋场恶少名。'原是无足重轻,但对于丰先生,我想该是会得后悔的。今天读到《〈扑空〉正误》,则又觉得丰先生所谓'无端的诬赖,自己的猜测,撒娇,装傻',又正好留着给自己'写照'了。"

同日　与杜衡合编《现代》第 4 卷第 1 期(狂大号)出版;刊有其撰《又关于本刊中的诗》,诗作《结束一个程序》(署名"舍人")。自述:"'狂'字虽然很有效果,但也仅仅使《现代》的销数维持在 7000 册左右。"(《〈现代〉杂忆》)

又　刊发法国作家伐扬·古久列《告中国智识阶级——为〈现代〉杂志作》。自述:"发表的文本,已被国民党检查官删去了几处。""他们用红笔勾删的都是直接指斥国民党反动势力和法西斯的文句。但在内地各省的国民党省党部,却有读了此文而大惊小怪的。听说,在某些省里,这一期《现代》是撕去了这二页而后才准许发售的。"(同上)

同日　《名片》刊于《矛盾月刊》第 2 卷第 3 期。该期"文艺新闻"刊有:"施蛰存现已脱离现代书局总编辑之职。"

又　该期登载林予展《敲门砖》:"丰子馀原是鲁迅先生继'何家干'之后所用的化名。""如今有人主张读《庄子》《文选》,他老人家之必须出来反对,也是题中应有之义。""所奇者,乃是另一位名不见于经传的高植之突然跃马横枪,半腰杀出。据说这位姓高的根据他自己在'做英文作文'的'经验',以为'认多字不一定就会用'。""高植君确实有多读《庄子》《文选》,藉以增多字汇之必要。"

同日　《文学》第 1 卷第 5 号登载茅盾《文学青年如何修养》,写到"可是我们不能赞成施先生解决该两问题的答案"。

同日　《出版消息》第 23 期登载《鲁迅和施蛰存笔战》。按：此稿南宁《民国日报》本月 28 日转载。

同日　《社会日报》登载次翁《旧瓶装新酒的施蛰存》："被指摘的施蛰存，表面上似乎也承认他是'遗少的一肢一节'，然而他却要反复辩论。""原来是个十足道地的'鸳鸯蝴蝶派'。"据纪弦记述："不过有些论客，要掀他的底牌，就正好抓住这一点来大做其谩骂的文章。"（《从一张照片唤起的记忆》）

2 日　《"新师说"异议》刊于《申报·自由谈》。自述："我以为于先生不必坚欲为魏先生辩白，魏先生也不必觉得太被侮辱了，只要他以后稍为注意一点一个艺术家人格上的宽宏就是了。至于我说那是一个严重的问题，原来是因为人家把我的事情放在显微镜下看了，有点气愤，故借魏先生来替自己浇了块垒，抱歉得很。"（《关于围剿》）

同日　《时事新报·青光》登载江岳《费厄泼赖》，写到"可是'庄子与文选的论争'是公平的吗"。

3 日　《申报·自由谈》登载陈子展《到底推荐给谁呢？》。

4 日　《申报·自由谈》登载致立（徐懋庸）《又是一点是非》。

同日　《时代日报》登载炮手《字汇——质施蛰存先生》。

5 日　鲁迅致姚克函谈及："我和施蛰存的笔墨官司，真是无聊得很，这种辩论，五四运动时候早已闹过的了，而现在又来这一套，非倒退而何。"

同日　《时事新报》刊载杨邨人《作文用字问题》提及："先由鲁迅先生下令讨伐，即有曹聚仁先生出马迎战，其后名将千员，大军迎敌，施蛰存先生只有招架之功而无回枪之力。""施蛰存先生要求停战而不'投降自首'，罪无可逭，天兵仍然压境，于是乎施蛰存先生喘着气似地在'突围'了。""可是我们的曹聚仁先生却'持勇深入'。""在'自由谈'上对于施蛰存先生的'围剿',我读来读去,这是一些问题以外的争论,攻击思想错误的为多,甚至如鲁迅先生还破口大骂他为'洋场恶少'。"

又　此版"文化消息"栏登载:"《现代》杂志为目前中国文艺界前进之纯文艺刊物,11月号适逢4卷1期,为兴盛文艺趣味起见,""执笔者均属第一流文坛名将,""被称为结束本年度中国文坛总成绩之最精彩阵容。"

6日　郁达夫复杜衡函谈及:"听说蛰存已经脱离了'现代',是真的么?""11月底当去上海,到上海后定来看你和蛰存。丰之馀和蛰存的这一次笔战,真是意外的唇舌,大约也是Journalism上的一种作用,否则《自由谈》将不能每日热闹矣。"

7日　《申报·自由谈》登载鲁迅(署名"元艮")《反刍》。

8日　按傅彦长日记:"往韦达霍推尔访邵洵美,寓二〇七号,遇张振宇,又遇杜衡、叶灵凤、施蛰存、林庚白等。"

同日　《上海报》登载卫道者《鲁迅与施蛰存笔战索隐》。

9日　周作人收到施蛰存来函。按周作人日记:"下午得《现代》寄还稿一篇。"

同日　《申报·自由谈》登载鲁迅(署名"罗怃")《古书中寻活字汇》。

同日　鲁迅作《〈木刻创作法〉序》。文内所及,按《鲁迅全集》注释:"这是施蛰存在《'庄子'与'文选'》一文中攻击鲁迅的话。"

10、11日　《中央日报》连载高植《再谈识字——兼答施蛰存君》。

11日　《涛声》第2卷第44期登载曹聚仁《论突围——与施蛰存先生书》,还刊载洛夫《咱有点疑义》。

同日　《时事新报》登载"《华安》二卷革新出版"："请谢六逸、洪深……施蛰存等诸名家撰述"。

12 日　午后 2 时在贵州路湖社举行彭家煌追悼会，发起人陈伯昂、潘子农、施蛰存、杜衡、李石岑、王人路、周谷城、萧序词、黎烈文、陈绍渊。据"文艺新闻"："到会有李石岑氏，施蛰存氏，赵景深氏，及本刊潘子农氏等。追悼仪式毕后，即用茶点，并闻推定李石岑、施蛰存、潘子农、周谷城诸氏为善后委员，对于彭氏遗族教育金诸事，有所计划。"（《矛盾月刊》，第 2 卷第 4 期）

同日　鲁迅复杜衡函谈及："本月《现代》已见，内容甚丰满，而颇庞杂，但书店所出，又值环境如此，亦不得不然。至于出版界形势之险，恐怕不只《现代》，以后也许更甚，只有摧毁而无建设，是一定的。""而且此后似亦以不登我的文字为宜，因为现在之遭忌与否，其实是大抵为了作者，和内容倒无甚关系的。萧君〔萧参（瞿秋白）〕离上海太远，未必能作关于文坛动态的论文，但他如有稿子寄来，当尽先寄与《现代》。"

同日　《申报·自由谈》登载茅盾（署名"仲方"）《文学家成功的秘诀》。自述："末一段的文字明明是又要冤抑我不劝青年去求生活经验而只要'安坐在书房里，借助于上代，一部石印的《庄子》，石印的《文选》……'就能成为文学家了。"（《关于围剿》）

14 日　复曹聚仁函："也因为大家对于我的批评未免太过分了，我不承认这是学问上的讨论，所以引了他的意思作《突围》。""我自分距离'遗少'虽近，但去'恶少'却毕竟还很远，所以默尔而息了，免得蒙了一种不应该受的诬冤。""我并没有叫一切青年非读这两部书不可，我并不是说一切青年只要读了这两部书就得救了，可以不必管到其他一切现代青年所应该做的事情，但是这些声明，始终没有人了解的。一定要拿我当做一个开倒车的蟊贼似地骂我……我至多说过一句,有从这两部书中得到一点字汇及文章组织的变化方法(即作文法)的可能性而已。""一位先生严厉地责斥我,说我不劝青年去做革命工作而劝他们看古书。""在这样的'挑字眼儿'和'曲解'之下,我只好付之一叹。""我想倘然见理明白一点的青年能了解我的看古书的态度与方法,我想是未必会有害处的。""我已经被一群老年,青年,老青年,青老年封了我许多名号,判了我许多罪案,每做文章,必然提起,唯恐我的名号及罪案不能传之后世者。"

16日 为小说集《善女人行品》付印而作"序"。

同日 《特吕姑娘》刊于《时代》第5卷第2期。自述:"是以'康克令小姐'为典型而写的。"(《读〈康克令小姐〉想到往事》)

18日 按朱自清日记:"振铎谓施蛰存有告《文学》密说,其事甚奇。""铎公谓施之如此系因《文学》夺《现代》销场,迩来《自由谈》攻施盖非无故也。铎公又谓施曾参加党部会议所设文艺检查处,盖旧焰日张矣。"

另,自述:"这个'定论'是鲁迅给我的'定论',党并没有给我作这个定论。经过多次审查,我的政历从来没有人肯定我做过国民党的书报检查官。""既非国民党员,怎么会做书报检查官?"(复吴羊璧函,1979年)

同日 《涛声》第2卷第45期登载阿静、聚仁《打官话与不打官话》(未完)提及:"施蛰存先生介绍《庄子》与《文选》给青年以来,青年是属于下一代的,我(们)不忍拿古老的肺结核毒害他们,所以表示疑义。"

20日 《善女人行品》内收《狮子座流星》《雾》《港内小景》《残秋的下弦月》《莼羹》《妻之生辰》《春阳》《蝴蝶夫人》《雄鸡》《阿秀》《特吕姑娘》《散步》,列入"良友文学丛书",由上海良友图书印刷公司初版。(1936 年 4 月 20 日再版,1940 年 10 月三版普及本,1945 年 5 月四版普及本)自述:"'行品'是佛经语,即'传记'、'行述'或 Life,善男子,善女人,亦佛经语。'善'字是礼貌语,书名实即'几个女人的行为'。"(复李欧梵函,1993 年)"把心理分析方法运用于社会现实,剖析各种人物的思想与行动。这一时期的小说,我自以为把心理分析、意识流、蒙太尼等各种新兴的创作方法,纳入了现实主义的轨道。"(《〈中国现代作家选集·施蛰存〉序》)

21 日 《申报·自由谈》登载屈轶《关于"诳"》。

22 日 按周作人日记,致施蛰存一函。

同日 《申报·自由谈》登载不典《何谓选学》。

24 日 《申报·自由谈》登载鲁迅(署名"子明")《难得糊涂》。文内所及,按《鲁迅全集》注释:"这是施蛰存《突围》之四(答曹聚仁)中的话。"

25 日 《关于围剿》刊于《涛声》第 2 卷第 46 期。

又 此期登载鲁迅(署名"旅隼")《论翻印木刻》。文内所及,按《鲁迅全集》注释:"杜衡、施蛰存以'中国文艺年鉴社'名义编选,上海现代书局出版。'鸟瞰',指该书中的《一九三二年中国文坛鸟瞰》。""这是施蛰存在《推荐者的立场》一文中的话。"还载周木斋《还俗与起死》。

30 日 写讫《汽车路》。

月内 据徐迟回忆:"因施蛰存介绍,我跑到沙滩的一条胡同里,找到金克木,经过自我介绍,互相认识。"(《江南小镇》)

本月 南强书局初版阮无名(阿英)编《现代名家随笔丛选》,内收《无相庵随笔》(买旧书、鲍乔谐话抄)。编者"序记"提及:"《无相庵随笔》里面很有许多好作品,我特殊爱《画师洪野》。""在这里选用的,我最喜欢《买旧书》。"

本月 国民党公安局、巡捕房人员到现代书局搜查,将先生编辑"现代创作丛刊"第8种巴金著《萌芽》的纸版抄掠。

12月

1日 与杜衡合编《现代》第4卷第2期出版;仍在"社中谈座"答读者问。该期续载郭沫若《离沪之前》,自述:"为了保证下一期发表的《离沪之前》最后一部分不致再有问题,我和杜衡给郭沫若去了一封信。"(《〈现代〉杂忆》)

同日 《青年界》第4卷第5号登载赵景深《邵冠华的诗》:"由施蛰存发现的,他首先把邵冠华《毁灭》和《夏夜》刊在《新文艺》1卷3号,在'编辑的话'里说,'这里要特别提出介绍的就是邵先生的特殊的风格'。后来蛰存对我说,冠华的诗很像英国勃莱克。"

4日 清晨朱湘在开往南京的轮船上投江自杀。与杜衡收到赵景深来函,谈及朱湘"遗有孤儿寡妇,家煌死时,蛰存兄等似有遗孤教育基金之募集,不知我们可照样再办一个否","朱湘遗稿可以出诗集一册(生前编订,名《石门集》第三诗集),又散文亦可出一册,盼贵局能以抽版税办法收纳一册。如何之处,并恳复示。兄等办公时间在几时,亦盼示知,以便走访"。于是,组织文艺界朋友捐资帮助朱湘的贫困遗属。

8日 《社会日报》登载《施蛰存脱离"现代"之因果》。

11日 赵景深撰《朱湘》提及:"正如施蛰存等之挽彭家煌'生无媚骨',倒不是为了文章。"(《现代》,第4卷第3期)

15日 沈从文复函:"来信并转巴金信,皆已如嘱转至。""《萌芽》被禁事,巴金兄并无如何不快处。""上海方面大约因为习气所在,故无中生有之消息乃特多,一时集中于兄,不妨处之以静,持之以和,时间稍久,即无事矣。刊物能想法支持下去,万勿因小故而灰心,环境恶劣则设法顺应其势以导之。""《现代》得兄努力,当年来之成绩,实使弟等钦佩之至,以弟之意,即书店环境不佳,无一稿费,友朋间犹应将此刊物极力维持。""与鲁迅先生争辩事,弟以为兄可以不必再作文道及,因一再答辩,固无济于事实得失也。""何必使主张在无味争辩中获胜。天津《国闻周报》,希望得兄与杜衡兄创作,若能特为写一短篇,作新年号用尤佳。兄若需款甚急,可于文章到时代为设法即日汇申。"

同日 《新垒》第 2 卷第 6 期登载焕然《由施蛰存说到曹聚仁》:"无论曹君拉得许多勉强的话来根据,但写别字是不应该提倡的。""施蛰存的介绍,自有其见解,是不能抹煞的。"

17 日 《革命时代的夏里宾》刊于《申报・自由谈》。

20 日 按傅彦长日记:"访张光宇、张振宇、徐蔚南、杜衡、施蛰存、叶灵凤。"

22 日 致黎烈文函:"我不愿意为了推崇艺术之故,而曲解一个贵族的供奉者为艺术的自由人,故请将此信刊出于《自由谈》,以示读者,并示企影先生。"

23 日 按周作人日记,收到施蛰存来函。

同日 《福尔摩斯》登载《施蛰存并未离开"现代"》。

24 日 致黎烈文函刊于《申报・自由谈》。此期还载徐懋庸《读"颜氏家训"》。

同日 按周作人日记,复施蛰存函,写到"前嘱为《现代》写稿,极想努力,惟近来多俗务","容稍后再当写奉。海上文人对于先生似有总攻之势,曾得诸传闻,因不阅沪报未知其详,此种是非本不足据,鄙人素不注意,请先生亦可不必介意耳"。

同日　鲁迅复黎烈文函谈及:"《自由谈》上的文字,如侍桁、蛰存诸公之说,应加以蒲鞭者不少,但为息事宁人,不如已耳。"按《鲁迅全集》注释:"侍桁、蛰存之说指 1933 年 12 月《申报·自由谈》上登载的韩侍桁的《关于'现实的认识'与'艺术的表现'》和施蛰存的《革命时代的夏里宾》等文。"

　　30 日　《世界日报·明珠》登载孙凌霄《吹毛三部曲》,提及"鲁迅先生曾大辑《古小说钩沉》、大编《唐宋传奇集》,并且书信里也提'察见渊鱼者不祥'庄子的句子"(见《两地书·致许广平八》),"仅不过只许官家放火不许百姓点灯而矣"。

　　31 日　鲁迅作《南腔北调集·题记》,提及"曾经登载这些的刊物,是《十字街头》《文学月报》《北斗》《现代》《涛声》《论语》《申报月刊》《文学》等"。

　　本月　《鸥》刊于《大众画报》第 2 期。

　　年内　自述:"我和苏雪林生平只见面过二次。第一次是在 1933 年,我编《现代》杂志的时候,她到现代书局编辑室来看过我。"(《善秉仁的〈提要〉》)

　　年内　自述:"我以 200 元购得《名媛诗纬》,抗战时毁去。"(致孙康宜函,1990 年)

1934 年(甲戌,民国二十三年)　29 岁

　　▲9 月,陈望道主编《太白》文艺半月刊出版创刊号。
　　▲10 月,中国工农红军开始二万五千里长征。

1 月

1 日　与杜衡合编《现代》第 4 卷第 3 期出版；刊有其作《又一图》《汽车路》。该期为纪念朱湘，于付印前刊发"现代文艺画报"（诗人朱湘及其家属、诗稿、诗人之遗札），《子沉书信》和赵景深《朱湘》。

同日　《文学季刊》出版创刊号，刊载特约撰稿人 108 人，先生名列之一；该期登载鲁迅（署名"唐俟"）《选本》（参见《鲁迅全集》第 7 卷第 137 页注释[2]、[3]）。另刊有"新中国文艺丛书"出版书讯，内有《梅雨之夕》《上元灯》和《将军底头》。

同日　矛盾出版社初版《汪锡鹏小说集》，书末"校读之后"，提及"想不到蛰存在灵凤处见到我的小说集稿时，他说'《未死的虫蝶》最可满意'"。

7 日　复宋清如函："自辑《现代》杂志以来，颇不自揣，很想借机会帮助一些有希望的作者。""之江大学与文学很有因缘，郁达夫在之江读过，我也在之江读过，现在之江还有汪锡鹏君在教书，再加上你，我真觉得母校之热闹了。六和塔的铃铎、秦望山的斜阳，我已有八九年没有领略了。""正在筹划一个小杂志，凡是近于抒情小品的东西，易言之，就是非'大品'的东西，都归入这个小杂志里去，你愿意由我处置吗？""倘若你喜欢志摩这一派的诗，你尽管走这一条路，别因为我的话而硬改了自己的作风。"自述："宋清如在之江时，曾向我编的《现代》杂志投寄新诗。她的诗写得很好，我鼓励她继续写下去。"（《〈朱宏达笺释朱生豪遗词〉编者附记》）

10 日　郭沫若复函并杜衡："前致灵凤函，所争非纸面上之地位，仆虽庸鲁，尚不致陋劣至此。我志在破坏偶像，无端得与偶像并列,亦非所安耳。"

同日 熊式弌复戴望舒函谈及:"蛰存嘱作的'通信',现仍无以报命。前有芭蕾剧本多种,""尚有十来出未载,如《现代》可用,当嘱内子由平寄沪,望转询为盼。""前得内子书,说蛰存有信给她,无非也系向我索稿,但她没有把蛰存的直接通讯处告我,请您告我,便中或者可把文坛琐话写一点给他。"

上旬 父母迁居上海法租界爱麦虞限路(今绍兴路)惠安坊8号,先生与父母、妹妹们合住,而每逢周末仍返回松江家里,星期一再乘早班火车返沪工作。

14日 《时事新报》登载赵景深《朱湘死后》,写到朱湘"沪友仅蛰存、杜衡和我三数人而已","《大公报·文艺副刊》《现代》《文学》《青年界》等刊物的纪念文字和专号,倒是颇有意义而能垂之永久的"。

月内 与朱雯开始筹办《中学生文艺月刊》,社址设在上海华德路鸿运坊60号。

本月 中华书局出版新中华杂志社征文选集《上海的将来》,书内"61"为其作:"我以为将来的上海必定是依照了现在的上海而繁荣、和平、高大、广袤起来的。""但是,有一个情形也会得是必然的,那就是'高等华人'在彼时忽然会没有了。"

本月 上海中学生书局开始初版《初级中学适用·当代国文》(全六册),注释者:施蛰存、盛朗西、朱雯、沈联璧。

本月 广益书局初版汪倜然编著《语体模范文学》,内收《画师洪野》。

2 月

1日 与杜衡合编《现代》第4卷第4期出版;刊有"现代杂

志社同人启事",与杜衡、叶灵凤辞卸现代书局编辑部职务,专任《现代》编辑,并迁址虹口海宁路696弄(顺征里)10号。自述:"现代书局由于资方拆伙,经济情况非常枯竭。"(《〈现代〉杂忆》)"书局由徐某来任经理,李某任编辑部主任,皆与南京有关。"(《浮生杂咏》)"我们觉得不能与此人合作,便向书局经理室提出辞呈。"(《〈现代〉杂忆》)

又 该期刊载周作人《五十诞辰自咏诗稿》。还刊发阿英《城隍庙的书市》。自述:"我在那里屡次碰到阿英。"(《乙夜偶谈·旧书店》)

7日 《大公报·文艺副刊》第40期登载朱自清(署名"佩弦")《读〈心病〉》:"近两年,才有不以故事为主而专门描写心理的,像施蛰存先生的《石秀》诸篇便是;读众的反应似乎也不坏,这自然是一个进展。""施先生的描写还依着逻辑的顺序。"

11日 鲁迅复姚克函谈及:"《现代》想必亦将讲民族文学,或以莫名其妙之文字填塞耳。""想来不到半年,《现代》之类也就要无人过问了。"

13日 除夕。自述:"洪雪帆请大家到他家里吃年夜饭,静庐、卢芳、灵凤和我,还有雪帆的弟弟。""饭后,三位股东进行了最后一次谈判。""谈判的结果是允许静庐按比例拆出股份,而且允许静庐全部提取店内的现金。"(《我和现代书局》)

20日 《时代漫画》第2期登载邵洵美《几种赌和几个人·古巴龙》提及:"在做文章的人里边,我总觉得克标、蛰存和茅盾,有一种想像的地方:也许是他们在陌生人前的沉默,也许是他们那种含有酸辣味的甜笑。"

27日 《金钢钻》登载逸梅《施蛰存之旧作》:"新文坛享盛名者,大都于旧学具有相当根柢,如胡适、郁达夫、叶圣陶、郑振铎、施蛰存等皆是也。施蛰存尤为时代之骄子,曾一度因辑务与某某相攻击,社会人士益注意其人。""曩在之江大学肄业,国文即斐然冠侪辈。"

约在期间 据刘朱樱回忆,李白凤"考入北平民国学院国文系学习","写的新诗常在上海《新诗》《诗至》《现代》等刊物上发表,主编《现代》的施蛰存先生对白凤的诗是赏识的,后书信往来成了朋友,他得到施先生的教诲,受益不浅"。(《忆李白凤》)

3 月

1 日 与杜衡合编《现代》第 4 卷第 5 期出版。

同日 《春光》第 1 卷第 1 期刊载"本刊特约撰稿人",先生名列 48 位之一。此期画刊还登载"本刊特约撰述人像施蛰存、戴望舒、杜衡(照相)"。

同日 《中国文学》第 1 卷第 2 期"编者赘言"提及:"穆时英、杜衡、施蛰存、黎锦明、韩侍桁、孙俍工诸先生也都说第 2 期赶不及,只得为第 3 期写些文章了。"

2 日 《时事新报》登载"世界文学函授学院招生",提及"又续聘叶灵凤、施蛰存……等 30 馀人为教授"。

6 日 胡秋原致函并杜衡:"前为《现代》写之二文(《纪德精神之发展》及另一篇)均快成功。""现仅寄上'独白'一篇,不知可用否?论纪德一文弟写时有几分高兴,因虽然骨子里带点唯物史观,但文字尚不甚拙劣,并拟将《现代》各作家照样陆续各写一篇,就正兄等。""不过弟此时之景况,系空前之坏,总望两兄能在书店老板前玉成之。""前些时才看见一本旧《文学》,上有骂现代版'年鉴'的文章,近来才知道'批评'的问题很热闹。"

7 日 《申报·自由谈》登载侍桁《何家槐的创作问题》提及:

"同着邨人跑到现代书局和杜衡及蛰存谈了一下,商议的结果是,在现代书局正印刷中的何君创作集《雨天》,暂时停止出版,请转蓬亲自写信到'现代',开明其中他自己的作品,抽出了事。"

10日 与朱雯合编《中学生文艺月刊》第1期出版;刊有其撰《创刊的话》,署名"编者"。

16日 复戴望舒函:"《现代》杂志已经坏到没得救治了,这里种种变幻实在非此纸所能详,只得等你回来再告诉你。总之现在是内忧外患交侵时代,我们已完全退出,《现代》杂志社已宣告独立,在此形势之下,哪里还有整顿的希望。至于我个人经济,只剩了《现代》每期编辑费50元,其馀收入毫无,实在是窘不可言了。上海这个地方,在现在及将来,都不易存身。""我以为你可以译《夜叉》《梅雨之夕》《残秋的下弦月》《石秀》《魔道》《妻之生辰》《狮子座流星》《雾》《港内小景》这几篇,其馀你所选的如《旅舍》等均不必译。""《文学感觉》是现在我想自己办的杂志,像日本的 *Serpent* 一样的篇幅,大约5月1号出第1期,我希望你在收到此信后寄一点东西来,最好是三四千字的'滞法文艺印象'这些题目之下的漫谈。第1期中我已把《衣橱里的炮弹》编用了。附奉比国藏书票研究会广告,""乞为去信一问近状,希望他们能寄点印刷物来,我颇有兴趣于此。""我仍每星期回松江。"

22日 《申报·自由谈》登载何家槐《我的自白》:"《车水》原名'三个车水的人',曾有转蓬自己投《新月》,未用。后来我改过两遍,换署我的名字寄《现代》。这篇稿子送给《现代》的时候,是由某女士照我的改稿用打字机打成,这可请施蛰存君证明。"

月内 始选译外国文人日记。自述:"天马书店主持人韩君计划出版两本日记文选,一本是中国人的日记选,一本是外国人的日记选,他把这个计划和我商量。""我答应他编选一本外国文

人的日记,还介绍我的朋友朱雯担任编选中国文人日记的工作。"(《外国文人日记抄·重印后记》)

月内 赵家璧酝酿编辑《中国新文学大系》。据赵家璧回忆,"有一个好参谋,那就是主编《现代》杂志的施蛰存,他既是我的松江同乡,又对编辑之道,具有独自见解","我便去找了施蛰存,因他对文坛情况非常熟悉,对编辑成套书同我一样感兴趣,对欧美日本的出版物,我们经常一起谈论";关于茅盾对短篇小说分编三集的意见,"我和郑伯奇、阿英、施蛰存、郑振铎等商谈时,他们的看法大致相同";"散文编选者的人选,我和伯奇、振铎、阿英、蛰存个别交换意见时,都想到了郁达夫";"先后经郑伯奇、阿英、施蛰存、郑振铎、茅盾等前辈作家的指导帮助,粗略的面目已经在我心中出现"。(《编辑忆旧》)

4 月

1 日 与杜衡合编《现代》第 4 卷第 6 期出版。自述:"杜衡的参加编务,使有些作家不愿再为《现代》撰稿。""我和鲁迅的冲突,以及北京、上海许多新的文艺刊物的创刊,都是影响到《现代》的因素。"(《我和现代书局》)据杨之华记述:"大部分的理论稿件,均操诸杜衡之手,尤其与胡秋原的'文艺自由论'等问题的提出,引起施蛰存不满,但施以早年同学关系,且属知交,所以也不出面干涉。"(《文坛史料》)

又 该期"社中谈座"刊有"对于何徐创作问题之本刊编者的声明"。

5 日 上海良友图书印刷公司出版由林语堂主编《人间世》创刊号,刊载"特约撰稿人"49 位,先生名列之一。

7 日 黎锦明致杜衡与先生一函。

上旬 筹办《文艺感觉》(创刊定名《文艺风景》)。据赵景深回忆:"他编《文艺风景》和《文饭小品》,在装帧和排版方面是更加注重了。"(《文士三剑客》)

10 日 与朱雯合编《中学生文艺月刊》第 2 期出版。

11 日 鲁迅复增田涉函谈及:"所谓'文艺年鉴社'实际并不存在,是现代书局的变名。写那篇'鸟瞰'的人是杜衡,一名苏汶,他是现代书局出版的《现代》(文艺月刊)的编辑(另一人是施蛰存),自称超党派,其实是右派。"

16 日 《论语》第 39 期登载一清《今声律启蒙五集》,其中"六"有曰"《文选》推荐非易事",并注:"施蛰存因作文推荐《庄子》与《文选》,大受责难。"

25 日 作《〈文艺风景〉创刊之告白》,写到"我不过是多一个追逐理想的路径而已","倘若我而以《现代》为官道,则《文艺风景》将是一条林荫下的小路"。

26 日 《中华日报·动向》登载鲁迅(署名"翁隼")《古人并不纯厚》。按《鲁迅全集》注释:"1933 年 9 月,施蛰存曾向青年推荐《文选》,说读了'可以扩大一点字汇',可以从中采用描写'宫室建筑'等的词语。"

27 日 写讫《书籍禁止与思想左倾》。

本月 上海大东书局初版沈从文著《沫沫集》,收录《论施蛰存与罗黑芷》,别有《论冯文炳》提及"具抒情诗美的交织,无牧歌动人的原始的单纯,是施蛰存君长处"。

本月 中国航空协会编印《中国航空协会上海市征募成绩总报告》,其中"各队详细成绩·第六十九队队长王云五征募·特别会员"内:"施蛰存,十元。"

5 月

1 日 与杜衡合编《现代》第 5 卷第 1 期出版；刊有其撰《核那尔日记中的两个故事》，署名"安华"。自述："我感到这个刊物已到了日暮穷途，无法振作，就逐渐放弃编务，让杜衡独自主持。"(《〈现代〉杂忆》)此期刊发路易士(纪弦)诗作《给音乐家》。据纪弦回忆："我跑到现代书局楼上《现代》月刊编辑部去看我们的施大哥，向他提出一些问题，接受他的教诲，那是常有的事。"(《从一张照片唤起的记忆》)

10 日 与朱雯合编《中学生文艺月刊》第 3 期出版；刊有其注释鲁迅小说《风波》(署名"陈和")、朱自清散文《匆匆》(署名"谢远君")。按：此期出版后停刊。

13 日 《中华日报》登载鲁迅(署名"白道")《化名新法》。

14 日 《申报》刊载《现代书局昨宴文艺界》："昨晚该书局会同三刊编辑社名义，假座广东路航运俱乐部，宴请海上著名文艺界及艺术界 50 馀人。""《现代》杂志主编人施蛰存发表创刊以来，两年于兹，专赖全国文学界共同努力，读者尽量奖励，得有今日地位，著作读者恋爱已久，今日联欢一堂，不啻补行婚礼。"

同日 靳以由北平致康嗣群函谈及："若得见杜衡或施蛰存时，请当面代问一声，弟愿知水落石出之情形也。现代书局本不规矩，恐怕这是一件上当的事了。"

17 日 《申报》登载："《文艺风景》施蛰存主编，将于 6 月 1 日创刊，系软性的纯文艺月刊。"

20 日 《随笔二题》(名、渡头闲想)刊于《万象》第 1 期。

同日 《华北日报》登载李健吾《也算一点声明》提及："我没有一点说到穆先生抄袭。""因为我非常羡慕他，一到上海，我立地请施蛰存先生介绍我去见他,表示我的敬慕。"

21日 按季羡林日记:"把《母与子》寄给《现代》。"按:刊于第6卷第1期。

25日 译作波兰斯谛芬·什朗斯奇《强性》刊于《矛盾月刊》第3卷第3、4期合刊。

29日 《申报》又载《〈文艺风景〉将出版》:"为施蛰存先生精心主编,内容形式,新颖绝妙,均属国内名家著作,为现今中国唯一纯文艺之优良专刊。"

6月

1日 主编《文艺风景》第1卷第1册出版;刊有其撰《文艺风景创刊之告白》《书籍禁止与思想左倾》《谈奖券》和译诗《英美小诗抄》(署名"安华")、译作古希腊路吉亚诺思《娼女问答》(署名"薛蕙"),以及《编辑室偶记》(署名"蛰存")。

又 卷首刊有《施蛰存启事》:"除《现代》仍由我及杜衡先生合作编辑,及本刊由我一人负责之外,我与其他列有贱名之各文艺刊物或集会关系,不过是一个投稿人或赞成人而已。"另刊发丁玲《离情·给胡也频信三通》并"编者注"。

同日 与杜衡合编《现代》第5卷第2期出版;刊有译作美国陶逸志《诗歌往那里去?》。自述:"辞去编辑部工作,是我们第一步退却。半年之后,书局情况愈坏,门市营业清淡,内部经济周转无术,却还有人千方百计想打进来。我们在这种形势下,觉得已毫无希望。"(《〈现代〉杂忆》)

5日 按周作人日记,收到施蛰存来函。

15日 《民报》登载"本埠下月《新潮杂志》出现":"执笔者有章克标、施蛰存……"

20日　《赞病》刊于《万象》第2期。译毕德国 E. 托莱尔《现代作家与未来之欧洲》。

同日　《大上海》第1卷第3期登载《好大胆的施蛰存》。

23日　晚上与杜衡、叶灵凤等人出席穆时英、仇佩佩夫妇在北四川路新亚大酒店举行的婚礼。

25日　为译爱尔兰夏芝《流浪的安戈思之歌》而撰"译记"，又为译毕英国台薇士《夏之清晨》而作"译讫记"。

27日至30日　《申报》连载二妹施咏沂译作匈牙利沛妥斐《私奔》。

本月　上海中学生书局开始初版"遵照教育部新课程标准，篇目完全依据江苏省教育厅国文科教学进度表编定"之《高级中学适用·高中当代国文》（全六册），注释者：薛无竞、朱雯、沈联璧、施蛰存（第一、二、三、四册）。

7月

1日　主编《文艺风景》第1卷第2册出版；刊有译作德国 E. 托莱尔《现代作家与未来之欧洲》、《编辑室偶记》（署名"蛰存"）。按：此刊仅出版两期后停刊。

同日　与杜衡合编《现代》第5卷第3期出版；刊有译作西班牙阿耶拉小说《助教》、《文坛展望》（署名"编者"）。

2日　复戴望舒函："我除了为你而寝不安枕以外实在没有别的办法。""这是如何不景气的一个出版界啊！""这半年来风波太大，我有点维持不下去了，这个文坛上，我们不知还有多少年可以立得住也。"自述："望舒从巴黎寄来了这部《俄国革命中的诗人》的全译稿，托我找寻出版家。""当时我曾挑出两章来分载在《文艺风景》和《现代》上，看过的人也表示同样的满意。但此

稿不幸却没有一家书店愿意出版。"(《苏俄诗坛逸话·题记》)

5日 《新语林》第1期登载鲁迅(署名"杜德机")《隔膜》提及:"施蛰存先生在《文艺风景》创刊号里,很为'忠而获咎'者不平,就因为还不免有些'隔膜'的缘故。这是《颜氏家训》或《庄子》《文选》里所没有的。"

11日 译作爱尔兰夏芝诗作《流浪的安戈思之歌》并"译记"刊于《大公报·文艺副刊》第83期。

15日 译作英国台薇士诗作《夏之清晨》刊于《诗与散文》第1卷第2号。

同日 《小说》第4期"文艺画报"题为"笔会"刊载先生与叶灵凤、孙福熙的照相。

16日 《中华日报》登载张春桥《另一个问题》:"等到施蛰存底编辑下《现代》杂志出版后,捧出来了个戴望舒。从此,你也意象派,我也象征主义地在各处出现着:整个的诗坛是他们底领域,每个文艺杂志底诗里是他们的伙伴。""也许施蛰存会摆出面孔说叫'孩子家你懂啥'!可怜,中国底读者有几个懂的呢?"

17日 鲁迅致徐懋庸函谈及:"'谈言'上那一篇早见过,十之九是施蛰存做的。但他握有编辑两种杂志之权,几曾反对过封建文化,又何曾有谁不准他反对,又怎么能不准他反对。这种文章,造谣撒谎,不过越加暴露了卑怯的叭儿本相而已。而且'谈言'自己曾宣言停止讨论大众语,现在又登此文,真也是叭儿血统。"按《鲁迅全集》注释:"'谈言'《申报·本埠增刊》的杂文专栏。1934年7月7日该栏发表《大众语在中国底重要性》一文,作者署名'寒白'。"

又 自述:"我从来没有用过'寒白'这个笔名,文章当然不是我写的。"(《世纪老人的话·施蛰存卷》)

20 日　晚上与叶灵凤、杜衡在八仙桥青年会九楼餐厅,出席良友图书公司郑君平、朱文敏夫妇为孩子弥月举办的宴会。

同日　《十日谈》第 35 期登载李大生《文人印象:施蛰存先生》,阅后致该刊编辑函。

23 日　《时事新报》登载"光华书局近讯"提及:"《文艺风景》月刊为施蛰存主编,由郁达夫等名作家作稿,内容新颖绝妙,为现今最好之软性文艺刊物。"

30 日　按季羡林日记:"我已经答应替《现代》译一篇 Dreiser 的小说。"

同日　《社会日报》刊载无聊斋主《施蛰存的片段》,写到"《文艺风景》出版以来销场虽不错,但因与老板方面意见相左,已表示在最近不愿意干了"。

月内　由上海返回松江家里休息 20 天。浦江清于欧洲游学后回国,在家乡松江休假。

8 月

1 日　《精神的亢旱》刊于《小说》第 5 期。

同日　词作《无相庵小令》刊于《松江县立中学校友会年刊》第 1 期。该期转载二妹施咏沂译作匈牙利沛妥斐著《私奔》。另附录《本会会员录》,先生为"特别会员"。

同日　与杜衡合编《现代》第 5 卷第 4 期出版。

同日　《文学》第 3 卷第 2 号登载茅盾(署名"惠")《对于所谓"文言复兴运动"的估价》。

8 日　《世界日报·彗星》登载胡礼《好话之馀》,提及"施蛰存先生在《文艺风景》里曾为《书籍禁止与思想左倾》一文,对书[当]局禁书等事'侃侃论列大伸正义'","杨邨人先生持论是不甚公平,因为施蛰存先生那文章不过是一种辩解,而那位更大胆的人实是沈从文先生"。

18 日　复戴望舒函:"我现在天天躲在家里,""靠慧华的金手镯维持了一个月生活,你总能谅解我的窘了。现在我已在设法,在下月 5 号以内汇你五百元,我想此款够你旅行西班牙了。俟'比国短篇集'稿费取得后,再作归国之计。"

19 日　为译著《域外文人日记抄》交付出版而撰"序"。

20 日　《施蛰存声明》(7 月 20 日致编辑函)刊于《十日谈》第 37 期。

21 日　《大明星间的争斗》刊于《申报·电影》,署名"赘"。

9 月

1 日　与杜衡合编《现代》第 5 卷第 5 期出版;刊有其撰《我与文言文》:"《对于所谓'文言复兴运动'的估价》一文,其中有一段牵涉到我的地方……从这寥寥的,但是非常刻毒的数语中,我计算出了作者许多不了解我(或者是故意'歪曲'一下)的概念。我自有生以来三十年,除幼稚无知的时代以外,自信思想及言行都是一贯的。我欢迎认识并了解我的思想及言行的人的公允的批判(善意恶意倒不在乎),但是我痛恨一些'有意无意地'曲解我的思想及言行,而陷我于预设的阱中,以图'请君入瓮'之快的文艺界的鬼蜮!"

同日　《诗帆》在南京创刊。自述:"余尝读社集,始知有程千帆、沈紫曼[祖棻]者,作诗饶有意趣。时二君未缔丝萝,余皆未之识也。"(《北山楼钞本〈涉江词钞〉后记》)

5 日　《塔的灵应》刊于《新潮杂志》第 1 期。

15 日　上午前往南京路大陆商场三楼参加倪贻德画展。据

《倪贻德个展第一日》："文艺界如施蛰存、林微音、傅彦长、李宝泉、吴似鸿、谢海燕等亦莅场参观。"(《申报》,1934 年 9 月 16 日)

20 日　《无相庵偶撷》刊于《华安》第 2 卷第 11 期。

21 日　《社会新闻》第 8 卷第 7、8、9 期合刊登载仁陶《施蛰存之三敬三轻》。

约在期间　据陆印泉回忆："我写了一篇小说《四月的紫堇花》。当时,施在上海主编《现代》文学杂志,我寄给了他,但遭到退稿。""我少年气盛,一怒之下,就在上海的《文化新闻》上以假名写了一篇杂文'漫谈施蛰存',污蔑他不学无术云云。""我攻击施蛰存,势必会影响《现代》的销路。因此,现代书局老板洪雪帆极为不满,后经人调解了事。张天翼也责问我:'那篇杂文是不是你写的?'我支吾其辞。"(《再谈施蛰存》)按:《四月的紫堇花》系"1933 年春写于南京",同年 8 月刊载《文艺茶话》第 2 卷第 1 期,署名"印荃"。

23 日　中秋节。应徐仲年之邀,晚上与杜衡、叶灵凤等在中法联谊会参加文艺茶话会。

同日　《中华日报》登载鲁迅(署名"苗挺")《"莎士比亚"》。

30 日　良友图书印刷公司初版侍桁著《小文章》,书内《庄子与文选》写道:"施先生为了使青年写文章免于太拙直而介绍读《庄子》与《文选》,就被称为'遗少的一枝一节',实在有点冤枉。""《庄子》与《文选》在中国书中无论如何不能说是两本坏的书。""如果我们说《庄子》与《文选》是中国青年绝对不可读的书,那么那些中国书籍又是可读的呢!"

下旬　自述:"康嗣群兄来《现代》杂志社玩儿,闲谈之间,他说起想办一个散文杂志,问我有什么书店能出版。当时我也很高兴,便替他问了几家书店。""便是对于编者的种种条件,以及

关于出版上的种种考虑。结果是虽然有书店肯担任出版，我们却为免得麻烦起见，反而搁下来了。"（《文饭小品·发行人言》）

10 月

1 日　与杜衡合编《现代》第 5 卷第 6 期（现代美国文学专号）出版；刊有译作美国海敏威小说《瑞士顶礼》（署名"李万鹤"）、《现代美国诗抄》30 首、《现代美国作家小传》（署名"薛蕙"）、《刘易士夫人不容于德国》（署名"安华"）。自述："这个专号我经营了三个月，自己觉得编得还相当整齐，读者的反应也不坏。""是预备为第 6 卷第 6 期的'苏联文学专号'打掩护的。"（《〈现代〉杂忆》）

又　刊有其撰《导言》（署名"编者"）："我们看到，在各民族的现代文学中，除了苏联之外，便只有美国是可以十足的被称为'现代'的。""应该极郑重地去注意的特征：第一，它是创造的。第二，它是自由的。"另刊其作《编后记》："编辑这个专号，目的完全是在介绍，而不是有所提倡。""在李长之先生的一篇概要叙述之后，又请梁实秋、张梦麟、赵景深三位先生分别将现代美国三种流派殊异的文艺批评家及其理论个别地另作专文介绍之。"

又　还刊发赵家璧《美国小说之成长》。据赵家璧回忆："《现代》杂志发表过很多左翼作家鲁迅、茅盾、冯雪峰等和进步作家巴金、老舍等的作品，但也有它自己的特色。由于施蛰存个人的艺术倾向和审美观点，《现代》不但介绍了日本新感觉派作家的作品和法国象征派诗歌等，也发表不少用意识流手法写的文艺创作，他自己对西方现代派作品也很感兴趣。""我为它写第一篇《美国小说之成长》长文，多少受了蛰存的影响和鼓励。"（《编辑忆旧》）

同日　《文学》第3卷第4号登载鲁迅（署名"直"）《做"杂文"也不易》。文内所及，按《鲁迅全集》注释："指施蛰存的《我与文言文》……"

同日　《每周评论》第136期刊载《施蛰存的"孤独"》。

4日　《中华日报》登载鲁迅（署名"苗挺"）《又是"莎士比亚"》。

10日　《十日谈》第40期登载李大生《读了〈施蛰存声明〉之后》："我竟然认定施先生对于旧文学没有深刻的研究，未免犯些轻视师长的罪过。"文末附《编者按》："那么纵使施蛰存先生不懂古文学，也不能妨其仍为一个现代的作家。"

16日　鲁迅作《准风月谈·后记》提及："跳到别一件，这就是'《庄子》和《文选》'。""然而时光是不留情面的，所谓'第三种人'，尤其是施蛰存和杜衡即苏汶，到今年就各自露出他本来的嘴脸来了。"

19日　《申报》刊载《推荐〈现代美国文学专号〉》。

20日　《新语林》第6期登载聂绀弩（署名"耳耶"）《施蛰存先生底看法》。

同日　上海良友图书印刷公司出版短篇小说集《黑牡丹》，内收《春阳》。

24日　《益世报》刊载《〈现代美国文学专号〉引起研究西洋文学兴趣，得到美国文学系统常识》。

25日　致戴望舒函："今日寄上《译文》一本及《金宝塔》等三篇，'小传'前已寄上一批，馀如艾芜等人已函茅盾先生去找来，约一星期后当与序文同时寄出。""你回国时，乞为我买下列数书：1.买一本彩色版的 Laurencin 画集，买一本彩色版的 Picasso 或 Matisse 画集。2.买一本法文本的 Jean Cocteau 的 *Orphee*。"

"《现代》6卷6期为法国文学专号,请依照美国专号的大纲,筹备一些材料,我想此期请你和霞村等人为 Guest editor,我与杜衡只管事务上的事情。我想到北平去一行,约六星期可回。"

27日 《上海报》登载卫道者《施蛰存杜衡争声价》:"《现代》杂志因为经济关系,好稿子既拉不到手,大部分青年读者又为《文学》所抢去,已经教施蛰存走投无路,讵知在这样窘迫的当儿,'现代'当局复以该杂志销路少为藉口,减少五分之二以上的稿费,因此施、杜两大编辑便愤然谓'本人不办杂志,尚可以卖文或做教书匠挣饭吃,这是自己绝对可以信靠的……'故又谓'宁可以自己打破自己的饭碗,将《现代》自动停刊,决不受人胁迫,而自减低声价,屈服于金钱魔力之下……'云云。"

29日 靳以致康嗣群函谈及:"杜衡、蛰存常见面否?很早就听说蛰存要到北平来,可是总也没有见来,不知什么缘故?"

本月 编译《域外文人日记抄》,由上海天马书店初版。(本年11月再版)

11月

1日 与杜衡合编《现代》第6卷第1期出版。自述:"又是一个316页的特大号,连续二期《现代》,总计有七百多页,应当是一个有效的刺激。""现代书局资方内哄,""管出版的人不敢多印,只印三四千册应付门市。"(《〈现代〉杂忆》)

又 该期出版后与杜衡放弃编职,离开现代书局。自述:"当时现代书局已换了主人,编辑部也来了新的负责人,我们便辞职退出。"(同上)

同日 《文学》第3卷第5号登载鲁迅(署名"隼")《以眼还眼》。按《鲁迅全集》注释:"施蛰存在《现代》第5卷第5期

（1934 年 9 月）发表的《我与文言文》中说：苏俄最初是'打倒莎士比亚'，后来是'改编莎士比亚'，现在呢，不是要在戏剧季中'排演原本莎士比亚'了吗？……这种以政治方策运用之于文学的丑态，岂不令人齿冷！"

5 日　《读檀园集》刊于《人间世》第 15 期；另载赵景深《朱湘的〈石门集〉》，写到"他与戴望舒、杜衡、施蛰存诸兄时相过从，大家谈起法国的象征派、美国的意像派，都很向往"。

6 日　《中华日报·动向》登载鲁迅（署名"张沛"）《略论梅兰芳及其他》（下）。

9 日　现代书局总经理洪雪帆在上海病逝。自述："洪雪帆本来已有严重的肠胃病，经此挫折，病势加剧，住进医院，没几个月就去世了。此后，现代书局由雪帆的胞弟维持了几个月，终于闭门歇业。"（《我和现代书局》）

15 日　译诗英国 Campbll《老妇人》刊于《旁观者》创刊号。

25 日　靳以复康嗣群函谈及："《现代》若真不出，也怪可惜，无论如何是有了这么长的历史。为什么不设法脱离现代书局呢？我想总也可以维持下去。"

25、26、28 日　《南华日报》连载李育中《"现代美国文学专号"读后》："《现代》杂志以特大的编幅，辑集成一本'现代美国文学专号'，真实是一大劳绩。""接近英美文学的我们，必然是件非常欢喜的事，自然再渴待着他'英国现代文学专辑'之出现。"

月内　自述："在上海杂志公司碰到嗣群，我问他：'怎么样？还想办杂志吗？'他说：'要办便自己出版，可以任性。'当时那个以'负无限责任'为营业标语的上海杂志公司老板张静庐先生适在旁边，他说：'很好，你们自己办杂志，可以不受拘束，我来代理发行事务，可以免掉许多事务上的麻烦。'于是我也不免兴奋起

来,'老康,你去编起第一期稿子来,我来发行',我说。"(《文饭小品·发行人言》)

12 月

1 日　译作美国 Joseph M. March《野会·第一篇》刊于《世界文学》第 1 卷第 2 期。

2 日　鲁迅致日本增田涉函谈及:"但如《现代》这种法西斯化的刊物,没有读者,也已自生自灭了。"

7 日　《上海报》登载旦华《现代杂志宣告停办,施蛰存杜衡决心去做教书匠》。

11 日　农历生日。自述:"度过 30 岁生辰,我打算总结过去十年的写作经验,进一步发展创作道路,写几个有意义的长篇小说,以标志我的'三十而立'。"(《十年创作集·引言》)

同日　周作人复函:"新出杂志不知何日发刊? 如时间来得及,弟甚愿能寄一稿,不过思路枯涩,写不出什么耳。题字当为托玄同去写。拙书先寄上一纸[《晚明二十家小品》题签]。""北平其实并不十分苦寒,甚望何时能来一游也。"

14 日　按周作人日记:"得施蛰存君寄拓本一束。"

15 日　《题材》刊于《文艺画报》第 1 卷第 2 期。

同日　沈从文由北平致函:"从洵美兄处出一刊物事,""使刊物好些,热闹些,不列我名字,我仍然想法为刊物弄稿件来。《现代》停刊,可惜得很。""几年来几个作者,皆为应付个人把日子糟蹋了,这实在是不必需要的战争! 西谛我不常见到,""我觉得他为人很好,只是许多事情热得过分,便乱一些罢了。""写杂论自然一时节可以热闹些,但毫无用处。""难道一个什么人写一篇两千字的批评,就可以使我们这信念动摇?""新刊物若着手办去,我以为将来的目的,就似乎应对作品加一点注意,让它名符其实成为一个文艺月刊。"

17日 《大美晚报》刊载:"杜衡、施蛰存、叶灵凤在《现代》停刊后,已应第一出版社之请,自明年一月起,出版文艺月刊一种,名称已定《沙漠》,现近向各方面征稿。"

19日 《时事新报》刊载伊路"艺坛近事":"施蛰存、杜衡已膺第一出版社之聘,编一类似《现代》之刊物,以替代《现代》之地位。其名称已定为《文场》,将于1935年1月16日出版。又闻,《文场》或由九位编委负责,除施蛰存、杜衡外尚有沈从文等云。"

20日 按周作人日记,收到施蛰存来函。

同日 靳以复康嗣群函谈及:"《现代》停刊,殊为可惜,总有几年的历史。其实蛰存等仍可自张一面,不必与新月人合作,因为他们出力少,是非多,总不会弄得好也。"

下旬 返回松江家里,看到自家斜对面小弄内新造了三幢二层双开间小楼,租金也不贵,即建议朱雯租下一幢。据罗洪回忆:"这时才知道在上海良友图书公司工作的赵家璧周末回家,常常与施蛰存见面。于是朱雯也见到了赵家璧,并约了施、赵两位一同来我们家坐坐。"(《我去看望了施蛰存先生》)

本月 上海兴中书局(联华书局)初版鲁迅著《准风月谈》,内收《重三感旧》、《"感旧"以后·上》(备考:施蛰存《〈庄子〉与〈文选〉》)、《"感旧"以后·下》、《扑空》(备考:施蛰存《推荐者的立场》)、丰之馀《〈扑空〉正误》、施蛰存《突围》)、《答"兼示"》(备考:施蛰存《致黎烈文先生书》)。

年内 徐迟友人玛格丽特在美国留学,认识了爱尔兰作家詹姆斯·斯蒂芬斯(James Stevens),她写了一篇访问这位作家的访问记,翻译了他的代表作《一罐金子》(*A Crock of Gold*)。据徐迟回忆:"她把原作(作家签名本)、她的译稿和那篇访问记从国外寄给了我。我请施蛰存帮忙,找书店给她出版。遗憾的是一直没有找到。"(《江南小镇》)

年内 自述:"戴望舒在巴黎认识了超现实主义诗人姚拉(Jolas),姚拉在望舒那里见到了我编的《现代》杂志,他就直接写了一封信给我,希望我的刊物出一个专号,介绍和宣传超现实主义文艺。当时我以为这一种文艺思潮,在中国不能起什么作用,反而会招致批判,于是就复信婉谢了。"(《米罗的画》)

年内 自述:"我在上海来青阁书庄买得冒氏刊本《秋水轩集》,缪荃孙旧藏本。后得光绪初盛宣怀刻本。"(《秋水轩诗词》)"在来青阁的书架上找出一部《秋风三叠》,恰巧西谛先生进来,把我手中的书略一翻阅,就说:'这部书你让我买吧。'我看他很有欲得之心,就把书递给他。"(《乙夜偶谈·旧书店》)

年内 邵洵美策划"自传丛书"。据邵绍红记述:"作过新书预告的有《达夫自传》《洪深自传》《蛰存自传》,都没有出版。洪深与施蛰存太忙,没有动笔。"(《我的爸爸邵洵美》)

1935年(乙亥,民国二十四年) 30岁

▲5月,生活书店开始出版郑振铎主编《世界文库》。
▲9月,宇宙风社出版林语堂、陶亢德编辑《宇宙风》。

1月

5日 《人间世》第19期登载《1934年我所爱读的书籍》征

文专栏,刊有其撰:"我想提出的第一部就是《庄子》。""至少在我,是爱读书之一,当作散文看,并不坏啊!在我书斋中代替了《文选》的地位的,乃是一部翠娱阁评选《明文奇艳》,这是一部明人小品文的选本,'游记''序跋'两卷中尤其有绝妙的文章,它天天放在枕函边,可以算是我在 1934 年的爱读书之二。至于第三本爱读书,我想应该轮到我的那部'万人丛书'本的《钓道大全》了,这是一部 17 世纪的英国散文名著。"

上旬 携妻儿迁居上海法租界吕班路万宜坊 28 号三楼。

12 日 按朱雯日记:"午后无课,为蛰存的《文饭小品》译法国 Andre Maurois 的《告一个到英国去的法国青年》。"

13 日 按朱雯日记:"收到咏薇来信,说是'小说年选'的计划。""计选巴金、茅盾等 15 作家创作 15 篇,除蛰存那篇[《塔的灵应》]还须待他从《新潮》上剪寄外,其馀 14 篇均已搜齐。"

18 日 《南华日报》开始连载刘火子《论"现代"诗》。

20 日 《火山》杂志第 1 卷第 2 期刊载路易士(纪弦)笔绘《施蛰存像》。

25 日 《圣诞艳遇》刊于《妇人画报》第 25 期。

同日 《读书生活》第 1 卷第 6 期登载:"近闻现代书局新经理汪长济君已正式就职,《现代》杂志亦将于下月照常出版。惟闻原编者施蛰存、杜衡两君业已辞去编辑职务,继任编辑人选闻已定为汪馥泉君,大约此刊物之面目性质,亦将有所变更。"

2 月

1 日 《断片八题》刊于《小说》第 17 期。

4 日 春节。除兼任上海杂志公司编辑,"无固定职业,在上海卖文为生活"。

5 日　与康嗣群合编《文饭小品》第 1 期出版,并出任发行人;刊有其撰《创作的典范》、《文艺杂志之多》(署名"露醒")、《山人辩》(署名"玄晏")、《小学》(署名"云中居")、《疑问号》(署名"雕菰")。自述:"康嗣群即劝我自己办一个小刊物,他愿出钱助我,因而办了一个《文饭小品》。但他不愿作为发行人,于是来一个'反串',我做发行人,他做主编。"(复蒋颖馨函,1997 年)"但事实上是两人合编的。"("我编辑的期刊")据报道:"编制很新颖,版本为 23 开。""第 1 期有周作人、林语堂、沈启无、刘大杰、杜衡诸人之文数十篇。"(《读书生活》,第 1 卷第 6 期)

又　此期刊有其撰《发行人言》:"没有雄厚的资本来维持的,印刷是欠账的,纸是赊来的,稿费是要等书卖出了才分送的,第一期就已如此。倘若没有读者踊跃惠顾,说不定出了几期便会废刊的。但是废刊尽管废刊,已出的几期总是舒舒服服的任意的出了。""连带的企图将来能印一点为一般书铺子所不愿意印的书籍出来,因此索性拟定了一个'脉望社出版部'的名义。倘若在这个小小的散文月刊上,能赚出一些印书的本钱来,我们这个出版部的第一本书就可以问世了。这种梦想,虽然有点类似叫花子拾着鸡蛋,但也未始全无实现的可能性。"

8 日　《申报》登载《文饭小品》杂志出版书讯。

9 日　《我的编辑经验》刊于《人言周刊》第 2 卷第 1 期。该期还专刊介绍杂志主编,内有"《现代》施蛰存"。

15 日　《猎虎记》刊于《新小说》第 1 卷第 1 期。该期"编辑后记"提及:"施蛰存先生的《猎虎记》用平话手法,写幽默故事;……是难能可贵的作品。"自述:"我希望用这种理想中的纯中国式的白话文来写新小说,一面排除旧小说中的俗套滥调,另一面也排除欧化的句法。"(《关于〈黄心大师〉的几句话》)

20 日 为译毕意大利迦桑诺伐《宝玲小姐忆语》而撰"译者附记":"《迦桑诺伐回忆录》的全本我没有钱能买,我所常常耽读着的只是'近代丛书'本的英译本。但虽然已删节得干干净净,虽然经过了转译,这 18 世纪的恋爱艺术家的感伤气氛还是洋溢乎字里行间。"

同日 《太白》第 1 卷第 11 期登载闻问《掂斤簸两·创作的典范》。

月内 为戴望舒译作高力里著《苏俄诗坛逸话》在《文饭小品》连载而撰"题记"。

本月 中华书局初版夏都伯利安(Chateaubriand)著、曾觉之译《心战情变曲》,《译者弁言·附记》提及:"我方从友人处晓得,《阿邦色拉基末代王孙的艳遇》曾经施蛰存君翻译。"

3 月

1 日 《现代》恢复出版第 6 卷第 2 期,改由汪馥泉主编。自述:"徐朗西请汪馥泉接手主编《现代》,只出版了 3 期,因现代书局歇业而停刊了。"(《〈现代〉杂忆》)

同日 《文学》第 4 卷第 3 号登载鲁迅《病后馀谈》。按《鲁迅全集》注释:"指施蛰存。他在《现代》月刊第 5 卷第 5 期(1934年 9 月)发表的《我与文言文》中曾说:'我自有生以来三十年,除幼稚无知的时代以外,自信思想及言行都是一贯的。'"

3 日 上午在松江松汇路新松江社参加新屋落成典礼。下午参加第二次全体社员大会,会上作了发言(题为《新松江社落成小言》刊于社刊),其中评价沈联璧是倡议组织新松江社"最出力的一人",并说:"现在沈先生第一步就从改良松江人的饮食起居风俗礼节入手,使每一个松江人都能在耳濡目染之间,改善到一种新的生活。"

4日 郑振铎、叶绍钧、樊仲云、倪文宙、曹聚仁、杜衡、施蛰存、叶灵凤、陈望道、郑君平、赵家璧、钱歌川、赵景深、艾迪尘、陶亢德等杂志编辑人30余人在南京路新雅茶聚,大家主张对目下想开倒车的"读经"及"做文言文"的趋向,发表反对的宣言。

5日 与康嗣群合编《文饭小品》第2期出版;刊有其撰《何谓典范》、《为谁写作》(署名"蒙葵")、《不隔》(署名"雕菰")、《某刊物》(署名"酉生")、《雨的滋味》(署名"梁云"),还有译作意大利迦桑诺伐《宝玲小姐忆语》和"译者附记",以及为戴望舒译作《苏俄诗坛逸话》所作"题记"。

10日 译作 Ernest Hemingway《一日的等待》刊于《新中华》第3卷第5期,署名"李万鹤"。

同日 《邮局半小时》刊于《申报》,署名"蛰"。

11日 戴望舒从巴黎返回上海,暂居北四川路德邻公寓。

同日 《每周评论》刊载《施蛰存揭穿出版界的病态》。

17日 《南华日报》登载:"前《现代》编辑施蛰存等筹办新文艺杂志,闻定名《新代》。"

中旬 与浦江清和其母、宋学勤、陆宗蔚等赴普陀山旅游,并按民俗行祈福纳祥礼仪。

22日 在静安寺路749号出席世界笔会中国支会大会。

25日 《读书生活》第1卷第10期"新刊介绍":"小品文杂志,目前真可以说太多了,内容不是谈狐说鬼,便是破口骂人。这一种新刊的《文饭小品》,倒没有这两种弊病,文章都清新可诵,印刷的精美,可以算同人杂志中的佼佼者。"

同日 《诗歌季刊》第1卷第2期登载蒲风《五四到现在的中国诗坛鸟瞰·续》"附《五四到现在中国诗坛表》"内有:"内容:

215

象征主义。代表人：李金发、王独清。源流：法国派。诗人：李金发、戴望舒、蓬子、王独清、施蛰存。"

30 日 鲁迅复郑振铎函谈及："至于施杜二公，或者有此野心，但二公大名，却很难号召读者。"按《鲁迅全集》注释："施杜指施蛰存、杜衡。"

月内 作《无相庵断残录》。

本月 为选辑《晚明二十家小品》作"序"："除了尽量以风趣为标准，把隽永有味的各家的小品文选录外，同时还注意到各家对于文学的意见，以及一些足以表见各家的人格的文字。这最后一点，虽然有点'载道'气味，但我以为在目下却是重要的。"

本月 中国小说年选社编辑出版《一九三四年小说选》（普及版），内收《汽车路》。

4 月

1 日 参加由 148 位文化界人士、17 家文化团体联名发表《我们对于文化运动的意见》，反对"复古读经可以救国"的主张。

5 日 与康嗣群合编《文饭小品》第 3 期出版；刊有其撰《服尔泰》、《存文会与简笔字》（署名"雕菰"）、《人与文》（署名"刍尼"）、《无相庵断残录》（关于王谑庵、秋水轩诗词）。

又 刊有"脉望社出版部施蛰存启"的《戴望舒先生主编诗杂志出版预告〈现代诗风〉》。自述："我现在编一本季刊，定名《现代诗风》，内分诗论，诗话，诗，译诗四项，大约 9 月中可出第一册。你如高兴，可请寄些小文章及译诗论文来。"（复戴望舒函，1933 年）"《现代诗风》是我办的，用望舒名义。"（复岳洪治函，1987 年）

8 日 《茸报》登载听潮生《呆子闲谈·施蛰存》："施蛰存亦

松江人也,不但为上海文坛健将,且为国内数一数二之作家。我邑研究新文学者,均熟知之。"

9 日 《时事新报》刊载《〈文饭小品〉第三期》:"有周作人、林语堂、俞平伯、阿英、丰子恺诸名家之散文随笔,郁达夫之游记,林庚之诗论文,老舍新著短篇小说,金克木之长诗,均属逸趣横生之作,其馀微言絮语两栏,仍极短小精悍之至。"

10 日 《从亚伦坡到海敏威》《牛奶》刊于《新中华》第 3 卷第 7 期。

13 日 靳以复康嗣群函谈及:"'现代'版税,累蛰存代劳,请转致谢意。"

15 日 《新小说》第 1 卷第 3 期登载"王任叔来信":"《猎虎记》这样的手法,在通俗意义上,我非常赞成试用。""作者作这《猎虎记》是否是篇寓言,那当然可不用去问他,也许是借传说来做的吧。总之,这一篇文章是值得一看的。"

20 日 《读书随笔:绣园尺牍》刊于《人间世》第 26 期。

同日 因患胃病,入住宝隆医院治疗,约十天后,才返回家里。自述:"我卧病在医院,王莹曾带了一束鲜花来看我。""是我和她最后一次见面。"(《宝姑》)

同日 《太白》第 2 卷第 3 期登载鲁迅(署名"直入")《"某"字的第四义》。按《鲁迅全集》注释:"某刊物指《文饭小品》。""该刊创刊号上载有署名雕菰的《疑问号》一文,对《太白》半月刊新年号所载不齐(周木斋)和何公超的文章进行嘲讽,《太白》第 1 卷第 11 期(1935 年 2 月)发表不齐的《隔壁》和闻问的《创作的典范》加以反驳,《文饭小品》第 2 期便发表了署名酉生的《某刊物》。"

28 日 《时事新报》刊载:"施蛰存近日胃病又发,惟《文饭小品》仍在极力进行中,闻第 4 期较以前将更见精彩。"

月内　始译法国弗郎西·耶麦的诗。

本月　选辑《晚明二十家小品》,由光明书局初版。(本年 11 月再版)自述:"在周作人、林语堂的影响之下,也曾有一二年热中于明人小品文,把公安、竟陵派的几十部诗文集看了一遍。"(《我治什么"学"》)"当时新得明刊本《翠娱阁皇明十六家小品》一部 32 卷。现成资料,不烦搜索。即从此书选材,另外增益四家,晨抄暝写,二月便告成。"(《浮生杂咏》)

5 月

1 日　汪馥泉编辑《现代》第 6 卷第 4 期"文化界杂讯":"施蛰存、杜衡等拟办文学月刊《星火》。"自述:"《现代》停刊以后,我和杜衡分手。杜衡和韩侍桁、杨邨人去创办《星火》月刊。"(《〈现代〉杂忆》)

又　汪馥泉接任《现代》编辑后,仅出版三期即停刊。

同日　《文学》第 4 卷第 5 号登载鲁迅(署名"隼")《"文人相轻"》。文内所及,按《鲁迅全集》第 6 卷第 300、301 页注释[7]、[9]、[11]。还载鲁迅(署名"庚")《人生识字糊涂始》,以及茅盾(署名"惕若")《杂志"潮"里的浪花》。

5 日　《太白》第 2 卷第 4 期登载鲁迅(署名"旅隼")《"京派"和"海派"》。按《鲁迅全集》注释:"老京派的题签 1935 年出版的施蛰存编的《晚明二十家小品》,封面有当时在北平的周作人的题签。""新出的刊物指 1935 年 2 月创刊的《文饭小品》月刊,康嗣群编辑,施蛰存发行。它是由施筹款创办的。该刊第 3 期(1935 年 4 月 5 日)第一篇文章是知堂(周作人)的《食味杂咏注》,最末一篇是施蛰存的《无相庵断残录》。"此期还载周木斋

《杂文的文艺价值》。

上旬 戴望舒亦迁居法租界吕班路万宜坊 28 号。自述："开始写他旅游法国和西班牙的游记文,他曾给我看过一个拟定的篇目,有二三十篇,但现在能找到的只有八篇。"(《〈中国现代作家选集·戴望舒〉引言》)

12 日 《时事新报》刊载:"施蛰存病已近痊,已离院返家调治,《文饭小品》亦因之脱期,据施云一俟病体复原,即继续进行,决不中止。"

14 日 鲁迅复曹靖华函谈及:"闻现代书局大有关门之势。"

15 日 《清华周刊》第 43 卷第 1 期登载孙作云《论"现代派"诗》提及:"这派诗是现在国内诗坛上最风行的诗式。""这一类的诗多发表于《现代》杂志上。""施蛰存是首先明白地提出'意象派抒情诗'的旗帜,也是这派诗人中有力的提倡者,他虽然没有出诗集,但他的诗我们还记忆了许多首。"

22 日 《时事新报》刊载英子《西航艸》提及:"直到此刻还只不过航行了二十多里呢,所以我们息了起岸的意念;上午写给淑明和蛰存兄底两封信,只好到了淳安再去投寄。"

27 日 《大美晚报》刊载:"《现代》月刊更换编者事,将实现。据现代书店方面之意,将仍请施蛰存回来负责主编。据说施蛰存是否复任,尚在考虑中。"按:此稿又刊 6 月 7 日《南华日报》。

30 日 与康嗣群合编《文饭小品》第 4 期出版;刊有其撰《代人夹缠》《"过问"》《"彼可取而代也"》,扉页刊有其撰《本刊出版衍期道歉》:"脉望社出版部穷得连职员都没有,一切事情都由鄙人以馀暇为之。《文饭小品》每期由康嗣群先生编好交来,即由鄙人付印刷所排印。一切校对发行等事,亦均由鄙人为之。不幸鄙人自 4 月 20 日起一病兼旬,本期校对等事遂竟无从进行,衍至今日,方能出版,已是月梢矣。"此期还刊发《谈变戏法的人及其艺术》(署名"穆铃")。

下旬 因患黄疸病又入住宝隆医院治疗约半月馀。自述:"又忽患肝胆之疾,偃卧数月,雄心消尽。"(《浮生杂咏》)

6 月

9 日 《女子月刊》编辑陈爰(白冰)致谭正璧函谈及:"自从施蛰存先生给我向您拿了那篇《[中国]女性文学之研究》刊于'女月'后,""昨夜施先生在电话中告诉我您的住址,他说他已经商得您的同意,要把大作《中国女性文学小史》续稿给'女月'刊载,""希望 30 日以前能够交给施先生,我再到施先生处拿。"据谭正璧记述:"我在光明书局逢到施蛰存君,他告诉我:'现在《女子月刊》已换白冰当编辑,她托我请你写些稿子。'当下我就顺口答应了。"(《忆白冰》)

同日 《时事新报》刊载:"施蛰存旧病复发,惟不若前次之剧,刻正在家中静养,苦雨老人曾远道来信慰问,闻第 5 期《文饭小品》又势不得不延期矣。"

10 日 《时事新报》登载天帝《欣赏文学》。

12 日 《"云乎哉?"》刊于《时事新报》:"编《晚明二十家小品》,虽是凑热闹,但到底不能说我欣赏明人小品的动机是为了别人。郑振铎先生欣赏词曲,我们能说他是为了编'世界文库'取编辑费吗?鲁迅先生收藏木刻,我们能说他是为了印'引玉集'赚钱吗?""'自由意志'有什么可轻蔑的理由呢?至于把欣赏文学者都看做挟货求市之徒,'天帝'先生也未免太功利主义了。"

14 日 沈从文由北平致函:"闻兄一再为二竖所苦,甚忧念。

赵家璧兄来平,得闻情况一二,于兄处境,尤难去怀。《文饭小品》能支持,实可贺。诗刊[《现代诗风》]若出,此间似宜邀梁宗岱、孙大雨诸兄参加,当可热闹不少也。不知近已着手集稿否?""'文艺副刊'近想大加变动,希望多登小说,望兄同杜衡兄各写一创作,若能逼兄等于 7 月初将大作寄来,实可增加此间发稿人勇气不少!""兄等若有文章北来,亦读者与发稿人之幸福也。"

15 日 《时事新报》登载天帝《"为自己"》。

18 日 瞿秋白在长汀被国民党杀害。自述:"瞿秋白是我的老师,我时常重温起在上海大学就读时的情景,他上的社会学课,辞源俊发。后来我在上海筹办《现代》杂志,就向他约稿,先生及时寄来文章,使刊物为此增色。"(《世纪老人的话·施蛰存卷》)

25 日 与康嗣群合编《文饭小品》第 5 期出版;刊有《"杂文的文艺价值"》,译作美国海敏威《一个干净的,光线好的地方》(署名"李万鹤"),译诗爱尔兰夏芝《老人临水》(署名"安簃")。

又 刊有其撰《"不得不读"的〈庄子〉与〈颜氏家训〉》:"在《大晚报》上介绍文学青年们读一读《庄子》《文选》《颜氏家训》这三部古书,不到一星期,就有鲁迅先生在《自由谈》上作文讥嘲了我一下,说这是'遗少'根性。我申辩了一下,却更被变为'恶少'了。其时还有曹聚仁、陈子展、茅盾等衮衮诸公轮流作文,判定我的复古死罪。我在觳觫待罪之下,心想他们这些人大概不会再'劝人'读这些劳什子的古书了吧。前几天因为生病,躺在床上,承友人送来了一本《太白》,看见了郑振铎先生拟的'世界文库'目录。在'中国之部'的'散文'目下,赫然看见了《庄子》与《颜氏家训》这两个书名。正在觉得奇怪,随手翻到末页的'说明',劈头第一句就是:'本文库第一集计载文学名著六百数十馀种,凡不得不读之重要名著已略备。'哦,去年在我这里倒了霉的《庄子》与《颜氏家训》,今年倒在别人家里走起红运来,成为'不得不读之重要名著'了。去年反对读《庄子》与《颜氏家训》的人,今年都荣任了《世界文库》的特约编辑委员,当然也承认它们是'不得不读之重要名著'了。"

28日 穆时英致函:"听说你出医院的第二天就在冠生园吃炒广鱿,我真替你担心。我不懂你为什么这样贪嘴!'文饭'稿齐否? 我的小说实在赶不出来,请原谅我。下期一定着着实实的写一篇。""有暇请来我们这里谈天。"

月内 译毕美国罗蕙儿《我们为什么要读诗》,撰"译者记":"下一期我想再译她一篇《作诗的步骤》。"

本月 《汉口舆论报汇刊》第17期登载《鲁迅讽骂施蛰存》。

7月

1日 《文学》第5卷第1号登载鲁迅《"题未定"草》(一至三)。

5日 写讫《无题》。

上旬 应上海杂志公司张静庐之聘,开始主编"中国文学珍本丛书",并与阿英合作编辑事务。自述:"张君就我的两种计划中,斟酌出一个主意来,他主张筹印一个'中国文学全集',其方法是将中国文学旧籍中,选定数百种重要的,分辑印行,以最低的价格发卖。当下他就托我代为选定第1辑50种的目录。""正当筹备付排这个'中国文学全集第1辑'的时候,张君因为几位'商人气分'更多的朋友的劝告,""倒不如索性选印较为罕见的书,说不定会有相当的成功。""在这个经过情形之下产生的《中国文学珍本丛书第一辑》其'珍本'两字的解释,实在是很困难的。明眼的读者，一定会在我所写的第 1 期目录中的凡例内，看出了我的窘状。"（《关于中国文学珍本丛书——我的告白》）"张静庐意在印行明刊本通俗小说，阿英意在收回历年购置古籍所费，我意在印行《词林纪事》《宋六十名家词》《元人杂剧全集》等实用书，其实不得谓之'珍本'也。"（《浮生杂咏》）

又　该"丛书"编选诸委员：周作人、胡适、郑振铎、沈启无、林语堂、卢冀野、叶圣陶、郁达夫、吴瞿安、汪辟疆、俞平伯、朱自清、龙榆生、曹礼吾、周越然、钱南扬、废名、刘大杰、丰子恺、蘼芜、阿英。主编：施蛰存。

13 日　《申报》登载《戴望舒施绛年启事》："我们经双方同意，自即日起解除婚约。"据小梧《戴望舒施绛年婚约解除》："友侪为两者前途幸福计，遂出为调停，经双方同意而解除婚约，以便今后各奔前程也。惟戴与施蛰存之间，友谊一如旧日，并不以家事而略呈异状。"（《社会日报》，本月 17 日）

15 日　《漫画漫话》第 1 卷第 4 期登载周楞伽《第三种人的三种巴戏》。

20 日　《太白》第 2 卷第 9 期登载周木斋《如此这般》。

31 日　与康嗣群合编《文饭小品》第 6 期出版；刊有其撰《无相庵断残录》（"邻二"的佚文、橙雾、八股文）、《朋友文学说》（署名"玄晏"）、《盾还是盾》（署名"雕菰"）、《无题》（收入《小珍集》题为《失业》）。

又　此刊在出版总 6 期后停刊。自述："水沫社同人亦已散伙，刘呐鸥热衷于电影事业，杜衡与韩侍桁、杨邨人为伍，另办刊物。穆时英行止不检，就任图书什志审查委员。戴望舒自办《新诗》月刊。我先后编《文艺风景》及《文饭小品》，皆不能久。独行无侣，孤掌难鸣，文艺生活，从此消沉。"（《浮生杂咏》）据纪弦（路易士）回忆："自从《文饭小品》停刊，施蛰存就不再有甚么文坛上的活动了。他曾一度提议，组织一个'自由主义文艺作家大同盟'，以对抗那些'意识至上主义者'，可是并未见诸行动。"（《从一张照片唤起的记忆》）

8月

1 日　撰讫《编印中国文学珍本丛书缘起》："张静庐先生，商人也，亦学人也，亦当以寒士不能多读天下书为恨，居常为余言其意，而今则奋然有精校断句排印'中国文学珍本丛书'之计，要余襄助其事。余自惟非达官贵人教授学者，室无千元百宋之珍，邺架曹仓之富，焉敢当此重寄？惟字断句之任，棉力或能胜之。张公之计得售，未始非读书界一盛事。余既不能为达官贵人、教授学者效牛马走，则何如为白屋寒儒、青灯下士修儿孙福乎？故不自揣度，为之指挥校印，期于有成。"

4 日　《男女同学问题的"再讨论"》刊于《申报》，署名"蛰庸"。

18 日　周作人由北平复函："承示书目，嘱列名自无不可，但愧不能有所帮助耳。绍介语日内当写好寄呈。目中《柳亭诗话》鄙意似尚可商，因其多琐碎不足取，不知以为何如？"

同日　《大公报》登载沈从文（署名"炯之"）《谈谈上海的刊物》提："《文饭小品》，脉望出版部出版，编辑人施蛰存……（又听说《现代》也将恢复，且仍由《现代》前编辑施蛰存负责。）""《文饭小品》编者能努力，且知所以努力，刊物有希望。惟编者若放弃与《人间世》抢生意，不走小品一路，使刊物保持昔日《现代》杂志性质，也许更容易办好。"

25 日　《编印中国文学珍本丛书缘起》刊于《读书生活》第2

卷第 8 期。

27 日　《时事新报》刊载《上海杂志公司刊行"中国文学珍本丛书"》。

28 日　沈从文由北平致函:"家璧来平时,谈及您有病,虽沉重,已告痊。不久又闻其他朋友谈您转重,多日无消息。""《大公报·文艺副刊》,自 9 月份已扩大,""近拟特约八个朋友为'特刊'写短篇小说,""很盼望您高兴答应一篇,并望将弟意转达杜衡、望舒,彼等若不写创作、翻译、介绍、批评皆好。""9 月里就很需要您的文章。《文饭小品》闻不知谁某说已累您不小,行将停刊,不知真实情况如何。""您在南方算老行家了,怎么一个小小刊物还不易支持? 真古怪。你看到什么好书,我们还盼望您为'文艺'随手写一点书评。"

9 月

1 日　《文学》第 5 卷第 3 号登载鲁迅(署名"隼")《五论"文人相轻"——明术》。按《鲁迅全集》注释:"指刘大杰标点、林语堂校阅的《袁中郎全集》和施蛰存编选、周作人题签的《晚明二十家小品》。""洋场恶少指施蛰存。"还载茅盾(署名"平")《关于"杂文的文艺价值"》《又是〈庄子〉和〈颜氏家训〉》。

2 日　《申报》刊载"中国文学珍本丛书"预约广告。自述:金克木"有信给我道,近阅报悉又主编'珍本丛书',恐亦为'文饭'故,并非闲情逸致也,究竟近来景况如何"。(《关于中国文学珍本丛书——我的告白》)

5 日　《太白》第 2 卷第 12 期登载鲁迅(署名"直入")《聚"珍"》;还载鲁迅(署名"杜德机")《逃名》。按《鲁迅全集》注释:"施蛰存在《现代》第 5 卷第 5 期(1934 年 9 月)发表的《我与文言文》中，曾说：'我自有生以来三十年，……自信思想及言行都是一贯的。'"

7日　主编"中国文学珍本丛书"始由贝叶山房先后出版，并由上海杂志公司总经售。据张静庐记述："本丛书之刊行，得周作人、郑振铎、郁达夫、汪辟疆诸先生之推荐书目，介绍善本，盛情可感。卢冀野、沈启无、阿英、刘大杰、汪辟疆、王薤芜六先生之愿任一部分编辑校点工作；施蛰存先生之主持一切，奔走接洽；杨志粹、王公度、李蕴平、袁冰四先生不恤时间，三五度重复校对；萧从云、郑川谷二先生之管理印刷装帧，使这一椿艰辛工作，得告完成。"（《我为什么刊行本丛书》，另见《"中国文学珍本丛书"书目样本》）

9日　《世界日报·文艺周刊》登载："施蛰存病已痊愈，现为上海杂志公司主编中国文学珍本丛书。"

10日　《南华日报》刊载百侃《鲁迅的对偶癖》提及："他骂施蛰存教青年读《庄子》《文选》，为'旧瓶子装不了新酒'，并且运施蛰存写篆字、用自刻木板信笺，也被骂为'遗少群的一肢一节'。然而这'家偶'不是陈年花雕——骈体文的道地酵母吗？不知迅翁将怎样自解？虽然他曾自己说过'没有相宜的白话，宁可引古语，希望总有人会懂'的话，是不适用于这里的了。"

上旬　撰《"中国文学珍本丛书"预约书目样本第二期卷端》："因谋有以更易之，使之臻于美善，名不愧于实，遂为更定目录，削去《唐诗记事》等易得者15种，补入更珍罕者9种。《宋六十家词》原定分印4册，今则以篇页太巨，改为6册。计共得47种，兹列其目于次。所以未能拟足50种者，缘近日在接洽中者尚有秘笈多种，未能遽尔决定，故暂付缺如，备他日增补也。"

11日　按郁达夫"在杭州"日记："近日因伤风故，头痛人倦，鼻子塞住；看书写作，都无兴致，当闲游一二日，再写《出奔》，或可给施蛰存去发表。"

14 日　主编"中国文学珍本丛书"开始每周出版一部。据《书报展望·贝叶丛书出版预告》："为刊行'中国文学珍本丛书'，实现丛书杂志化，珍本大众化。""自发行以来，学者读者均相推许，各日报之佳评迭见。"

16 日　复钱歌川函："本想写一二篇小文章给《新中华》，即便到中华书局一晤，故两书均未复。但现在小文都未写成，只得先复信了。承介绍译 Schnitzler，这是弟所嗜读之人，不胜雀跃，三月译了，可以如约，但不知版税能预支若干，弟倒愿意 3 元千字卖稿，只落个眼前受用，不知兄能为力乎？"

18 日　按郁达夫"在杭州"日记："中午回寓，接上海来催稿信数封，中有蛰存一函，系属为'珍本丛书'题签者，写好寄出。"

20 日　《杂文》第 3 号登载魏孟克《"文人"》，还载署名"蟠"《戏法》。

21 日　《小晨报》刊载匿名子《标准病夫施蛰存》(下)提及："时常看到他的颇有唐人之风的古诗和旧小说，据说他对于旧诗词是极有研究的，现在看他的得意杰作——《浣溪纱》半阕吧：'覆蕊花难回碧树，掩关人早忏红情，一时凄楚旧声名。'""《现代》杂志创刊不久，他就用仙人般的'无相庵'的稚号写了一些仙人气的清逸的小品文字。而当彭家煌逝世时，我们的国学家的施蛰存也曾送过这样一幅自撰的挽联，""'无媚骨以谐俗，生未必佳；有遗著足传世，死亦何憾'。"

25 日　《小品、杂文、漫画》刊于《独立漫画》第 1 期。

同日　周作人致函："承赐'珍本丛书'，已收到两册，谢谢。命题字，勉强写了五纸，附呈。其《拍案惊奇》一种，无论如何总写不好，只得请赐原谅。""'文饭'停刊甚为可惜，闻先生有接编《现代》之说，未知确否？如出版有日，当再寄小文凑热闹耳。"

月内　始译奥地利显尼志勒小说《薄命的戴丽莎》。

月内　为主编上海杂志公司"中国文学珍本丛书"第1辑第1种阿英校点《袁小修日记》（游居柿录第一至十三卷）作"跋"。

本月　校点《宋六十名家词》（甲集），列入"中国文学珍本丛书"，由上海杂志公司初版。自述："是我亲自断句，亲自校样的。"（《关于中国文学珍本丛书——我的告白》）

10 月

10 日　与戴望舒合编《现代诗风》第1册出版，并出任发行人；刊有其撰《〈文饭小品〉废刊及其他》、诗作《小艳诗三首》和译作美国罗蕙儿《我们为什么要读诗》（署名"李万鹤"）。还载"本社拟刊诗书预告"，其中有《纨扇集——施蛰存诗集》《现代英美诗抄·施蛰存译》。

15 日　译作英国蔼里斯《生涯交响曲：蔼里斯论两性异同》刊于《女子月刊》第3卷第10期。

20 日　靳以致康嗣群函，谈及"闻《现代》将复活"。

月内　为主编上海杂志公司"中国文学珍本丛书"第1辑第8种阿英校点《谭友夏合集》出版而作"跋"。

本月　译著英国赫伯特·里德《今日之艺术》，由商务印书馆初版。据陈左高回忆："伍蠡甫教授生前是施老译述之推崇者，曾见告能信达雅者推施氏译作，30 年代喜阅其近代英国著名艺术家理德之《今日之艺术》。"（《施蛰存二三事》）

本月　中华书局初版陈子展编《注释中外名人日记选》，内收译作《托尔斯泰日记》（选自《域外文人日记抄》）。

11 月

4 日 《国闻周报》第 12 卷第 43 期登载邓恭三《评中国文学珍本丛书第一辑》,主要是:"一、计划之草率;二、选本之不当;三、标点之谬误。"据张静庐记述:"在今天应该向当时有口难辩的施蛰存先生、阿英先生道歉! 其实呢,偶然的疏忽和错点,不能说完全没有,不过无论如何不会像某先生在《国闻周报》上批评的幼稚可笑!"(《在出版界二十年》)

8 日 写讫《关于中国文学珍本丛书——我的告白》。

10 日 《山歌中的松江方言》刊于《书报展望》第 1 卷第 1 期。该期刊载上海杂志公司总管理处谨启《为中国文学珍本丛书专答复读者三点》,以及"中国文学珍本丛书第一辑中'明人诗文小品集已付印之',共有 23 种"之书目。还载"贝叶丛书"出版预告:上海杂志公司"聘任阿英、施蛰存二君主任编贝叶丛书一种","第一集现代散文集:周作人《苦茶庵日记》、沈启无《闲步庵随笔》、郭沫若《海外日记》、郁达夫《达夫书翰》、茅盾《文学论评》、郑振铎《回忆录》、田汉《戏剧与文学》、叶灵凤《书鱼闲话》、阿英《小品笔谈》、施蛰存《无相庵札记》"。

同日 《大公报·文艺》第 40 期刊载沈从文(署名"上官碧")《新诗的旧帐——并介绍诗刊》提及:"于是鼓起勇气再选新路走,这种工作由上海《现代》杂志上的几个作者启其端(施蛰存……),南京土星笔会几个作者随其后。"

14 日 《文化生活》第 1 卷第 6 期登载冷枫《关于"庄子"和"颜氏家训"》:"施先生介绍这二部古书,在另外人的批判是给青年没有读的价值,可是在这神秘的东方的古书我们要都焚了吗? 或者供一些状元翰林及老夫子们读的? 同时现在的'世界文库'

是把这二部书刊列出留着当做神像似的供奉的?"

15日 与他人合集的小说集《旅舍辑》,署名"施蛰存等著",由上海良友图书印刷公司出版,内收《李师师》《旅舍》和《夜行》。

17日 为路易士(纪弦)诗集《行过之生命》撰"跋"。据纪弦回忆:"叶辉写的《百川归海的大胸襟》一文所附照片,那不是1935年施大哥站在上海霞飞路人行道上我给他拍的吗?"(《从一张照片唤起的记忆》)

25日 《关于中国文学珍本丛书——我的告白》刊于《国闻周报》第12卷第46期。

28日 《社会日报》刊载:"施蛰存近为《骆驼草》拉稿甚忙,该志名为周作人、沈启无二人主编云。"

月内 为校点《金瓶梅词话》交付出版而作"跋":"故以人情小说看《金瓶梅》,宜看此'词话'本;若存心要看淫书,不如改看博士《性史》,为较有时代实感也。"

本月 校点《金瓶梅词话》(1—5册),由上海杂志公司初版,成为我国第一部铅字排印的词话本。(版权页署为10月初版,又于1946年7月、1947年5月重版)

12 月

1日 《宇宙风》第6期登载老舍《老牛破车》:"施蛰存兄主编的《现代》杂志为沪战后唯一的有起色的文艺月刊,他约我写个'长篇',我答应下来;这是我给别的刊物——不是《小说月报》了——写稿子的开始。这次写的是《猫城记》。登完以后,由现代书局出书,这是我在别家书店——不是'商务'了——印书的开始。"

5日 《益世报·读书周刊》登载邓恭三《再评"中国文学珍

本丛书"——并致施蛰存先生》："对其态度之质直诚恳,颇不胜钦佩。有此番'告白',则'珍本'之真象及此次印行之为功为罪,已不需局外人再为揭穿或再加评论。""我想,倘不再请几位明通的人来共襄此举,单凭了阿英、张静庐之流,也还是无望的。"

7日 《时事新报》登载鲁迅(署名"旅隼")《杂谈小品文》。按《鲁迅全集》注释:"翻印所谓'珍本'指《中国文学珍本丛书》和《国学珍本文库》,前者由施蛰存主编,上海杂志公司发行。"

17日 《时代日报》刊载《〈现代〉复活,施蛰存正在招募股本》。

27日 《时代日报》刊载《念五年文坛的"新展望"·编辑委员会郭沫若、郁达夫、施蛰存、穆时英、叶灵凤、戴望舒、杜衡、刘呐鸥、魏金枝九人》:"自从'光华''现代'相继关门以后,新文艺的出版消息,愈趋沉寂。""不久前,有一个刘宗德的用'新展望'社名义,向本市各大作家,拟兴办着一种巨大的出版合作计划。"

30日 鲁迅作《且介亭杂文·序言》。

月内 未名书屋初版路易士(纪弦)诗集《行过之生命》,收录其撰"跋",书末刊有"未名文苑目录",其中"4.《无相庵随笔》(短篇),施蛰存著"。据纪弦回忆:"杜衡又和朱雯、罗洪夫妇合作,开设'未名书屋',出了一套'未名文苑'。""我去松江看施大哥,他请我吃闻名天下的'四鳃鲈鱼'时,也请了这一对夫妇作陪。"(《从一张照片唤起的记忆》)

本月 中华书局初版夏光南《元代云南史地丛考》,书内"十一、元代滇事蠡测谈·孔雀胆":"《孔雀胆》一书,为近时文家施蛰存先生创作,即以阿盖及段功恋爱之事实为其题材,书凡七节。""施氏此作,其文笔流利,描写深刻,能于爱情与国仇对立中,尽量发挥其情节。不仅其事之香艳,即其文亦可传也。"

下半年　自述:"我和戴望舒曾计划办一个《法兰西文艺》季刊,没有成功。"(致莫渝函,1989年)

本年　上海良友图书公司出版蒋敏编选《手套与乳罩》,内收《圣诞节的艳遇》。

本年　三子出生。

1936年(丙子,民国二十五年)　31岁

▲12月,"西安事变"发生。

1月

1日　鲁迅写讫《且介亭杂文二集·后记》。按《鲁迅全集》注释:"某甲指《现代》杂志编者施蛰存。"另按:可参见本书1933年11月1日、18日内"自述",以及《鲁迅研究资料第九辑·施蛰存谈〈现代〉杂志及其他》。

同日　《宇宙风》第8期刊载徐调孚《记〈小说月报〉第23卷新年号》提及:"短篇的创作,据预告说是一共5篇:蓬子的《喜剧》,施蛰存的《残秋的下弦月》,穆时英的《夜》,张天翼的《蜜蜂》,沉樱的《时间与空间》。"

上旬　致孔另境函:"弟之二妹出阁,不知兄高兴来观礼否?""希望兄届时能来,藉可一谈杜衡兄信上所说之事。若兄能先到'生活'接洽一度,届时使弟可得回信,尤妙。"

10日　下午4时二妹施咏沂、蔡之任夫妇在上海大东酒楼举办婚宴。

11 日 《时事新报·每周文学》登载鲁迅(署名"旅隼")《论新文字》。

15 日 写讫《我的日记》。

20 日 《海燕》第 1 期登载鲁迅(署名"齐物论")《文人比较学》。还载鲁迅《"题未定"草》(六至七)。按《鲁迅全集》注释:"施蛰存对《集外集》的批评,见他在《文饭小品》第 5 期(1935 年 6 月)发表的《杂文的文艺价值》一文,其中说:'他(鲁迅)是不主张'悔其少作'的,连《集外集》这种零碎文章都肯印出来卖七角大洋;而我是希望作家们在编辑自己的作品集的时候,能稍稍定一下去取。因为在现今出版物蜂涌的情形之下,每个作家多少总有一些随意应酬的文字,倘能在编集子的时候,严格地删定一下,多少也是对于自己作品的一种郑重态度。'"

24 日 春节。始写长篇小说《销金锅》。自述:"以南宋首都临安(今杭州)为背景,写当时的国计民生情况。正在累积史料,动手写起来。"(《十年创作集·引言》)"从南宋建都杭州,一个偏僻的小城逐渐成为一个繁荣的城市,乃是一个城市的发展故事。"(《中国现代主义的曙光——答台湾作家郑明娳、林燿德问》)据金文兵记述:"他强调,写临安就是想写南京,写当时的民国政府的都城。"(《秋日访施蛰存先生》)

月内 松江县城拓宽城厢主要街道,先生住宅门前的县府南路也被修缮一新。

本月 《教师与编辑》刊于《青年界》第 9 卷第 1 号。该期还载邹啸"最近文坛一瞥":"近出'未名文苑',其第一种《腐鼠集》已出版,其他各集为杜衡的长篇创作《叛徒》、路易士的诗集《行过的生命》、施蛰存的小品《无相庵随笔》、朱雯的短篇创作集《谜》、罗洪的第二短篇集《败笔集》等,闻均将陆续出版云。"

2 月

1 日 《绕室旅行记》刊于《宇宙风》第 10 期。

同日 《教与学》第 1 卷第 8 期登载金公亮《文病十式》。自述:"金君的这事件,也恰好作为用看文章的心眼去看诗的一个举例。""既然标明这是诗,却偏要放进读文章作法的文字里去作例子,这是除了'无知'之外,没有别的辩解的。"(《海水立波》)

5 日 诗作《书怀》刊于《金钢钻》。

6 日 《时代日报》登载郭世杰《"庄子文选"施蛰存·作家小记之七》:"《现代》停刊了,这时的施蛰存正遭到一个不小的苦难,他独自创办《文饭小品》,又患了黄疸病。""他决定把《文饭小品》停了,自己回到松江去教书。""除替张静庐编'文学珍本'之外,还替'良友文学丛书'写一本长篇小说《销金锅》呢。"

10 日 《我的日记》、译作英国寥那·梅立克《一个要寻短见的女人》并"附注"(署名"李万鹤")刊于《新中华》第 4 卷第 3 期。

15 日 《六艺》出版创刊号,封底登载"良友文学丛书"出版广告,列入拟作长篇历史小说《销金锅》。该期刊载《文坛茶话图》,其中"最右面,捧着茶杯的是施蛰存"。

又 还载江兼霞《一九三五年度中国文学的倾向、流派与人物》提及:"'现代'之群差不多包括中国目前最流行,给与最大的影响,而且不断地努力着的中间作家的全部,如穆时英、刘呐鸥、徐霞村、叶灵凤、戴望舒、魏金枝、张天翼、施蛰存、杜衡等。""特点是在他们的创作方法上,在他们的创作态度上。""创作活动最兴盛的时期是 31 年和 32 年。从《现代》杂志停刊,《文艺风景》和《文艺画报》相继夭折以来,这一群人差不多都沉默了下来。""第一个在中国拿弗洛伊德的精神分析学说在作品中应用着,以纤细的笔致捕捉着都市的知识分子和小城市的小资产者的灵魂的施蛰存,是把所有的精力都浪费在古书的标点上。"

同日 《世界晨报》登载文生《鲁迅不忘施蛰存》。按:此稿又载本月 25 日《南京日报》。

20 日 绍兴民国日报社营业部出版发行柴绍武著《文艺副刊编辑术》,书内提及:"还有以丰之馀的笔名与《现代》主干施蛰存的'《文选》与《庄子》'的论战,每次是如军阀式的混战,双方先由几句理论开场而至漫骂结束的。"

中旬 始在松江高级职业学校担任国文教师。

28 日 《申报》刊载"良友文学丛书"第二集 20 种新书目,内有"施蛰存《销金锅》(历史长篇)"。

月内 与吕叔湘在上海晤面,并为饯行。自述:吕叔湘"到英国去留学,当时路过上海"。(《我在昆明的生活和社会关系》)

本月 校点《名媛诗选:翠楼集》《宋六十名家词》(乙集)和《晚香堂小品》(上下册),列入"中国文学珍本丛书",由上海杂志公司初版。

本月 《青年界》第 9 卷第 2 号刊载邹啸"最近文坛一瞥":"施蛰存久寓松江,近正忙于'松江词存'之纂集。"

3 月

16 日 《春天的诗句》刊于《宇宙风》第 13 期。

月内 开始筹办《文艺生活》杂志。

4 月

1 日 鲁迅复曹靖华函谈及:"至于'第三种人',这里早没有人相信它们了，并非为了我们的打击，是年深月久之后，自己露出了尾巴，连施蛰存、戴望舒之流办刊物，也怕它们投稿。"

4 日　《新人周刊》第 2 卷第 31 期登载："施蛰存与戴望舒合编《文艺生活》，已于上海杂志公司签订合同。"

7 日　作诗《冷泉亭口占》。

10 日　作诗《乌贼鱼的恋》。

上旬　复赵景深函："征文启事收到，4 月 25 日前一定再写一点来献丑，弟实在忙得不可开交，《青年界》始终未能写一篇独立文字。""我们要办一什志[《文艺生活》]，寄上印刷两纸，请赐览。希望兄能为我们写一二篇大章。此次什志内容力求严肃，故不嫌文章之大而只嫌其小也。左列诸人最近通信处万乞立刻示悉：柳无忌、罗皑岚、石民（真姓名什么）、孙席珍、许钦文。"

16 日　作诗《你的嘘息》。

同日　《记一个诗人》刊于《宇宙风》第 15 期。

30 日　致钱歌川函："所译小说，因校中课务及上海杂志公司'珍本丛书'事常有掣肘，久不能竣事，十分抱歉，现在已译至原书大半，想 5 月终可以了毕矣。近日以内弟有急需，拟欲恳我兄向'中华'办一交涉，能否在下星期中先借用 200 元，弟当即交稿三百枚。""《文艺生活》杂志第 1 期已在编纂，足下能有宏文惠赐否？《金瓶梅》删汰小册前曾寄至中华书局，不审收到否？""约定翻译《世界文学全集》一部，先付可意如何。"

同日　《益世报》刊载知堂《梅花草堂笔谈等》："'珍本丛书'出版之前，我接到施蛰存先生的来信，说在主编此书，并以目录见示，我觉得这个意思很好。加上了一个赞助的名义，实在却没有尽一点责。""在别一方面也有好些书很值得重印，特别是晚明文人的著作，在清朝十九都是禁书。""句读校对难免多错，但我说备检阅之用,这也只好算了,因为排印本原来不能为典据。"

本月 上海三民图书公司初版吴振寰编、瞿世镇校《中学适用·标准文选》第二册,内收译作法国果庚小说《红虾·1886 年冬季的一个故事》。

本月 中国文化服务社再次印行小说集《娟子姑娘》。

5 月

月初 黄疸病再次复发,即入上海宝隆医院住院治疗。

5 日 《新东方》第 1 卷第 3 期登载聂绀弩《"关于世界文库底翻印古书"底原文》。

7 日 鲁迅复台静农函谈及:"'第三种人'已无面目见人,则驱戴望舒为出面腔,冀在文艺上复活。"按《鲁迅全集》注释:"指复刊《现代》杂志的事。当时杜衡、施蛰存和戴望舒三人曾计划复刊《现代》,由戴望舒出面向各地作家招股和征稿,后未成。"

13 日 《铁报》登载《两种将出版的文艺新刊·徐懋庸主编〈文学界〉、施蛰存编〈文艺生活〉》。

14 日 《铁报》刊载疏影(郑逸梅)《施蛰存之文言小说》。按:此稿又刊于本年 6 月 15 日《红绿》第 1 卷第 2 号。

本月 生活书店出版孔另境编《现代作家书简》,内收致戴望舒手札 14 通,还提供了沈从文、茅盾、周作人、胡秋原、叶圣陶、赵景深、鲁迅、穆时英诸位来信,均刊于此书。自述:"当时不愿全部交给另境去发表,铸成了大错。倒是交给另境编录的那些信件,再也不会消失的了。"(《〈现代〉杂忆》)

本月 《青年界》第 9 卷第 5 号"最近文坛一瞥":"闻 9 月初施蛰存、戴望舒之《文艺生活》亦出创刊号,内容力求充实。"

6 月

中旬 病愈出院后,遵医嘱休养,遂至杭州养病。自述:"我在城站下了车,正是红日当空的下午 3 点钟时分。"(《玉玲珑阁丛谈》)临时暂居亲戚家数日,遂又寓居西湖畔葛岭之麓的玛瑙寺内养病。

本月 《我的暑期生活》刊于《青年界》第 10 卷第 1 号,写到"无奈我自从一副父母妻子的重担压上了肩之后,做学校教师的时候即使领 12 个月薪水还是不够用,非另外卖一些文章不可","大都是在暑假中完成的","在汗流浃背、蚊喙钻肌的情形之下译出来的"。

本月 校点《宋六十名家词》(丙集)(丁集),列入"中国文学珍本丛书",由上海杂志公司初版。

约在期间 自述:"杭州的风雨茅庐才刚落成,达夫和王映霞已迁入新居。有一天,我和望舒去拜访他,看见他正在写字,就要求他为我们各写一联,以留纪念。他就为我写了一联,用李义山诗句:'阆苑有书多附鹤,女床无树不栖鸾。'我把这一联带回松江家里,裱好后挂在书斋中。"(《郁达夫墨迹》)

7 月

1 日 《鬼话》刊于《论语》第 91 期"鬼故事专号(上)":"两月前在上海晤邵洵美先生,""我也曾表示想写一篇关于鬼怪文学的小文及一篇介绍英国鬼怪小说家勒法虞(Le Fanu)的文字。""虽然洵美先生竭力怂恿我把它们写出来,但回头一想,在种种情形之下,尤其是因为现在据说是一个崇尚现实主义的时代,我的文章似乎还是以不写为妙。这回《论语》要出一个'鬼故事专号'了,洵美连写了两封快信来要我供给一点文章,来凑个热闹。因为,据他说这个专号之成为事实,乃我'当时捧场'之故。""也已逃不了提倡鬼怪文学的嫌疑,于是索性放笔来谈谈鬼了。"该期邵洵美《编辑随笔》提及:"又如施蛰存、老舍、老向、宋春舫诸先生,平时要他们的稿子,真不容易,这次都是信到即动笔。"

12 日 晚上戴望舒与穆丽娟(穆时英之妹)在上海北四川路新亚大酒店举行婚礼。

17 日 作诗《玉女之歌》(事见《太平广记》卷六十三)。

月内 自述:"到杭州来了一个月,除了看过一次曾在上海看见过的电影而外,一切的假日与馀暇差不多都花在吃茶吃酒两件事情上。茶是我自己吃的,所以常常独自个去,酒则是陪了朋友去吃,因为我自己实在不吃酒。"(《玉玲珑阁丛谈》)

本月 《嫡裔》刊于开明书店为创办十周年出版的纪念集《十年》。自述:"由调孚来组稿的,如果没有他的敦促,这篇小说也许不可能存在。"(《怀开明书店》)

8 月

1 日 《玉女之歌》(事见《太平广记》卷六十三)刊于《小雅》第 2 期。

26 日 《世界日报》登载及人《关于文学遗产》,写到"不能忽略三年前《申报·自由谈》上一场热闹笔战,发端的是施蛰存,这位一向在文坛上站在领导地位的,却忽然热心地给青年介绍两部陈腐的古书《庄子》和《文选》"等。

下旬 经同学好友、时在浙江大学农学院任教的朱孔昭介绍,接受杭州行素女子中学之聘。同时又正式辞去松江高级职

业学校的教职。自述:"适有旧友来,为行素女子中学延揽语文师资,待遇较优,可供居室,遂允之。"(《浮生杂咏》)

本月 校点《徐文长逸稿》,列入"中国文学珍本丛书",由上海杂志公司初版。

本月 上海中华书局初版周辅成编、宗白华等著《歌德研究》,周辅成在"编者前言"提及:"《小说月报》社在沪战未发生前,也虽筹出'歌德百年祭专号',收集文字有宗白华、施蛰存、赵景深、魏以新、段可情诸先生的。可惜因沪战发生,商务印书馆被燬,诸稿亦因之被燬。"

9 月

1 日 担任杭州行素女子中学语文教师,入住校内澹(瘦)园玉玲珑阁。自述:"行素女中在横河桥下,此宅为清初龚翔麟故居。""玉玲珑阁,为龚氏藏书之所,我授课之教室即在阁下。"(《浮生杂咏》)

同日 为《小珍集》出版而作编后记,"时方寓杭州,盖离上海文坛远矣"。自述:"写了两本风格比较新的书《将军底头》及《梅雨之夕》就被认为是文坛异端,我受到这种压力,也不能不收敛了。所以我在《小珍集》的序文[编后记]中就略为表态了。"(《中国现代主义的曙光——答台湾作家郑明娳、林燿德问》)

同日 《无相庵急就章》(小引、之一人生如戏)刊于《宇宙风》第 24 期。

16 日 《论语》第 96 期登载叶灵凤《献给鲁迅先生》提及:"连我本人的'真面目'也给他老先生显示了给大家,说是'唇红齿白,油头粉面',和前年施蛰存先生的'洋场恶少',最近田汉、周起应先生的'西装革履',先后媲美起来了。"

30 日　中秋。作诗《寄内》。自述："客居杭州，独酌西子湖滨，曾拈一诗寄内。"（《西行日记》）

约在期间　自述："湖滨喜雨台茶楼，为古董商茶会之处，我每星期日上午必先去饮茶。得见各地所出文物小品，可即时议价购取。其时，宋修内司官窑遗址方发现，我亦得青瓷碗碟二十馀件。玩古之癖，实始于此。"（《浮生杂咏》）

本月　《小珍集》内收《名片》《牛奶》《汽车路》《失业》《鸥》《猎虎记》《塔的灵应》《嫡裔》《新生活》，被列入"良友文库"第 16 种，由上海良友图书印刷公司初版。自述："我有意在文体上做一些新的尝试，以继承古代话本小说的传统。"（《〈中国现代作家选集·施蛰存〉序》）

本月　校点《宋六十名家词》（戊集），列入"中国文学珍本丛书"，由上海杂志公司初版。

本月　选编译著《匈牙利短篇小说集》、《波兰短篇小说集》（上下）列入"万有文库"，由上海商务印书馆初版。

本月　上海文学书房出版钱天起编《中国现代文学作家事略》，书中有辞条"施蛰存"。

10 月

4 日　《大公报·文艺》刊载苏雪林《读"将军的头"》（又题《心理小说家施蛰存》）："如果有人叫我开一张五四以后新文学最优秀作品目录，施蛰存《将军的头》一定会占个位置。""所以《将军的头》虽然受赞赏和受毁骂的年代早过去了，但我愿意来评它一评。施蛰存以一身拥有'文体作家''心理小说家''新感觉派作家'三个名号，虽然他自己对于这些名号一个也不承认。""作者最擅长心理的分析，有人说他是现代中国将弗洛伊德一派学说引入文学的第一人,读了他的《将军的头》便可证明此说。"

10日 从满觉陇游至九溪十八涧一带。自述:"星期六之下午,滚在人堆里搭汽车到四眼井,跟着一批杭州摩登士女一路行去。""到满觉陇赏了桂,或是简直折了桂,一路行到九溪十八涧,便在九溪茶场吃一盏茶,泉水既特别清湛芳洌,茶叶也细若霜芽,真可作半日勾留,所惜人太多了。"(《玉玲珑阁丛谈》)

25日 《病后》刊于《新中华》第4卷第20期。

28日 《神州日报》登载《松江定期追悼鲁迅》:"定于11月1日下午2时,假城内第一区中心民校,举行追悼会,以资纪念,闻届时名作家施蛰存、巴金,亦将莅松参加。"

月内 朱孔昭为先生在玉玲珑阁内摄影。

本月 校点《宋六十名家词》(己集),列入"中国文学珍本丛书",由上海杂志公司初版。

本月 上海时代图书公司初版徐迟著《二十岁人》,作者"序"提及:"蛰存曾问我,我的诗集名是什么?回答了'二十岁人'四字后,他很以为这名目为柔弱。""连带我就想起,最初我写的诗,作为退稿时,他有着'不必伤心! 再做! 存'的按语的过去。两年来,他倒是不时在鼓励我的,我已接受了他的意见。现在,诗集的名字已变成'我及其他'了,在这里感谢一下他吧。"

11月

1日 应邀前往松江参加下午举行的"鲁迅先生追悼会"。据《本邑文化界举行鲁迅追悼会记·礼堂布置极庄严肃穆,名作家施蛰存等莅会》:"施蛰存君,除为'特刊'撰文外,昨亦莅会,晚间由朱皇闻君在新松江社招待,当晚返沪。"(《茸报》,1936年11月2日)

同日　《无相庵急就章》(之二蝉与蚁、之三须)刊于《宇宙风》第 28 期。

5 日　《辛报》登载喃喃《松江追悼鲁迅——曹聚仁施蛰存等参加》:"大会门前来了四辆人力车,是四个作家施蛰存、曹聚仁、赵景深、朱雯。""一张四开的大会特刊,经筹备会决议,由朱雯编辑,他向施蛰存要了一篇关于悼鲁的文稿。在施蛰存,对鲁迅的死,本不愿有所表示,但为了面情难却,勉强写了一篇二千馀字的大作《鲁迅先生之死》。""朱雯一看到这篇文章的时候,觉得左右为难。""只剩全文十分之六,在大会的特刊上刊布了出来。"

7 日　《辛报》刊载灵凤《秋灯琐记·记莫娜丽沙》提及:"施先生买的一张画一直到今天还放在我的家里,始终没有拿回去,他也许早将这件事忘了。"

10 日　《玉玲珑阁丛谈》(小引、一黑魆魆的墙门、二山里果儿)刊于《谈风》第 2 期。

同日　《辛报》刊载绿水《施蛰存谈鲁迅:一生固执是他的弱点,新旧门徒不下七八辈》。

21 日　《辛报》刊载灵凤《读书随笔·薄命文人的身后之名》:"季辛有一册《越氏私记》*The Private Papers of H. Ryecroft*,是目前最为人传诵的散文集。""周作人先生和郁达夫先生都很赏识这书,施蛰存先生和我也有同嗜。不久以前听说他要将这书译成中文,不知已着手未?《无相庵随笔》的风韵,正是最适宜移译季辛这部名作的文笔。"

25 日　《玉玲珑阁丛谈》(三茶、四酒)续刊《谈风》第 3 期。

28 日　《福尔摩斯》刊载郑逸梅(署名"闲闲")《施蛰存之〈山中琐记〉》。按:此稿又刊于《茸报》本年 12 月 1 日。

12 月

5 日 徐仲年致舒新城函谈及:"弟之老友韩侍桁兄及杜衡、蛰存两兄拟编一丛书,第一集约十册,内容如后:'……《施蛰存小说集》。'买稿或版税均可,但一须印刷精美而迅速;二出版时除作者自己外,请再赠编者数册。不审贵局能接收否?"

10 日 《施蛰存的信》刊于《辛报》:"今天听见朋友谈起,贵报前几天'艺文坛'一栏内,有一则关于鄙人的消息,说鄙人又要编一个纯文艺性的杂志了。""近几月来,上海各小型报纸常有此种消息披露,即在贵报,以前亦似曾有过。记者先生关心到蛰居杭州之鄙人,意实可感。但鄙人实在久已无编什志之企图,则亦为'铁一般的事实'。"

上旬 在杭州写讫《天然图画》。

20 日 作诗《彩燕》。

同日 《逸经》第 20 期登载宋云彬"来函照登·鲁迅的'集外集'":"杨霁云先生《琐忆鲁迅》一文,便有这样的话:'集外集出版以后,施蛰存既说不值得付印于前,宋云彬又说不是佳作于后。'""我真想不到这括号里的五个字,会使'集外集'的经者耿耿在心,到鲁迅先生死后才来宣布我的罪状的。""倘严格地选择五十年来的佳作,不把鲁迅先生的'集外集'选择在内,也不见得是大逆不道罢?"

25 日 《玉玲珑阁丛谈》(五赏桂记)续刊《谈风》第 5 期。

29 日 《社会日报》登载南君《有四个妹妹的施蛰存:在杭州计划办一个学校,企图尝一尝校长的风味》。

本月 上海经纬书局出版朱益才编《当代创作小说选》,内收《薄暮的舞女》。

本月 新京益智书店印行李紫函选编《娟子姑娘》,内收《娟子姑娘》。

年内 自述:"小莲庄我也勾留过半天,与徐迟闲话。"(复张香还函,1990年)

本年 四子出生。

1937年(丁丑,民国二十六年) 32岁

▲7月,"卢沟桥事变"发生,全民抗战揭开序幕。
▲8月,我国军民奋起抵抗日寇的侵犯,淞沪会战爆发。

1月

1日 为散文集《灯下集》交付出版而作"序"。

同日 《天然图画》刊于《美育杂志》复刊第4号。

同日 《一人一书(上)·论鲁迅知堂蒋光慈巴金沈从文废名的创作》刊于《宇宙风》第32期。该期还载"二十五年(1936年)我的爱读书"专栏,内有先生应邀所举书目:一、《饮流斋说瓷》;二、《宋史》;三、*The Craft of Fiction*(小说技巧之研究)。

同日 晚上出席叶灵凤、赵克臻夫妇举行的婚宴。

5日 诗作《为毕业班女弟子题纪念手册》(选5首,钱桂玲、吴静远、严惠琴、钱吟秋、尹同璋)刊于《正报》。

16日 《一人一书(下)·论冰心丁玲凌叔华沙汀张天翼的创作》续刊《宇宙风》第33期。

18日 诗作《为女弟子杂题堆绢花鸟》刊于《辛报》,并"编者

识"："施蛰存先生忽以旧诗十三章贶我《辛报》。""然风趣盎然，情怀幽绝，实为可喜之作也。"

同日 为译著奥地利施尼茨勒《薄命的戴丽莎》撰"译者序"："原名为《戴丽莎：一个妇人的行述》，现在为了我国出版界的方便起见，改成为这个不免俗气的题名，译者觉得很是抱歉。"

21 日 《世界晨报》刊载《施蛰存论新作家》，该文系摘录《一人一书》中有关沙汀的段落。

下旬 由杭州返回松江家里过寒假。

29 日 下午在八仙桥青年会九楼参加由洪深、傅东华、邵洵美、顾仲彝、叶灵凤邀集文艺家 80 馀人举行的座谈会，讨论发起组织中国文艺协会、发表统一救国运动宣言。

本月 散文集《灯下集》被列入"开明文学新刊"丛书，由开明书店初版。

2 月

1 日 《新时代》第 7 卷第 2 期登载季诚性《刘延陵先生·在杭作家印象记之二》，提及"他和许钦文、施蛰存、杜衡、曾今可、李朴园、娄子匡等人发起'学文社'"。

10 日 除夕。先生作诗《示内》。

同日 诗作《彩燕》刊于《新诗》第 1 卷第 5 期。该期还载"新诗社丛书"出版预告，内有《纨扇集》在编辑中"。

23 日 写讫《小说中的对话》。

24 日 为译毕挪威都那斯·李原《伊里亚思与海怪》而撰"译者记"。

月内 购得明初瞿仙刻本《白玉蟾集》。自述："读了其中赠豫章尼黄心大师的一诗一词，不禁遐想。颇欲知道这黄心大师的详细事迹,可是找了一些书,也竟找不出来。但从即诗词的辞气看来,从那词题下注的'尝为官妓'这句话看来,也可约略揣测其人了。既无载籍可求,何妨借她来作现成题材,演写为我的小说。"(《一个永久的歉疚》)

本月 千秋出版社出版《鲁迅先生轶事》,内收《施蛰存谈鲁迅:一生固执是他的弱点,新旧门徒不下七八辈》。

3月

1日 将《灯下集》初版本分别题赠沈从文、俞平伯。

10日 始作《黄心大师》。自述:"用近乎宋人词话的文体,""整整的写了两天,在11日晚间才写成了。当时恰巧朱孟实先生在创办《文学杂志》,驰书征稿,不遗鄙陋,即将此文寄去。"(《一个永久的歉疚》)

同日 《新诗》第1卷第6期登载《社中杂记·关于本刊第2卷的计划以及其他》:"从下期起,我们还要在'诗的散步'这一个名称之下,轮流请卞之琳、金克木、梁宗岱、施蛰存、戴望舒以及其他诸先生以亲切冲淡的笔墨,来和读者闲谈古今中外的诗人诗派的掌故,诗的欣赏和了解,诗的批评和诠注。"

17日 复□□函:"《宇宙风》社转来尊札,""承垂询之问题,弟颇以尊函未曾说明,所疑点究属何在?为憾。悬揣尊意,似乎以为:一、写实主义作品之注重试验的描写易有流弊。二、写实主义作品不能用浪漫主义之幻想性、抽象性,因而尊意对于写实主义遂有不满意处。""弟以为实由于足下将写实主义这个名词太从汉译字眼上去求解释之故。"

21日 《一个来源》刊于《时事新报》"星期文艺"第1期。

22日 《徽章》刊于《国闻周报》第14卷第11期。

同日 写讫《手帕》。

月内 从杭州返回松江家里居住数日。

4 月

10 日 《杂文学》刊于《新中华》第 5 卷第 7 期。

同日 译作 C. A. 曼宁《叶赛宁底悲剧》刊于《新诗》第 2 卷第 1 期。

11 日 《文艺小话》（小说与散文、短篇小说与故事、必然性与可能性、典故、秽亵的比喻）刊于《时事新报》。

12 日 下午 5 时出席中国文艺协会上海本会第一次理事会议，会上议决傅东华、李青崖、叶灵凤、顾仲彝、施蛰存、向培良、戴望舒，为《中国文艺》月刊编委会委员。

15 日 《世界日报·明珠》登载亚杰《畸形文学的检讨》，提及"最近读到施蛰存所译的俄国马雅河夫斯基的几首诗，这种文学，有人说它是'幻想的浪漫'派"。

16 日 《小说中的对话》刊于《宇宙风》第 39 期。

25 日 译作挪威都那斯·李原《伊里亚思与海怪》并"译者记"刊于《新中华》第 5 卷第 8 期。

本月 译著奥地利显尼志勒《薄命的戴丽莎》，列入"世界文学全集"丛书，由上海中华书局初版。（1940 年 2 月昆明中华书局再版）

5 月

5 日 《中流》第 2 卷第 4 期登载唐弢《性爱和文学》，写到"对于施蛰存先生们的净化运动，我也作如是想"。

9 日 《书评家即作者》刊于《大公报·文艺副刊》第 333 期。据杨义记述："萧乾到上海编《大公报·文艺》之时，是向施蛰存约过稿，并邀他参加过有叶圣陶、巴金、张天翼、李健吾等人出席的书评座谈会。"(《叩问作家心灵》)

10 日 《诗三首》(冷泉亭口占、乌贼鱼的恋、你的嘘息)，以及《海水立波》均刊于《新诗》第 2 卷第 2 期。

同日 《小艳诗》刊于《好文章》第 8 期。

22 日 致张梦麟函："弟已于昨日返松江，中华书局寄来契约一纸已于临行时收到，携回松江填写，星期三日弟尚有事须到上海，故稿费可请不必汇寄，俟弟到上海后当奉访面领。"

25 日 《手帕》刊于《新中华》第 5 卷第 10 期。

本月 《祖坟》刊于《中学生》第 75 号。

6 月

1 日 《黄心大师》刊于《文学杂志》第 1 卷第 2 期。该期"编辑后记"写道："施先生的作风当然也有西方小说的佳妙处，但是他的特长是在能吸收中国旧小说的优点。他的文字像他自己所说的，是'文白交施'，便是看起来比流行语言还更轻快生动。"

8 日 《大晚报·火炬》刊载许杰《施蛰存的〈黄心大师〉》。

9 日 撰《关于〈黄心大师〉的几句话》："昨天偶然到上海来玩，当晚就在《大晚报》上读到许杰先生的谈到我这篇小说的读书随笔，于是引起了我写这篇小文的动机。""近一二年来，我曾有意地试验着想创造一种纯中国式的白话文。"

15 日 《关于〈黄心大师〉的几句话》刊于《中国文艺》第 1 卷第 2 期。

18 日 《世界日报》登载木公《旧路》，写到"施蛰存先生的

《黄心大师》，很有力的证明了小说还有一条被人忽视的路可走，并且可以引到一种新境，就是中国说部之路"，"编者于施先生，并非知音"，"浸沉于旧的情调里，以显示作者心情的安闲，是谷崎润一郎《春琴抄》的本质，也是施先生这篇小说的本质"。

21日　《一个学生的死》刊于《国闻周报》第 14 卷第 24 期。

28日　《铁报》登载"文坛点将录·施蛰存"："可见他的早期作品是得到郭沫若的赞许的，据他自己说，郭沫若是对他有大大的帮助的。"

下旬　辞去杭州行素女子中学教职，回到松江老家。

7 月

上旬　设计制作一枚藏书票。自述："因为历年来买的西文书多得没有地方安顿，遂又制备了四只西式书橱，放在书斋中，以庋藏西书及一部新买的《四部丛刊》。"（《我的家屋》）

13日　撰《拒熊事件平议》："我与教育界绝缘久矣，与松江社会绝缘亦久矣。近日归里，适值拒熊风潮甚嚣尘上之际，自本邑各报纸及友人闲谈中得略悉此事真相。窃以为，此事在拒熊、迎熊之松邑人士及非使熊来松不可之教厅当局，三方面俱陷于重大之错误。此事初不干己，原可袖手旁观，但一则我亦松人，二则自分略有正义感，不甘默尔，遂放厥辞。"

14日　《拒熊事件平议》刊于《茸报》"茸城晓角"副刊。

中旬　熊庆来抵达上海，为云南大学由"省立"改为"国立"而物色师资。经朱自清推荐介绍，熊氏打电话约先生至八仙桥青年会晤谈，决定回到昆明即汇预支路费 200 元，邀请在开学前赴云南大学任教。自述："倭氛已见风云变，文士犹为口号争；海渎尘嚣吾已厌，一肩行李赋西征。""从此结束文学生活，漂泊西

南矣。"(《浮生杂咏》)

24 日 《社会日报》登载逸明《松江迎拒教育局长风潮·施蛰存回家乡发表一篇评议》："文学家施蛰存氏也适由杭垣归来,有《茸报》的附刊上发表一篇文章,洋洋千馀字,指出松江人迎熊拒熊所举理由的错误。""这篇文章引起松江读者的莫大同情,说是非常公允。这也是迎熊拒熊声中一件佳话呢。"

27 日 下午郭沫若由日本乘轮回国抵达上海。自述:"我和郁达夫、陶亢德一起雇汽车到轮船码头上去接他的。"(复顾国华函,2001 年)据殷尘(金祖同)记述:在码头上"郭沫若也急急要走,殷尘忙叫来一辆汽车,二人就直奔孔德图书馆去了。而郁达夫来晚了,失诸交臂,却巧遇也在码头上的施蛰存、陶亢德,于是三人一起去追赶郭沫若,他们到孔德图书馆已是晚上六点了。郁达夫解释说:'我们到船埠上来的时候,你们刚走,遇到几位日本留学生,知道你们到来了。'他又说:'我是接到大使馆的电报,连夜从福州赶来的。我是今天上午到上海的,这二位,一位是施蛰存先生,一位是陶亢德先生,都是在船埠上遇见的'"。(《郭沫若归国秘记》)另据林甘泉、蔡震主编《郭沫若年谱长编》记述:离开码头"郭沫若与金祖同同往中法交流委员会孔德图书馆沈尹默处","专程从福建赶来的郁达夫,以及得知消息的李初梨、张凤举、施蛰存、陶亢德、姚潜修先后来到孔德图书馆。随后,同往喜来饭店"。

本月 译作 H. Reed《辟卡梭的艺术方法》刊于《美术杂志》第 1 卷第 5 期。

8 月

1 日 《"文"而不"学"》刊于《宇宙风》第 46 期。

7 日　写讫《进城》。按:此篇与1922年所作同名。

10 日　译作美国海敏威《世界之光》并"译注"刊于《新中华》第5卷第15期,署名"李万鹤"。

13 日　淞沪抗战爆发。晨在朱雯家收听无线电广播,知下午有爆发战事之势。夜电灯复明,遂至朱雯家听广播,得知此时上海闸北方面战事方烈。

14 日　清晨炮声时作,去汽车站,即返朱雯家,告以交通被阻消息。拟探问沪寓父母及诸妹消息,讵意电话已不通。夜电灯又熄,忽闻云间第一楼上警钟大震,始知有日机来袭。

同日　始作《同仇日记》。

15 日　购《新闻夜报》,知沪战状况,我军抗战已下决心,甚为可慰,"惟念双亲及诸妹均在上海"。按朱雯日记:"家璧突然从上海回来了,他到我们家里来,讲起在上海目击的中日空战。""同在我们家里闲谈的蛰存,也表示了松江尚可居住的主张。"

16 日　清晨空袭警钟大作,从睡梦中惊醒,即率家人出至屋后旷地暂避。旋至朱雯家,见日机飞行甚低,急忙辞出,便轰然震动,日寇已投炸弹。

18 日　与赵家璧到汽车站等处察看。归家后,有童子军来为松邑救济事业募捐,捐国币5元。晚上收听广播,我军连日已击落敌机20馀架,"壮烈甚,为之色舞"。

19 日　清早日机轰炸声甚烈。致南京李长之函,询问其赴滇行程,准备约其同行。

20 日　晨6时半敌机来袭,睡中惊醒,匆率家人走伏屋后土丘之麓。先生母亲、四妹乘振华袜厂汽车由沪寓归家,遂急为雇车,送她俩到船埠,会同妻子等往乡间避乱。

21 日　敌机来袭两次,到赵家璧家,看其在竹园中督率工役挖治避弹地窖。下午读《三国志演义》,以陈寿志诸本传参阅。

22日 仍至赵家璧家午餐,返回读《黄山谷诗》,晚上阅《王荆公集》。

24日 晨起,先生决意赴沪,"藉视父亲并诸妹状况,并欲一稔战事真相"。抵沪从徐家汇越铁丝网入法租界,再雇人力车到爱麦虞限路沪寓,见父亲、二妹无恙。到宝仑药房为赵家璧买防毒口罩,往戴望舒家,并晤陶亢德,略悉沪上文艺界均甚兴奋努力,但"不能作投笔班生,终是遗憾耳"。午后购阅《抗敌三日刊》《良友战时画刊》,欲返松江,路途受阻而宿沪寓,晚间闻空中飞机作战声不绝、机枪及高射炮弹爆炸声甚烈。

25日 晨9时到漕河泾,搭乘汽车返松。先生灯下作书二通,复杭州女弟子章慧芳;又致上海富滇新银行,询问李长之已否将云南大学旅费领去,藉以探知其行踪。

26日 将夜间被偷失物领回,雇工修葺被损墙壁。另闻闵行轮埠等处惨遭轰炸,必有汉奸泄之,先生以为"若果有之,则抗战前途之足忧虑者在汉奸之卖国,而非敌军之武力矣"。

27日 上午偕陈秋实至秀南桥船埠,下午2时船到洙泾,步行阡陌间五里,抵雉鸡汇沈宅,晤见母亲、四妹及妻子诸儿。

28日 夜与妻子在堂屋商量行止,"余以为非去滇不可,慧华意欲泥之,乃不敢言,翘首秋空,望河汉而凄然矣"。

29日 日记:"慧华决送余同到松城,遂同步行抵镇。""下午2时半抵松城,雇车进城到家,父亲已自上海来。""慧华到普照寺省其父,余则到家璧处。""敌机已在松城上空,飞行均甚低,一机下掠,从赵宅屋上刷过,余看形势不佳,急趋避竹园中,即闻砰然一巨响。""晚慧华助余治装,神情悲戚,若重有忧者,既竣事,枯坐灯下,泪盈盈作掩面啼哭。"

30 日 日记:"午刻慧华从洙泾打长途电话来,谓已平安到达,且频频以不必去滇为嘱,余漫应之。"

31 日 日记:"去滇之意,虽为慧华言已决定,实则私心尚有踌躇。堂上年高,妻儿又幼弱不更事,余行后,家中颇无人能照料者。""在此兵革期间,却不忍絜然远去也。且去滇程途,闻亦颇生险阻,上海直放海防之船,闻极拥挤,公路能否直到昆明,亦无从打听,即使启行,究竟宜取海道乎,陆路乎?""决定再去沪一行,一则就商于诸妹及友人,二则再调查去滇行旅情形。""4 时到望舒家,闲谈上海文化界种种情形。晚饭后同访李健吾兄,健吾夫妇均已早睡。晤卞之琳君,盖寄居李君二楼者。"

9 月

1 日 日记:"访明耀五君。明君云南人,故拟就商去滇究以何道为便。""到望舒家,晤煦良、亢德、灵凤。灵凤方主持《救亡日报》,嘱为撰文;陶君亦拟办一临时抗敌刊物,邀余撰文,俱允之。""大妹告余谓去滇以乘 14 日香港船为最妥。余以尚未办护照,此事亦须时日,恐坐此因循,反而不妙,遂决计从公路行。"

2 日 到松江县立中学访戴子衡,"托其向专员公署乞一护照,俾去滇时沿途可少麻烦";敌机来袭,即在校中地窖内暂避。夜作《后方的抗战力量还不够》[又题《后方种种》]。

3 日 斜塘铁路被敌机炸毁。写讫《上海抗战之意义》,"文二篇欲寄陶[亢德]君者,竟无从寄发;后到县立中学向戴君转让得邮票 20 分,始克投附近邮筒寄出"。购读《中华日报》,"揣知上海及北方战事均仍坚守壁垒,可慰"。下午与邻居商量,借其竹园挖筑避弹地窖;敌机又来,与其父避于柴积中。

4 日 晨 6 时敌机来袭。日记:"慧华嘱余去洙一行,有事待商。""盖犹是不忍远别,藉此再图一面耳。余深知其意而不言,强自逆情而已。"

5日 晨8时先生与家人道别,独行到镇市,雇人力车至轮渡处,见一辆美国人汽车待渡,即与商量搭车,上车行至松城。晚上与其父聊谈家事,整治行李。写讫《同仇日记》。

6日 由松江起程,前往昆明云南大学任教,路途作《西行日记》。下午3时携衣箱、铺盖、手提箱,雇车至车站,候车至5时馀,警报突起,车站大乱,只得撇弃行李,独携手提箱,避于车站旁小茶店内,见九架敌机自东北往西,"余车亦适西行,深恐其幸免于此而不能逃于彼也",遂向站长商量退票而归,并决定改道由洙泾到枫泾。

7日 晨仍携行李雇人力车到秀南桥船埠,8时启碇,10时到达洙泾,投宿程明希家。

8日 敌机轰炸松江火车站。早上由程明希伴至船埠,船行80分钟到枫泾,雇人挑行李到车站,敌机九架来袭。下午1时40分车过嘉兴,亦有警报。到达杭州已极疲惫,投宿清泰第二旅馆62号房间;即到中国旅行社征问赴滇路径,决计取道南昌、九江而至汉口,由汉口乘机去滇。晚上到西湖岳坟访杜衡。

9日 晨渡钱塘江,人极拥挤。到浙赣铁路江边站,购得到南昌车票。上车后写家书,投入车站邮箱。9时开车,傍晚5时至金华,"乃作小诗数首自遣"。午夜车入江西境,随车宪兵来盘诘旅客身份,当年是《现代》读者,谈至凌晨2时半,车抵玉山。

10日 每站均误点,于午后1时半,方抵南昌,宿于月宫饭店5号房间。又往交通大厦发电报至松江家里,突闻警钟大作,被众人挤至街上。后到中国旅行社询问赴昆明办法,决计不走九江;遂去江西公路营业处,询知明日开往长沙汽车已无馀座。

11 日 在江西公路营业处购往长沙车票。晚饭后至磨正街扫叶山房看书,晤其经理罗芝仙,买《冰雪携》,归旅馆阅一二卷。

12 日 乘坐汽车一路修理多次,仍须旅客推送上坡,如是不下四五十次,日薄崦嵫,始到上栗。车行于夜色,愈益迟缓,10 时20 分到浏阳,入城投宿馥馨旅馆。

13 日 上午 10 时半抵长沙,到丰瀛里访三妹及妹夫左景祁。投寓附近之天乐居旅馆,三妹夫妇来看望,相见各道行旅艰辛。午夜腹痛病泄。

14 日 清晨向旅馆结账,雇车至左宅。遂卧床不能起,嘱人买约脱灵(Yatren)两丸吞之,又由妹夫介绍其姻戚徐医师为诊脉处方,服国药一剂。

15 日 上午迁入仁术医院,由娄瘦萍医师诊视。下午作书寄汉口欧亚航空公司二妹夫蔡之任,"问能否以优待价自汉飞滇,盖深恐病久,不能再从容取道公路耳"。

16 日 三妹夫妇上下午均来探望,并携来《旅行杂志》第 11卷第 6、7 两期,先生阅胡士铨《京滇公路周览团随征记》;"晚间服药后颇不思睡,润饰沿途所作诗稿"。

17 日 午间痢始止。日记:"阅报知谢冰莹女士已组织湘中爱国女子出发赴前线服务,英迈之气,直愧须眉,惜困卧病榻,未能去晤送也。"

18 日 病愈出院,仍宿左宅。下午到黄土岭电器制造厂访同乡钱应瑞。

19 日 中秋节。晨往汽车西站探问湘黔公路行车情形,决心从公路行。下午钱应瑞来邀,遂嘱左宅仆人到汽车站买明日沅陵票。夜收二妹夫蔡之任航快信,"知飞机交涉已为办妥,可以亲属票价自汉飞滇",其时左宅仆人已购得车票,先生赶至车站商请退票,未能如愿。当晚"国难方殷,家艰愈甚,夜阑对月,不觉感喟",作五言八句"诗思萧瑟"。

20日 仍走公路入滇,晨渡湘江,午时到常德,夜抵沅陵,投宿全国大旅社。

21日 清早到车站,询知有车。至辰溪,渡辰水,经芷江抵晃县,遂宿洪顺旅馆。

22日 晨渡潕水到西岸车站,乘车过鲇鱼铺,入贵州境行至玉屏县,抵达黄平。

23日 7时购票登车,渡重安江,越泸山,饭于马场坪。下午经贵定、龙里、图云关,而抵贵阳,投止新世界大旅社。往院前街访聂汝达,餐后同至二妹夫蔡之任家。

24日 由聂汝达导至邮局,寄家信,致长沙三妹信,又发电报致云南大学熊校长。

25日 至车站取运来行李,托聂汝达代寄所携书籍。晤黄震遐,借看《滇黔川游记》。

26日 晨到车站,聂汝达、之任妹蔡之玮等冒雨送行。午后抵安顺,过镇宁,至黄果树,到永宁,入陋屋投宿。

27日 一早启行,仍驰驱于悬崖绝壑间,中午抵安南,再往西行经普安,遂缘盘江行,渡铁索桥,达于盘县。车又遂西向疾驰,登青天,入幽谷,出没万山中,以下大盘山,经二十四拐……"此则余登征途以来,所遇最大危险也";夜8时馀到达平彝。

28日 晨即进城,觅得滇省车售票处。午时发车,3时馀到曲靖,投宿大东客栈。

29日 午间方登车,车竟屡损,至晚间9时抵达昆明,投宿得意春旅馆。至此3000公里旅程结束,《西行日记》写讫。

途中 作诗《渡西兴》《车行浙赣道中得诗六章》《长沙左宅

257

喜晤三妹》《长沙漫兴八首》《渡湘江》《沅陵夜宿》《辰溪待渡》《夕次潕水》《晃县道中》《黄平客舍》《黄果树观瀑》《车行湘黔道中三日惊其险恶明日当入滇知复何似》《登曲靖城楼》等。

30 日　上午前往云南大学报到,暂住校内学生宿舍。自述:"还在筹备时期,各方面新聘的教学人员还未到齐,故还没有上课。"("我在昆明的生活和社会关系")"同时来到的有李长之、吴晗、林同济、严楚江等人,这是抗战爆发后第一批到达昆明的外省人。"(《滇云浦雨话从文》)

同日　《上海抗战的意义》刊于《宇宙风·逸经·西风》(非常时期联合旬刊)第 4 期。

10 月

1 日　《后方种种》刊于《宇宙风》第 48 期。

上旬　出任国立云南大学文法学院文史学系教员,薪水 140元。自述:"系主任分配给我的课程是大学一年级的国文、历代诗选、历代文选。我战战兢兢地接受了任务,努力备课,编讲义。""要解答,就得研究,从此开始,我的读书方法才深入了一步。"(《我治什么"学"》)

约在期间　据李埏回忆,自香港乘船趋海防,取道河口返滇,在甲板上巧遇先生,并经介绍而得识吴晗,"施先生一进门就说:'吴先生,这是一个学历史的学生,回云南去的。我带他来看你。'辰伯师放下书,望了我一眼,笑容可掬地让我坐下,开始和我谈话"。(《心衰,忆辰伯师》)按:为此特征询云南大学李埏教授,疑似此间先生与吴晗可能利用"双十节"假期外出旅游返回时,后又换乘滇越铁路列车。先生《路南游踪》所述及"这是我第二次乘滇越铁路车",此次是否会是第一次乘此线? 尚不能确定,因而照录,俟考。

下旬　迁至云南大学临时教师宿舍王公馆居住。据李埏回忆:"是一个大四合院,位于东海子边(今翠湖北路)北头,与云大正门(即'为国求贤'门)斜相对。云大那时无教师宿舍,临时租了这院房子专供自省外聘来的教授们暂住。辰伯师、施先生和新自法国回来的数学系教授王士魁先生各住正房楼下的一间。三间相连,只有一门。辰伯师出进,得穿越施、王两先生的卧室。"(同上)

又　自述:"最初认识的有李长之、吴晗、陶音、彭桓武,这几个人都是清华大学出来的。另外还有一批四川人,何鲁、李季伟、张和笙等,这几个人年龄均比我大十几岁。""本地派的教师,认识的有方国瑜、徐嘉瑞、白小松、施章、楚图南等人。""我都保持相当的友谊。"("我在昆明的生活和社会关系")

本月　日寇继续大肆轰炸松江城厢,投弹二百馀枚,多处被炸毁为废墟。

11 月

2 日　夜 11 时接到大妹绛年由上海发来电报,得知松江家屋已被敌机投弹炸毁。自述:"二十年来长于斯歌于斯的屋子,现在竟遭受了敌人的暴虐。"(《我的家屋》)"存放在松江的一切书籍、文物,连同家具、衣服、房屋,全毁于炮火和盗窃,所有作家给我的书信,也都片纸不存,最可惜的是还有些鲁迅、茅盾、老舍和郁达夫的信。"(《〈现代〉杂忆》)"《维也纳牧歌》《喀桑诺伐之回家》及《狂想曲》三种,译成后未有机会印出,稿存松江舍下,抗战初起时即毁于兵燹。"(《自杀以前·题记》)据周退密、宋路霞记述:"仅明版书所藏达二百馀部,西书八大书橱,多于战火中毁

去。"(《上海近代藏书纪事诗》)

3 日　作诗《得家报知敝庐已毁于兵火》。

8 日　作讫《我的家屋》。

12 日　日寇攻陷上海。据葛昆元记述:"在报上看到日军从金山卫登陆攻入上海的消息,非常焦急。""为一家老小、为妻子的安全担忧。"(《淡如水,甜于蜜》)

15 日　《我的家屋》刊于《文艺季刊》第 1 卷第 1 期。按:又刊香港《大风》1938 年第 4 期。

月内　据李埏回忆:"我是为烽烟匝地辍学返乡的,到了昆明,我为了要从两先生问学,就到云大文史系借读。吴先生讲明史,施先生讲中国现代文学,我都听课受业,朝夕问难请益。"(《记吴晗先生的路南之游》)

12 月

1 日　《同仇日记》(上)并"题记"刊于《宇宙风》第 53 期。

月内　作诗《小疾遽尔困顿》。

约在期间　自述:"住在王公馆宿舍里的外省教师,自成一个部落。""每星期总有四五个晚上,大家都在我房间里打扑克、打桥牌。吴晗是一名高手,他的桥牌打得好,每逢我和他做伴,我屡次打错,常常挨他的骂。"(《杂览漫记》)"星期日,他们建议去游昆明郊外名胜,我也和他们一起去。"("我在昆明的生活和社会关系")"总是到太华寺、华亭寺、筇竹寺去看看。""总不外滇池泛舟、安宁温泉洗澡。"(《在福建游山玩水》)

又　昆明市上出现了大批外省人。自述:"第二批到达的是中央银行职员;第三批到达的是杭州笕桥空军,他们把基地转移到昆明;第四批到达的是清华、北大师生和中央研究院人员。"

"昆明有一条佛照街,每晚有夜市,摆了五六十个地摊。""我初到昆明,就有人介绍我去'觅宝',开头是和李长之、吴晗一起去。"(《滇云浦雨话从文》)

1938年(戊寅,民国二十七年)　33岁

▲3月,中华全国文艺界抗敌协会在汉口成立。

▲4月,国立长沙临时大学改称国立西南联合大学。

1月

30日　除夕。作诗《除夕独游大观楼》。自述:"我的职业变了,生活环境变了,文学创作的精神条件和物质条件也都变了。"(《十年创作集·引言》)"从此,寝馈于古典文学,社会生活也局限于一个狭小的范围内,创作小说的兴趣渐渐消逝了。"(《〈中国现代作家选集·施蛰存〉序》)

31日　春节。作诗《寄内》。

月内　自述:"云南省政府主席龙云曾请过一次客。所请是三方面的人,1.云南大学外来教师;2.中央银行高级职员;3.航空学校教官。""对云南省说来,是客人。这次宴会,我也被邀请参加的。此后过了两个星期,省政府送来一件公函,内封油印的聘请书一纸,请我担任'防空委员会名誉委员'。""一打听,才知道这是省政府的一种礼貌,给一个空名义,表示尊重。"("我在昆明的生活和社会关系")

月内　作诗《何奎垣李季伟张和笙诸公招饮大观楼分韵赋诗呈一章》。自述:四川来的教师以"何鲁为领袖,他是数学系主

任,又是教务长。他们都喜欢饮酒作旧诗,听戏。我也参加过几次他们的酒宴,诗社,也陪他们去听戏"。(同上)

约在期间 自述:"对于本地教师,我也曾去他们家里拜访过,有的一二次,有的四五次。像徐嘉瑞,就搞得比较相熟。""我也去拜访过,例如,由云龙,秦[光玉]昆华图书馆馆长。"(同上)

约在期间 自述:"余在滇中识会泽刘治雍(尧民),恂恂儒雅君子,以自刊《废墟诗词》三卷见惠。"(《刘尧民词》)

2 月

5 日 与吴晗、吴春曦兄弟赴李埏家乡路南县旅游,乘坐滇越铁路车,经 5 个小时到狗街子,再取道大山坡而抵路南县城。由李埏在城外官道旁迎候,接至其大舅父徐老先生家后院花厅下榻,晤李埏父亲莲舟,又往县政府谒县长。

同日 姚鹓雏由长沙复函:"去岁 11 月始乞假,携家游汉上转道入湘,得晤朱皇闻兄,寇烽相逼,故园焦烂,相对慨然。因悉兄主讲滇中,并知在宥兄亦将来昆明。""近颇作诗行卷,所录已得四十馀首。最近所作四章,辄书另纸,附以呈教请兴,在宥兄同正之。""兄尚记'携手江干四少年'之句否,忽忽遂已十几年,人生电光石火,可叹也。"附《寓感四首》并记。

6 日 由李埏乡亲高文良向导,先游石林,至五棵树村庄返城。作诗《游路南石林诧其奇诡归而作诗》

7 日 举行龙王会的节日,来到东海子村庄,赶黑龙庙会,又策马登山之游。

8 日 游天生桥,访芝云洞、大叠水、魁阁、孔庙和狮山。

9 日 下午由李埏陪同,起程入圭山,始访彝族村寨。行 40 里山路,至夜 8 时抵达维则村,在李埏同学李凤林村长家的堂屋西室下榻。

10 日 观赏维则山村朝景,访村里天主堂、密枝树圣林,游览慈保、独石山。

11 日 行 12 里路访宜政村庄,至傍晚返回维则村。

同日 《同仇日记》(下)续刊于《宇宙风》第 60 期。

12 日 仍由李埏陪同,疾驰 40 里山路,傍晚 6 点来到哑吧山革温村,宿于村里小学教室的小四合院西边耳房楼上。

13 日 访问村里几户彝胞,为数户村民拍摄全家照。

14 日 元宵节。参观革温村的太平会、祭山神,各户在树林中举行一年一度的野宴。晚上参观未婚青年的乐园"公房"。

15 日 革温村人备马伴送,行 40 里山路,于下午返回路南县城徐家寓所。

16 日 与吴晗、吴春曦由路南县城返回昆明。自述:"在路南游了 10 天,看到很怪奇宏伟的自然界景物,领略很可怀念的夷人风尚,经验了最贫苦的人民的生活。"(《路南游踪》)

28 日 姚鹓雏由长沙复函:"22 日手教并见怀一律,诵悉。诗意境在安般簃、海日楼之间,知名手自不同凡响也。""问业之说,直是谦谈,请后勿为客辞。""近来整理旧稿,拟勒为四集,总计诗约千首,总名为渐凡庐诗,取定盖诗'渐凡',庸人可想之,意自加品评,吾兄以为何如。""皇闻兄已去广西,不知其地址,尊笺只得俟其来信后当即代为寄去。"

下旬 受聘为云南大学文法学院文史学系副教授,月薪升至 220 元。自述:"我领到一个重庆政府教育部的副教授证书,上面就有'审定该员为副教授'的字样。"(《官僚词汇》)"担任二班大一'国文'和一班大二的'历代诗选',每周上课 9 小时,馀下的时间就都用其自己进修,读了不少古典文学基本著作,如《诗经》《史记》之类。"("我在昆明的生活和社会关系")

3 月

6 日 撰讫《略谈抗战文学》:"我们所需要的抗战文学作品,若不是抗战实生活底一种文学的纪录,便是渗透了真实性的一种对于这个特殊时期中的人生的想象的写照。""我们的抗战文学却决不会随着战争而亦结束掉的,它本身已成为我国现代文学中的一个主潮。"

10 日 为发表《西行日记》而作"题记":"历浙赣湘黔四省,途登万里,日逾兼旬。仆夫严驾,先鸦鹊以晨兴;舍长延宾,傍牛羊而夕宿。华夏之大,亦既震愕;关河之阻,诚足贫辛。"

同日 《战时青年》第 4 期登载大卫《别有一重天·昆明通讯》记述:"施蛰存、李长之来滇办了一个文艺月刊,但内容是'王充论'等类的文字,幸好只出了创刊号。"

14 日 朱自清、罗炳之等来到昆明,暂宿拓东路迤西会馆。自述:"我认识了朱自清、杨振声、吴宓、罗庸、孙毓棠等清华北大文史方面的教师。"("我在昆明的生活和社会关系")

17 日 朱自清来到王公馆宿舍访晤先生和李长之。

21 日 按朱自清日记:"逢施蛰存、浦江清邀请。"

27 日 中华全国文艺界抗敌协会在汉口召开成立大会,会上被推举为 45 位理事之一。

29 日 按朱自清日记:"施蛰存邀于新雅晚餐。"

8 日至 29 日 按吴宓日记:"识云南大学国文教授闻在宥及施蛰存君,但道倾慕而已。"

月内 沪寓由爱麦虞限路(今绍兴路)惠安坊 8 号,迁居至大妹绛年所供职邮政储金汇业局给承租的愚园路 1018 号岐山村一幢一至三楼独户房屋,房租每月 50 元。

约在期间 课馀常与诸友去翠湖公园、圆通公园散步、饮茶、赋诗,与叶秋原夫妇、杜衡夫妇游华亭寺,作诗《华亭寺看山茶》。自述:"在圆通公园饮茶,他[叶秋原]才讲到这个宣言[《民族主义文艺运动宣言》]的情况。"(《我和现代书局》)

约在期间 据纪弦记述:"施蛰存正在云大教书,他乡逢故旧,当然是很高兴的。"(《三十前集·三十自述》)"他一有空,就到我们家来玩玩,他最爱吃我太太做的狮子头。"(《从一张照片唤起的记忆》)

4 月

1 日 《略谈抗战文学》刊于《时代轮》创刊号,刊末"编辑后记"谈及:"施蛰存先生能于百忙中为本刊撰稿,""立论之颖异,观点之正确,实与普通一般谈抗战文学者有别,学者发论,不同凡响,际此抗战正殷,先生此文,弥足有其真价存焉。"

10 日 《客座臆谈》刊于《云南民国日报》。

同日 浦江清由蒙自致函:"校址在东门外海关旧园。""园内多由加烈树,有白鹭栖息树枝,或曰'鹳'也,吾侪则美之曰'鹤',鸣声如噭。华亭今已无鹤,不意于此见之耳。""此间有民众教育馆,藏有'图书集成'一部及'万有文库',亦难得也。尊眷已由沪启程否?近作胜游否?"

22 日 浦江清由蒙自致函:"顷接敝友吕叔湘君来信,云不日赴滇,拟到昆明或附近住下,将访兄,叨教一切,嘱为函介。叔湘事仍无端倪,将来拜托闻[宥]先生臂助及之。""《三圣庵碑》可拓得否,陈沅出家始见何书,法名是否寂静,不审有附会否。弟拟购围棋子一付,托足下物色之。"

25 日　上海杂志公司初版平心编著《各科研究法》提及："单从语文的学习上说，则我以为古书也是可以读的，因为诚如施蛰存先生所说，可以从这里面采取若干有用的语汇。"

30 日　沈从文与杨振声一家在青云街 217 号合租一座临街小楼。自述："文艺界人士也有不少来到昆明，我接触到的有穆木天、彭慧夫妇，封禾子（孙毓棠的爱人），江小鹣（雕刻家），滕若渠，傅雷，沈从文等人。沈从文、孙毓棠和我住得很近。"（"我在昆明的生活和社会关系"）"我和从文见面的机会多了，我下午无课，常去找他聊天。渐渐地，这间矮楼房成为一个小小的文艺中心。杨振声和他的女儿杨蔚，还有林徽音［因］，都是我在从文屋里认识的。"（《滇云浦雨话从文》）

月内　与浦江清、吴晗诸位同游金殿（太和宫）。据浦江清回忆："曾同蛰存、春晗等来此，尚无公路。""在春间，亦未睹茶花之盛。"（浦江清日记）

月内　作诗《昆明杂事六首》（翠湖闲坐、龙泉观唐梅宋柏各一绝、听王守槐歌是夕演祭江、大观楼独坐口占、去留）。

5 月

1 日　云南文艺工作者抗敌座谈会在昆明更名为"中华全国文艺界抗敌协会昆明分会"，先生当选为昆明分会理事。据"文协"总会《组织概况》记载："由理事会通过组织部的建议，""推穆木天、朱自清、沈从文、施蛰存等为昆明分会的筹备员。""总会并请在昆明的总会理事朱自清、沈从文、施蛰存等常常出席指导。"（《抗战文艺》，第 4 卷第 1 期）

12 日　出席中华全国文艺界抗敌协会昆明分会召开会员大会，通过修正简章及工作纲领，还研究会刊、通俗演讲等问题。

16 日 按夏承焘日记:"阅《文学杂志》1 卷 2 期施蛰存作《黄心大师》一文,记豫章尼黄心,事出《比丘尼传》(明初抄残本十二卷),《琼琯白玉蟾集》中有赠词。""可抄得入《词林记事》。"

中旬 何鲁书赠条幅节录《文心雕龙·辨骚第五》。

21 日 浦江清由蒙自复函:"叔湘先有信来,云到昆明后,赖足下之助得种种方便不少。""闻[宥]公与叔湘不熟,乞为介绍之。陈沅事因弟读'明季稗史'中吴三桂传,三桂临终前方[共]陈圆圆中秋赏月,闻兵变急死,时康熙十七年也。陈沅事辑文庙陈列馆有之,但兄首页下文未窥,不知其何时出家。""昆明再续前游之机会甚少,不知公等后有新游否?""'文学珍本丛书'中《元人杂剧全集》在昆明可得之否。顷又接足下第二手札,平伯笺蒙检出寄还,甚感。清华国文课本此间无存,""兄急欲参考,可托李长之在许骏斋君处取一本。"

26 日 诗作《有怀家国》刊于上海《文汇报·世纪风》。

月内 作诗《饭后独行莲花池上口占》《漫题一绝为徐芳而作》。自述:"去看沈从文,他对我说:'徐芳来了。'我和李长之都在云南大学,同住在一个宿舍里。我住楼下,长之住楼上,早晚都在同桌进餐。一天午饭时,长之对我说'徐芳来了'。一二天之后,我在翠湖公园散步,遇到一群人,""从文为我介绍了其中的二人,一个是吴宓教授,一个是徐芳。"(《徐芳诗集·序》)

本月 据国立云南大学发布《国立云南大学教职员录》(二十七年度)记载,文法学院院长萧蘧,文史学系教授兼主任闻宥,教授吴晗、顾颉刚、赵诏熊、邵可侣,副教授方国瑜、徐嘉瑞、陶音、施蛰存、楚图南、吕叔湘,名誉讲师罗庸。

本月 开明书店初版小说集《有志者》,内收《祖坟》。

6 月

16 日 浦江清由蒙自复函,谈及"蒙惠借各书,甚感","清华国文选本,今就记忆所及,录出篇目"。

18 日 《战乱中的作家音讯:施蛰存在昆明》刊于《文汇报》。

月内 自述:"我的第二个妹妹及其丈夫蔡之任,到了昆明,在城南租了一间房子住。""不久,第三个妹妹及其丈夫左景祁也到昆明,也租一间屋子住下。""每逢星期天,如果不去郊外玩名胜,就到两家妹妹家去吃一顿午饭,坐一会儿。"("我在昆明的生活和社会关系")

约在期间 与沈从文常去佛照街夜市地摊,寻访古玩。自述:"沈从文遂成为我逛夜市的伴侣。""从文在一堆盆子碗盏中发现一个小小的瓷碟,""他专收古瓷,古瓷之中,又专收盆子碟子。""我们在一堆旧衣服中发现两方绣件,好像是从朝衣补褂上拆下来的。""我听他的话,花 4 元中央币买下了;后来送给林同济夫人,她用来做茶几垫子。""我开始搜寻缅刀和缅盒。因为我早就在清人的诗集和笔记中见到,云南人在走缅甸经商时,一般都带回缅刀,送男子;缅盒,送妇女。""从文未来之前,我已买到一个小缅盒,朱漆细花,共三格,和江南古墓中出土的六朝奁具一样。"(《滇云浦雨话从文》)

约在期间 作诗《啼莺》《寄海上友人》《驮马》。

7 月

1 日 《西行日记》始刊《宇宙风》第 70 期;又续刊 16 日第 71 期、8 月 1 日第 72 期。

上旬　闻宥书赠诗卷,录有诗作六首并识。

18 日　暑假。启程回上海探亲,并与《大公报》记者萧乾结伴同行,由昆明坐火车经河口过边境,进入越南老街。据萧乾回忆:"头两天是在昆明境内走,晚上歇在开远。"(《未带地图的旅人》)自述:"闻一多就是在我回上海时在开远火车站上认识的。"("我在昆明的生活和社会关系")

途中　据萧乾回忆:"到滇(河口)越(老街)边境,快到边界我正一边望着窗外景物一边往摊在台子上的小本子写着什么的时候,突然被人从后面拦腰一抱。本子登时给夺去,我被看管了。这时同行的施兄也吓傻了。火车开到河口,我立即被押到边界哨站去。幸而施兄也跟了来。"(《未带地图的旅人》)自述:"萧乾不时拿出笔记本记录所见所闻,谁料却引起我国驻守边防的便衣警察的注意,怀疑他是日本特务,把他抓到了边防派出所,认为他有严重的嫌疑,要我担保,我打电话到昆明《大公报》总部和外交部昆明办事处,折腾了一夜,按了手印,才把他保了出来。"(《世纪老人的话·施蛰存卷》)

又　作诗《过富良江桥入越南境》。

22 日　与萧乾抵达越南河内,下榻于同利旅馆,由在当地交通银行支行工作的友人周承周照顾、导游。自述:"凡居留二日半所得印象甚佳。"(致闻宥函,1938 年)

河内期间　自述:"远东学院、博物院及图书馆均曾去参观过,惜因为时甚促,未及将图书馆中汉文书部分仔细浏览。博物院则每星期五休假,弟得特别优待,独为开放,因得观览一周。大概当以 Cambodge 人之古碑及雕刻佛像为最佳妙,馀则并无特殊佳品。承嘱代办书籍,惟远东学院第一次会议报告尚有存书,弟问起其图书馆办事人,彼即饬人到书肆中取来一册,经向馆长请示后即概予奉送,并未花钱。Savina 之苗法字典,绝版已久,*Tai Annamite Francais* 字典即由远东学院出版部出版(Imprimerie d'Extreme Orient),亦已绝版。馆中人云,此二书均买不到。*Cordier* 之字典则并无汉式字,故亦未为先生买下,安南俗文学书,目下大部分均已用拉丁化字,即纯粹用汉字者亦甚难觅。""下午在一小店中买到纯粹汉式字之通俗文学书三十馀种,其中只一种为汉字与拉丁化字对照者,此外又曾买汉字及拉丁字对照之《三字经》等数种,一并交由航空寄递至昆明,当由舍妹钐人送达。其中纯汉字之俗文学书,如阁下无所用之,可代为保存,由弟得之可也。"(致闻宥函,1938 年)

河内期间　作诗《河内游真武观与中国道宫无殊》《东京小女谣四首》。

25 日　与萧乾到达海防,再乘船往香港。

27 日　抵达香港,暂住戴望舒家。

8 月

1 日　《进城》始刊《星岛日报・星座》;连载于 2、3、4、5、6 日。

2 日　由香港致昆明闻宥函:"到香港大失所望,故至今犹恋恋于河内也。""此次经过越港耗费之大出于预算之外,阁下交弟越纸 20 元,除买书费去 3 元外,迄今只馀 8 元,到港计已为弟用去 9 元左右。故馀款拟不再送到府上,即作弟返滇时用,俟返滇后当持还国币或仍以越币奉偿也。"

同日　写讫《新文学与旧形式》。

3 日　晚上。前往茅盾寓所探望,并与晤谈。自述:"承茅盾先生送了两本最近的《文艺阵地》,又借给了一份全国文协会的

《抗战文艺》。"(《再谈新文学与旧形式》)

旅港期间　在香港摩罗街古玩铺,购得北宋嘉祐砖志拓本。

4日　由香港乘坐太古船四川号返回上海探亲。

5日　船行途中,写讫《再谈新文学与旧形式》。

9日　《新文学与旧形式》刊于《星岛日报·星座》。自述:"与林焕平讨论'大众文学'的形式问题的杂文,我以为利用民族形式来写抗战大众文学不是新文学的大路,而是暂时应急的办法。新文学者必须创造新的文学形式,旧时代的民族文学形式不值得继承。"("我曾在报刊上发表过的文章")

约在期间　乘船抵达上海。据王易庵记述:"从广州返沪以后,当时施蛰存刚巧也从昆明转道来沪,有一位朋友设宴于法租界麦赛而蒂罗路的洁而精川菜馆,为他接风,我也被邀作陪,席上便幸会了这位多方面的作家兼编书家阿英。"(《记阿英》)

12日　《再谈新文学与旧形式》刊于《星岛日报·星座》。

13日　《抗战意志从今天凝固起》刊于《星岛日报·星座》。

15日　自述:"归自滇南,□□招饮□□酒家,席间为海风索近作,竟不省忆,漫写两章[《春日大观楼小坐口占》《啼莺》]予之,一年不见,犹是故我也。"(《诗两首》)

9月

5日　《诗两首》(春日大观楼小坐口占、啼莺)并"题记"刊于《南华日报》。

上海期间　据周允中记述:周楞伽与施先生"因柯灵之邀在锦江饭店聚餐晤谈过"。(《周楞伽致唐圭璋·读信人语》)

又　据罗洪回忆,"我们离开桂林,由香港坐轮船到达上海","找朋友时第一个就找了施蛰存","已在昆明云南大学任

教,刚回沪探亲"。(《我去看望了施蛰存先生》)

又 自述:"我虽然看见了许多得意洋洋的汉奸,但尤其多的是一些留在那孤岛上艰苦地工作着的孤臣孽子,他们在教育着孤岛上的四百万民众,他们在记录,监视甚或惩戒那些<u>无耻的国贼</u>。""上海现在居然还有一种严肃的舆论存在着,居然还有一种潜伏的,但是并不微弱的抗战势力存在着,你就不能不感谢这些并未撤退到后方去的孤臣孽子。"(《浮海杂缀》)

10 月

1 日 钱君匋为治印"蛰存"。

2 日 钱君匋为治印"无相庵""无相庵劫后所聚"。

6 日 等船二十馀天后,终于乘上"芝沙丹尼"号邮轮赴香港。自述:"那些不为一般人所看得见的,孜孜矻矻地为孤岛上保留一股浩然的民族元气的人们,却在我眼前格外明显地活跃着。""我占据了 A 字舱第 3 号床位之后,底下的第 4 号床位便被一个肥矮的不相识的旅客所占据了,""他在看一份报纸,《新申报》! 和一个汉奸做旅伴了。"(《浮海杂缀》)

7 日 自述:"我除掉因为取纸烟,取盥洗具之类的必要而回舱一次以外,""我在甲板上抽烟,看书,散步,我憎厌回进那个舱房里去。"(同上)

8 日 中秋节,作诗《中秋寄内》。午间船始碇泊厦门和鼓浪屿中间海峡里,先生雇舢板在鼓浪屿黄家渡码头上了岸,找到邮局寄发家信,又上日光岩。

中旬 抵达香港,仍住戴望舒家,待船去海防。自述:"从文的夫人张兆和,九妹岳萌,和从文的两个儿子小龙、小虎,还有顾颉刚的夫人,徐迟的姊姊曼倩,都在香港待船去昆明。从文、颉刚都有电报来,要我和他们的眷属结伴同行,代为照顾;徐迟也介绍他的姊姊和我一起走。此外,还有几位昆明朋友托我在港代办许多东西,记得有向达的皮鞋和咖啡,杨蔚小姐的鞋子和丝袜,诸如此类,我当了两天采购员。"(《滇云浦雨话从文》)

香港期间 自述:"看到叶浅予、张光宇、正宇兄弟和丁聪,刚编好一本记录日本'皇军'在中国屠杀中国人的罪行的图片集。""看了令人发指。"(《暴行实录》)

28 日 携一行 7 人乘上直驶海防的法国轮船"小广东"号。自述:"顾[颉刚]夫人身体不健,买了二等舱位,馀者都买了统舱位,每人一架帆布床,并排安置在甲板上,船行时,颠簸得很厉害。"(《滇云浦雨话从文》)

30 日 船行两昼夜,到达海防,一行寓天然饭店。

同日 《浮海杂缀》始刊《星岛日报·星座》;续刊于 31 日。

31 日 一行休息整日,并在海防补充了一些生活用品。

11 月

1 日 一行乘火车到老街,宿天然饭店,办妥入境签证。

2 日 抵河口,又乘滇越铁路中国段的火车至开远,止宿于天然饭店。

3 日 一行继续乘坐滇越铁路火车。

4 日 下午抵达昆明。自述:"我照料四位女士,两个孩子,携带大小行李 31 件。""全程七日。""使我和从文夫人及九妹都熟识了。""我自负是平生一大功勋,当时我自以为颇有'指挥若定'的风度。"(《滇云浦雨话从文》)

同日 临时借住学生宿舍。自述:"宿舍已被房主人收回,校中已无房屋可供给住宿。"("我在昆明的生活和社会关系")

8 日　《申报·自由谈》登载炽强《上海读书界的厄运——秦始皇和明太祖的失策》:"偶然在旧书篓里掏出一本《文饭小品》,在施蛰存先生的《无相庵断残录》中看到廖柴舟作的'明太祖论'。虽然只是半豹,可是卓识微妙,烧饼歌也。"

9 日　按顾颉刚日记:"与自珍同出,访在宥、蛰存于云大。"

中旬　与吕叔湘合租小西门内文化巷 5 号院。自述:"一幢三楼三底的房子,我和吕叔湘住楼上西间,东间住的是同济大学教授陈士骅。中间住的是两个西南联大学生,一个是陈士骏,即陈士骅的弟弟;一个是钱能欣。楼下住也是几个西南联大学生。""另外有一座楼房,住的是西南联大教育系教授罗廷光和数学系教授杨武子。"("我在昆明的生活和社会关系")

又　偕徐迟二姐、上海万国储蓄会秘书徐曼倩游金殿、昙华寺,并为摄影数帧。作诗《偕徐曼倩游金殿》。

27 日　按顾颉刚日记:"与履安、自珍到共和春宴客,9 时半归。""同席:在宥,施蛰存,吴辰伯及其母、弟春曦、弟妇叶美英、妹浦月、浦星、侄阿宣,张为申夫人(以上客),予夫妇及自珍。"

月内　沈从文在北门街租屋安家。自述:"常有机会去从文家闲谈,又认识了从文的小姨充和女士,她整天吹笛、拍曲、练字。"(《滇云浦雨话从文》)"忆当年北门街初奉神光,足下为我歌八阳,从文强邀我吹笛,使我大窘。"(致张充和函,1989 年)

12 月

1 日　按朱自清日记:"有警报,我们去防空洞躲避。"自述:"让我说更紧张罢,因为最近又得天天跑警报。"(《跑警报》)

3 日　按顾颉刚日记:晚上"晤施蛰存及徐女士"。

10 日　为译毕法国 A. 马尔洛《青空的战士》而撰"题记":

"课馀偶读马尔洛新作《希望》ESPOIR,为之击节,因择其感人最深之插曲一篇,穷五昼夜之力译成。"

28 日 上午茅盾携家眷乘坐列车抵达昆明,先生与中华全国文艺界抗敌协会昆明分会诸位到车站迎接。据茅盾回忆:"在站台上迎接我们的,除了杜重远手下的人,还有云南省文协分会的朋友,其中认识的有穆木天、施蛰存、马子华等,但为首的一位却陌生,经人介绍,才知道是文协分会的负责人云南大学教授楚图南。"(《从东南海滨到西北高原》)

本年 作诗《题海源寺》《为卢葆华女士题飘零集诗卷》。

1939 年(己卯,民国二十八年) 34 岁

▲3 月,中华全国文艺界抗敌协会香港分会成立。

▲9 月,第二次世界大战爆发。

1 月

1 日 译作法国 A. 马尔洛《青空的战士・〈希望〉的插曲》始刊《星岛日报・星座》;并连载于 3 日至 16 日。

2 日 出席中华全国文艺界抗敌协会昆明分会召开"反日联盟"大会。

8 日 中华全国文艺界抗敌协会昆明分会召开会员大会,改选理事。据文天行《中华全国文艺界抗敌协会大事记》记载:"总会理事穆木天、朱自清、施蛰存、沈从文为当然理事。"

20 日 参加顾颉刚、楚图南、闻宥、吴晗等发起成立的云南大学文史学研究会。按顾颉刚日记:"今日同会:闻在宥、吴辰

伯、施蛰存、徐梦麟、楚图南及学生十馀人。"

25 日 在云南大学礼堂出席熊庆来校长就职宣誓典礼。

28 日 《抗战文艺》第 3 卷第 7 期登载老舍(署名"总务部")关于"文协"总会《会务报告》提及:"昆明分会进行甚利,本会除分函杨今甫、朱佩弦、沈从文、施蛰存、穆木天诸先生指导会务外,并随时通信,期得密切联络。"

2 月

1 日 水沫社编译《法兰西短篇杰作集》(法国沙都勃易盎等著,施蛰存等译)由上海大夏书店重版初印。

9 日 译作《夏芝早期诗抄》刊于《星岛日报·星座》。

15 日 《文化抗战之意义》刊于《新云南》第 2 期。

19 日 春节。与吕叔湘上街闲逛。作诗《己卯元旦试笔》。

28 日 开学,仍任云南大学文法学院文史系副教授,始编《中国文学史》《散文源流》教材以及相关讲义。

月内 傅雷应滕固之邀,在昆明出任国立艺专教务主任。自述:"在江小鹣的新居中,遇到滕固和傅雷。这是我和傅雷定交的开始。可是我和他见面聊天的机会,只有两次。"(《纪念傅雷》)

月内 李季伟编《桴鼓记传奇》线装石印本印行并题赠,作诗《题李季伟桴鼓记传奇》。

3 月

19 日 《今日评论》第 1 卷第 12 期登载吕叔湘《中国话里的主词及其他》。据吕叔湘回忆:"同住一屋的是施蛰存先生,他认识沈从文先生,从文先生那时候参加《今日评论》的编辑工作,他老向蛰存先生要稿子,蛰存先生就找到我了。"(《学习、工作、体会》)

月内 阅读有关云南史书、方志,拟辑作《滇小录》。自述:"与向达、吕叔湘、吴晗、王以中、张荫麟、孙毓棠诸人交游,颇受影响,遂放弃新文学创作,潜心于文史之学。"(写给陈文华材料)

约在期间 自述:"向达这时在历史语言研究所工作,""他每次进城,总到我们这里来,有时住一宵回去。""他正在研究西南史地,我受了他的影响也开始注意云南的历史看了一些有关著作。"("我在昆明的生活和社会关系")"在向达的影响下,看了许多敦煌学文件,校录了十几篇变文。"(《我治什么"学"》)"常与友人向觉明徘徊于佛照街夜市冷摊,得一二古玩旧籍为乐,《织云楼诗合刻》亦得于其时。"(《织云楼诗合刻·小记》)

4月

1日 《迅报》登载《施蛰存所提拔起来的穆时英》。

6日 按顾颉刚日记:"赴云大,""上课一小时(《礼记》)。晤在宥、蛰存等。"

14日 按顾颉刚日记:"自下星期起,校中为防空袭,移动上课时间。"

16日 家乡松江沈联璧因患肺疾病逝上海(享年41岁),惊闻噩耗,"十分痛惜",遂参加诸项追悼纪念活动。

下旬 为避日机轰炸,云南大学被迫停课,避居离昆明一百馀公里的小县城,写讫《山城》,作诗《枯坐》。

5 月

18 日 《爱好文学》刊于《中央日报·平明》昆明版第 3 期，署名"蛰存"。自述："曾有一位隐名作家呵责过，说是我在不准青年从事写作，大有垄断作家特权的野心。"(《待旦录·序》)

6 月

上旬 与吕叔湘、陈士骅、陈士骏、钱能欣、浦江清、陈有乾[璇]，在翠湖旁边的大西门内承华圃街合租几间民房作为宿舍。自述："文化巷房子也被房东收回了，""除原有的楼上五人外，又加入了同济大学的陈有乾，西南联大的浦江清。一共 7 人，租了 5 个房间。"("我在昆明的生活和社会关系")

12 日 致浦江清函："承饷樱笋，红破芳唇，洁逾玉版，色味两绝，口眼兼惠，无以报答，仅能泥首耳。连日阴翳，殊闷损，不知足下作何活计。弟则在院中坐地看天，学井蛙而已。"自述："在这一段岁月中，我经常听到浦江清在屋子里吹笛拍曲。"(《四婵娟注释本·序》)

7 月

7 日 参加中华全国文艺界抗敌协会昆明分会召开的"七七"抗战二周年纪念会。

10 日 《抗战中的艺术与生活》刊于《中央日报·平明》昆明版第 36 期，署名"蛰存"。

13 日 诗作《镰刀的三个季节》刊于《星岛日报·星座》。按：21 日又刊于上海《社会日报》。

中旬　始撰《路南游踪》。

25 日　中华全国文艺界抗敌协会昆明分会主办的暑期文艺讲习班开课，为期两个月。据文天行《中华全国文艺界抗敌协会大事记》记载，"楚图南讲现代文艺思潮，冯素陶讲文艺基本理论，彭慧、施蛰存讲写作方法，朱自清讲作品讲读"等。

下旬　译毕亚历山大·康恩《高尔基对于社会主义的写实主义的观念》并撰"译者附记"。

月内　闻宥书赠唐李商隐《圣女祠》《及第东归次灞上，却寄同年》《追代卢家人嘲堂内》。

本月　先生（署名"施蛰吾"）与诸贯一合译美国罗特著《怎样训练你自己》，由上海纵横社初版、东方书店发行。

8 月

1 日　国立云南大学二十八年度发布本学年导师分组名单，被列为第 12 组导师。

16 日　《爱好文学》又刊于《中央日报·平明》（重庆版），署名"蛰存"。

21 日　按顾颉刚日记："道遇觉明、江清、蛰存、佩弦。"

22 日　云南大学举行学生补考及转学考试，至 30 日结束。

25 日　按朱自清日记："施先生来访，请我重写王姓同学介绍信。他认为苏德互不侵犯条约对我国不利，因为无大战。"

月内　写讫《路南游踪》。

9 月

13 日　《路南游踪》（其一）始刊《星岛日报·星座》；连载于

14 日（其二）、15 日（其三）、16 日（其四）、17 日（其五）、19 日（其六）、20 日（其七）、21 日（其八）、22 日（其九）、24 日（其十）、25 日（其十一）、26 日（其十二）、27 日（其十三）、28 日（其十四）、29 日（其十五）、30 日（其十六），以及 10 月 2 日（其十七）、4 日（其十八）、6 日（其十九）、10 日（其二十）、12 日（其二一）、14 日（其二二）、16 日（其二三）、20 日（其二四）、22 日（其二五）、24 日（其二六）、26 日（其二七）、28 日（其二八）、30 日（其二九·完）。

15 日　致熊庆来校长函："顷得闻在宥先生来信，托为其友人蒋大沂君代办护照一事，拟恳请钧座代为作保，尚祈俯允为感。"另，熊庆来校长签字钤章"已照办，阅存"。

同日　《良友》第 146 期刊载杨立达摄影报道《在昆明的作家》，刊有"云南大学教授施蛰存及诗人穆木天"照片。

22 日　抄毕《西谛所藏善本戏曲目录》并跋记。

23 日　上海《社会日报》也始载《路南游踪》（一、引言，二、到路南县城）；又续刊于 24 日（续二）、25 日（续二，三、县长与衙门）、26 日（续三，四、石林之游）、27 日（续四）、28 日（续四）、29 日（续四）、30 日（五、龙王会），10 月 1 日（续五）、2 日（续五）、3 日（续五）、4 日（续五）、6 日（续五）、7 日（续五）、8 日（六、天生桥与芝云洞）、9 日（续六）、10 日（续六，七、到尾则村）、11 日（续七）、12 日（八、邓保禄司铎之墓）、13 日（续八）、14 日（九、密枝树）、15 日（十、独石头）、16 日（续十）、17 日（十一、盐·马·米）、18 日（十二、宜政）、19 日（续十二）、20 日（十三、晚餐与字典）、22 日（续十三）、23 日（十四、倮罗族的创世纪）、24 日（续十四）、25 日（续十四）、26 日（十五、一个梦）、27 日（十六、地为什么是皱的）、31 日（十七、挽歌），以及 11 月 1 日（十八、倮罗经典）、2 日（续十八）、3 日（十九、革温村的第一个印象）、4 日（续十九）、5

（二十、一天的服务）、6 日（续二十）、7 日（二十一、保罗之夜）、8 日（续二十一）、10 日（续二十一、二十二、太平会）、11 日（二十三、公房）、12 日（二十四、归去来·完）。

30 日 国立云南大学暑假终了了。

月内 冯友兰书赠条幅："鸭绿桑乾尽汉天，传烽自合过祁连。功名在子何殊我，惟恨无人先着鞭。蛰存先生，冯友兰。"

10 月

2 日 云南大学办理新学期学生注册登记，至 7 日结束。

6 日 胡小石出任文法学院院长兼中文系主任。据徐中玉回忆："路过昆明到云南大学去拜望中大老师胡小石先生时，才知蛰存先生也在云大任教，就去拜望了他。这是我们第一次见面。他当时也不过三十多岁，亲切、随和，共谈所知江南家乡近况。我读过他所编选的古书，知道他兴趣极广，告诉他将去跟陆侃如、冯沅君、康白情、穆木天诸先生学习古代文论，他说这样的古代文论资料极为丰富，很值得研究，可先从广搜资料入手。我请他多多指导。"（《回忆蛰存先生》）

9 日 国立云南大学新学期正式开始上课。

10 日 自述："双十节的火炬大游行，这一条狂热的火龙，至今还蜿蜒在我的记忆里一直伸展到穿心鼓楼旁边，聚集成为一大球燎火。"（《抗战气质》）

19 日 出席中华全国文艺界抗敌协会昆明分会举行的鲁迅逝世三周年纪念会。

月内 胡小石书赠对联："微云澹河汉，疏雨滴梧桐。蛰存先生正，光炜。"

月内 作诗《寄怀郁达夫南洋》。

11 月

月内 为避敌机轰炸,云南大学再次被迫停课。与浦江清、吕叔湘一起前往晋宁暂居,并探望避居晋宁不久的闻一多。自述:"与吕叔湘、浦江清侍闻一多先生游梁王祠。"(《北山谈艺录》)作诗《晋宁偕浦君练吕叔湘侍闻一多先生游盘龙寺》。

12 月

6 日 风子致短笺:"今晚 6 时半,约了几位朋友在'五华'(华山西路口)便餐,兹特专诚奉约,希望你也能来,大家谈谈关于《诗刊》的事。也许林徽音、沈从文两位都可以到会。专此留上,蛰存施公。风子 6 日 3 时半。"

月内 自述:"南门新出一残石鼓,刻梵字尊胜呪及汉字数十言。""移至云南大学,命工椎拓,余任监拓之役,因得此第一本,胡小石先生得第二本。"(《北山集古录》)

本年 与研究助教周泳先交游,时周氏居住磨盘山 5 号,经常休息日请先生来家里品茗饮酒、话诗论词。作诗《赠大理周泳先》《周泳先招饮率尔有作》。

本年 自述:"沈从文写的姜白石词,只有 32 开书本那么大,是用一块仿古细绢写的,是 1939 年在昆明时他为我写的。""没有上下款。"(复古剑函,1988 年)

云南期间 自述:"余居滇三载,始留心碑版,大小爨[龙云监拓]、祥光[1938 年]、孟孝琚,俱入箧衍。"(《北山集古录》)"袁[嘉穀]氏[《滇绎》]所举六碑,余得其四。独《南诏德化碑》及《王

仁求碑》未获,引为恨事。"(《北山谈艺录》)"得清王兰泉昶修王
仁求墓记旧拓一纸。"(《金石百咏》)

1940年(庚辰,民国二十九年) 35岁

▲7月,英国军队封锁了我国西南交通要脉滇缅公路。
▲8月,八路军在华北发动对日寇进攻的百团大战。

1月

4日 国立云南大学放年假三天终了,开始上课。

5日 应香港《大风》编者之约,参加"我生平最爱好的和最
讨厌的事物"特辑征稿,登载该刊第59期。

10日 下午与朱自清、吕叔湘、余冠英等出席浦江清召集的
茶会,商讨编辑《国文月刊》计划。自述:"受叶圣陶的委托,邀我
们聚会,谈起'开明'打算筹办一个《国文月刊》,由朱自清负责昆
明的文稿,刊物交桂林开明书店出版,为战时中学语文教师提供
参考资料。"(《怀开明书店》)

17日 按顾颉刚日记:"闻滇越铁路被日机炸断两桥,昆明
遂成死地,此后寄信,封封要航空矣。"

29日 卢前由重庆复函:"顷奉25日航函,为之狂喜,上海
别后匆匆二年矣。当时岂料同客西南,一滇一蜀耶。《诗坛》第
一卷汇刊已付印,7、8、9、10各辑即检寄。尚乞惠稿,并望便中告
雨僧,多多寄论文来。""昆明为先人宦游旧地(光绪初任云南学
政)。""吾兄于书肆字画摊上随时留意,无论对联、屏条、扇篦均
所愿得(先人字云谷讳鉴)。"

月内　闻宥书录诗作三首题赠："蛰存吾兄词长教定,二十九年落照杂录旧作。"

2 月

12 日　国立云南大学开始放寒假。

17 日　按朱自清日记:"昨天与今天都有警报。"

18 日　向达(觉明)题赠自抄本《盛世新声戌集》。

25 日　国立云南大学寒假终了。

29 日　国立云南大学新学期正式上课。

本月　《艾林·沛林还历纪念》刊于《文心》第 2 卷第 4 期。

3 月

月初　撰写《米》。

10 日　复成都华西协和大学闻宥函:"昆明物价近已无法对付,米售百元一石尚可,所更难堪者,纸烟'皇后轮'廿支乃售 1 元 6 角,故弟不能待至暑假结束告退耳。"

13 日　乘火车离开昆明,取道越南到香港,转船回沪探亲。

16 日　途经河内,下榻在中国旅行社。

31 日　《跑警报》刊于《星岛日报·星座》。

下旬　抵达香港,暂住西环薄扶林道半万山戴望舒家里。据穆丽娟回忆:"来港的施蛰存住在我家,我就顺便向他请教一点古文。""林泉居也成了一个文艺沙龙,施蛰存、叶浅予等人都经常造访我家。"(《新民周刊》,第 644 期)

本月　上海良友复兴图书印刷公司出版《旅舍及其他:名家小说集》,内收《李师师》《旅舍》和《夜行》。

4 月

月初　始到坚道大教堂上班,为天主教真理学会审校教义译稿。自述:"香港朋友想把我留下,由吴经熊、叶秋原的介绍,在天主教的真理学会找到一份工作,帮助他们校阅一批天主教文学的中文译稿。"(《尺牍新抄·杨刚、施蛰存》)"马路上行人不多,只有皇后道是热闹的,但也只有下午4时以后,我从坚道真理会出来,到中华阁仔吃茶,有红茶、牛奶、三明治,坐二小时,只付四个毫子,望舒、灵凤、杨刚、徐迟、乔冠华都是当年的茶座朋友。吃过茶,大家走散,我上摩罗街去逛旧货摊,买些小东西,乘巴士回薄扶林道戴望舒家吃晚饭。"(复古剑函,1988年)

12 日　下午4时中华全国文艺界抗敌协会香港分会及中华全国漫画界抗敌协会香港分会在温莎餐室举行茶话会,欢迎先生从昆明、丁聪从重庆来香港并欢送寒波回国,林焕平、杨刚、陆丹林、黄鼎、叶灵凤、乔木等三十馀会员出席,主席徐迟报告后,由先生首先发表演说,指出:"抗战以来文艺所经过之诸阶段,最近文艺作品,已更富于现实性、实证性,各种报告文学诗词街头剧之试验,成功者多于失败者。"

13 日　《国民日报》刊载《文协漫协设茶会欢送寒波、欢迎施蛰存丁聪》。

14 日　下午2时在香港坚道20号3楼出席中华全国文艺界抗敌协会香港分会会员大会,会上通电申讨汪精卫,并改选理事,先生当选为中华全国文艺界抗敌协会香港分会第二届(1940年度)理事。

中旬　在学士台租了一间房屋,妻子陈慧华携四个孩子也从上海来到香港一起生活。自述:"每天上午9时到下午4时,在真理学会工作。一人一间办公室，堆满了从大陆各地天主教会运来的文稿和原本。这工作也十分紧张，我每天要审定一二万字的译文。"（《尺牍新抄·杨刚、施蛰存》）

约在期间　中华全国文艺界抗敌协会香港分会筹办暑期讲习班。先生受杨刚之托，参加筹备工作。据冯亦代回忆："学习班的校址就借用黄苗子大哥黄祖芬任校长的坚道中华中学里。要办学习班，眼前的徐迟、袁水拍甚至乔冠华、戴望舒、杨刚都没有这种经验，可巧这时内地来了个施蛰存回上海探亲，他一直在教书，也搞过学校行政。望舒就把他扣留了，要他帮我们把这个暑期学习班办起来，以后还担任了教课。"（《我的文艺学徒生涯》）据黎夫记述："由许地山、施蛰存、戴望舒、杨刚、林焕平、黄绳、刘思慕、乔木、袁水拍、叶灵凤、简又文十多位担任讲师。"（《伙伴们！我们的旗子》）

21 日　杨刚致函："从前没有知道您对于人事有这许多关切，在工作上（我说是非写作的工作）有这许多的热情。但是现在我觉得有更多的勇气去希望了。您很谦卑地说了一句话'总是要做点事的。'这句话，我想我会牢记住。研究班的事，望您空时多想一下，计划一下。""还想想如何使它活跃新鲜，使它和香港青年人紧紧系在一起，助他们长大。假如您的记忆里还留得下一件小事，您当想得起我也是受过您鼓励的许多人之一。"

同日　凤子由重庆致函："前得毓棠信，知道您已离去昆明。""也许暑间我会来香港，香港文协在这方面有把握，有办法。""我还在负责这儿的《平明》，切望您能赐点文章来。"

28 日　《三个命运》刊于《星岛日报·星座》。

29 日　译作《诗二章》（像一阵风·沉默如月亮）刊于《星岛日报·星座》。

本月　《文艺月刊》第 4 卷第 3、4 期合刊登载韩侍桁《"第三种人"的成长及其解消》。

5 月

上旬　每天晚上到坚道大教堂对面中华中学里的租房,从事讲习班的筹备。自述:"下班后,就到那里去负责办理一切报名、注册、登记事务。"(《尺牍新抄·杨刚、施蛰存》)"我在香港中华中学参加党的外围工作,办暑假补习班,是乔冠华领导的,当时杨刚、徐迟、叶浅予等都参加的。"(复吴羊璧函,1979 年)

14 日　《尽我们的本分》刊于《星岛日报·文协》。

15 日　风子由重庆致函:"今天读 8 日信。关于《蜕变》事,前半个月我曾同家宝谈到在香港发表事,""今天我已将您的信转给他了。""只要是有干戏的可能,我愿意新辟一个荒地也好。近来有什么新作?希望本月可以寄一点短东西给我。"

23 日　香港《大公报》登载《音乐座谈会旁听记》:"昨日下午 5 时在温莎餐室三楼举行音乐会。出席者有本港音乐家、作家及新闻记者等二十馀人。出乎意料之外,名作家林语堂氏,安偕其兄憾庐氏入会。与会者有许地山、姚锦新、赵不炜、郁风、连璧光、刘思慕、乔木、陆丹林、徐迟、戴望舒、施蛰存、冯亦代、马耳、林焕平、叶灵凤、吴佑刚、杨刚等。"

25 日　《救亡日报》再次刊载《尽我们的本分》。

6 月

2 日　《反戈一击?》刊于《星岛日报·星座》。据陆丹林记述:"抗敌协会香港分会在他的周刊《文协》发表'肃奸卖国文艺特辑',执笔的有陈畸、黄鲁、温功义、麦穗、陆丹林、马荫隐、施蛰存、戴望舒、乔木、徐迟、冯亦代。""那些汉奸言论,就在《南华日报》(汪兆铭的机关报)、《天演日报》和日本人所办的《香港日报》来替日阀伪组织等吹喇叭了,""对于叶灵凤、林焕平、陆丹林、施蛰存等曾经反攻,但叶等靠着有几个良好地盘,如《大公报》《星岛日报》《珠江日报》《立报》《大风》半月刊等,本着正义光明崇高伟大的精神与人格,向他们总攻击。"(《香港的战文丑》)

11 日 译作亚历山大·康恩《高尔基对于社会主义的写实主义的观念》(1)始刊香港《大公报》;连载于 12 日(2)、13 日(3)、14 日(4)、15 日(5)、17 日(6)、18 日(7)、19 日(8)、20 日(9)、21 日(10)、22 日(11)、24 日(12)、26 日(13·完)并"译者附记"。

12 日 《他要一颗钮扣》刊于《星岛日报·星座》。

16 日 《文艺作品解说之一·鲁迅的"明天"》刊于《国文月刊》第 1 卷第 1 期。自述:"浦江清先生编辑《国文月刊》创刊号的时候,我恰巧和他同住在昆明承华圃街一个院子里。他希望我给他写一点帮助中学生欣赏新文艺作品的文字,所以我费了三个晚上给鲁迅先生的一个短篇小说作了一些较详细的解释。"(《关于〈明天〉》)

20 日 《薄凫林杂记》(一小引、二抗战气质、三文艺之路)始刊《大风》第 69 期。

下旬 文协香港分会组织的暑期讲习班开学,参加授课。自述:"忙了一个多月,讲习班借中华中学的教室开学了。我也每星期夜晚去讲两堂课,讲的是爱国主义语文,如文天祥《正气歌》、岳飞《满江红》之类。"(《尺牍新抄·杨刚、施蛰存》)

月内 作诗《二十九年仲夏,晤王映霞女士于香港皇后道寰翠阁娱乐咖啡室,为言达夫不可同居已告仳离矣,因缀其语》。

7 月

5 日　《薄凫林杂记》(四儿童读物、五罗丹轶事三则)刊于《大风》第 70 期。

20 日　《薄凫林杂记》(续)刊于《大风》第 71 期。

21 日　按螺君(毕树棠)日记："新文人大半不善毛笔字,郁达夫郭沫若一团破烂,邵洵美之敞领,沈雁冰之分头,皆各为其字之象征。如施蛰存之老练,沈从文之潇洒,丰子恺之字画合流,皆可观也。"

月内　据林英强记述:"施蛰存先生自筑垣来书,要我收集南洋各岛风土讯及南洋关系的史籍典据。""我立即寄给施先生一部'荷印风土志',另与张一耆兄译著好了一部'马来风土志',准备出版。"(谢犹荣著《暹罗风俗》"林序")

夏间　自述:"余在港岛尝一日访〔许地山〕先生于香港大学,先生邀在大学咖啡室中冷饮。既出,指一树谓余曰,此即所谓瞻部树也,港中惟此一株。"(《挽许地山先生》)

又　自述:"曾提议请文协允许杜衡恢复会籍,因为杜衡之实在并未附逆,其时已经是明显的事实了。当时文协通过了此议案,曾在香港《星岛日报》及桂林《救亡日报》文协会刊上登载过。"(《我所知道的杜衡》)

又　魏建功书赠萧芷厓《月夜渡申浦》三首,以及鲁迅《偶成》《无题》《答客诮》。

又　唐兰书赠条幅日本大江朝纲汉诗《惜残春》。

8 月

1 日　译作法国马尔洛《鄙弃的日子》(其二七)刊于《星岛日

报·星座》;并续刊于 2 日(其二八)、3 日(其二九)、4 日(其三零)、5 日(其三一)、6 日(其三二)、7 日(其三三)、8 日(其三四)、9 日(其三五)、10 日(其三六)、11 日(其三七)、12 日(其三八)、13 日(其三九)、14 日(其四零)、16 日(其四一)、17 日(其四二)、18 日(其四三)、19 日(其四四)、20 日(其四五·全书完)。

5 日　《石秀》始刊《晨报·文艺周刊》第 1 期;并连载于 12、19、26 日,9 月 2、9、16、23、30 日,10 月 7、14、21、28 日,11 月 4、11、18、25 日,12 月 2 日结束。

20 日　《薄凫林杂记·续》刊于《大风》第 73 期。

下旬　文协香港分会暑期讲习班结业,先生完成了教学。

本月　译著 C. J. Mullaly 小说集《转变》,内收《转变》《好脚色》《波尔多的补锅匠》,由香港若望书局初版。

9 月

上旬　由于日寇占领越南,返昆明的路线被封锁,直至暑假结束,都无法返回昆明,开学时便致函云南大学请辞教职。

15 日　诗作《老兵的小故事》刊于《星岛日报·星座》。自述:"我写这篇东西的时候,确是把它作为散文看的,我自己又喜欢它。"(《待旦录·序》)

香港期间　自述:"看到望舒书桌上有一本译诗稿《西班牙反法西斯谣曲选》,望舒说,准备印一个单行本。"(《戴望舒译诗集·序》)

又　自述:"在香港叶灵凤家中见到此书[纪德《从苏联回来》,1937 年上海引玉书社出版],叶灵凤告诉我,这本书是戴望舒译的。"(《诗人身后事》)

又　自述:"在九龙一家旧书店里买到一本保禄·格赛尔所

著《法郎士及其朋辈》的英译本。"(《罗丹轶事》)

又 据李白凤夫人刘朱樱回忆:"白凤由西安来到上海接我们转道香港,""这时施蛰存和戴望舒两位朋友对白凤帮助很大。"(《忆李白凤》)

中旬 "太平洋风云突变,香港已非乐土",与夫人陈慧华携孩子举家返回上海,赋闲于家。自述:"我回家的时候,第一眼看见母亲,心中就猛然一惊,老得多了!"(《适闽家书》)

下旬 先生夫妇于愚园路岐山村寓所门前合影。

本月 昆明新流书店初版施若霖主编《八十家佳作集之四·包身工》,收录《无题》。

10 月

10 日 重庆《学习生活》第 1 卷第 6 期登载《读了施蛰存解说〈鲁迅的"明天"〉以后》(署名"海银")。自述:"我的文章刊出后,引起了群众大哗,纷纷批判我歪曲,甚至侮辱了鲁迅这篇著名作品。"(《怀开明书店》)

13 日 日寇投弹轰炸昆明,云南大学被毁。作《怀念云南大学》:"我看见它怎样成为抗战大后方的一个最高学府,现在,当我离开它不久,它也终于遭逢到这悲壮的厄运。虽说是早已预期着的,但是一旦竟实现了,却总不免使我感到甚大的悼惜。"

中旬 全家为父亲施亦政六十大寿聚餐庆贺。

约在期间 拟继续赴内地任教,经黎烈文、董秋芳、周予同介绍,应福建中等学校师资养成所(永安霞岭村)所长沈鍊之相邀;又经朱自清、罗炳之介绍,应江西中正大学(泰和杏岭)胡先骕校长延聘,均提供赴任旅费,但因战时交通受阻,只能等抵达福建南平后,方能视交通情况而决定。

22 日　晨至罗斯福码头（今十六铺码头）乘船赴福建。自述："出门的时候，一上汽车就不敢回头，我怕看见母亲的满怀殷忧的神气。""父亲送我到了罗斯福码头，天下起微雨来。""渡轮离岸的一刹那，我看见他注视着我，木立在码头上，我知道他心里怎样的难受。"（《适闽家书》）

同日　在船上，始作《适闽家书》《适闽杂诗》。自述："到下午 2 时才开动。""晚上 11 时，船停泊在海中。""我一方面替这一次海行的安全性耽忧，一方面又怕至少我们将费很长久的时间才能到达福清。"（同上）

23 日　下午雨停，夜 10 点钟船在颠簸中行驶。自述："昨天下半夜，雨大了，风也刮起来了，船舷边又没有帆布遮拦，雨淋在他们的棉被上，冷气直透骨髓，许多人都闯进我们的舱房里来。""在桌子上长凳上，和地板上，甚至在桌子底下睡了。"（同上）

24 日　作诗《自松下海面乘帆船赴海口舟中得句》。

25 日　上午船正在温州洋面行驶。自述："前天晚上卖完杂菜粥之后，就有几个茶房在我们房舱中的大长桌上推牌九。""我佩服这些茶房，他们击中了侨胞们的弱点。""晚 9 时开到福清港外洋面，当即停泊。"（同上）

27 日　晨，船已停泊 36 小时，方知海程已告终。直到下午搭乘小帆船，行 40 里海程，于 5 时许到达福清海口小镇市，投宿东南旅社。晚上作诗《至福清海口镇已入暮矣》。

28 日　晨 5 时雇乘兜子和挑夫出发，行 70 里路，于下午 3 时馀到达坑田，入住康利旅社。作诗《坑田道中得诗六首》。

29 日　凌晨不到两点钟就叫预雇挑夫挑了行李，在灯笼的微光里走向码头，"这情景非常凄寂，使我永远忘怀不掉"；天明一看，船全部搁在泥滩上，"完全上了茶房的当"，等到 10 点 20

分才开船,下午 3 时抵达福州南台第一码头。自述:"再往西去,到泰和或到永安,恐怕要到了南平才能作最后之决定。"(同上)

30 日 作诗《蜑娘谣四首》并题记。

31 日 作诗《闻收邕宁喜而颂之》。

11 月

2 日 作诗《居榕城三日写其风物得八首》。自述:"为等买船票而滞留了。""买了一本《石遗室诗集》,作为我对福建的敬意。"(同上)

3 日 早晨买到船票,下午 2 时乘上"建平一号快艇",4 时开船,溯闽江而上,"舟中看卷中《平安室杂记》,内有石遗诗老在癸未除夕之前二日寄其夫人书","所云种种皆与我现在的情绪相合","独惜吾家已为日寇所毁,庭中红蕚碧桃之胜,永为劫灰,明年纵使归家,亦恐怕仍在洋场十里间,局促一椽之下耳"。午夜 1 时到达水口,作诗《水口夜泊》。

4 日 天明,船继续溯江逆流而行二百里间,过大小险滩三十九处,午后 2 时抵达南平,下榻在汽车站旁的平安旅社。作诗《闽江滩行》。

5 日 在南平,作诗《南平口号》。自述:"到江西泰和须从此地先到南城,再从南城经吉安而达泰和,我颇有点感到行旅之疲累。如果日内能买得永安车票的话,即去永安。"(同上)

6 日 早晨买得赴永安的车票。自述:"那些调到江西去的邮务人员还在南平候车,不知什么日子能成行,所以我不得不放弃入赣之计也。"(同上)

同日 下午抵达永安,接受福建教育厅厅长郑贞文之聘任,前往位于霞岭村的福建省立中等师资养成所担任国文组主任,执教"中国文学史""历代文选"课程。

9日 作家书。自述:"在这小县城治下的小乡村中,学校是完全借用民舍,我在图书馆旁边占了一个小房间。""前面是一条溪,左右两面各有一个高山。"(同上)

20日 《战时中学生》第2卷第11期转载《鲁迅的"明天"·文艺作品解说之一》。"编辑后记"提及:"选刊了这篇施蛰存先生的文章,对于大家的写作上,一定有很大的帮助吧。"

22日 诗作《啼莺》刊于《小说日报》。

下旬 作诗《溪涨》《沙溪晚眺见永安归榕艇子数十顺流而下》《缘溪散策遂至大炼》。自述:"校舍在燕溪旁山坡上,是借用的民房。""已是午夜,我被人声惊醒,起来一看,许多学生都在溪边。我也走过去,只看见平静的溪流,已变成汹涌的怒潮。""当地老百姓却并不着急,他们说这条溪水从来没有淹到房屋。"(《在福建游山玩水》)

12月

1日 重庆《抗战文艺》第6卷第4期刊载罗荪《关于鲁迅的〈明天〉》。自述:"重庆和福建的交通非常艰阻,东南几省的人很不容易见到西南大后方的报刊。有一天,我从乡下进城,到改进出版社去看黎烈文,又到省图书馆去看董秋芳,他们都告诉我,重庆报刊上在批判我。""当时也有人同意我的看法,不过相形之下,还是批判我的文章居多。""这篇文章会引起不同意见,我是有预感的,不过想不到反应如此强烈。我以为鲁迅在写《呐喊》《彷徨》的时候,他的思想体系还只是一个人文主义者。他的文艺观点,还没有超越厨川白村的《苦闷的象征》。他对弗洛伊德的心理分析理论是熟悉的,他自己也说受到过弗洛伊德的影响。

根据这些了解,我在鲁迅的小说中不止一次地发现有潜意识的描写。因而我写了这篇文章,试图作一次探索。却想不到我所阐释的,正是人家要竭力掩饰的。"(《怀开明书店》)

12 日 《福建日报》刊载"施蛰存、林观德来闽任教,就聘中师养成所"。

23 日 译作西班牙费囊代斯《死刑判决》刊于《星岛日报·星座》。

27 日 译作法国斐理泊《相逢》刊于《星岛日报·星座》。

1941 年(辛巳,民国三十年) 36 岁

▲6 月,德国撕毁《苏德互不侵犯条约》,苏联卫国战争开始。

▲12 月,太平洋战争爆发。

1 月

1 日 《适闽家书》(一)始刊《星岛日报·星座》;连载于 5 日(二)、6 日(三)、7 日(四)、8 日(五)、9 日(六)、10 日(七)、12 日(八)、13 日(九)、14 日(十)、15 日(十一)、16 日(十二)、17 日(十三)、19 日(十四)、20 日(十五·完)。

上旬 作诗《永安山居》(四首)。

16 日 《国文月刊》第 1 卷第 5 期登载陈西滢《〈明天〉解说的商榷》:"施蛰存先生的文章,我一向爱读,他解说《明天》一文,也许使人得到很多的启发。只是有些地方也与圣叹文一样,觉得他未免过于深求。"还刊署名"忠"《"听到"和"知道"的商榷》。自述:"我直到 6 月中始在福建永安改进出版社图书馆里见到,

时间不许我多耽,忽忽一翻便丢下。"(《关于"明天"》)

26 日　除夕。作讫《归去来辞》并"序"。

本月　现代文艺出版社出版李森南编《短篇小说集·第一辑》,内收其作《夜行》。

2 月

3 日　沈从文由昆明复函:"找教员事,我想同罗莘田、冯芝生商量看看。""历史、理化,前一项我想问孙毓棠和雷伯伦。""四小姐已去四川,字写好数件,过两三天下乡必找出寄来。""周二先生居然在北方做教育监督一类事情,老年真是可怕!"

5 日　浦江清由上海复函:"手书两通先后拜读,海行诗两联均极工妙。""箧衍所秘印出,乞早赐一份。""昨见刘重熙兄,说及江西方面尚寄路费与阁下且讯行止,重熙又全不接头,正无办法,后来方悉吾兄已不能去云云,大概内地书札邮递亦迟。足下到闽后,罗炳之等久未能悉,尚盼兄去耳。""冠英处尚未见复书之来,郑著'文学史'谅已寄出。《国文月刊》不久当去信,使其照寄。尊稿倘能续作,必大欢迎也。""望舒顷有信来云,在编一种《俗文学》副刊,托写关于宣和遗事文章,必足下告之也。"附诗《蛰存自闽中来书却寄》。

上旬　始撰《诸国古代小说史话》,成油印稿"二三十万言"。

19 日　浦江清由上海复函,写到"顷展手教及尊制和陶公归去来辞,快甚;大作情真词恻,读之与有同感"。

月内　始用"南望校斋"为书室名。

3 月

10 日　重庆《学习生活》第 2 卷第 3、4 期合刊登载龚莺《鲁迅的〈明天〉》,写到"施蛰存先生所作的'解说'就在这一点上也不符合事实","《明天》决不是欠缺结构的小说","决不是描写心理的小说"。

24日 译作法国纪奥诺《怜悯的寂寞》(一)始刊《星岛日报·星座》;又续刊 25 日(二)、26 日(三)、27 日(四)、28 日(五·完)。

27日 作诗《愁霖赋》并"序":"易岁以来,霖雨不辍,淋漓潇淅,遂竟仲春。余既抱离忧,复苦卑湿,闲居无事,揽笔赋之。"

28日 沈从文由昆明复函,写到"要从云南聘教员到外省去,自然便无可望矣"。附有书幅唐权德舆《杂兴五首·其五》。

月内 在法国古尔蒙《巴黎的哲学之夜》英译本扉页上"题记":"民国 29 年 9 月自香港归上海,在旧书肆中见此书。11 月来闽中,山居甚闲寂,忽念及,遂函友人周煦良兄为购得之。30 年 3 月始由友人陈占元为带来。"

4 月

1日 《野草》第 2 卷第 1、2 期合刊登载士仁《有毒的补品》:"施蛰存的这种有春药意味的补品,我是担心着'开始欣赏文艺的中学生'真的会把它当作有益的补品吃下去的。"

5日 诗作《归去来辞并序》刊于《大风》第 87 期。此诗本月 16 日刊于《宇宙风》第 117 期,7 月 15 日又刊于《宇宙风》(桂林版)第 117、118 期合刊。

20日 重庆《中苏文化》第 8 卷第 3、4 期合刊登载郭沫若《庄子与鲁迅》。

月内 编定眷录《适闽杂诗》为一卷并"序":"余以庚辰季秋买舟来闽,历福州、南平而抵永安,凡在途十有七日。每舟舆困乏，或客馆灯昏，辄曼吟微咏，制为篇什，以纪踪迹，遂得诗廿五首。辛巳三月，始克写定，为《适闽杂诗》一卷。其在永安所作，复数十首，犹俟董理，当别为《沙溪集》云。"

本月　先生（署名"施蛰吾"）与诸贯一合译美国克劳馥著《怎样增进修学效能》，由上海纵横社初版、东方书店发行。

本月　杭州正中书局初版唯生书局出版部编《当代名家日记选》，内收《西行日记》。

5 月

下旬　由永安出发，游武夷山。自述："独行山中凡旬日，几尽挹其胜。每薄暮曳竹杖铿然归廆，解衣跣足，坐风簷下，拈笔作韵语记其乐。"（《武夷行卷·题序》）

游山期间　作诗《武夷行卷》凡 35 首，存有《入武夷先见玉女峰髻秀无伦》《武夷宫》《幔亭》《七曲而上山势夷旷溪流浅漱茶桑秩秩见原畴矣》《遥望涵翠岩谢洞》《九曲之游终于星村》《流香涧源出三仰峰不南入于溪而北行山中故俗名倒水坑》《武夷仙馆岩山志云亦名学堂岩又称仙学堂作诗议之》《谒文公祠不得入长谣抒感》《水帘在丹霞嶂北》《水帘在丹霞嶂北又赋一首》《慧苑》《小九曲在题诗岩下坻石罗布溪流萦折溯洄而入别有幽复》《清晨自天心庵经天井至三仰峰道中》《自马头岩至天游》《赠磊石庵潘道士》《御茶园道中口占》《集云关》《住天心永乐庵三日得十绝句》《仙船》《卧龙潭在大藏峰下溪水于此渟潴作一泓寒碧因曰潭焉》《仙机》《雪花泉》《仙掌峰》《虎啸岩》《语儿泉》。

本月　译著奥地利显尼志勒《孤零·妇心三部曲之一》（又名《蓓尔达夫人》）、《私恋·妇心三部曲之二》（又名《毗亚特丽思》）、《女难·妇心三部曲之三》（又名《爱尔赛小姐》），由上海言

行社初版。（1945 年 5 月再版，1947 年 2 月三版）

6 月

6 日　按朱自清日记："接施蛰存信，彼现在福建永安，中正大学旅费事没有提到，到底还没还？真是怪事。"

上旬　应福建省政府教育厅之邀，于永安下岭编讫《高中文选》并作"编者题记"。

11 日　译作法国阿尔兰《蔷薇》（上）刊于《星岛日报·星座》；此文（下）续刊 13 日。

15 日　为译毕法国古尔蒙《沙上之足迹》而撰"译记"。

18 日　《河内之夜》刊于《星岛日报·星座》。

27 日　写讫《罗曼·罗兰的群众观》。

29 日　译作法国古尔蒙《沙上之足迹》始刊《星岛日报·星座》；连载于 30 日，7 月 2、6、7、9 日。

下旬　因接受国立厦门大学萨本栋校长聘任，辞去福建中等师资养成所教职。据郭风回忆："我至改进出版社访友，友人正送客至门前。随后友人告诉我，这位客人乃施蛰存先生，是来辞行的。""蛰存先生穿的是一件湖水色的杭绸长衫。"（《记施蛰存先生》）

7 月

16 日　诗作《我期待》刊于《中国诗艺》复刊第 3 期。

中旬　由永安迁移至长汀厦门大学任教。

23 日　译毕威廉·沙洛扬《星期六夜里》并撰"译者附记"。

28 日　写讫《关于"明天"》："从这个立场上来批评我的人，

甚至还加我一个罪状,说是故意抹杀鲁迅先生作品中的社会意义,而诱导青年专注于技巧,是一种巧妙的麻醉。""鲁迅先生在文艺上并不是一个弗罗乙德派,但是谁能说他一点不受影响?"

约在期间　作诗《南寨散策俯仰成咏》。

8 月

4 日　许地山在香港逝世,作诗《许地山先生挽词》。

7 日　吕叔湘由成都复函:"前读《愁霖之赋》《归去之辞》,为之悽然,顷承移帡长汀,旅愁傥可少杀邪。""蓉城上月 27 日空前大劫,敌机百零八驾一时俱至,投弹逾千。"

14 日　译作美国威廉·沙洛扬《钢琴》刊于香港《大公报·文艺》;又载 9 月 1 日桂林《大公报·文艺》。

25 日　浦江清自上海复函:"自长汀寄来惠书两通,先后收读。""弟之行止十分七八,仍返昆明,路程未决。""虽乐于与吾兄共事,奈诸多未决,且闽道亦陌生。"

9 月

1 日　任国立厦门大学文学院中文系副教授,薪水 280 元。据欧阳怀岳记述:"系主任为李笠先生,此外尚有老教授余謇先生,青年教授施蛰存、林庚二先生。""施先生为名小说家,当已耳之熟矣。近年埋首故纸堆中,于小说似付阙如,渠于旧诗,素功洁炼锤,近作更见精雅,类由宋诗而入晚唐,'武夷记游'诸作,直造李商隐之室。"(《关于厦大文学院》)

3 日　按戴望舒日记:"下午收到了蛰存的信,他很关心我的事,他只听得我和丽娟有裂痕的话,以为她现在得到了遗产,迷恋上海繁华。(如果他知道真情,他不知要作何感想呢?)他劝我早点叫她回来,或索性放弃了。别人都这样劝我,他也如此。"

6日 按戴望舒日记:"下午复了蛰存的信,请他多写文稿来。关于丽娟的事,我对他说我不愿多说(因为他问我详情如何),以及我相信她会回来的。"

10日 朱自清由成都复函:"前奉手教暨大作若干首,甚为欣慰!""去年弟初来蓉,与中正大学罗炳之先生通信,复信谓已聘兄任教,嘱作函促驾,当时不知文旌所在,未得寄书。得来示知道阻不果赴赣,在中正方面亦一憾事也。暑晤叔湘先生知公端顷已到厦大,甚慰。此想已开学,厦大情形,自胜永安师资训练所也。"并附录诗《夜坐》二首、《滇南临安酸石榴最美,曩在蒙自方营长曾以见贻,今三年不尝此味矣》。

15日 译作美国威廉·沙洛扬《星期六夜里》并"译者附记"刊于香港《大公报·文艺》;又载29日桂林《大公报·文艺》。

24日 译作美国威廉·沙洛扬《咖啡和三明治——在太平街鲁伊士》刊于香港《大公报·文艺》。

28日 《对于图书馆的一些抱怨》刊于《星岛日报·星座》。

29日 《求签》刊于《星岛日报·星座》。

月内 译毕英国W.亨脱《谈喝茶》并撰"译后记"。

10 月

1日 诗作手稿《挽许地山先生》刊于《星岛日报·星座》。

8日 撰写《纪梦》一则。

10日 《罗曼·罗兰的群众观》刊于《宇宙风》第124期;又载1943年3月10日《宇宙风》(桂林版)第121—126选刊。

同日 译诗英国戴微思(W. H. Davies)《云》刊于《中国诗

艺》(复刊)第 4 期。

29 日　译作何索林《西班牙的堡寨》刊于《星岛日报·星座》。

约在期间　在厦门大学图书馆阅外文书刊并择译。自述："大多是英文本,其中有不少关于戏剧的书。期刊部书库中还有许多黄封面的美国版戏剧杂志《舞台》。"(《关于独幕剧》)"借出了一批独幕剧集,""还译了几个剧本。"(《〈外国独幕剧选〉编后记》)"看到几本希腊诗,于是也选择了几十首。"(《域外诗抄》)

又　自述："在西文杂志书库里发现了四五年的 *Living Age* 及 *Dial*,皆 1920 年代的。""便将其中所载欧洲大陆诸国小说,择优迻译,陆续译成者不下三十馀篇。"(《老古董俱乐部·引言》)

又　自述："有英译本的尼采全集,偶然抽取一本《愉快的智慧》来看了,大大地感到兴趣;于是又把《查拉图斯屈拉》借来了,为的预备在避空袭的时候到山上去看,所以这回借了一本'万人丛书'本。"(《尼采之"中国舞"》)

11 月

上旬　作诗《失计》《演谣二首》。

23 日　《南寨》刊于《星岛日报·星座》。

24 日　《午茶》刊于《星岛日报·星座》。

月内　自述："我就喜欢在晴和的日子,独自一人,拖一支竹杖,到这些山里去散步。""经常会碰到砍柴的、伐木的、掘毛笋的、采茶或采药的山农。""在长汀集市上经常看见一些侏儒,当地人说,在离城二十多里的山坞里有一个村落,是侏儒族聚居的地方。""我曾按照人们指点的方向,在山径中迤逦行去,虽然没有寻到侏儒村。""我仿佛是在作一次人类学研究调查的旅行。"(《在福建游山玩水》)

12 月

6 日　姚鹓雏由重庆复函:"辑录旧作诗为《搬薑集》一卷,西南所作为《西南行卷》一卷,《续西南行卷》一卷,""容俟稍暇最录奉正。吾兄从容文史,所作必更可观,尚祈赐寄一二,为盼。"并附赠诗《得施蛰存长汀书却寄》。

16 日　《关于"明天"》刊于《国文月刊》第 11 期。

中旬　徐震堮书赠诗作《登石壁古寺》《书事三首》。

27 日　译毕英国 W. H. 达薇士诗作《鼠》。

下旬　作诗《读说苑赵简子事》《读黄霸传》。

约在期间　詹安泰题赠自刊本《无盦词》:"蛰存先生吟教,詹安泰敬诒。"钤印"无盦"。

1942 年(壬午,民国三十一年)　37 岁

▲1 月,中、美、英、苏等 26 国签署《联合国家宣言》。

▲5 月,毛泽东在延安文艺座谈会上发表重要讲话。

1 月

10 日　为译讫《歌德语录》撰"译后记"。

15 日　长汀城区惨遭敌机轰炸。据钱虹记述:施老"指着右耳笑笑说,这只耳朵早就聋了","有一次躲日本人的飞机,在防空洞里被震坏的"。(《听之不闻,宁静致远》)

16 日　译诗英国 W. H. 达薇士《鼠》刊于《前线日报》。

月内　其父来信告知上海缺粮，造成大恐慌，因而寒假无法返回探亲。

本月　作诗《奉答姚鹓雏先生重庆》。

2 月

上旬　吕叔湘由成都复函："沪港相继沦陷，堂上及宝眷当平安，惟不知经济方面受何影响否，汇兑不通，足下甘旨之奉尚有办法否。舍弟在沪本允汇款相济，足下倘有需要，即可彼此互拨，亦两利之道。""川中机会甚多，求一栖止，实至易易。""倘足下有西游之兴，即乞示知，便中可代留意。"

20 日　被推选为《厦大学报》出版委员会委员，下午出席第一次会议。据《新设出版委员会决定刊行"厦大学报"》："由校长主席，关于征稿编辑事宜，当推定施、刘、谷三先生为编辑委员负责办理。"（《厦大通讯》第 4 卷第 1、2 期合刊）

26 日　为译毕德国苏特曼独幕剧《戴亚王》而撰"后记"。

27 日　据《中国人文科学社长汀分社消息》："长汀分社成立，社员概为国立厦门大学教授。""公选黄开禄君、何炳棣君及林庚君为干事，其馀 11 位社员为施蛰存君、吴士栋君、谷霄光君、李祥麟君、李培囿君、阮康成君、陈耀庭君、萧伟信君、曾克熙君、万鸿开君及朱保训君等。"

月内　寒假仍在厦门大学图书馆及长汀县立图书馆阅读，开始辑录《金石遗闻》《宋元词话》。自述："尽读其图书馆中所藏宋元人笔记杂著，抄出两份资料：其一为有关金石碑版文物者，拟勒为一书，名《金石遗闻》。其二为有关词学之评论琐记，亦为一书，名曰《宋元词话》。"（《宋元词话·序引》）

本月　被推选为厦门大学校务委员会"教授代表"委员。自述:"每月举行一次,由校长萨本栋主持,开会就在他家里。下午时开会,即在萨家吃晚饭,饭后有时继续开会讨论。"("我参加过的党、团、集会")

3 月

1 日 元宵节。为编定誊录《武夷行卷》而作"题序"。

2 日 新学期开学,在国立厦门大学任教的聘书改称"文学院讲席",经报教育部审议评为副教授,月薪为 320 元。自述:"开了一门专书选读课,讲了一年《史记》,自己也写了许多《史记旁札》。"(《我治什么"学"》)

又 据郑启五记述:"施蛰存教授在厦大上的有跨系的国文大课,精彩至极,受到学生们热烈的欢迎,至今仍为许多老学子津津乐道。家父郑道传(经济系 1940 级)和家母陈兆璋(历史系 1942 级)都是施师的学生,对先生的人品和文品,特别是他的贫民意识,留下深刻印象。"(《汀江梅林梦难断》)

9 日 为译作《尼采论诗及其他》发表而撰"附记"。

17 日 吕叔湘复函:"贵校存沪款提取已有眉目否?弟月前与在渝同乡对划若干,尚有五百元系外甥丁君需用,可供划付,今附致舍弟信请附尊书寄去。""《自怡斋诗》日内当即代买。"

本月 戴望舒在香港从事抗日活动,遭日寇宪兵抓捕入狱。

4 月

2 日 《莫查尔的乐谱》刊于《前线日报》,署名"乌尼"。

15 日 重庆建华图书出版社出版由雪尘、葆荃译苏联爱伦堡《不是战争的战争》,书前刊有陈原主编《译文月刊》"创刊号要目预告"，载有其译著德国苏特曼独幕名剧《戴亚斯[王]》。

25日 吕叔湘由成都复函："顷捧读《武夷行卷》仿佛见羽衣
翩翩山谷间，欣羡无似。"

月内 作诗《闻王映霞近事》。

本月 译作《尼采论诗及其他》并"附记"刊于《诗歌与木刻》
第8期；该期《编后杂记》提及："本期最出色的，自然要算是施蛰
存先生的《尼采论诗及其他》了，施先生谁都知道是文艺作家的
前辈，以后施先生并允给'诗木'按期撰稿，这想是我们大家都愿
意听的一个消息啰。"

约在期间 刻蜡版油印《武夷行卷》（附适闽杂诗），分寄各
地师友。罗庸评："尊作出入玉溪、长吉而学养之深厚过之。"姚
鹓雏评："'适闽'诗直抒性情，天机活泼，雅近宋人。'武夷'则明
莹俊朗，又入西崑之室，知能者无施不可也。"吴宓评："奉读两
集，再三吟诵，极欣且佩。知公于诗造诣甚深，进步尤速。盖能
以如真之观感，写实之笔法，叙游踪之所到，山水风物之所触，而
运以灵感，赋与雅情，内外交融，真实有物。至于学识之丰赡，摹
古用字之典雅，犹其馀事也。"朱自清评："大作清隽有味，写风土
诸绝句，尤有别趣。友人传示，佥认为纪游佳品，佩甚。"徐声越
评："《武夷行卷》胜情妙绪，绎玩无已。"詹安泰评："尊制清峭绝
伦，笔致在樊榭、二樵之间，佩仰佩仰。"陆维钊《题蛰存武夷行
卷》："百劫归来失所安，剩携茶具话烟峦。难禁垂老亲朋泪，一
夕秋风歇浦滩。"

5月

6日 罗庸由昆明复函。

9日 译毕德国爱德华·封·凯赛林《凯丝达》撰"译后记"。

10 日 译作《歌德语录》并"译后记"刊于《文艺新哨》第 1 卷第 4 期。

11 日 吕叔湘致函："承询川中各大学待遇,国立院校大致相同。""足下如游兴忽发,以来陪都为最佳,较有活气,亦较有光与暗(中大闻需一教新文学者,此则或已是足下所不屑道耳),若求其单调与恬静,则华西坝亦不恶。其馀各校多匿处乡僻,其情调与长汀无殊也。""弟秋后行止尚未定,""足下肯为一筹否。"

13 日 姚鹓雏由重庆复函："就纸窗下,讽诵尊作一过,聊题小诗,以志佩累。"附录《题施蛰存兄武夷诗卷》二首。

本月 29 日浦江清从上海出发,返回昆明西南联大继续任教。戴望舒在香港经叶灵凤等设法营救出狱。

6 月

18 日 出席厦门大学学生诗社举行"追悼屈原诗会"。同时,经常辅导学生文学社团活动,任"笔会""诗与木刻社"的指导,并受邀作讲座。据李焕明回忆："听过他的专题演讲,讲的是新诗的欣赏与创作。"(《追忆长汀厦大的诗缘》)

本月 《作家》第 2 卷第 5 期刊载晓云《新诗二三语》,提及"再看施蛰存题名《桥洞》的一首意象抒象诗","是无韵的诗细细地玩味着,要比专讲平仄的七绝七律之类爽快得多"。

7 月

16 日 吕叔湘由成都复函："两奉手教,300 元已收,200 元犹未到(舍弟来信云 500 元已交府上)。暑假已临,烽烟正炽,吾兄行止如何,至以为念。下月起,弟改入金大[金陵大学]中国文化研究所,幸免远徙。"

约在期间　自述:"一个不在我班上听课的学生跑到我房间里来,""说是做了几首诗,要我替他看看。""从那一次起,勒公丁渐渐成为我寓所里的老客人。每一次来,他口袋里总有几首新做的诗或改的诗。"(《路灯与城·序》)

8 月

上旬　作诗《泉州守石有纪惠赐海错赋谢兼求万安桥碑》。

中旬　据徐迟回忆其妻弟陈圣德由上海流转浙江、江西,来到福建求学,"到长汀那天,遇大雨,浑身湿透,大家都不抱什么希望,哪知他找到了施蛰存先生。他亲切而又关怀之极,马上给他们安排洗澡,给衣服换,叫工友搭床,放上铺盖。这样他们又进了学校,他还在图书馆里工作"。(《江南小镇》)

月内　仍从事翻译欧洲诸国小说作品,先后完成十馀篇,部分有油印本。同时,继续写作《诸国古代小说史话》。

本月　作诗《竹天拜命长闽省建设诗以将意》《避席》《向晚登长安亭》。

9 月

1 日　开学,执教厦门大学中文系二年级。据马祖熙回忆:"课堂上或是在课后晤谈中,总是鼓励学生要坚定抗战必胜的信念。""系内同学以及其他院系爱好文学的同学,多受蛰公的熏陶和教育。""如现在母校任博士生导师的潘茂元、韩国磐校友,在马来西亚南洋大学的陈铁凡校友,在台湾戏剧学院任教授的姚一苇(姚公伟)校友,在美国任艺术教授的朱一雄校友,在江西师

大任史学教授的黄长椿校友。"(《化雨春风七十年》)

4 日　上午日寇飞机三架窜来投下炸弹,袭击长汀县城。

8 日　写讫《文学之贫困》。

中旬　作诗《韦编一首示大学诸生》。马祖熙作有《贺新郎·效迦陵体读蛰庵先生"老子平生负肝胆"之句感赋》。

28 日　吕叔湘由成都复函:"'中农'款久已收到,申款亦早交府上,想家报中亦已提及。""舍弟来信,上海亦贵不堪言;足下心悬两地,如何如何。""觉明兄上月挈眷入川,在途半月,路费八千,暂住李庄,本人则加入中研院之西北史地考察团。""叶〔圣陶〕君嘱致意,能为《中学生》或新办之《国文杂志》(非《国文月刊》)写一二篇否,不论长短皆所欢迎。"

同日　浦江清赴滇途经福建南平时,于县党部浙江大学办事处见到徐震堮。按浦江清日记:"徐君出其新近诗稿一册示余。""五律工者极多,有怀人诗八首。"册内有《怀人绝句·蛰存屡函商北归之计,近寄示蜑娘谣闽江杂诗,甚工》。

月内　詹安泰书赠诗作《壬午七八月间作》(十首录四)、《与黄叶游金鸡岭》。

10 月

1 日　译作《哥〔歌〕德语录》刊于《文艺新哨》第 1 卷第 1 期。

8 日　中午浦江清抵达长汀,入住远东旅社。按浦江清日记:"下午 2 时问明厦大地址,至其门房,问施蛰存,云住长汀饭店,林庚住山上宿舍,惟萨校长则在校办公,乃往谒之。""得人导,又至文学院办公室,施君不在,乃使其导余至长汀饭店。饭店为厦大最初之教职员宿舍,颇曲折进深。至最前一楼上,蛰存赫然在焉。见余来颇惊讶,事前略无所闻,以为余或留申未出也。蛰存有二室,颇宽敞,谓余宜迁住其中,留一二日。乃至远东旅社取衣被提包出。""是晚宿长汀饭店,与蛰存长谈。"

9日　陪同浦江清参观厦门大学图书馆。按浦江清日记:"是晚,蛰存特命校舍厨子做一鸭、二鱼,以饷余,林庚为陪客。"

10日　按浦江清日记:"蛰存留予过国庆节。""林庚邀饭,""蛰存云厦大之头等宿舍也。""饭后,同蛰存过某书店。"

11日　按浦江清日记:"同蛰存游苍玉洞。""蛰存云有叶梦得题石,见志书,今觅之不得,疑在某土丘中,蛰存能指其地也。"

12日　按浦江清日记:"晨5时起,蛰存亦起。天雨,未进食,匆匆使校仆张伞持余衣被包及手提包同行,至汽车站。""余急上车,得一加座,蛰存为予照料行李装车顶上。"

15日　浦江清抵达江西赣州。按浦江清日记:"借笔砚作书寄蛰存、绍勋、聿修。"

19日　按浦江清日记:"晨张鸿志君来,乃蛰存在长汀汽车站上所介绍者,上海杂志公司老板张静庐之子。"

20日　重庆《新华日报》刊载郭沫若《〈孔雀胆〉故事补遗》提及:"《阿盖公主》的主题和人物的构造,和我的完全不同。""作者似乎读过杨升庵的《滇载记》或《南诏野史》。"

24日　张荫麟在遵义浙江大学病逝。与张氏在昆明"有游从之雅",翌年方惊悉噩耗。

下旬　作诗《游石燕岩次欧阳泰云韵》《游通济岩次欧阳泰云韵》;欧阳怀岳作诗《石燕岩纪游·同游者座师李笠、施蛰存诸先生及同学等凡十一人》,又《通济岩赋呈同游诸师友·同游者如前》,有句"蹑屩苍岩晴碍日(予陪施先生绕高岩一周)"。自述:"休沐日同游岩穴,辄有诗索和。余勉为之,愧不如其能为险峭句也。"(《北山楼诗》)

11 月

10 日 《文学之贫困》刊于《文艺先锋》第 1 卷第 3 期。自述："曾引出了茅盾先生的诋诃。"(《待旦录·序》)

14 日 吕叔湘由成都复函："有意为西北之行,弟未敢可否。""足下倘有意为锦城之游,恳早日赐示,当相机进行,倘不必返沪省亲,即不妨早作决定矣。《培风楼诗续存》市面已无存书。""请川大友人代询邵君(今夏去川大)手头尚有多馀否。""昨在书肆代买林山腴近年两集《悼孙》《村居》。""昨日班后有学生(国文专修科)来问,先生与施蛰(音垫)存、杨人梗(音梗)等诸先生皆熟识乎(大致系见传达室二公来信),彼等皆新文学家也。"

15 日 译作保加利亚卡拉列舍夫《罗西察河上的石桥》刊于《创作月刊》第 1 卷第 6 期,并刊有"译后记"。

同日 桂林萤社初版陈原主编,译述者萧聪、马耳、庄寿慈、施蛰存、郭雨芩《三姊妹·弱小民族小说选》,内收译作犹太 I.L. 彼里兹《缄默者彭齐》。

21 日 晚上 7 时浦江清抵达昆明西南联大。

12 月

19 日 译毕南斯拉夫阿洛异·克莱弗《建筑家》并撰"译后记"。

21 日 吕叔湘由成都复函："胡[翔冬]集一本,林[山腴]集四本并拙著一册,合作一包于今日寄奉。""付寄时初不允作教育图书,""争辩间惊动局长自来问询,局长系上海口音,见封面足下大名,遂问及足下行止,并面谕伙计,此系教授用书亦可收寄,妙哉妙哉。"

26 日　浦江清由昆明致函:"长汀欢聚,快慰离惊,至今犹萦梦际。""蒙足下写介绍书两通,因未感困难,均未投递。""托交云大学生一物,尚未检出交去,但不久必设法转去。""兄之存书,'郑氏文学史'、'四印斋词'、'八史经籍志'等均在冠英处,尚未送来。""《国文月刊》仍由彼编辑,极盼吾兄撰稿,以给予生气。""《当代评论》,如足下有稿,亦必欢迎。""杨君之物,弟初到此,住在工学院褚士荃处时,即托其交去。足下托注意近人诗集,一路行来,仅在桂林见一二家旧书店,无甚书籍。"附经润改诗笺《蛰存自闽中来书,却寄》。

下半年　选编《高中文选》,由福建省政府教育厅编委会出版。

下半年　沈从文书赠独孤及《垂花坞醉后戏题,赋得俱字韵》。

1943 年(癸未,民国三十二年)　38 岁

▲9 月,意大利法西斯政府宣布无条件投降。

▲11 月,中、美、英首脑在开罗发表《开罗宣言》。

1 月

1 日　与刘天予、谷霁光合编《厦大学报》第一集出版。

15 日　重庆《抗战文艺》第 8 卷第 3 期登载郭沫若《关于"接受文学遗产"》提及:"往年曾经闹过读《庄子》与《文选》的问题,

经过鲁迅的指责,在近人的论调中还时时发现其微波;但平心而论,这两部书依然是值得一读的。""凡是有志于文学的青年,能读读这两部书,我看是很有益处的。"

25 日 吕叔湘致函:"阁下今年行止有无成竹,倘有意为西蜀之游,即当预为接洽。""西北恐只可走马一游,不堪久住耳。"

下旬 厦门大学在北山之麓建成新校舍,随即搬出长汀饭店的临时住所,迁居位于北山脚下的教授新宿舍,屋子背靠北山。自述:"瞿秋白是我的老师,他是被国民党杀害在长汀的北山山脚下,他的墓就在离我当时住的宿舍不远处。我每天路过,沉痛无尽。"(《世纪老人的话·施蛰存卷》)

月内 作诗《题胡翔冬自怡斋诗》。

月内 始作《读太史公自序旁札》,同时编写讲义教材。

本月 贵阳文通书局初版胡苏《火底典礼》,作者"序"中提及:"1933 年,我又重新地开始写短篇小说。""写了一篇《小鱼》,但施蛰存与杜衡用诚恳的友谊的态度,劝我不要发表它出来;除非重新地再写一次,我接受了他们的劝告。"

2 月

5 日 春节。始用别署"北山",并以"北山楼"为书斋名。

7 日 译毕荷兰 H.海裘曼《江湖买艺人》并撰"译者记"。

10 日 译毕匈牙利拉育思·皮洛《两孤儿》并撰"译后记"。

20 日 《文艺先锋》第 2 卷第 2 期刊载茅盾《文艺杂谈》。

22 日 译毕耶鲁斯拉夫·荷尔赫列支基《见证》并撰"译后记"。

月内 作诗《汀州市上得虎肉自烹之以一胾饷李雁晴媵以小诗》。自述:"一日授课后在市肆散步,遇有出售虎肉,遂购得一盏。自以瓦罐煮之，舀一器馈赠李雁晴先生品尝，越日雁公写诗一首见示：'蛰存词长馈虎肉，诗以谢之：腥风昨夜袭行厨，别馆惊逢席上腴。理疾但教尝一盏（余患胃疾，屡思试食虎肉，未果），假威谁复问群狐。斑㩧匕箸欢扪腹，色变笑谈怕捋须。多谢愚山相馈赠，助吾诗思益吾迂。'"（《北山谈艺录续编》）

约在期间 浦江清由昆明复函："《国文月刊》文盼即能写寄。""如有讨论中国文学系课程之文章，'月刊'亦甚欢迎。""杨君处《越缦堂读书记》拟即去代为收回，馀书存弟处者，待后设法为兄办理。""闽中离沪较近，足下接眷事尚易办。昨企罗来信云，其妹在今年暑假将毕业高中，颇想到内地读书，倘足下返沪接眷，则可以结伴同行，彼此照顾。""《花蕊夫人宫词考证》一文已草就，在何处发表未定。""《厦大学报》如贵校可以惠赠至此间文科研究所，则甚为欢迎，当即以《清华学报》已印出者交换。"

3 月

2 日 作诗《枯树》，后发表在《大江日报》副刊。

18 日 译毕赛尔玛·拉瑞列孚《婚礼进行曲》撰"译者记"。

同日 《东南日报》刊载题为《施蛰存为杜衡辨正》的先生 7 日致该报编辑函。

21 日 吕叔湘由成都复函："介府上款已于 1 月 14 日由舍弟送到，想已得家报也。""培风楼主人已晤，渠身边亦无存书矣。Sayu 书，华西大学有之，为人借去迄未得读，想当不恶。""暑假中拟译小说一种，足下有可提示者否，企盼明教。作官之说如何，得闻其详否，此亦储集说部资料之一，道况亦不无报国利民之可能乎，敢如劝驾。"

26 日 《东南日报·笔垒》登载钱斯丁《杜衡与芦焚——答

施蛰存先生》。

27 日 《新华日报》登载郭沫若《新文艺的使命——纪念文协五周年》。

月内 虞愚书赠诗作并识:"新居牖下有古松一株,所谓雀舌种者,为赋一诗录似蛰存道兄高评并乞和章。"先生即作诗《奉和虞竹园新居古松》回赠。

4 月

18 日 浦江清致函:"寄上冯芝老法书一件。""书尚佳,惜诗太颓废,当时彼匆匆北飞,固难使其更作耳。""近出《国文月刊》数期,""颇有蹈空虚及沉闷之病,冠英非不知之,奈来稿多如此耳。今尚想整顿,最难得者为讲解诗文之稿,足下有闲乞助之。吴先生前谈读尊诗甚佩,将介绍付《旅行杂志》,有信征求足下同意。"附冯友兰书赠条幅:"断送一生惟有酒,寻思百计不如闲;莫忧世事兼卑事,须著人间比梦闻。蛰存先生属书,冯友兰。"

同日 《我所知道的杜衡》(上)刊于《东南日报·笔垒》;19日续刊《我所知道的杜衡》(下)。

20 日 《东南日报·笔垒》登载文不孚《施蛰存佳文抄》。

22、23 日 《东南日报·笔垒》连载钱斯丁《杜衡之谜——再答施蛰存先生》。

月内 作诗《癸未春日闲居》十首,工楷过录多份,寄赠各地师友,先后收到诸家评论。闻宥评:"大作气韵之高,选字之辣,直是唐人。倾倒已极,浦君固决非足下之敌,即雄伯亦当退避三舍矣。"浦江清评:"五律不入贾长江一派,有古诗之蕴藉,真难得也。"罗庸评:"尊作清真雅正,沉练如杜,而冲融似陶,衡之近人,以闽派为近,相识中作者,沉潜安雅,未有踰于左右者。此非第观艺,且以观德也,敬服之馀,祇深赞叹。"

5 月

5 日　吕叔湘复函:"足下暑假行止已定否?""承示可译之小说,甚感。""暑假中须将三者赶办结束,未必有暇译小说也。"

30 日　罗庸由昆明复函:"损书并示近诗,谦抑过当,愧弗敢当。""弟一知半解,时肆瞽说,徒足贻笑大雅,不足论也。后有述作,仍盼寄示,以饱眼福。"

同日　吕叔湘由成都复函:"'无相庵近作'已捧读。""《金陵学报》新印两期皆理农两院文字,度阁下未必有学稼之兴,不买寄矣。夏间作何计较,愿闻其详。"

月内　作诗《偶忆昆明肴馔之美戏赋一首》《王耘庄来书言顷已与沈楚同居作诗箴之》。

本月　桂林《艺丛》创刊号刊载郭沫若《文艺的本质》。

6 月

1 日　《适闽杂诗》(自松下海面乘帆船赴海口舟中得句、海口、坑田道中六首、福州杂诗八首、闻收邕宁喜而颂之、蜑娘谣、水口夜泊、闽江滩行、南平口号二首)并附《愁霖赋》,刊于《旅行杂志》第 17 卷第 6 期。

17 日　携数位学生同游霹雳岩公园,拍摄合影,于照片背面题写:"民国卅二年六月十七日摄于长汀霹雳岩。"并在居中签名,接着是参加合影学生各自在照片位置签名:"伯石、潘茂元、范筱兰、勒公贞[丁]、郑道传。"

7 月

1 日 《小说月报》第 33、34 期合刊登载沈子成《关于施蛰存及其著作》:"清明节前几日,我从上海回到了故乡,""翻阅《杂志》以自遣;忽在文化报道栏内,见有施蛰存氏回沪努力写作简讯一则;使我一栗,施氏无恙否?施氏从绝塞蛮荒归来耶?于是我仰首唏嘘,不能自已,不竟追怀起往事来。"此文各节:"一、从水沫社说起。""二、施氏的生活及其家。""三、施氏创作评述。""四、施氏之散文、翻译、及其他。"

7 日 《民族文学》创刊号登载《文学家的学问》:"施蛰存先生感叹中国文学的贫困,胪列了许多文学家需要的学问,来作医治贫困的药方。这张药方出来,吓掉了许多文学家的魂,攻击反对,是自然的现象。其实施先生的主张是对的。""施先生劝大家多读一点书,也未尝不是一番美意。"

15 日 译作约翰·根室《大使夫人》刊于《新文学》创刊号。

同日 与刘天予、谷霁光合编《厦大学报》第二集出版。

8 月

中旬 由长汀启程返回沪探亲。据马祖熙回忆:"留赠我不少书籍,起先是要我保存,后来干脆赠给我。这些书中有王晓湘的《词史》、吴瞿安的《词学通论》、毛晋《六十名家词》、《云起轩词》、《西厢记五剧注》等,共有数百本。"(《化雨春风七十年》)

本月 省立江苏学院在福建三元成立,戴克光出任院长。

9 月

下旬 先生与父母亲在岐山村寓所前门合影。

月内 与周煦良到吕班路(今重庆南路)巴黎新村看望傅雷夫妇。自述:"知道他息影孤岛,专心于翻译罗曼·罗兰。这一次认识了朱梅馥,也看见客堂里有一架钢琴,他的儿子傅聪坐在高凳上练琴。"(《纪念傅雷》)

月内 自述:"苏青,我1943年从内地到上海探亲时在朋友家吃饭碰到过。"(杨晓晖、龚建星《施蛰存访谈录》)

本月 作诗《读离骚因赋一章》《偶赋》。

10 月

月内 自述:"去拜访柯灵和傅雷,他们都提到了张爱玲,认为她的小说写得非常好。有一次我到朋友家吃饭,遇到了张爱玲和胡兰成。"(张英《访上海作家施蛰存等》)

本月 《风雨谈》第6期刊载:"传施蛰存返沪。"

11 月

1 日 诗作《绮怀十二首》手稿刊于《万象》第3年第5期"插页",署名"蛰存"。编辑柯灵在"编辑室"提及:"施蛰存先生年来在福建长汀厦门大学执教,除翻译外,常以旧诗遣兴;最近应本刊之请,承他远道见寄。""下期将有《春日闲居》等作发刊。"

26 日 由上海致香港戴望舒:"近日晤L兄,渠云有方法妥寄一信与兄,故作此函。足下始终未有信寄友人,人人皆以足下为念。""弟近来颇以收存文献为意,希望将能办些出版事业。港

318

中一切刊物书志(指 1941 年以后)尚祈多多收集。穆时英遗文，亦须征存。《星岛日报》'娱乐版'，如能觅一全份(穆兄所编者)最好。呐鸥遗文，亦须收存，将来当为他们出一全集，亦朋友之谊也。《新诗》及《新诗丛书》在上海何处，能否再弄得一份?"

本月 世界书局初版发行李一鸣编著《中国新文学史讲话》，书中"第五章小说·第三派"提及:"'现代派'是承继'水沫社'而来的，他们曾出版《现代》杂志。""施蛰存笔致细致，善写琐屑事，短篇小说集有《上元灯》。"

12 月

1 日 诗作《忆旧十二绝句》(又题《绮怀十二首·十年影事微见于斯》)刊于《万象》第三年第 6 期。

上旬 作诗《壬午之冬张荫麟没于遵义校斋，越岁方获凶讯，念在昆明时有游从之雅作诗挽之》。自述:"余此诗原作喻解牛，朱自清先生见之曰，误矣。荫麟饕餮，饮食无度，起居不节，岂能喻解牛之旨乎，遂改作失解牛。"(《北山楼诗》)

本月 诗作《武夷宫》《幔亭》《仙船》《仙馆岩亦名学堂岩又称仙学堂》《卧龙潭在大藏峰下溪水于此渟潴作一泓寒碧因曰潭焉》刊于《民族诗坛》第 5 卷第 2 辑。

本月 重庆当今出版社初版欧阳凡海《文学论评》，书内提及:"《鲁迅的〈明天〉》解说第一段的那种仔细，精到的精神，实在值得佩服。""施蛰存这篇文章的错误，不在于他分析了技巧，而在说他歪曲了内容。"

约在期间 自述:"东南日报副刊(福建南平)，1943 或 44，发表过二三篇杂文，只记得有一篇是题为'一个性学家的恋爱观'[《一位性学家所见的日本》];还有一篇是关于尼采的'查拉图斯屈拉如是说'这部译文的[《尼采之"中国舞"》]。"（"我曾在报刊上发表过的文章"）

1944 年(甲申,民国三十三年)　39 岁

▲4 月,日寇发动大规模侵略豫湘桂的战役。

▲6 月,《中国全国文艺界抗敌协会向全世界反法西斯作家致敬》发出。

1 月

1 日　《春日闲居十首》刊于《万象》第三年第 7 期。自述："被检查删去一首,只刊出九首。"（"我曾在报刊上发表过的文章"）

同日　译作瑞典 S. 拉瑞列孚《婚礼进行曲》刊于《新文学》第 1 卷第 2 期。

25 日　春节。全家聚餐并庆祝先生夫妇四十岁生日。

本月　上海中华日报社出版杨之华编《文坛史料》,内有《现代社》《记现代社》。

2 月

1 日　译作匈牙利拉育思·皮洛《两孤儿》并"附记"刊于《新文学》第 1 卷第 3 期。

月内　自述："在福州路上碰到郑振铎先生,他邀我一起去逛书店,走到三马路,又碰到陈望道,三人一起到一家古书店楼

上,叫了几个菜,边吃边谈。后来,我回内地时,他托我到屯溪时,打一个电报给重庆教育部。""西谛托我到屯溪去打电报给教育部(陈立夫或朱家骅?),是为了收购《孤本元人杂剧》,此书新在上海发现,书贾索价甚高,郑要教育部出钱买。我到屯溪后即打了这个电报。"(复陈福康函,1990年)据陈福康记述:"此时如发电报,或有可能是为商务印书馆选编排印这部书的事。"(《读其遗札,怀念音徽》)

3月

中旬 携长子启程返回福建长汀,并与罗洪及孩子同行。自述:"我计划从杭州过封锁线,到严州转屯溪,再从屯溪去福建。罗洪也正在想去屯溪,于是我们结伴同行,出杭州市,过铁丝网,经过日本宪兵的检查,才得乘船登上平安的旅程。从严州到屯溪,船从新安江逆流而上,每日的航程比步行还慢,在船上十多天。"(《罗洪,其人及其作品》)

30日 与罗洪一行抵达屯溪,和上海法学院朱雯相聚。

31日 经朱雯介绍,应新生出版社社长赵锦华之邀,出任主编"新生文苑"丛书。

本月 《国文月刊》第26期登载李何林《再来一次白话文运动》提及:"十年前施蛰存先生主张青年应该读《庄子》与《文选》以丰富词汇的理由,当时曾为鲁迅先生所反对,最近又为郭沫若生所赞成,也是一般人主张'要想白话文作好,必须文言文有根柢'的根据。"

4月

1日 《徽州日报》登载短讯《施蛰存、罗洪由沪来屯》。

2 日　在屯溪三天后,晨与朱雯、罗洪夫妇道别,8 时乘车携长子前行,下午 3 时抵达浙江淳安。自述:"原来×司令亦搭此车,因之一路讨便宜,省却各关检查之烦。""到淳安住一宿,闻有敌人在××登陆消息,颇觉紧张。"(致朱雯、罗洪函,1944 年)

3 日　早晨离开浙江淳安,乘车赴江西上饶。

4 日　下午抵达江西上饶,遂乘船赴河口,宿于西湖饭店。自述:"旋访××地方银行友人,始知昨日淳安所得之消息不确。上饶各方面皆平静,暂时可无虑。到饶后一问汽车,始知南城宁都一路已通,但即使走此路到长汀,亦仍须七八千元之谱,若走建潜南平永安,势必更贵。"(同上)

5 日　在河口致朱雯、罗洪夫妇一函。自述:"昨日乘船来河口,访老友×××,渠在此为省际××处长,已允设法车辆,亦可免费到宁都,此行耗费之大,远出预料。"(同上)

中旬　携长子途经宁都、瑞金等地返回长汀厦门大学。

本月　《风雨谈》第 11 期"现代女作家书简特辑"登载丁玲(12 日)致××先生一函,谈及"读了蛰存先生的来信,非常喜悦。我如果有稿子的话,给贵刊当无意见"。按:据袁良骏编《丁玲集外文选》标注此函为"1932 年"。

5 月

9 日　浦江清由昆明复函,写到"自沪寄来信两通","蒙告我以舍间近况";"前次在宥曾有两信,谈及彼在华西大学因研究所紧缩改为中文系主任,想聘阁下,奉彼托为致意","只云恐蛰存未必能来,彼又谈及华西薪金","此数恐未必优于长汀也";"得暇祈为《国文月刊》执笔","一多、佩弦诸兄嘱候"。

15 日　《小说月报》第 41 期刊载沈子成《记水沫社》,写到

"水沫社同人的努力,及所留下的成绩,在中国文坛上有其不能磨灭的光辉,很想将水沫社的始末,作一个真实而详尽的记述,将史迹留下,供他年修中国文学史者的参考"。

29 日 《无锡日报》登载《文人浮雕——施蛰存》。

本月 为主编"新生文苑"丛书而作《新生文苑缘起》。

约在期间 自述:"十多个学生经常来我宿舍里聚会闲话。""作新诗的有朱伯石,现任华中师院教授,有勒公贞,现任江西吉安教育学院教师,作旧诗的有欧阳怀岳,诗做得极像黄山谷。""马祖熙,填词不下陈其年,现在安徽当中学教师。教育系学生潘茂元,文学是他的副系,也常来参加茶话,他现在是厦门大学副校长。姚公伟写诗,也写散文。他的爱人范筱兰,善演话剧。"(《〈红鼻子〉的作者》)

6 月

3 日 复××函以题为《港沪文讯》刊于《联合周报·笔会》第 2 卷第 18 期,言及"弟久不动笔,一时无可效劳,惟此间图书馆尚好,倘须参考资料,可请驰一简"。

15 日 与刘天予、谷霁光合编《厦大学报》第三集出版。

24 日 为译著《自杀以前》(又名《爱尔赛之死》)撰"题记"。

月内 作诗《赠张苏簃大家》。自述:"苏簃自邵武来[住在长汀一位牧师家里],欲泛汀江去潮阳省亲。波路险恶,又无便船,余劝其且住,遂留止焉。晤谈数日,以诗相酬答,因赏其才,遂为介绍与校长萨本栋。萨公欣然延揽之,余遂得与苏簃共事者又年馀。每逢空袭警报,中文系师生群趋苍玉洞,踞岩穴间,议论上下古今,苏簃辄与焉。"(《序〈张荃诗文集〉》)

7 月

22 日　张荃(苏簃)书赠诗作《奉酬蛰存先生》。

26 日　撰写《纪梦》一则。

月内　十日谈社海岑由永安来长汀行医,顺向先生组稿,拟出版"北山译乘·第一辑 10 种"(施蛰存选译),此后出版 5 种。

月内　作诗《赠张苏簃即题其诗稿》。

8 月

2 日　为勒公丁诗集《路灯与城》撰"序言"。

月内　徐震堮寄赠诗作《与敬老、癯老、季思共赋风雨龙吟楼诗,以未知明年又在何处为韵,得未字又字》《过季思斋,闻县前池荷盛开,闲步往观,用简斋葆真池韵》等八首。

本月　屯溪新生出版社初版施蛰存主编"新生文苑"第一辑之一袁微子著《浪花》,书首刊有先生所作《新生文苑缘起》,书末刊有"'新生文苑'主编者施蛰存·第一辑预告",其中有《大使夫人》(小说集),施蛰存译"。

9 月

1 日　《艺文杂志》第 2 卷第 9 期登载文载道《斗室微吟》,开端写道:"施蛰存先生曾经写过一篇《绕室旅行记》,收在开明版的《灯下集》中,是讲他书斋内的庋藏设备等情形,读了很引起我的兴趣。"

15 日　浦江清由昆明致函,谈及"自兄返闽,仅获尺书,并云挈一子出来,不知厦大近况奚似,汀地生活如何,均念","开明书店自桂迁渝,《国文月刊》仍续出",惟王了一编《中央日报》'星期增刊'存在,惜吾兄所处过远,又不知稿费汇得通否;所欢迎者为小品文、杂感、文艺创作、文学批评等"。

月内 作诗《荪簃省亲归里迟久未来赋寄》《林生启华为其尊人远堂先生五十自寿诗征和遂献一首》。

10 月

1 日 成都绿洲出版社出版孙望编《战前中国新诗选》,内收《乌贼鱼的恋》。

25 日 为译作托洛茨基《A. 史德林堡回忆记》撰"译记":"这是一篇二十年前的旧文,译成中文也已多年。因为作者是托洛茨基,一向不敢发表,推恐蒙托派之嫌也。现在托翁墓木且拱,托派也已不成政敌,想来可以无此顾忌。""原想留着编入一部计划中的《近代文人逸话集》,现在将它单独发表,似乎有点突兀,但希望熟悉史德林堡的人或者对此文还会发生一点兴趣。"

月内 据朱雯回忆:"创办一份《域外文学》月刊,便分别写信给在浙江的孙用和在福建的施蛰存、黎烈文。""施蛰存也寄来了另一位保加利亚作家埃林·彼林的短篇小说《圣史璧列侗的眼睛》。"(《黎烈文致朱雯·收信人语》)

11 月

16 日 《浪漫主义》刊于《正气日报·文艺专刊》新 1 期。自述:"新赣南(赣州)报副刊,1943—1944 年,发表了二篇文章,一篇是'美国民主诗人惠特曼纪念文';一篇是'青花',谈浪漫主义文学的杂文。"("我曾在报刊上发表过的文章")按:据王龙志

2010 年论文《赣南〈正气日报〉研究》,《新赣南报》于 1941 年 10 月易名为《正气日报》;"青花"一篇当为刊出所题《浪漫主义》,而"美国民主诗人惠特曼纪念文"一篇,俟考。

12 月

1 日 译作英国 W. 亨脱散文《谈喝茶》并"译后记"刊于《万象》第四年第 6 期。该期编辑柯灵在刊末撰"编辑室"提及:"施蛰存先生近几年少所发表,《谈喝茶》一文自然更值得珍视。"

2 日 译作美国威廉·沙洛扬《在太平洋街鲁意茶室喝咖啡吃三明治》刊于《正气日报·文艺专刊》。

4 日 译作托洛茨基《A. 史德林堡回忆记》刊于"民主报附刊"《十日谈》文艺旬刊第 12 期。

厦门大学期间 自述:"同事有万鸿开教授,任教商学院的统计学课。他是清华大学出身,曾于 1933－1934 年选修过闻一多先生的'杜诗'课,还保存着一本听课笔记。他把这本笔记送给我。当时我略略翻阅,一共三四十页,记录了闻先生讲杜甫诗四五十首的情况。"(《闻一多讲杜诗》)

又 自述:"余在长汀时,侯官邹允衡为师范学校教师,时来大学听余讲课,以所绘竹菊紫藤为赘。余不解绘事,张之壁,知其不恶耳。"(《题邹允衡画竹》)

又 自述:"穿一双软底布鞋,在浙赣两省的旧官塘大道上漫步,都是真正的旅游。我曾从广东梅县步行到江西瑞金。还有一次,从宁都走到赣州。浙江省内,从龙游到寿昌,从江山到玉山,都留有我的足迹。"(《古代旅行》)

又 在长汀作诗《卖梦》。

又 自述:"看了 1/3《道藏》,专看'洞真部',这里有许多佚

书,没有单行本的。我在《三洞群仙录》中找到后唐庄宗如梦令词的资料,大有用处。"(复钟来因函,1987年)

1945年(乙酉,民国三十四年)　40岁

▲8月,日本侵略者宣布无条件投降。

▲10月,中华全国文艺界抗敌协会决定改名为"中华全国文艺界协会"。

1月

3日　《岁首文学展望》刊于《正气日报·新年专刊》。

10日　《正气日报·文艺专刊》新5期登载"新六期要目预告"内有:"《爱伦·坡小说一篇》,施蛰存译。"

月内　制藏书票"施蛰存无相庵藏书之券1945—1948"。

本月　译作瑞典赛尔玛·拉瑞列孚小说《婚礼进行曲》又刊于屯溪中央日报社编《黎明之前》(创刊二周年纪念号)。

2月

上旬　虞愚作诗书赠《咏怀一首》。

月内　作诗《虚传寇至以方粲秋所寄书简五十五通装为一帙寄还之縢以长句》《寄余仲詹高呦苹二老兼问虞竹园林静希郭宣霖诸君上杭》。

3 月

月内　自述："从长汀乘船到上杭,又从上杭到峰市,几乎经历了汀江的全程。这一次乘的不是轮船,而是一种轻小的薄板船。""从上杭到峰市一段汀江,我简直不能想象它可以通航,但我实在坐过一叶小舟,在这许多险绝人寰的乱滩中平安浮过。"(《在福建游山玩水》)

下旬　任铭善致函,并附书赠诗作《春寒五绝句》。

4 月

11 日　《大上海报》刊载戈予《施蛰存风尘仆仆》:"去年春季他又来过上海,那时他家已迁居愚园路,儿女渐长,于是他携了大儿子匆匆再到内地去了。他原为'礼拜六派'的作者,因能锐意改进,得获文坛佳誉。其作风清新婉约,词藻洵丽,心理描写最多微妙之处,拥有广大读者。如《娟子姑娘》即为确例,'良友'版的那册《善女人行品》,不啻是一架现代女性的解剖镜了。"

20 日　译毕英国诗人劳伦斯诗作《绿》等数首并撰"附记"。

本月　开明书店初版叶绍钧、朱自清合著《国文教学》,书中"论教本与写作"提及:"施蛰存先生在《爱好文学》一文里说:'我们欢迎多数青年人爱好文学而不欢迎多数爱好文学的青年大家都动手写作(即创作)。爱好文学是表示他对于文学有感情,但要成为一个好的创作家,仅仅靠这一点点感情是不够的。'这是很确切的话。"

5 月

23 日 《光化日报》刊载《施蛰存苜蓿自甘》："去春曾一度来沪,料理家务,旋复远行。施氏原籍松江,淞沪一役,'欣逢'空袭,故园零落,施氏十载藏书,及其历年所收集之名家手稿裱本,均付一炬。闻施氏现仍任教于厦门大学,时以译作自遣,近有函致其友人,有谓:'此间所得,仍是一盘苜蓿,勉以糊口。'又谓:'桂林一散,友朋均不知去向;王鲁彦已长逝,张天翼消息无着,可慨喟耳。'据云,施氏虽极清苦,而苜蓿自甘,足为关心施氏之读者告慰也。"

6 月

2 日 《怎样纪念屈原》刊于长汀《南方日报》:"每一个时代的人都纪念死去的屈原,而同时又都嫉忌他同时代的屈原,这史实也重复地显现到如今,我们有什么理由可以自解呢?"自述:"这是为民国三十四年诗人节而写的一点感想,那正是郭沫若先生因为上一年曾发表了一篇《甲申三百年祭》而被骂得体无完肤的时候,也是郭先生亲自搬演屈原的时候,所以我这篇文字也多少有点是为郭先生而写的意味了。"(《待旦录·序》)

8 日 徐森玉于长汀致上海长子徐伯郊函谈及:"施蛰存写示《武夷诗》三十首,颇有大谢风趣;此地人物如卿,而同调绝少,渠甚念馨迪不置。"据王圣思回忆:"施先生说:'徐森玉从重庆飞到福建,在长汀厦门大学和我住过一阵。当时重庆飞上海的路线到江西中断,只好飞福建,然后走公路,经浙江杭州,才能到上海。有不少朋友,我都是送他们走这条路线,我自己也是这样回

上海的。'"（《追忆拜访施蛰存先生》）

10 日　《沈从文：致施蛰存》（沈从文 1935 年 8 月 28 日致函手稿）刊于"文艺春秋丛刊"之四《朝雾》插页。

20 日　译作 J. 苻尔赫列支基《见证》刊于《十日谈》第 3 辑。

24 日　为译著奥地利显尼志勒《爱尔赛之死》交付复兴出版社代为印行而撰题记。

月内　为译著匈牙利莫尔那《丈夫与情人》撰"初版引言"："来到国立厦门大学，在图书馆里又发现了它。'这回该了却我的心愿了吧？'我对自己说。于是，这个允诺的结果，使我终于能够把这 14 篇译文供献给读者。"

本月　译作匈牙利莫尔那《两个巴掌》刊于《文学集林》（眷恋集）第 5 辑。

7 月

1 日　《中华乐府》第 1 卷第 4 期刊载姚鹓雏诗作《得施蛰存长汀书却寄》。

5 日　与多位教授拟接受省立江苏学院之聘，而未参加厦门大学复员，仍留居长汀。

9 日　为译著《老古董俱乐部》撰"引言"："最先使我对于欧洲诸小国的文学发生兴趣的是周瘦鹃的'欧美短篇小说丛刊'，其次是《小说月报》的'弱小民族文学专号'，其次是周作人的'现代小说译丛'。这几种书志中所译载的欧洲诸小国的小说，大都是篇幅极短，而强烈地表现着人生各方面的悲哀情绪。这些小说所给我的感动，比任何一个大国度的小说所给我的更大。"

12 日　永安发生震惊中外的大逮捕"羊枣（杨潮）事件"。自述："杨刚确是来过福建，应当说是来营救羊枣。""她到长汀，也

是住在她堂兄弟家中。"(《关于杨刚的几点说明》)

30日 译作 C. E. 凯赛林《凯丝达》及"译后记"刊于《十日谈》第4辑。该辑"本社新书预告"刊载《北山译乘——施蛰存选译文学名著10种》:"自抗战以后,即埋头从事译著。近选出篇幅不长而可以自成一卷之西洋现代文学名著数10种,编为'北山译乘',交本社印行。兹将第1辑10种目录露布于左,书已付排,陆续出版。1.《自杀以前》,中篇小说,奥国显尼志勒著,8月出版。2.《老古董俱乐部》,短篇集,欧洲诸小国作家著,8月出版。3.《战胜者巴尔代克》,中篇小说,波兰显克微支著,9月出版。4.《沙洛扬小说集》,短篇集,美国沙洛扬著,9月出版。5.《尼采的晚祷辞》,文学逸话,褚威格等著,10月出版。6.《美痣》,中篇小说,法国缪赛著,10月出版。7.《丈夫们的事情》,对话,匈牙利莫尔纳[那]著,11月出版。8.《薛尔薇》,中篇小说,法国特·奈瓦尔著,11月出版。9.《沙上之足迹》,警句集,果尔蒙等著,12月出版。10.《奥尔斐》,剧本,法国高克多著,12月出版。"

下旬 应戴克光之邀,与邹文海、万鸿开、周长宁、田叔园等诸位教授脱离厦门大学,由长汀迁居三元,接受江苏省立江苏学院之聘,出任文史学系教授。张荃作诗《别诗,蛰存文海先生将离汀州即赠,且为明春之约焉》。

月内 为译著显克微支《胜利者巴尔代克》撰"译者引言"。

本月 安徽屯溪《中央日报》出版三周年纪念刊罗洪编《点滴集》,内收译作保加利亚 E. 沛林《圣史璧列侗的眼睛》。

本月 上海良友图书公司再版印行"名家小说集"《西泠的黄昏》,内收《李师师》《旅舍》《夜行》。(1933年初版)

本月 永安立达书店初版发行许杰《现代小说过眼录》(海岑主编"立达文艺丛书"第1辑之一),书内收入《"明天"》。

本月　《风雨谈》第 20 期登载东方优《夏夜访语堂》:"夏夜的'有不为斋',你时常可以晤见当时文化界的知名之士。老辈之中有蔡子民先生,其他还有邵洵美、施蛰存、郁达夫、陶亢德、阿英、简又文、温源宁、全增嘏、周黎庵、徐訏、黄嘉音、刘大杰、谢葆康这些位,真可算是济济多士。"

8 月

1 日　《致望舒》刊于《文帖》第 1 卷第 5 期。

同日　译著奥地利显尼志勒《爱尔赛之死》(《爱尔赛小姐》),由南平复兴出版社出版。

同日　南平复兴出版社初版刘贝汶《后来者》,书中"1944 年 8 月自序"提及:"民国三十一年冬,我写完了《后来者》,""初稿时,得施蛰存先生诸多指正。"又"1945 年 4 月 20 日再序"写道:"本稿原由施蛰存先生收入他替屯溪新生出版社编辑的'新生文苑',稿子于去年 9 月间寄出,至今没有下文。近得施先生函,说新生出版社有停顿讯,并为接洽在复兴出版社印行。"

15 日　日寇投降。作诗《闻罢兵受降喜而有作》。

同日　译作匈牙利莫尔纳短剧《神圣而高尚的艺术》刊于《浙江日报月刊》第 4 期。

25 日　译毕约翰·史伐妥普拉克·玛喀耳《贼》并撰"译后记"。

本月　译著德国苏特曼《戴亚王》,由永安十日谈社初版。

9 月

1 日　任省立江苏学院文史学系主任、教授,月薪为 400 元。

据《江苏省会要览》记载："该院之规模，相当完备，可与国内任何大学媲美，计设文史、外文、数理、机工、经济、政治、行政管理等七系，及社会教育专修科。各系教授均系国内知名之学者，现文史系有陈易园、詹剑峰、施蛰存、李香谷、王咏详诸先生。""各位教授，以留英者为最多，留美及留法者次之，彼等对治学均极谨严，故院内之研究空气，特别浓厚。"（沈洛、马涉文编辑，中国文化服务社镇江支社，1946年2月编印）

另，据徐中玉回忆："陆侃如先生想请他来中山大学，要我去信征求他的意见，但未接复音。抗战期间，大家行踪常有变化，或是迁校避难，或是邮路不畅，常被遗失。中大的几位先生对蛰存先生的博学多识都是非常赞赏的。"（《回忆蛰存先生》）

3日 《大晚报·剪影》刊载先生致×兄×嫂函："在屯诸承照拂，心感不尽。乃以行色匆匆，不能尽盘桓之乐，亦复怅怅。"按：此为1944年4月5日在江西河口致朱雯、罗洪夫妇函。

月内 作诗《三元传柑里寓斋卧病作》。

本月 译著奥地利显尼志勒《自杀以前》，列入"北山译乘第一辑"，由福建永安十日谈社初版。

本月 上饶战地图书出版社初版许杰著《文艺·批评与人生》，内收《谈浪漫主义——读施蛰存先生〈浪漫主义〉后》。

10 月

14日 重阳节。李祁书赠诗笺《重阳口占三首（抗战胜利之秋）其三》。

本月 译著东欧诸国短篇小说集《老古董俱乐部》，列入"北山译乘第一辑"，由福建永安十日谈社初版。内收译作保加利亚《罗西察河上的石桥》《圣史璧列侗的眼睛》《客》，匈牙利《两孤儿》《称心如意》，瑞典《婚礼进行曲》，犹太《缄默者彭齐》，捷克《贼》，南斯拉夫《老古董俱乐部》《建筑家》。书末刊有"北山译乘第一辑——施蛰存先生选译"书目。

11 月

月内 作诗《题三元杨氏废苑》《闲居》。

本月 上海启明书局再版施若霖主编《八十家佳作集之四·包身工》，内收《无题》。

本月 永安十日谈社出版海岑编"十日谈集丛选辑"《虹之尾》，内收译作德国 C.E. 凯赛林著《凯丝达》及"译后记"。

本月 任铭善书赠诗作《纪言》《瞿公自雁宕寄词见忆有答》《沙溪》《甘州·九月作》，以及抄录徐震堮诗作"声越近诗"《归来》《闲居》《惠心叔》。

12 月

17 日 下午中华全国文艺界协会上海分会在金城银行七楼召开成立大会。自述："第一次成立大会我还没有回到上海，故没有参加。"（"我参加过的党、团、集会"）

下旬 江苏学院结束课程，计划教师、学生三批分乘五辆大卡车复员北返。作诗《治装北归赋寄苏簃》。据周退密、宋路霞记述："复员北归，只能带回流徙东南时所收各种金石碑刻诸件，常用之书均送友人。"（《上海近代藏书纪事诗》）

月末 江苏学院安排部分教授携眷属由水路北返，与周长宁，万鸿开全家，由三元乘船启程，经南平、衢州到杭州，换乘火车回到上海。途中作诗《登南平明翠阁赋寄苏簃》。

本月 译著波兰显克微支《战胜者巴尔代克》(《胜利者巴尔代克》),由永安十日谈社初版。

1946年(丙戌,民国三十五年) 41岁

▲6月,国民党悍然进攻解放区,全面内战爆发。

▲7月,闻一多在昆明被潜伏跟踪的国民党特务枪杀。

1 月

4 日 《栗和柿》刊于《新生日报》。

同日 《申报·春秋》登载赵景深《文艺的离去和归来》提及:"只有皖南屯溪的朱雯罗洪夫妇和福建长汀的施蛰存还常写信给我。""大约东南文艺界的消息我知道得较多,如施蛰存、曹聚仁、许钦文等家的文章是常可看到的。"

13 日 《关于图书馆的几句话》刊于《新生日报》。

19 日 译作法国阿尔兰《蔷薇》又刊《新生日报》,署名"江思"。(按:与戴望舒合署。)

下旬 李祁来函附词笺并题识:"病榻偶吟,录呈蛰存先生并乞斧正。"

月内 回到上海。自述:"第一天出门,下了一路电车,第一个碰到的老朋友就是《大晚报》现任总主笔汪倜然。"(《大器晚成》)"大部分时间是在家里,因为一家人都在上海聚首,阔别多年,有话谈。""万鸿开在我家中住了大约一个多月。""逛新旧书店,收买些旧西书,又常到虹江路去逛旧货摊,买了不少日本货盘子碗盏。""访问多年不见的朋友,有唐弢、柯灵、周煦良、朱雯、

刘大杰、王辛笛。""同乡前辈则有张叔通、雷君彦,也曾去看过。《申报》编辑吕白华,《文潮》什志编辑张契渠,好像也是在这时候认识的。"("1946年回上海后的情况")"到开明书店去过,见到叶圣陶、周予同、王伯祥、徐调孚诸人。"(《知己之感》)

本月 译著莫尔纳《丈夫与情人》由福州十日谈社初版。

2 月

2 日 春节。作诗《寄怀余仲詹(睿)先生厦门大学》。

15 日 译作 W. 沙洛扬《天才》刊于《文艺春秋》第 2 卷第 3 期。

18 日 下午 4 时前往金城银行 7 楼金联食堂出席中华全国文艺界协会上海分会举行第二次会员大会,暨欢送老舍、曹禺赴美讲学,以及欢迎内地复员来沪诸位会员。郑振铎作主席报告,叶绍钧致词,老舍、曹禺、费正清、吴祖光、施蛰存、许杰诸先生相继发言。据赵景深记述:"施蛰存说:'各位欢迎我,实在不敢当;有机会与久不见面的朋友们见面,很是高兴,谢谢。''希望能够重新拿起笔来,或者做一点意义的事情。'"(《一个作家集会》)

下旬 与周煦良筹办以翻译作品为主的刊物《活时代》,常去厦门路尊德里上海出版公司的统厢房办理编辑事务。

月内 作诗《战后初归游兆丰花园》。

3 月

1 日 译作《高克多随笔抄》刊于《新生日报》。

2 日 《世界晨报》刊载:"施蛰存将主编《活时代》杂志,正向各方友好约稿。"据黄裳回忆:"与蛰存初识,""当时他与周煦良

同编《活时代》,命我投稿。""托蛰存从某大学图书馆借来一册
1894 年版的 Garnett 夫人的英译本［冈察洛夫《平凡的故事》］,
得以断断续续译成。""他和浦江清是童年起的好友,就托他转请
浦先生写字,不久就寄来了。"(《忆施蛰存》)

9 日　袁水拍致徐迟函谈及:"施蛰存编《活时代》碰过头。"

15 日　译作西班牙 G. M. 西爱拉《情人》及"译后记"刊于
《文艺春秋》第 2 卷第 4 期。

20 日　《上海文化》第 3 期刊载:"《周报》发行人为联华银行
经理刘哲民,彼并主持上海出版公司,除发行《文艺复兴》外,另
邀施蛰存主编纯翻译刊物《活时代》。"

25 日　《两个犹太人》刊于《民国日报》,署名"蛰存"。

月内　作诗《龙战》、《回纥》、《吴宫》(二首)。

4 月

1 日　《鹦鹉的回家》刊于《少年世界》第 1 卷第 4 期。

5 日　为《活时代》作《发刊辞》:"要能了解全个世界,才能在
这个世界上占据一个适如其分的地位。我们这个小杂志创刊的
动机,即希望在这一方面给读者以一点微小的帮助。"

同日　《文联》第 1 卷第 6 期登载周梦江《战时东南文艺》提
及:"在闽北,施蛰存也在山里译了很多东西。"

10 日　与周煦良合编《活时代》创刊号出版。刊有其撰《发
刊辞——这是本期最重要的一篇,但不看也可以》(署名"编
者"),译作美国 Kurt Singer《从来不穿制服的上将》(署名"薛
卫"),英国 Hubert Harrison《重要的政治活动正在德国展开》
(署名"安华"),还刊有《河内之夜》并"题记"。据《文汇报》:"该
刊旨在介绍西洋社会文化生活思想。"

25 日　与周煦良合编《活时代》第 2 期出版；刊有译作美国 Michael Stern《纳粹法国特务魔王外传》（署名"陈玫"）、美国 Kurt Singer《上将的新间谍技术》（署名"薛卫"）。

29 日　按叶灵凤日记："覆君尚及施蛰存信，托蛰存在上海觅购《清代文字狱档》《屑玉丛谈》等书。"

约在期间　据吕白华记述："《一尘草》寄他看，那时他将到徐州去结束江苏学院的未了课务，写信给我说其中的《捲土颂》'直抉江西神髓'，这我不敢当。但他用的宣纸笺，那么劲逸的墨宝，我一直珍藏着。"（《友情》）

下旬　省立江苏学院已由扬州全部迁至徐州白云路北端改建新校舍并恢复教学，接到院长戴克光来函敦请返校，随即离沪前往徐州，继续担任中国文学系教授，居住在一字形教学大楼后面几座小洋房各成院落的教授住宅。

5 月

1 日　《文汇报》登载介绍《活时代》："施蛰存先生的清丽的才思曾经醉倒过许多人，《现代》文学杂志的风行一时说明他拥有读者的广大，新近他和周煦良先生合编《活时代》。""'发刊词'是一篇好文章。""这杂志里介绍了许多新的知识和话题，取材的方向极广，轻松和趣味是它的一个特色。比同型的翻译刊物，如《西风》《西点》，水准似乎高一点。特稿很精彩，为别的刊物所无，如第 1 期施蛰存的《河内之夜》……，都有特殊的风致。"

3 日　徐中玉由广州致函："雁晴先生来，欣悉文驾在沪，甚慰久念。《活时代》精美之至，洵非兄等不能做到如此，佩甚。此间文刊亦多，且正方兴未艾。弟 7 月中定可到沪，届时当趋谒。"

15 日　与周煦良合编《活时代》第 3 期出版；刊有译作《齐亚

诺日记抄》。该刊出版 3 期后旋即停刊。

16 日　按叶灵凤日记:"望舒于今日赴沪,作一信致陈宝骅代为介绍;又托其询问前托蛰存所购各书。"

18 日　震华法师致函:"近阅报章,知任《活时代》编辑,居于厦门路尊德里,相隔咫尺。""忆丁丑夏初,""见有《黄心大师》一文,""该文中之引言谓'北平某藏书家庋有明钞本比丘尼传八卷',当时见阅之下,恨不能乞为介绍借阅。余所编之《续比丘尼传》数卷,常抱憾未得将该书广作参考。""拟请先生代为转请该藏书家代为钞录惠寄。"自述:"离我那篇小说的发表已经十年了,""在徐州的时候,收到家里给转来的一封信,""一个在病中的老和尚,还在念念不忘于我虚构出来的明钞本比丘尼传,要觅得这部书来充实他的著作。"(《一个永久的歉疚》)

19 日　按叶灵凤日记:"蛰存来信,谓托购之书书单已遗失,所办杂志因销路不佳将停刊,并谓目前还谈不到文艺书出版问题,言下意兴阑珊;又谓曾在旧书摊上见过我的英文书。"

月内　作诗《乱后初至徐州访黄楼》。

6 月

1 日　《瀑布的故事》刊于《少年世界》第 1 卷第 6 期。

3 日　按叶圣陶日记:"朱经农来,言拟好好办光华大学,邀余与予同任教,并托余拉施蛰存为国文系主任。余言自己不任大学教师,拉施君则可以效力,因致书蛰存。"自述:"在徐州,我收到叶圣陶的信,问我下学期的工作情况。他说,朱经农将出任光华大学校长,正在组织教师班子。希望我去'光华'当中文系主任,托他写信征询。""虽然我很想回上海工作,但江苏学院能否同意,还未可知。因此,我就复信给圣陶,请他转达朱经农,且

待放暑假时回沪再说,好在只有一个多月了。"(《知己之感》)

11 日　《文汇报》登载介绍先生译著《老古董俱乐部》(十日谈社出版)的书评。

15 日　《柚子树与雪》刊于《文艺春秋》第 2 卷第 6 期。

17 日　《吉普》第 31 期刊载亦羽《施蛰存蹭蹬赴徐州》。

7 月

1 日　译作荷兰 H. 海裘曼独幕剧《江湖卖艺人》及"译者记"刊于《文潮月刊》第 1 卷第 3 期;该期《编辑后记》提及:"施蛰存先生原允为本刊撰创作一篇,后来因工作太忙,实在没有时间写。直到临去徐州的前一晚,才整理出一篇译作,恰好赶上本期付排。承施先生答应到徐［州］后,将再替本刊写一篇创作寄来,想不久即可与读者相见也。"该期《文坛一月讯》:"施蛰存赴徐州江苏学院,主持院务,将于秋间返沪。"

1 日至 12 日　译作《转变》附"前记"连载于《益世报》。

6 日　《周报》第 44 期续刊黄裳《昆明杂记·三》提及:"除了几颗古槐以外,全是洋灰水泥的建筑,更不用说什么圆圆的遗迹了。忆前曾见施蛰存先生题一本传奇的一首诗:'宫草宫花寂寞香,美人何与国存亡! 商山寺下飞鸿影,犹为将军舞艳阳。'不禁有点感慨,诗一共有三首,其馀两首想不起了,只有一句还记得,'寂寂禅堂胜景阳'。"

15 日　《他要一颗钮扣》《日本与中国间》刊于《文艺春秋》第 3 卷第 1 期。

中旬　省立江苏学院学期结束后放暑假,由徐州返回上海家中。自述:"遇到刘大杰,才知道他已决定就暨南大学校长李寿雍之聘,任暨大文学院长。同时才知道江苏学院同事邹文海亦已决定为暨大教务长,周枬为法律系主任,他们和李寿雍都是旧交,我又知道江苏学院院长戴克光本人也在活动换一个工作,这样我自己就决定脱离江苏学院,由刘大杰、邹文海的推荐,接受了暨南大学的聘书。"(《知己之感》)

约在期间 浦江清由昆明抵达上海,先生与浦江清、宋学勤、陆宗蔚结伴重游松江。

31 日 按叶圣陶日记:"上午,施蛰存来。渠已允就'暨南'教职,因可有房子住。'光华'方面只得辞却。"自述:"暨大在辣斐德路(今复兴中路)分配到一座大楼,作为教师宿舍,我虽家在上海,但老家人口多,挤不下,要想把小家庭分出去。""拜访圣陶,把我的情况告诉他,并请他代我向朱经农道歉。"(同上)

下旬 自述:"汪倜然和朱曼华两公找我替《大晚报》写点闲谈文字。"(《大器晚成》)

8 月

1 日 《文潮月刊》第 1 卷第 4 期《编辑后记》提及:"施蛰存先生因江苏学院赶补功课,为本刊所撰之创作未及完篇,须待再下期方可付印。"

上旬 接受暨南大学之聘任,致函徐州江苏学院辞去教职。

15 日 《日本我观:日本与中国间》刊于《日本论坛》创刊号。

同日 《三个命运》刊于《文艺春秋》第 3 卷第 2 期。

中旬 正式到暨南大学任职,即参加招收新生和阅卷工作。

26 日 《文汇报》登载晦庵(唐弢)《"上元灯"及其他》。

27 日 《文汇报》登载晦庵(唐弢)《书话·追》。

下旬 与夫人、孩子迁居辣斐德路(今复兴中路)暨南大学教师宿舍。自述:"暨大庶务处在大楼中分配给我二个房间,一

西一东,便解决了我的居住问题。"(《知己之感》)

约在期间 致范泉函:"为《文艺春秋》著文亦尚须少待一星期。弟散文一集不知是否尚在尊处,俟月初稍暇,即当趋访赎还转交令俊兄。"据钦鸿记述:"有一本散文集,由范泉要去准备由永祥印书馆出版。后来因故不拟付梓,而孔另境正在编一部丛书,愿意接受这本稿子。"(《〈文艺春秋〉上的作家书简》)

9 月

1 日 正式出任暨南大学中文系教授,月薪 480 元。据沈鹤龄回忆:"他首次来上我们的国文课时,已是文名显赫。他给我的第一个印象,就是个戴黑边眼镜的中年学者,而嗓子十分低沉。""他讲课的特点是重训诂而轻阐述,可以为一词一句甚至一个字的出典与释义花不少工夫。"(《课堂内外的施蛰存》)

4 日 写讫《德国人的绰号》。

9 日 《德国人的绰号》刊于《大众夜报·七月》新第 6 期。

15 日 《栗和柿》又载《文艺春秋》第 3 卷第 3 期。

16 日 诗作《卖梦》刊于《侨声报·星河》。

30 日 译作倪哥乐·杜岂《新的神话》刊于《申报·春秋》。

10 月

5 日 译作法国雨果《复兴法兰西·一段译文及一个跋语》刊于《申报·春秋》。

7 日 姚鹓雏诗作《题施蛰存武夷行卷》刊于《茸报》。

15 日 《也必然已经死了》刊于《文艺春秋》第 3 卷第 4 期《鲁迅先生逝世十周年特辑》"要是鲁迅还活着"专栏:"也许鲁迅

先生会活到抗战胜利,但今天,鲁迅也必然已经死了。因为,闻一多先生也居然死了,鲁迅怎么能幸存于闻一多死后!"

又 还刊有《在酒店里》。按:文末注有《时代的浮沤·二》。

19 日 在辣斐戏院出席中华全国文艺界协会上海分会等12 家文化团体举行的鲁迅逝世 10 周年纪念大会。

同日 鲁迅全集出版社出版许广平编《鲁迅书简》,内收致施蛰存二封。

20 日 《柚子树与雪》又刊于《书报精华》第 22 期。

24 日至 29 日 译作美国沙洛扬《恋爱》连载于《今报》。

26 日 下午与戴望舒等参加"星期六文艺茶座"。

28 日 译作俄国柴霍甫《人生是快乐的》刊于《申报》。

11 月

15 日 《兵士的歌曲》刊于《文艺春秋》第 3 卷第 5 期。

20 日 《书报精华》第 23 期转载译作《人生是快乐的》。

中旬 李祁来函并附书录词笺。

月内 与朱雯在八仙桥青年会参加由中苏文化协会上海分会与中华全国文艺界协会上海分会联合举办的欢送茅盾夫妇出国大会。

12 月

5 日 《〈路灯与城〉序》刊于《涛声》复刊第 1 期。

6 日 出任《大晚报·每周文学》主编,当日出版刊有《接编的话》(署名"蛰存"):"许[杰]先生把它扔了下来之后,已停止了几个星期。如今馆方拉鄙人来接力,从本期起将在每星期五继续与读者相见。""在寒冷而饥馑的晚上,谁还需要精神的食粮?""但在此刻,出版条件这样困难的环境里,应当是可珍贵的了。""编者颇希望它在这小范围内繁荣起来,纵然不能种植伟大的文艺松柏,也希望藉此栽培一些小巧玲珑的文艺花草。"

又 该期刊有译作美国沙洛扬《我们要的是恋爱与钱》(署名"陈玫")、其作《纪梦》。

7 日 译毕法国 A. 纪德《拟客座谈录第一》并撰"引言"。

13 日 主编《大晚报·每周文学》出版;刊有译作《蔼里斯随笔抄:艺术家的民族·坚硬的事实·作家的工作》,署名"薛卫"。

16 日 《书简》(一、覆黄焕良:一个经济系毕业生。二、覆蒋家彦:一个中文系毕业生)并"序"始刊《论语》第 119 期。

20 日 主编《大晚报·每周文学》出版。

23 日 浦江清由北平致函,谈及"新任《大公报》图书副刊编辑,曾道及拟向足下征稿,性质不拘(通论或书报评介之类)"。

27 日 主编《大晚报·每周文学》出版;刊有《谈六州歌头》。

28 日 译作法国 A. 纪德《拟客座谈录第一并引言》刊于沈从文主编《益世报·文学周刊》(天津版)。

本年 校点《金瓶梅词话》(上下册),由上海六合出版公司编为两册重版印行。

1947 年(丁亥,民国三十六年) 42 岁

▲5 月,上海高校学生举行"反内战、反饥饿"大游行。

▲10 月,《中国人民解放军宣言》正式发表。

1 月

1 日 《书简》(三、覆刘美瑶:一个史学系毕业女生。四、覆王公谨:一个中文系二年级学生)续刊《论语》第 120 期。

同日 译作 H. Reed 著《卞卡索的艺术方法》又载《艺术论坛》创刊号。

3 日 主编《大晚报·每周文学》出版;刊有作为主编的新年寄语《再亮些!》,署名"编者";还刊有《谈晁次膺琵琶词》。

5、11 日 译作法国 A.纪德《拟客座谈录第一》及"译者注"连载于沈从文主编《益世报·文学周刊》(上海版)。

15 日 《书简·覆黄焕良:一个经济系毕业生》题为《终南捷径》,转载于《书报精华副刊》第 3 期。

同日 《生活文摘》第 1 卷第 6、7 期合刊转载《瀑布》。

20 日 浦江清由北京复函,谈及"稿费如送来,当即函告,欲汇沪或托买书均可。此间线装书较廉,惟过年亦必大涨价,兄托留意那些书,乞示,便中可访之。又款如暂留从文处,托彼买书亦一样,因彼在城中,或时顾书店耳。赵斐云托撰稿,甚盼足下能抽暇为之"。

22 日 春节。程千帆、沈祖棻夫妇于武汉大学致函,附赠沈祖棻词作长卷并跋记:"丁亥新岁录奉蛰存先生方家正律,海盐沈祖棻拜记于落迦山居。"按:此件为程千帆书录。

31 日 主编《大晚报·每周文学》出版;刊有译作《希腊女诗人沙馥断句》,署名"薇"。

2 月

15 日 《奥尼尔和他的"冰人"》刊于《文艺春秋》第 2 期。

16 日　《后唐庄宗如梦令小考》刊于《大公报·星期文艺》。《纪梦》又载《正报》。

22 日　译作法国 A. 纪德著《拟客座谈录第二》刊于沈从文主编《益世报·文学周刊》。

月内　据范泉回忆："由施蛰存转给我闻一多遗稿《歌与诗》一篇,发表在 1947 年 4 月 15 日出版的《文艺春秋》第 4 卷第 4 期上。遗稿是由吴晗交给施蛰存的。"(《文海硝烟》)

3 月

1 日　译毕 Z. 克拉辛思基《等候着日出》并撰"译后记":"作为'公教人员'中的一个,我的生活已经被压榨得喘不过气来了。我不是一个惯叫救命的人,倪云林曰:'出声便俗',虽然并不是为了志在做'雅人',却颇以此公的态度为'要得'。今天居然能够闲坐下来译一首小诗,总算是挣扎得来的一喘息之胜利。"

6 日　译诗 Z. 克拉辛思基《等候着日出》刊于《文汇报》。

15 日　《文艺春秋》第 4 卷第 3 期刊载"推荐新人问题笔谈会",先生作为参加者,逐条回答编者范泉的八项提问。

同日　《文潮月刊》出版第 1 卷合订本,内收译作荷兰 H. 海裘曼独幕剧《江湖卖艺人》及"译者记"。

20 日　上海利群书报发行所恢复桂林版《人世间》,由凤子主编。先生自述:"在上海又碰到了凤子,才知她已和孙毓棠分手,正在编一个文艺刊物《人世间》。"(《悼念凤子》)

27 日　为散文集《待旦录》交付出版而作"序"。

29 日　按叶圣陶日记:"上午在家看报,看苏德曼独幕剧一篇,施蛰存所译。"

月内　怀正文化社出版戴望舒译《恶之华掇英》。据刘以鬯

回忆："施蛰存替我写信给戴望舒,后来戴望舒就把他的《恶之华掇英》交给我出版。"(《我在四十年代上海的文学工作》)

4 月

1 日 《谈六州歌头》刊于《文潮月刊》第 2 卷第 6 期。

4 日 主编《大晚报·每周文学》出版;刊有《关于格言》、译作《希腊女诗人莎馥断句》《歌德文学语录》,署名"李万鹤"。

10 日 译毕美国艾梅·罗蕙儿散文诗《春日》等五首。

11 日 主编《大晚报·每周文学》出版;刊有《待旦录·序》、《生命的舟》(署名"也耶"),译诗喀斯普洛微支《日暮》(署名"陈玫")。

15 日 译作法国 A.纪德《拟客座谈录第八》刊于《文艺春秋》第 4 卷第 4 期。还载《施蛰存先生返沪后留影》《写作时的施蛰存先生》(相片)和《施蛰存先生致本刊编者范泉》(手稿)。

又 刊发闻一多遗作《歌与诗》,主编范泉在"编后"写道:"是由北平吴晗先生交由施蛰存先生转来的稿子,凡新诗的作者和读者们,这是一篇不可忽视的文献。"

18 日 主编《大晚报·每周文学》出版;刊有《"圣女之歌"与迷信》(署名"米兹"),以及译作美国沙洛扬《在太平洋街鲁意茶室喝咖啡吃三明治》(未完)。

24 日 《"待旦录"序》以及译作波兰喀斯普洛微支诗作《日暮》(署名"陈玫")又载重庆《时事新报·青光》。

同日 《申报》刊载《中学作文竞赛,各级冠军揭晓》:"本市私立中小学联合会举办之'中学生作文竞赛',业经沈亦珍、傅晓峰、周斐成、徐蔚南、施蛰存、朱雯等评阅完毕。"

25 日 主编《大晚报·每周文学》出版;刊有译作波兰 M.

罗曼罗夫斯基诗《几时？》(署名"陈玫")、美国沙洛扬《在太平洋街鲁意茶室喝咖啡吃三明治》(续完)。

5 月

1 日　《无相庵随笔·诗话三篇》(李夫人歌、结喉、圣得知)刊于《自由谈》第 1 卷第 1 期。据吕白华记述："第一次到他的暨南宿舍去,淡淡的灯光下,他一张张抽了许多的诗给我看,写诗的纸是特备的,好像有'无相庵'的记号。没有几天,就接到了他的稿子,却是《无相庵随笔》,是关于诗话的。他说其次写词、或歌,想把这一类来一下有系统的讨论。"(《友情》)

2 日　主编《大晚报·每周文学》出版;刊有译作波兰 A. 莫尔兹丁诗《致恋女》,署名"陈玫"。

6、8 日　译作《歌德语录》连载于重庆《时事新报》。

9 日　主编《大晚报·每周文学》出版;刊有《五四运动,其可再乎?》,译作《高尔基给柴霍甫的信》(署名"文生")。

10 日　《谈晁次膺琵琶词》又载重庆《时事新报·青光》。

14 日　《"五四"·其可再乎?》又载重庆《时事新报·青光》。

16 日　主编《大晚报·每周文学》出版;刊有《五四运动与大众化》(署名"玄晏")及译作法国约翰·高克多散文《"鸦片"抄》(署名"薛卫")。

22 日　《关于格言》并"附记"又载重庆《时事新报·青光》。

23 日　主编《大晚报·每周文学》出版,随即停刊。

24 日　译作法国 A. 纪德《论美国新作家·拟客座谈录第十六》刊于《民主论坛》第 1 卷第 2 期。

30 日　应朱曼华、汪倜然之邀,接替前任崔万秋(退休),开始主编《大晚报》副刊《剪影》(除星期一休刊,每晚均在第二版刊

出）。当日出刊即发表作为编者的开场白《从今晚开始》(署名
"蛰庵"），还刊有其撰《胡子逸话》，署名"文殊奴"。

月末　润改诗作《卖梦》。

月内　前往清华同学会所参加中华全国文艺界协会九周年
纪念会。

本月　散文集《待旦录》列入刘以鬯主编"怀正文艺丛书之
四"，由上海怀正文化社初版。内收《序》；第一辑：《爱好文学》
《罗曼·罗兰的群众观》《新文学与旧形式》《再谈新文学与旧形
式》《灵心小史》《儿童读物》《尼采之"中国舞"》《一位性学家所见
的日本》《文学之贫困》《怎样纪念屈原》《〈路灯与城〉序》；第二
辑：《跑警报》《米》《三个命运》《山城》《他要一颗钮扣》《老兵的小
故事》《驮马》《浮海杂缀》《河内之夜》《怀念云南大学》《栗和柿》
《关于图书馆》。

6 月

1 日　主编《大晚报·剪影》出版。

同日　《无相庵随笔·诗话十篇》(别、线鸡、边头边面、粉鱼
祠灶、何楼、拥剑、校、大小游仙、惊呼热中肠、能)刊于《自由谈》
第 1 卷第 2 期。《适闽杂诗·序》刊于《茸报》。

2 日　《适闽杂诗·自松下海面乘帆船赴海口舟中得句》刊
于《茸报》。

3 日　主编《大晚报·剪影》出版；刊发《本刊小启》："本刊右
角地位已固定为专载新旧中外诗之场合，每星期二、四将为'今
诗载'，每星期六为'今词载'。""每星期三、五日，则刊载新诗及
译诗，栏目曰'新诗拔萃'及'域外诗抄'。"

同日　《适闽杂诗·坑田道中六首》(上)刊于《茸报》。

4 日 《适闽杂诗·坑田道中六首》(下)续刊《茸报》。

5、6 日 《适闽杂诗·福州杂诗八首》连载于《茸报》。

7 日 《适闽杂诗·闻收邕宁喜而颂之》刊于《茸报》。

4 日至 7 日 主编《大晚报·剪影》出版。

8 日 主编《大晚报·剪影》出版;刊有译作比尔益利·蜜珠《小品三段》,署名"曾莹卿"。《适闽杂诗·蜑娘谣》刊于《茸报》。

10 日 《自由文摘》第 7 期转载译诗波兰 Z.克拉辛思基《等候着日出》和"译后记"。

同日 《适闽杂诗·闽江滩行》刊于《茸报》。《草书月刊》第 1 卷第 3 期刊载姚鹓雏诗作《简施蛰存长汀》。

10 日至 13 日 主编《大晚报·剪影》出版,均连载《如梦录》(一)(二)(三)(四),署名"古矜龛"。

14 日 主编《大晚报·剪影》出版;刊有所作《两周编感》(署名"蛰庵"):"我的第一个努力是使本刊内容能充实起来。""我的第二个努力是阅读投稿。""我希望以后的'剪影'能走上一条新的路线,""即尽量减小空洞的抒情文字(当然,诗不在此例)。"

15 日 主编《大晚报·剪影》出版;刊有译作《鲍乔笑话抄》,署名"罗平"。

17 日至 19 日 主编《大晚报·剪影》出版。

20 日 主编《大晚报·剪影》出版,"读者与编者"栏刊有所作《一封来信及其引出来的废话》,并刊发读者陈鹤曾来信以及《编者跋语》。

21 日 为译作美国艾梅·罗蕙儿散文诗《春日》等五首交付发表而撰"附记"。

21、22、24 日 主编《大晚报·剪影》出版。

25 日 主编《大晚报·剪影》出版;刊有译作英国詹姆

士·史蒂芬思诗《贝壳》，署名"薛蕙"。

26 日　主编《大晚报·剪影》出版；刊有译作美国 W. 沙洛扬《钢琴》，署名"蛰庵"。

27 日　主编《大晚报·剪影》出版。

28 日　主编《大晚报·剪影》出版；刊有《又一跋语》，署名"蛰庵"。

29 日　主编《大晚报·剪影》出版；刊有译作英国亨褒特·吴尔甫诗《旅途的尽处》，署名"陈玫"。

本月　由北平太平仓普爱堂发行、北平独立出版社承印，善秉仁原著、景明译、燕声补传《文艺月旦·甲集》初版。书内"现代之部·书评"刊有："《善女人的行品》（众）一册 222 页，施蛰存（传 4）著，1940 年再版，良友文学丛书。这是一部妇女问题的讨论集，涉及女性婚姻及职业领域的。著者在好几处指出如何因双方的不注意，不谅解，而破坏了婚姻的幸福。大众可读。"另"作家小传"刊有"4. 施蛰存"。

7 月

1 日　《超自然主义者》刊于《文潮月刊》第 3 卷第 3 期。按：此作是当时写作长篇小说中的一个章节"点与线之三"。

同日　译作美国艾梅·罗蕙儿《春日》散文诗五章并"译注"刊于《远风》第 4 期。

1、2 日　主编《大晚报·剪影》出版；刊有《如梦录》（五）（六），署名"古矜龛"。

3 日　主编《大晚报·剪影》出版；刊有《三陇花儿》，署名"蛰庵"。

4 日　主编《大晚报·剪影》出版；刊有《亭子间独白》（署名

"散木")、《如梦录》(七),署名"古矜龛"。

5日 主编《大晚报·剪影》出版;刊有《黄茅白苇》(署名"蛰庵")、《曲谑》(署名"萧琅")。

6日 主编《大晚报·剪影》出版;刊有《亭子间独白》(署名"散木")、《如梦录》(八),署名"古矜龛"。

8日 主编《大晚报·剪影》出版。

9日 主编《大晚报·剪影》出版;刊有译作 W. H. 苔微思诗《一个又一个》(署名"蛰庵"),《莫查尔的乐谱》(署名"刍尼")。

同日 译作美国 W. 沙洛扬《钢琴》(未完)又载重庆《时事新报·青光》,署名"蛰庵"。

10日 主编《大晚报·剪影》出版;刊有诗作《春日泛苕溪》《沙溪观眺见归榕艇子数十逐流而下》。

11日 主编《大晚报·剪影》出版;刊有《尺八》,署名"萧琅"。

同日 译作美国 W. 沙洛扬《钢琴》(续完)又载重庆《时事新报·青光》,署名"蛰庵"。

12日 主编《大晚报·剪影》出版;刊有《论孔融》,署名"樊温"。

13日 主编《大晚报·剪影》出版;刊有译作《尼采语录:夜及音乐》,署名"尧士"。

15日 按叶灵凤日记:"蛰存来信,他现在编《大晚报》副刊。"

15日至18日 主编《大晚报·剪影》出版。

19日 主编《大晚报·剪影》出版;刊有译作印度泰谷尔《吉檀耶黎——颂神歌集》,署名"欧阳微"。

20日 为译作法国雷米·特·古尔蒙《女体礼赞·散文十四行诗》撰"译者附记"。

20、22、23 日　主编《大晚报·剪影》出版。

24 日　主编《大晚报·剪影》出版；刊有《云住楼谈绮》（署名"萧琅"）、译作印度泰谷尔《吉檀耶黎》（署名"欧阳微"）。

25 日　主编《大晚报·剪影》出版；刊有译作《托尔斯泰寓言集》，署名"丁宁"。

26 日　主编《大晚报·剪影》出版。

27 日　主编《大晚报·剪影》出版；刊有《国定课本二题》，署名"散木"。

29 日　《尺八》又载重庆《时事新报·青光》，署名"萧琅"。

同日　主编《大晚报·剪影》出版。

30 日　主编《大晚报·剪影》出版；刊有《云住楼谈绮》（署名"萧琅"），译作泰谷尔《吉檀耶黎——颂神歌集》（署名"欧阳微"）。

31 日　主编《大晚报·剪影》出版；刊有译诗英国 W. H. 戴薇思《玩偶》。

本月　开明书店初版叶圣陶、周予同、郭绍虞、覃必陶合编《开明新编国文读本·甲种第五册》，内收译作潘林原著《客》。

8 月

1 日　继续在暨南大学任教，月薪增加为 500 元，被校务委员会推选为教授代表。主编《大晚报·剪影》出版。

2 日　主编《大晚报·剪影》出版；刊有译作《歌德隽语》，署名"散木"。

3 日　主编《大晚报·剪影》出版；刊有《亭子间独白》，署名"散木"。

5 日　主编《大晚报·剪影》出版。

6日 主编《大晚报·剪影》出版;刊有译作美国艾梅·罗惠尔《夏夜小景》,《托尔斯泰寓言集》(署名"丁宁")。

7日 主编《大晚报·剪影》出版;刊有译作《托尔斯泰寓言集》,署名"丁宁"。

8日 主编《大晚报·剪影》出版;刊有译作《歌德隽语》,署名"散木"。

9日 译作英国W.H.戴薇思诗作《玩偶》又载重庆《时事新报·青光》。主编《大晚报·剪影》出版;刊有译作《歌德隽语》,署名"散木"。

10日 主编《大晚报·剪影》出版。

上旬 徐霞村来访。据徐小玉记述:"施告诉他汪德耀正在上海,父亲回忆当时的情形。""他按照施先生给他的地址去看汪[德耀]先生。身为厦门大学校长的汪先生,见面后就劝他到厦门大学教学。"(《他把自己交给了厦大》)

12日 主编《大晚报·剪影》出版;刊有译作莫尔纳《离绝》,《歌德隽语》(署名"散木"),《四君子语妙》(署名"文公")。

14日 译作《托尔斯泰寓言集》刊于《时事新报·青光》,署名"丁宁"。主编《大晚报·剪影》出版。

15日 译作法国雷米·特·古尔蒙《女体礼赞·散文十四行诗》并"译者附记"刊于《文艺春秋》第5卷第2期。主编《大晚报·剪影》出版。

16日 主编《大晚报·剪影》出版;刊有译作泰谷尔《吉檀耶黎——颂神歌集》,署名"欧阳微"。

17日 主编《大晚报·剪影》出版;刊发所作《编者小启》。

19日 主编《大晚报·剪影》出版。

20日 主编《大晚报·剪影》出版;刊有译作莫尔纳《离绝》。

21、23、24、26 日至 29 日　主编《大晚报·剪影》出版。

31 日　诗作《黄平夜宿》,《论石遗室诗话》(署名"劳无施")均刊《京沪周刊》第 1 卷第 34 期。

同日　主编《大晚报·剪影》出版;刊有其撰《瞎子与牛奶——托尔斯泰寓言集第十五》,署名"丁宁"。

9 月

1 日　《大器晚成》刊于《大晚报》"复刊二周年纪念特辑":"征求青年文学修养书目,我以《庄子》《文选》《颜氏家训》三部书应征,引起鲁迅先生的讥弹,以及其他诸位文豪的围攻,使我至今还留着疮疤给人挖弄,这也是《大晚报》给我的恩典。"

同日　《三十六天君》刊于《远风》第 5 期,署名"施庵"。

2 日　主编《大晚报·剪影》出版;刊有《风凉话》,署名"蛰庵"。

3 日　主编《大晚报·剪影》出版;刊有《风凉话》,署名"蛰庵"。

4 日　主编《大晚报·剪影》出版。

同日　浦江清由北平致函,谈及"郑著'中国[文学]史'不悉已有着落否,此间前向邮局追询,尚未得覆,恐调查亦玄虚之事耳。近足下久无书来,甚念下年行止如何","陈士骅原在北洋工学院平部,今转入北大工学院,晤见两次,托代致意"。

5 日　主编《大晚报·剪影》出版。

6 日　译作美国 A.罗蕙儿《春日·散文诗四章》(晨餐桌、散步、中午与下午、夜与睡)刊于重庆《时事新报·青光》。

同日　主编《大晚报·剪影》出版;刊有《风凉话》,署名"蛰庵"。

7、9 日至 12 日　主编《大晚报·剪影》出版。

13 日　主编《大晚报·剪影》出版;刊有《受贿与行贿》,署名"蛰庵"。

14 日　主编《大晚报·剪影》出版。

18 日　《上海第一》刊于《自由谈》第 1 卷第 4、5 期合刊。

25 日　下午二时在暨南大学第一院会议室出席由李寿雍校长主席"第七次校务会议"。

月内　经周煦良、戴望舒介绍,始在上海市立师范专科学校兼任国文系教职,月薪 440 元,与朱有瓛等同事。

本月　香港新流书局出版施方穆主编《抗战前后·名家短篇小说选》(八十家佳作集),内收《无题》。

10 月

6 日　国立暨南大学开学,13 日开始上课。

20 日　润改在福建长汀时的译作德国爱德华·封·凯赛林《凯丝达》及"译后记"。

23 日　顾廷龙来暨南大学,"晤教务长邹文海及施蛰存"。

25 日　下午 2 时在暨南大学第一院会议室出席由李寿雍校长主席的"第八次校务会议"。

31 日　《新疆日报》登载新疆文化运动委员会名单,其中主委陈希豪,副主委内有王耘庄,委员内有施蛰存。自述:"老同学王耘庄来上海,委托我协助购置教学图书和仪器,我前后忙了近一个月办成;又通过我妹夫的关系,好不容易办理了航空托运。耘庄离沪去南京向鲍尔汉院长述职,不久来信转达鲍院长邀我出任新疆学院驻沪办事代表,并给我一个文化委员的名义。但由于当时航运困难而导致延误,意想不到的是,耘庄回校后却被

诬陷为贪污,自救不暇,此事也就不了了之。"(先生口述)

另 据尹芙生记述:"因友人陈希豪之邀,王耘庄到迪化新疆学院任中文系教授兼主任。1947年秋,耘庄奉鲍尔汉院长(常住南京)之命,到上海为学院购买图书、仪器,在沪购妥后,交中央航空公司托运,领到提货单。因航班少,到1948年春才运到。学院一副院长别有用心的指使几位同事怀疑王耘庄侵吞公款,未购图书、仪器,并迫不及待地在校内张贴小字报攻击。耘庄气愤,无法忍耐这种无根据的攻讦,遂以提货单为据,向法院起诉别有用心之人损害其名誉权。涉讼期间,数十箱图书、仪器全部运到,完整无损。几位同事自知理亏,经院方央求时任迪化市长的屈武调解,以补偿耘庄全家返内地机票而撤诉结案。"(尹芙生《王耘庄教授的一生》)

月内 收得《松江本急就篇》,"损泐至六十馀字"。

11月

24日 写讫《与客谈自杀》。

29日 《沐浴》刊于《益世报》"益世副刊"。

同日 下午3时暨南大学召开由李寿雍校长主席"第九次校务会议",会议"报告事项":"本校校务会议本年度教授代表,前经投票选举刘大杰、沈有乾、施蛰存、沈筱宋、丘日庆、曾石虞、周绍濂、江仁寿、沈鍊之、祁乐同,十位先生当选为代表。"

12月

1日 《与客谈自杀》刊于《论语》第142期。

同日 诗作《卖梦》又载《艺虹》第1卷2、3期合刊。

同日　《胜流》第 6 卷第 11 期登载吕白华《怀人十八首·为‘自由谈’赋谢作者》:"一、施蛰存。"

3 日　《申报·自由谈》刊载吕白华《施蛰存之无相》。

15 日　为译讫阿剌伯 K.纪伯兰《两个婴儿》撰"译后记"。

同日　《星岛日报》登载:"施蛰存在上海的暨南大学任教,还兼编《大晚报》副刊《剪影》。最近正计划将其过去所作的全部创作小说,约四五十万言,整理出版,书名定为《施蛰存半集》。"

24 日　译作阿剌伯 K.纪伯兰《两个婴儿》刊于《申报》。

29 日　写讫《一个永久的歉疚——对震华法师的忏悔》:"今天我检出那《续比丘尼传》,第一册封面上写着:'蛰存先生惠存,编者病中书赠。'不觉又引起一种惆怅,我把那书面翻个身,重又放进了书橱,并且记下这一段因缘。"

同日　《二俑》刊于《星岛日报·文艺》。

31 日　《一个永久的歉疚——对震华法师的忏悔》刊于《申报·文学》。

月内　撰《弘一法师赞——为纪念弘一法师逝世五周年作》并"序"。

本月　小说集《四喜子的生意》,由上海博文书店初版。

本月　上海文艺作家协会研究组主编《上海文艺作家协会成立纪念册》发行,册内"上海文艺作家协会会员名册"未见其名;而"联络委员会委员题名录",却名列之一。

年内　自述:"在上海遇到向达,我把我的资料抄给他,他看了很高兴,也认为可以肯定这个'变'字就是'图画'。"(《"变文"的"变"》)

年内　自述:"买到过一部北京图书馆影印的线装本《金瓶

梅词话》,也买到了一部康熙版张竹坡评本《金瓶梅》。当时曾想把两本对读一下,看看有多少异同,从而研究一下此书的版本源流。"(《杂谈〈金瓶梅〉》)

年内 收藏于右任法书条幅。自述:"是托郑伯奇去请他写的。"("汇报")

1948 年(戊子,民国三十七年) 43 岁

▲5 月,上海各校师生开展反对美国扶植日本侵略势力复活的爱国运动。

▲8 月,国民党政府发行金圆券,引起通货膨胀。

1 月

11 日 《新民报·文艺茶话》(晚刊)又载吕白华《怀人·为'自由谈'赋谢作者,以惠稿先后为序》:"一、施蛰存。"

14 日 《释"回施"》和译作波兰 A.阿思尼克诗作《呼声》(署名"陈玫")刊于《申报·文学》。

15 日 《二俑》又载《文艺春秋》第 6 卷第 1 期。

17 日 按郑振铎日记:"施蛰存来谈,蛰存说起'师专'风潮事,我殊有愤慨!"

18 日 按郑振铎日记:"11 时许,慰堂偕张君夫妇来看俑,即偕其至愚园路,到蛰存宅晚餐。在座者皆熟人,盖为辛笛饯行。"

29 日 下午 2 时在暨南大学第一院会议室出席由李寿雍校长主席"第十次校务会议"。

2 月

1 日　《福幼报》第 34 卷第 2 册又转载其作《瀑布》。

2 日　天津《民国日报》登载沈从文《曾景初木刻集题记》,提及"新木刻集实应数鲁迅先生帮过忙的朝花社刊印的专集最早,随后是施蛰存先生编《现代》杂志,黄源先生编《译文》杂志,上面经常都介绍了些现代欧美及苏联木刻"。

5 日　上海《时事新报》(晚刊)转载《胡子逸话》。

9 日　除夕。潘伯鹰复函:"承惠寄曾圣言先生《布达拉宫词》长古一首,拜读欣仰,其事其诗皆可传也,若其措语能更醇,则无敌矣。窃意公若愿用闲暇用小说述其事,纬以莆罗乙德之意境,必可倾动胜流,倘有兴乎? 除夕无诗可祭,奉报不一。"

15 日　《书报精华》第 38 期又转载其作《瀑布》。

16 日　诗作《卖梦》又载于《星岛日报·文艺》。

同日　《过年》刊于《论语》第 147 期。

23 日　国立暨南大学开学,月薪升至 520 元。

24 日　上海市立师范专科学校开学,仍兼任国文系教职。

27 日　苏雪林致函:"前日承惠临赐教。""林于昨日上午及下午凡到辣斐德路两次,在辣斐影戏院上下寻访良久,始终未见 295 号高级机械学校,以电话询问又不能通达,只有怅怅而罢。""明日 6 时即乘机返鄂,未能面辞,尚乞原宥,以后尚望多赐玉音为感。"

本月　上海大雄书局印行丰子恺、叶圣陶、施蛰存、杨同芳、傅彬然、钟吉宇《永恒的追思——弘一法师逝世五年祭》,内收《弘一法师赞——为纪念弘一法师逝世五周年作》。

3 月

3 日　《申报·文学》登载赵景深《最近的世界文坛》内"中国文学的英译"提及:"配尼(Robert Payne)又与袁家骅(Yuan Chia Hua)合译《中国短篇小说》*Chinese Short Stories*,收有老舍、杨振声、施蛰存、沈从文、张天翼、端木蕻良等家的作品。"

同日　浦江清致陆维钊函谈及:"北地战期中所出书有程树德《论语集释》,""弟已买两部,一部自留,一部蛰存要。"

4 日　下午 1 时在胶州路万国殡仪馆参加《申报》主笔叶秋原公祭仪式。

14 日　重庆《时事新报》"六艺"副刊转载《胡子逸话》。

20 日　下午 2 时在暨南大学出席由李寿雍校长主席"第十一次校务会议"。

4 月

15 日　《书报精华》第 40 期转载译作阿剌伯 K.纪伯伦《两个婴儿》。

月内　戴望舒因参加教授罢课,遭到诬告,被迫离沪,并将装有文稿等物件的皮箱交给先生保管。据戴咏素回忆:"不久父亲消失了,听大人讲他住到了施伯伯家,再后来说他去了香港。"(《忆父亲——纪念戴望舒诞辰一百周年》)

本月　主编"中国文学珍本丛书"出版张静庐校点《词林纪事》,为"胜利后第一版"。

本月　校点《名媛诗选:翠楼集》由上海杂志公司再版印行。

5 月

1 日　《论语》第 152 期登载《我要论语半月刊!》(署名"B. Kao")提及:"真有点像施蛰存先生一样,我'站在死线'上了,热腮抓耳,想了半天,'兀自写不出什么可以在《论语》半月刊上服侍看官们的文字来'。但施先生运命好,'正在焦急的时候,忽然来了一个不速之客'救了他的驾,于是在这位不速之客的身上,七扯八拉,完成了他的《与客谈自杀》。"

6 月

2 日　写讫《赋得睡》。

4 日　《新民报·文化走廊》(晚刊)刊载:"诗人戴望舒患气管炎已半年馀,近已赴港医疗,其'师专'及'音乐院'课程分请施蛰存及田仲济代授。"

10 日　为译著《称心如意》(原名《老古董俱乐部》)交付出版而撰"引言"。

15 日　据北平上智编译馆初版 Ed. Bonè. S. J. 著、沈世安译《人之出生及进化》,书中"注释·注一":"《神秘的人体》*L'homme, cet inconnu*, Paris, Plon, 1936。译者按,此书在我国有三种译本:一为周太玄译,一为施蛰存译,一为王世宜译。"

16 日　《赋得睡》刊于《论语》第 155 期。

17 日　据《申报》刊载:"熊佛西、吴湖帆、刘海粟、陆丹林、蒋竹庄、刘开渠、施蛰存、郑振铎等,发起为兴慈中学之弘一纪念堂征集图书法物,充实内容。"

24 日　致函上海市立师范专科学校校长周尚,详列董任坚卸任前所欠款项，"拟请转知董前校长，负责赔偿"等，另"查本人尚有本年二月份薪津未承颁发，不知此款应向何处具领，请予核夺，如须向前校长董君支领，并祈饬现任会计人员代为交涉"。

月内 为译著《丈夫与情人》再版重印而撰"附识"。

7 月

1 日 与任教的上海市立师范专科学校第一届国文系毕业生萧浩法、赵永彬、蒋祖怡、张绍东、江蕴玉、汤茂林、郑惠琴、沈玲英、朱立明、曹汝仪、朱芸芳，前往照相馆合影。

15 日 译作德国爱德华·封·凯赛林伯爵《凯丝达》并"译后记"又刊于《文讯》第 9 卷第 1 期。

30 日 《新民报》(晚刊)刊载《饮河诗社后日成立》："为抗战初期在重庆组织之诗社，""定于 8 月 1 日在上海外滩滇池路 97 号大楼开成立大会，按该社系江庸、章士钊、潘伯鹰、叶元龙、沈尹默、陈仲陶、谢稚柳、程沧波、杨廷福、曹礼吾、郭绍虞、黄杰、萧赞育、阮毅成、施蛰存诸人发起，已有十年历史。"

8 月

12 日 朱自清在北平病逝，惊悉发唁电哀悼："清华大学转朱自清夫人礼鉴，惊闻佩公辞世，感怆何极，北望燕云，不克临奠，特电吊唁。上海暨大郭什和、吴文祺、施蛰存同叩。"

15 日 浦江清由北京复函："前匆匆托人带沪《汉魏乐府风笺》一部，即以奉赠。""昨所开示诸书，均不易得(内中古诗笺较易得)，待书贾来，即可托其留意。""将来如有书款，可在上海就近交招商局供应处江澄收，弟常托他在沪买些东西也。""佩公不幸因十二指肠溃疡洞穿赴医院开刀,体力不支而谢世,再给此间中文系一严重打击。""闻公全集虽将出版,""今又将继续整理佩公遗稿矣。""旬日后,清华举行一追悼会,足下如有哀挽诗联,可寄弟处。""昆明匆匆一段交谊,永为纪念矣。"

28 日 按钟泰日录:"施蛰存来,谈'师专'课程定在星期一、三、五、六第三时、第四时,即 10 点至 12 点,共 8 小时。旋覆'光华'一信,则课排在此四日早 8 点钟。"

下旬 携全家由暨南大学教师宿舍迁居虹口其美路 401 弄新绿邨上海市立师范专科学校教师宿舍 21 号,与程应镠邻居。

9 月

1 日 经平海澜、钟泰介绍,应大同大学校长胡刚复之聘,又在该校兼任教职,并任文学系主任。与张开圻、周退密为同事。

同日 仍在上海市立师范专科学校兼教,出席本学年第一学期的第一、二次校务会议。

同日 《论语》第 160 期刊载署名"一行"《鲁迅诗话》提及:"施蛰存先生以偶然的机缘在上海《大晚报》副刊上向青年推荐了《文选》和《庄子》两部书,不意招致了鲁迅先生的反感,斥为'遗少',遂使施先生平空遭到'无妄之灾'。""郭沫若先生曾经写过《庄子与鲁迅》一文,说是鲁迅先生娴熟《庄子》一书,并就其一生所写的文章中贯用《庄子》的辞句摘了好多出来,这话是很确当的。他一生所写的小说杂文,其幽默空灵之处,颇使人嗅得到《庄子》的气息,他自己深受《庄子》影响而反对青年涉猎《庄子》,这决非言行不一,时代不同故也。"

2、4 日 译作《波尔多的补锅匠》连载于《益世报》。

7 日至 9 日 译作《好脚色》连载于《益世报》。

12 日　上海国立各专科以上学校教授,由于物价上涨、生活困难,联名致电教育部长朱家骅,吁请改善待遇、增加补助费,先生名列签名者 188 位之一。

17 日　中秋节。按钟泰日录:"晨再看有瓛仍催房子事,顺回看施蛰存。"

25 日　写讫《书画雌黄》。

26 日　浦江清自北京复函:"每有南方人来过访谈,颇动乡思。""此刻开明拟出朱先生全集,且催早为整理编辑。""前所托留意之书,已托书贾代觅。""闻在[宥]老尚在华西,曾因有友来清华任教,以书介访,并询及足下近况,托致意。"

27 日　国立暨南大学正式开学上课,同时在虹口欧阳路 221 号光华大学兼课。

29 日　致赵景深函:"足下征文,亦未为足下动笔,十分歉咎。""暑假二月,弟一日不得闲,自己亦极懊恨,不知俗事何以竟如此繁也。下星期三校均上课,愈不得闲,一时不能去奉访。"

本月　《太史公名号辩》刊于《学原》第 2 卷第 5 期。

本月　译著《丈夫与情人》《称心如意:欧洲诸小国短篇小说集》《胜利者巴尔代克》,均列入"域外文学珠丛",由上海正言出版社初版;同时刊布由先生编译"域外文学珠丛"第 1 辑 10 种:一、匈牙利莫尔纳著《丈夫与情人》(对话 14 篇)。二、欧洲诸小国作家《称心如意》(短篇小说 12 篇)。三、波兰显克微支著《胜利者巴尔代克》(中篇小说)。四、美国勒维生著《法国象征派诗人》(评述)。五、苏联罗思金著《高尔基新传》(传记)。六、美国欧汶·萧著《阵亡士兵拒葬记》(剧本)。七、美国沙洛扬著《沙洛扬小说甲选》(短篇小说集)。八、法国纪德著《拟客座谈录》(文评)。九、印度泰谷尔著《吉檀耶黎》(散文诗集)。十、德国卡洛莎著《幼年时代》(抒情小说)。按:此出版计划仅印行三种。

10 月

1 日　译作泰谷尔《吉檀耶黎——颂神诗集》刊于《诗星火》第 1 辑。该期刊有"诗星火社丛书预告",内有"施蛰存《颂神诗集》(译诗)"。

3 日　译作泊莱唯拉基斯《小诗二章》刊于《华侨日报》。

5 日　《新疆日报》登载《鲁迅的丰之馀》,写到"施蛰存不知丰是鲁迅的化名,而丰也提到说:'鲁迅先生文章里的确也有一些从庄子与文选里出来的字眼,譬如之乎者也之类等语'"。

9 日　《怎样读"中国文学系"》刊于《创进》第 1 卷第 13 期。

同日　《书画雌黄》刊于《万象》第 1 卷第 1 期。

12 日　浦江清由北京复函,谈及"《汉书音注》已代为买下";"清华对聘教授,极为谨慎郑重","足下近为同事,请供给若干考虑之材料,至为感盼。如为人态度,治学方法,及能否热心指导学生,皆须详悉。弟所知者,藏书颇富,治校勘之学,又讲词及'楚辞'擅长,颇为学生欢迎耳";"现在清华国文系甚弱,需要比我们高明的人来一振之"。

17 日　译作阿保里奈尔《漂亮的赤发女》刊于《华侨日报》。

25 日　为译毕《古希腊小诗抄》撰"译后记"。

31 日　译作西班牙费囊德思《掘壕手》刊于《华侨日报》。

11 月

11 日　按钟泰日录:"晚看施蛰存。""师校配给米三斗甚劣。"

23 日　《新民报·新书摊》(晚刊)刊载："巴黎大学北平汉学研究所赵燕生近编《当代中国文学辞典》一种于年内先将英文本付印,中文本明春刊行,上海方面系邀请孔另境、施蛰存、范泉、梅林等供给资料。"

25 日　《行政院诸公于公教人员待遇调整事咨不决议慨赋一诗》刊于《申报·自由谈》。

12 月

5 日　译作美国伊尔汶·萧剧作《阵亡士兵拒葬记》(未完)始刊《幸福》第 23 期。

12 日　译作法国裴诺《受难的弟兄们》刊于《华侨日报》。

21 日　《申报》刊载《暨大教职员决电教部请发给疏散费应变费,学生十有七八请假返里》："暨南大学教职员鉴于时局日紧,经济窘迫,特于昨日下午 2 时假二院 12 教室举行教职员联席会议,出席教职员百馀人。""结果决议:一、上电教部请发二月薪金疏散眷属费。二、发给应变费以应急需,并当场推定张海澄、邹文海、刘纪泽、施蛰存教授为起草委员,于二日内起草上教部电。并决议成立教授会及教职员联合会两永久性机构。"

23 日　《新民报》(晚刊)刊载陈新《〈幸福〉23 期革新号》提及:"施蛰存译的伊尔汶·萧的《阵亡士兵拒葬记》,""这不是一个荒诞的鬼怪剧,而是一切不义的战争中真实的事情呵!"

24 日　《申报》登载《暨大不举行大考,学生听课者寥寥》。

下旬　写讫《再"过年"》。

月内　译毕《阿思克莱比亚代思诗抄》并撰"附记"。

年内　自述:"我和雪峰,从 1934 年以后,就没有机会见面。

一直到1948年,才在蓬子的作家书屋里碰到,三个人漫谈了一阵多年阔别后的情况,言不及义,匆匆分手。"(《最后一个老朋友——冯雪峰》)

年内 自述:与李白凤"同在上海,我到他家里去过,在他的小楼上谈了半日,才知道他爱写字、作画、刻图章。当时有些意外,不了解一个作新诗的青年,怎么会走到书画篆刻的路上去"。(《怀念李白凤》)

年内 自述:陈士文"在美专任教,我到他住处去访问过,看到他带回来的许多画,全是结构主义和超现实主义的作品"。(《米罗的画》)

1949年(己丑,民国三十八年) 44岁

▲5月,中国人民解放军解放上海。
▲10月,中华人民共和国中央人民政府成立。

1月

1日 《再"过年"》刊于《星岛日报·文艺》。

10日 译作《古希腊小诗抄》并"译后记"刊于《春秋》第6年第1期。

同日 《再"过年"》又载《文艺春秋》第8卷第1期。据范泉回忆:"迎接上海即将解放,我特约邵力子、唐弢、叶圣陶、孔另境、施蛰存、许杰等写'新春随笔'。"(《文海硝烟》)

20日 译作美国伊尔汶·萧剧作《阵亡士兵拒葬记》(未完)续刊《幸福》第24期。

28 日 除夕。任铭善复钟泰函谈及:"林[祝敬]事已得蛰存来书,云方为谋附中兼课。"

31 日 暨南大学学期结束。自述:"暨南大学教授会在艰苦斗争之下,终于在 1949 年年初成立。成立大会是在科学社礼堂里开的,我也参加了。后来有几次小组会,是在刘佛年房间里开的,我也参加。"("我参加过的党、团、集会")

月内 应马祖熙请教而撰"关于《论语》"。

本月 25 日萨本栋在美国病逝。28 日周作人出狱来沪,暂居横浜桥福德里尤炳圻家中。

2 月

1 日 开学,继续在暨南大学执教。同时,仍在大同大学出任教职,还在上海市立师范专科学校和光华大学兼课。

21 日 暨南大学开始上课。据沈鹤龄回忆:"教授的生活都很清苦,施师家庭负担重,当然更苦。""施师讲韩愈名文《进学解》,""如是别的教师,教到此处,定会触境生悲,愤世嫉俗。施师却不然,仍像平素一样埋首于一词一句之训诂而不加阐述。此文词句艰深之处特多,施师为训诂所花工夫恰恰比其他课文更多。""原来,他相信人的生活,须各人自去体验,他不愿意强加或灌输。"(《课堂内外的施蛰存》)

27 日 《申报》刊载《施蛰存寻失画》:"鄙人于 2 月 19 日下午从其美路四达路口,雇车一蓝色野鸡包车。至外白桥堍渡下车时,遗忘画卷一轴在车上。该画系开明书店王伯祥先生之'书巢图卷',有叶绍钧、贺昌群先生题辞。自失去后,遍觅不得。故假本报一角访寻,如有仁人君子偶然发现该画下落者,务恳通知,或持画来归者并当厚谢。其美路 401 弄 21 号施蛰存启。"

又 作诗《奉题王伯祥先生书巢图兼寿六十》并"题记":"岁首王伯祥先生以《书巢图》属题。既携归,逡巡旬日不得一辞。方拟曳白奉还,遽失图于道路。百计追寻,始幸获还,遂叙其事为先生寿。"

约在期间 据陈左高回忆:"关于北山诗词,早在 40 年代,朱大可、苏渊雷、陆澹安、沈禹钟、陈子展等交口荐誉。1949 年初,陈子展教授尝居我家两月,常相对檠灯夜话。展老云:'诗人博洽者诗必工,蛰庵(施老号)诗,吾无间然矣。所作胸怀旷达,上寿之兆也。'"(《施蛰存二三事》)

本月 万象图书馆出版平衡编《作家书简》(真迹影印),内收致浦江清函、徐中玉致函。

3 月

1 日 译作美国伊尔汶·萧剧作《阵亡士兵拒葬记》(刊完)续刊《幸福》第 25 期。

6 日 译作法国都德《军旗手》刊于《华侨日报》。

10 日 译作保加利亚 A.卡拉列舍夫《话匣子》并"后记"刊于《春秋》第 6 年第 3 期。

月内 梅庐张工神书赠诗作并题记:"昔年共研,卅载分飞,每念故人鹊起文坛之誉,自惭弱质鹪栖黉舍之枝,尺牍偶通,寸心弥感,率寄小诗,聊抒微悃,录塵,蛰存学兄讲席正之。"

4 月

21 日 按《周作人年谱》:"施蛰存来访,邀为写字,并赠所译书三册。"按:赠书为周作人译《现代日本小说集》平装 3 册。

26 日　按《周作人年谱》：上午"施蛰存来访"。

27 日　周作人书赠诗作《吾家数典诗六首》(其五)、宋陆游《好事近》(十二之十一)；别有花笺书录先秦屈原《九章》(思美人)句、唐杜甫《归来》。

28 日　按周作人日记："又往其美路访施蛰存，均不值，留交施君嘱写之件。"

5 月

4 日　上海市文谊社出版《青年作家选集》，封面题签"青年作家选集，施蛰存题"。

上旬　胡叔異绘赠梅花图幅并题识。

19 日　按钟泰日录："于在春来谈联保事，盖学校通知教育局有令促办也。忆前在兰田时曾有此事，今殆旧调重弹耳，因填付之。联保者三人：愚与在春、施蛰存也。"

27 日　中国人民解放军解放上海。自述："是由我门前的愚园路进入市区。"(先生口述)

约在期间　为翌年庆贺父亲七十大寿，先后邀请徐震堮、钱锺书、杨绛、姚鹓雏、夏承焘、任铭善、陆维钊诸位师友在花笺上书诗作画，以志喜庆。

本月　28 日上海市人民政府成立。暨南大学校长李寿雍等数位师生离沪赴台。

6 月

7 日　下午 4 时在上海市立师范专科学校出席"卅七年度第二学期校务谈话会"。

22 日　按周作人日记:"上午施蛰存来。"

下旬　正式辞去暨南大学教职。

7 月

1 日　被推举为上海市立师专校务委员会委员,下午出席第一次会议。据《师专新生第一课,校务会研讨校政——师生共同来解决问题》记述:"校务委员会由教管教员代表 9 人和学生 4 人合组。""第一次会议除全体委员均出席外,文管会并派有两同志参加,校务委员朱有瓛教授,首先强调愿各同人共同努力在人民政府的领导下,让'师专'走上建设的光明大道;接着施蛰存教授说,过去我与孙大雨教授在私人意见上有不谅解的地方,希望今后在建设新'师专'的大路上互相合作。孙大雨教授也立刻笑嘻嘻的站起表示赞同施教授的好意。接下去会议又广泛的讨论了很多有关校政的问题。"(《文汇报》,1949 年 7 月 2 日)

3 日　按钟泰日录:"心叔寄来定本《四声切韵表》'跋尾'三本,其两本乃转送蛰存、孟辛两君者。"

14 日　按周作人日记:"下午访施蛰存。"

30 日　按周作人日记:"蛰存来约晚餐","6 时同平白至新绿村施宅饭,来者有周煦良、仲廉,9 时半以车送回"。

8 月

7 日　周作人致函:"此次来沪,得接光仪,至为忻幸。横浜观潮,倏逾半载,而上海居亦大不易。居停主人日内将北上,亦遂附骥而行,大抵在 9 日出发。北平通信地址为:北平(8)新街口八道湾 11 号,但请写小儿丰一之名可也。"

12 日　姚鹓雏复函:"惠存感甚,匆匆未能多谭,甚思奉诗,而雨后涂潦,惮行又不识路径,以是暂缓,歉仄而已。尊公寿日兹奉祝一章,芜俚无当大雅,将诚应之,惟登呈。"

9 月

月初　开学。正式在大同大学任职,仍任文学系主任。同时继续在光华大学中文系兼课。

4 日　按周作人日记:"下午寄蛰存信。"

18 日　按周作人日记:"寄蛰存信。"

26 日　按周作人日记:"得蛰存信。"

10 月

1 日　下午庆祝中华人民共和国中央人民政府成立典礼在北京天安门广场隆重举行。

4 日　《亦报》登载筱斋《施蛰存近况》:抗战期间"除授课[厦门大学、江苏学院]外,且主持东南文艺方面活动,对于闽地人情物理极熟谙,今欣闻福州等各地解放,仍有往三闽做本位文化工作之意,特以身体孱弱,尚须休养,一时犹未能启程"。

月内　因上海市立师范专科学校撤销,即终止该校教职,并搬离新绿邨教师宿舍,仍迁回愚园路岐山村居住。

11 月

上旬　黄宾虹绘赠作大幅山水画并题识:"笋改斋前路,蔬眠雨后畦;晴[江]明处动,远树看来齐;我语真雕朽,君诗妙斫泥;殷勤报春去,恰恰一莺啼。读朱诗拟此奉蛰存先生正,己丑秋杪八十六叟宾虹。"

    月内   制作一枚藏书票"北山楼藏书"。

12 月

    1 日   应雷君彦之请作诗并书卷《云间雷太母百龄寿词》。

    20 日   傅雷迁居上海江苏路 284 弄 5 号,"常去他家里聊天"。自述:"他已迁居江苏路安定坊,住的是宋春舫家的屋子;我住在邻近,转一个弯就到他家。"(《纪念傅雷》)

    同日   作诗六首。按:见《随笔》2015 年第 2 期翟志成《胡适的冯友兰情结》,另见胡适纪念馆藏品,感谢黄婉娩女士帮助。

    中旬   与任教的上海市立师范专科学校中文系二年级学生,在教学楼门前合影。

    月内   从英译本《阿思克莱比亚代思诗铭集》译诗 11 首。

1950 年(庚寅)　45 岁

    ▲4 月,中共中央发出《关于在报纸刊物上展开批评和自我批评的决定》。

    ▲10 月,中共中央作出抗美援朝、保家卫国的决策。

1 月

    15 日   胡士莹由杭州复函:"忆抗战前由兄经手,为弟购得影印本《金瓶梅词话》(系沪地翻北京版),装潢甚精,乱后失之,贵友中有收藏此书愿割爱而价不昂者,弟仍拟补进。弟日内因事将到沪一行,届时当走谈,藉倾积愫,书单于此时见尤善。"

2 月

19 日 按钟泰日录:"飞机来扰,闻弹一声,不知何处又遭殃也。回看施蛰存、汤爱理,因昨日曾来过也。"

28 日 戴望舒在北京因病突然逝世。消息传来,自述:"作为望舒的最亲密的朋友",(《诗人身后事》)"使我极度伤感"。(《最后一个老朋友——冯雪峰》)

3 月

上旬 始改任光华大学正式执教,仍在大同大学任教。

月内 阅读介绍西班牙诗歌的译本,着手翻译了几十首。

4 月

22 日 按钟泰日录:"晚施蛰存邀吃饭,坐中除有瓛外,有董、陈、孔三对夫妇,董将去长沙,孔将去北京也。"

月内 先生全家为庆贺父亲施亦政七十大寿举办家宴。

5 月

14 日 在雷君彦寓所参加祝贺其母百岁寿宴。

6 月

约在期间 上海翻译工作者协会成立,成为首批会员。自述:"解放初期的五六年间,我的业馀时间都花费在外国文学的翻译工作,前后译出了二百多万字的东欧、北欧及苏联小说。"

（《我治什么"学"》）"是我译述外国文学的丰收季节，大约译了二十多本东欧及苏联文学。这些译文，都是从英法文转译的。"（《施蛰存文集·序言》）

7 月

22 日　按钟泰日录："看施蛰存，便过施家一谈。"

同日　上海《文汇报》、《解放日报》（24 日）等报载"上海市第一届文代会代表名单"，先生名列其中。

24 日至 29 日　在解放剧场出席上海市第一届文化艺术工作者代表大会，会议宣告上海市文艺工作者联合会成立。

8 月

月内　全力翻译显克微支和尼克索的小说作品，亦常去傅雷家里晤谈。自述："他在译巴尔扎克，我在译伐佐夫、显克微支和尼克索，这样，我们就成为翻译外国文学的同道。因此，在这几年中，我常去他家里聊天，有时也借用他的各种辞典查几个字。可是，我不敢同他谈翻译技术，因为我们两人的翻译方法不很相同。"（《纪念傅雷》）

9 月

16 日　当选光华大学校务委员会委员。按钟泰日录："'光华'选校务委员，举黄仲苏、赵善贻、施蛰存、童养年 4 人。"

本月　仍在大同大学兼任教职。

10 月

6 日　致清华大学浦江清函。

16 日　应《文汇报》副刊主编柯灵约稿,设立"亦悦谈"专栏。首篇刊出《亦悦谈》,署名"乌蒙"。

17 日　《飞》刊于《文汇报・亦悦谈》,署名"乌蒙"。

20 日　《简笔字》刊于《文汇报・亦悦谈》,署名"乌蒙"。

21 日　《手》刊于《文汇报・亦悦谈》,署名"乌蒙"。

24 日　《莫泊桑的声音》刊于《文汇报・亦悦谈》,署名"乌蒙"。

28 日　《裤档里的云》刊于《文汇报・亦悦谈》,署名"乌蒙"。

月内　浦江清作诗《应雷侊俪北来京都,同游清华、燕京两大学及颐和园,赋诗纪之,兼示育琴、蛰存两兄》。

11 月

2 日　《自由与秩序》刊于《文汇报・亦悦谈》,署名"乌蒙"。

9 日　《贫农的仇恨》刊于《文汇报・亦悦谈》,署名"乌蒙"。

30 日　《文汇报》登载赵奇《对"贫农的仇恨"的意见》。

12 月

2 日　浦江清由北京复函,谈及"纪游诗聊以遣兴,作制不纯,达意而已。老友来此,有兴同游,亦殊难得。结尾确如尊论,足下所修改,兴味转佳,惟与上两句,略嫌不贯,容待再想";"蒙约为《文汇报》副刊撰稿,弟笔头不勤,懒惰之至,不易应命";"吾兄兼数校课,又大事翻译工作,体力精神健佳,堪佩堪慰";"令郎想转学清华,此间各系转学生名额不多,须努力准备应考"。

1951 年(辛卯) 46 岁

▲2 月,新华书店总店成立。

▲11 月,第一届全国翻译工作会议在北京举行。

1 月

月内 应孔另境之邀出任春明出版社总编辑。自述:"春明出版社资方去了台湾,请令俊去担任经理之职。令俊最初不想去做这个资方代理人,我劝他答应下来,因为我看出解放后出版事业大有可为,令俊手头有一个出版社,可以在社会主义文化建设上多做一些工作。于是令俊去当上了这个出版社的经理,拉我去担任总编辑。从此,我和令俊每天见面。"(《怀孔令俊》)

约在期间 自述:"上海古玩商场出售大批扇面,我每星期去买一二张,积得三四十帧。"(致桑凡函,1976 年)

又 购得杭州项氏竹景居旧藏"北海王元详愿母子平安造像记"等造像拓本多种。

2 月

下旬 继续在大同大学执教,并仍在光华大学兼教。自述:"在光华大学兼课,经常碰到他[徐燕谋]。课馀时间,在教师休息室中,闲谈一阵。历时虽不久,就从这几十次短暂的闲谈中,我知道他极有学问,中英文学都有根底,不是一般的英语教授。"(《哀徐燕谋》)

3 月

月内　人民文学出版社在北京成立,冯雪峰出任社长兼总编辑。自述:"在 1950 年代初,乔治·阿马多到中国来过,我曾经建议人民文学出版社出版他的小说,可是那时他们连他的名字都不知道;国内有些学者受到我的鼓励,很早就研究拉丁美洲文学,也出版了不少这方面的书。"(《中国现代主义的曙光——答台湾作家郑明娳、林燿德问》)

4 月

月内　商务印书馆编审部由上海迁往北京。自述:"商务印书馆已因出版业务方向改变,把所存一切文艺著译原稿移交给人民文学出版社。""我的三部剩稿,望舒的西班牙和比利时两部剩稿,始终没有消息。"(《关于〈世界短篇小说大系〉》)"冯雪峰找到了望舒译的《意大利短篇小说集》的未用稿一大包,就寄给我保存。"(《诗人身后事》)

5 月

2 日　下午 3 时在上海大厦 16 楼,出席郑振铎召集文艺界38 人的座谈会,与许杰、罗稷南、靳以、刘大杰、全增嘏、郭绍虞、陈麟瑞、方令孺、陈望道、徐中玉、陈伯吹、李健吾、魏金枝、李青崖、柯灵、唐弢、余上沅、严独鹤等作了即席发言。

中旬　开始从英译本转译保加利亚伊凡·伐佐夫《轭下》。自述:"我想在暑假里做些工作,就向文化工作社提出了这个计划。由于他们的赞成和资助,我才能从 5 月中旬起动笔翻译这

部名著。"(《轭下·译者题记》)

6月

7日　按钟泰日录:"午后4时'光华'开校务会议。""晤施蛰存小谈。"

下旬　辞去大同大学任教,也结束了在光华大学的教职,经章靳以、朱维之、周煦良推荐到沪江大学中文系任教。据徐中玉回忆:章靳以"是由复旦大学中文系调来任教务长的,靳以把蛰存先生请来了沪江中文系"。(《回忆蛰存先生》)

又　《大同大学年刊·1951》印行,内"师长照片·文学院教授"刊有先生照相;"师长通讯录"内:"学院:文学院。姓名:施蛰存。住址或通信处:上海愚园路1018号。电话:21132。"

7月

上旬　续译保加利亚伊凡·伐佐夫《轭下》。经吕叔湘介绍,致函在清华大学留学的保加利亚学生祁密珈女士,请她帮助解释翻译《轭下》中的有关注解疑问。自述:"适巧国际书店运到了1950年莫斯科出版的俄译本《伐佐夫选集》,""这个俄译本《轭下》卷末附有较多的注解,我就请凌渭民先生翻译出来,参考了英译本的注解分别加在我的译文里。"(《轭下·译者题记》)

16日　晚上保加利亚留学生祁密珈、贾密流自北京来会晤。自述:"祁密珈女士和她的同学贾密流先生到上海来玩,他们从百忙中分出一个晚上的时间,""通过钟棳同志的翻译,我很感激他们帮助我多改正了几条注解,多解决了一些疑问。"(同上)

8 月

13 日 浦江清由北京复函:"足下熟人中有愿教书,而有教书能力者,不妨径为介绍。""东润南归前,曾来一信。得兄信,方知其已就沪江之聘。""保加利亚学生尚未回校。"

月内 继续翻译保加利亚伊凡·伐佐夫《轭下》。

本月 上海翻译工作者协会印制《上海翻译工作者协会会员通讯录》,先生名列其中。

9 月

1 日 正式出任沪江大学中文系教授,月薪 310 元,并入住军工路沪江大学宿舍,独居一室,与朱维之邻居,每逢周末及无课时返回愚园路家里。据徐中玉回忆:"沪江中文系教师人数很少,朱维之是老沪江,加上章靳以、朱东润、余上沅、施蛰存和我,六位教授,此外只两位教师,包教中文系的所有课程,及全校的'大一国文'课。课时较多,居住等生活条件较好,最好的是非常团结。"(《敬忆朱老六十年》)

本月 开明书店出版王瑶著《中国新文学史稿·上册》提及其作历史小说"至少比原来封建社会的故事多了一层'性的解放'的意义"。

10 月

4 日 为译著《渔人》交付出版而撰"译者题记"。

同日 收到保加利亚留学生祁密珈由北京来信,告知已介绍正在北京参加国庆典礼的保加利亚文化访问团的两位团长,诗人季米特尔·伯列扬诺夫和小说家乔治·卡拉斯拉沃夫,他们非常高兴,希望到上海来的时候访问先生。

16 日 晚上在锦江饭店会见保加利亚文化访问团团长乔治·卡拉斯拉沃夫。自述:"我就把许多问题整理了一下,""承周而复给我请了一位工作同志来当翻译,因而我们可以毫不感到隔阂地解决了许多未决的疑问。""对于我翻译这部小说,表示了热忱的谢意,他说这是促进中保两国文化友好的一件切实的工作。"(《轭下·译者题记》)

同日 华东师范大学正式成立。

本月 译著俄国格里戈洛维岂《渔人》,署名"曾敏达",列入"世界文学译丛",由上海文化工作社初版。

11 月

19 日 丰子恺致孔另境函,信末言及"施先生均此"。据《丰子恺文集》编者注:"施先生,指作家施蛰存,当时在春明出版社任职。"自述:后来"我觉得这个总编辑不易做,就辞卸了"。(《怀孔令俊》)

中旬 译毕保加利亚伊凡·伐佐夫《轭下》。

12 月

20 日 致孔另境函,言及"下午曾到'春明',未晤为怅,晚上回校,始得手书。弟星期六家中有事,恐不能到'春明',希望星期一或可一晤。萧先生稿酬俟算出再送,无问题";"凌渭民译的《航程》是爱沙尼亚代表作,《苏联文艺》月刊上曾有介绍,今天弟已将作者小传改好交与黄山先生,兄可看一遍"。

月内　译毕《苏联文学》4 月号刊载 F. 凯林《拉丁美洲底诗歌》，手稿署名"陈玟"。

约在期间　购得林子有（葆恒）藏书多种，如清抄本钱芳标纂《湘瑟词》、清初刻《幽兰草》、康熙刻《罗裙草》等。

1952 年（壬辰）　47 岁

▲5 月，中共中央发出《关于在高等学校中批判资产阶级思想和清理"中层"的指示》。

▲是年，开展全国高等学校院系调整工作。

1 月

月内　为上海文化工作社出版译著《轭下》校对排印校样。

2 月

10 日　为译著《轭下》出版撰"译者题记"。

25 日　致孔另境函，写到"上星期六下午本想到'春明'面谈，因事耽搁未果，昨日天雨，弟又匆匆到校，今年星期一有课，故必须在星期日回校也"。

3 月

月内　在沪江大学参加思想改造运动。据徐中玉回忆："中文系小组借靳以家的客厅开会，全体教授助教外，有位干部和两位学生代表参加。""靳以当小组长，朱老、蛰存、上沅诸位态度认真,有什么说什么,确实都想解决今后教学中可能遇到的新问题。"(《敬忆朱老六十年》)"大、小会大概一直开了两三个月,""改造学习过程逐一通过,相当顺利。"(《回忆蛰存先生》)

4 月

16 日　收到孔另境 14 日来信即复函,商谈春明出版社出版事宜,"以上两事,先达鄙见,短期内当谋面谈"。

本月　译著保加利亚作家伊凡·伐佐夫小说《轭下》,列入"世界文学译丛",由上海文化工作社初版。据飞舟记述:"保加利亚大使就写信给施蛰存,热情洋溢地称赞他为保中友谊作出的贡献,信中写道:'无可置疑的,您的劳作与此书的出版,会给予我们两个兄弟的民主国家的友谊的巩固以不小的影响。'"(《施蛰存与外国文学》)

5 月

中旬　朱东润书赠七言篆联并题识:"蛰存先生有烹鲜之约,讲肆既勤,弗能弗措,道阻且长,书之云尔。"

月内　冯雪峰由北京来函邀请北上参加人民文学出版社编辑工作,自述:"我觉得我还是做教书匠适当,就复信婉谢了。"(《最后一个老朋友——冯雪峰》)

6 月

1 日　出席新文艺出版社成立的宴会。自述:"在几家出版社联营归公的宴席上,我才认识章西崖。"(《鲁少飞的心境》)

中旬　上海的高等学校进行院系调整。据徐中玉回忆:"分配方案公布前,已成立了一年多的华东师大中文系主任许杰教授特和另外两位同志一道来沪江找我,先说明这是作为代表来欢迎我和蛰存先生去华东师大中文系。"(《敬忆朱老六十年》)

7月

上旬　结束沪江大学的教职。据徐中玉回忆:院系调整"名单正式宣布了,那就是朱东润、余上沅去复旦,朱维之去南开,章靳以回上海作家协会,施蛰存、徐中玉去华东师大"。(同上)

月内　暑假,翻译苏联作家巴希洛夫、爱伦堡的长篇小说。

本月　译著《渔人》,署名"曾敏达",上海文化工作社再版。

8月

上旬　由沪江大学宿舍迁回愚园路岐山村寓所。

月内　在家里设宴为孙用调任人民文学出版社饯行,亦邀周煦良、韩侍桁、刘大杰、费明君和贾植芳、任敏夫妇作陪。

9月

1日　晨与徐中玉前往华东师范大学报到,中文系代表陈绥宁等在校门口迎接。担任华东师大中文系教授、外国文学教研组副组长,月薪为180元。据徐中玉回忆:"师大距蛰存家很近,因调整后教师人数多了,每人任课少了,请他主持外国文学教研组,后又改主持古代文学教研组。"(《回忆蛰存先生》)

月内　参加华东师大中文系教师小组开展"批判资产阶级教学思想"的学习和自我检查。

10 月

14 日　下午出席华东师范大学召开的全校教师大会,听取教务长刘佛年关于"学习苏联,进行教学改革"的任务部署。

月内　参加拟订编写外国文学课程的教学大纲和计划。

11 月

10 日　为与王仲年、王科一合译的苏联伊里亚·爱伦堡著《第九个浪头》交付出版而撰"译者题记"。

下旬　原沪江大学同事惠毓明绘赠花鸟画并题识。

本月　译著《渔人》,署名"曾敏达",上海文化工作社三版。

12 月

16 日　为译著苏联戈美尔·巴希洛夫著《荣誉》交付出版而撰"译者题记"。

同日　华东师范大学首次教师工资调整,月薪升为 256 元。

月内　先生父亲施亦政(次于)逝世,享年 72 岁。自述:"先君于壬辰冬弃养,遗命归葬于溪上西木坞玉屏山先伯父墓次。"(《交芦归梦图记》)

约在期间　据林淇记述:"翻译家韩侍桁教授在南京路新雅粤菜馆办了一桌酒,宴请司汤达小说《红与黑》译者罗玉君,邀来作陪的有邵洵美、李青崖、施蛰存、刘大杰、余上沅、贾植芳夫妇等人。"(《海上才子——邵洵美传》)

1953 年（癸巳）　48 岁

▲3 月,《人民教育》发表社论《教学工作是学校压倒一切的中心任务》。

▲9 月,中华全国文学工作者协会更名"中国作家协会"。

1 月

18 日　先生岳母逝世。

本月　与王仲年、王科一合译苏联伊里亚·爱伦堡著《第九个浪头》,列入"世界文学译丛",由上海文化工作社初版。

3 月

2 日　开学,始任华东师大中文系外国文学教研组主任。

中旬　与许杰、程俊英等 16 位教师为毕业生唐谷的"工作与学习"日记本签名留念。

29 日　按夏承焘日记:"施蛰存自上海来访,不遇。"

本月　译著苏联戈美尔·巴希洛夫的小说《荣誉》,列入"世界文学译丛",由上海文化工作社初版。(本年 8 月再版、9 月三版、11 月四版)

4 月

8 日　为译著保加利亚伊凡·伐佐夫《轭下》交付作家出版社印行"修订新版"而撰"译者后记——关于这个译本"。

月内　每逢星期六清晨从上海乘火车至苏州,在江苏师范学院兼课。当时沈祖棻(子苾)也在任教兼以养疴,"数晤子苾"。

5月

28日至30日　华东文学艺术界联合会筹备委员会在上海举行常务委员会扩大会议,会上当选为出席全国文协代表会议的代表之一。据报载:"参加会议的全国文协会员并选出魏金枝、罗稷南、许杰、陈伯吹、屈楚、罗洪、满涛、梅林、谷斯范、陶钝、石灵、王安友、石万禺、施蛰存、冯毅之、戴岳、汪普庆等为出席全国文协代表会议的代表。"(《解放日报》,1953年6月5日)

6月

1日至10日　参加华东作家协会筹备委员会组织的出席全国文协代表会议代表及各地部分创作干部共52人在上海学习"社会主义现实主义理论"。据报载"参加的同志分五组进行学习","帮助了出席全国文协代表会议代表做好去京开会的准备工作"。(《新民报》,1953年6月14日)

7月

29日　《文汇报》刊载"暑假里读哪些书?"专栏,推荐其译著苏联戈美尔·巴希洛夫的小说《荣誉》。

8月

本月　译著《渔人》,署名"曾敏达",上海文化工作社四版。

本月　译著《轭下》,由上海文化工作社出版第二次印行。

9 月

1 日 开学,仍担任华东师大中文系外国文学教研组主任。据张德林回忆,"每周召开政治学习会议和教学情况交流会议一到两次","会上请他发言,他从不推让","我们尊称他施老,其实他当时还不到五十岁","中等个子,戴着一副黑边眼镜,爱抽烟斗和雪茄","他与许杰是会场上的两个老搭档","两人的私交是挺好的"。(《回忆施蛰存先生若干事》)

10 日 为译著匈牙利 Z. 莫列支小说《火炬》撰"译者题记"。

23 日 前往北京出席中国文学工作者第二次代表大会。自述:"我到北京参加文代会,曾去八道湾看过知堂一回。"(《知堂书简三通》)

本月 译著《火炬》,被列入"外国古典文学名著选译"丛书第 17 种,由上海国际文化服务社初版。

10 月

19 日 晚上出席中文系在校大礼堂举行的纪念鲁迅晚会。

31 日 复清华大学宋振藩(德蕃)函。

本月 译著《火炬》,由上海国际文化服务社再版。

11 月

6 日至 8 日 在上海出席华东作家协会成立大会。

11 日 在华东师大中文系的学术报告会上作《关于文学语言的几个问题》演讲,讲稿有 14000 字。

本月 译著《火炬》,由上海国际文化服务社三版。

本月 北京图书馆编印《荣获斯大林奖金苏联文艺作品中译本编目》，其中列有"《荣誉》，巴希洛夫著，1950 年二等奖。施蛰存译，1953 年上海文化社"。

12 月

7 日 《新民报》(晚刊)刊载马云杰《一切为了祖国的独立和自由——介绍保加利亚小说〈轭下〉》(施蛰存译)。

9 日 根据保加利亚伊凡·伐佐夫小说《轭下》改编摄制的保加利亚影片《在压迫下》，由中央电影局东北电影制片厂译制完成，始在上海各家电影院放映。

11 日 《伐佐夫和他的"轭下"》刊于《文汇报》。

16、30 日 《关于文学语言的几个问题——中文系文学专题报告的讲稿》连载于《华东师大》校报。

1954 年(甲午)　49 岁

▲5 月，商务印书馆、中华书局均由上海迁往北京。
▲10 月，中国作家协会召开关于《红楼梦》研究讨论会。

1 月

1 日 译作显克微支《奥尔索》《为了面包》刊于《译文》。

月内 始续作辑录"唐宋典籍志逸"，继续从事文学翻译。

2月

下旬 改任华东师大中文系古典文学教研组主任,同时执教中文系三年级第一学期"中国文学",包括"唐宋文学""明清文学"等课程。据柳依回忆:"施老师之讲课,只是发给同学们讲义,从不带参考书之类上堂,而讲起来却口若悬河。""施老师受到同学们一种特别的崇敬,当面我们尊称他'施先生',私下则惯称'施才子'。"(《忆施蛰存教授》)

3月

8日 《新民报》(晚刊)转载《荣获斯大林奖金的小说中译本编目》,内有"《荣誉》(1950年斯大林奖金二等奖),施蛰存译,文化工作社出版"。

5月

1日 按夏承焘日记"为施蛰存写条幅"。

15日 按钟泰日录:"施蛰存来小谈。"

月内 愚园路岐山村1018号寓所底层房屋因开设邮政支局被征用,长宁区房屋管理所要求退租底层房屋。

本月 上海新文艺出版社重版王瑶著《中国新文学史稿》,"第八章多样的小说"提及:"施蛰存也写过《石秀》《将军的头》和《鸠摩罗什》《阿褴公主》等历史小说。他的作品很多,有短篇集《上元灯》《梅雨之夕》和《善女人行品》等,有的藉着生活琐事写一种感怀往昔的情绪,有的则用力于佛罗依德式的心理分析。写的多是小市民,多的是恋爱心理的解剖。这几篇历史小说也是如此,着重于性心理的曲折的分析,""在他作品中算是比较好的,至少比原来封建社会的故事多了一层'性的解放'的意义。他因为企图描写心理曲折,笔锋很细腻,故事结构也颇纤巧。"

6 月

11 日 《〈在压迫下〉的作者、小说和电影》刊于《大众电影》第 11 期。

26 日 写讫《马丁·安德逊·尼克索》。

本月 译著保加利亚伊凡·伐佐夫《轭下》经再次修订,由北京作家出版社重版印行。

7 月

5 日 《马丁·安德逊·尼克索》刊于《文艺月报》第 7 期。

24 日 《文汇报》登载介绍《〈文艺月报〉7 月号》内容时提及其作《马丁·安德逊·尼克索》。

28 日 《新民报》(晚刊)登载高扬《英雄人民的斗争史诗——推荐保加利亚影片〈在压迫下〉》提及:"影片《在压迫下》是根据保加利亚古典作家伊凡·伐佐夫的同名小说(我国已有施蛰存的译本,译名为《轭下》)改编摄制的。"

8 月

15 日 与任溶溶、李青崖、罗玉君、包文棣(辛未艾)、伍蠡甫、草婴等人乘火车赴北京,出席中国作家协会召开的全国文学翻译工作会议。

17 日 清晨抵达北京,下榻在王大人胡同华侨饭店。

18 日　出席全国文学翻译工作会议开幕式,并参加合影。

19 日　参加会议"东欧组"讨论。

同日　浦江清由清华园致函:"兄已来京,颇为欣然,静希〔林庚〕处亦已通知。""颇盼兄会后能多留三数日,不急回南,则可畅叙。在开会期间,如兄欲出城来此,则可搭北大文科研究所来往之小车,夜晚弟处可以下榻,清晨搭原车进城,直赴会场。"

25 日　全国文学翻译工作会议闭幕。

29 日　与孙晓村夫妇同去香山万安公墓为戴望舒扫墓。

30 日　先生乘火车返回上海。

9 月

1 日　开学,继续执教中文系三年级"中国文学"等课程。据《华东师范大学教师工作计划》,每周执教 8 小时,本学期共上课 10 周,其中讲课 60 课时,组织课堂讨论 16 课时,批改作文 12 课时;带领"教育实习"共 6 周,每周 36 小时,共 216 课时;还指导研究生、进修生职教工作 16 课时。

月内　据马兴荣回忆:"报到后被分在古典文学教研室,教研室主任施蛰存先生任我的指导老师。""施先生教三年级的'唐宋文学',我是助教。""记得有一次他写了一篇关于《红楼梦》的论文,有一万多字。"(《没齿难忘五十年间二三事》)

约在期间　据躲斋回忆:"施先生的课虽说有过深过远之嫌,但他讲得很精彩,旁征博引,听来似乎都很清楚透彻。""去找施先生,说:'先生,你提到的许多古本小说,书店里固然没有,图书馆里也没有。'话没说完,施先生好像兴奋起来,以一种玩笑的口吻对我说:'那你来找我啊! 我有。'"(《忆施蛰存先生》)

10 月

19 日　参加中文系举办鲁迅先生逝世 18 周年纪念活动。

下旬　因编教材之事去苏州江苏师范学院出差,顺寻访童年所居醋库巷租赁赵氏的房屋,"仍如往昔,惟屋宇已凋敝矣"。

11 月

16 日　出席《解放日报》编辑部召集的批判《红楼梦》研究中的资产阶级唯心论观点问题座谈会并参加了发言。

20 日　下午出席华东师大中文系在校大礼堂举行的关于《红楼梦》研究中错误观点批判座谈会,并与程俊英、罗玉君、徐震堮、徐中玉、俄语系主任周煦良等在会上作了发言。

29 日　农历十一月初五。先生五十生辰,全家聚餐庆贺。

月内　华东师大中文系邀请本市六所中等学校的语文教师 28 人,召开中学语文教学问题的座谈会。先生参加座谈会,并就古典文学教学作了发言,并会晤晋元中学副校长郑逸梅。

12 月

月内　购得晚清粤中词人陈庆森未刊稿本《百尺楼词》。

约在期间　在碑估黄小玄摊铺购得《北齐桑买造像》卷轴。又托松江邱芹孙拓得《长春道院记》二本。

1955 年(乙未) 50 岁

▲2 月,中国作家协会主席团举行扩大会议,决定开展对胡风文艺思想的批判。

▲10 月,全国第一次文字改革会议在北京召开。

1 月

7 日 下午华东师大中文系举行第二次关于《红楼梦》研究中错误观点批判座谈会,与黄仲苏、钱谷融、徐中玉、吴林柏、罗玉君、徐震堮、罗永麟、张德林等相继发言。

19 日 主持华东师大中文系第三次关于《红楼梦》研究中错误观点批判座谈会。

下旬 《文艺报》第 1、2 期合刊登载《胡风对文艺问题的意见》,其中"二、关于几个理论性问题的说明材料"提及:"在他(鲁迅)去世之前,是还对林语堂、施蛰存、文直公、刘半农等民族复古思想做了毫不留情的斗争的。"

2 月

1 日 译作符拉吉斯拉夫·莱蒙特《死》《汤美克·巴朗》刊于《译文》第 2 期。

同日 《人民日报》刊载李希凡、蓝翎《胡风在文学传统问题上的反马克思主义》,文中引用胡风评价鲁迅的话:"在他(鲁迅)去世之前,是还对林语堂、施蛰存、文直公、刘半农等民族复古思想做了毫不留情的斗争的。"

19日　开学。继续担任中文系古典文学教研组主任。

20日　填写本学期"华东师范大学教师工作计划表",其中"科学研究工作:胡适所了解的古典小说,24课时。""教师个人业务及政治思想提高工作:参加政治学习60课时,古典文学研究100课时,阅读报纸杂志100课时。""对学生工作:辅导时间以外的学习帮助17课时。""其他工作:指导编制资料索引卡及剪报工作20课时,处理教研组工作40课时。"

月内　自述:"上海到了一大批潮州歌册,我和谭(正璧)、赵(景深)二氏都买了不少。我买了140种。"(致薛汕函,1988年)

3月

9日　下午出席华东师大中文系在系资料室举行的关于胡适文学思想批判第一次讨论会,与程俊英、张德林、徐中玉、罗玉君等教师参加发言。

中旬　随中文系全体师生前往中苏友好大厦参观苏联经济及文化建设成就展览。

22日　下午参加中文系召开的关于汉字简化方案讨论会。

30日　下午参加刘大杰为华东师大中文系师生所作"胡风对待文学遗产的反马克思主义态度"的报告会。

4月

2日　下午参加《文艺月报》编辑王若望来为华东师大中文系全体师生作"批判俞平伯错误观点"的报告会。

17日　《文汇报》登载《我们必须战斗,打落胡风的面具》,提及"鲁迅先生后来在关于《庄子》《文选》的论争中,提醒过施蛰存不要忽略了这件事的'时代和环境'"。

26 日　下午参加华东师大中文系教师讨论许杰专题论文《胡风文艺思想的资产阶级唯心主义的本质》的座谈会。

本月　与周启明合译《显克微支短篇小说集》,由作家出版社初版。

5 月

14 日　晚上出席中文系为响应世界和平理事会号召而举办的世界文化名人纪念晚会。

16 日　下午中文系教师与本市 13 个单位的语文教师代表举行座谈会,参加了分组讨论。

21 日　下午参加华东师大"校学委分会"召开的"揭露胡风反党反人民集团座谈会"。

下旬　华东师大开始进行工资级别评定工作,参加中文系组织的有关学习会议。

6 月

13 日　下午参加华东师大教师员工在校大礼堂举行的"声讨胡风反革命集团罪行大会"。

中旬　华东师大中文系多次召开大小批判会,"揭发隐藏在本系里的胡风分子费明君"。

7 月

1 日　译作乔治·李森《洛尔伽活在人民的心里》发表于《译

文》月刊第 7 月号。

月内　暑假校读戴望舒翻译遗稿,编辑整理,拟提供出版。

8 月

上旬　翻译西班牙洛尔伽诗集《诗人在纽约》内的作品。

月内　收到李白凤由开封来信并复函。

9 月

5 日　为出版戴望舒遗译《洛尔伽诗钞》撰"编者后记"。

月内　华东师大按照中央"七·一""八·二五"指示规定,在全校开展肃清暗藏反革命分子的运动。据张德林回忆,"某天下午突然召开全系教工大会","宣布'批判施蛰存反动思想'大会开始","徐中玉教授与施蛰存在沪江大学时是老同事,情况无疑是最熟悉,也最有发言权,他说:'老施学识广博,很有才气,他当然也有缺点,批评要具体分析,实事求是……'话还没有说完,××勃然大怒,拍桌子指责徐中玉'丧失立场'","徐教授性子刚烈,说一不二,根本不买××的账","'批施大会'以后,校部不让施老在讲台上'放毒'"。(《回忆施蛰存先生若干事》)

10 月

14 日　下午参加华东师大校长传达"全国文教会议精神"的全体教师大会。

19 日　晚上参加华东师大中文系在校大礼堂举行的"纪念鲁迅逝世 19 周年晚会"。

月内　中文系开展"胡适文学思想批判"运动,先后三次参加全系教师集体讨论,每次讨论会都围绕一个批判题目。

11 月

4 日　华东师大开展全校师生"学习联共(布)党史"活动,参加中文系组织的教师学习会议;此活动共 11 周。

本月　与杨霞华、张运南合译丹麦马丁·安德逊·尼克索《尼克索短篇小说选》,由上海文艺联合出版社初版。

12 月

24 日　华东师大党委在研究寒假前的工作时,指出当前工作的根本是正确贯彻党对知识分子的政策。

27 日　与作家出版社签订译著《荣誉》的"约稿合同"。

1956 年(丙申)　51 岁

▲1 月,中共中央召开关于知识分子问题的会议。

▲10 月,纪念鲁迅逝世 20 周年大会在北京举行。

1 月

14 日　仍任中文系古典文学教研组主任。华东师大"紧跟中央精神,分析学校的具体工作,检查和批评在知识分子问题上的右倾保守和宗派主义的现象,提出学校关于知识分子工作的意见,并上报市委,具体安排好教学和科研、改善知识分子的工作和生活条件"。

31日 上午出席在学校举行的"华东师范大学第一次科学讨论会"开幕式。

本月 译著丹麦马丁·安德逊·尼克索长篇小说《征服者贝莱》第一卷"童年",由作家出版社初版。

2月

1日 全天在校文史楼301室参加"华东师范大学第一次科学讨论会"分组讨论,并在讨论会上宣读论文《汉乐府建置考》,并有油印本发给与会代表。

2日 上午继续参加文史小组的讨论,下午在大礼堂出席"华东师范大学第一次科学讨论会"闭幕式。

3月

1日 仍任教本系三年级"中国文学"课程,每周8时数。

29日 校报《华东师大》头版登载:"本校采取各种措施,改善知识分子工作、生活条件,包括在交通、医疗、住屋等方面。"

4月

1日 华东师大第一次职称评定工作结束,与73位教授被评为三级教授。

5日 与徐中玉、徐震堮、吴泽、徐德嶙乘火车赴北京,参加教育部的全国高等大学古典文学及中国通史教材座谈会。

6日 抵达北京,前往北新桥京华饭店会议接待处报到。

7日 按夏承焘日记:"晨晤徐声越、施蛰存、徐德隣[嶙]。"

8日 下午出席此次座谈会的第一次会议。

9 日 上下午皆参加中国古典文学小组讨论会。

10 日 全天仍参加小组会,讨论西南师院汉魏六朝文学大纲。晚上由北师大招待在实验剧院观看上海杂技团表演。

11 日 全天参加中国古典文学小组讨论会。

12 日 上午参加大组会,各小组长汇报。午后参加小组会,4 时开小结会。晚上教育部招待全体与会代表聚餐。

13 日 按夏承焘日记:"晨与声越、子耀、施蛰存同往北京大学访浦江清,新在协和医院治胃溃疡。""12 时与子耀、蛰存啖西餐于莫斯科餐厅。""午后观动物园。""夕人民文学出版社、光明日报、文学遗产、文学研究所,合宴古典文学各代表。"

16 日 与徐中玉、徐震堮、吴泽等乘火车离京返沪。

27 日 下午参加华东师大全体教职员大会,听取刘佛年教务长传达"第二次全国高等师范学校会议"概况和精神。

本月 作家出版社出版刘绶松著《中国新文学史初稿》,书内"第三编第六章本时期的诗歌(一)两股逆流——'新月派'和'现代派'的诗"提及其作《又关于本刊中的诗》。

5 月

上旬 为购得《碧桃馆词》作跋,署名"杭人施舍"。

16 日 参加中国作家协会上海分会第二次大会开幕式。

20 日 出席闭幕大会并参加合影留念。与会期间结识上海博物馆沈宗威。

24 日 全国人大代表和政协委员高士其、冯友兰、王瑶、陈岱孙来华东师大视察工作,了解关于教学、科学研究、知识分子等各项问题,先生列席相关座谈会。

27 日 晚上出席华东师大中文系在校大礼堂举行的"世界

五大文化名人纪念会"。

6 月

本月　戴望舒译、施蛰存编《洛尔伽诗钞》,由作家出版社初版。

7 月

5 日　由华东师范大学安排赴杭州屏风山上海总工会疗养院休假一周。

11 日　蔡润生为先生在疗养院楼前拍摄留影。

同日　按夏承焘日记:"午后施蛰存来,云五六日前自沪来屏风山休养院休养,明日返沪。"

15 日　《百家争鸣,研究古典文学的方向》刊于《光明日报·文学遗产》。

31 日　与许杰、徐中玉、徐震堮、吴泽等乘火车赴北京,参加教育部全国高等师范大学中国文学、历史教学大纲会议。

月内　始译以色列女作家罗丝·吴尔著的儿童文学作品。

8 月

1 日　早上与许杰、徐中玉、徐震堮、吴泽等抵京,下榻于西直门外西苑大旅社。

3 日　晨往北师大新校舍参加中文、历史教学大纲讨论预备会。柳湜部长致词,指出"大学毕业生必须能读古文作品"。

4 日　上午参加中国古典文学组的大组会。

6 日　上午出席在辅仁大学旧址举行的开幕典礼,听取柳湜部长报告制订教学大纲及修改教学计划。下午参加"古典文学唐宋部分"小组讨论,与启功、韩文佑、杨公骥、高熙曾、高文、李世刚、沈启无同组。自述:"和启功同志编在同一组,因此相识,天天在一起讨论,他写了一柄扇面送我。"(《杂览漫记》)

7日 参加古典文学大组会议,听取浦江清、林庚报告综合性大学编订教学大纲经验教训,参加小组讨论。午后参加小组讨论会,议定大纲体例及日程。

8日 全天参加小组讨论会,讨论唐宋文学部分。

9日 全天参加小组讨论会。晚上到铁道学院观看京剧。

10日 全天参加小组讨论会。

同日 《注释·散文教材》刊于《语文教学》8月号。

13日 全天参加小组讨论会。

15日 参加古典文学大组会,讨论各组体例与分段问题。

16日 上午仍参加大组会,下午参加小组会议作总结。

17日 上午参加大组修改大纲讨论会。

18日 下午4时在北师大新校舍出席闭幕式,听取柳湜部长和北师大黄教务长报告教学大纲及教学计划改革。晚上7时柳部长与陈垣校长招待聚餐。

旅京期间 自述:"我两次去北京开会,都到东堂子胡同去看望从文。"(《滇云浦雨话从文》)

20日 与许杰、徐中玉、徐震堮、吴泽等乘火车离京返沪。

9月

12日 出席华东师大新学期开学典礼,本学期仍任中文系中国古典文学教研组主任,并执教中文系三年级的"中国文学"课程。据储仲君回忆:"讲的是唐宋文学这一段,每周六课时,在

当时这就是最重的课了。"(《施蛰存老师》)

23 日 《保加利亚文学的光荣传统——纪念保加利亚诗人保泰夫和瓦佐夫》刊于《光明日报》。

25 日 为译毕以色列罗丝·吴尔著《智慧帽:和其他故事十三篇》而撰"译者题记"。

本月 华东师大开展工资改革,教师增长工资约 11％ － 14％(上海地区)。

10 月

1 日 《文汇报》复刊,"笔会"副刊也恢复。自述:"副刊准备复刊前夕,编辑部召集了一个约稿座谈会,柯灵通知我参加了。会后,我就找了一篇唐诗赏析的稿子,抄好寄去了。"(先生口述)

2 日 为与朱文韬据俄文本重新合译苏联巴希洛夫《荣誉》交付出版撰"译后记"。

4 日 《文汇报》刊载:"施蛰存正在翻译丹麦作家尼克索的长篇小说《征服者贝莱》。""除第一部已出版外,第二部'学徒生活'也已译成付排,现正在赶译第三部'大斗争'。"

6 日 《秦时明月汉时关》刊于《文汇报》。

12 日 重阳节。《闲话重阳》刊于《文汇报》。

14 日 上午前往虹口公园参加鲁迅墓迁葬仪式。

19 日 晚上出席华东师大中文系在大礼堂举行的"鲁迅逝世 20 周年纪念会",并观看电影《祝福》。

20 日 晚上观看中文系学生演出的话剧《阿 Q 正传》。

22 日 夏承焘日记:"得施蛰存函,谓新读予'词人十谱'。"

23 日 《吊鲁迅先生诗》并"序"刊于《文汇报》。

25 日 出席中文系举办的"纪念鲁迅诞生 75 周年报告会"。

31 日　《文汇报》登载《就正于施蛰存先生》（署名"萧充"）："读了施蛰存先生的'吊鲁迅先生诗并序'，有两点感想。"

11 月

2 日　下午在校文史楼前大草坪参加"抗议英法侵略埃及和支持埃及正义斗争"的集会。

23 日　《夏原和知识分子》刊于《文汇报》。

24 日　复北京徐迟函："要出《诗刊》，而且是克家和你编辑，真可高兴。可惜我对创作已成放弃局面，""译诗、诗话或介绍，也许还可以贡献一点短稿。""望舒译诗容整理，""我这学期教课甚忙，外加还要赶译 Nexo 的'贝莱'第三部，所以这件工作怕要拖到 12 月底 1 月初才能抽出五六天来做。暑中在杨静处取了一些望舒遗稿，发现了严文庄的旧稿。"

12 月

1 日　下午出席华东师大中文系邀请上海第一师范学院中文系教师来校联欢座谈活动。

15 日　《咬文嚼字》刊于《文汇报》。

中旬　主持中文系第三次科学讨论会，讨论高中语文课本中的汉乐府诗，并作了发言。

25 日　为三年级班上"唐宋文学"课，据听课的一位学生文章提及："讲到苏轼的课堂笔记一段如下：……'苏东坡二十几岁的诗，豪气勃勃，到六十几岁依然如此，实可贵也！在骨气高洁这一点上，李杜赶不上他。'"（《文汇报》，1957 年 7 月 5 日）

本月　译著以色列罗丝·吴尔著《智慧帽：和其他故事十三

篇》,由上海少年儿童出版社初版。

本月 译著《雷蒙特短篇小说集》,由作家出版社初版。

约在期间 将去年购得140种潮州歌册捐赠校图书馆。

1957年(丁酉) 52岁

▲4月,《人民日报》发表社论《继续放手,贯彻"百花齐放,百家争鸣"的方针》。

▲6月,中共中央发出《关于组织力量准备反击右派分子进攻的指示》。

1月

3日 《文汇报》登载《上海的作家们,为新的一年而努力》提及:"写作环境较差的施蛰存,一方面在华东师大教书,另一方面又在课馀赶译丹麦作家尼克索的长篇《征服者贝莱》的第三部'大斗争',并以多馀的时间辑录宋人词话。"

25日 《说李白诗"梦游天姥吟留别"等五首》刊于《语文教学》1月号。

2月

上旬 校中文系三年级(5)班几位学生来寓所访问。据张系朗《寒假访施蛰存老师》写道:"今年的试卷全部由他自己看,没有请助教老师帮助。他说,因为只有这样,'我才能更好地了解同学们学习的情况。'我们的试卷共有140多份,每份的字数少者三四千,多者近万。""老师辛劳了一学期,进入假期之后,一方面要总结教学情况,准备新课,一方面还要看这么多乱而长的卷子。""施老师病体刚愈,跟我们谈了两个多小时。"

13日　文化部副部长夏衍复函,写道:关于业馀翻译工作问题,已将您的意见转高等教育部研究处理;在杭州建立已故作家戴望舒、郁达夫、赵柔石等人的纪念室事,已将您的这一建议转给中国作家协会研究;对于明耀五、张一(张秋虫)、夏原等人的工作问题,我意仍转请上海有关部门研究处理。

18日　开学。改任中文系古典文学教研组副主任,执教四年级"古代文学"课程,并任指导"市西"中队的教育实习。自述:"刚调到华东师大担任中文系总支书记的张秀珩同志到我家来访问。""因此我就凭自己的经验和想法,讲了些关于中文系教学工作的意见。她在我家里几乎谈了两小时。"(《难忘的情谊》)

23日　母亲喻调梅逝世。自述:"在殡仪馆治丧的那一天,张秀珩同志带了二三十位教师和同学,开了一辆大卡车来吊唁。"(同上)

3月

27日　下午在校礼堂出席"华东师范大学第二次科学讨论会"开幕式。

28日　上午主持中文系举行的"科学讨论会",会上钱谷融宣读论文《论"文学是人学"》。据钱谷融回忆:"马上有人批评我论文中的人道主义思想,但是,会议主席施蛰存觉得很新鲜。"(《新京报》,2008年9月23日)

30日　浦江清由北京致函:"昨邮奉《杜甫诗选》二册,一册赠兄,一册托转声越兄。""前有此间一老辈询及吾乡耿道冲卒于何年[1932 年]，兄如见君彦先生可一询，当能忆及，暇时复及。"
"教务译作谅均忙。""前云尊寓或将迁动，不须实行否？"

约在期间　据吴钟麟回忆：施教授"执教我们明清文学课"，"文学社经常请名作家辅导，有一次就请施教授指导小说创作"。（《留得青山在》）

4 月

10 日　写讫《狄根司小说中的旅店》。

22 日　偕家人将母亲安葬在杭州溪山西木坞玉屏山先考施亦政墓侧。

24 日　按夏承焘日记："夕施蛰存来，自沪至杭，葬其母堂。属予号召修建西溪词人祠，在宛春[士莹]处谈至 9 时去。"

26、27 日　《倒绷孩儿》《第二第三》均刊于《文汇报》。

下旬　徐澄宇书赠诗作《海上送春》。

5 月

11 日　《外行谈戏》刊于《文汇报》。

25 日　《宋代的话本小说》刊于《语文教学》5 月号。

29 日　据"人民文学出版社稿酬支付单副联(5)"："稿名：征服者贝莱。著译者：施蛰存。出版日期 57 年 5 月份。版次：1/1。本次印数：13000，预付下次数：7000。"

同日　《解放日报》登载《谈厚古薄今》，批评《外行谈戏》。

本月　译著丹麦马丁·安德逊·尼克索长篇小说《征服者贝莱》第二卷"学徒生活"，由作家出版社初版。

6 月

5 日 《才与德》刊于《文汇报》。自述:"却想不到偏偏就是由于一篇千字小文,被列入为'五类分子'中最低微的一类,做了二十年'元祐党人'。"(《文艺百话·序引》)

6 日 上午华东师大中文系四年级两位学生来访。据《提供材料——访问施蛰存的回忆录》:"了解上学期我系留助教研究生是否征求过他的意见,谈话是由他的文章《才与德》开始的,""我们还谈些科学研究问题。"

11 日 《新闻日报》登载《曹操的干部政策对吗?——就正于施蛰存先生》。

18 日 《文汇报》登载《也谈才与德》。

19 日 华东师大在反"右派"斗争中开始划分"右派分子"。自述:"首先点了许杰、徐中玉和我的名。第二天起,揭发我们三人罪状的大字报,一批一批贴出来了。"(《难忘的情谊》)

20 日 中文系举行师生大会。据竹立回忆:"记得许杰、徐中玉都讲了不少承认错误的话,惟施蛰存只淡淡地说了句'我有错误',便走下台去。"(《我所认识的施蛰存》)

同日 《人民日报》登载《辟"才与德"》。

23 日 《解放日报》登载《不要党领导就是走资本主义道路——上海作家协会会员学习毛主席讲演,揭发陈仁炳、许杰、施蛰存等右派反党言行》。《文汇报》刊载《作家们投入反右战斗——上海作协部分作家座谈毛主席报告,揭发许杰陈仁炳阴谋活动,指出施蛰存已成为第二种人》。

24 日 《解放日报》登载徐景贤《以"才"任人论的幕后——揭露施蛰存文章"才与德"的居心》。

25 日　《解放日报》刊载《许杰究竟是帮助党整风，还是向党进攻？》提及："许杰先后发言三四次，火上加油攻击系总支书记，而为二十多年来一贯反共的右派分子施蛰存'申冤'（施于肃反运动中受过审查）。"

26 日　《我看〈攻城计〉》刊于《大众电影》第 12 期。

同日　《文汇报》刊发《斥"才与德"》专栏。晚上参加在校大礼堂召开批判许杰的全校师生员工大会，会上"整风和反右派斗争的报告"提及："我校右派分子首脑人物许杰、戴家祥、施蛰存，他们承受了校外右派分子的纲领向党进攻。"

27 日　《解放日报》《文汇报》登载通讯《华东师大党委书记常溪萍向全校师生作报告，号召向校内右派分子展开斗争，认为必须揭穿许杰戴家祥施蛰存等向党进攻的阴谋》。《新闻日报》刊载《"第三种人"施蛰存》。

28 日　《文汇报》登载《施蛰存先生的"才与德"》。

同日　按夏承焘日记："过天水桥，微昭、云从、操南谈华东师大反右派事，今日见《文汇报》许杰、戴幼和、施蛰存皆被指为反党人物。"

29 日　《解放日报》登载《"第三种人"的德与才》。

30 日　《文汇报》登载《"第三种人"施蛰存》。据黄裳回忆："其实这是一篇正确的针对时弊的好杂文。其时风雨如晦，报社急于认错。""《才与德》是名篇，这批判的任务就落在我的头上。""这是我对蛰存口诛笔伐的一段公案，其实蛰存的杂文是写得非常出色的。"（《忆施蛰存》）

本月　与朱文镕以俄文本合译苏联巴希罗夫长篇小说《荣誉》，由人民文学出版社新版印行，署名"陈蔚"。（1959 年再版）

410

7 月

2 日 下午中文系集会批判右派分子许杰、徐中玉、施蛰存以及助教阮尉。会上作了检讨《要求进步，挤破毒瘤》。

3 日 上午中国作家协会上海分会召开反右斗争座谈会，批判文学界右派分子许杰、孙大雨、施蛰存、徐仲年。

5 日 《文艺月报》登载姚文元《驳施蛰存的谬论》。《文汇报》刊载《"宿怨"的来由》《施蛰存在华东师大的言行》。《新民报》刊载《今华歆施蛰存》。

6 日 《文汇报》登载《鲁迅先生笔下的施蛰存》。《解放日报》刊载批判许杰文章，提及"许杰处处袒护右派分子施蛰存"。

7 日 《文汇报》登载《看施蛰存的"德"》。

8 日 《文汇报》刊载社论《人民的干部不容诬蔑》。

9 日 《文汇报》登载《"宏道"与"宏文"》。《青年报》刊载《右派分子毒害青年恶毒透顶》《"第三种人"阴魂不散》。

11 日 《新民报》登载《剥开施蛰存的狼心狗肺！》。

12 日 华东师大工会召集以中文系部门委员会为中心的批判右派分子施蛰存大会。

13 日 《新民报》登载《斥施蛰存的"外行谈戏"》。

16 日 《文汇报》刊载《剖开施蛰存的"毒瘤"，反苏反共思想原封未动；看到反动大字报面露喜色，又写荒谬文章寄给〈文艺报〉》。

19 日 《文汇报》登载《从发表〈才与德〉一文想到》《"风雅"的背后》。

20 日 《文汇报》登载《施蛰存的"心理习惯"》。

21 日 《解放日报》登载《施蛰存的丑恶面目》。

22日　《文汇报》刊载《斥右派分子施蛰存反对社会主义出版事业的谬论》。《新闻日报》登载《"第三种人"老牌反共专家——右派分子施蛰存的丑恶行径》。

23日　下午上海作家协会召开批判揭露右派分子徐中玉反党言行的座谈会,发言提及:"徐中玉还同情'第三种人'施蛰存,认为大家对他的帮助是'太过分'了。徐中玉对施的作品《才与德》十分赞同。"

24日　《人民日报》登载《从"第三种人"说起》。

26日　《解放日报》刊载批判徐中玉文章,提及"当许杰在中文系大会上主张为右派分子施蛰存伸冤并要求大家支持时,全场默然,而徐中玉却以会议主席的身份首先鼓掌帮场"。

8月

1日　《萌芽》月刊登载《"第三种人"——施蛰存》。

5日　阅讫清代黄承勋辑《历代词腴》(二卷),并于《眠鸥集遗词》书末作"阅后记"。

同日　《文艺月报》登载《施蛰存并未"做定了"第三种人》。

7日　《文汇报》登载《群丑谱分咏·施蛰存》。

上旬　与许杰、徐中玉等教授被正式划为"右派分子",工资降级为184元,已排版的一部译著《天使英雄》也遭撤除。自述:"反右第一批定案的时候,张秀珩叫我到办公室里去,交给我一张油印的定性处分通知书,问我有没有意见,我说没有意见,她要我签个字就收回了。"(《难忘的情谊》)据张德林回忆:"第四类右派罪行比较轻,降职降薪处分,留在校内改造,""施老与我被划为第四类右派。"(《回忆施蛰存先生若干事》)

下旬　曾游上海西郊公园并作诗《动物园口占时方负罪》。

月内　暑假除在校接受批判外的时间,主要从事翻译俄国作家科普林长篇小说《窑子》。

9 月

1 日　开学。仍讲授古典文学主课,不久被改任讲授第二外语法语课。

12 日　参加系里"右派"教师政治学习班。据张德林回忆:"允许每个右派坐着发言,""施老说:'把我那篇《才与德》说成是向党进攻的罪证,无论如何想不通。毛主席提倡又红又专,我主张才与德,思想上没有任何抵触。'众右派便帮他分析,""你施蛰存主张的是封建主义的才与德。""施老除了苦笑,还有什么话好说呢?""轮换式的批判大会足足开了七八十次,下午时间不够用,晚上还得加班。"(同上)

23 日　《新民报》刊载《施蛰存的"自觉"》。

本月　《批判文汇报的参考资料》收录《才与德》

10 月

8 日　杨霞华题赠译著克雷莫娃、涅乌斯特罗耶夫著《尼克索评传》:"蛰存先生教正。"

上旬　叶灵凤由香港来到上海。据邵绡红回忆:邵洵美约请叶灵凤"来家里吃午饭,还请了好友施蛰存和秦瘦鸥来共聚"。(《我的爸爸邵洵美》)

下旬　阅讫宋陈思辑《小字录》并于书末题跋。

月内　开始研究金石碑版之学。自述:"重又回到古典文学的阅读和研究,主要是对唐诗宋词做了些考索工作。但就在同

时，我的兴趣又转移到金石碑版。"(《我治什么"学"》)

11 月

本月　《社会主义思想教育参考资料选辑》第 3 辑收录《才与德》。新文艺出版社出版《为保卫社会主义文艺路线而斗争》，内收《施蛰存并未"做定了"第三种人》《"宿怨"的来由》《"第三种人"施蛰存》《驳施蛰存》，并附《才与德》。

12 月

1 日　《文汇报》登载《施蛰存在语文方面放的毒》。

下旬　译讫俄国科普林长篇小说《窑子》，未能获得出版。

1958 年(戊戌)　53 岁

▲2 月，《人民日报》发表社论《鼓足干劲，力争上游》。

▲8 月，全国掀起大炼钢铁和人民公社化运动的高潮。

1 月

10 日　华东师大民盟、民革联合整风小组和中文系工会联合召开批判右派分子徐中玉大会，据校报记载，其中"罪状"有："袒护肃反对象施蛰存，为施蛰存鸣不平。"

2 月

月内　寒假中仍然到校进行思想改造教育。每晚抄写借阅的多种金石目录,先后辑录稿本《随庵徐氏藏唐墓志目录》《海外贞珉录》《艺风堂藏唐碑目》《簠斋藏造象目》等。

3月

1日 开学,被取消授课资格,安排在中文系资料室工作。据徐中玉回忆:"职务、学衔、原工资全被撤去,给贬到系资料室去搬运图书、打扫卫生、应付门面时,他仍继续铢积寸累,夜间回家偷偷做业务工作。那时他只领取百馀元生活费,老夫人持家素无收入,他只能抽8分钱一包的'生产牌'劣烟,每天上下班来回原须坐四站公共汽车,也常改为'安步当车',还多次随学生下乡劳改。"(《回忆蛰存先生》)

12日 下午中文系全体教师和部分学生召开第一次批判资产阶级文艺思想大会。作为接受教育的对象,列席会议。

月内 因"右派分子"的身份,被长宁区房管局逼迫退租愚园路岐山村1018号寓所三楼的住房。

4月

1日 中文系召开关于教学方针的辩论大会。自述:"关于当时教改的大辩论情况,我一点也不知道,因为当时我没有权利参加任何会议。"("汇报")

月内 购得杭州石屋洞造像题名两册,系会稽梯香楼故物。

本月 作家出版社出版姚文元《在革命的烈火中》,内收《驳施蛰存的谬论》。

5 月

月内 龙榆生在上海音乐学院被划为"右派分子","定案依据第六条认定:龙'否定文字改革,赞同右派分子施蛰存的《倒绷孩儿》一文,说简化字搞糟了'"。(《关于龙榆生同志错划为右派的改正报告》)

6 月

2 日 跟随中文系学生下乡,在嘉定马陆公社参加"夏收夏种"劳动,为时三周。

10 日 为所藏清代道光项鸿祚刻本《忆云词》题跋。

17 日 《解放日报》《文汇报》均刊载:"中国作家协会上海分会 13 日举行理事会扩大会议,""共揭发出右派分子许杰、王若望、孙大雨、傅雷、陈子展、施蛰存、马国亮、徐中玉、黄裳、李洛、洛雨等 18 人。"

26 日 为录毕方贞观《南堂辍锻录》作"后记"。

本月 译著丹麦马丁·安德逊·尼克索长篇小说《征服者贝莱》第三卷"伟大的斗争",由作家出版社初版,署名"陈蔚"。

7 月

6 日 为购得《颍川陈令望心经碑》题跋,署名"仲山"。

26 日 又为所藏清代道光项鸿祚刻本《忆云词》作跋。

8 月

21 日 始于天蟾舞台旁弄内曹仁裕碑摊选购墓志拓本。

9 月

中旬　开学后即随中文系学生赴上海嘉定县华亭乡劳动。

本月　天津百花文艺出版社出版《在不平常的日子里》,内收批判文章《施蛰存并未"做定了"第三种人》。

10 月

本月　人民文学出版社出版《浦江清文录》。自述:"我才从那里看到他许多文章,都是我没有见过的。"(《浦江清杂文集·序言》)

11 月

上旬　与许杰、徐中玉等被错划右派的教授下放到上海县颛桥公社,参加"市级右派分子学习班"。

12 月

月内　天蟾舞台旁弄内曹仁裕碑摊结束,此后便改去商务印书馆隔壁弄口黄小玄碑摊访购,始买汉碑和造像。自述:"卖掉许多线装书,改收碑版拓本,兴之所至,写了不少关于金石碑刻的文字。"(《施蛰存文集·序言》)

约在期间　自述:"工资降级,稿费收入也断绝了。嗷嗷待哺的人口多,我把这两部《金瓶梅》(1947年购买的一部北京图书馆影印线装本,一部康熙版张竹坡评本)卖了两百元人民币。"(《杂谈〈金瓶梅〉》)

1959 年(己亥) 54 岁

▲5 月,华东师范大学成为全国 16 所重点高校之一。

▲9 月,中共中央、国务院发布《关于确实表现改好了的右派分子的处理问题的决定》。

1 月

下旬 "市级右派分子学习班"结束,与许杰、徐中玉等从颛桥公社返回华东师大。

2 月

月内 每逢周日去商务印书馆隔壁弄堂碑估黄小玄摊位寻访碑版拓本,购得《龙门造像题记》六册八百纸,又散页六包,都魏齐造像 492 纸、唐造像 478 纸。

3 月

月内 继续在中文系资料室,除了搬运整理图书报刊,"主要工作是整理原有卡片,重新分类并补缺"。

本月 译著丹麦马丁·安德逊·尼克索长篇小说《征服者贝莱》第四卷"黎明",仍署名"陈蔚",改由人民文学出版社初版。

4 月

月内 复旦大学中文系教授朱东润来华东师大中文系作

《陆游》学术报告,参加了这次报告会。

约在期间　络续阅读古代金石学著作并作札记,撰写《〈集古录〉考》《〈集古录〉篇数》。

5月

10日　阅曹道衡《再论陶渊明的思想及其创作》,作札记。

14日　为所得《楚石大师北游诗抄本》作"跋"。

6月

本月　与金锡龈合译《莱蒙特短篇小说集》,由人民文学出版社出版,内收译作《死》《汤美克·巴朗》,署名"施子仁"。

7月

月内　暑假仍去黄小玄碑摊访拓本,得《侯鸟残砖》等。

8月

下旬　开学,仍在中文系资料室,主要工作是编辑《先秦两汉文艺批评资料》,由校内铅印,作为和兄弟院校的交流资料。

9月

月内　据古剑回忆:"编大型工具书《辞海》,各大学文科都分配到一些辞目,由几位同学一组对分配到的各条辞目作增补修订,""到资料室向施老师求教,他会告诉同学要什么书,大致什么地方去找。果然每每按图索骥都一索即得,施老师是'活字典'的美谈也就在同学间传开。"(《仰望施蛰存老师》)

10 月

月初　录讫《鸭东四时杂词》并作跋。

上旬　购得《罗宝奴造像记》并题跋,署名"仲山"。

16 日　中文系组织师生下乡与农民"同吃、同住、同劳动",被下放嘉定马陆公社参加"三秋"劳动。

劳动期间　作诗《谪居一首》。

又　自述:"叶鞠裳的《缘督庐日记》,这是 1959 年劳动之馀看过的。我和这位叶公是玩碑的同志,他的日记是石刻收藏家的专业日记,对于我收聚碑版的工作,大有指导。"(《十年治学方法实录》)

11 月

20 日　"三秋"劳动结束,从郊县嘉定马陆公社乡下返回。

约在期间　黄小玄碑摊并入古籍书店碑帖部,随往访购。

12 月

月内　购得《明嵩山少林寺道公和尚碑》。自述:"碑估曹仁裕持来唐碑一包,中有此碑,初展视,以为唐碑也,再审阅,则董文敏书也,甚出意外。"(《北山集古录》)

1960 年(庚子)　55 岁

▲7 月,中国文学艺术工作者第三次代表大会在北京召开。

420

▲11月,中共中央发出《关于农村人民公社当前政策问题的紧急指示信》,要求坚决纠正农村人民公社的"共产风"。

1 月

月内　利用每晚业馀时间,译有许多文学史上从不提到的小作品,其中一部分是散文诗。

本月　计划编译《意大利中古小说集》。

2 月

中旬　为得《征虏将军中散大夫张盛夫妇之铭》著录并跋。

寒假　自述:"忽然对词有新的爱好,发了一阵高热,读了许多词集。分类编了词籍的目录,给许多词集做了校勘。慢慢地感觉到词的园地里,也还有不少值得研究的问题,于是才开始以钻研学术的方法和感情去读词集。"(《词学名词释义·引言》)

3 月

月初　开学,因缺少师资力量,接到通知"戴帽"讲课,先在中文系上中国文学史课程,不久又改任为政教系讲授语文课程。

月内　古籍书店碑帖部被并入荣宝斋,自此皆于荣宝斋访碑,直至荣宝斋改为朵云轩。

4 月

本月　华东师大开展"文科革命"。据钱谷融回忆:"学校里已经不上课了。""像施先生和我这样入了另册的人当然也不能闲着,也各自被安排有任务,施先生是搞鲁迅作品的注释。""因

为施先生居然敢于和鲁迅争论，""让他注释鲁迅作品，正是给他一个从头学习鲁迅的机会。"(《我的祝贺》)

5 月

约在期间 曾被安排下放到工厂劳动。

本月 始拟编译《欧洲近代独幕剧集》《洛尔伽戏剧集》。

6 月

上旬 阅读中华书局上海影印域外残本《永乐大典》，录出宋金元人词一百馀首，辑为《宋金元词拾遗》二卷。自述："宋词皆旧版《全宋词》所未收者，金元人词皆周泳先、赵万里所未得者。"(《〈宋金元词拾遗〉题记》)

月内 以二百元购得《千唐志斋藏碑》全份，后捐赠给华东师大图书馆。

7 月

月内 上海作家协会组织批判 19 世纪欧洲资产阶级文学的座谈会，历时 49 天。按接到的通知先后参加过数次。

8 月

月内 翻译外国诗人夏芝、保尔·福尔、耶麦等的作品。

本月 采用美国洛·康(肯)特木刻作品为图案制作两枚"北山楼藏书"之票。

9 月

15 日　参加上海市作家协会会员大会。

17 日　为所藏张祖翼故物《蜀杨公阙残石》题跋。

月内　单孝天为治印"吴兴施舍考藏"。

10 月

上旬　为所藏《杭州石屋洞造像题记》二册题记并跋。

中旬　又被派往嘉定县马陆公社参加"三秋"劳动。

月内　大妹施绛年在台湾病逝。按：当时两岸音讯阻隔，直到 1964 年方得噩耗。

11 月

下旬　"三秋"劳动后，仍回中文系资料室工作。始辑著《词学文录》，同时又从事辑编《小说文录》。自述："安置在资料室的教师却有三四人，我建议编一些教学参考资料。""各人分工或合作，编了一批大大小小的参考资料。"（《词籍序跋萃编·序引》）

又　自述："我决心抄录唐、宋以来词籍的序跋，渐渐地扩大范围。""用了两年的工作时间，居然抄得了约 60 万字。把我自己所有的词籍、华东师大图书馆所藏的词籍、上海图书馆所藏的一部分词籍，都采录到了。""抄写的时候，正值'三年自然灾害'，没有好纸，用的都是粗糙的劣质土纸，又没有好墨水。"（同上）

12 月

中旬　编撰完成《水经注碑录》。

31 日　写讫"1960 年除夕总结",购买拓本 1958 年 8 月至 1960 年底,共耗资 514 元。据统计,所得汉志、晋志 8 种,魏、梁、后秦、陈 4 种,北魏志 142 种,北齐志 19 种,北周志 5 种,隋志 100 种,唐志 608 种,宋以后志 17 种,周秦石刻 7 种,汉碑 92 种,三国碑 13 种,前秦碑 2 种,晋碑 7 种,南朝碑 3 种,北魏碑及造像 41 种,东魏碑 24 种,西魏碑 4 种,北齐碑 35 种,北周碑 11 种,隋碑 16 种,唐碑 85 种,五代以下碑 23 种,龙门造像 800 纸,石屋洞题名 91 段,七星岩题刻 36 段,永嘉石门山题刻 28 段,前后两年半时间,都 2221 目。复本不计,仅墓志复本就有二百馀种。

1961 年(辛丑)　56 岁

▲1 月,中共八届九中全会决定对国民经济实行"调整、巩固、充实、提高"的方针。

▲3 月,国务院公布《文物保护管理暂行条例》。

1 月

1 日　元旦。单孝天为治印"无相庵藏本"。

同日　沈从文作诗《建设新山村,知识青年下放上山四周年纪念代表大会庆祝日,被提为主席,亦一生巧事也》,书赠条幅。

本月　上海文艺出版社出版《学习鲁迅和瞿秋白作品的札记》,内收《斥右派分子施蛰存反对社会主义出版事业的谬论》。

3 月

上旬　开学,仍在中文系资料室工作。自述:"在一些日常的本职任务之外,集中馀暇,抄录历代词籍的序跋题记。""晚上在家里就读词,四五年间,历代词集,不论选本或别集,到手就读,随时写了些札记。"(《花间新集·总序》)

4 月

月内 将近两年半撰写的关于金石学考订、著录及拓本收藏之笔记,装订成册《玩碑杂录》,除著录题识数十种金石拓本,及各种古籍文献有关金石之记录,别有"龙门造像例""伪刻汉碑""残石伪刻""古文苑所录碑目""续古文苑录汉晋碑""碑录""罗振玉撰碑目""金石著作未印行者""汉碑残石著录""墓志著录""造像数著录""沈韵初汉石经室所藏古刻""文选李注碑文""水经注录碑可以补史阙""越南碑录""最古之碑刻集""1960 年除夕总结""新出古刻""拟校辑碑目"等篇。

5 月

4 日 阅《文汇报》,见相关报道即记"龙门造像题刻共 3680 种,想是最近统计"。

15 日 被派往位于嘉定的上海社会主义学院参加学习班,与上海音乐学院龙榆生同学。

6 月至 8 月

学习班期间 参加学习和劳动。据陆印泉回忆:"同窗而又同'病',故相处很好。我始终以师礼待之。那时,他已转入对文物考古的研究,手里常常带着各种版本的字帖。我问他为什么,他说:'此亦逃避现实之一法也。'"(《再谈施蛰存》)

9 月

6 日　为在学习班的小组"神仙会"发言而写《反映在"才与德"一文中的错误思想》。

13 日　写讫参加学习班总结"四个月来学习的收获"。

15 日　在上海社会主义学院学习结束,返回华东师大中文系资料室,工作是编小型的参考资料,计划编一套古典文学研究书目,编成《诗经研究书目》《楚辞研究书目》。

下旬　接到系里通知,被告知已摘去"右派帽子",继续留在中文系资料室工作。

10 月

月内　陆续翻译近百首法国象征派诗。自述:"只有晚上二三小时是我自己的时间,我就充分利用这些时间,看一点书,写一些零星小文字。"(《域外诗抄》)

月内　又访傅雷。自述:"我在热中于碑版文物,到他那里去,就谈字画古董。他给我看许多黄宾虹的画,极其赞赏。""我以为黄宾虹晚年的画越来越像个'墨猪'了,这句话又使他'怒'起来,他批评我不懂中国画里的水墨笔法。"(《纪念傅雷》)

本月　始撰《历代词选集叙录》,历时 4 年,得 42 篇。

11 月

5 日　为所著《水经注碑录》撰序。

6 日　香港《新生晚报》登载田耕《施蛰存在香港》。

12 月

月初 开始辑录《太平寰宇记碑目》。

月内 访谭正璧、雷君彦、邵洵美。徐澄宇、唐祖伦、周松龄及喻永祚（表弟）亦来晤。

约在期间 自述："为了要买 8 角钱一只的鸡蛋，我把儒、释、道的书都卖掉了，当然也包括《景德传灯录》在内。"（《禅学》）"殿版原本《全唐诗》，1961 年卖了 258 元，换鸡蛋吃。"（致林玫仪函，1993 年）

1962 年（壬寅） 57 岁

▲3 月，周恩来在广州作《关于知识分子问题》的报告。
▲10 月，中国边防部队对印度入侵进行自卫反击作战。

1 月

1 日 元旦。编撰完成《后汉书征碑录》并为录讫而作跋。

月内 仍在资料室工作。自述："编一种文言虚字用法的资料，发给同学，以便自学古文。征得董立甫同意后，我就开始写《文言虚字用法参考资料》，写了十几篇，又由王寿享写了二、三篇，后来我离开资料室，没有完成。"（"关于资料室工作"）

2 月

25 日 为所藏《汉张表造虎函题字》题跋。

3 月

月初 开学。为贯彻《高教六十条》精神,经校行政会议提出"配备有经验的教师担任基础课教学",中文系安排执教"古典文学作品选读"年级大课。据黄贵文回忆:"每周给我们上两节课,""同学们赞不绝口。""上课就来,下课就走,""刚被摘下右派帽子,但思想上仍然背着沉重的政治包袱。"(《回忆施蛰存》)

本月 续辑《金石遗闻》,并撰汉、魏、隋、唐诸种碑跋。

4 月

6 日 邵洵美无罪获释,回到其长子邵祖丞住所。据盛佩玉回忆:"老朋友孙斯鸣、施蛰存、秦鹤皋、秦瘦鸥、钱瘦铁、庄永龄等均去看望过他。"(《盛氏家族·邵洵美与我》)

又 自述:"他在译英国诗人雪莱的长诗,有些疑难问题,要我去帮他研究。因此,我有过一个时候,每月去看他一次。"("近十年来的社会关系")

5 月

8 日至 15 日 出席中国作家协会上海分会第三届会员大会,并参加合影。

7 月

暑假 自述:"尹石公是姚锡钧[鹓雏]的朋友,我因陪同姚明华[鹓雏次女]去拜访,因而认识,后来我单独也去看过他四五次。""我去向他借阅晚清诗人的诗集,又向他了解一些晚清诗坛

428

情况。"("近十年来的社会关系")

又 据郑逸梅记述:"施蛰存一日问尹石公,今之国学有素养者,尚有何人? 石公举陈兼与以对。翌日,蛰存即造陈居相访,一见如故即订交。""评陈声聪《兼于阁诗》:'五古甚见朴茂,文字含近代语,精神则魏晋咏怀咏史之俦也。'"(《艺林散叶续编》)

月内 徐澄宇来访。

8 月

4 日 龙榆生致函:"下期课事如何? 前承假去'词刊'第 3 卷第 4 号样张,想径用毕,恳乞挂号掷还。"

约在期间 为研究东晋陶渊明《桃花源记》,阅读游国恩等著《中国文学史教学大纲》、中国社会科学院文学研究所《中国文学史》、谭家健《〈桃花源记〉札记》,并作札记。

9 月

1 日 开学。被安排执教中文系四年级英语课程。据孙耕民回忆:"第一堂课是'随便谈谈',没有教一句英语,却使我终生难忘,""介绍自己高中毕业后进法语专修班时的情景。""大都成为笔译课,他印发了一二十页英美长篇小说的片断,例如《大卫·科菲波尔》《呼啸山庄》等文学名著,让我们速读,写中文摘要;有时,他发下一些英美小诗短文,要我们推敲斟酌,尽可能达到'信、达、雅'。"(《施蛰存教英语》)

月内 为辑讫《词学文录》而作序。

10 月

1 日　阅《隋书》,入夜上街观赏国庆烟火。始撰日记,讫于 1965 年 12 月 31 日,收入《施蛰存日记·闲寂日记、昭苏日记》。(文汇出版社,2002 年 1 月初版)

2 日　续阅《隋书》,展阅已得隋墓志 102 通,为《牛弘女晖》《苏威妻宇文氏》题跋。

3 日　下午携孙女游西郊公园。夜阅《潜研堂金石文跋尾》,签出其可商者 57 处。

4 日　阅《隋书》,阅文学研究所编《文学史·中册》,"书出众人手,见解颇不统一"。

5 日　重作《蛮书征碑录》,下午到福州路访书肆。

6 日　阅《隋书·经籍志》。

7 日　续作《蛮书征碑录》,检阅《滇绎》《云南备征志》,"惜《滇系》一部已斥售之矣"。

8 日　续作《蛮书征碑录》,晚上阅读 Paul Valery 讨论文学,并取望舒译稿校之,"有数则未译,暇日当为补成之"。

9、10 日　续阅《隋书》,辑录《金石遗闻》三页。

11 日　得影印《宋拓天发神谶碑》两本,取原存摹刻本校对,并作跋。

12 日　续阅《隋书》。夜访谭正璧,借阅 9 月份《光明日报·文学遗产》。

13 日　晨访雷君彦,"携儿寄来吐鲁番葡萄干一裹赙之"。

14 日　上午徐澄宇来谈。阅《陆氏二俊集》,致曾铭竹函。

15 日　阅《庾信集》,"伪刻'阳林伯夫人罗氏志'乃庾信文"。

16 日　阅《隋书》,辑录《金石遗闻》两纸,收戴咏素函。

17 日 续读《隋书》,赏阅《国山碑》,拟作一跋,未成。

18 日 展阅小伹所赠《舜庙碑》,拼凑不全,犹缺数纸。

19 日 读《海日楼札丛》,辑录《金石遗闻》两纸。阅所购新印本《昌平山水记》《京东考古录》。又看外国参考资料"述美国诗歌现状,谓至今犹以 Robert Frost 为诗坛领袖,此论甚当","予二十年前译美国诗亦以为 Frost 最胜,自谓鉴赏不虚"。

20 日 阅汉碑,补录汉碑卡片。又阅"独笑斋金石文跋"。

21 日 早晨周松龄、唐稼生来,谈至中午辞去。下午访谭正璧,以所借《光明日报》还之。又往上海美术馆参观《杨柳青年画展览会》《新疆织物图案展览会》。再去朵云轩访碑。

22 日 晚阅 R. Frost 诗集,"得小诗一首,仅二行,云:'方余年少时,不敢为过激,惟恐老年来,翻成保守者。'此语甚妙,实契吾心;然今日青年人犹且视我为保守派也"。

23、24 日 作讫《蛮书征碑录》并作跋。

25 日 日记:"检点西书得爱尔兰女诗人 Dora Sigerson 诗集 *The sad years*,阅之不觉竟夕。诗 45 首,皆民谣体,均有韵致。爱尔兰作家如 Le Fanu Frina Morleod, A. E, W. B. yeats, Lady Gregory, John Synge, James Stephens Lord Dunsany, Sean o'Casey 均有隽才,诗文戏剧,极芬馨悱恻之致。Celtic Twilight,何其绚烂也。颇欲选择若干篇为《爱尔兰文选》。"

27 日 润色《水经注碑录》,重作两篇,抄序及目录,拟定插图。致向达函,"为《蛮书校注》提意见三事"。收到杨静来信。

28 日 阅《春在堂随笔》《郎潜纪闻》《燕下乡脞录》,下《金石遗闻》可用史料数十签。

29 日 阅《黄生义府》。午访谭正璧,归还《蛮书校注》。

30 日 为新分配指导的助教周茹燕作"三年学习计划"。

31 日　购得《词鲭》，道光丙戌有裴居刊本，星江余煌汉卿集句词六十馀阕，"颇浑成可喜"；又得《玉壶山房词选》，民国九年仿宋铅字排版墨汁刷印本，"此亦印刷史上罕见之本"；还买到万人丛书本 *Gudrun*，"物色既久，今乃得之"。

11 月

1 日　辑录《金石遗闻》二页，抄录笔记数则。

2 日　作词话三篇。收到北京向达回函。

3 日　晨访谭正璧，借得《丛书集成》中有关"楚辞"之书 15 册。下午辑录《金石遗闻》四纸，夜批阅学生测验试卷。收到叶灵凤从香港寄来道林文稿纸二百张，"今年足用矣"。

4 日　辑录《金石遗闻》四纸，傍晚宋学勤来晤。

5 日　批阅学生测验试卷。复戴望舒之女咏素函。

6 日　下午陪妻去长宁区中心医院治疗。晚上批阅试卷。

7 日　下午巡弋书肆，购《匋斋藏石记》《屈宋方言考》，回家后阅之竟夕。

8 日　竟日辑录《金石遗闻》，共得八纸。

9 日　阅《屈宋方言考》，"忽念'魏晋南北朝史书'，颇多吴语，亦可辑录成一小书"。又辑《金石遗闻》六纸。

10 日　续辑《金石遗闻》两纸，又读《隋书》三卷。

11 日　上午续阅《隋书》，下午访周松龄，唐稼生亦在，谈至 5 时方归。借得 Ernest H. Short 所著 *The Painter in History* 等数本，"灯下阅之，不觉子夜"。

12 日　日记："昨向周松龄借艺术书，乃为检觅 Hans Holbein 所作 *Dance of Death* 资料，而两书言之均甚略。今日至校中图书馆，觅得 Arthm Haydon 所作 *Chats on Old Prints* 一书，有一章专谈 Duren 及 Holbein 之木刻画者,聊有用处,录出数语,拟作一小文。"

13 日 午访邵洵美,"承出示《唐人写经》二卷,缪荃荪物也","有太炎小篆题签'唐人写华严经残卷'。既归,检《日本史年表》,始知此贞观元庆皆彼邦纪年表","此二卷盖唐时东渡者,非敦煌石窟中物也"。

14 日 续辑《金石遗闻》,又作词话二则。

15 日 晨陪妻就诊,在杏花楼午餐。夜辑《金石遗闻》。

16 日 阅夏承焘《姜白石词编年笺校》,"可补注数事,因写词话一则"。

17 日 阅《嫩真子》《过庭录》,"词话均未抄,签出之,并签出其有关'金石'者"。

19 日 作词话一篇。夜访谭正璧,还《丛书集成》10 册。

20 日 阅詹安泰《注南唐二主词》,"颇有可商榷处,惟于金锁沉埋句不能引王濬事,为犹可异耳"。

24 日 连日来阅宋人词集及笔记,作词话一篇,"释'诗馀'字义,得四千馀言,余所撰词话,此为最长矣"。

25 日 收到开封李白凤来函,"知已恢复自由,几乎东坡海外归来矣"。据刘朱樱回忆:"又通信了,白凤托他代买急需的书,施先生也托白凤寻找金石拓本。白凤把所写的大篆、小篆寄送他,得到鼓励和赞赏。白凤在研究金文学、古文字学方面,常向他请教。"(《忆李白凤》)

26 日 辑录《金石遗闻》及宋人词话各两纸。

27 日 作词话《释长短句》,得千馀言。

28 日 辑录《金石遗闻》两纸。

29 日 阅本月《文物》《考古》杂志,"《文物》印出旧拓《龙藏寺碑》及《大代嵩高灵庙碑》，均甚佳"。

30 日　阅宋人笔记，签出词话和《金石遗闻》资料数十则。

12 月

1 日　辑录《金石遗闻》四纸。晚续阅《宋人小说》。

2 日　作词话一篇，写讫《释〈寓声乐府〉》。

3 日　夜访周松龄，还两书，借德文本 *Literatar und Kunst* 等 4 册，返家"倚枕阅之"。

4 日　上午去中华书局上海编辑所，晤吕贞白，"以《词学文录》及《水经注碑录》两稿予之，欲其玉成，为谋版行"。

5 日　日记："检视旧日所作诗，都二百七八十首，欲删汰之，存二百首，然其间犹有待润色者。"

6 日　阅所借周松龄德文本书，至午夜。

7 日　辑录《金石遗闻》五纸，并阅词集数种，"于《寒松阁词》中见有《甘州》一阕，题雷夏叔《秦淮移艇图》。去年晤王支林前辈，曾谓余言松江人擅词者有雷夏叔其人，归后检《府志》不得，亦不能得其词。今乃于张公束词中见之，当亦道咸间人也"。

8 日　晨访雷君彦，"平一亦在家，遂与其乔梓小谈，多涉松江旧事，因以雷夏叔叩之，果是其先世。丈出示《诗经正讹》抄本一册，题华亭雷维浩撰，云即夏叔之名，其书无甚新解，且又不完。问以词，则亦无有，殆不可得矣"。

9 日　晨访韩侍桁，值其外出未遇。再往旧书店，得裱本《马周碑》。回家后检阅《金石萃编》，"此碑存字七百馀，余所得本存者不足五百字，然林同人云存三百馀字，则视余所得为更少"，"'萃编'所释文字，似犹有未确，当更考定之"。

10 日　辑录《金石遗闻》。《水经注碑录》被退稿，"函云此书性质不在中华书局分工范围之内,故无意纳入出版计划,并嘱与北京文物出版社联系。恐是托辞,殆禁锢未解耳"。

11日 下午陪妻上街,顺道常熟路旧书店买得《牛秀碑》,又购《冰瓯馆词钞》,"仪征张丙炎撰,写刻甚精"。

12日 读《复堂词话》,"谓秀水女士钱餐霞撰《雨花庵诗馀》,卷末附词话,亦殊朗诣,检小檀栾室刊本《雨花庵词》,乃不见词话,盖已删去。徐乃昌此刻诸女士词集,凡序跋题词,俱皆刊落,亦殊孟浪。复堂论词,宗南唐北宋,自足以针浙派之失","《兰思词》复堂亦未见,殆已佚矣。予尝辑录数十阕,得复堂一言,自喜眼力未衰"。

13日 辑《金石遗闻》两纸,阅《丛书综录》。得涵芬楼刊《宋人小说全目》廿八种,"检予所藏,竟已全有,则此亦一整部书矣,未可以零本视之。此书皆夏敬观以善本精校,宋人小说得此整理,殊有裨益,惜此事不复赓续,犹有数十种无善本可阅"。

14日 作词话二篇,辑录《金石遗闻》一纸。

15日 阅赵闻礼《阳春白雪》,又得丁葆光《无闷词》。

16日 作词话一篇,述李后主《临江仙词》。徐澄宇来小谈,言及《五行志》所载诸民谣,非绝不可信。然以民谣为灾衅之预言,则非也。灾衅之来,其始必有象。市井小人,里巷儿童,先感其象,作为谣谚,谣谚盛行,灾衅斯作,遂若以为预言耳。故董逃之谣,与'时日害丧'之诗,正复无别,此说颇有见地。余因发一论,以为风谣本是一体。杜文澜所辑《古谣谚》,可谓《国风》之纬编,此意似未经人道,盖偶得之"。

17日 辑录《金石遗闻》三纸,又阅沈传桂《二白词》。

18日 访谭正璧,归还《四友斋丛说》。又往上海美术馆观《林风眠画展》《新疆油画写生展览会》《火柴盒贴纸展览会》。夜阅柳耆卿词,"耆卿自来为世诟病,周柳并称,亦只在八声甘州等羁旅行役之作,若其儿女情词,便为雅人所不道。然柳在当时,实以情词得名。其咏妓女歌人,一往情深,于其生涯身世,极有同情","其言妓女多情处,均致慨于男子薄情辜负,此皆为妓人所喜慰。花山吊柳,夫岂以其为荡子行径耶"。

19 日 阅《乐府雅词》,"周美成词'向谁行宿'此作'向谁边宿',盖以'行'字太俗,而改之也;然'行'字训'边',今乃得其出处,因作词话一则"。

20 日 下午邵祖丞来,"谈至 3 时辞去"。旋与妻访邻居范效曾夫妇,"答礼云尔"。夜辑《金石遗闻》一纸。

21 日 晚上祭祀先祖,"明日冬至矣"。

22 日 阅《温飞卿诗》,"与词实同一风格,词更隐晦。然余不信温词有比兴。张皋文言,殆未可从,要亦不妨作如是观耳。王静安谓飞卿《菩萨蛮》皆兴到之作,有何命意。此言虽改皋文之固,然亦未安,兴到之作,亦不可无命意。岂有无命意之作品哉!余不信飞卿词有此比兴,然亦不能不谓之赋,赋亦有命意"。

同日 致启功函。又寄曾铭竹纸烟六包。

23 日 点《隋书》两卷,又辑《金石遗闻》两纸。

24 日 续点《隋书》两卷,阅张子野词《人间词话》。

25 日 得哈伊纳曼书店本年书目,"阅之竟夕,亦过屠门而大嚼也。Nerval. Verlaine 诗又有新译本,惜不能得。《瓦上长天》一首自田寿昌、戴望舒译后,久无人继起矣。Baudelaire、Rimbaud、Verlaine 此三大法兰西诗人,何时可有中文译本耶?苏曼殊云'震旦事事不如人',艺文之衰落,于今尤甚"。

26 日 阅 Verlaine 诗集,"欲选定数十首,备他日迻译,然每章均有无法译述之句,此事实难,殆非吾力所能胜矣"。

27 日　续点《隋书》二卷。作诗书于贺年片后,复邵修青函。又致香港叶灵凤函。

29 日　续阅《隋书》二卷,又重阅 S. Zweis 之《魏尔伦论》。

30 日　先生"检点生平所译短篇小说,凡六七十篇,欲润改后编为一集"。又阅 Yeats 诗集,"其早年诗仍觉诗味盎然,拟再译二三十首作一小集"。

31 日　下午巡游旧书肆,购得 Emily Dickinson 诗集第二、三集各一册,"旧版也,此女诗简淡而有情味,方之我华,殊无其比,殆妇人之陶元亮、王右丞乎"。

1963 年(癸卯)　58 岁

▲3 月,全国掀起学习雷锋先进事迹的热潮。

1月

1 日　元旦。下午周茹燕来贺年。日记:"检去年所购碑本,凡唐碑十、唐墓志七、晋碑一。五年以来,去年所得最少。自朵云轩停止供应碑版拓片后,上海无地可得此物矣。《郭休碑》求之多年,近始得之,虽非佳拓,亦自足珍。"

2 日至 4 日　全天均到校,惟每晚译夏芝小诗一首。

5 日　下午至朵云轩、古籍书店、外文书店,"均无可购之书,携《石经考》一册以归"。

6 日　午访邵洵美。晚上批阅周茹燕习作,"似可造就"。

7 日　到华东师大图书馆书库巡阅,借得 Waltier Dexter 著《狄根司小说中之流氓及无赖》、B. W. maty 著《匹克维克外传中之酒店与客栈》。回家阅读数篇,"饶有兴趣,余旧有一书,述英国古时之客店,其中亦涉及狄根司小说中所言诸小酒店,可与此书参证"。

8日 下午陪妻就诊。晚上辑录《金石遗闻》二纸。

9日 午访谭正璧,晚上批阅学生作业卷子。

10日 阅清人笔记数种,下了三十馀签条。

11日 辑录《金石遗闻》,晚上阅《苏东坡诗》。

12日 连日祁寒,讽诵周退密《南岗诗词》,漫题一诗。

13日 晨访金性尧。午后到广东路古物市场巡游,"见张船山字立轴一,林琴南山水屏一堂,黄宾虹画一小立轴,皆可取。适无金,不能得之;买一寿山旧石而归"。

14、15日 续阅《隋书》二卷,又阅陈石遗《近代诗抄》,"所选殊不精善,又多闽人之稍能作诗者,未免私于乡曲之见;因念清诗未尝有选本,倘有暇,当试为之"。

16日 中午从学校回家,"忽咳呛甚剧,竟尔不支"。

18日 启功由北京来函。日记:"一病遂三日,委顿甚,幸已及寒假,可得小休数日。""今日岳母逝世十周忌,晚作供。"

19日 阅《花随人圣庵摭忆》,"有书魏匏公事,其人甚奇俊。余有其《寄榆词》,因取读之,颇有好句"。开封李白凤来函。

20日 上午徐澄宇来谈。下午复启功函,复李白凤函。

21日 整理一年来收到的书信,"其不必留者焚之"。

22日 续阅黄秋岳《花随人圣庵摭忆》,"竟日而讫"。作函致姚玉华,询问姚鹓雏遗稿消息。又函北京三妹灿衢夫妇。

23日 往古籍书店,购四印斋本《蚁术词选》。又得海昌蒋英《消愁集词》,系光绪三十四年刻,"小檀栾室所未及刻也,集中《念奴娇·秋柳》《渔家傲·游曝书亭》,皆工致;《高阳台·秋夜与弟妇话旧》云:听雨听风,梧桐树杂芭蕉,可称警句"。

24日 除夕。在古籍书店购得四印斋甲辰重刻本《梦窗甲乙丙丁稿》,"此本刊成后,未刷印,而半塘老人去世,况夔笙得一样本,嘱赵叔雍上石影印以传,时民国九年庚申也。况跋云'版及原稿已不复可问',余初以为此版必已失散,今此本有'民国廿三年版归来薰阁'字,盖来薰阁就原版刷印者也。此梦窗稿三次刻本,流传甚少,亦殊可珍。除夕得此,足以压岁矣"。

同日 收到姚玉华复函,"知鹓雏遗稿在其姊处,书未整理,渠已函其姊丹阳,嘱于来沪时带来。鹓公著作或当待我而传耶,此事必当力为成之"。

25日 春节。周茹燕来贺年。

26日 雷平一来贺年。

27日 到雷君彦家贺年。周退密,唐稼生和周松龄来贺年。

28日 往戴望舒母亲家贺年。中午郭成九夫妇来贺年。

29日 午访谭正璧,"知其患肺气肿,已于旬日前入医院"。

30日 下午访韩侍桁、邵洵美。返回得知陆宗蔚夫妇来访。

同日 据《周作人年谱》:"收到施蛰存信,'已有将尽十年不通信矣。'"自述:"我因准备写词话,关于日本词学的几个古典作家,曾去信向他要小诗,他给我抄译了几段寄来。""他知道我在收集碑版拓本,检出一些拓片送我。"("近十年来的社会关系")

31日 下午观看越南电影《阿甫夫妇》。

同日 按周作人日记:"下午托美瑞寄施蛰存信并《越妓百咏》一册。"周氏又复函:"承近有著作,从事金石校订,甚盛甚盛。见询各节,零纸写呈。"

月内 经李白凤介绍,购得宸翰楼藏器铭文拓本百许纸。

2 月

1 日　阅晏同叔《珠玉词》，作读词札记数篇。

2 日　至朵云轩购得墓志拓本七种，内《兴和二年王显庆墓记》，乃武进陶氏藏石，余有其拓本。今日得姚湘云手拓一纸，乃有图，此为以前所未知。赵万里《墓志集释》所收此志，亦未附图刻，恐世所传本，多不附图也"。

3 日　检所藏《王显庆墓记》已有两本，"其一为陶氏朱拓；其一亦姚湘云女史所拓，下亦附一图，作瓦当形，与昨日所得本异，不知此二图是否皆为王显庆志石上雕饰"。

4 日　阅李一氓校本《花间集》，"签记数处，备作词话"。

5 日　下午访周退密，"见'君车画石'朱拓本，甚佳。有褚德彝题诗，谓是鲁峻墓上画石"，"又见金翀《吟红阁词抄》三卷、《续抄》三卷，归检《国朝词综》云：翀，休宁人，监生，侨居钱塘，早卒，有《吟红阁词》二卷。周君此本，乃翀之子所刊，故有词六卷之多。其中《沁园春·咏物》至九十馀阕，亦殊无谓"。

6 日　阅王国维、林大椿所辑《韩偓词》，作词话。

7 日　致周作人函。阅《全唐词》，校《花间集》《尊前集》。

8 日　作《读韩偓词记》。访淮海路新设字画店，遇朱孔阳，同观数轴无佳者；购扇面胡公寿、张丹斧字各一，郭友松画一。

9 日　收到曾铭竹寄还《宋诗精华录》，"因取钱默存'选本'比较之，似石遗老人所选为胜，然石遗此选犹取圆熟一路，未尽宋诗面目也"。

10 日　在古籍书店购得词集数种，其中顾羽素录《梅影轩词》一卷，回家后取出徐乃昌刊本校之，"溢出二十一阕，不知徐氏所据何本；徐刊称《莒香词》，殆早年所刊本耳"。

11日 阅《湘绮楼词选》,"此公好妄改字,全不解宋人语"。

12日 访谭正璧。阅文学研究所编《文学史》,"论戏曲起源甚略,且无头绪"。

19日 始阅《温韦词》,作词话得四千馀言。

20、21日 校讫《薛昭蕴词》。阅夏承焘《唐宋词人年谱》,"购置已久,未尝细读,今日始穷一日之力尽之"。

22日 日记:"曩日尝与徐澄宇谈民谣俚彦,谓是《国风》之纬编,当时颇自矜此意未经人道,今日阅《王渔洋诗话》,有云'昔人谓竹枝歌词虽鄙俚,尚有三纬遗意'。乃知前人亦已发此论,但不知出处,当向宋人书中求之。"

23日 傍晚宋学勤来晤。日记:"检点宋人笔记、词话未抄出者尚有二十馀种,《金石遗闻》未抄出者尤多,今年当并力成之。解放前所作诗,亦当于今年润色,编为定本。"

24日 上午姚明华、玉华来,"携来鹓公遗稿16本,谓已经尹石公看过,嘱更为编定。此事盖余曾托人向松江问讯鹓公家属,欲知遗稿下落,幸承信赖,俾一阅之。吾松诗家如杨了公、吴遇春、费龙丁,所撰均有胜处,今遗稿皆不可问。鹓公诗倘不亟谋刊行,零落堪虞,此固后辈之责也,余当力为图之"。

25日 始阅姚鹓雏遗稿,"《恬养簃诗》,分《搬薑集》《西南行卷》《山雨集》《梅边集》,皆解放以前作,《老学集》为解放以后作,五十年间,诗凡一千馀首,早年所作皆宋诗,颇受散原影响,抗战以后诸作,皆元人之嗣唐者矣";"《苍雪词》,凡一百数十阕,多晚年所作,《忆南社集》有其早年词,似均未存稿,可补录也"。

26日 下午巡游书肆。作诗《望舒逝世十三载矣,时人罕复齿及,忽见吴晓铃有文怀之,因感赋》。

27日 续阅姚鹓雏词稿,"风格在东坡遗山间;因念姚春木

《洒雪词》至今未刊,可合鹑公所作合为云间《二姚词》或称《二雪词》,亦巧事。鹑公诗词颇及松江马耆寺、青莲寺诸胜,此亦予儿时游乐地,不谓三十年间尽皆夷灭,为之怃然,南埭白皮松二株,予弱冠时曾见之,不如今尚在否? 当询之君彦丈"。

28 日 午访骨董肆。阅刘禹锡诗,"此公风土歌诗甚俊,在唐人中亦可谓自辟蹊径者"。

3 月

1 日 夜阅《长生殿》,"备明日授课,当讲'进果''骂贼'"。

2 日 润改昔年在昆明所作诗数章。

3 日 下午陈彪如、傍晚宋学勤来晤。阅唐诗数家。

4 日 晚上宋学勤来邀同访朱叔建,"叔老言杨古酝有遗稿,皆晚年所作,今不知在何许,《苏盦集》中皆早年作也",谈一小时而出,复至宋家,9 时归。

5 日至 7 日 润改旧作诗。高君宾、周大烈来访,"皆金山姚氏婿也,周君亦在辑云间人词,闻余有此志,故来访,此事有周君为助,当可速成。高君言袁爽秋遗稿有文集及日记 12 册,已送北京中华书局,不知能出版否"。

8 日 润改旧作诗。阅韩昌黎诗,"奇崛处转觉山谷之费力,东坡亦甚得力于退之,然东坡非使事不能成篇,退之不甚使事"。

9 日 仍润改旧作诗。又阅袁海叟诗,"世称海叟规抚工部,然气度甚局促,题材殊不广耳"。

10 日 晨访雷君彦,适平一亦在,谈至 11 时而归。阅《山谷集》,"终觉刻削,卅年前初读山谷诗,喜其峭峻,今则殊不喜之,此亦老人爱平淡之征也"。

11 日 日记:"阅唐人诗皆不甚用事,虽较平庸,却自然。宋人诗文采工力较唐人为深,终非诗人之诗。"

14 日 晨至上海图书馆阅《簨进斋藏书目》,"详著作者姓名、字号、官位、版本,有批校者并注明批校者人名,朱笔抑墨笔,颇可供参考;郡人著作甚多,惟郡人词集却不多"。

15 日 录《云间词人姓氏》为一卷,得二百馀人。

16 日 午后在上海图书馆续阅《簨进斋藏书目》,"录出其郡人著作百馀种,归后以《府志·艺文志》校之,其刻本部分颇有为府志正、续二编所未收者,始有意增补并续纂《云间艺文志》,当更取诸家藏书目及平昔所知见者增益之"。

17 日 上午徐澄宇、朱叔建来访,"朱丈稍谈,即兴送之至〔雷〕君彦丈家"。下午曾铭竹、傍晚邵祖丞来访。

18 日 补茸《云间词人姓氏录》。

19 日 下午访周大烈,"以《云间词人姓氏录》与其所辑《谷水词丛》比对之;周辑所收入较余为多,然辑本犹未备,约定二人合作成此事;在周君处晤封耐公,簨进斋后人也"。

20 日 下午在华东师大附中为语文教师讲课。

23 日 晚上仍润改旧作诗。

24 日 午访谭正璧,借得《百家词》,"在谭君处阅《参考消息》,始知美国诗人 Robert Frost 已于 1 月 29 日逝世"。又往平襟亚家,值其外出,未得晤。

30 日 下午为中文系学生作关于《长生殿传奇》的学术报告。日记:"一周间阅论文二十馀篇,不遑作他事。"

31 日 郑逸梅来索阅鹓雏遗稿,谈二小时而去。

月内 为撰讫《三国志征碑录》而作"跋"。

4 月

1 日 从校内借得蒋天佐译《匹克威克外传》，"阅之，拟撰一文谈狄根司小说中之客栈"。

2 日 下午至福州路古籍书店三楼书库，"阅词籍及金石考古书架，均甚贫乏，无好书。词集不见嘉庆以前刻本，金石亦皆习见之书，略取十数种，不虚此行而已"。

6 日 为夫人六十生辰，"连日忙忙碌碌，略为庆贺"。

7 日 下午到朵云轩看碑版拓本，得《马姜杨阳墓志》。

10 日 连日整理所藏西文书籍。

14 日 陈彪如来晤，"以其友人刘絜敖之子女所作诗词嘱为评阅，二子诗皆可造，女明澜所作词已有工力，可望大成，闻在上海师院为助教，进步必易。后辈中有此等人才，风雅之道，不虞其无承袭人矣"。

18 日 早晨往校招待所，访昔年厦门大学的学生朱伯石。

20 日 阅《波斯古代文学史》内小说一章，"可补余昔年所撰小说史，拟欲重写一篇"。

24 日 旬日以来为所藏西书编目录，今日竣事，"仅千册耳，计近年来陆续斥售者凡六七百册，抗战军兴损失于松江者四五百册，综计余平生所得西书当在二千册以上，十之九皆英文本"。

28 日至 30 日 邵祖丞来晤。访谭正璧。朱伯石来访。

月内 写讫《南唐二主词叙论》。翻译英国诗人乔治·鲍罗《秦卡里》中收录的 101 首"希达奴谣曲"。

5 月

1 日 写讫《匹克威克之旅馆》，历三日，凡四千馀字。

444

2 日 下午在福州路巡游旧书店，"有散茂斯之《巫术史》及《巫术地理志》，定价各 5 元，颇欲得之，苦其价高，容当图之"。

5 日 上午访金性尧，归还《花随人圣庵摭忆》。下午陈彪如邀至华山饭店食茶点，并晤刘絜敖和女儿明澜。

6 日 到福州路旧书店，欲购《巫术史》，在书架旁翻阅后，"觉得亦可以不买"；遂买古尔蒙之 *Livre des Masque*，I. Babel 之 *Red Cavalry* 及 A. Bievee 之《寓言集》而归。

7 日 在上海图书馆，检阅印度、伊朗、阿剌伯诸亚非国家文学书卡，"皆近年新出版物，殊无学术著作"。

9 日 读《印度文学史》《波斯古典文学史》。

11 日 连日整理印度、波斯、阿剌伯诸国古代小说英译本目录，编成卡片，拟将 1941 年所作《诸国古代小说史话》续写成之。

13 日 上午参加全校"五反"运动学习。下午访谭正璧。

14、19 日 阅《带经堂诗话》。徐澄宇来谈。

21 日 陆维钊晨来，谈至 10 时许。

22 日 续辑《金石遗闻》数纸。

23 日 晨访雷君彦，下午访周大烈，借得其藏词及乡邦文献书目，回家后补录《云间词人姓氏录》。

24 日 辑录《金石遗闻》，并整理词籍及汉碑卡片。

25 日 叶灵凤夫人赵克臻由香港来访。日记："谈三小时始去，渠此次以诗人身份参加港澳观光团来祖国参加五一节祝典，昨日方从太湖游览后至沪。承写示近作二诗，居然可观。"

27 日 作诗《赵克臻大家别二十馀年矣，归国观光，海上喜晤，因知近年以诗名籍甚香岛，赋二绝赠行》，并为张千帆、叶灵凤写条幅。

28 日 辑录《金石遗闻》数纸。晚上往华侨饭店访赵克臻。

自述:"送了她两首七言绝句诗,写在一张宣纸上,又托她带一张古代石刻画拓本,送给叶灵凤。""她回香港后,""把我送她的两首诗连同她的和作,一起发表。"("近十年来的社会关系")

29 日至 31 日　辑录《金石遗闻》十五纸。晨访谭正璧。

6 月

1 日　阅《松江府志·艺文志》,并取《周氏藏乡邦文献目录》对勘之,补录《云间词人姓氏录》数家。

2 日至 4 日　阅《隋书》数卷,辑录《金石遗闻》七纸,补录北魏碑卡片。

5 日　全校停课三天,参加系里"五反"运动学习。晚上续阅《隋书》二卷,又辑《金石遗闻》三纸。

8 日　晚间整理汉魏碑卡片。

9 日　午访邵洵美,得见其所藏"七姬权厝志"原石拓本,有王敬美、王鉴二跋。

10 日　至福州路拟觅"七姬""咏林"不得,得珂罗版印"七姬志"黄小松藏本,有翁方纲数跋。夜辑《金石遗闻》数纸。

11、12 日　仍阅《隋书》,辑录《金石遗闻》。

13 日　往朵云轩,"就'帖橱'内检得《汉建初六年司马长元石门题字》";又至古籍书店,有《浙西六家词》零本《耒边词、黑蝶斋词》合本",各以 5 角得之。

14 日　辑录《金石遗闻》二纸,仍阅《隋书》。

15 日　阅《隋书》今日始毕,检得碑 17 通。

16 日　上午周松龄、唐稼生来晤。下午撰造像碑跋五篇。

17、18 日　撰北齐造像等碑跋十一篇。

19 日　检阅《汉魏隋书地志》及《百官志》,"尽夜漏三刻"。

20 日 晨在上海图书馆阅览《两浙金石志》《大瓢偶笔》《关中汉唐存碑跋》。下午辑录《金石遗闻》。

21 日 晤郝昺衡,"始知萧孝嵘已作古人,近两年来常与萧公同车到校","师大老教师又少一人矣"。撰碑跋三篇。

22 日 晤吕贞白,"云汪旭初已于本月 13 日殁于苏州,年74;先辈词人,又去其一"。

23 日 阅《汉碑诸家考跋》,"俱有剩义";作《郑固碑跋》。

24 日 访谭正璧,在其家阅报。

26 日 撰碑跋三篇。晚上访邵洵美,借得"七姬志"拓本。回家后"取珂罗版印本校阅始印本,有一页以摹本配补,其馀则以两本凑合之一本,较清晰,殆是初拓一本则后矣。邵氏藏本乃摹刻,造贝氏刻一本,以欺世耶"。

29 日 撰《隋书征碑录》三纸。

30 日 收到启功寄赠《昭陵碑》28 种,"得之可喜,取《金石萃编》校读,泐损更多矣,待买罗叔蕴《昭陵碑录》细研之"。

7 月

1 日 在校内阅《南岳小录》,"得有关《岣嵝禹碑》者一则,因写《岣嵝铭跋》一篇";始作《岣嵝碑题跋辑录》。

2、3 日 撰碑跋六篇。

5 日 收到陆丹林寄赠其所辑《郁达夫诗词》(香港出版)。

6 日 阅《匋斋藏石记》《志铭广例》,撰碑跋二篇。

11 日 连日辅导学生应考,考后又阅卷。午后至福州路访书肆,得杜文澜刊本《水云楼词》《鹿潭词》。

13 日 批阅学生考卷完毕。下午"与助教邹、齐二君定各生学年成绩,联系平时成绩分别超抑,故与考试成绩不尽同"。

同日　学期结束,师生留校两天,学习中共中央《关于国际共产主义运动总路线的建议》。

　　14日　晚上撰碑跋二篇,辑录《金石遗闻》二纸。

　　17日　阅民国二十九年《说文月刊》,"得见胡小石先生所撰《宣光十年陀罗尼经咒石幢跋》,犹有未及者,拟亦写一篇补之"。

　　18日　晨访谭正璧,借得《关汉卿戏剧集》及有关之书。为研究生批阅论文。

　　22日　下午访韩侍桁。

　　23日　在书摊上得石印本《金石续篇》,"颇有用处"。

　　24、25日　始作《隋书征碑录》,修补所藏残损拓本。

　　26日　作讫《隋书征碑录》并撰跋。访谭正璧,借得百衲本《魏书》。

　　27日至31日　合计阅《魏书》10册,整理魏文氏墓志,所藏57种。又整理所藏唐墓志,选取其中小者得50种,皆高广不足一市尺,当别为一卷。致启功函,寄赠"碑一包43种,聊以偿《昭陵碑》全份也"。

8月

　　1日至3日　阅《魏书》5册;阅《姚鹓雏诗》,"妄为删定三本";又阅《瀛奎律髓》《唐诗鼓吹》,"选诗多有同者"。寄次子书3册(《李》《杜诗》各一,《乐府诗选》一)。

　　4日　宋学勤来晤。日记:"迈儿成婚,家下无馀屋可作洞房,因假雷君彦丈家小楼一角为临时合卺之所。今日迈儿假满去南宁,计新婚休假只二周耳。""下午去雷丈处道谢,并馈以火腿一、葡萄酒二尊及饼饵二包。"

　　5日　批阅助教周茹燕校订《甘泽谣》及序。为所藏《隋张通妻陶氏墓志》题跋。

6 日 周退密来,谈至午刻。午后阅北魏碑数通。

7 日 阅《魏书》。阅毕《姚鹓雏诗》7 本,可删二百馀首。

8 日 整理词话稿,拟编 10 卷。研究生陈德业来,以所改论文就商。晚上邵祖丞来晤。

9 日 陆丹林晨来谈,颇闻海内文人近况。阅《魏书》1 册,又辑《金石遗闻》二纸。

10 日 辑录《金石遗闻》。午后访周大烈,借《杜诗阐》《释柯集》《葹庐诗经书目》等。

11 日至 13 日 阅《魏书》4 册,整理所收唐墓志,以未裱本按朝分别存放。

14 日 下午到淮海中路新设之西文旧书店访书。

15 日 作词话二篇,又阅《豪夫童话集》。

16 日 阅《魏书》2 册,作词话一则,又阅《彊邨丛书》。

17 日 午往古籍书店访书,得顾鼎梅《河朔访古随笔》。

18 日 访周退密,借《君车画像》,归后赏玩竟日。

19 日 阅《释柯集》,作诗话三篇,续阅《魏书》2 册。

20 日 续阅《魏书》竟日。陈兼与书赠诗作《读北山楼稿呈蛰存先生并似说食翁》。

21 日至 23 日 阅讫《魏书》本纪列传 41 册。周大烈来晤。

24 日 访周退密,以所蓄旧陶盆馈之。始撰《魏书征碑录》。

25、26 日 杨道南来访。阅《魏书》诸志,撰《魏书征碑录》。

27 日 早晨到校,归途顺访雷君彦。午后至福州路巡游书肆,有词集数种可买。

28 日 阅检《金石录》《宝刻丛编》诸书有关北魏碑刻。

29 日 撰《魏书征碑录》。阅《近代诗抄》,检金石题诗。

30日　阅《湖海诗传》,检金石题诗。撰《魏书征碑录》。

31日　晨在谭正璧家小谈。午后鉴赏碑版消遣。

下旬　韩登安治印"舍之""北山楼文房"。

9 月

1日　撰《魏书征碑录》,"西北地理颇难考证,大是一碍,恐当在此下一番功夫,方能成此书"。

2日　开学。仍被安排在中文系为四年级学生上英语课,早晨到校取授课时间表。

3日　作词话《法驾导引》,得一千二百字。

4日　在华东师大图书馆查检西北古地研究的书目,拟借阅。

5日　作词话一篇,又修改旧作三篇,阅读词集数种。

6、7日　阅《广箧中词》。访邵洵美。校《乐府指迷》。

8日　晨访韩侍桁,值其外出。至戴浦处,晤其夫高远春。阅《万氏词律》《高氏词尘》。

9日　晨游书肆,得词集4种。作词话《论填词》。

10、11日　作词话《论自度曲》《说大词小词》。

12日　检阅《笔记小说大观》,《金石遗闻》资料已抄至第六辑,"第一、二辑还许士仁,计本年年底此八辑中资料可抄完"。

13日　作词话《说阕字》。

14日　陈家庆来晤,"前曾向之索词,备选录,故今日以其刊集以后所作来,皆曾发表于报纸者,凡数十阕"。作词话《说双调、重头、换头》。又为所藏《埃及古石刻》题跋。

15、16日　阅词籍数种。为所作词话过录资料。

17日　晨往朵云轩,观赏《吴昌硕书画展》。

450

18、19 日 阅词籍数种。访谭正璧,借得《北史》。

20 日 阅《北史》,以校所录魏书诸碑。

21 日至 23 日 续撰《魏书征碑录》数篇。

22、24 日 访平襟亚。雷平一来谈,又作词话二篇。

25 日 晨访周大烈,借得《松江诗钞》,回家阅之竟日,"此书'小传'及'诗话'均甚佳,《府志人物传》多取资于此书,然删其佳处仅存仕履,不知当日纂修者可以无识至此"。

26 日至 30 日 摘录《松江诗钞》中《云间词人小传》。

10 月

1 日 仍录《云间词人小传》。

4 日 续录《云间词人小传》,"取《府志》及《续志》,并《诸家词选》与《松风余韵》《松江诗钞》《湖海诗传》诸书综合之,已得二百八十馀家,十九有词可录,亦不为少矣"。

5 日 下午在福州路巡游书肆。

6 日 抄取《松江诗钞》中诗话之有关松郡掌故者。

7 日 选录陈家庆《碧香阁词》19 阕,"皆可继轨宋贤"。

8 日 选沈祖棻《涉江词》33 首,"设色抒情,俱有独诣"。

9 日 参加华东师大举行的第六次回忆对比"放包袱"大会。晚上补辑《云间词人小传》。

10 日 晨访周大烈,借刻本《湘瑟词》、抄本《海曲词钞》,偕周氏访尹石公,午刻辞。

11 日 以所藏《湘瑟词》抄本与刻本校勘,补得所缺三十馀字,又从《海曲词钞》中补得《云间词人小传》十馀家。

12 日 过录旧作诗二十四首,"拟就教于尹石公"。

13 日 润改旧作诗数首。

14 日　访谭正璧,以所借《百家词》还之。

15 日　访尹石公,以《鸱雏诗集》请覆定,以所录诗呈之;陈巨来适在座,因以定交。

16 日　续撰《魏书征碑录》二篇。

17 日　作诗《苏仲翔滞迹辽东,近有书来,作此奉怀》,费时半日,寄赠苏渊雷。

18 日　阅《近代诗钞》,"所选殊不精,多涉其乡人,故所收闽人之作独多,未为公允"。

19 日　阅樊榭诗,"熟于宋元词语,以之入诗,虽见新颖,而作意实平淡;世盛称之,何也"。

22 日　晚上往国际饭店 1205 室,访香港来客黄蒙田,"取叶灵凤所惠药归"。

23 日　晨访雷君彦。又阅《孟浩然诗》。

24、25 日　晚上往陈巨来寓所小谈。阅《孟东野诗》。

26 日　晚上宋学勤来借姚鸱雏《苍雪词》。

27 日　续作词话一篇。下午三妹夫左景祁由北京来晤。

28 日　续撰《魏书征碑录》二篇。

29 日　下午高君宾、周大烈陪尹石公来晤。

30、31 日　为邵洵美借 Horace 集并送去。润改旧作诗。

11 月

2 日　继续润改旧作诗数首。

3 日　晨访谭正璧,归还《北史》。晚上润改旧作诗。

4、5 日　撰《魏书征碑录》二篇。仍润改旧作诗。

6 日　下午访徐澄宇夫妇,"出示其《圣逸楼诗》四册"。

7、8 日　仍润改旧作诗。巡游书肆,得钱澄之书联;旋访尹石公;为选录刘声木《苌楚斋随笔》题跋。

9、10 日　撰《魏书征碑录》。周大烈、宋学勤先后来晤。

11 日　阅《瀛奎律髓》,作词话二篇。

12 日　阅《全唐诗》,又阅《唐诗鼓吹笺注》并题跋。

13 日　作诗二首,又阅《唐律消夏录》。

14 日　仍润改旧作诗,又增一首。阅《散原精舍诗》。

15 日　撰《魏书征碑录》二篇。

16 日　下午访邵洵美,送去有关 Shelly 之书二册。

17、18 日　徐澄宇来晤。撰《魏书征碑录》。

19 日　始辑《金石诗目录》。

20 日　始作《云间小志》数则,拟成一书。

21 日　雷平一来谈。作《云间小志》二则。

22、23 日　访雷君彦、谭正璧。作《云间小志》。

24 日　阅《郡人短书》,寻检作《云间小志》所需资料。

25 日　午访周大烈,值其外出,未晤。

26 日　作《云间小志》二则,改名为《华亭别志》。

27 日至 30 日　每天作《华亭别志》一则。

12 月

1 日　检阅所撰《魏书征碑录》,犹有数篇未成。又于校中借得《山右石刻丛编》,阅之"乃无可参考,北魏前期碑多在山西,均不可问,文献无征,可恨"。

2、3 日　午后访周大烈,借得丁绍仪《词综补录》,归而签出云间词人,至漏下三刻。作《华亭别志》一则。

4 日　检丁氏《词综补录》,选取松江词人姓氏。

5 日至 7 日　连续作《华亭别志》。

8、9日 在上海图书馆抄取松人著目,借阅翁春《赏雨茅屋诗钞》、章来之《云间诗钞》。为陈廷爵校阅译稿。

10日 撰《魏书征碑录》二篇,又作《华亭别志》一则。

12日 到上海图书馆申请个人图书外借证,又至福州路访书。晚作《华亭别志》一则。

13日 撰《魏书征碑录》二篇,又阅松人词集数种。

14日 撰讫《魏书征碑录》,得碑共五十目,诸史中记录碑刻者此为最多。

15日 徐澄宇来谈。写讫《魏书备忘录》。为选定《宋花间集》(十卷五百首)作叙引。

16日 午往豫园古玩店,购青田石三枚,拟托陈巨来治印。抄录诸书金石诗目录。

17日 批阅学生英语练习卷,定本学期学生成绩。

18日 晨访雷君彦。午访周大烈,归还《词综补录》。至广东路古玩店,得印石三枚。

19日 晨访谭正璧,借得《辍耕录》《四友斋丛说》。《辍耕录》"已阅数过,此次因欲搜觅记松江事又阅一过,觉颇多剿袭《宋人笔记》";《四友斋丛说》"于茸城事书之亦少"。

20日 为所撰《魏书征碑录》作跋。

21日 修改《华亭别志》诸文,"检《齐民要术》,始知《松江府志》'莼'字条下附说,几全录《齐民要术》文,可知其他物产说明皆非撰述,不足凭也"。

22日 午携印石二枚访陈巨来,"丐其铁笔"。又访邵洵美,"以徐怀启所校译文归之"。

23、24日 作《华亭别志》两则。又整治藏书小室。

25日 下午至淮海路新龙古玩店闲览,购得胡公寿山水画一幅,邓石如书联一副。

26 日 装订所录《鸭东四时杂词》《鼠璞词》《机缘集》,以及《魏书征碑录》。

27 日 阅《四友斋丛说》《辍耕录》《玉芝堂谈荟》,"'谈荟'有一《水经注碑目》,与余所录校之,无甚出入"。

28、29 日 访周大烈,借松人著作数种。作《华亭别志》。

30 日 将所撰《华亭别志》定名为《云间语小录》,续撰一则。致周作人一函。

31 日 为研究生陈德业审阅论文改正稿。访谭正璧。

1964 年(甲辰) 59 岁

▲10 月,中国第一颗原子弹爆炸成功。

▲12 月,周恩来总理在三届全国人大一次会议《政府工作报告》中提出实现"四个现代化"的宏伟目标。

1 月

1 日 撰《云间语小录》二则。研究生陈德业来取论文。晚上至宋学勤家,晤姚鹓雏之女明华,谈鹓公遗诗抄印事。

2 日 阅《范氏一家言》《缪雪庄诗词乐府》,撰《云间语小录》。周作人由北京复函。

3 日 午访尹石公,借李蔬畦《苏堂诗拾》、秦婴闇《题跋诗集》、沈瘦东《瓶粟斋诗话》。

4 日 姚明华与其姨沈逸尘(原松江县立中学同事)来访。

5 日 上午周茹燕来,谈至午刻,"颇有请益之诚"。下午录吴日千《范公穆文》,拟选录松江人氏之文辑为一集。

6日　录缪雪庄词四阕,于《范氏一家言》得范启宗词一阕。

7日　至朵云轩购买纸张,又观赏书法篆刻展览会。

8日　录《瓶粟斋诗话》数则,皆云间人作。

9、10日　过录历年所作七律,得五十七首;"当更作一二十首,集中有七律八十首足矣"。撰《云间语小录》二则。

11日　阅《野客丛书》,得宋人佚书名数事。

12日　撰《云间语小录》一则。

13日　访谭正璧,还书又借《梅村家藏稿》《初学集》《有学集》,以检取撰《云间语小录》所需资料。

14日　阅《钱牧斋诗》。撰《云间语小录》一则。

15日　午访尹石公,还书又借得《伏敔堂诗集》《蛰庵诗存》。旋又往周大烈家,亦还书,借得《塔射园诗钞》。

16日　阅《梅村集》。撰《云间语小录》一则。

17日　修改《云间语小录》"未安者"数则。

18日　晨在校参加学习,返回顺访雷君彦。午访邵洵美,出示古写经一卷,"当是北魏写本,惟第一行乃别一纸之尾,故一二行间黏合,疑前有佛画,已被割去"。又至淮海路及石门二路古玩铺"巡狩",得伊秉绶五言联,"归而谛视,疑其赝也"。

19日　撰《云间语小录》二则,作诗《无分》《折中》。

20日　至上海新邨访陈小翠,"陈以《吟草》三册为赠";吴青霞在坐,因得识之。旋访陈兼与,未遇。夜撰《云间语小录》二则。收姚明华函,附寄"油印其尊人鹓雏先生《苍雪词》样张,甚好,拟他日亦选诗数十首托其代办写印"。

21日　阅毕《江弢叔诗》,"弢叔'自序'其诗,亦甚自负","余观其作,古体力追昌黎,有极似者,近体则去山谷犹有一间"。

22 日 撰《云间语小录》二则。

23 日 作诗《读翠楼吟草得十绝句,殿以微忱二首赠陈小翠》,"此十二诗甚自赏,谓不让钱牧斋赠王玉映十绝句也"。

24、25 日 访周大烈,还书又借吴日千未刊稿十册,"皆文集,亦罕见书也"。始录《吴日千杂说》,朱宗尧来晤。

26 日 韩侍桁来谈。过录旧作五言律诗,得四十八首。

27、28 日 午访陈巨来。书写赠陈小翠诗作,即付邮寄。

29 日 午访姚苏凤,未遇。又往石门一路古玩店铺访阅。夜录所作五古三纸。

30 日 补作旧诗二首,又辑《金石诗目录》二页。《吴日千杂说》录讫,得廿一页。

31 日 参加中文系研究生论文答辩。收到陈小翠复函,"附《湘月》一词,殊使人怊怅"。

2 月

1、2 日 晨往周大烈家还书,又借《云间文献》八册,回家阅之竟日。作词《湘月》,和陈小翠韵,写讫即邮寄。

3 日 阅周茹燕《楚辞》讲稿。续作《宋金元词拾遗》。

4 日 作《宋金元词拾遗》,未竟。

5 日 撰《云间语小录》郡中"文社"一则,未竟。

6、7 日 皆全天在校参加会议。

8 日 买却西文书籍 46 本,得 40 元,"聊以卒岁"。

9 日 访谭正璧,以所借书还之。

10 日 访周退密,归还《君车画像》,又借《嵩山画像》十九帧。便道顺访陈兼与。

11 日 作诗《周退密夫妇五十齐眉,祝之以诗,时退密于役辽东,夫人文菊犹居沪上》。下午至南京路散步,市况甚好。

12 日 陈小翠寄来《翠楼吟草》(四编)稿,"嘱点定,知其颇引以为可与谈诗也"。下午巡游书肆,得杨古蕴书诗稿二页,裱为立轴,颇佳。

13 日 春节。周茹燕,周退密来贺年。午后阅《翠楼吟草》(四编)稿,"书鄙见数事"。

14 日 晨往雷君彦家贺年,作讫《宋金元词拾遗》(二卷)。

15 日 雷平一来贺年。作《宋金元词拾遗》小传及题记。

16 日 早晨唐稼生来贺年。午后巡游书肆,得张大千《黄山始信峰》画轴。

17 日 作《〈宋金元词拾遗〉序》。补作《水经注碑录》一篇。

18 日 下午参观上海画院春节画展。夜撰《云间语小录》(书宝云寺碑刻)。

19 日 午后访陈小翠,"履旬前之约也,谈诗两小时而归"。

20 日 下午往戴望舒母亲家拜年。撰《云间语小录》一则,又辑录《金石诗目》。

21 日 阅《词律》数卷,"觉万红友亦甚有见地,不可及也"。晚上作诗《甲辰人日大雪书事,用东坡聚星堂诗韵》。

22 日 午后到仁立古玩店访阅书画。晚上润改旧作诗。

24 日 开学。仍在中文系资料室负责图书报刊资料搜集、审核和购买。当日起参加系里集中学习"反修正主义"两周。晚上过录前日所作诗稿即寄陈小翠。

27 日 下午集中学习休会,"得暇抄旧作诗五十首,拟寄陈小翠请政"。收到闻宥复函并书赠诗作《一九四零年春重至蓉城阴雨浃旬时寇正深入中夜不寐彷徨有作》《一九四六年夏重赴维州夜宿汶川姜氏客馆闻江声激壮和之以诗》。

同日　陈小翠书赠诗笺《题画·录奉蛰存词人雅正》。

28日　詹安泰来函并附诗作《静闻惠寄新诗赋酓兼呈麦老翔鹤》《壬寅六十初度》《寄大杰上海》《寄怀游泽老都门》,并题识:"蛰存词长笑正,弟安泰呵冻录呈。"

29日　陈小翠复函,附诗《大雪客至用东坡聚星堂诗韵奉和》《甲辰元旦飞雪咏怀,用杜甫追酬高适人日诗韵》《人日大雪戏笔再呈蛰庵诗家》,"甚工稳"。

3月

1日　上午陈兼与来晤。下午张汝砺来访。

6日　书写诗作一卷寄赠陈小翠,"为三八节致敬礼物"。

7日　上午校内集中学习休会,往朵云轩买笺纸,又到外文书店购英语教材。行至南京路遇曹仁裕,其在保安坊口设碑摊,"询以黄小玄、李道生,则皆已物故。上海碑估存者,唯曹一人耳",此后常往访购。

8日　午后访邵洵美,闲谈至薄暮方归。

9日　午访尹石公,又到仁立古玩店巡访书画。

10日　下午到校参加研究生毕业茶话会,"予所指导论文之研究生陈德业分派至福建华侨大学工作"。

11日　雷平一来谈。收到陈小翠复函,附诗《对雪·甲辰元日大雪八日不止再和东坡韵遣寒》。

12日　晨访周大烈,以所借书八册还之,又借《春雪集》《谷水旧闻》,"《谷水旧闻》素无刊本,此乃迪公手抄本,以《苌楚斋随笔》所引一条校之,似此本文字有节删处"。

13日　晚上作诗寄广州詹安泰。

14日　研究生陈德业来辞行。午访韩侍桁。夜抄校《七芟佚词》七首并作跋。

15 日　张少芳、姚桐椿来访。徐澄宇,邵祖丞,宋学勤来晤。

16 日　为朱家尧选定精读之杜甫诗,凡 58 首。清点所作词话稿,已有六十馀段,"今年当成书三分之二,俟明年续成,以二十万字为鹄的"。

21 日　上午徐培仁来访。下午周大烈来谈,并携来陈巨来为治印"无相庵""蛰庵翰墨"。今始重读《庄子》,"录取其语词之不见于他书者,拟为一卷,曰《庄雅》"。

22 日　上午韩侍桁来,借去外文书籍一册。

25 日　徐中玉来谈。夜为朱宗尧拟定杜诗研究思考题。

26 日　始审《元明清文学作品选注》160 页的任务。

27 日　誊录历年所作碑跋,拟编为《北山楼读碑记》。

28 日　午后访陈小翠,谈诗二小时而出。路上遇徐澄宇,共行至静安寺而别。

29 日　按夏承焘日记:"发施蛰存华东师大函,为王晓祥问《孔雀胆》事。"

30 日　访雷君彦。审讫《元明清文学作品选注》,下 82 签。

31 日　在上海图书馆阅《花影集》《符胜堂集》《滕甫征南录》。

4 月

2 日　始作《云间花月志》。

同日　按夏承焘日记:"得施蛰存复,谓两年来在资料室工作,辑得《词学文录》一册,于'大典'2266 录得杨长孺之《石湖词》跋一文,又于'大典'中辑得宋金元人词一百馀首,皆《全宋词》及赵万里、周泳先所未见者。又成《水经注碑录》十卷,顷方作《诸

460

史征碑录》，明年拟作《汉碑叙录》。又示白石词资料数条，谓余杭县署有唐太宗屏风帖刻石，碑阴有白石跋；又日本刊《连珠诗格》（宋蔡蒙叟著），有白石《水亭》七绝一首。"

3日 参加全校总结"五反"运动大会。

5日 晨访周大烈，借得《此木轩文集》抄本及杜亚诒撰华、娄两县《金石志》稿本。撰作《云间花月志》一卷完稿。

同日 按夏承焘日记："发施蛰存复，附去《宋金元词拾遗》题签。发王仲闻复，介蛰存《词学文录》，并告'宋词拾遗'应入《全宋词》，又《全宋词》题名应唐王并列。发微昭函，索蛰存之《词学文录目》。"

6日 过录《北山楼读碑记》稿数篇，录焦袁熹文三篇。

7日 续录《北山楼读碑记》稿，下午往古玩店访阅书画。

8日 上午陈家庆来访，"适值余至校中，遂不值，留交其女友闽侯陈稺常词稿数阕而去"。下午省视戴望舒母亲。

11日 晨至上海图书馆阅《华严经》，为邵洵美研考唐写本此经，作跋一篇。阅松人著作《鹤静堂集》《芝云堂诗》，从中检得《云间花月志》所需材料，"又有所得，似未可止也"。

16日 连日作《云间碑录》，自吴迄宋凡九十馀种，吴至唐五代共三十四种已写定。

17日 晨乘新型双层火车到杭州旅游，"奔走二小时始于吴山路中惠旅馆得一榻"。下午游灵隐，又游至下天竺，再步入飞来峰岩穴，"始见咸淳丁卯贾似道题石，廖莹中书"。

18日 晨往杨家牌楼访亲戚吴文玉，"请其陪同至吴稚云家，又同至舅家喻氏坟上展谒。欲寻戴修甫坟，以故亲吴文恢不在，遂无人能带路；旋至玉屏山谒先墓"，"即将墓碑字迹填漆一新"。乘夜班火车回沪，已午夜1时。

19日　按夏承焘日记："上午待施蛰存不来,晚得其一片,以天热返沪矣。"

20日　下午往慈惠北里陆维钊家,谈一时许而归。

25日　连日校中事忙,惟续作《云间碑录》宋碑部分。

26日　上午韩侍桁、下午宋学勤来晤。

27日　早晨朱宗尧来,讲杜甫诗。《云间碑录》"录至宋末而讫,元碑著录尚有待也"。

同日　按夏承焘日记："昨夕买得余杭县署唐太宗书屏风碑,有白石三跋,以蛰存函告。"

30日　历年所作碑跋凡八十馀篇,连日誊正定稿四五十篇。下午陈彪如、刘絜敖来谈。

下旬　苏渊雷作诗《送周退密南归返沪并柬施舍之》。

月内　始作《北山楼所得碑记录》,并撰"怀仁集右军书圣教序"诸篇。

月内　据张索时(厚仁)回忆,读到《洛尔伽诗抄》写信给施先生,说及业馀时间从南开大学德籍女教师周梅达学习德文,志在翻译文学作品。施先生的第二封信附来赠书,题词:赠厚仁先生以鼓励他学习德文。我把习作德国史托姆《无名音乐家》译稿寄呈,待稿本寄回时,上面出现许多红笔改写的字句。(《悼忆施蛰存先生》)

5 月

2日　下午往仁立、新龙古玩店访阅书画。

3日　宋学勤来谈。作《云间碑录》序文,得七百字。

5日　卖去西书 88 本,得 73 元。收到陈小翠来函。

8日　傍晚林艾园来谈,谓其友人燕君藏郁达夫致王映霞函百许通,皆王映霞遗失于粤汉铁路者,燕君时为粤汉铁路局职员,从局中拍卖无主遗失物中得之。

9 日 上午朱宗尧、徐金凤来请教,为指示参考书用法。

10 日 下午在朵云轩得《杨淮表记》裱本一轴,再至古籍书店购印本《吕望表》《孔褒碑》。晚上唐稼生来谈。

11 日 到西泠印社买印泥,在曹仁裕处购《唐献陵碑》9 种。

14 日 晨访雷君彦。收到开封李白凤寄来碑拓一包,"惟隋唐墓志各一种、《宋刻嵩山罗汉洞记》一种未有,馀皆重复"。

15 日 据《金石录》《集古录》,撰《辑补〈宝刻类编卷四〉》。

16 日 撰讫《辑补〈宝刻类编卷四〉》。卖去杂书 76 本,得 48 元,将以买碑之资。

18 日 往朵云轩、古籍书店巡游,"碑无可购,得赵举之《和珠玉词》刊本一册,乃赵叔雍之女所撰,未闻有此书也;在朵云轩见边成汇印《匋鼎》8 种,甚佳"。

21 日 午访谭正璧,阅报兼小谈。为《辑补〈宝刻类编卷四〉》作"叙引"。

23 日 晨访尹石公。午后于南京路购旧拓未断本《根法师碑》等 12 种;收到李白凤寄来拓片十馀种,皆河南图书馆藏石,"余未备者 5 种";"一日之内得碑 17 种,摩挲至深夜"。

24 日 下午访邵洵美,闲谈。

25 日 将未著录之唐墓志检出,逐日抄写一二篇,拟勒为《唐墓志文录》;或并碑铭、造像、题名合编为《北山楼石墨存》。

29 日 作碑跋二篇。阅 5 月份《文物》内汉碑之文三篇,藉此补得汉碑卡片数张;"青海所出《赵宽碑》有一拓本印在此志,始得读其全文"。

月内 为所藏《益延寿瓦》题跋。

6 月

1 日 至慈惠北里访陆维钊，作长谈，并请陆氏为《辑补〈宝刻类编卷四〉》稿本题签。

5 日 访谭正璧，借得《舆地碑记目》《蜀碑记》，为《辑补〈宝刻类编〉》增入十馀种，"盖此书前时未忆及，遂失录耳"。

7 日 晨徐澄宇来谈。另作诗《简澄斋夫妇乞书》。下午至韩侍桁家小坐。

8 日 在古籍书店购得《艺风堂金石文字目》。

13 日 从曹仁裕碑摊购得东魏、唐碑 14 种，及《金陵萧梁墓阙墓碑》全份。

14 日 开封李白凤寄来拓本三卷凡十许种，"已有者多"。

15 日至 18 日 续录唐墓志文多篇。

19 日 开封李白凤寄来碑二束，"内有《孙夫人碑》旧拓本，尚可喜"。徐培仁来谈。

21 日 晨往上海图书馆阅《吴兴金石记》《墨妙亭碑目考》，"始知'玉笥题名'犹未有著录"。下午作《豆庐恩碑跋》，宋学勤，雷平一来谈。

22 日 作《当利里祀碑跋》。下午陈彪如、刘絜敖来晤。

24 日 在朵云轩得《玉笥石题名》四幅，"伏庐陈氏物也，此石久佚，题名亦素无著录"。

28 日 连日过录唐墓志文十馀通。著录《玉笥题名》，"计宋人十二段、元人一段、明人二段、清人一段"。

29 日 致上海译文出版社蒯斯曛函。

30 日 著录《杜熙贤造像记》，竟日始成。

月内 作《石墨琐录》，另撰"小唐墓志选目"等。

464

7 月

2、4 日 著录北魏造像六种。

3 日 检出所藏郁达夫、王映霞照片借给林艾园。

5 日 晨访周退密,自哈尔滨奉调回沪,将在外语学院供职。午后著录唐人墓志二通。

6 日 上午在图书馆阅《授堂全集》。

9 日 连日著录北碑数通,又作碑跋三篇。

12 日 往万国殡仪馆吊张耀翔(同校教育系主任)之丧。

13 日 收到开封李白凤为购寄《西门豹祠堂碑》《西门豹祠堂碑阴》《曹子建碑》。

16 日 晨往上海图书馆阅《竹云题跋》《虚舟题跋》和傅惜华编《汉画像集》。

17 日 按夏承焘日记:"'中华'寄回施蛰存之论词文录。"

18 日 为所作《云间碑录》撰跋。

20 日 著录《南石窟寺碑》,竟日始成。

21 日 上午在上海图书馆阅《湖州府志》《松桂堂集》《吉堂诗稿》。下午陈彪如、刘絜敖来谈。

23 日 午后访谭正璧,归还借书。夜作碑跋二篇。

24 日 始誊抄《云间碑录》为清稿。

25 日 晨访雷君彦。再往韩侍桁家,借得百衲本《北齐书》。

26 日至 30 日 阅《北齐书》,拟作《北齐书征碑录》。誊抄《云间碑录》。访邵洵美。

31 日 续誊《云间碑录》清稿完毕,为一卷。

月内 写讫《读温飞卿词札记》。购得拓本《析里桥郙阁颂》。批校所藏朱氏槐庐丛书刻本"《金石录》三十卷、《金石录补》二十七卷合刊本",并作题记。

8月

1日 上午周茹燕来,请教参考书用法。作《蔡俊碑跋》,又辑《金石遗闻》。

2日 张少芳、姚桐椿来访。晚上但荃荪来谈。收到陆维钊寄来嘉定某君藏碑目,"审视皆'八琼室'物也,宋金元碑及题名为多,拟选购数十种"。

3日 为韩侍桁所托借得《拉芳丹寓言集》法文本,韩氏令其子来取此书,并带来《北周书》借阅。

6日 连日阅《北齐书》,读讫得碑六通。

7日 在上海图书馆阅《青浦县志》及《续志》,又阅严可均辑《集古录目传抄本》,"此在徐乃昌辑本之前,徐或未知有此本"。

8日 始作《北齐书征碑录》。

9日 唐稼生晨来。为《北齐书征碑录》作题记。

10日 作讫《北齐书征碑录》。始阅《北周书》。

11日 续阅《北周书》,又辑《金石遗闻》数纸。下午往四川北路访孔另境。

12日 邻居范效曾晨来闲谈。午后始作《松江方言考》稿,拟欲得百数十条为一卷。

13日 续作《松江方言考》数则。晚上孙梁来小谈。

14日 下午访谭正璧,阅报刊。

15、16日 作《北周书征碑录》。

17日 晨访周大烈,借得《萍因蕉梦阁题辞》《熙朝咏物雅词》《金石莂》《犹得住楼诗选》诸书,"皆久欲得之者"。

18日 在上海图书馆查阅《北史》《新唐书》《艺文类聚》。

19 日　阅《金石萯》，又抄目录一通，存以备考。

20 日　作讫《北周书征碑录》，凡一万字，并撰跋。

21、22 日　作碑跋二篇。为选讫《清花间集》而作"叙引"。

23 日　始阅《陈书》。午后徐培仁来晤。晚上但荃孙来，惠拓本数种。

25 日　晨于上海图书馆阅《至元嘉禾志》《抱真堂诗》《华苹诗稿》。夜誊《云间语小录》。

28 日　连日誊抄《云间语小录》，续阅《陈书》。

29 日　上午杨道南来谈。

30 日　下午往上海博物馆观《景德镇瓷器展览会》，"颇有佳制，均红豆青金星结晶诸品，远胜古物矣"。傍晚宋学勤来晤。

31 日　续誊《云间语小录》。为所作《云间碑录》撰序。

9 月

1 日　始作《陈书碑录》。

2 日　晨在上海图书馆，借阅彭燕又、焦南浦、曹苇坚、杨柳汀诗集。

4 日　日记："昨日买照相簿一本，将 1949 年以来所有照片贴入册，凡二日始竣事。"

5 日　晚上但荃孙、叶丹来晤，谈《赵宽碑》确已毁。

6 日　上街购毛边纸，拟订成三册，保存信件贴用。

7 日　午后往朵云轩买纸，旋至谭正璧家闲谈。夜誊抄《云间语小录》三则。

10 日　手装册子三本，取师友所惠书札及诗词，分别黏缀，"居然颇可观"。

12 日　续誊《云间语小录》二则。

15日　下午费明君夫人携子来访,在校授课,未得见;"与内人谈少顷而去,始知费在西北劳改,明年可归"。

16日　晨访尹石公,借爱居阁、沈观斋、苏堂诗集。夜阅《沈观斋集》,"樊樊山评点,颇有精到语,当录出数则入诗话"。

17日　往上海博物馆观看《日本丰道春海书法展》,"有碑二通,一墓碑,一颂德碑,皆古茂有法度。中国久不闻有镌碑而东邦乃流风不坠,可谓礼失而求诸野矣"。

18日　日记:"樊山评沈观斋诗,谓昌黎句法出自康乐,因检诸家评韩诗,则此说发于何义门。复取谢康乐诗尽读之,殊不见其为昌黎祖祢论字法句法,昌黎实过于康乐,且昌黎诗中间,数鲍谢之语亦不甚尊谢,恐亦不以为可师也。"

24日　始为教育系二年级讲授"古代文学作品选读"课程。据宋志道回忆:"施先生选编的'文选'教材终于发下来,""有韩愈《送董邵南序》《进学解》,柳宗元《答韦中立论师道书》,曾巩《墨池记》,苏轼《教战守策》,袁宏道《徐文长传》,欧阳修《醉翁亭记》,归有光《项脊轩志》和明史中《阉典史列传》等。施先生对扬州八怪之首郑板桥十分推崇,所以将郑燮《范县署中寄舍弟墨第四书》也选入教材中。"

30日　连日润改翻译魏尔伦、韩鲍诗作,"颇费精力"。

下旬　整理旧译外国诗,积稿数百篇,拟编为六集。第一为近代法国诗,第二为英国诗,第三为美国诗,第四为德国抒情诗,第五为波兰诗,第六为杂译各国古诗及民谣。第一集已编定,"然诸诗尚待润饰"。

月内　写讫《读韩偓词札记》。

10 月

4 日　晨访韩侍桁,以所借《北齐书》《北周书》还之。

5 日　下午到外文书店访书,"欲物色法国诗集,无所得"。

6 日　午后访邵洵美,小谈。

8 日　午访谭正璧。朱宗尧来辞行,明日归武汉。

10 日　晨访雷君彦。下午湖南涂仁学来访,"以所撰长篇小说五万多字嘱阅"。刘絜敖邀至衡山饭店晚餐,陈彪如作陪。

13 日　陆维钊晨来,"病卧未能起,倚枕谈一小时别去"。作书向校中告假,本星期殆不能上课、开会。傍晚邵祖丞来为其父洵美借 J. P. Satre 著《论存在主义》。

14 日　重阳节。热度退净,喉音仍哑,终日偃卧读"陶诗",作诗《甲辰重九和陶公己酉岁九日韵》。

15 日　为所藏《汉析里桥郙阁颂》题跋。

16 日　喉音略复,犹有嘶声,阅诗集消遣。

17 日　傍晚徐仲年来小谈。自述:"因想编译一本法国象征派诗集,""碰到一些法文的疑问,曾写了几条问题,请他解决。""他收到信后,就来看我,当面解决了这些问题。"("近十年来的社会关系")

18 日　下午陆丹林来,共访孙百刚,"同住一里内,今日始识面"。邵祖丞来晤。晚上但荃孙、叶丹来谈书画。

19 日　下午孙百刚来答访,谈郁达夫、王映霞事。

20 日　下午访邵洵美,取回代借之西书。

24 日　晨访尹石公,以所借书还之,又借同光间人诗集数种。下午刘絜敖来谈。

29 日　因系里组织学生下乡秋收劳动,与其他留校老教师被集中学习《实践论》及"教育与生产劳动相结合"的教改精神，每日上午开会。

同日　参加学校组织参观嘉定县马陆公社棕坊大队，"丰收气象甚好"。

11 月

4 日　邻居范效曾晨来小谈。卖去藏书得 26 元。为辑讫《南岳小录》而作跋。

5 日　参加下乡劳动，上午捉棉花，下午访问贫农。

6 日　在万国殡仪馆吊雷君彦，晤高君藩、高君宾、徐淳穆、朱叔建、杜诗庭诸同乡。

8 日至 10 日　鉴赏著录唐碑拓本，作碑跋六篇。

11 日　著录《北周张僧妙碑》。

12 日　晨访邵洵美，取回代借 Horace 集，但荃孙亦在，谈至午刻。著录唐碑三种。

13 日至 17 日　著录汉魏碑十三种。访谭正璧。

14 日　刘絜敖邀至寓所观其藏书，有杨叔庵《百琲明珠》，陈言扬批《杜诗》（钱谦益本），钱龙惕《李义山诗笺》抄本，皆罕见。

18 日　上午田培明来，取所托代释英语疑问。

19 日　晨访周大烈，旋同访王巨川，不值。

19 日至 28 日　连日撰《云间语小录》并誊录清稿数则。

21、25 日　苏渊雷来晤，著录墓志三通，为所藏《齐孟邦雄墓志》题跋。晨往上海图书馆，阅《徐十峰集》。

29 日　著录《杨宣碑》。下午郭成九来晤。

30 日　费明君女儿来访，助以 5 元。

12 月

1 日　始作《四续寰宇访碑录》。

2 日至 5 日　连日作《碑目丛抄》。誊抄《云间语小录》。辑录《翠墨异闻》文字数通。

6 日　上午至朵云轩买纸,又往上海旧书店访书。

7 日　下午陈彪如来谈。明日为六十大寿,"儿媳辈为治庖,晚间暖寿,颇不寂寞,惜诸子均不在耳"。

8 日　农历十一月初五。六旬生辰,"妻为燃华烛一双置余卧内","自念入世匆匆六十春秋,多在刀兵水旱政治纷乱中过却,可谓生不逢辰矣"。

9、10 日　抄录《文物》所载新出碑目。作《碑目丛抄》。

上旬　为周大烈藏本《松江诗钞》题跋。

11 日　作《碑目丛抄》。夜曹曾亮、孙楚良来,谈至 10 时。

12 日　继续抄录《文物》月刊所载新出碑目。

13 日　晨访周退密。下午涂仁学来,将赴京出差,想拜访沈从文,"为作介绍信予之"。

14 日　在校工会俱乐部参加红专学院《毛泽东著作》学习班,为期两周。

18 日　日记:"报载杭州西湖林和靖、苏小小墓均已拆废,秋瑾、徐锡麟、苏曼殊墓均已移至龙井,谓风景区不当有坟墓也。或者岳王墓亦将迁徙耶?"

19 日　晚上曹曾亮来,谈至午夜而去。

20 日　晨访周煦良,"于其斋中见《范允临书祁忠惠传册子》"。午后录碑数通。

22 日　为所藏《黄神越章钤本》题跋。

27 日　钱应瑞夫人之兄戈子培携来碑拓一捆，"议价 22 元，收购之"。

29 日　整理所得戈氏碑 87 种，唐碑为多，内有明拓《西狭颂》。今年得碑 150 馀种。

31 日　参加红专学院《毛泽东选集》学习班，今日结束。

1965 年（乙巳）　60 岁

▲11 月，《文汇报》登载姚文元《评新编历史剧〈海瑞罢官〉》。

▲12 月，我国建造首艘万吨远洋货轮"东风"号成功交付。

1 月

1 日　展阅所得旧拓《西狭颂》，有"望三益斋"印，又"盱眙吴氏珍藏"印，始知是吴仲宣（棠）故物，去今亦百馀年。

2、3 日　下午在校开会。高君宾、周大烈来谈二小时。

4 日　全天到校参加学习会议。

5 日　写参加红专学院《毛泽东选集》学习班的"学习小结"，得三千字。

6 日　午访邵洵美，"承惠唐人写经一残叶，惜无年月"。夜撰《云间语小录》一则。

7 日　晚上曹曾亮来，谈至 11 时而去。

8 日　誊抄《云间语小录》稿。

10 日　戈子培晨来，"以碑款 22 元付之"。邵祖丞来谈。

11 日　为孙楚良藏陆恽夫《意园图册》题诗"得四绝句书之，附于册尾"。按：此册已有林纾、费树蔚、吴郁生、王镛、朱文渊、朱南一、陈鼎、蒋云阶、康有为、高恩洪、陈廷铨、蔡济题识。

12日 著录唐碑一通。以《古今诗馀醉》让与刘絜敖。

13日 始每日晨到校参加编写《中国古典文学史讲稿》（供外系用）教材。

14、15日 午后访谭正璧。晚上著录《隋孟显达碑》。

16日 著录汉、晋新出碑各一通。夜誊《云间语小录》。

17日 下午誊抄《云间语小录》稿，叶寿昌来晤。

18日 午后往南京东路中央商场，购处理小商品数件。夜左任侠来，"问一元人小令"。

19日 下午陈彪如来谈。誊抄《云间语小录》稿。

21日 连日来为涂仁学审阅其所作小说。

22日 福州林石庐来函并寄赠所著《琅琊台秦刻石东面释文》等四种。

23日 阅林石庐所赠《箧书剩影录》《闽中古物集萃》。

24日 戈子培来，以拓本14种求售。誊抄碑录序跋及碑跋六篇，寄林石庐"就正"。

25日 上午仍到校编教材，下午作《四续寰宇访碑录》。

26日 早上至晚间均在校开会。

27日 晨访周大烈，借得《幽兰草》《尺五楼诗集》《堪斋诗存》；"《幽兰草》抄配得残缺者三页，甚快事"。

28、29日 陈彪如来谈。阅1963年《考古》，录出新碑目。

30、31日 晨往古籍书店，购得《两汉金石记》，午后探视戴望舒母亲。全天阅《两汉金石记》。

2月

1日 晨起注释教材数篇。日记："今日除夕，怀中仅馀2

元。昔罗瘿公甲子卒岁仅馀 1 元,余已较胜之矣。"

2 日 春节。下午陈巑九、徐培仁携子继杨先后来贺年。

5 日 唐稼生来,言方光焘已逝,又谈徐铭延、罗根泽。

10 日 午携孙女观看电影。夜孙楚良来取《意园图册》。

12 日 阅《史讳举例》,"得一二事可破所疑"。

14 日 晨访周大烈,以所借书还之。邵祖丞来谈。

16 日 下午访谭正璧,借得《丛书集成》三本。

19 日 阅《两汉金石记》并校碑。

20 日 上午厦门大学潘茂元来探访。下午撰《公卿将军上尊号奏碑跋》,得千馀字。

25 日 续阅《两汉金石记》并校碑。

26、27 日 午后诣谭正璧家小谈。晨访陈彪如。

月内 著录北魏碑、唐志、宋元碑多种,并作碑跋数通。

3 月

3、4 日 下午著录唐志一通。诣谭正璧家闲话。

8 日 访谭正璧,借古地志数种。夜录《吴地记碑目》。

9 日 辑讫《元和郡县志碑目》而撰跋。

10 日 在朵云轩得《高长恭碑》。为《吴地记碑目》撰跋。

11 日 辑录完成《吴郡图经续记碑目》并撰跋。

12 日 往谭正璧家还书,借地志数种。为辑讫《北道刊误志碑目》并撰跋。

14 日 访邵洵美。辑讫《澉水志碑目》并撰跋。

15 日 诣邵洵美小谈。辑录完成《严州图经碑目》并撰跋。

16 日 访尹石公,以所借书还之。辑讫《景定严州续志碑目》并撰跋,"连日均从地志中录碑目,颇有所获"。

19 日　读《溥仪自传》，二日而尽。

20 日　辑录完毕《六朝事迹编类碑目》，并撰跋。

24 日　连日均录碑目，完成《庐山记碑录》一卷。

30、31 日　诣谭正璧小谈并还书。辑录《吴郡志碑目》。

4 月

1、3 日　阅《说郛》。辑录完毕《吴郡志碑目》并撰跋。

6 日　午后在朵云轩阅碑。访谭正璧，借《说库》一函。

10 日　下午在朵云轩得《北齐定国寺碑》。又至古玩市场访观书画，遇见傅雷夫妇。

14 日　陆维钊方从上虞山间来，谈彼处农民生活甚详。

15 日　访邵洵美，"因知陆小曼已于上星期逝世，年六十三，卅年前佳人，晚年殊冷落"。

16 日　著录唐志二通，再为所藏甘泉毛氏蟫叟寓意于物斋旧藏《新平郡宜禄府折冲都尉成公墓志铭》作题识。

17 日　过录《颜勤礼碑》，修补拓本数十种。徐培仁来函，"知其兄葆炎于月初逝世"。

20 日　连日补缀残碑拓本。

21 日　晨访谭正璧，借得元明清文选本。晚上孙楚良、曹曾亮来，谈至 10 时而辞。

22、25 日　著录隋志、东魏造像各一。增补汉石刻目录卡。

26、27 日　整理所译法文诗。翻译 F. Jammes 诗两首。

29 日　访周大烈，借得《金石学录》正续三种。

30 日　阅袁子才文，"有议论卓异者，似文胜于诗"。

5 月

1 日　为编《洛阳龙门山北魏造像题记五十品集释》撰序。

1 日至 3 日　连日翻译法文诗。

4 日　在上海图书馆查检书目卡。至谭正璧家小谈,并上街为开封李白凤代买花籽。

5 日　在旧书肆巡游,为天津张索时代买德文书。据张索时回忆:"帮我先后在上海旧书店买了大量德文书,从歌德、席勒到霍夫曼斯塔尔。"(《悼忆施蛰存先生》)

6 日　在古籍书店购得《唐会要》《唐两京城坊考》。

7 日　翻译法文诗,辑录《金石遗闻》三页。

8 日　撰讫《陈书征碑录》,晚上为之作跋。

9 日至 12 日　连日翻译 Paul Fort 诗数首。

10 日　在朵云轩得《北周宇文贞造像记》《隋龙华寺碑》。再往古玩市场访阅字画。

13、14 日　批阅学生论文卷。

15 日　上午至古籍书店,购《丛书集成》零本数种。下午撰赵芬碑跋,雷平一来谈。

16 日　戈子培晨来,携拓片一束,"内有李笙鱼手拓《慧影造像》,甚佳,并其他拓片,以 4 元得之"。下午碑估曹仁裕来,"谓已歇业,今后不能供应碑帖拓片矣"。

17 日　阅碑尽日。

同日　按夏承焘日记:"得施蛰存上海函,抄寄曹炳曾放言居诗序卷六附录姜白石集跋一篇,嘱寄还其所辑'学词文录'。即复一函,告'文录'可选精要语为词评别子。"

18 日　下午在上海图书馆阅书,"见张叔木卷《石河碑考》手稿，凡录碑三百馀通，皆抄顾宁人、翁覃溪考证语，无所发明"。晚上徐培仁来谈。

19日 在华东师大图书馆，"看徐乃昌藏碑拓 40 种，皆造像"。据宋路霞记述："徐乃昌后人售其遗物的消息，辗转传至施蛰存先生处，施先生推荐，由华东师大图书馆购下。"(《百年收藏》)

同日 午后访邵洵美，"始知渠家所有碑帖 1400 种皆为家人尽数卖去，仅得 140 元，可惜矣；今日见残馀十许种，有《泰山廿九字》及鼎彝拓片三五种，皆佳"。

20日至 31日 连日誊录《洛阳龙门山北魏造像题记五十品集释》。

22日 晨在校图书馆阅徐乃昌藏碑。午后至上海图书馆阅《陇右金石录》《清仪阁题跋》。

31日 戈子培来"问尚有家藏碑数种，要者可让与"。

6 月

1日至 12日 连日撰录《洛阳龙门山北魏造像题记五十品集释》(二卷)释文，并全部完稿。作有碑跋二篇。

13日 戈子培来，示唐宋元碑 50 种，皆平湖张处芳物，"以所藏大小三砚易之"。

16日 戈子培来，"惠画扇一事"。

28日 连日著录诸碑及撰《唐会善寺记残石》等跋，夜"倚枕阅 Kafka 遗作 *America*"。

7 月

上旬 为《邵氏藏本七姬權厝志》题跋，为珂罗版印本《旧拓七姬權厝志》题记。

13 日　连日来编写教材,注活叶文选,今日讫事。

14、15 日　晨访邵洵美,但荃孙亦在坐。著录《高翻碑》。

下旬　辑录《金石遗闻》十许纸。

8 月

6 日　连日辑录《说郛》中《金石遗闻》及词话所需材料,各得二三十纸。

7、8 日　在古籍书店购得《何王坦读史臆语》《娄县小课》,"皆乡里文献也"。戈子培来,以 2 元得赵孟頫两碑。

10 日　在上海图书馆阅览金石书籍数种。

11 日至 24 日　撰《云间语小录》四则。著录汉石刻一通。

18 日　早晨陈德业来探望。

19 日　上午访周大烈,"欲从借郡人著作数种,会其方调整房室,不暇检取,遂不果,仅借得《封荫甫传》而归"。

23 日至 29 日　著录《邱珍碑》《唐慕容氏墓志》等七通。

月内　访谭正璧。高式熊为所著《诸史征碑录》稿本题签。

9 月

1 日　开学。停止授课,仍回中文系资料室工作,并从事教材编写。夜著录唐志一通。

2 日　著录黑齿氏墓志二通。

3 日　从徐震堮处借得《吕超墓志》,"以校《顾鼎梅竹录》文,写定之"。

4 日　著录《李元海造像》。下午宋学勤来谈。

5 日 早晨周大烈陪王巨川来访。下午访周退密,又顺道访陆宗蔚夫妇。

6 日 曹曾亮夜来,"渠已调至辽原中学任语文教师"。

7 日 下午到福州路巡游书肆,购 *Pasts in Prose*,*Perry's Anecdotes*,"皆少见";又得《关中石刻新编》。

8 日至 11 日 连日著录诸碑数通,作碑跋一篇。

13 日 日记:"卖去商务版《说郛》及开明版《清名家词》,得 50 元,拟作杭州之行。"

14、15 日 校阅所编教材印样。

17 日 晨往印刷厂校阅教材排样,顺道至广东路古玩市场书画部闲览,"见杨退谷书七言一联,颇欲得之,适不名一钱,荷荷而已"。

18 日 著录《兰陵忠武王高肃碑》讫,并为付装拓本作题识。又访王巨川,"承惠其《两忘宧诗》一册"。

中旬 辑录完成《太平寰宇记碑目》并撰跋。作碑跋一篇。

23 日 夏承焘由杭州致明信片,谈及"宛春兄转示尊札"。

24 日 连日抄录刘熙载《游艺约言》(一卷)。

25 日 将历年所作七言绝句,抄录为一卷,得 87 首。

26 日 戈子培售砖拓百馀纸,韩应陛故物,以五金得之。

27 日 整理《北山楼碑跋》(甲编)完稿,共计一百篇。

28 日 整理《北山楼碑录》(甲编)成稿,计一百二十馀种。

29 日 从历年所作诗中,录出七言古诗共十八首。

30 日 作杂诗二首。按:据先生诗稿,应为《咏史》。

月内 秦彦冲为《水经注碑录》《汉碑叙录》稿本题签。

约在期间 周作人由北京寄赠"元初砖"等拓本。

10 月

1 日　邵祖丞来谈。钱则人来接洽油印姚鹓雏《苍雪词》。

2 日　续作诗《咏史》二首。

3 日　上午戈子培来,购得镜铭及铜器拓片七十馀纸,皆许子重旧藏。下午到朵云轩买纸,又访谭正璧。

7 日　下午陆丹林来,"得知孙雪泥、傅抱石均已作古。陆小曼逝世时竟无衣为敛,有人入其室,一榻之外无他物"。

8、10 日　撰《云间语小录》一则。曹长兴、王直来访。

13 日　上午至朵云轩购纸,再往古籍书店、外文书店访书。

18 日　连日誊抄所辑《王修微集》二卷,诗 90 首、词 50 阕。

19 日　编撰《王修微集附卷》(小传、投赠、佚事、遗韵)。

20 日　在上海图书馆阅《明诗归》,又补得王修微诗九首。田培明来,以所译《近代语言学》请校稿。

21 日　仍撰《王修微集附卷》。邵洵美如夫人陈英眉来谈。

22、23 日　在上海图书馆阅书。编撰《王修微集附卷》。

24 日　往上海图书馆阅书,从《名媛诗归》中又得王修微诗数首,已逾百篇。

25、31 日　撰《云间语小录》两则。

26 日　作诗一首。按:据先生诗稿,此诗应为《蛾眉》。

27 日　郑逸梅寄赠况周颐手札一纸,检箧中所有旧信六通报之(沈雁冰、姚鹓雏、罗洪、周作人、张叔通、吕叔湘)。

28 日　在上海图书馆阅书,王修微诗得 135 首。

30 日　下午访邵洵美,谈二小时而归。

月内　自 8 日起始录《二铭草堂金石聚》,14 日录讫跋文后,持续过录。

月内　　与宋学勤帮助姚鹓雏《苍雪词》(三卷),刊行油印线装 150 本。自述:"我给她删定了一部词稿,后来她去用油印印了 80[初印]部。因无人装订,就放在我家里。我给她[姚明华]代为装订。到文化大革命开始时,订好了 40 本,她拿去分送她父亲生前的亲戚朋友了。"("近十年来的社会关系")

11 月

1、2 日　　作诗一首,阅《荀子》。阅《吕氏春秋》。

3 日　　下午往上海图书馆阅书,"寻王修微事"。程千帆从武汉复函并赠诗。

5 日　　重又誊写《王修微集》稿,得诗 130 篇。

6、7 日　　编撰完成《王修微集附录》。勒公丁来函。

8 日　　到朵云轩买纸,又往古籍书店、外文书店,为勒公丁觅中学英语教材。

9 日　　装订所作《北山楼碑录》(甲编)、《北山楼读碑记》(甲编)和《洛阳龙门山北魏造像题记五十品集释》书稿,共计八册。

12 日　　沈祖棻由武汉来函。

13 日　　作诗《程千帆寄诗见怀次韵酬答》并复程千帆、沈祖棻夫妇函。日记:"连日晚早眠,就枕阅'法郎士短篇小说'。"

15 日　　在福州路外文旧书店仓库,为张厚仁觅《歌德集》,未得全集,仅选集一部。

23、24、28 日　　继续撰《云间语小录》。

25 日　　访谭正璧,借得书数种,备撰《云间花月志》。

26 日　　续作《云间花月志》。

27 日　　在图书馆借得《Swift 讽刺文选》,阅之竟夕。

29、30 日　　阅《宝颜堂秘笈》。

月内 仍持续过录《二铭草堂金石聚》。

12 月

1 日 阅毕《宝颜堂秘笈》,"殊少资料可用"。

2、6 日 阅《Swift 讽刺文选》。戈子培来,"得汉金文及镜铭拓片十馀纸",又以《孙夫人碑》等五种,托其友人代裱。

7、8 日 赏碑终日。访韩侍桁,归途过常熟路,购《受禅表》《公卿上尊号奏》合册一本,崇禹舲旧物。

9 日 程千帆寄来碑拓一大包,"只有九种佳,馀皆杂刻,价25 元,一时尚无以偿之"。

10 日 阅程千帆所寄拓本,"惟《寇氏四志》甚佳"。

11 日 晨访谭正璧,归还《宝颜堂秘笈》。至福州路旧书店,购《丛书集成》零本三册、西书诗论二种。午后去长春路访张静庐,"始知渠已退休回沪"。又至孔另境家,谈至 5 时归。

12、13 日 阅所购西书诗论。访谭正璧,接洽为系里资料室征购"五四"以来文学书事,"渠已检出数百本予师大"。

14 日 早晨校中文系资料室祝文品来,介绍其赴谭家接洽收购书事。

15 日 检戴望舒译意大利短篇集未刊稿,整理并核所据英译本而皆有之。卖去西书 34 本,得 50 元,以付程千帆碑款。

17 日 去邮局汇寄程千帆碑款,又赴朵云轩购纸。

20 日 下午访尹石公,"见陈病树、杨怀白二老于客座"。

23 日 托钱则仁送纸到青浦交张仁恒。访徐培仁,"以旧裤二件、衬衫一件、袜二双赠其子,父子二人仅一小床,殊窘困"。

24 日至 26 日 整理裱贴零星拓片 60 纸,拟装集古册。

27、28 日 阅《匋斋藏石记》。阅《殷周青铜器通论》。

29 日　过录《陕西博物馆所藏铜器目》。

30 日　阅 1955、1956 年《文物参考资料》，据其载而抄新出土铜器目录。

31 日　整理所得砖文、瓦当拓片，拟各裱为一册。

月内　仍持续过录《二铭草堂金石聚》，至 19 日录讫。

1966 年（丙午）　61 岁

▲8 月，中共八届十一中全会通过《关于无产阶级文化大革命的决定》。

1 月

1 日　按周作人日记："上午美瑞为寄次溪信，施蛰存信。"

9 日　程千帆由武汉来函，附赠诗作书幅并识："偶检行箧，得西谛《困学集》，是望舒遗物，蛰存昔年持赠者。适覩蛰存书，极道死生契阔之感，因赋二绝奉寄。"

上旬　厦门大学郑道传来上海五官科医院治疗眼疾。据郑启五记述："施先生多次亲自到医院探望，送去了水果。"（《汀江梅林梦难断》）

月内　寒假，过录《鸡窗丛话》并题跋。

本月　继续收集各类金文拓片，并经多年辑录成稿并装订为《诸家金石题跋所收墓志目录》《石墨偶记》，内有"十二砚斋金石过眼录十六卷、续作六卷""笔记中有论金石者暂记于此，待汇抄""魏晋琐闻""隋碑琐闻"等诸篇。

2月

月内 撰讫《北山楼读碑记》(乙编)、《北山楼碑录》(乙编)。

本月 林庚由京寄赠其父林志钧遗著《帖考》自印本。

3月

中旬 过录《城南草堂笔记》并题跋。

月内 为陈巨来《安持摹印稿》册子题跋。

4月

上旬 赴杭州旅游数日,其间曾访烟霞三洞。

月内 辑录完毕《赤松山志碑目》并撰跋。

5月

上旬 在校工会俱乐部,参加中文系组织的学习《关于正确处理人民内部矛盾的问题》《在延安文艺座谈会上的讲话》等的学习班。

11日 按周作人日记:"施蛰存九日信来索拓片,可谓好事。"

12日 按周作人日记:"上午检旧有拓本拟予施蛰存。"

13日 按周作人日记:"丰一为寄施蛰存信又件。"

18日 按周作人日记:"上午得施蛰存十六日信。"

19日 按周作人日记:"丰一为寄施蛰存信并三老碑一纸。"

中旬 编撰完成《北山楼藏词学书目》。

28日 按周作人日记:"上午得施蛰存廿五日信。"

29 日 按周作人日记:"下午吉宜为寄高伯雨信,施蛰存信又龟鹤封半打。"

月内 重作编纂《庐山记碑录》完毕并撰跋。

6 月

10 日 按周作人日记:"得施蛰存八日信。"

17 日 据《华东师范大学校史》记载:"各系的课程不再讲授新的内容,暂停学期考试。"

下旬 与许杰、徐中玉等中文系教授原为"摘帽右派"被改称"老右派",勒令"靠边站"。据《华东师范大学校史》记载:"从 6 月初至 7 月初的一个月里,全校贴出大字报一万八千多份,被点名批判的人数达 747 人。"

月内 晚上回家后仍辑录碑目。

7 月

月初 因感到处境危险,连续数日晚间被迫销毁一些珍藏多年的书信、照片和文稿,包括胡适致戴望舒的信。

8 月

4 日 始在校内被批斗。据《华东师范大学校史》记载:"在这次被称为'八四'事件的揪斗行动中,我校共有 194 人被揪斗。""当时被重点揪斗和批判的,都是著名教授。"据丁汕回忆:"面对数百人的大呼小叫,施先生据理力争,毫无怯色,膝不屈,头不低,愣是直挺挺地站了三小时。"(《最后的晤面》)

5、12 日 在系里遭到批斗。

17 日　被开了批判会。据王郊天回忆:"他始终不肯含糊其词,总要申辩明理;有人要他弯腰屈膝、低头'认罪'。""他却又直起了腰,昂起了头,傲然挺立。"(《祝愿》)

下旬　与中文系许杰、徐中玉等教授接受"监督劳动改造"。据徐中玉回忆:"是投入'监改'的最初'牛棚'成员。"(《敬忆朱老六十年》)"每天至少除草、搬土一个下午,更多是在学生宿舍里打扫厕所,去接受批判、陪斗,为各地各色外调人员呵斥着写'材料'。"(《回忆蛰存先生》)

9 月

3 日　傅雷夫妇含冤逝世。自述:"10 日左右才知道他们两夫妇已撒手西归。""朋友中像傅雷那样的毅然决然不自惜其生命的,还有好几个,我也都一律尊敬。"(《纪念傅雷》)

约在期间　自述:"监督'牛棚'的红卫兵忽然'勒令'每一个'老牛鬼'每天要交一篇'思想汇报'。于是我们中文系的'老牛鬼'每天上午必须在'牛棚'里写文章,汇报思想。文章不许长,只要写两页抄本纸。这正是小品文或鲁迅式杂文的适度篇幅。我每天上午写一篇'随感录'式的文章,除了最后一段是自我批判式的八股文之外,上文全是抒情记事的小品文。红卫兵头头把我们每天交的'思想汇报'拿去公布在第一宿舍门口的黑板上,每天有不少学生来看。""我大约写了三个月,算来应该有七八十篇。"(《文艺百话·序引》)

10 月

下旬　据丁汕回忆:"外公[张静庐]问起我施先生的情况。"

"说'把这个条子交给施蛰存。'""次日早晨,""不时偷眼瞅着在甬道上扫地的施先生,半小时后,施先生收拾起工具蹒跚地走进文史楼的东门,我尾随而去,见他走入大楼西侧的男厕所,""在打扫便坑,""我立马把纸条递到他手中。"(《最后的晤面》)

月内 完成编撰《晋书征碑录》并撰跋。

11 月

6 日 至张静庐寓所相晤。据丁汕回忆:"施先生来看外公,我没见过施先生有这样兴高采烈的神情。""这对相交数十年的老友最后一次的晤面。"(同上)

18 日 龙榆生逝世。作挽联:"复雅歌残乐府新声叹寥落,忍寒人去彊村遗砚失音徽。"

19 日 下午被要求写"学习老三篇,结合自己检查"。

下旬 辑录完成《元一统志碑目》并撰跋。

月内 邵洵美被停发每月津贴。据林淇记述:"施蛰存伸出了援助之手,拿出自己工资中的一部分,月送人民币 50 元以周其急。不料,只送了四五个月,这位华东师大老教授施老先生因被扣发工资,自己每月也只能领到 40 元生活费,再也无法继续接济。"(《海上才子——邵洵美传》)

12 月

月内 再次遭到抄家。据徐中玉回忆:"他家住房已被人无理抢住大半,只能缩住在一间原作晒台,冬冷夏热的斗室里,每夜继续整理思考他积下的研究资料。"(《回忆蛰存先生》)

1967 年（丁未） 62 岁

▲10 月,《关于大、中、小学校复课闹革命的通知》正式下达。

1 月

本月 仍在"牛棚"（电化教室）,写检讨、劳动。

2 月

月内 吴强到华东师大"牛棚"插队劳动。自述:"在第二、三天上午休息时间,我向他打听作协几个人的情况,巴金、王西彦、孔罗荪、魏金枝、罗稷南。""我和郝昺衡、许杰三人负责打扫第一宿舍。""我去搞西楼三个盥洗室,郝去搞东楼二个盥洗室,许一人打扫院子。""吴强扫院子。"("我和吴强说过些什么话")

3 月

14 日 从"牛棚"（电化教室）返回中文系,继续劳动。据张崇琛回忆:"劳动的内容主要是拔草,拔文史楼前草坪的草。""于是便常能看到施先生拎个小板凳,戴个助听器,走在拔草的牛鬼蛇神队伍中。"(《丽娃河畔的大先生们》)

4 月

17 日 中文系造反派接管"监改",上午学习、下午劳动。

25 日 上午在电化教室批斗系领导,遭到陪斗。

27 日　夜又在电化教室批斗系领导,与七位师生被陪斗。

5 月

5 日　被要求写"思想汇报"。

6 日　写"关于资料室工作"。

月内　因"红卫兵新师大师"到各地"串连"而放松监管,便利用每晚回家时间,为时两月编撰完成《赵孟頫石墨志》。

6 月

月内　晚上誊录《晋书征碑录》清稿。

本月　为所藏《北齐夫子庙碑》题跋。

7 月

月内　每晚誊抄《晋书征碑录》,费时两月誊讫。据郑瑞芬(四儿媳)回忆:"当时一片混乱,我带着儿子住在底层灶间,每晚深更半夜时,还能听见楼上亭子间里他伏案工作偶尔挪动藤椅的动静,他每晚起码要到零点以后才会睡觉。"(郑瑞芬口述)

10 月

2 日　上午戴望舒女儿来访,"把她父亲留存在我这儿的照片、遗稿及著作物交给她,并为她一件一件地说明情况"。

5 日　被要求写"国庆三天假期中生活情况":"两天半在床上休息,感冒至今未愈。"

6 日　被要求写"我和吴强说过些什么话"。

7 日　上午红卫兵来抄家,再次写"劳改计划"。

15 日　被要求写"汇报10.9—10.15"。

11 月

13 日　《解放日报》登载批判文章《"重点中学"是推行修正主义教育路线的"试验田"》提及："1963年,他们就曾组织师大中文系一些反动'权威',例如被鲁迅称为洋场恶少的施蛰存(右派)之流,来给师大一附中、二附中的语文教师'上课'。"

15 日　下午中文系召开批判常溪萍大会,因属于常溪萍所包庇的资产阶级知识分子,与钱谷融被陪斗。

20 日　被要求写"汇报11.13—11.19",写到"仍是上午学习,下午劳动"。

12 月

4 日　被要求写"汇报11.27—12.3"。

8 日　上午中文系批判两位系领导,被陪斗,"因为□、□二人包庇了我,会上有人揭发我在社会主义学院学习时的反动言论","在学院中每天参加小组讨论,发言均有记录"。

11 日　仍写"汇报12.4—12.10":"以为我老是在散播反动言论,反党、反社会主义,这却完全是误解了我。我自问还没有顽固到如此,反动到如此。像这类事情,我却又无法辩解。"

17 日　按叶灵凤日记:"施蛰存在美国的外甥女,寄来两本英文书托转;去年已寄来过几册,因国内开始文革,未曾转去。已一年没有蛰存的消息,当寄信先问一下再说。"

18 日　被要求写"汇报12.11—12.17"。

20 日　写"解放后我在报刊上发表的文章及所用笔名""两

首发表在香港报纸上的诗"。

下旬 写有关《倒绷孩儿》""《外行谈戏》"的材料。

1968 年(戊申) 63 岁

▲8 月,《关于派驻工人宣传队进学校的通知》下达。

▲12 月,全国掀起知识青年上山下乡的高潮。

1 月

13 日 再次写《才与德》"的材料。

月内 仍在校内清扫卫生,并负责打扫学生宿舍。

2 月

本月 由于校"造反派"的派性斗争而放松对靠边人员的看管,因而有稍多时间治学,始撰《北山楼读词札记》。

3 月

10 日 编撰完成《齐书征碑录》并作跋。

约在期间 自述:"余闻画院中人对小翠批斗甚野蛮,""以星期六之晚往视,欲稍稍慰藉之。至其居,始知已移寓他处,未得一面。越数月,始知其已殒矣。"(《翠楼诗梦录》)

4 月

本月 长宁区房管局"造反派"勒令退租二楼南向房间,此后长达 16 年,全家三代人挤住在三间朝北的小室。据周退密回忆:"抄家之后,房屋缩小,在晒台上搭建半间陋室。他写文章就在这里,除容纳书籍拓本外,只能放一张小桌子,冬冷夏热,其苦况可想而知。"(复费在山函,1995 年)

5 月

21 日 被要求写"关于《庄子》与《文选》的事情""关于《反戈一击》"。

6 月

本月 开展"清理阶级队伍",与许杰、徐中玉等教授被集中在学生宿舍,长达一个多月。自述:"我有一句阿 Q 式的名言,曰:'不死就是胜利。'这句名言,大概挽救了不少人的性命。"(致痖弦函,1988 年)

7 月

15 日 被要求写检查"最近所犯的两件罪行"。

16 日 写"我曾在报刊上发表过的文章"。

27 日 写"抗战时期中三次回沪的情况"。

31 日 写"我在昆明的生活和社会关系"。

下旬 被准许晚上回家,始撰《金石小录》,后题为《北山楼集古别录》。

月内 写"我的单行本出版物",提到"近年著作三种,1966 年由五年级红卫兵抄去"。

8 月

20 日　写"我编辑的丛书""我编辑的期刊",还写"社会关系补充:李辛阳"。

26 日　"工宣队""军宣队"进驻华东师范大学。

9 月

5 日　沈从文应"中国历史博物馆清理阶级队伍联合调查组"要求而写"关于施蛰存事":有三节"施蛰存在云南、卅年代和施关系、打笔墨官司"。(《沈从文全集·补遗第二卷》)

8 日　被要求写"关于□□□":"我在学习时根本不和人说话,因为听不清别人的话,与人交谈是很困难的。□有时也和别人交谈,但声音极小,我听不清。"

9 日　写"关于 1934—1935 年图书杂志审查委员会的情况"。

13 日　再次写"我和吴强说过些什么话",增至九小节。

10 月

月内　重新修订《宋花间集》(十卷五百首)并誊录清稿。

本月　润改《云间碑录》初稿本,写定清本,装为一卷。

11 月

4 日　被要求写"关于我攻击鲁迅先生的事"。

5 日　写"关于文艺作家协会的事"。

6 日　再次写"我和上海文艺作家协会的关系"。

约在期间 写"关于孙晓村、陈志皋、陈高庸[傭]"。

10 日 写"关于陈志皋和《世界与中国》"。

12 日 写"1946 年回上海后的情况"。

13 日 写"我的政治关系、思想情况"。

14、16 日 写"我的翻译工作";又写"补充"。

20 日 写"关于'第三种人'"。

12 月

20 日 写"关于徐英的事":"彼此都有旧观念,偶然谈谈时事,说说自己的看法,这只是一种'处士横议''私人谈话'。""我和徐英的谈话,也未必是反动言论。"

下旬 撰《北山楼著述目录》(1957 至 1968 年)。

月内 誊录编定《北山楼读词札记》第一卷。

月底 金石拓本收藏经 10 年蓄积已达 2693 目。

1969 年(己酉) 64 岁

▲4 月,中国共产党第九次全国代表大会举行。

1 月

2 日 写材料"我的工作经历""我参加过的党、团、集会""我拿到过的证件"。

中旬 自述:"在我家里办过一次学习班,但我没有参加。""至于我和家里人讲话,向来都是家庭琐事。""监改组中有人问我：'紧张不紧张？'我说：'我一点也不紧张，这样的会，每天开也不怕。'"（"第二次毛泽东思想家庭学习班以来的思想体会"）

22日 自述："到我家里和我家人办了一次毛泽东思想学习班，命我也参加。"（同上）

31日 写"反右以后的思想情况"。

月内 续撰《北山楼集古别录》。

2月

3日 写"我的家庭成分"。

7日 写"第二次毛泽东思想家庭学习班以来的思想体会"，写到"我既无事实可交代，也就谈不到坦白不坦白了"。

16日 除夕。按叶灵凤日记："墙上换了几幅，蛰存前曾书赠诗轴，今日取出挂上。"

19日 写"近十年来的社会关系"。

22日 写"我和张少芳、姚桐椿的关系"。

3月

10日 华东师大中文系一（2）班召开批判会，批判先生"关于吹捧'苏修'，攻击党的'反修'斗争方向"。

上旬 参加本校"反动学术权威"集训班。

18日 下午被提问"关于与徐英讲的'三反'言论"。

22日 写材料之六"三反言论"："我曾说'少而精，对理工科恐怕是必要的，对文科却有毛病。因为文科学生应该争取多读书，读得多，才能用得精'。又说'我们师大中文系的专业课本来不多，如果再要砍掉一半，恐怕学不到东西'，'从前因为四年制学不完,所以改为五年制。现在下乡一年半,实际上只学了三年半'。"

24 日 被提问"关于'三反'言论方面"。

25 日 写"关于解放前暨南大学告同学复课书"。

28 日 写材料之七"反动观点言论和黑诗一首"。

4 月

1 日 被要求写"对我的三反言论的自我批判"。

9 日 又被要求写了"补充"材料。

11 日 接校"工宣队"通知被"解放",并"以人民内部矛盾处理"。

7 月

上旬 被要求写"改造计划"。

月内 重新修订《清花间集》(十卷五百首)并誊录清稿,与选定《宋花间集》(十卷五百首)合辑为《花间新集》。

8 月

月内 周大烈为《花间新集》题跋。周退密作《调寄鹧鸪天·奉题舍之词家新辑〈清花间集〉》。据周退密回忆:"惟《清花间集》有二本,一誊清本,一初稿本,均蛰翁手自抄录者。余既以清本缴还,而乞留其初稿一厚册十卷存于寒斋。"(《杲堂书跋》)

10 月

15 日 下午请假去五官科医院检查耳聋病情。

19 日　重阳节。仍写"本周思想汇报(13 日至 18 日)"。

11 月

上旬　接系革委会通知,赴嘉定县马陆公社陈村大队郏家生产队,参加"三秋劳动",住宿在当地一所卫生学校内。

12 月

本月　"三秋劳动"后,被滞留继续参加"战备劳动"。

1970 年(庚戌)　65 岁

▲6 月,全国高等学校开始招收"工农兵学员"。

1 月

1 日　元旦。仍在参加"战备劳动",晚上被要求写"接受批判,端正态度,正视错误,加紧改造"。

月初　被要求写"改造计划"。

16 日　下午写"检查":"8 日轮休回家,本当在 12 日下午回到农村来的,但因在 10 日忽患感冒,11 日又患腹泻,我怕在农村里晚间屡次登厕不便,故 12 日没有如期下乡。13 日晨写了一个信给系革委会领导告假二天,但也没有去就诊,取得医生的证明书。到 15 日,原想下乡,又因天气阴寒,没勇气走十里路,故迟至 16 日上午才回到乡下。"

31 日　再次写"关于 1957 年《才与德》"。

2 月

6 日　春节。没有被批准回家过年,仍在"战备劳动"。

12 日　获准返回上海家里休息四天。

5 月

下旬　接到"战备劳动"结束的通知,从嘉定返校,继续在系里接受监督劳动。

6 月

4 日　华东师大革命委员会"关于施蛰存问题定案处理的批复":"5 月 26 日报来的关于施蛰存的定案处理,""经研究同意你们的意见:不重新给施蛰存戴上右派分子帽子。"

本月　周退密作词《玉楼春·答无相居士二首》。

7 月

月内　中文系革委会通知被改为"不列入敌我矛盾"。

本月　中文系抄家物资处理组开始折价退还被抄家物件。

约在期间　据刘朱樱回忆:"接到上海施蛰存先生的信,他问我白凤还在人世吗?以及家中情况。白凤看后老泪横流,感叹不已。他们又通音信了,多是有关金文、古文字学、考释器铭等书的研究商讨。施先生借书和代买书给白凤。"(《忆李白凤》)

8 月

29 日　中文系抄家物资处理组继续折价退还被抄家物件。

9 月

本月　仍每天到校边劳动,边参加学习,边接受批判教育。

月内　利用晚上回家时间始作"两唐书征碑录"。

10 月

月内　在东方红书画社购得矢令簋拓本。自述:"周成王时器,1936 年洛阳出土,次年即流于海外,器盖离群。闻器在巴黎,盖在扶桑,欲求墨本,已非易事;器盖双拓,尤不可得。忽获此二纸全璧,实有相逢未嫁时之感。"(《金石百咏》)

1971 年(辛亥)　66 岁

▲8 月,国务院发出《关于收集、翻译、出版世界各国历史书籍的情况的报告》。

1 月

27 日　春节。始作《金石百咏》。

3 月

上旬　与第一届中文系工农兵学员和部分青年教师,下放到上海第三钢铁厂教学基地,参加为期三个月的学工劳动,担任教学辅助工作。自述:"我给革命师生和厂政宣组抄过不少大字报。""在晚上自学时间,也有过一些工农兵学员来问一些语文或文艺上的问题,或关于工具书的用法,我都尽量给他们以解答。"
"我负起了宿舍里清洁卫生的劳动任务,每天把环境收拾好。"
("半年来个人小结")

4月

24日 接到中文系抄家物资处理组通知返校,领取被抄家物件的部分折价。

5月

20日 作讫《金石百咏》(初稿),并誊录清本。

下旬 周退密作词《减兰·题无相居士〈金石百咏〉稿本》。

月末 学工劳动结束。自述:"回校以后,除了抄大字报及其他文件外,一时没有较固定的工作。"("半年来个人小结")

6月

2日 陆澹安复函:"所藏碑帖及金石书籍,数经兵燹,留存无多,比以虑触时忌,举东高阁。兹先检得拙作《隶释补正》《隶续补正》,共五册,暨《边达碑跋》一篇,命孙儿小康送呈,哂政。其它'郭有道''夏承''耿勋''王稚子'诸碑及金石文字记等书,俟检出续呈,并拟将弟所有汉碑整张本、缥装本以及研究金石诸书,开其目录送呈尊察。但箧藏简陋,深恐无益大作。"

23日 为《金石百咏》作"序诗""跋诗"。

月内 每日到校,为系资料室收集古典文学中有关"人性论"资料,录制卡片。

7 月

19 日 按要求写"半年来个人小结"。

下旬 为所藏《汉长安共厨銅》《汉竟宁雁足镫》《唐刘明墓志》题跋。

9 月

月内 撰讫《北山楼集古别录》,原撰四卷已增至八卷(卷一殷周吉金,卷二秦汉吉金,卷三南北朝已下器铭,卷四古镜铭,卷五、卷六古砖文,卷七秦汉瓦当,卷八残石刻文),誊清并装册。

10 月

7 日 为所藏《守册父己爵》题跋。

11 月

月内 始撰《北山楼读词札记》第一卷以下之各卷。

12 月

本月 华东师范大学与上海师范学院、上海教育学院、上海体育学院、上海半工半读师范学院合并成立"上海师范大学"。

1972 年(壬子) 67 岁

▲2 月,中美双方在上海发表《联合公报》。

▲9 月,中日两国政府发表《联合声明》。

1 月

月内 辑录苏曼殊集外遗诗。自述:"得到一本柳亚子印的苏曼殊诗集《燕子龛遗诗》。""开始搜觅并抄录集外的诗,编为一卷,又从《南社集》及其他文献中汇抄了当时许多诗人所作的有关曼殊的诗,也编为一卷。"(《燕子龛诗·引言》)

2 月

1 日 郑逸梅复函,谈及朱大可、边政平、徐碧波、陆澹安、胡道静、高君藩、包天笑诸友近况,并介绍沈鹏年来访。

15 日 春节。为《北山楼集古别录》装册而撰自序。

本月 奉化孙正和治印"吴兴施舍蛰存"。

约在期间 据刘朱樱回忆:"李白凤把写出的有关文字学、古史方面的书稿又复写几份寄施先生请指教,后经施先生建议并介绍给在北京故宫博物院工作的考古学家唐兰先生,得到他热情的指教帮助。"(《忆李白凤》)

3 月

8 日 开封李白凤寄赠据《山东通志·金石志》辑录的《山东汉碑录目》并函:"前寄残石,经武[慕姚]君逐目,兹连同武君所赠碑志及拟赠碑志列目一并奉上,所需何种?"

14 日 致陆澹安函。

18 日 吕叔湘由北京复函:"昨企罗夫人见过,道及尊况,并出示手札;问及在京诸人,甚感,企罗嘱代作答。"

19 日　上午访陆澹安,归还所借阅的碑本及《隶释》。

月内　誊录所撰《齐书征碑录》清稿装为一册。

4 月

上旬　参加由系里部分教师组成的《鲁迅年表》编写组。

26 日　吕叔湘寄赠在北京东单中国书店购得之《全福庄新出汉画像》两种。

5 月

中旬　为劳动节所得《南阳画像石》用"无相庵"笺纸题识 11 页,谓"余得南阳汉画象石拓本凡十八幅,其十一幅已见于孙文青所辑'南阳汉画象汇存',未见著录者七幅"。

月内　始作《汉碑年表》。自述:"读《汉释》《汉韵》《两汉金石记》诸书,觉得应当为之增续。于是广收新旧汉碑拓本,稽考史籍中有关汉碑的记载。"(《北山谈艺录》)

6 月

8 日　为所得《唐卢公则墓志》题跋。

25 日　开封武慕姚作诗书笺《寄赠蛰存先生二首》。

月末　至四川北路孔另境家访晤。

7 月

15 日　郑逸梅复函:"下星期一下午,当在舍恭候。"

17 日　致陆澹安函:"去大丰干校,此行为期少则半年,多则一年。""几个劣质印石,想请小康为刻闲章及收藏章,""盼能在

19 日至 22 日中任何一日下午来舍面谈。""近日整理笔记，发现罗振玉《石交录》中曾言及'边达碑'。"

24 日　晨往校门口集合乘车，傍晚抵达江苏省大丰县上海师范大学大丰五七干校。

25 日　开始冒暑参加农业劳动。

8 月

3 日　再次为所藏《守册父己爵》题跋。

月内　自述："听《黄河大合唱》而壮之，为赋一词《水调歌头》。"（《词学》第 8 辑）

本月　陆康为治印"吴兴施舍北山楼藏碑""蛰存读词"。

9 月

月初　周退密作诗《寄无相江北》。

下旬　获准返回休假。据雷甫回忆："市革委会经常向师大下达紧急翻译外文资料的政治任务，翻译中有时会碰到一些老大难的词语或句子，不知如何翻译才好。这时，校方就会想到中文系的施蛰存，往往会派人把他从五七干校找回来。只要施先生一到场，多大的难题也会迎刃而解。"（《施蛰存笑谈"每况愈上"》）

又　返家翌日，即往四川北路孔另境家访，方知孔另境已于本月 18 日病逝。

月末　周退密作词《鹧鸪天·无相居士归自江北，以蜜酒见贶》。为所藏《戊辰彝》题跋。

10 月

上旬　国庆节后返回大丰五七干校,继续参加劳动。

11 月

下旬　在大丰五七干校劳动结束,仍回中文系资料室工作。

12 月

6 日　为所藏《唐何简墓志》题跋。

上旬　参加《鲁迅年谱》编写组(由复旦大学、上海师范大学组成)安排本校承担的部分编写任务。

14 日　致谭正璧一函。

下旬　高式熊治印"吴兴施舍""施舍所得"。

月内　沈祖棻作诗《岁暮怀人并序·施蛰存》,尚未录寄。

1973 年(癸丑)　68 岁

▲6 月,国务院科教组在北京召开文科教育革命座谈会。

1 月

下旬　撰讫《北山楼集古别录目》。

月内　奉化孙正和治印"施舍蛰存""舍之金石""施舍读碑记""北山楼""北山楼诗"。

2 月

3 日 春节。应陆康之请为题册页。

5 日 为所藏《晋刘韬墓版》题跋。

10 日 为所藏《晋张永昌墓版》作跋。

15 日 展阅《汉三老讳字忌日记》题识："此碑余先得西泠印社朱拓本,殊不明晰。此本乃会稽周氏凤凰砖斋旧藏,有余姚客星山周氏三印,是周清泉初拓本也。"

27 日 为所藏《汉刘熊碑阴侧》题跋。

3 月

1 日 为得《南越文王陵黄肠木刻字》《南越古砖文》作跋。

2 日 为所藏《宋刘怀民墓志》《好太王陵砖》题跋。

4 日 为新近购得《刘目连造像记》题跋。

5 日 为新近购得《梁五铢铁泉泥范》题跋。

6 日 为所藏《更封石》题识,又为所得徐乃昌旧藏《汉豫州从事残阙》作跋。

7 日 为所藏《伊阙佛龛碑》题跋。

8 日 展阅归安陆季寅旧藏《南武阳功曹阙》而题跋。

11 日 为所藏《新建观音寺碣》题跋。

12 日 为所藏《汉逍遥山会仙友题字》《晋辟雍碑》题跋。

14 日 为《新建观音寺碣》续跋;为《汉承安宫铜鼎》题跋。

18 日 为所藏《魏冯神育等二百廿人造老君像碑》《雷峰塔砖文》题跋。

25 日 润改《金石百咏》,并复写清稿三册。

506

30 日   武慕姚由开封复函。

月内   誊抄《北山楼集古别录目》清稿为一册。

4 月

1 日   为所藏《梁陈宝齐造像》题跋。

5 日   为所藏《汉上庸长神道阙残字》作跋；又为所藏《辽宋晖造像》题跋："兹录题名全文于后，以补罗氏［叔言］所缺。"

6 日   为所藏《梁武帝铁钱泥范》题识。

24 日   沈祖棻由武汉复函："鄙句蒙久尚记忆，足见旧谊。""回忆江苏师院任教时，此乐已不可得矣。""先生近年情况，亦望告知。上海熟人情形，便中均望略为示知。"

30 日   程千帆致函："七八年来消息间阻，每念兄况，疑艰难险阻必大过人，今知以心地冲夷，得安稳度过诸般苦厄，而复老学弥勤，著书不辍，欣慰之情，曷可言宣哉。"

本月   据《玩碑杂录》记录，截至本月金石拓本收藏增至 2787 目。此为积三十馀年精力聚集的半壁江山。

5 月

6 日   致武汉程千帆、沈祖棻夫妇一函。

上旬   参加由上海师范大学、上海外国语学院和上海人民出版社编译室组织的法文翻译小组，合译法国梅里·布隆贝热著《蓬皮杜的秘密的命运》，中文版名为《蓬皮杜传》。

19 日   程千帆致函："所云结集文献之事，实亦颇为有用。"

月内   选编《文苑珠林》完成初稿。

6 月

5 日　吴奔星自徐州复函。

18 日　北京沈从文寄程应镠转致函，谈及"所询诸熟人情况"，"有关图博事，均协之"。

24 日　为所藏《汉朱棂洗》题跋。

下旬　从上海书画社购得淮安周氏《嘉祥画像石》十纸，附清宣统年湘潭罗正钧劬盦题志，并据《嘉祥汉石画记疏证》考校排列诸况，撰录《嘉祥汉石画记疏证》（稿本）。

7 月

1 日　为所藏《汉书言府弩机》作题识。

2 日　为所藏《汉上林荣宫铜熏炉》题跋。

5 日　晚上为所得《释六舟刻印》钤本题跋。

6 日　为所藏《清漪园印》钤本题识。

10 日　为《北山楼增辑〈燕子龛诗〉》撰跋。

21 日　沈祖棻复函："本拟作书告知将来沪奉访，检阅来书，见有附条云暑假将去南京，遂赶写此简信发出，以便在宁相见。"

29 日　为所藏《北齐鲁思明造像记》题跋。

本月　参与合译《蓬皮杜传》，被列入"内部发行"，由上海人民出版社初版。

8 月

上旬　补辑陈子龙《湘真阁词》附论词语录，编写为一卷。

18 日　按叶灵凤日记："中敏夫妇等今天起程往江南及华北

旅行,托带一信与蛰存。"

19 日　按叶灵凤日记:"整理书籍。蛰存日前来信,自署'李万鹤',称我为'秋生',殆有所忌讳也。"

中旬　在上海书画社购得《吴仲坰集古册》。自述:"此吴仲坰遗物也,凡二十五纸,皆妙品佳拓。黄宾虹、潘兰史、秦曼青题识诸纸,尤可珍异。"(《北山谈艺录续编》)

27 日　按叶灵凤日记:"中敏自上海来信。""又告我施蛰存近任华东师范校长。"按:此说应为误传;或未能听懂方言而误。

30 日　按叶灵凤日记:"寻出蛰存侄女所寄来英文书两册,尚有一册未见,正是他信中所要的。"

月内　钱君匋治印"舍之文字""施舍校碑"。

本月　沈祖棻莅沪探亲,曾来先生寓所探望。据沈祖棻记述:"因与兄两处皆房屋狭隘,人事不便,未能多聚畅谈。当时兄又须到校,且有任务。"(沈祖棻复先生函,1975 年)

9 月

4 日　复开封李白凤函:"此十纸颇见功夫,盂鼎尤佳,散氏盘似嫌细了。此十纸费兄宣纸 2 元馀,请在郑固等碑款内划出 2 元。""此等书石印本用起来方便,又价廉,弟久想为马、王、杨、樊诸子买石印本。这一部《字源》一定赠送樊君。""武公字三纸已送朱大可、边政平、周退密,兄字二纸已送边政平、朱大可,他们当以字或诗为报。"

10 月

上旬　参加中文系第二批"开门办学",与青年教师和学生又到上海第三钢铁厂教学基地劳动。据楼昔勇回忆:"由于年龄关系,他很少到车间去参加劳动,主要的任务是抄大字报,出大批判展览,有时也看看学生写的稿子。""大家都很愿意与他聊天,尤其是我们同住一室的几个教师。"(《施蛰存谈与鲁迅的关系》)

11 月

上旬 上海第三钢铁厂"开门办学"劳动结束,返校仍回系资料室工作。

12 月

月内 作诗《写藏书藏碑目录竟各题一绝句》。

月末 恢复与陆维钊通信。据陆昭徽记述:"我收集到的施先生来函约四十馀封,平均每月一封,估计父亲给施先生的去信也大体相当。他们通过书信,或研究诗词书稿,或交流碑帖收藏,或追忆云间往事,或感慨晚年境况。"(《陆维钊与施蛰存》)

1974 年(甲寅) 69 岁

▲2 月,《人民日报》登载《把批林批孔的斗争进行到底》。

1 月

8 日 写讫《偏枯》。

同日 复周退密函,言及"译事今日可毕,尚有校稿三万字,

510

须誊录"。

15 日 沈祖棻由武汉来函。

19 日 作诗《岁阑怀旧写际郑逸梅》并书笺。

23 日 春节。始作《甲寅杂诗》。按:原拟《浮生百忆》,写作初时题为《甲寅杂诗》,又为《浮生百咏》,后因未能完成百首而定名《浮生杂咏》。

2 月

6 日 元宵节。为《宋释梦英书江淹拟休上人怨别诗》题跋。

同日 周退密作诗《无相闭门著书,寄此调之》。

9 日 为所藏《唐善业泥造像》题跋。

22 日 开封李白凤致函:"昨天才发一信,中午桑凡同志就过舍间,略为道及此次南行造府的大致情况,睽别二十五年(一世纪 1/4),方粗知尊况,不禁黯然伤神。""想不到吾兄仍存古谊,全家不胜心感、默祷。""请写两个'小斗方',桑凡一幅、弟一幅。"

23 日 周退密作诗《屈大均行书轴,蛰公所惠》二首。

24 日 李白凤由开封致函:"昨天发出一信,并附拙稿《说'亞''□'》一件,希望得到你底批评,今天快读惠书,知在《说文古籀补》之找到'□'字。"

月内 杭州韩登安治印"施舍金石"。

3 月

1 日 开学,仍在中文系资料室工作。据王铁仙回忆:"系里让我和史嘉秀同志一起,编关于鲁迅的'宣讲'材料,施先生也分到我们这里,一个三人小组。""有一次很热心地从家里翻检出两本书送我们。""送我的是鲁迅1914年为庆贺母亲60寿辰而出资刻印的线装书《百喻经》。""先生烟抽得很多,都是很便宜的劣质烟,较经常抽的是一种扁圆形的阿尔巴尼亚烟,甚至抽8分钱一包的烟。""每个月无论怎样都要留出10块钱,买碑帖看。"(《率真的人》)

4日 开封李白凤致函:"关于'奄'的问题,弟当遵照兄见删减,但亦有新的增加,对于兄提诸问题,颇有意思,弟拟加以考虑。""以上数器拓片,未能尽知,请赐教。"

8日 致柳曾符函:"前承惠临,适在校中学习。""星期二晤陆微昭先生,得知陈墨逯在苏州有金文百许纸拟出让。""能否先看一个目录,希望能去其重复。"

21日 为所藏《唐道因法师碑》作跋。

24日 夏承焘由杭州致函并徐震堮,谈及陆维钊、胡士莹病况,以及姚鹓雏诗稿"不知尚可觅人写蜡纸付印否"。

4月

月内 开始收集篆刻印蜕,又在朵云轩购得集古册数本。

本月 完成《鲁迅年谱》四分之一的编写任务(1926年前)。

5月

2日 参加市里联合组织的法文翻译小组,接受翻译埃德蒙·塞雷·德里维埃《尼日尔史》的任务,具体分配翻译其中第二部分《古代尼日尔》。

3日 沈祖棻致函,询及"不知尊恙腿麻情况,近来有好转否,是否仍在继续治疗中;令郎想已早复健康,嫂夫人谅必安健";"不知兄校中工作忙劳顺利否"。

7日 复武汉沈祖棻一函。

20日 为《北山楼增辑〈燕子龛诗〉》撰"跋二"。沈祖棻复函:"蒙转托陆[维钊]君赐书条幅,甚感。"

23日 沈祖棻致函:"前在沪时,兄曾询及家藏有无《词源疏证》。""今趁闲堂在家休假闲暇,倾箱倒柜,终于底层觅得。""《乐府指迷笺释》一册,并以相赠。"

6月

上旬 周退密作诗《读燕子龛诗十首呈施蛰存先生,时先生新以校本见赠》。

月内 闻宥寄赠宋景定元年建康府修城砖拓本廿七纸。

本月 作诗《闻安持归,未遑趋问,先之以诗》并跋:"下放安徽五年归,君好为集句诗,故劝其集王安石诗。"

7月

26日 复李白凤函:"二个月来大赶任务。""每日晨起工作到晚10时,因所译为《尼日尔史》,此国近已建交。""因此大家拼老命。8月1日起有暑假二周,但弟只有一周可休息,还得赶一周方能完成弟名下之任务。""今日所收之文,待暑假中拜读。"

同日 李白凤致函:"承寄还《彝铭杂咏》原稿,并蒙在百忙中拨冗批改。"

下旬 将所藏《晋永和十年甲寅砖》朱拓本赠予周退密。据周退密回忆:"蛰公识语,砖藏周岂明家,俞陛云曾以之拓赠陈伏庐者。"(《晋永和十年太岁在甲寅砖拓本跋》)

8 月

4 日 译讫埃德蒙·塞雷·德里维埃《尼日尔史》第二部分。

5 日 致李白凤函:"看来铜器上的蛙、鸟、鱼、人形都别有来源,还不是什么徽帜。"

11 日 收到李白凤 8 日来函即复。

中旬 桑凡再次来晤。据桑凡回忆:"甲寅两游申江,白凤先生绍介识公。公应接谈艺,长夜不倦,文采风流,殊启顽愚。"(《北山楼主人退休得请声越慕姚白凤诸公皆有诗贺主人有诗酬答今依声越公原韵奉和》)

27 日 致李白凤函,言及《彝铭文字举隅》是有意义的。上海书画社已恢复碑帖供应,但陈列甚少,又不肯为顾客到库中取出。故去二次,只买了 3 元小拓片(廿纸,汉器铭)。

30 日 得李白凤 26 日函即复:"古籍书店如要上楼就要介绍书,兄要什么书,请决定一二种,待弟去访。""足下为弟买的是《石门颂》,《郙阁颂》市上只有明申如堪摹刻本。"

下旬 继续撰作《甲寅杂诗》,已成三十首。

暑假 据马兴荣回忆:"顺路到他家去看看他,这时他已经不住在我很熟悉的朝南的那间大屋子里了,而是住在朝北的一间几平方的小屋子[亭子间]里。屋子的左边是一张单人木床,床前是一张旧木方桌,桌子的另一边就是抽水马桶。这时施先生正坐在马桶上伏案写东西。我进了门,施先生招呼我坐在床上。看到桌上有一些碑帖,我就说:'施先生,您现在还在搞碑帖呀。'他回答说:'有空就搞搞,我想过,搞完了把它送到图书馆去,对别人会有用处的。'"(《没齿难忘五十年间二三事》)

9 月

3 日 李白凤寄来《郑文公碑》复函:"近日玩印,已订成十册。每册卅页,共印钤五六十枚,计有旧印、文人用印、名家刻印三类。""官印不入此册,另外有'集古小录'册子。"

上旬 访朱孔阳。自述:"余访庸丈于联铢阁,钤其所藏古印数十纸。"(《北山集古录》)应邀作诗《云间九子歌》并题记。

14 日 沈祖棻复函,谈及"易[均室]君情况,将闲堂来书详述,裁存附上一阅"。

16 日 复李白凤函:"靳氏印甚好,尤其有一谭夫人治印,可备玉台印史。弟已得其二印,今有三矣。""集古册十馀本,拟乞足下为写题耑。"

30 日 作诗《寿郑逸梅八十》并书赠。

下旬 为周退密藏《唐太宗屏风帖》撰跋并题书帖后。

本月 自述:"吾友周子美早年佣于刘氏,典守其藏书,凡二十年。尝编《嘉业堂藏钞本书目》,藏于家,未及刊行。我从子美借阅,为之著录。"(《杂览漫记》)

10 月

3 日 杭州陆维钊托人带上诗稿并致函。

6 日 朱大可来访,并赠邹景叔所集《四玉鈇斋集古册》。

8 日 复李白凤函:"弟别有李尹桑、吴昌硕、赵㧑叔、王福厂诸家印,另贴成册,亦得数百方矣。""其实真正的鸳鸯蝴蝶派只李定夷、李涵秋等七八人而已。""而世人将一切五四新文学以前之文人均入之鸳鸯蝴蝶派,亦当时战斗上有此需要耳。"

上旬 编撰完成《北山楼藏龙门魏齐周隋造像目录》。

19日 郑逸梅八十生辰。自述："余以不腆之馔,即定舍为进一觞,邀莲垞、亚光、退密作陪。"(《乙卯二月六日和诗题记》)

20日 陆维钊复函："大作'题孔阳九子石'一首,已蒙寄示,如有他作,极盼随时写下。""官印钤本,当看机会徐图之。"附赠诗笺《金陵客感》等五首并题识。

27日 收到李白凤25日来函,得李白凤治印"施""舍"(两面刻)、"施(押印)"、"舍之"、"原驰蜡象""舍之则藏"(两面刻)。

28日 李白凤寄赠书作二幅即复："适又小恙,偃卧数日,其后忙于赶翻译任务。""信中言及《吴仲得周瓦甋于卫古共城敕子孙永宝用》一文,弟以为此是今人所刻。"

29日 晚上沈祖棻由武汉复函。

11月

6日 复李白凤函："题签[北山楼集古小品]八纸收到,""先已托朱大可写了四纸,不如足下。""弟所集古器物拓片还有一部分最小最精的,拟用宣纸订四册装贴之。"

同日 致上海书画社马成函："上月来过三次,""空手而归,很是失望。本星期六上午(九)我还要来,请你日内为我找一些好的三代金文或其他古器物拓片。""薛嵩碑、嵩山石人顶马字,能找出尤感。"

10日 书赠陈左高诗作并识："三十年前游武夷得诗一卷,右四首宿永乐庵绝句也,偶检得书奉左高先生正之。"

12月

18日 农历生日。包谦六、周退密赋诗致贺先生七十寿辰。

胡亚光以画作《双清》《凌波》《秋声》等十二幅册页相赠。

月内 编撰完成《北山楼藏龙门唐造像目录》。

1975年（乙卯） 70岁

▲1月,四届全国人大一次会议重申四个现代化的目标。

▲9月,《人民日报》发表社论《开展对〈水浒〉的评论》。

1 月

1 日 元旦。武慕姚隶书条幅唐诗《秋夜寄邱员外》,即托佟培基带往上海相赠。

3 日 晚上沈祖棻致函。

5 日 受李白凤委托,佟培基来商《金石百咏》刻印事宜。

6 日 据佟培基回忆:"在南京路、河南路口,会见施先生,他请我在咖啡店饮咖啡,后至朵云轩。""选购一些青铜器拓片后,至福州路一家南纸店,购毛边纸两刀,刻印《金石百咏》用,我带回开封。""临别,赠我线装《填词图谱》一函。"(佟培基来件)

16 日 沈祖棻来函,谈及"前函始发,得闲堂家书,戏作调瞿老一绝,嘱录呈尊兄";"72 年冬,曾作'岁暮怀人'诗若干首","将前奉怀尊兄,以及棻所知与兄相熟或可能相识及知其名者,一并附录纸尾";"令媳迁入校舍","较兄昔日之局促于顶楼,回身不转者当胜多矣";"兄腿疾可以生姜及酒摩擦,颇能止痛"。

21 日 复武汉沈祖棻函。

27 日 沈祖棻复函,谈及"承寄《蒹葭楼诗》一册,字条一幅,及大札,均于三日前同日上下午收到","以后彼此退休,更可闲游畅叙矣"。附诗作《岁暮寄闲堂》。

31日 复武汉沈祖棻一函。

本月 作诗《送故人之会稽》并题记。

2 月

10日 除夕。卢辉伦治印"北山楼""蛰庵经眼"。

25日 为所藏《四玉鈇斋集古册》撰跋并书于册末。

月内 龚仲龢治印"舍之考古"。

约在期间 始逢周五上午参加兼于阁"星五老人茶会",论词吟诗、谈艺鉴古,"初时规模甚小,一般最多只有五六位"。

3 月

2日 程千帆致函:"右弟等近作三首录呈乞教。荑荪来书,兄前所转寄诗已收到矣。"

11日 周退密致函:"昨购得'吴衡阳太守葛府君碑额'一份,前有题签,后载一跋,未知谁何手笔,《金石粹编》中见过否?""愿蛰庵有说,以祛疑惑。"

同日 程千帆由武汉致函,并赠拓片七种。

13日 为所藏《吴仲坰集古册》题跋。据包谦六记述:"闻施蛰庵先生欲裒集吴仲坰刻石汇印。"(《吴仲坰》)

同日 为《孙正和行草印谱》题诗并跋。

18日 作诗书笺并题记:"甲寅九秋,逸梅八秩,余以不腆之馔,即定舍为进一觞,邀莲垞、亚光、退密作陪。退密有诗纪之,莲垞旋有和作,草草盃盤,不意遂成雅。故余欲奉和一章,越岁始成,殊不能工,聊以酬二公高谊耳。"

518

19 日　为所藏《邹允衡画竹》题跋。

下旬　作诗《题金石师黄怀觉》（二首），润改《写藏书藏碑目录竟各题一绝句》。

4 月

1 日　展阅所藏《米书鲁公庙碑阴记》并题跋。

5 日　致沙孟海函："近日方修订旧作《水经注碑录》，于秦刻《峄山碑》考之未审。绍兴申屠駉一刻，前人记录云峰山碑阴，原刻会稽秦篆，康熙时为人磨去，此石今不知尚存否？碑阴磨去后，改刻何等文字，此事阁下必知之，敬祈惠教。"

6 日　寄赠开封武慕姚印蜕"皇后之玺""海曲仓印"。

7 日　为所藏《苏子由黄楼赋》作跋。

12 日　为所藏《雪堂藏器拓本册》题跋。

19 日　收到李白凤 16 日来函，即复："重耳钺拓本、祖丁瓿摹文附上，请研究之。""见得少，'大胆假设'也危险，多见则归纳时可以不致失于一隅。前人不见卜辞，故研求金文只能下取诸《说文》，今则可以上探诸卜辞。"

22 日　晚上沈祖棻由武汉致函。

26 日　致杭州陆维钊函。又复武汉沈祖棻函。

28 日　复李白凤函："据此四点，弟未敢以为可信也。中国人造假古董的本领极高，过几天当再寄一张《遂启諆鼎》供兄参考。此鼎原有九字，加刻了一百多字，居然神气甚好，兄见之，一定也会了解弟疑此钺为伪。""《史记测议》决可奉送。"

月内　李白凤以密县汉残砖篆印"施舍言事""乐此不疲"。

5 月

1 日　携家人赴杭州旅游五天。自述:"余归杭展墓,登玉屏山,则三世坟垅,悉已夷为茶园。松楸既杳,碑碣不存,欲哭无泪,述哀无辞,踉跄下山,晤旧友秀水沈君本千,方以画鸣湖上,遂为诉其惨痛感喟无可奈何之怀,再拜求其画,以写陟岵之沈哀,以补翠楼之遗诺。君恻然许之。"(《交芦归梦图记》)

5 日　周采泉寄赠诗笺《承施北山先生枉过,倾盖如故,率赋二律,以申倾倒》。

7 日　致上海书画社马成名函:"星期六(十日)上午到你们那里,希望你给我一些好拓片,最理想是白纸精拓散叶。"

上旬　请托李白凤、佟培基帮助油印的《北山楼金石百咏》寄来数册样本,经校阅请其加印"勘误表",并题:"奉赠拙著'金石百咏'一册,请教正。施舍。"

11 日　为边成所赠《杭州保俶塔铜顶佛号》题记。作《王鸿绪印》钤本题跋。杭州沙孟海复函,谓覆刻会稽刻石,最近情况不详,正函询绍兴有关同志。

15 日　晚上沈祖棻致函:"初原以为兄解决问题后即恢复工资,认为全国惟武大特殊耳。最近知他处亦有单位减后不恢复者,故忽为兄嫂忧虑。"

18 日　沙孟海复函:"元申屠駉摹刻的会稽刻石,背面同时摹刻绎山刻石。""日前函询绍兴县文物管理委员会同志,顷得复书,此碑今保存在该会会内。"

中旬　陈巨来治印"舍之长物""舍之审定"。

20 日　作诗《夷门三子墨妙歌》,跋记:"梁苑武慕姚、桑钝庵、李逢,近各以所书见惠,大有清刚之气,喜而作,以张之。"遂书写横幅寄赠武慕姚、李白凤、桑凡。

同日 为所藏《甲寅七月所得集古册》撰跋并书于册后。

下旬 边成书赠诗作《安阳甲骨》《寿州楚器》《西陲木简》《马王堆汉墓》。

6月

2日 佟培基送来《金石百咏》刻写油印本 50 册,及另纸加印"勘误表"。

7日 沈祖棻复函:"承详示所询情况。"附录诗作四绝。

8日 书赠崔耕《游武夷诗十绝》、桑大钧《沅陵夜宿》横幅。

9日 佟培基来道别。佟培基回忆:"送我手书小行草《金石百咏》十首,落款云:'前年作《金石百咏》,今录其十首与培基先生为纪念。'"(佟培基来件)

10日 致张厚仁函:"几十年来,随遇而安,荣辱得失顺逆,均与我无重轻。故得以一天一天生活下去,不知老死之将至。""近日找到一部 Grimm 兄弟童话集二册,可以奉赠。""十年来就只有收藏碑版兴致未衰,其他的文艺活动都无意从事了。"

上旬 在上海书画社购《石屋洞宋人造像题名》五十八段。

11日 为所藏《集古册第四》撰跋并书于册后。

16日 作诗《题君子馆论书绝句赠边政平》并序。

中旬 沈迈士赠小幅画作并题记:"迈士画于春江。霜叶红于二月花,乙卯五月为蛰存先生属正,宽斋迈士又记。"

22日 为所藏《杭州石屋洞宋人造像题名》题跋。

29日 又据所藏拓本撰录《杭州石屋洞造像题名》一卷,并撰"序引":"洞中石刻既毁,余录存其文,盖体欧阳公之志也。"

下旬 得《汉许阿瞿墓志及画像石》并题记。

7 月

17 日 复张厚仁函："你这封信使我对'鲜于璜'的希望死灰复燃,希望转请你父亲的朋友为我设法一个全张整拓。"

18 日 致上海书画社马成名函："最近我又来过两次,都是空手回家。""过几天我还想来一次,希望能再给我留出几十张好拓片。万一没有金文佳拓,就请你找几十张比较少见的碑帖,汉、北魏、唐,让我挑选几个碑回家,也算过了大瘾。"

21 日 陆维钊复函："兄前影韩登安印稿,可寄纸来,交去钤奉。"附《松江杂诗》。据陆昭徽记述:"施先生回信道:'声越稿中颇有在松江时所作,今足下又有《松江杂诗》,令我有莼鲈之兴,然弟诗竟不着松江一字也。'"(《陆维钊与施蛰存》)

中旬 为沈本千画作《西湖长春图卷》题诗:"本千老友别四十年不相见矣,近来湖上始得解后,因赋俚句录求郢正。"

月内 为河南崔耕访得并寄赠《汉莱先残石》而题识。

8 月

1 日 复张厚仁函,言及"千万不用为我求之过急,我所未得之汉碑,大概都是极不易得的拓本","《拉丁谚语辞典》早已换了米,但知 Hic 是 Here(这里),Dei 是 God(神),此句大概是'这是神所创造的'"。

11 日 为所藏《隋侯延造像》作跋。

13、15 日 开封武慕姚寄赠书录诗作三件。

16 日 为所藏《晋张朗墓志》作跋。

18 日 为所藏《杭州石屋洞造像题名》装册后撰跋。

中旬 为所藏《秦诏作器铭》题跋。

23 日 复张厚仁函："我买碑也是如此,只能买遇到的,无法买希望中的。如果有一天遇到的恰恰正是希望中的,那就是天大的巧遇。你为我如此殷勤访碑,实甚惶恐。"

31 日 复张厚仁函,言及《使院新修石幢记》"清朝乾隆时发现了,重新树立在徐州官署中,又添刻了三行小字。因此,这四纸是清乾隆以后的拓本,不是宋拓。此碑拓本流行不多,你给我又多添了一个唐碑"。

月内 录讫旧作《墨妙亭玉笥题名》一卷,并请朱大可题诗《北山出示墨妙亭石笥题名,赋诗纪之,即题卷首》。

本月 香港昭明出版社出版司马长风《新文学丛谈》,书中有章节"沈从文劝施蛰存"。

9 月

上旬 为所作《汉画砖一品拓本题跋》撰"补记"。

20 日 中秋节。武汉沈祖棻复函。据沈祖棻记述:"千帆尚居沙洋,余尝赋诗二章寄示蛰存海上。"(《涉江诗词集》)

21 日 复张厚仁函,言及"书二册已托音乐院陈重先生带走","是 1946 年我从内地复员回沪时买到的","过去送你的一部文学史,好像也是当时所得";"德文人才现在最缺,我希望你看些政治、历史德文书刊,学习翻译"。

25 日 为重新过录《北山楼辑录本〈燕子龛诗〉》撰"叙引"。

下旬 徐震堮作诗《北山近勤于著述,亦从此相勖,诗以谢之》。

月内 陆维钊自杭州寄赠书录旧作八首诗笺。

约在秋间 据郑逸梅回忆:"周子退密,四明之髦俊也。乙

卯之秋,把晤于施氏之北山楼头,气度渊懿,一见如故。嗣后往还频数,成缟纻莫逆之交。"(《石窗词稿·序》)

10 月

5 日 陈巨来治印"施舍长年"。

6 日 程千帆自沙洋复函:"承称引靖节诗以相慰,谕非深于友情,又深于诗者,不能为也。'三十年代文学'已为古典文学之论,实具纱理。弟尝作杞人之忧,以谓自五四以还,迄于样板戏之出现,这一段文学史如何编法。""冒广生'后山诗补笺'(线装三册商务出),如遇见此册,乞代为留下。""兄旧日主编杂志如《现代》《文艺风景》,今尚有存否。""'文学珍本丛书'亦不知兄藏之否,思觅其中数种一读。"

9 日 致武汉沈祖棻一函。

16 日 晚上沈祖棻由武汉复函。

19 日 致上海书画社马成名函:"昨天在你那边见到两张杨氏残碑,归家后查不到记录,大概是辛亥革命后新出土的,我希望买下来做一个记录。"

21 日 又复马成名函,言及"凡汉碑片子我都要买,所缺者大抵都是这一类较不知名的新出残石。我现在作'汉碑年表'、'汉碑叙录',希望多看一些资料","下星期来书画社"。

23 日 赵景深复函,并致俞振飞函谈及:"友人施蛰存,在上海师范大学任教。他收到令尊大人许多碑帖,想知道令尊大人生平行事,嘱我写信介绍您,请您同他谈谈。蛰存曾于 1956 年在吴晓铃家会见过您,转眼已经二十年了。"

27 日 沈祖棻由武汉致函。

29 日 复张厚仁函:"时代的轮子进展如飞,不但是一代一变,而且是一身经历好几变。""Zweig 书较多,也许我也还有一二本,压在几个木箱底下,如找出来,即可奉赠。"

月内 开始编撰《吴越金石目》,后题为《吴越金石志》。

11 月

5 日 作诗《忽念杭州陆维钊寄诗调之·奉赠微昭尊兄粲政,君斋名"藏徽室"怀其早年情事也》。

6 日 致陆维钊函:"林乾良寄《遐庵杂著》一册,已妥收,稍迟当归璧。""近改润拙作诗稿,无一诗及足下与声越,故拟增作,于以志一时文士声气。作成一章,略寓调谑,即以寄政,想不忤也。尚有一章,待退休后作,则叙吾二人四十载交往矣。近日正在结束校中工作,反而较忙。""近日为林乾良写杂文十纸,足下有兴,可向取阅。"并附所作诗笺。

约在期间 程千帆抄寄诗作《江南故人闻余将休致,咸劝东游,辄赋小诗,以为息壤》。

12 日 复崔耕函:"起初是想步趋钱竹汀,用以考史。近年来则已经把金石拓片看作一种艺术品,玩赏而已。但有时也写一点题跋,做一点记录。""罗振玉以后,几乎没有人继起做记录工作。""近来编了一个'汉碑年表',打算根据这个年表,写一本'汉碑叙录',把所有已知的汉碑做一个提要式记录。""足下能留心此种残石,极有见识。""建议可以编一本《嵩山石阙图录》。"

19 日 沈祖棻复函:"彼寄兄近作七首,末首尊见极是,我前接读时亦有同感。""惟兄直言,足见老友之深情高谊!"

20 日 沈祖棻续作复函:"前附寄大作二篇,'九子石'前已蒙寄赐,而今得重读,犹爱不能释手也。""因思此诗既佳,若能得吾兄法书佳笺书写一通,可称二美并矣!""'咏史'读之感慨万端!""兄言76年将大作诗,当拭目以待!"

21 日　上海师范大学中文系"工宣队"通知退休。自述:
"'工宣队'送我回家,祝颂我晚年愉快。我心里好笑,你以为我
过两三年就死了吗?到今天,十五年过去了,我还活着,有这么
长期的晚年吗?"(《论老年》)

22 日　徐震堮赠诗《退休尚无消息,闻北山得请,作此奉
寄》。

28 日　程千帆复函:"复示奉悉,叙述周详,深可感念。"

月内　阅《旧唐书》,录出其碑目,誊抄在一册起草"检查"
"改造计划"的练习簿上,从末页起录"旧唐书碑目卷二"。

12 月

1 日　作诗《乙卯十月幸获休致,翌日城北声越寄诗来,因步
韵奉酬》。

7 日　陆维钊致函:"周采泉来,知叶书在伊处并兄和声越之
作,拜读一过。""书法二张,乞交政平夫妇为感。"

9 日　为所得《唐练师碑残石》作跋。

约在期间　杭州林乾良来访。据林乾良回忆:"因陆师维钊
之命,携巨函赴沪趋谒施公蛰存。其中除函笺外,当系陆师之书
法。施公知余酷嗜金石,出示数钮自用印,皆名家所刻。适朵云
轩楼上内柜有碑帖出售,""约定后两日之晨八时三刻,同赴选
购。"(林乾良来件)

12 日　陆维钊复函,谈及 9 日信收到,弟少年影事亦俟面
陈,如得兄为写一诗,极所盼望。开封青年二人来过,适弟卧病,
故所致不多。昨寄兄函外,有前系另托一人,不知近已送来否。
声越致兄诗,弟亦和韵一首。

17 日 为过录《北山楼钞本还轩词存》装订成册而撰跋。

22 日 作诗《乙卯冬至偶感》,后题为《乙卯冬至感赋》。

23 日 武慕姚寄赠诗笺并识:"步舍之先生休致和人之作,即呈郢正。贞默拜草,乙卯冬至后一日。"

月内 开封李白凤作画题诗《乙卯冬写梅寄施舍之》。开封武慕姚寄赠法书对联:"一无可憾得休老,寸有所长且著书。"周退密作词《减兰·无相居士乞休得请》。

约在期间 将所存外文原版藏书约六百馀册录目,编成《北山楼藏西文书目》。

又 完成编辑《北山印娱》,钤印本,都十一册。

1976 年(丙辰)　71 岁

▲7 月,河北唐山、丰南地区发生里氏 7.8 级大地震。

▲10 月,中共中央发出《关于王洪文、张春桥、江青、姚文元反党集团事件的通知》,延续十年之久的"文化大革命"结束。

1 月

1 日 撰《跋唐女冠〈李季兰集〉》。

6 日 唐弢复函:"关于'真理哭了'一语,曾有多人来信垂询,我错记为陈静生的一幅漫画,再三翻查,终无结果。""不过从文的这类文章并未收集,看来非翻查《大公报》《益世报》等报纸了,这倒为老兄制造了难题。倘非从文文字,则有可能在《时事新报》或《申报》上,因为我那时看的只有这几种报纸。"

8 日 沈祖棻复函:"兄前书告知虽已退休,但工作须忙至 1

月底始完。"

10日 为林乾良《瓦当印谱》题诗并识。

约在期间 致陆维钊函,言及"弟校中任务已结束,从此不去,在家玩碑","附呈一诗[《乙卯冬至偶感》],弗以示人,恐足下将谓弟'犹有蓬之心也夫'"。

16日 致武汉沈祖棻一函。

20日 沈祖棻复函,谈及"得读'陈诗'甚喜,千帆见之,当更甚也";"丁[宁]君孑然一身","才人飘零,可念也!然有兄为之写录,亦足慰矣"。

约在期间 程千帆重录润色乙巳嘉平所作诗二首寄赠。

31日 春节。陈巨来为治印"北山石交"。

本月 卢辉伦治印"舍之""吴兴施舍所得古金石砖瓦文"。

2月

6日 致武汉程千帆一函。

9日 程千帆复函:"兄如能以休致馀闲从事翻译,大是佳事,与玩碑亦无矛盾。"

上旬 始撰《唐碑百选目》,选定唐碑之字佳者百种(墓志另选),各附以前人评论(书法),加以断案。

18日 桑凡书赠诗作《北山楼主人退休得请声越慕姚白凤诸公皆有诗贺主人有诗酬答今依声越公原韵奉和》,即复函:"尊诗写作两佳,谢谢。此诗和者多人,使我如履薄冰,恐流传在外,别生是非。""张明德来,即以此[旧藏扇面]作微礼。知足下颇欣赏之,因此亦拟奉赠一二。"

21日 复陆维钊函:"弟有虞卿著书之癖,抗战时在福建,作'世界小说史'[《诸国古代小说史话》]二三十万言,译外国文学又数十万字,胜利后未能付印。57年后作碑跋二百餘篇,碑录四卷,又辑得《王修微集》三卷,今皆不存一字。近十年来作《水经注碑录》、《诸史征碑录》、《集古别录》、《宋花间集》、《清花间集》(选定二代小令)、《云间语小录》等各十餘万字。此等书皆不能望出版,足下来沪,当一一呈教,但得老朋友看看,足矣。"

下旬 据陆昭徽记述:"探亲后返回济南,途中需在上海转车。临行时父亲将一包书稿交给我,并叮嘱路过上海时要亲自给施先生送去。他说:'这是施先生写的杭州名胜碑帖考[《杭州石屋洞造像题名》]手稿,你一定要亲手交还给他。'他接着说:'施先生真了不起,文化大革命期间白天挨红卫兵批斗,晚上回来仍继续研究,写他的书稿。'"历次政治运动,他都是批判对象,正是依靠这种治学精神,使他得以经受住了一次又一次运动的冲击。'"(《陆维钊与施蛰存》)

3 月

5 日 沙孟海复函:"读大著《北山楼金石百咏》,深佩高见!""西湖出土吴越投水府银简八枚,皆用'太岁贵酉''太岁甲戌'等纪年。""钱镠七十七岁投太湖简的纪年独用'宝正三年岁在戊子'与投西湖者不同,不知何故。"

20 日 致桑凡函:"关智纲来时,我送他一本《尾形光琳画集》。""是文政年(道光)木刻勾本,其中有一幅寒山拾得图,一幅兼好法师图,托他找你为我摹画一幅。"

23 日 复上海书画社马成名函:"薛嵩碑,还有北魏的皇帝东巡碑,我是向往多年,终未到手,极盼你能为我找出来供应。""我正在编一本'碑式',想把汉至唐宋各种著名的碑,裁下一小方字样,装成一册。"

27 日　复崔耕函:"特别注意元明清石刻,这种石刻,论书法是不为世人所重视的,但是一种非官方的史料,有极大的史学价值。""上海书画社出售碑拓已大大涨价,""我今年已无力买碑。"

28 日　致谭正璧函。

4 月

9 日　为购得《后魏皇帝东巡碑》撰跋。

10 日　沈祖棻复函:"闲堂言兄犹有碑可玩,聊胜于吾侪。""如来上海,兄已退休在家无事,当住江苏路与兄多来往畅叙。"

15 日　唐兰致李白凤函,谈及"承代惠蛰存先生《金石百咏》,并谢,容缓细读"。

26 日　致杭州陆维钊函。

29、30 日　为所藏《唐北岳封安天王铭》题跋。为桑凡撰《书桑孟伯说文部首篆帖后并跋抚石鼓文》。

月内　陈巨来治印"天之小人""吴兴施舍考藏"。

5 月

3 日　陆维钊复函:"所云卅年代大辞典迟早会来麻烦,今后学术研究大概亦是如此,可以省检书之劳也。'吴越金石志'何时可写就,甚为企盼。"

6 日　沈祖棻复函,写到"'百咏'当什袭珍藏"。

8 日　为所藏《唐太尉李光颜碑》作跋。

12 日　复崔耕函:"现在只能钻故纸做研究工作,实在是无聊的,如果年龄小二三十岁,我一定投身于你这一行工作了。上星期在上海书画社见到他们库存拓片目录,嵩山三阙全拓有好几份,其他登封碑拓也有一些,你们如要建立文物档,最好备一个公函,我帮你去选定。"

16 日　致崔耕函:"你找到这一块七百年来无人知道的残碑,实在使我惊喜万分,看来开封地区,经你和其他同志们的努力,一定还可以有惊人的发现。""近日向师大图书馆借到叶封的《嵩阳石刻集记》,""如能找到下半截,录得全文,岂非又多了一篇武后的文章。"

21 日　致张厚仁函:"有便人去天津,托他带去小书六本奉赠。这套小丛书我买了三四十本,现在还存十馀本,留下的都是Rilke的诗集,其馀都送给你。"

25 日　周松龄借阅《北山楼藏西文书目》并作"读后记":"敬悉所藏西文书籍着重诗歌、戏剧、评论及西洋文学巨作,计有英文、法文、德文。""从书目中我料想这是与施老当年准备从事翻译工作有关,""收藏之辛勤,使我钦佩万分。"

月内　为所藏《宋投龙玉简》撰跋。

6 月

1 日　复崔耕函:"得汉人摩崖,竟从来没有著录,不知被苔藓蒙翳了十几个世纪,居然还完整发现,真是又一惊人之举。兹将释文另录一纸附上。""'厨库记'顾炎武还见到,叶奕苞有跋。""此石是中段,上下均失去。""最好通知当地公社工作同志,凡有字的石块,务须保存。"

10 日　致唐兰函:"月前得汴中李君来函,得知拙作'百咏'已代寄一本达文几,甚为惶悚。此闲寂无聊时所作,汴中小友,愿留一本,因为付油印。初不敢传入都门,贻讥大雅。今既已劳清鉴,尚祈不吝指正,并求弗为宣扬。"

11 日　往杭州,得沈本千画作《交芦归梦图》。

14 日　为沈本千画作《交芦归梦图》作题记。

17 日　润改旧稿《北山楼读词记·后唐庄宗〈如梦令〉》。

18 日　沈仲章来晤。

19 日　崔耕寄赠《唐少林寺厨库记残石》等,复函:"不像写信,倒是'谈碑小记'了。"

中旬　唐兰复函:"'百咏'诗博涉多方,殊深钦仰。误莱芜为华芜,甚佩卓见。"

24 日　复谭正璧函。复唐兰函:"以上二诗并当删却,请公先为抹去,他日当补印二诗入之。"并致函嘱李白凤帮助油印一页插入《金石百咏》油印本内。

27 日　复张厚仁函:"这许多译稿现在都没有了,只好作为一种流产的文艺译著,把这个目录告诉你,希望天地间也有一二人知道我曾做过些什么不合时宜的工作。今年要把一些关于碑的著作写定,明年要把词话稿写定(一半是词论,一半是历代词的读书记)。如果不死,以后就要想再译些洋诗了。"

下旬　始撰《唐碑百选》初稿。

月内　高式熊为治印白石句"白头歌尽明月"。

7 月

4 日　复崔耕函,言及《寰宇访碑录》"记录到 1930 年止,我正在编下去,故目前注意于 1930 年以后新出的石刻,凡已见、已知者已抄得一个目录,有四五千种"。

5 日　复崔耕函:"上海书画社已去联系过,他们答应找一天时间把库存开封地区的石刻都找出来,整批供应。"另寄赠《寰宇访碑录》。

6日 为所藏《后魏南石窟寺碑》题跋。

上旬 夏承焘复函："诵尊著《金石百咏》,无任感荷。"附《南乡子·京门大热中送友》。

17日 沈祖棻由武汉来函。

19日 为《李大广印谱》撰跋。

21日 复崔耕函,言及"关于奴隶制社会的殉葬制度,文献不多,尚有待于地下资料"。

22日 致杭州周采泉函。

下旬 周退密作词《鹊桥仙·无相居士书来道近状,赤膊挥扇,抽烟饮水,绝妙好词也,括其语戏成小令博笑》。

8月

3日 地震消息传来,"就想到在天津、北京的亲友"。上午得天津胡琐柱来信报安,即复并请其去看望张厚仁。下午吴尔伟带来张厚仁所托的译稿,并告知平安。

同日 复武汉沈祖棻一函。

5日 为增补《北山楼辑录本〈燕子龛诗〉》撰"又跋"。

7日 谢国桢(刚主)来访。

8日 谢国桢书赠《读碑绝句》并函:"赐大著《金石百咏》,归后读之,溽暑顿消,快慰何似,既感且谢。""致函崔耕同志时,仍望代为绍介。"

10日 作《〈唐碑百选〉缘起》:"我既为汉碑作了结集,现在又计划为唐碑作一次选录。""这样的以碑为纲的书法集评工作,从前没有人做过,使我们对历代书法理论的研究,常感到许多不便。现在我试做这个工作,自觉不无一点贡献。"

11日 郑逸梅致函:"徐邦达夫妇已避地来沪,顷已晤过。"

"王益知、俞平伯、叶圣陶、周汝昌均有信来,平安无恙,但宿于帐篷。""谢刚主君,幸未返京,否则受惊受苦矣。闻谢之光病重,拟一访之。得便请代转安持老人一信。"

12、15 日　撰《柳亚子事》。周煦良转赠白蕉绘兰花图。

17 日　复张厚仁夫妇函,言及"6 日、7 日才知道天津灾情,塘沽区及和平区最严重,'啊呀,张厚仁就住在和平区,幸而知道他没有损害。'这是当时我的想法"。

同日　陆维钊复函:"手教并'纠谬'及'补'俱收到。""兄之所纠,大可为郭绍虞《学文示例》之材料,惜乎蒙安尚未能列于《学文示例》所引诸家之中也。'纠谬'所举文章目录语照应诸端,弟皆同意,语法逻辑亦皆此,兄所指诸多疏舛。"

18、21、23 日　程千帆来函。王学仲来函。复崔耕函。

25 日　始录沈祖棻《涉江词》。

下旬　沈从文致巴金函,谈及将赴沪,"看看的不会过十人,除王辛笛外,还有芦焚、王道乾、黄裳、陈从周、施蛰存、许杰"。

9 月

3 日　复谭正璧函:"续寄书目早收到。""先问师大中文系资料室,此外河南、山东、黑龙江、徐州各师院均有可能。""《山谷诗注》有友人程千帆要,《瓯北诗钞》及《水经注》弟拟得之。"

7 日　按赵景深日记:"辽宁师范学院马殿超和徐斯年、大连石油七厂吴铁成来访,询问关于'佚文集'的问题,我知道的不多,把陆晶清、赵家璧、施蛰存的地名告诉了他们。"

8 日　中秋节。沈祖棻作诗《……今岁中秋千帆已返。蛰存书来,谓当为诗志喜,因复成长句寄之》。

同日　开封武慕姚为北山楼钞本《涉江词钞》题签。

13 日　录毕《北山楼钞本〈涉江词〉》一卷,装订成册并作"后记",又作词《踏莎行·奉题子苾夫人〈涉江词〉》。

中旬　《伪古文病院·霜红词序(陈运彰)纠谬》誊为清稿。

27 日　徐震堮致陆维钊函谈及:"故人惟蛰存、贞白偶过小斋闲话,颇觉胸次洒然、无所患苦也。"

下旬　沈从文来晤。据程应镠记述:"陪他去施蛰存先生家,施先生是连招待客人的一席之地也没有。"(《永恒的怀念》)

10 月

2 日　开封桑凡致函。

6 日　复谭正璧函,言及"上海、汴、鄂有许多青年朋友求书若渴,见到目录恨不得一起收取;限于财力,选定了数十种,希望足下慨允分让。"

14 日　复谭正璧函:"承兄批价纸书,均要,务请留出,现在还要加四种。"

18 日　复桑凡函:"我有一画《交芦归梦图》,要请武公隶书引首,但找不到冷金笺,请兄在汴中物色一下。"

21 日　致崔耕函:"我查《中州金石目录》,发现有一种《超化寺帖》,恍然大悟,我以为这就是《超化寺帖》的一块。""大定十六年的智公寿塔,也未有记录,看第一行,原来是另一个和尚的寿塔,磨去旧名改刻的,这情况很普通。"

25 日　致谭正璧函。

11 月

1 日　为桑凡藏清代瑛宝"花瓶图"作诗并题记。

10 日　沈祖棻致函:"遵命中秋作诗一首,并近作数章,另纸录呈。""一年又将尽,兄所谓大做诗之年,亦需稍为点缀!如何?孤寂中以得读佳作为快。"

14 日　复武汉沈祖棻一函。

17 日　致开封桑凡短笺。

同日　复张厚仁函,言及"现在人对这部书[《红楼梦》]的社会意义,似乎也夸大了不少。因此'红学'与我无缘"。

18 日　谢国桢复函:"前寄碑刻,聊备省览,嗣再捡出,陆续奉贻。王微诗词亦当抄辑寄陈。"

中旬　撰讫《黄母曹太君墓志铭》,并请吕贞白书丹、桑凡篆盖,由黄怀觉勒石。

27 日　复崔耕函,言及谢国桢要来沪,他的堂弟谢辰生也在沪,已会到了。

28 日　完成《北山楼迻录梦窗词校记》并撰跋。

下旬　为桑凡藏清人瑛宝"花瓶图"题诗书于卷上。

12 月

1、5 日　均致谭正璧一函。

10 日　应孙正和之请,为《木蕉堂帖》题跋。

13 日　复桑凡函:"上星期去买了一包杂拓,凡十八纸,有金文、汉铜洗、晋瓦灶,也有几张北魏造像。""足下目录中,宁陵公主志、五十四人造像、七十馀人造像、牛知让志(此是宋志),此四种我没有。""张明德来过,介绍他去见钱君匋。"

15 日　为《瓦削文字谱》撰跋。

18 日　按赵景深日记:"北京师大郭志刚和杨占升为'集外集'事来访,我按他们的需要先谈了李小峰、程鼎鑫和施蛰存。"

20 日 为所藏"陈伏庐藏汉瓦灶精拓本"题跋。

21 日 致张厚仁函:"你还记着《域外文人日记抄》,足见镇静工夫甚好。"

下旬 《金石百咏》经修订又委托李白凤、佟培基帮助油印50 册,继续分赠同好友人。据李白凤记述:"经弟绍介汴梁小友韩子奎君誊印。"(赠端木蕻良《金石百咏》题跋)

又 先后有容庚致函:"承惠大著《金石百咏》,敬佩博雅。弟未尝学诗,不能奉和为愧。"周大烈(迪前)致函:《金石百咏》不作骨董家语。昔人论列藏书家有五等,今足下可谓读书者之藏碑。惜平生于翠墨无缘,未能相为印证耳。"程千帆致函:"《百咏》精辟追复初齐,而出以风华,又大类越缦堂,乃愧相知之未尽也。"陆维钊致函:"金石碑版之学,冷落久矣。老成渐次凋谢,后起罕闻其人。昨承惠赐新著《金石百咏》,发封快诵,始惊兄近年蒐聚之富,涉猎之博,于此道为空谷足音矣。诗既雅韵,注亦多识,叶鞠裳《语石》以后,允推玄著。"胡士莹致函:"承示大著《百咏》,喜读一过。多年不相闻问,不知兄于碑版之学,精诣如此,实出意外,甚佩甚佩。"

月内 编撰完成《吴越金石志》。

1977 年(丁巳) 72 岁

▲2 月,《人民日报》登载《党的知识分子政策不容践踏》。
▲10 月,《关于 1977 年高等学校招生工作的意见》发布。

1月

2日　复谭正璧函。

6日　程千帆复函:"'山谷集'如得杨惺吾刊影宋本 12 元,殊不昂,即恳代为买下。"

21日　沈祖棻复函:"读陆[维钊]君词卷,知亦系伯沆、瞿安二师门下,故词作、书法之妙如此,不胜钦佩,蒙兄代求,得以暇日拜读展玩。""承周[退密]君同乡某公[柳北野],推许拙作,竟不辞复写之劳,分赠友好,厚意盛情,能无知音之感?"

22日　程千帆由武汉复函。

23日　启功复函:"去年谢刚老归京,获悉杖履康强,每日摩挲金石。""大作《金石百咏》,读之如入宝山,目不暇给,自晚饭后归家拆裹读之,至夜三时始毕。书中胜义纷纭,尚待涵味,更有若干拓本,未曾见识,恨不得立趋高斋,亲听指授,益快眼福! 书中论讲金石之器文,多展转肯从,最为精辟。至于韵语调高,转觉于全书论断中,翻近宝位矣。诸首中功尤喜泰山铭一首,讽读回环,为之拍案。"

25日　程千帆致函,附致陆维钊函谈及:"近岁始悉亦与蛰存素交,因恳其转求法书,为寒斋光宠,乃荷先后赐以篆、行书。"

27日　启功复函:"拙诗竟蒙披阅两过,深仰诲人不倦之至意。"

月内　编写完成《北山楼藏碑目》(三卷)。

2月

11日　复崔耕函:"我设想,秦始皇以前,就有了瓦当,但尚

538

无文字,只有图案。有些有文字的,如'衙'、'佐弋'、'维天降灵'十二字瓦。前人都说是秦瓦,我还有点怀疑。""画砖(人物,图案)出土有三大地区:1.陕豫;2.齐鲁;3.巴蜀。把这三个地区的砖文收集起来,编一本《秦汉画砖图录》,或单取图案文的砖编一本《秦汉砖文图案集》。"

16日　复谭正璧函:"二西书弟早已卖去,今无存。近有一工程师病故,获西书千馀册,内多文学书,其家欲出售,春节后可以目录来,弟为介绍与师大外文系,将来交涉情况,恐怕与兄事差不多。""弟亦收得一些旧墨,不过无珍品。"

18日　春节。周松龄、包谦六等先后来贺年。

24日　为贺朱大可寿辰作诗《丁巳岁首寿莲垞居士八秩》。

3月

5日　沈从文复函,附赠书幅并识:"七一年过北海后门有感,五年后用八分钱笔书之。行家言来,不免近于'斯文扫地'也。后经一年,于大书桌下乱纸堆中拾出,寄蛰存老友。"

8日　作诗并书笺《谢刚主得瓦登铭文拓本一百八十纸,陈簠斋贻吴愙斋物也,既装为二册,许借观逾月,题一诗归璧》。

14日　沈祖棻复函。

18日　谢国桢复函:"正驰思间,适接来札并题瓦登诗,四十字中极近唐音,欣佩无已。"

30日　复张厚仁函:"春节后,老妻忽病卧床几乎一个月,我代任家务,炊事员、护士、采购员、门房,我一人做,绝没有时间坐在书桌旁,到最近五六天才稍稍获得'解放'。""你的译稿有许多问题,我随看随批。"

4 月

14 日　上午沈祖棻复函:"奉兄 3 月 19 日书,即阖家商量安排,行期自 4 月 11 日移至 4 月 25 日动身到南京,以便等兄嫂五一节后来宁同游。"

25 日　郑逸梅致函,谈及陆澹安、朱大可、胡亚光诸友近况,"附上大雅一印,乃杨龙石所刻,辗转归赵叔孺,叔孺作画,常钤用之,今为周坚白所有"。

5 月

2 日　作诗《追怀雷君彦先生诗四章》并书题册上。

6 日　为杭州林乾良《春晖寸草卷》题辞。

7 日　致张厚仁函:"译稿看到 4 月 20 日,还没看完,却堆来了许多工作,有一二件要求在 5 月 15 日完成。""Rilke 的文章尤其艰涩(马克思也是这样),再加上这是一本颇有哲学意味的散文。""有勇气的话,再重译一二篇。"

8 日　复郭豫适(正在北京参加 1981 年版《鲁迅全集》编注,下同)函:"《中国小说史略》注释稿已大略看过,随时写了一点意见,大多是语词方面。""请您在定稿时备作参考。"

11 日　致谭正璧函:"昨日晤吕贞白,谈到兄事。贞白说已向李俊民谈过,李同意为兄设法。"

20 日　沈祖棻旅居南京复函:"两奉手书,""前知兄将来宁,正拟让舍以居,又示以已有住处。""惟静待驾临,疑天雨延迟,而不知情况变化,仍未能来。怅怅何如!幸到沪后犹得欢晤畅叙,惟望令郎令媳清恙早愈,兄嫂得宽心晤谈也。兄叹缘悭,棻等亦运气不佳。""地图已为购得,笔阁无处买,文物古旧商店只收不售。""止匱兄、千帆均此致意不另。"

约在期间 程千帆寄赠诗作《重到金陵赋呈诸老》并识:"蛰庵老兄正谬,会昌呈稿。"

月内 陈巨来篆、孙君辉刻"施蛰存印",又治"施舍金石"。

6月

1日 为《增辑〈湘真阁词〉》撰"叙引"。

9日 为购得"齐赵刀币"一册题签并作题记。

14日 复张厚仁函:"译文艺书与译一般外文不同,作者用字的意义往往超出字典注释之外。""我送你一部 Grimm 童话,你试译一段看,肯定比译 Rilke 好。"

21日 始作校定宋朱淑真《断肠词》,并复取诸本异文作校记一卷附之。

约在期间 程千帆、沈祖棻夫妇来先生寓所探望。

26日 为誊讫《北山楼校定断肠词》一卷而撰"校记序"。

27日 程千帆、沈祖棻夫妇返回武汉归家途中,沈祖棻不幸遭遇车祸身亡。先生闻讯甚悲,即致唁电哀悼。

30日 沈从文复函:"即将一份过去十多年中写的'打油诗'稿一部分重复本,这些日子暂时寄奉,或足供吾兄与诸友好作为谈天之馀打哈哈之助。"按:《沈从文全集》(未付邮信件编入)。

本月 参加翻译埃德蒙·塞雷·德里维埃《尼日尔史》,被列入"内部读物",由上海人民出版社初版。按:其所译第二部分约13万字,从第105页至406页。据陈左高回忆:"伍蠡甫爱读新出版《蓬皮杜传》及《尼日尔史》法文译著,深知其中若干章节难度极大,非施公仔肩执笔莫属。虽不列名,却知行文雅驯者,

必出之施蛰存手笔也。"(《施蛰存二三事》)

7 月

6 日　再次增补《北山楼辑录本〈燕子龛诗〉》,作"又跋二"。

10 日　武慕姚寄赠隶书对联一、隶书条幅二。

约在期间　沈从文致函,此件与 6 月 30 日复函装入同一信封内。按:《沈从文全集》(未付邮信件编入)。

8 月

4 日　复崔耕函:"我正在整理笔记,想编写几本幼稚的著作,希望不久可以出版,已有一部关于龙门造像的稿子,送到文物出版社,以供审查。"另附所作《铜戈铭试释》。

8 日　李白凤自开封复函。

10 日　复戴自中函:"词收到,今日已附在我致[程]千帆函中寄去,并为您转达慰问之忱。""苏东坡、辛稼轩常有这种'文句'与'曲句'不一致的地方。"

14 日　复张厚仁函:"《水经注碑录》今年可完成。""《读词杂札》还要两年才可完成。好在此刻这种稿子还提不到出版计划中,不妨慢慢地写。今年晚些时候可能有标点古书的任务,说不定先给中华书局标点一二种古书。"

18 日　作诗《题刘惜闇书唐宋诗册》二首并书于册后。

20 日　作讫《伪古文病院·盍斋藏印序(陈运彰)抉疵》。

同日　楼适夷复函:"关于兄在出版社存稿及今后译事设想,弟已转告外文编辑部同志,他们承蒙您允为考虑,非常高兴,具体问题,当由编辑部直接函兄联系。"

同日 周鍊霞收到郑逸梅来信,谈及先生"托梅转求录示一二佳什",遂书录诗笺并识"蛰存先生两正,丁巳螺川鍊霞题大石翁水墨兰竹句",即付邮寄。

27日 致林乾良函,写到"两张字今天才写成,即寄上"。

9 月

13日 撰讫《处士周迪前先生诔并序》。为所藏《吴越镇宅经幢》题跋。

同日 人民文学出版社外国文学编辑室致函:"适夷同志来谈,您以七十高龄,仍愿继续介绍外国文学。""我们作为编辑出版工作者,对您尤为感激。"

16日 复崔耕函,言及"令爱令婿来过,谈了好久"。

同日 复郭豫适函:"关于注释鲁迅著作的事,我颇有些意见,从来不敢说,今看了这份'丛编',觉得从来注释的同志们也感到有些问题不易解决。""我以为还是采取客观些的立场为稳妥。例如说创造社'错误地攻击过鲁迅',太阳社'参与了对鲁迅的攻击'。我作为一个在三十年代作文艺活动的非党作家,当时却并不以为这是'攻击'。因为那时鲁迅的态度还是暧昧的,他还没有投身到革命文学阵营,他对革命文学运动还有些冷嘲热讽。创造、太阳两社对他进行了批评,或者甚至可以说是'刺激',敦促他'转向',出来领导革命文学,当时我们的看法都是如此。所以,我以为这个注,可以说是'不适当地'(或'不正确地')'批评过鲁迅',现在说是'错误地攻击',就太主观了。此外,关于'国防文学'的问题,对现在的论点,我也认为与当时文学青年的认识不很同。当时大多数人是赞成'国防文学'的,意义明显,突出反帝反侵略。胡风、鲁迅提的那个口号,同意的毕竟不多。

再说'国防文学'这个口号,也不能说是反动的。毛主席在 1937 年就说过:'政治上、军事上、经济上、教育上的国防准备,都是救亡抗战的必需条件',又说:'新闻纸、出版事业、电影、戏剧、文艺,一切使合于国防的利益,禁止汉奸的宣传。'这样看来,'国防文学'这个口号也并不错,为什么现在批判'国防文学'的人偏偏不理会毛主席这一教导呢? 这是我个人心中纳闷的问题。"

本月 台北新文丰出版公司印行《晚明二十家小品》。

秋间 张香还初次来先生寓所访问。

10 月

1 日 国庆节。复戴自中函:"已核对了一下,子苾'东坡引'大概漏了六字,在'关山梦杳'下,应有二个三字句[愁又看、春光老],待他日去问千帆,查核其手稿。"

12 日 谢国桢复函:"《林下诗选》中之王微词,兹倩人抄出,粗已校过,即请察阅。"

15 日 接受上海师范大学鲁迅著作注释组采访,注释组根据此次采访整理为《施蛰存谈〈现代〉杂志及其他》发表。

同日 复崔耕函:"你们计划编'少林碑刻文字选',很有意义。""我觉得明清碑刻太多了,有几种还要研究、考虑。""我以为不妨改名《嵩山碑刻选萃》为妥。"

21 日 撰讫《说玺节》。

30 日 沈从文把 6 月 30 日和盛夏期间所写两函,增写"附言":"10 月 30 日从旧纸堆中理出此未付邮旧信,奉寄一笑。似为 76 年地震以前所书,又或 77 年夏中捡寄杂书数纸,想寄时怕犯时忌并未付邮。近二年来,卅年代陆续成古人的已及十七八位,彼此似若童心依旧,亦人间奇迹之一也。"装入信封贴好邮票,但忘记付邮,直到 1994 年清理沈氏遗稿时裁开信封才被发现。按:《沈从文全集》(未付邮信件编入)。

本月 香港波文书局出版李立明著《中国现代六百作家小传》,内有"施蛰存"词条,先生在复印件上用圆珠笔作了划改。

11 月

12 日 复崔耕函:"本来不是在少林寺中的,而现在移置于少林寺中,这些碑收不收?""有许多著名的僧塔铭,也当收入,包括《邵元塔铭》。"

26 日 复陆维钊函:"正在过录郑大鹤校《梦窗词》语,关于苏曼殊的诗文也已辑得百馀首,想找一本刘季平的《黄叶楼诗》,不知兄处有否?上半年选了一百本唐碑。""每碑各系一诗赞,又得《唐碑百咏》一帙,至今只成一半,恐本年内尚不能完成。退休后少了几十元收入,买碑之资甚窘,但每月总能得到一些好拓本(不是古拓),近日得到'太延三年皇帝东巡御射碑'。"

下旬 苏渊雷作诗书笺《海上邂逅蛰存,出示〈金石百咏〉,读之狂喜,遂题四绝奉正》。

12 月

3 日 复张厚仁函:"我因家有三个病人,最近自己也躺倒了三四天。""看来目前各方面还在搞计划,有许多单位似乎举棋不定,抓抓又放放,反正我不争名争利,自己有几种著作,还一时写不成,慢慢地独自散步可也。"

上旬 拟撰"唐诗串讲",后拟名"唐诗丛话"等,最终定名为《唐诗百话》。

又　　上海古籍出版社陈邦炎来约稿。自述:"我就向陈邦炎同志建议,希望我能用一年时间写一本关于唐诗欣赏的书。"(《唐诗百话·序引》)

23 日　楼适夷致函,并托转致史存直一函。

25 日　撰《黄怀觉镌碑图赞》。

同日　作诗《仲翔南归,疏狂如故,今年七十,诗以寿之》。

月内　撰讫《唐碑百选》初稿,始誊录清稿。

约在期间　酝酿创办词刊。自述:"由于各种客观条件的困难,这个计划几乎不得不打消。"(《词学》第 1 辑"编辑后记")

1978 年(戊午)　73 岁

▲5 月,《光明日报》发表《实践是检验真理的唯一标准》。

1 月

2 日　始写《唐诗百话》首篇。

4 日　写讫《唐诗百话·王绩:野望》。

7 日　写讫《唐诗百话·王勃:杜少府之任蜀州》。

12 日　写讫《唐诗百话·杨炯:从军行》。

14 日　张珍怀致函,谈及日前得聆海教,为夏承焘选《日本词选》注释并经钱仲联批改,"如果您所主编词刊可为登载","当趋前呈阅,附上夏先生来函,请赐督"。

17 日　写讫《唐诗百话·五七言绝句四首》。

20 日　写讫《唐诗百话·刘希夷:代悲白头翁》。

23 日　写讫《唐诗百话·宋之问:奉和晦日幸昆明池应制》。

25 日 写讫《唐诗百话·沈佺期:遥同杜员外审言过岭》。

30 日 写讫《唐诗百话·杂言歌行三首》。

下旬 徐宗琏来访。据徐宗琏回忆:"对我说:'你如到洙泾镇去,请为我找一下唐代船子和尚的石刻像,那幅像嵌在一个尼姑庵的墙上,你设法帮我拓下来。'"(《施蛰存致徐宗琏·收信人语》)

月内 李白凤由开封寄赠所著油印本《古铜韵语》。

2 月

7 日 为所藏《安世瓦》题跋。

13 日 为《北山楼诗》整理成册而撰自序。

17 日 写讫《唐诗百话·陈子昂:感遇诗》(上)。

24 日 陈兼与复函并书录诗作"戊午元旦"一笺。

25 日 作诗《喜读徐迟同志两篇报告文学赋诗一首》并序。

28 日 写讫《唐诗百话·陈子昂:感遇诗》(中)。

下旬 受友人委托函请夏承焘题词,夏承焘作词《西江月·北山嘱题石井郑成功纪念馆》,并书幅寄赠。

月内 应上海师范大学鲁迅著作注释组之请,为该组整理的《施蛰存谈〈现代〉杂志及其他》作了修改。

3 月

12 日 写讫《唐诗百话·陈子昂:感遇诗》(下)。

21 日 周鍊霞书赠并识"调寄绮罗香,蛰存教授大雅正声"。

25 日 写讫《唐诗百话·初唐诗馀话》。

下旬 在上海师范大学中文系作了关于比较文学的学术报

告。据倪蕊琴回忆:"事后反响极大,经过各地报刊的报导,消息传了出去,引起了北京、南京、广州各大学文学系师生的注意和兴趣。""这次学术报告也促进了华东师大中文系学课改革。"(《难忘的教益》)

4 月

4 日　复河南崔耕函。

9 日　改定旧稿《读词四记·(一)后唐庄宗如梦令(二)李后主临江仙(三)苏东坡洞仙歌(四)法驾导引》。

10 日　写讫《唐诗百话·王维:五言律诗三首》。

上旬　担任上海师范大学中文系古典文学教研室编纂《汉语大词典》的顾问工作。

15 日　写讫《唐诗百话·王维:五言律诗二首》。

17 日　致张香还函。

20 日　写讫《唐诗百话·孟浩然:五言律诗三首》。

25、26 日　致程千帆函。写讫《唐诗百话·高适:燕歌行》。

28 日　在兼于阁参加"星五老人"茶会,始与李宝森订交。

29 日　程千帆致董每戡函谈及:"数年前蛰存书云,旧友均通消息,所不知者每戡耳。不审其后亦尝相闻否?"

30 日　写讫《唐诗百话·岑参:七言歌行二首》。

5 月

2 日　致谭正璧函。

4 日　写讫《唐诗百话·早朝大明宫唱和诗四首》。

5 日　写讫《唐诗百话·王湾:五言律诗二首》。

同日　致周退密函,言及"子苾大约见到兄为弟之《涉江词》抄本题的一个小签条,楷书甚工,故喜爱之"。

6日　为所藏《洙泾西林寺幡竿石题刻》题跋。

8日　写讫《唐诗百话·边塞绝句四首》。

10日　写讫《唐诗百话·孟浩然:五言律诗又三首》《唐诗百话·五言绝句四首》。

同日　程千帆致函:"想请微昭及退密二兄各题一内封面,一书'涉江诗稿四卷',一书'涉江词稿五卷'。""欲转请兄一求。"

12日　程千帆复函:"寄来题字,极感,请代致谢二老"。

16日　致周退密函,言及"奉题《石窗词》亦文债之一,交卷可期"。

20日　写讫《唐诗百话·常建:题破山寺后禅院》。

27日　写讫《唐诗百话·王昌龄:七言绝句四首》。

31日　致谭正璧函:"希望将兄为我收集之有关张志和的材料看一看。又希望看一看《丛书集成》中的几种藏器目(艺术类彝器)。如有《浙江通志》,亦想看一看'金石志'。"

月内　为《盗瓦者死瓦》题跋:"谢刚主忽自京中寄惠此溥氏手拓本,展观有非分之乐。"

6月

3日　复周退密函,言及参加《汉语大词典》编务,第一批工作就是紧急任务,只好赶一赶。每天晨起上市买菜,早饭后先抄《唐碑百选》一篇,其次写《唐诗丛话》四五页(约二千字),午后作《汉语大词典》工作,晚上为一些青年人润色文字。里弄中又邀去任向阳院宣讲员,每周参加向阳院开会一次、学习一次。

4、8日　访谭正璧。写讫《唐诗百话·黄鹤楼与凤皇台》。

9 日　写讫《唐诗百话·李颀:渔父歌》。

10 日　编讫《北山集古录·瓦当题跋》并作"序引"。

28 日　写讫《唐诗百话·李白:古风三首》。

30 日　著录所藏《元华亭县井阑记残石》并题跋。

月末　接到上海师范大学中文系通知,恢复原教职和待遇,返回古典文学教研室,仍参加编纂《汉语大词典》。

月末　录讫《唐碑百选》清稿,装为两册。据陈左高回忆:"其时陈巨来谓余曰:'蛰存此举集碑拓之大成,出考订之业绩,其意义当胜出褚德彝、秦更年之上。'"(《施蛰存二三事》)

7 月

3 日　为所藏顾安原本、何文焕重刻《唐律消夏录》题记。

15 日　复崔耕函,言及"查《北齐书》天保三年曾出师伐梁,此造像铭文中所谓'打吴贼'或即此事";"孙宪周同志临行前才光临寒舍","知你们工作热情极高"。

同日　复张香还函,言及"上月底中暑,高烧 40℃,三天不退,打了六针配尼西林,才得平复"。

20 日　写讫《唐诗百话·李白:蜀道难》。

26 日　写讫《唐诗百话·李白:战城南》。

30 日　前往虹口晤孔海珠,又同访赵家璧。

8 月

2 日　写讫《唐诗百话·李白:将进酒》。

9 日　致杭州陆维钊一函。

14 日　周退密阅毕《唐碑百选》书稿并题跋。

16 日　写讫《唐诗百话·李白：梦游天姥山别东鲁诸公》。

同日　复陆维钊函："画宜以题跋见长，此事足下不弱，每观近日国画家之画，题字殊无佳者，白蕉而后，未见嗣起。近在抄平居所作杂文，今再附呈一文[《黄母曹太君墓志铭》]。"

17 日　复周退密函，言及"去看过大可[莲垞]"。

20 日　写讫《唐诗百话·李白：五言律诗三首》。

同日　午后与周煦良访周退密。

21 日　复香港吴羊璧函，言及"近来完成了一个著作，名曰《唐碑百选》"，"不知你们有兴趣承接印行否"。据吴羊璧回忆："洪遒先生给我写信，说上海施蛰存先生手头有书法方面的稿件，可以支援《书谱》。于是我先寄了近期的几册，呈教施先生。"（《唐碑书法大观》）

22 日　复崔耕函："卅年来，此事已成痼癖，欲罢不能，只要知道有一个新出土的石刻，总想搞一个拓本来开开眼界，创造记录。《书菀》事过三五天去问，有多少买多少。"

24、25 日　致周退密函。撰《唐诗百话·杜甫：哀江头》。

月内　上海文艺出版社戏编室海岑来组稿。自述："谈出了一个编译外国独幕剧选的计划，后来，他得到出版社领导的同意，决定把我们的计划纳入社里的出版计划，于是我和他合作，编译了一部历史性的外国独幕剧选集。"（《关于独幕剧》）

9 月

1 日　仍在古典文学教研组，参加编纂《汉语大词典》。

5 日　复涂元渠函："你在'汉语大词典'组，更是小同行。""人民文学出版社两次委托我译东欧文学名著，都在 50 万字以上，我无把握在一二年内译出，故皆已婉谢，将来恐怕只好译些短篇。""你还有一纸木刻[《早春》]在我的一本'诗韵'里,保存了卅多年。"并言及朱伯石、勒公贞、郑道传仍有联系,林启华、何一寰等 40 年代厦大教职员及同学在闽南的,有便望告知。

8 日 参加居住里弄组织的"纪念毛泽东主席逝世两周年献诗"活动,作诗《放心颂·纪念毛主席逝世二周年》二首。

9 日 晨访周煦良,未遇;朱雯来访,亦未能见。返家致朱雯函:"本来我应当去拜访你,但内人说,也想听听兄北游所得,故奉请枉驾来舍下谈谈。"

10、11 日 苏渊雷来访;吕贞白来函:"尊论玉樵山人词,亟欲拜读推荐。"朱雯来谈。

12 日 复周退密函:"弟近来忙于种种规划,师大有培养研究生规划,筹设古典文学研究室规划,出版社筹制介绍欧美独幕剧规划。碑版诗文,已无暇及此。"

14 日 武慕姚复函:"所询靳邵词稿之事,邵自刻所著《扬荷集》四卷初印红本,拙尚存邵赠一册及邵续著《山禽馀响》,当借阅。""坿寄拙书鹧鸪天词一幅伴函,乞先生教之。"

16 日 写讫《唐诗百话·杜甫:新安吏》。致周退密函:"《秋兴》一首起承转合似不甚分明……,妄论备参。""有两位法国戏剧家,请代检'拉路丝',抄示其小传。"

18 日 写讫《唐诗百话·杜甫:无家别》《唐诗百话·杜甫:悲陈陶、悲青坂》。

20 日 吕贞白来函:"晤见罗竹[风]老畅谈,并为公代为致意。罗老甚佩公之文章,云校样即可打出。"

23 日 写讫《唐诗百话·杜甫:七言律诗二首》。

28 日 写讫《唐诗百话·杜甫:吴体七言律诗二首》。

同日 珠江电影制片厂洪遒致函:"顷获香港《大公报》'艺

林'栏编者复函,尊作《金石百咏》,决定刊用。"

30 日 复周退密函,吕贞白来函。

月内 撰讫《瓦当文拓本题跋》。

10 月

1 日 国庆节。夜复珠江电影制片厂洪遒函。

2 日 写讫《唐诗百话·杜甫:五言律诗二首》。午后访陈兼与,周退密。

3 日 高式熊来晤,拟请为《唐碑百选》拓本摄影。

7 日 复周退密函:"兄处所藏印刷品及裱本拓片唐碑,请整理出来,全部惠假。""今日去找边政平,也要将他的所有藏品一起借来。"

10 日 洪遒复函:"秋交会将届,港友来往较多,凡有稿件及《金石百咏》题字,都请在此期内早日交下,转去机会多些。羊璧已有信来,谈起阁下有《唐碑百选》稿,托我转去。"

12 日 写讫《唐诗百话·王梵志诗》。

13 日 复涂元渠函:"虞愚先生北京地址,望抄示。你作'岑参诗注',甚好。""蔡襄写的万安桥碑还在否?此碑二石是否完整,如果已断裂,请你画一个断裂情况的图样给我。"

16 日 写讫《唐诗百话·盛唐诗馀话》。

20 日 写讫《唐诗百话·刘长卿:五言律诗三首》《唐诗百话·韦应物:五言古律三首》。

25 日 写讫《唐诗百话·韦应物:自叙诗二首》。

27 日 复河南崔耕函:"白凤在这个时候去世,可谓惨酷,我至今犹感到难过。"

同日 按涂元渠日记:"到开元寺访泗东,询问蔡襄《万安桥碑》的情况,并抄回碑文,以便写信复蛰存师所函询的事。"

28 日 按涂元渠日记:"午睡起来,埋头写给蛰存师,连同《泉州文物》一册投邮发出。"

31 日 写讫《唐诗百话·钱起:湘灵鼓瑟》。

月内 始与海岑合编《外国独幕剧选》。自述:"选译优秀的、著名于剧坛的独幕剧本,每一个时期,编为两册,全书将有六册。我与海岑分工,他负责选编苏联及东欧诸国的剧本,我负责主持其他各国的剧本。"(《关于独幕剧》)

本月 《读温飞卿词札记》刊于《中华文史论丛》第 4 辑。

11 月

1 日 复范泉函:"青海博物馆如有解放后出土的石刻,希望你为我弄一份拓本,可以缴纳工料费用。韦秋琛还在青海否?"

7 日 复涂元渠函:"我收了些古石刻上的外文资料,拉丁文、叙利亚文、古印度文,泉州石刻可能有阿拉伯文及拉丁文。""不要为我组织讲学,我绝不讲学,因为我无学可讲,明年如有机会,买一张车票到闽中,只要食宿有着落,少花几个钱,就可以一看厦大校舍,刺桐风光。"

上旬 周煦良阅毕《唐碑百选》书稿题跋:"盖自宋以来,言唐碑者何止数十辈,而时至今日,兄竟仍从考据、订误、书法欣赏各方面发前人之所未发。觉《语石》以后,是难得的好书,胜《梦碧簃石言》多矣。"

13 日 致周退密函,言及"近日另有译事计划"。

16 日 香港《文汇报》登载竹立《我所认识的施蛰存》。自述:"虽然好意为我吹嘘,但其中事实却多不核实。"(复吴羊璧函,1979 年)

17 日 上午往兼于阁,与苏渊雷、冒孝鲁、周鍊霞等参加"星五老人"茶会。

19 日 郑逸梅来函,谈及"黄晦闻有一诗涉及曼殊,未知兄已网罗及之否,姑录于左",并介绍佟和平来访。

22 日 按涂元渠日记:"给上海蛰存师寄去四帧泉州海外交通史博物馆给的古波斯、阿拉伯等文字的石刻拓片。"

24 日 在校参加上海师范大学科学报告大会。

25 日 写讫《唐诗百话·韩翃:七言绝句三首》。

30 日 武慕姚复函:"拙作《书法韵语》,系为小友学书讲习而作,都 36 首,""拟请先生不吝大教,痛加斧削。"附诗作《丁巳深烁病中遣怀》《烁深矣病小瘥即兴》等六首。

月内 作诗《壶叟有诗垂念率赋一章奉报》。

12 月

4 日 至上海书画社访碑。

5 日 复崔耕函:"看你这信,就仿佛跟你一起作田野考古旅行,甚有兴趣。""匋文字多者,大概多是汉器,""字少者或只有一字者,往往不可识,可能是商周之际的匋工刻画,或者记数,或者是个人的记号。我这里还有几张,今寄上奉赠,供参考。"

10 日 写讫《唐诗百话·韩翃:送中兄典邵州》。陈兼与致短笺:"奉书猥以仿韵,乃得雅题,自是高手领读,至佩。"

14 日 赵景深复函:"梁遇春是散文家,他译独幕剧,我还是第一次知道。叶德均结'文学选集',大约明年春天可出。"

17 日 致吴羊璧函:"知'唐碑'稿已妥递到港,""我的最终目的是希望出一本有一百个碑样的图文并录之书。"

21 日 上午前往龙华革命公墓参加李平心骨灰安放仪式。

23 日　晚上 8 时参加里弄居委会组织收听广播中国共产党第十一届三中全会在北京召开的公报。

25 日　复张厚仁函："Rilke 一小书如能出版,倒是很好。希望你再润改一下,要大胆脱离原文语法、结构,但不要歪曲原文意旨,这样才译得活。"

29 日　致张香还函,言及"为《李贺集》事扰及令尊"等。

31 日　复范泉函,言及"我没有财力广泛收罗,故限于宋以前的石刻文字"。

月内　作诗《俚句奉贺兼与诗老重谐花烛之喜》。

1979 年(己未)　74 岁

▲1 月,全国人大常委会发表《告台湾同胞书》。

▲4 月,全国文艺界落实知识分子政策座谈会在京召开。

1 月

1 日　元旦。周退密来访。

9 日　致罗玉君函,言及"有一本关于史当达的家乡 Grenol-ee 的小书,记得阁下曾借阅","师大青年教师许光华要用,他还要求我介绍去拜访你"。

11 日　复张厚仁函:"关于 Wedekind 的那个独幕剧,我们译的一个英文本题名为 *The Tenor*。""有一个人也要请你查出其小传,包括生卒年份及作品风格、流派,此人是 Karl Ettlinger,我们译了他的一个剧本《利他主义》*Altruism*,不知 Wiegler 的书中提到没有,仍请节译他的传记。"

16 日　访吴文祺。

17 日　致茅盾函："令俊已作古人，辄念当年宝山路出入尊府，多承教海，暑中师母常以冷饮见饷，今师母亦逝，电光石火殊可慨喟。""曾作《金石百咏》，""作为向师门汇报二十年业绩。""另一本请代转圣陶先生。"

20 日　下午偕妻观看电影《巴黎圣母院》。

21 日　致朱雯函："助张 2 元弟已付讫。以后兄如遇到煦良，可仍交煦良，弟较易晤见。""下学期要上课，每周上两堂，配两位青年教师作辅导工作，这两天不得不整理一下教材。""马茂元病愈否？杨晋豪已复职否？罗洪已回作协否，均念之。"

22 日　茅盾复函："忽奉手书，惊喜交集。《金石百咏》两本也收到。二十年蛰居乃有此收获，亦可谓因祸得福也。"

23 日　至衡山宾馆会见珠江电影制片厂厂长洪遒。

25 日　复吴羊璧函："19 个碑的拓本交给他［洪遒］，请他设法转奉，""在港摄影。""我托我的外甥女周聿卿在美国买了几本独幕剧集，请她直接寄给你，设法带来广州或上海。"

又　就寄来香港《文汇报》竹立《我所认识的施蛰存》的剪报附言："不是要在报上更正，只是请你了解。""关于'第三种人'：在 1930 年代，我在上海文艺活动，是有意站在中间立场的，因为当时形势不得不如此，但我和杜衡不同，我从来不'自称'为'第三种人'，因为'第三种人'和'中间派'意义不同；'第三种人'到后来，站在反党立场上了，我还是左倾的；1940 年，我在香港中华中学参加党的外围工作，办暑假补习班。""关于书报检查官：这是鲁迅对我的诬蔑；""只要举一个铁证：……既非国民党员，怎么会做书报检查官？官：鲁迅对我的批判，我是不服的；但看他把周扬、夏衍也奚落得不成样子，我也只好自认晦气，不该触怒一个文坛霸权;他现在还是一个'老虎屁股',所以我始终不吭一声。关于我的讲课:解放后在华东师大教书,我不是不用马列毛观点,但青年人听不懂我的观点符合不符合马列主义,他们只要老师满口马列语录,就认为是马列主义的讲解,这点我是不屑做的;但无论如何,'延安文艺座谈会的讲话'我怎么能不引一句?"

"关于我的翻译工作:解放后,我译过七八种书,都是东欧文学,没有一本西欧文学。关于我的学术讨论文章:1956 年及 1957 年春,师大中文系办过两次学术讨论会,第一次我的报告是《论文学语言》,第二次我提出的论文是《汉乐府建置考》,可见我并没有'不肯拿出论文来';钱谷融提出《论文学是人学》这个报告会正是我主持的,在结束时,我就点出这个论文有点问题,'文学是人学'是高尔基提出的,并不错,但钱的论点对高尔基的论点有了发展,而其发展则有了些问题,这是可商榷的学术问题;到后来,姚文元大肆罗织,把钱谷融打成反动文人了。再前一年,师大的'红楼梦批判会'也是我主持的,我也讲了话,这不能说我不参加批判。"

2 月

4 日 陆维钊复函:"惟念兄年老遭逢不幸,未免怏怏。""兄在沪寓亦被抄去不少,有归还否,尤其稿本。"自述:"我向负责清理抄家物资的工作人员要求找回我的许多文稿,但每一任的负责人都说它们早已被作为废纸处理掉了。"(《域外诗抄》)

8 日 《金石百咏》始在香港《大公报·艺林》连载。

同日 洪遒致函:"《海洋文艺》来信,该刊决定长期寄赠。"

11 日 元宵节。武慕姚来函:"手示及《山禽馀响》刻本,前已收到。"

12日　致张厚仁函。复张香还函。又复涂元渠函："有新出的唐宋碑拓，或更在唐以前，有关史事者，还希望代为求拓。"

21日　复崔耕函，言及"沈从文、魏建功，都是专写章草的"，"就说我介绍的也可"。

24日　程千帆来函，谈到"尊论课程事，与弟意全同。总之，要多作品，少吹通论"；又说及子苾"诗集""词集"，再过两月可呈教；并附诗一首。

下旬　仍兼编纂《汉语大辞典》，始为上海师范大学中文系77届二年级开设"中国古代文学作品选"课程，每星期讲两小时。据许子东回忆："施先生的课总是'爆棚'，我有数次在门边坐'加座'的经验。"（《现场文存·大巧之朴施蛰存》）

月末　按照上海师范大学中文系教授职务，开始招收中国古代文学专业硕士研究生。

月内　润改《南唐二主词叙论》交付《中华文史论丛》发表。

3月

10日　复崔耕函，言及陈伏庐所藏陶灶为最著名，灶上有数十字，我有拓片，你们如须参考，可以检出奉借。

13日　上海师范大学发出文件通知，宣布先生的"右派"问题彻底"改正"，恢复原教授级别和工资待遇。

14日　写讫《唐诗百话·卢纶：七言律诗》。武慕姚来函。

同日　致丁宁（怀枫）函："近从子美先生处知尊作将谋重印，甚是佳事。弟昔年所抄一本，已传诵数十人，正患供不应求耳。昨日子美出示足下所寄油印本，见郭老函，故知真赏自在人心。惟拙跋附骥，不免愧汗。""甚盼暑中能来沪，使弟得展谢。"

17日　按程千帆日记：午后"访蛰存"。

20 日　写讫《唐诗百话·戴叔伦:七言歌行二首》。

22 日　致茅盾函:"惠赐法书收到多日,事冗未即奉复,想劳念矣,歉歉。先生此纸笔势大有李北海意,可知临池之际得左右逢源之趣也。"致周退密函。

23 日　又致周退密函,言及内子病卧"无法出门,近日已请到阿姨帮忙"。

24 日　午后沈从文、张兆和夫妇来晤。致程应镠函:"托沈师光带来拙稿《金石百咏》。"

26 日　下午与许杰往沈从文夫妇下榻的衡山宾馆回访。按巴金日记:"五点雇车去衡山宾馆(小林同去),接从文夫妇吃饭。在电梯口见到许杰、施蛰存两位。"

31 日　写讫《唐诗百话·戴叔伦:除夜宿石头驿》。

月内　润改《读韩偓词札记》,交付《中华文史论丛》发表。

本月　参加由复旦大学、上海师范大学部分教师组成的"编写组"所编的《鲁迅年谱》,由安徽人民出版社出版。

4 月

2 日　致周退密函:"近日赶组织'唐碑',待港中人来取。"

3 日　写讫《唐诗百话·王建:乐府歌行二首》。

10 日　写讫《唐诗百话·王建:宫词八首》。

同日　赵景深致函,谈及"杜衡还在世吗","周妙中要编'全唐诗索引'","任中敏近获唐敦煌词千首以上","'璎珞'往事还记得否"。

16 日　参加傅雷追悼会。自述:"《傅雷译文集》和两个版本的《傅雷家书》,都是傅敏寄赠的,还有两本旧版《高老头》《欧也妮·葛朗台》,是傅雷送给我的,有他的亲笔题字。""有一张我的照片,是在傅雷追悼会上,在赵超构送的花圈底下,沈仲章给我照的,衣襟上还有一朵黄花。这几年来,我就是默对这些东西,悼念傅雷。"(《纪念傅雷》)

同日　写讫《唐诗百话·张籍:节妇吟》。

21 日　陈兼与作《调寄浣溪沙·题施蛰存手选清花间词》并记:"所选《清花间集》,高标遗韵,独具手眼,读之拜佩。"

25 日　写讫《唐诗百话·韩愈:山石》。

26 日　为《读冯延巳词札记》交付发表而撰"附记"。

下旬　《唐碑百选》由香港《书谱》杂志开始连载。

5 月

2 日　按程千帆日记:得施蛰存信。

9 日　沈从文复崔耕函谈及:"蛰存兄博学多通,系四十年老友,解放后转治金石,亦深有会通,成就特出。"

10 日　写讫《唐诗百话·韩愈:落齿》。《李后主〈临江仙〉——北山楼读词记之一》刊于香港《海洋文艺》第 5 期。

同日　为杭州罗浚(玉咸)所藏《集古拓册》题跋。

20 日　《盛唐五言绝句四首赏析》刊于《语文学习》第 5 期。

21 日　许白凤复函:"丁宁词稿全部托人印刷,不日即可装订成册。"

23 日　致张厚仁函:"Rilke 译稿我建议你先寄给北京的《世界文学》,他们不用,我再为你介绍给这里的《外国文艺》。""信中可以提一提是我鼓励你译此书的,而且原本也是我送你的,该刊主编陈冰夷同志今年就在上海见过。"

28 日　复张香还函:"57 年事校中已解决,市里尚未批下,或者与徐铸成同样情况,也或者我还不够他的资格。大约还得搁一搁,我也无所谓。"

29 日 复丁言昭函:"你要写叶灵凤传,最好另外找合适的人去了解,潘汉年知道他的早期情况,夏衍知道他的晚期情况,都比我知道得清楚。我在三十年代,孤立于一切文艺帮派社团之外,有许多事情,我其实并不知道。"

30 日 赵家璧致函:"今天方学武,草婴两同志来看我,我替你问起关于沈静芝的近况,""你可写信去北京人民出版社范用同志转交。"

本月 《高适〈燕歌行〉》刊于《语文函授通讯》第 5 期。

6 月

3 日 程千帆致董每戡函谈及:"尊函已转蛰存。"

4 日 按程千帆日记:发出致施蛰存信。

5、9 日 均致周退密函。

10 日 《苏东坡〈洞仙歌〉——北山楼读词记之二》刊于香港《海洋文艺》第 6 期。

上旬 招考中国古代文学专业硕士研究生,举行三场考试。

16 日 复赵景深函,又复程千帆函。

17、18 日 下午涂元渠前来探望。闻宥来信,作复函。

22 日 汪欣生致明信片:"25 日午前 9 时半,在敝寓茶叙,座中唯徐澄[宇]翁、苏钵翁[渊雷]、陈兼[与]老及家岳母[鍊霞]等,并无外客,敬请尊驾过此一聚。"

24 日 作诗《怀丁玲诗四首》。自述:"'文革'中,上海盛传丁玲同志已逝世,言之凿凿,我亦信之。近日阅报,始知其依然健在,犹有续写《太阳照在桑干河上》的壮志。欣喜之馀,不免感旧,故作小诗寄怀。"(《怀丁玲诗四首》)

同日　在龙华殡仪馆参加"孔另境、俞鸿模平反昭雪追悼会"。

25日　《读冯延巳词札记》刊于《上海师范大学学报》。

27、28日　闻宥来函。为将戴望舒译稿《意大利短篇小说集》两篇"导文"交付香港《海洋文艺》发表而撰"后记"。

月内　据卢玮銮回忆:戴望舒夫人杨静"来港前,施先生委托她留心香港有关现代文学及古典文学出版物","于是我获得施先生的地址,寄出第一封信","并说乐意为他买书和复印所需资料。不久就收到施先生回信,信中除了开列一些需要的书刊外,他首要买的是香港出版的《中国现代抒情诗一百首》《现代中国诗选》,可见几十年大陆的文艺政策、主流意识形态,并没有冲淡他对现代诗的关注"。(《记施蛰存先生对我的指导》)

本月　与周子美出资重印丁宁《还轩词》油印本一百册,书末收录"北山楼钞本跋"。

7月

1日　闻宥复函:"副刊五纸及拙文两篇今日另通寄出,兄先看看。""兄所出题不易写,因必须有怪字、符号,不宜于报刊排版也。如其严肃、冗长而又多怪字之稿,别有出路,则弟尚可有以奉献。"

同日　冯亦代致函:"现在《读书》编辑部工作,年初曾经写信给你。""请你写关于《现代》杂志和《文饭小品》等的文章,务请拨冗一草。最近楼适夷来,知道你的情况。望舒明年逝世30周年,京中友人总希望能做些什么纪念他。""但你知道目前做事,总不那么顺。"

5日　陈少棠致函:"年前本地出版了一本'中国现代六百作

家小传',内有老师之小传。""《文坛史料》,其中记现代社的一章,亦述及一些老师的资料,谨影印随信附上。"

9 日　致周退密函:"近日阅研究生卷方毕,尚在斟酌取舍。'唐诗'久不写释,正在赓续,一时犹不得暇。张珍怀词亦甚佳,恐怕是最年轻的女词人了。"

10 日　《法驾导引——北山楼读词记之三》刊于香港《海洋文艺》第 7 期。

上旬　润改《怀丁玲诗四首》并撰"注释"。

约在期间　先生招考的硕士研究生公布考试成绩。

16 日　海岑致函:"我想还是你到师大图书馆去找他[山本]的戏剧集,有《婴儿杀戮》那一篇的。""复旦大学我已去信,借'皮蓝德娄戏剧集'等。"

20 日　写讫《唐诗百话·韩愈:华山女》。

中旬　周退密书赠词稿《清平乐》《前调·寿迈士师八十晋九用稼轩韵》。

21 日　复范泉函。闻宥来函。

25 日　写讫《怀念李白凤》《乙夜偶谈·形象思维》。为译作《雅士及其他》交付香港《海洋文艺》发表而撰"译者记"。

27 日　致张厚仁函:"纸不够,印刷厂不够,大家抢;文艺杂志出了许多,各省市都要办自己的杂志,却没有自己的作家,于是又抢。寥寥几十个红牌作家拼命写文章,质量也低了。翻译界也类似。"陈少棠来函。

8 月

4 日　王西彦致函,谈及《随笔》已出第一集,编者再三要我向兄约稿。上次兄已答应写诗话,希望最近能给他们一组。

同日 闻宥来函:"拙稿兹寄上两篇,其中'诗索'一文,虽所论非现实问题,但是否值得寄出,亦望考虑,""不求必发。"

9日 作诗《短句一章奉酬竹园仁兄》。

上旬 萧斌如来访。据萧斌如回忆:"我正负责编纂《中国近代现代丛书目录》,施先生得知这一消息后,托赵家璧先生转我一信,大意是:对'丛书目录'的编辑甚为高兴,正符合吾多年愿望,如需要本人帮忙的话,一定效劳。我就是带着这封信,冒昧登门造访。""亲切地与我讲述中国丛书的特征,古典文献丛书和近代丛书的区别。"(《施蛰存"打工"记》)

12日 洪遒来函,说及《唐碑百选》"照片一盒,已由咏素托人带到,昨日托交此间一个机构,觅便带出去给羊璧"。

同日 赵清阁致函:"出去看了一场墨西哥影片,不想你来了。""晶清亦未见过,找个时间,一起聊聊。"

14日 写讫《乙夜偶谈·宗教艺术》。

16日 据《文汇报》登载:"上海师大二附中最近召开中学语文教学讨论会,""上海师大校长刘佛年教授、中文系副主任徐中玉教授、古籍整理组叶百丰教授、中文系施蛰存教授……等,对语文教学发表了很好的意见。"

同日 程千帆复函:"友人读《金石百咏》,皆无不以为相知不尽,甚冀更读其所未见。""《涉江词》抄本,乞费神托工装订。"

18日 武慕姚复函,谈及"昨由杨君华松送来丹阳佳酿一瓶,并悉起居佳胜"。

25日 作《唐诗百话·刘禹锡:竹枝词九首》。复谭正璧函。

26日 按程千帆日记:"昨得蛰存信。"

29日 复周退密函,言及"7月间推敲一二周,还了一些诗文债,后此便搁起韵本,一意作'唐诗串讲'","明日起非准备教材教法不可"。

30 日 复卢玮銮函:"看到一些港中出版物,非左即右,很少客观的,而美国出版的几本中国现代文学史、小说史,倒比较持中。近来国内文风有些转移,对三十年代文学的观点,已放宽了尺度,倾向于艺术标准。"

下旬 徐澄宇作诗《调蛰翁》。

月内 正式筹办《词学》集刊。自述:"由于这个计划不是一开始就有把握,我们不敢公开对外征稿。几个月来,只是向少数熟悉的师友请求支援。"(《词学》第 1 辑"编辑后记")

9 月

7 日 为上海师范大学古代文学专业招收硕士研究生赵昌平、陈文华、黄明、李宗为、严寿澂,具体指导研究唐代文学。

10、11 日 写讫《乙夜偶谈·旧书店》。陆维钊来函。

15 日 程千帆复函:"由子矗〔孙望〕转来手札,又 7、9 两日书及《还轩词》均收到。还轩、錬霞两君均即遵示将书寄去。"

17 日 写讫《乙夜偶谈·古代旅行》。

18、21 日 郑逸梅来函。致闻宥函。

22 日 夏承焘复函:"重兴《词学季刊》,弟甚赞同,甚望能早日就绪出书。弟体多病,必努力投稿,并请转告圭璋先生,望一同努力,为先生张目。""弟当在京为先生'呐喊',必不退后!何日开始征稿,当即呈寄小稿,京中友朋即嘱无闻发函。"附赠《瞿髯论词绝句》。按程千帆日记:得蛰存信。

23、27 日 按程千帆日记:复蛰存,转圭璋信。得蛰存信。

28 日 出席百花文艺出版社谢大光、石英为创办《散文》而在上海师大中文系召开的组稿座谈会。唐圭璋来函。

下旬　陆维钊复函:"'词学季刊'酝酿恢复,如果需要稿子,我这里有一些可备照片,或写些短文,以付雅意。"

约在期间　自述:"夏威夷大学的马幼垣教授,来函嘱我收集[戴望舒编《星岛日报·俗文学》周刊]全份。我从赵景深、谭正璧处,凑合我自己所藏,居然得以配全。马幼垣教授曾编了一份目录,由香港大学冯平山图书馆印行。"(《诗人身后事》)

10 月

1、3 日　按程千帆日记:得施蛰存信。复苏晨函。

5 日　中秋节。复王进珊函,言及"惠赐大作《晴雯》[四幕九场昆剧,油印本]已妥收","拉杂书读后感"。据吴敢记述:"关于先师昆曲剧作《晴雯》的讨论,已是曲家文献。"(《先师王进珊先生的学术交往》)

7 日　写讫《唐诗百话·李颀:听董大弹胡笳声兼语弄寄房给事》。自述:"看来这六十篇也还编不成书,于是把成稿搁置在架上,打算一边续写,一边修改,把内容扩大为一百篇。"(《唐诗百话·序引》)

9 日　复张厚仁函:"Kafka 已有人介绍,Rilke 还在禁中,亦可见思想还没有解放,还得等一个时候。前天正和徐震堮兄谈起 Jacobson,我们都想译此人著作,今天你来信提起,大有缘分。"

10 日　译作法国路易·裴尔特朗《雅士及其他》(雅士、水上黄昏、安利该、蒙巴松夫人、月光、鲍业乔神父、我的曾祖父、大钟下的轮舞)并"后记"刊于香港《海洋文艺》第 10 期。

18 日　写讫《织云楼诗合刻·小记》。封耐公来函。

21 日　闻宥复函:"兄开会后务望贤伉俪来此小住。"

27日 复崔耕函,言及"人家都在印彝器文物,你们却印石刻,我尤其赞成,钦佩卓识。如果将来再编一本《河南汉碑图录》(不要选本),当有更高的评价"。

同日 下午乘13次京沪列车赴北京参加中国文学艺术工作者第四次代表大会和中国作家协会第三次会员代表大会。

28日 午时抵达北京站,会务组派车接至国谊宾馆,与师陀、钱谷融入住621室。

29日 休会,"入城访同乡及亲戚"。

30日 全天在人民大会堂参加文代会预备会和开幕式。

31日 下午在住处会议室参加分组讨论。

本月 《读韩偓词札记》刊于《中华文史论丛》第4辑。

本月 上海教育出版社出版《中国现代文学史参考资料·短篇小说选》(第三册),内收《将军底头》。

11月

1日 上午参加上海代表团讨论,下午前往人民大会堂出席大会。据郭风回忆:"同坐在一辆华东区代表所共用的大面包车上,与他座位很近,有了简短的交谈。""也从这次见面后,与他有数次通信。"(《记施蛰存先生》)

2日 全天在住处会议室参加分组讨论。

3日 上午参加分组讨论,下午在人民大会堂出席大会。

4日 上午在西苑饭店礼堂出席作代会预备会和开幕式,下午听取大会发言。作诗《第四次文代会堂口占》并题记。

5日 上午在西苑饭店礼堂听取作协大会发言。下午参加分组讨论作协章程。

6日 休会,参加会议组织游览香山、碧云寺的活动。

7日 上午听取作协大会发言。下午休会,访友。

8日 上午继续听取大会发言。下午出席对外翻译出版公司的茶话会。

9日 上午参加作协分组讨论。下午听取作协大会发言。

10日 上午听取作协大会发言后,参加瞻仰毛主席纪念堂。下午出席"通过章程,选举作协理事"会议。晚上写讫《唐诗百话·李冶:寄校书七兄》。

同日 《后唐庄宗〈如梦令〉——北山楼读词记之四》刊于香港《海洋文艺》第11期。

11日 在西苑饭店礼堂出席作代会闭幕式。下午访友。

12日 上午参加分组讨论文联章程。下午休会。

13日 上午在人民大会堂听取钱学森所作报告。下午休会,仍访友。自述:"在北京谢国桢先生书斋里见到茂陵(汉武帝墓)出土瓦当十馀种的拓片,都是以前没有见过的,每块的文字也未见过著录。"(致崔耕函,1980年)

14日 上午参加分组讨论。下午在西苑会议楼出席鲁迅研究学会成立大会。

15日 上午在人民大会堂参加选举文联理事的会议。下午在西苑饭店出席《翻译通讯》编辑部召开的座谈会。

同日 复萧斌如函:"当为收集一些我所知道的资料,提供采录。"附"关于《近现代丛书目录》的一点意见"。

16日 上午在人民大会堂参加文代会大会,下午出席闭幕式,参加国家领导人接见全体与会代表并合影的活动,又出席在人民大会堂宴会厅的茶话会。

同日 诗作《第四次文代会堂口占》刊于《光明日报》。

17日 上午在西苑饭店礼堂参加冯雪峰追悼会。

18 日　下午乘坐 45 次列车离开北京,返回上海。

21 日　复谭正璧函:"积压来信四十馀封,作复亦须三五天,还有校中事。下星期四、五可访兄详谈。"

同日　《金石百咏》在香港《大公报》连载结束,凡 20 期。

22 日　复吴羊璧函:"'百选'先在《书谱》发表也很好,单行本事且待将来看情况,全稿已经交给您,总比在我这里更有希望。""尊大人处另有信去。"

同日　夏承焘(吴闻代笔)由北京致函,介绍张璋造访。

本月　上海教育出版社出版《中国现代文学史参考资料·文学运动史料选》(第四册),内收《文学之贫困》。

本月　香港中流出版社印行《名家文学作品选》,内收《小铅兵》《桃园》《村市》《新年》。

12 月

5 日　《出席第四次文代会日记》刊于《上海师大校报》。

同日　复周退密函:"足下久不作汉隶,""惟以汉人标格论,似不够苍老。""游归来,想不到要做许多报告,开许多座谈会,栗碌旬日,方告结束,本周起继续为研究生授课。"

6 日　程千帆致函:"[徐]中玉来宁道故,备知近状佳胜,且三十年代次神之祸,亦得略事被除,为可喜也。今托师大理论组潘以骥带上'涉江词'弟抄本。"

14、16 日　复程千帆函。程千帆致刘永济家属函谈及:"现接'词学季刊'负责人上海师大教授施蛰存先生来函,想将《诵帚堪词论》全文,先在'季刊'登载。"

23 日　应《中国现代作家传略》编写组之约,撰"本人简历",刊出题为《施蛰存自传》。为周煦良所藏《王行满圣教序》题跋。

同日 致《文汇报》徐开垒函:"昨日为里弄黑板报作了五首新年颂诗,今寄奉复写本。"

24、26 日 按程千帆日记:得蛰存信。邵修青来函。夏承焘复函:"《词学》季刊复刊号何时能出版?""兹寄奉周笃文《暖笙杂考》,请审阅。"

27、29 日 杭州骆寒超等来访。复《新文学史料》黄汶函。

月内 润改 1963 年译稿《希达奴谣曲》。

本月 台北广东出版社出版苏雪林《二三十年代作家》,收录《心理小说家施蛰存》。

1980 年(庚申) 75 岁

▲7 月,邮电部决定在全国范围内推行邮政编码制度。

▲11 月,最高人民法院特别法庭正式开庭,审判林彪、江青反革命集团案主犯。

1 月

1 日 《新年颂诗》(颂法治清明、颂经济繁荣、颂科技进步、颂国防巩固、颂双百茂盛)刊于《文汇报》。

3 日 徐澄宇逝世。与苏渊雷、陈兼与、刘季高、张珍怀、汪欣生等出席追悼仪式。

4、9 日 海岑致函,谈及"南京《译林》的编辑曾来沪组稿,他们稿源颇短缺","老兄谅来接待过他们"。包谦六来函。

上旬 前往参观上海外文书店举办的美国时代——生活丛书出版社书展。

11日　复周良沛函："吴其敏不同意在《海洋文艺》出纪念望舒的特辑，专号更谈不上，他只允许我们寄稿三篇。""对望舒的诗也最好不作'严肃'（他的意思是'正式'的）的评论。我本来想写一文批驳'望舒卷'中……的谬论，被老吴这些条件一限制，我的文章无法写了。""原来还想请卞之琳、冯亦代、徐迟各写一篇，现在也不便约他们了。前天吴晓铃来信，也说：'关于纪念望舒的文章，我看在他逝世 30 周年未必有了。'"

13日　陈西禾复函："垂询独幕剧各节，弟亦无研究。兹略述其愚，以供高明参考。关于'幕'的问题，尊见极是。"

25日　《回顾与前瞻》刊于《散文》第 1 期。谢国桢来函。

27日　复周退密函："《法汉词典》弟必要，请代购一本。""蒋剑人以庄生玄语为词论，意义殊难捉摸。弟昔年作'读词记'，有一卷专论宋元以来词论，略略编列资料，竟未成稿。""承询之后，姑且回忆，似此说即周氏'以有寄托入，以无寄托出'之意，未知然否？待'唐诗串讲'写成后，当赓续作'读词记'。"

30日　陆维钊在杭州逝世，惊悉即致唁电悼念。

月内　倾力筹办《词学》集刊。应江西人民出版社之约，始编"百花洲文库"丛书。

本月　《关于语文教学的一些问题》刊于《教学通讯》。

本月　《织云楼诗合刻小记》刊于《中华文史论丛》第 1 辑，署名"施舍"。

2 月

1日　《韩愈诗〈华山女〉串讲》刊于《名作欣赏》第 1 期。

2日　复吴羊璧函。又复张厚仁函。

5日　程千帆致刘永济家属函谈及："《词论》交'季刊'事，我当向该刊主编上海师大教授施蛰存先生商定再告。"

6 日　致端木蕻良函:"又萧红的书也想重印一种。"

8 日　致复旦大学第九宿舍谢国桢函。

10 日　复张厚仁函:"约可勃孙短篇已交'人文',我希望早日可读到。"

上旬　丁宁作《重印〈还轩词〉序》,提及"今秋先生及施蛰存先生来函,均有重印《还轩词》之议","全书二百零四阕,皆承周施两先生力助始克完成"。

12 日　致周退密函,言及"2 月 4 日放寒假","内人又病,一如去年弄得弟每日管三餐,一步不能出门"。

15 日　复周退密函:"弟则忙于准备下学期研究生教材及工作,同时筹编'词季',每日发信五六通。"

16 日　春节。马祖熙作词《忆秦娥·庚申元月喜逢蛰庵师》。据马祖熙回忆:"前来谒见阔别卅八年的蛰老,""在房子外间的书架上,抽出我当年向老师求正的一本纸张全已发黄的词集[《武夷龙山词存》],他笑笑说,你的那本习作词稿,虽已残缺,总算幸免于难,还存在我处,现在还给你。""我再次面谒蛰老,他知道我收入很低,家累也重,""说:'做些思想准备吧,鼓起勇气来,有机会我替你推介。'"(《化雨春风七十年》)

17 日　程千帆致函:"弟可供给'词刊'稿如下:1.汪寄翁词集;2.尹默翁词集,季刚师词集;3.汪寄庵、黄季刚清真词札记,亦不长;4.诵帚词笺,尚未找到全部,原六篇,现仅有一篇;5.祖棻录'诵帚词笺'稿,手迹极工;6.汪先生涉江词序;7.其馀名家词墨篇,录写在卷子上。"

19 日　复吴羊璧函,"另一纸请代呈尊大人"。

26 日　汤真致函,谈及"百花洲文库"选题诸事。

中旬 沈从文复函:"叶[孝慎]同志来,捎带一信,甚感厚意。""用《月下小景》也成。"按:《沈从文全集》(废邮存底编入)。

下旬 为《外国独幕剧选》第一、二集撰"引言"(上)。

本月 《乙夜偶谈·小引、形象思维、宗教艺术、旧书店、古代旅行》刊于《随笔》丛刊第6集。据黄伟经回忆:"施蛰老是《随笔》最早的,也是最鼎力的作者、支持者。"(《不尽的追忆与怀念》)

3月

3日 卞之琳为编《戴望舒诗集》来函:"感谢你提供的意见和情况,对于序稿头两段所论极是,我已重新写。""你的'校读记','诗集'里不可少。"

5日 复崔耕函:"有最重要的两个碑目,你没有见到,今另纸写列。""少林寺发现明碑三块,是有趣的石刻故事,其中有一块是董其昌的,我尤其注意。"

8日 南京唐圭璋来函。赵景深来函。周楞伽来函。

12日 冯亦代由北京致函。

13日 沈从文复函:"从兄示中,深感四十年友情之可珍。""望兄和流金兄认真一商,为设法商量取回。"洪遒来函。

14日 复周楞伽函:"《词学》季刊为实现已故龙榆生先生遗志而动议,经营已六七个月,最大的困难是'古籍'不能承受出版,至今未有出版处。""老辈虽若晨星,五六十岁尚有健者,不办此刊物,无以助其成就,故弟所注意者亦当兼及下一代。""婉约、豪放,作为词家派别,弟有疑义,弟以为此是作品风格,而风格之造成,在词人之思想感情。""如果要把词人截然分为两派,而以豪放为正宗,此即极'左'之论;如以婉约为正宗,即不许壮烈意志阑入文学。此二者,皆一隅之见也。"

同日 冯亦代来函:"给江西的那本《蝴蝶与坦克》是加上《第五纵队》新编的。""如果《第五纵队》要分出,则请你把你的那本原文借我一用。"

15日 周楞伽复函:"谓婉约、豪放,是作家作品之风格而非流派,此则弟所不敢苟同。"

17日 为译作《法国散文诗十篇》发表而撰"后记"。

18日 致周楞伽函:"弟与足下之距离,在一个'派'字的认识,婉约、豪放是风格,在宋词中未成'派',在唐诗中亦未成'派'。""弟不反对诗词有婉约、豪放二种风格(或曰体),但此二者不是对立面,尚有既不豪放亦不婉约者在。"

21日 沈从文致友人函谈及:"深盼将前信中涉及志摩先生事部分,托由蛰存兄代为收回处理。""此信中说不到处,蛰兄当能代补充一二也。"

22日 周楞伽复函:"弟与先生之差异,决不止于对一个'派'字的认识,或'派'与'体'二字的解说不同,看法各异。"

25日 为《汉碑跋六题》撰"小引"。周良沛寄赠《饮马集》。

28日 润改写定《韩愈诗〈华山女〉串讲》,提供《名作欣赏》编辑部编集之用。

月末 沈从文致函:"上次得信后三天,即寄复一信,除深感厚意外,内并附二纸。""昨复给流金兄一信,盼得你便中与之一商办法。"按:《沈从文全集》(缺尾残信编入)。

月内 为主编"百花洲文库"而撰"创办缘起"。按:刊用时署名"江西人民出版社"。

本月 《施蛰存自传》刊于徐州师范学院编《中国现代作家传略》第4辑。

4 月

4 日　按夏承焘日记:"施蛰存来信,谓欲刊予日记。"

6 日　为编《外国独幕剧选》事宜,晤赵铭彝。

9 日　复谭正璧函,言及"大作《说潮州歌》一文已交师大学报","兄非师大教师,故欲退稿,弟现在拟请兄在师大中文系有一个名义,即可解决此问题","须待系中会议通过";"波多野已来过,兄见到否? 他去看过唐圭璋,唐有信告我"。

10 日　《海洋文艺》第 4 期登载王央乐《读戴译〈吉诃德爷〉残稿》,文中写到这部戴译《吉诃德爷》残稿是施蛰存先生无私地送给人民文学出版社保存的。

12 日　友人致沈从文函谈及:"对此事总感内疚,""这些经过,我昨天也面告蛰存了。"

15 日　致赵清阁函,言及"近来我在徐家汇藏书楼翻阅《现代》,又重读了一遍";"侍桁情况如何? 小鹿见时请代候。"

17 日　为《唐诗百话·张籍:节妇吟》作"增记"。

同日　国际笔会"中国笔会中心"在北京成立,先生由中国作家协会书记处推荐为会员。

20 日　写讫《漫谈古典散文》。程千帆由南京来函。

下旬　为教育部在上海师范大学主办"中国文学批评史师资集训班"讲课,题为《诗馀》。

5 月

8、10 日　复范泉函。为辑录《燕子龛诗》撰"引言"。

11 日　晚上程千帆来先生寓所会晤。

14 日　致刘以鬯函,言及"徐訏想常晤及";"杨静和卢玮銮女士有信来,说足下有意为望舒印一个选集","想编一本望舒诗文集";"近来有几位学生在为我搜集卅年代各报刊上发表过的杂文,我想编为一本《旧篋集》"。

同日　上海音乐学院蔡国梁经先生介绍向赵景深请教,赵氏复函谈及"施蛰存校的《金瓶梅词话》节本,原书是较好的一部,大约就是兰陵笑笑生的万历词话本吧"。

15 日　谢国桢致函:"顷在《书谱》得读大作《唐碑百选》,考订精审,确为当家,曷胜钦佩之至。""《明词选》桢已获得,尊斋旧藏,桢视为枕中之秘,仍望赐一题跋。"

20 日　为《中国大百科全书·中国文学卷》分卷"隋唐条目"试写稿作审查意见。

同日　复端木蕻良函:"承赐大著《曹雪芹》。""汤真同志来,知已奉访,且知足下已允其向香港寻觅原书。"

21 日　刘以鬯复函:"出版《望舒选集》,是我的主意,因为事情并不如想像那样简单,只好放弃。此间教育出版社最近约我为他们编辑'中国新文学丛书'一套,正在集稿中,大作《旧篋集》倘能于短期内寄到,当可编入丛书。"

22 日　早晨程千帆来先生寓所晤谈。

24 日　卞之琳来函,征询《阿左林小集》重印合适否。

26 日　应郭风之约,撰讫《在福建游山玩水》。

月内　为上海师范大学举办的古代文艺理论师训班讲授《戏为六绝句》。吴奔星偕研究生徐瑞岳与先生相晤并合影。

本月　香港名家出版社出版《作家书简手迹》,内收 1939 年致浦江清函。

约在期间　近两月多次去徐家汇藏书楼查阅三十年代的报

刊,并检阅全部《现代》杂志,录出拟作回忆录的相关资料。

6 月

1 日　《漫谈古典散文》刊于《语文教学通讯》第 6 期。

2 日　复蔡国梁函:"几个问题不必问谭老[正璧],我可以能答,另纸批复。关于戏曲事,应问赵景深,小说事可问谭老。"

3 日　复周退密函:"弟之'词季'还办不成,现在想改为集刊,定名《词苑》,另起炉灶,与龙氏'词季'无关,正在呈请批准。"

6、7 日　致谭正璧函。为卢玮銮作《戴望舒在香港》之征询复函。据卢玮銮回忆:"他提供了许多戴望舒笔名,其中有鲜为人知的、施戴两人共用的,或是至今存疑的。""对我的研究方向、论文重点,提出了极宝贵意见。"(《记施蛰存先生对我的指导》)

9 日　卞之琳致函,谈及"你说'小集'篇幅太少,我看到香港新近翻印的《西窗集》","可否自己清理一下,出一个修订本","我想再听听你的意见"。

10 日　写讫《说"飞动"——读杜小记》。

同日　译作《法国散文诗十篇》(庞维尔《天使》《回忆》《玫瑰和百合》、达尔尚《悲惨的季节》《散步》、马拉美《秋》《冬》、孟代思《女皇柯丽亚》、韩波《闪电》《晨》)刊于香港《海洋文艺》。

11 日　致朱雯函,言及"星期五作协外文组开会我不出席","会议有何决定,有何新情况,请兄会后示之一二";"秋季助张夫人 3 元弟垫付,兄不必来,待我回来后向兄收取"。

16 日　卞之琳来函:"我决定出《西窗集》(修订版),用原名。""你的盛意难却,我又怎好打退堂鼓!"

17、20 日　吕贞白致函。复香港吴羊璧函。

25 日　致周退密函:"《摸鱼儿》改本好多了,歇拍更改得好。

惟'又'字不如'待'字,'待'字可以改为'算'字。"

同日 《汉碑跋六题》刊于《上海师范大学学报》第 3 期。

27 日 俞调梅来函:"自违杖履已二十馀年矣,回忆'羁南徐庶有归心'之句,闽浙游踪以及拙稿承点铁,未尝不神往也。""又于报章获读佳章,谨修小简问候。"附诗稿三页。

月内 陈兼与作《北山楼诗叙》。

本月 台北成文出版有限公司出版尹雪曼《中国现代文学研究丛书 13·鼎盛时期的新小说》,内有"施蛰存的心理描写"。

7 月

1 日 复刘以鬯函,言及"《旧簏集》还只是一个打算","有两位青年正在助我寻觅"。

2 日 致俞调梅函:"弟与世浮沉,老而不死,无是非之偈,持之至今,不无小补。大作'设计抄计'、'教人害人'之论,弟亦同感,此教书匠之老实话,但肯说者亦不多耳"。

同日 海岑致函:"短篇集拟题作《王后的裙子》。""《丈夫与情人》,资料室来问,是否已经用毕;'莫尔那戏剧集',不知你那篇独幕剧译好了没有。"

4 日 按程千帆日记:收施蛰存信。

6 日 下午携研究生赵昌平、严寿澂、陈文华、黄明、李宗为乘火车赴北京,此行带领研究生去北京图书馆查阅毕业论文所需的古籍文献资料。

7 日 中午一行抵达北京,下榻北京师范大学招待所,先生宿于 416 室。下午去三妹灿衢家探望,顺游北海公园。

8 日 晨至北京图书馆柏林寺分馆阅书,又访黄药眠。下午往人民文学出版社,与孙绳武、蒋路、李易晤面,再至夏承焘夫妇家访问。在三妹灿衢家晚餐。

同日 致周良沛函,言及"上午8时至下午2时,带五名研究生在柏林寺北图阅书。下午2时至3时半在舍妹家吃午饭,以后即外出访友","晚上在招待所。星期六及星期日不去图书馆,也许想到各名胜处去游览"。

9日 晨至北京图书馆,再往柏林寺分馆,阅杨希闵《词轨》《词约》。下午5时回住所,被调至434室。夜写家书致妻、沧州次子,致函卞之琳、沈师光。邵修青来函。

10日 在柏林寺分馆,阅寿石工《词学讲义》、梁启勋《词学》、孙人和《词选》。夜写家书。

11日 在柏林寺分馆阅《古今词统》《词林白雪》《林下词选》。中午张木兰来访。傍晚访孙宗塈。夜为《唐诗百话·孟浩然:五言律诗三首》撰"增记"。

12日 上午沈师光来晤,午餐遇李惠芬,下午吴兆松来访。致函徐中玉、谢国桢、周良沛、张企罗。

13日 上午吴长林、周贻胜来访。下午周笃文来,陪同去晤张伯驹。晚上与张伯驹、潘素夫妇,徐邦达,夏承焘、吴闻夫妇,周笃文,冯统一在北海仿膳饭庄聚餐。

同日 晨致张厚仁函:"打算在7月20日到沧州我儿子处看看,住一天即回北京,与学生一同回去。我看情况,是不是我可以在天津耽一下,见见面。""星期一至五白天都在北图(第一、二周在柏林寺阅览室,第三周在东坡善本书室)。"

14日 上午在柏林寺分馆阅览,下午至崇文门西河沿访张天翼,"我请他自己选定一个短篇小说集","他以为,在全集中选出一个集子来,较有意义;我同意这个办法,于是他选出了一本《二十一个及其他》,给江西编入'百花洲文库'"。又往前门东大街访沈从文，"时已傍晚，话也不多，我想走了，从文和他的夫人却坚邀我吃了晚饭走。我就留下来，饭后再谈了一会儿，我就急于回北师大招待所，这是我和从文最后一次会晤"。

同日　早晨谢国桢来函："我本想到柏林寺看您，我们一同到琉璃厂游书店，或就近到纯粹山西晋阳春吃刀削面，一尝北方晋南风味。可是我这两天要为所考试研究人员答辩。"

15 日　在北京图书馆阅《清平初选》《棣萼香词》《海闾香词》。晚上访钟敬文。

同日　晨致妻函，又致函叶祖孚、戴望舒女儿咏絮。

16 日　在北京图书馆阅《几社文选》《词鹄》《墨林快事》。下午访茅盾。张厚仁来晤。沈宗威来函。

17 日　上午戴咏絮来探望。下午访卞之琳。

18 日　上午往人民文学出版社，访楼适夷、王央乐、绿原、郭豫适、许觉民、张木兰。下午访端木蕻良。晚上至四川饭店赴宴，由五位研究生答谢先生三妹灿衢全家。

同日　致闻宥函，又收陶芸、冯亦代来信。

19 日　携五位研究生游长城、定陵、长陵及十三陵水库。在吴长林家晚餐。

同日　沈从文来函："离京前，如尚抽得出空过东城，盼尚能一晤，便中再吃一顿稀饭，喝杯苦茶，来住望告。""《边城》附于兄所拟编'丛刊'中无妨。"

20 日　晨访孙源，又晤冯亦代、叶祖孚。午至三妹灿衢家用餐。下午访戴咏絮，自述："在望舒的女儿处检阅望舒遗物，发现了一批外国友人给他的信札，最多的是艾登伯的信，共 18 封。我把这些信带回上海，想译成中文，供研究诗人戴望舒的青年学者参考，也让几位仅存的老朋友看看。"(《艾登伯致戴望舒信札·引言》)晚上孙昭先、张晓星来访。

21 日　在北京图书馆阅书,午访黄君坦。夜与三妹灿衢全家及五位研究生在全聚德吃烤鸭。餐后回住所,沈师光来晤。

同日　沈从文、闻宥来信。写家书致妻、沧州次子。

22 日　访闻宥并午餐。午访人民文学出版社叶明珍。

同日　启功来访,未遇。自述:"我匆匆南归,就失去了再叙的机会。"(《杂览漫记》)

23 日　早晨一行乘坐 45 次列车,途经沧州时与五位研究生道别下车,探望次子。

25、30 日　在沧州乘列车返回上海。香港陈少棠来函。

8 月

1、2 日　复谭正璧函。复沈宗威函。张文江来访。

3 日　郑逸梅致函:"前得王益知来信,云拟约兄一叙,未知兄在京时晤见否? 又巨来见告,兄处有域外邮票甚多,能否分赒一部分。""周鍊霞已远渡重洋。"

5 日　在锦江饭店会晤美国学者金介甫,就有关沈从文作品研究的问题,谈了两小时。

12、14 日　复谭正璧函。赵家璧致函。

15 日　为写讫《〈现代〉杂忆》而撰"题记"。

20 日　沈从文复函:"邵华强来,得知陪金介甫先生访问过你和流金兄,谈得相当好。关于录音事,当转告,必先将文字记录打印出来,得你同意后才发表。"

22 日　复崔耕函,言及收到《碑刻资料上编》,"对青年文物工作者极有用,我尤其希望你们尽快印出'下编',还希望有一个解放以后新出土碑刻目录及说明,对我更为有用"。

同日　致周良沛函:"前几天王建国同志来。""《文学评论》中一文已看到,作者没有逻辑概念。他所贬的,正是下文褒的。"

　　23日　陈少棠收到先生寄赠题签"晚明小品论析",致谢函。

　　26日　俞平伯书赠诗抄横幅。夏承焘致函:"昨晓川兄转来大作《南唐二主叙论》,容当仔细拜读。嘱寄拙稿,兹先寄奉日记(1931年4月至6月,共三月)一束,词例换头例一节,请审阅。""'词苑'何日发稿?下月当可寄奉。"

　　29、31日　复北京吴福辉函。吕贞白来函。

　　本月　《南唐二主词叙论》刊于《中华文史论丛》第3辑。

　　本月　《西北大学学报》第3期以题为《词的"派"与"体"之争》登载与周楞伽关于词的讨论通信。

　　本月　人民文学出版社出版《中国现代文学选集》(1918—1949),内收《上元灯》。

　　本月　上海师范大学正式恢复原校名"华东师范大学"。

9 月

　　1日　武慕姚致函:"至念前属寄《遗山新乐府》拙刻本,以资著录。""近因晒书,始从插架觅得,然已受潮湿,字迹多不可辨,今连同拙校随信寄上。"

　　6、9日　致谭正璧函。按程千帆日记:得施蛰存信。

　　13、14日　张文江来访。致端木蕻良函:"昨日得到港友函,并收到《江南风景》及《萧红散文》各三册,此乃翻印者许宏铭所赠。""今已将《萧红散文》寄江西。""'文库'第1辑7种已凑齐,接下去想组织第2辑"。

　　15、16日　复彭鹤濂。卞之琳致函,谈及"《西窗集》修订稿挂号寄上,希望审阅后转寄江西出版社","如有修改意见,请大笔一挥,径自改在稿上";"足下自己三十年代的短篇小说创作,我看也应编选一本"。

中旬 在校给 77 级学生上大课。据王圣思回忆:"文史楼底楼的大教室里黑压压地坐满了人,作为 78 级的学生,我也挤进去旁听。只见施先生坐在讲台后,手里的火柴盒上写着一个字,他就从这个字引发讲了一堂课,让学生们钦佩不已。"(《追忆拜访施蛰存先生》)

23 日 海岑为《外国独幕剧选》编事来函:"第一集已付排。""第二集,我的意见如下:莫尔纳的 *Liliom* 请你继续译完。""我们也同意不用上、中、下,改用第一集,第二集……第六集。这样比较妥当。第二集年内发稿,第三、四集希望明年能发稿。"

月内 撰讫《蒋平阶及其〈支机集〉》。

本月 《说"飞动"》刊于《文艺理论研究》第 2 期。

10 月

3 日 上午在兼于阁,参加"星五老人"茶会。

4 日 《新文学史料》编辑部牛汉、岳洪治来访并约稿。

5 日 《要懂一点字学》刊于《文汇报》。

同日 端木蕻良致函:"曾约刘北汜同志,他同意给你一辑集子。""我的集子可加入《轭下》《风陵渡》中,因为写作时间几乎是同时的。请考虑后告我如何? 萧红其他稿子(散文)不算多,你看从回忆鲁迅先生中又选一些,如何。"

7、9 日 致周退密函:"词刊已在进行,改名《词学》,希望 11 月底可以编成第 1 辑。"致师陀函,复张寿甫函。

10 日 《〈现代〉杂忆》刊于香港《海洋文艺》第 10 期。

11 日 复青海师范学院范泉函。

13 日　师陀复函,谈及确有长篇小说《历史无情》,"似可编入'文库'重印"。

15 日　香港陈少棠致函。

18 日　沈从文致函:"得信并由张木兰先生家转来所赠花生酱一瓶,深谢厚意。"

20 日　应汪欣生之请,作诗《题程翰香墨迹》,书于卷幅。

22 日　程千帆自南京来函。

24 日　吕贞白致函:"昨晤徐声越兄,知从公得'遗山新乐府阳泉山庄本'。""兹有姚心牧者,乞苏州画师王西野画'昭明太子手植牡丹卷'征题,弟曾为作一诗,沈轶刘填词一阕。""是陈从周介绍而来,""嘱弟代求橡笔赐题。"

25、28 日　复谭正璧函。赵清阁复函:"'现代'忆文已拜读。""适夷莅沪晤及,闻也看到你,何不就给'新文史'?"

29 日　收到香港友人寄赠王季友著《芝园词话》。

30 日　为卢玮銮撰《戴望舒在香港》之征询,作函提供资料。据卢玮銮记述:"施先生手抄'戴望舒回忆'片段,但他对该文件的真实性,存保留态度。"(《戴望舒在香港》)

31 日　汪欣生致函:"兹奉上澄翁小传一纸。"按:蜡刻油印《徐澄宇先生小传》。

11 月

3 日　复周退密函:"弟似乎永远忙忙碌碌,一方面自苦,一方面又好揽事,实有矛盾,无可统一。""蒋吟秋书法颇有声,逸梅翁尝为我乞得一纸。"

4 日　为纪念鲁迅百年诞辰,撰《关于鲁迅的一些回忆》(一、马克思主义文艺论丛;二、为了忘却的记念;三、一幅漫画像)。

同日　致夏承焘函:"奉到手书并足下及鹭翁词作。""近日正在为诸稿作技术加工,拟赶 11 月底送出全稿,故极为忙碌。印刷厂已接洽到一家能排繁体字者。""请吴夫人为我预备第 2 辑稿。""则明年出 4 辑,容有可能。"

8 日　作诗《贺俞平伯先生暨德配许夫人重圆花烛诗》并撰"题记"和"跋"。

同日　致夏承焘函:"日来拜读《换头例》已毕,做好技术加工,可以付排。"赵家璧来函,谈及"你托我向马彦祥同志征求修订重印海明威旧译事","由你直接和他联系";"马国亮同志郑重托我,有一位青年外国文学翻译工作者","希望你能接见他"。

11 日　吕贞白来函:"《词学》出版后,务祈见赐。"

16 日　汪欣生收到先生托徐润周带来借阅的香港文史杂志若干,致函答谢并谈及"《碧湘阁集》正遵命初作圈点"。

17、20 日　周采泉来函。复端木蕻良函:"萧红文有香港友人为觅得二篇,可以增入。"

23 日　复黄坤尧函,言及"得到一本《近代粤词搜逸》,内有张[荃]女士之词,但惊悉她已去世,小传中云'遗稿由贺光中教授刊于《东方学报》'","请足下有暇时为我寻觅";"每日上午我大多到师范大学去"。

24 日　香港陈少棠致函。

25 日　复谭正璧函。俞平伯来函:"《词学》复刊诚为胜事,编辑体例亦善。""尊见相同,庶几吾道不孤矣。""近作小词坿上博笑,恐不适用于词刊也。"

27 日　程千帆来函,谈及承属为汪先生遗文作跋,写上数行;词刊进行情况如何。

29 日　致夏承焘函,言及"昨日寄兄拙诗数纸","今日已将大作'日记'作付印前之加工,有数事须请示"。

30 日　复彭鹤濂函:"二律尤佳。""洙泾为船子和尚道场所在,闻有一小庵中尚存道光年间一石刻,绘船子和尚像。足下知之否? 甚愿访求,得一拓本。附奉近作一诗。"

下旬　复方宽烈函:"黄坤尧先生带来尊札,甚感殷勤之意。旧诗抄奉数首,可补入。""柳木下处另有信去。"

月内　罗玉君题赠译著《海上劳工》。

12 月

1 日　潘景郑复函:"奉读手教并惠《说郛考》文,感荷之至,已交馆同事陈君先行,珍袭以备稽考。""《词学》的博雅主持,闻之雀跃,斯学渐入衰落,复兴之举,非公莫属。编例已壮诵一过。承命拙作《上图所藏善本词籍提要》,得暇当试为之。"

5 日　复萧斌如函:"月内实在抽不出时间来帮助你们。1 月 7 日以后,我的课也上完了。""1 月 10 日左右到你们那儿去两个下午,帮助解决一些问题。"

10 日　新加坡南洋大学林肇刚致函:"于友人周先生处,拜读先生为俞平伯先生所作之横披一幅,诗书俱佳。"

14 日　俞平伯复函:"昨寄去《词选释》一册,其中有些注辞尚需修改,俟将来再版重订,盼告知意见。""在《词学》转载固可,却不知合例否? 请兄斟酌入选。""知兄前事,直言为佩。""若《词学》顾问之称,本不敢当,且无力供芹,尤感惭愧。""'百花洲文库'选入拙作,照旧本排印,承介绍为荷,拟目三种,""兄谓如何?""前悉示和作长歌,柒拾年女儿情事,委宛尽致,可补厥歌所未及,诚为佳作,为我增重。"

18 日　潘景郑来函。

20 日 为汪东《唐宋词选评语》编发《词学》撰"附记"。

同日 俞平伯复函:"为《词学》所陈三事,第一点自当从命,惟恐提不出好意见来。第二点如有关于词的写作,即行寄奉。""第三点,经兹浩劫,舍间文物扫地倾空。"

25 日 张文江来访。

26 日 为卢玮銮撰《戴望舒在香港》征询,作函提供资料。

27 日 复宋桂煌函,言及上海大学同学,刘华、姚天羽、戚惠侬、丁玲、张琴秋、斯仲英、朱蕴辉、刘佩规、江华诸位。

29 日 新加坡南洋大学林肇刚来函。

31 日 俞平伯复函:"手书收到,诗改二字均妥。""以拙作收入丛书,用'二燕'或'二杂拌',鄙意均可。"

同日 潘景郑复函:"'黄语'已转至陈君检阅,至感。尊辑《词学》洵属不朽之辑,承命与列末座,深惭浅拙耳。拙词更愧笔札荒伦,不堪附骥大雅,得暇当录奉指正。""示及词稿拟付装订,春节怀觉拟来沪,当嘱其趋前洽装之。"

月内 乍浦许白凤书录《水调歌头七十自寿》寄赠并"附奉旧存荣宝斋诗笺,请惠诗书用,以资永藏"。

1981 年(辛酉) 76 岁

▲2 月,全国开展"五讲四美"文明礼貌活动。
▲5 月,《中华人民共和国学位条例暂行实施办法》颁布。

1 月

5 日 新加坡南洋大学林肇刚致函。

上旬 为编辑《词学》第 1 辑作《〈词学〉创刊缘起》,发表时署名"华东师范大学中文系古典文学研究室"。

12 日 俞平伯复函:"《词学》创刊号已发稿,甚喜。今承嘱补奉一章凑成二首,(一旧作,一新作)皆在《古槐书屋词》新印本之外者。""拙著加入丛书事:如用'杂拌一',则请删去 157 页的那一篇(日记),馀外不动;如改选'二拌'为新编,我亦赞成,却不能自为,得足下主持之,即甚妙。"

13 日 作贺寿诗一首。

14 日 许白凤来函:"《兼于阁集》已刻就半数,(约有 90 页)拟农历正月底完成之。接下为《鸱雏诗》动手如何?毛边纸紧张,阁下能设法先买好一千张。"另附词作"水调歌头·七十自寿,蛰存吟长哂正"。

同日 刘北氾来函,谈及"很希望你也能抽空为《紫禁城》刊物写一篇"。

15、16 日 黄坤尧来函。写讫《乙夜偶谈·真实和美》。

17 日 致谭正璧函:"下星期一(19 日)上下午,弟均在上海图书馆文献组帮助他们整理外国文学书目。中午想到兄处休息,顺便谈谈。弟自己带面包来,请谭寻给我预备一碗菜汤。"据萧斌如回忆:"不同的书名和译名,究竟是一个人所著,还是不同作家的不同作品呢?施先生逐一推敲,他从不同版本的内容作仔细比较。"(《施蛰存"打工"记》)

23 日 复崔耕函:"教学工作太忙,已无暇研究碑版,金文基础甚差,从来不敢妄说,又因住屋湫隘,许多有关金石文字的参考书都已装箱叠存在楼下煤间里。承你摹示戈铭,我只能意会试释,另纸录出,请再找几位专家研究之。"

同日 写讫《乙夜偶谈·官僚词汇》。

26 日　复方宽烈函："承询几个问题奉答。"

30 日　潘景郑复函，谈及"日前获聆教益"，"属查三书，除《雪夜堂集》未见，馆藏馀二种在长乐路书库，俟取到后，检点卷页，再行奉闻"。

本月　周良沛编《戴望舒诗集》，由四川人民出版社出版。据萧应深记述："决定刊行时，他四处寻觅旧本，为之编校，几乎视为己事。"（《一个作家的品格》）

2 月

2 日　致谭正璧函："聘书〔华东师大客座教授〕已送来，今寄上，比上次一个稍为像样。"

4 日　除夕。致师陀一函。

5 日　春节。下午前往赵清阁寓所贺年。

6 日　严载如来贺年，并赠诗作："庚申除夕辛酉元旦二首。蛰存先生郢正，昌埙漫稿。"

7 日　为编定《词学》第 1 辑作"编辑后记"。

8 日　张文江来访。据张文江记述："先生垂询诗坛近况，因《福建文艺》征求他对舒婷诗的意见。"（《笔记中的施蛰存先生》）按程千帆日记：得施蛰存信。

11 日　新加坡南洋大学林肇刚来函。

14 日　潘景郑致函："命跋先人手泽已拟就并粘一空白页交萧斌如。""盛暑怀觉来沪曾属其趋谒崇阶，适公出未值。渠于元宵后去杭，过沪可留数天，当属其再行趋候不误。"

16、17 日　黄坤尧来函。林肇刚致函，谈及大札谓张荃女士之诗作发表于贺光中编《东方学报》，据查并无。

18 日　《关于"古汉语"》刊于《解放日报》。

20日　为江西人民出版社重印沈从文《边城》撰"题记"。

22日　《〈现代〉杂忆》（一）刊于《新文学史料》第1期。

24日　复黄坤尧函："大作《唐词长调考》及复印西纪昭一文均已妥收。""《词学》至今未得印刷厂承印，似乎'难产'。"并附致饶宗颐函。赵景深来函，师陀致函。

25日　程千帆来函，谈及"前年叶嘉莹来南大讲课"，"如兄以为可者，便当为绍介也；又威斯康辛亚洲学系主任周策纵有一小册"，"亦无妨作'文献'刊出耳"。

28日　复宋桂煌函，言及"要找的正是戚蕙侬"，"约一个时间一起谈谈"。林肇刚来函："惠书提及赵清阁女士，晚将此事转告潘受先生，潘先生甚感意外，且亟欲与赵女士联络，附上潘先生短札一纸。"

同日　按程千帆日记："以顾随《辛词说》寄垫存。"

本月　香港波文书局初版陈少棠《晚明小品论析》，刊有为该书封面所作题签。

3月

2、5日　张文江来访。按程千帆日记：得施垫存信。

8日　香港《文汇报》登载吴其敏《海上文情点滴》提及："施蛰老最近来的一封书，他写道'港中所出词学书已收得不少，饶宗颐先生亦来过，晤谈一小时，可谓一见如故'。"

10日　复崔耕函，言及"看戈铭文字排列与足下前次所寄钩本不同，因此我的释文不对头了。现在看来，应当是……，待稍闲当再研索"。黄坤尧致函。

上旬　上海古籍出版社约请校编《陈子龙诗集》。自述："乃邀君［马祖熙］为助，而以检阅、迻录、标点、校正之务，悉以委

君。"(《缉庵词存跋》)

13 日 晨至兼于阁参加"星五老人"茶会。复周退密函。

16 日 《怎样学习古汉语》刊于《解放日报》。

17 日 程千帆复函,谈及侯镜昶带来条子及另函收到;《微睇室说词》随时可载之词刊。

18 日 潘景郑致函:"月前获承教益,至深快慰。嘱用静电复制词集三种,已为代办。""日内黄怀觉要来沪,可即托彼装订成册也。"林肇刚来函。

20 日 晨至兼于阁参加"星五老人"茶会。据周退密回忆:"始以老友施蛰存兄之介,谒先生[陈兼与]于其茂南寓庐。"(《墨池新咏·自叙》)

21 日 林肇刚来函:"致周颖南先生之大札,前日已亲交。""顷觅得赵叔雍先生遗著二种,一为发表于《东方学报》之《冒校云谣集识疑》;一为《高悟轩诗集》。"

31 日 《文汇报》登载张自强《为社会主义尽心尽力——访施蛰存教授》。

本月 《重印〈边城〉题记》刊于《百花洲》杂志第 3 期。

4 月

1、2 日 晨致张文江函。香港陈少棠来函。

3 日 张文江来访。按程千帆日记:"得施老函。"

7、10 日 致广东人民出版社苏晨函。复黄铭生函。

上旬 为将戴望舒译著《高龙芭》编入"百花洲文库"第 1 辑而撰"出版说明"。按:先生未署名。

13 日 杨纪璋致函。新加坡南洋大学林肇刚来函。

14 日 复方宽烈函:"昨日此间报载苏雪林论茅盾创作的报

导,你如去信致苏,望为致意。""陈少棠书想已取得。"

15、16 日 吕贞白致函:"时已四月半矣,《词学》尚未见面,岂印刷仍未解决耶。"苏晨由广州复函。

17、18 日 复福建涂元渠函:"我儿子到福建养病游览,""累厦大同志们及你们伉俪麻烦了一阵。昨天他们夫妇回沪,才知情况,并说你们伉俪热忱招待,实在非常感激。""此次厦大校庆,我本想来赶热闹,借此会晤老朋友、老同学、同事,但此间有许多事缠住放不下手,只得寄了一个贺词去。"复黄坤尧函。

21 日 复周玉魁函:"我说不必研究词律,我甚至以为,词字平仄也不必定死。""我不主张今天再考订词律,三十年前,我看《词综》,发现有些字毫无来历,古本所无,故断定是朱氏妄改;我想做的校勘记是专属此类。"

22、29 日 张文江来访。沈从文寄赠《从文散文选》。

下旬 为与马祖熙标校《陈子龙诗集》而撰"前言"。

月内 海岑在上海病逝,前往龙华殡仪馆参加吊唁仪式。

5 月

1、2 日 《乙夜偶谈·题目、百花齐放、贺年片》刊于《散文》第 5 期。杨纪璋来函。

7 日 选编多人合译的美国薇拉·凯瑟短篇小说集《摇钱树》编入"百花洲文库"第 4 辑,并撰"编后记"。

9 日 汤真致函,商讨"百花洲文库"编辑等事。

10 日 为《怀丁玲诗四首》交付《艺谭》发表又作附记。

12、13 日 夏威夷大学马幼垣来函。南洋大学林肇刚来函。

15 日 复崔耕函:"黄盛璋的释文当可信。""但一般兵器铭文'之用'之上,例为人名,他说'玄膚'是青铜之意,我犹有怀疑。""我有一部'唐书征碑录',还没有时间写,希望在你的帮助下,有一天会决心把它写成。"

同日 包谦六致函,谈及"昨夜去李宝[森]翁家宴","读公致宝翁讯知,因贵体须再次检查,不能践约,令人焦念"。

16、17 日 陈兼与致函:"医生所言肺气肿及心律不齐诸症,皆老年人所恒有,当无大碍。'大鹤山人年谱'经汪欣生粗点后,复送九思先生覆勘。"师陀来函。致许杰函。

18 日 写讫《〈现代〉杂忆》全稿。为完成《戴望舒诗校读记》而作"引言"。

中旬 谢国桢旅沪期间来访。

22 日 晨至兼于阁,参加"星五老人"茶会。

同日 《〈现代〉杂忆》(二)刊于《新文学史料》第 2 期。

24 日 李健吾致函,询及华铃翻译犹太人 D. Pinsky 作独幕剧《被遗忘的灵魂》,要不要收入你主编的《外国独幕剧选》中,请做决定。周退密致函:"前呈芜函,为朱子鹤兄代求神伤图题辞,当早登尊案矣。"

25 日 复周退密函:"'金梁'句拟改为'辽东金息侯',避免直呼其名。惟句法与张章句同,亦尚不惬意,'扬子'请改'维扬',声调转顺。"

30 日 为所作《船子和尚拨棹歌》编入《词学》撰附记。

下旬 新加坡周颖南莅沪,访晤三次。据周颖南记述:"在李宝森先生的陪同下,到他寓所去拜访;两回聚会,一回在新雅饭店,一回出席李宝森先生为我而设的家宴。"(《施蛰存教授〈贺俞平伯先生暨德配许夫人重圆花烛诗〉及其编辑的〈词学〉》)

又 据邓云乡记述,与陈兼与第一次见面,在友人李宝森先生的家宴上,介绍人是施蛰存教授。(《老成凋谢之思》)

本月　浙江人民出版社出版《诺贝尔文学奖金获奖作家作品选》,内收译作波兰克微支《灯塔看守人》。

本月　四川人民出版社出版、由徐州师范学院编辑组编《中国现代作家传略》,内收"施蛰存自传"。

6月

5日　俞平伯致邓云乡函谈及:"蛰存曾和我《重圆花烛歌》,颇佳。"

9日　俞平伯复函:"知《词学》首期将于本月出版,经营多时,始有成效,足征毅力,良为佩悦。承索稿,亟思应命。"附《玉楼春·和清真韵》。汤真来函。

10日　《读书》第6期登载黄永玉《书和回忆》提及:"我很佩服施蛰存先生当年敢碰碰文坛巨星的胆略和他明晰的逻辑性。"

同日　按程千帆日记:收到施蛰存函,"寄施15元及《左翼文艺运动史料》"。

13日　程千帆致函:"寄拙著《史通笺记》。"

16日　按程千帆日记:"得蛰存信附瞿翁题签。"

18日　夏威夷大学马幼垣复函:"所赠'三言二拍资料'已收到,极精彩。""允赐墨宝,容先致谢。""先生若肯割爱,赐弟戴望舒书信一封。"按程千帆日记:"文二篇寄蛰存"。

19日　杨纪璋来函。

20日　上海市鲁迅诞辰100周年纪念委员会成立,据《解放日报》《文汇报》等报所载名单,先生名列106位委员之一。

22日　复陈尚君函:"关于飞卿生年,我未尝研求;《赠蜀将》诗则似乎你有所误解,今另纸写奉鄙见,请思考。"

同日　陈兼与致函:"'郑叔问年谱',经陈九[思]老校勘并加标点,弟亦覆阅一过。"

28日　作诗《海盐富铁耕为漆工,从王遽常学急就章,甚得古意,顷以孔雀东南飞长卷来乞题一绝归之》,书于卷上。

月内　郑逸梅复函:"尊辑《词学》已有眉目否?"

本月　《乙夜偶谈·真实和美、官僚词汇》刊于《随笔》丛刊第18集。

本月　与海岑合编《外国独幕剧选》第一集,由上海文艺出版社初版;内收其撰"引言"(署名"编者"),译作英国邓珊奈爵士《小酒店的一夜》、德国海尔曼·苏特曼《戴亚王》、捷克耶·荷尔赫列支基《见证》、西班牙格·马·洗艾拉《情人》。

7月

6日　杨文其自洛杉矶致函,并附《北美日报》再次刊载黄贵文《回忆施蛰存》之剪报。

9日　《随笔》编辑郭丽鸿致函:"我们已遵前两信所嘱将有关鲁迅与邵洵美的一段删去,承您一再提醒,甚感。"

13日　俞平伯致邓云乡函谈及:"蛰存房屋问题初不知,《词学》创刊号尚未得见,估计前途困难不少。"

15、16日　邵修青致函。访吕贞白。

18日　复谭正璧函:"'珍本丛书'拟目定了两次,前后不同。兄处是否还存有此样本及目录?如果有,我想暑假中假阅,备写回忆记。""《词学》第1辑已排版,这几天在校初校样,无法请人帮校,只好由弟一手包办。"吕贞白来函。

21日　致周退密函:"《朱古微像》印本,请带来惠借。"

24日　上午至兼于阁,参加"星五老人"茶会。

同日　复周玉魁函:"接到你的'校记',取出吴氏书核对,所校都是。""足下能读书,亦能钻研,故乐与足下商榷。"

28日 致范用函:"北海巧遇,大是有缘,可惜没有时间再晤,多聆教益。《巴黎的忧郁》一册今日已挂号寄奉,""是我原有的一本旧版,但内容与新版无异。"

月内 始编译著《域外诗抄》。自述:"湖南人民出版社计划编一套译诗丛书'诗苑译林'。彭燕郊同志写信来和我商量,希望我也参加一本。""我开始搜索残馀译稿,并请上海文研所的应国靖同志和我的学生左燕代我向各图书馆去借抄三十年代和四十年代各种报刊中发表过的译稿。"(《域外诗抄》)

本月 《在福建游山玩水》刊于《榕树文学丛刊》第2辑。

本月 由湖南人民出版社出版、鲁迅博物馆鲁迅研究室编《鲁迅诞辰百年纪念集》,内收《关于鲁迅的一些回忆》。

8月

1日 《群众论丛》第4期《治学经验谈》(一)刊载先生等10位专家学者回答编者所提出的五个问题。

4日 邓云乡致函:"昨日去看平伯,""对词刊垂注甚殷,因就所知一一陈明。"

7日 《南洋商报·写作人》登载周颖南《施蛰存教授〈贺俞平伯先生暨德配许夫人重圆花烛诗〉及其编辑的〈词学〉》。

11、19日 复周退密函,言及"《词学》即将二校,新华书店通知全国预定数字为13000册,今拟印15000册"。致张文江函。

20日 致周退密函:"得'词学'钩字,大以为异,因检《隶释》,所录汉石,均作'其辞曰',只有《娄寿》一刻作'其词曰'。""弟所知汉人用'词'字只在'词讼'之类,碑铭前不可用'其词曰',可知《娄寿碑》已是唐宋人翻刻,必非汉原石也,洪丞相未注意及此,故亦无说。""本星期五要到锦江去会一个华裔美人,不克到兼丈处,期以下周。"

22 日　《〈现代〉杂忆》(三)刊于《新文学史料》第 3 期。

25 日　《怀丁玲四首》并"附记"刊于《艺谭》第 4 期。

28 日　复吴羊璧函,言及"我办《词学》,才知道现在此间印刷厂的迟慢情况"。

29、30 日　按程千帆日记:"得蛰存"信;"致蛰存"。

月内　傅敏寄赠《傅雷家书》(三联书店北京版)。

9 月

4、7 日　彭燕郊来函,谈及译诗丛书"得到你的援助,可庆幸处岂仅得'忘年之知己'而已";"还有这些事[列有五个问题]要麻烦你告诉我"。复彭燕郊函。

10 日　为编讫《艾登伯致戴望舒信札》撰"引言"。为译著匈牙利莫尔那《丈夫与情人》撰"新版引言"。致张文江函。

11 日　前往上海展览馆参观"1981 年上海书市"。

12 日　中秋节。复黄坤尧函,言及"《唐五代词研究》卷尾有一个参考书目,使我知道台湾词学书出版情况","任二北的那本我尤其需要"。俞平伯致函:"近读周颖南在新加坡介绍足下,前者和我长歌一文,藉得流传海国,亦胜缘也。""屡承属写文,实无以报命,顷检得一残纸,略加整理,只二三百字,姑寄奉一览。"

17 日　黄坤尧来函。彭燕郊复函:"找出版社的同志商量'译丛'的事,他们听到我所说的你的意见,同样大为高兴。"

21 日　复谭正璧函。

22 日　复周良沛函:"应三联书店之约,编望舒诗文集,10 月底交稿。为人民文学出版社编望舒四卷集,定年底交稿。"

24、28 日　复彭燕郊函。端木蕻良来函。

下旬　重庆西南师范学院中文系 78 级 1 班邓小军 21 日来函，即复函。

本月　辑录苏曼殊《燕子龛诗》，列入"百花洲文库"第 1 辑，由江西人民出版社初版。（1985 年 12 月再版）

10 月

4 日　致师陀一函。

5 日　许白凤复函："《兼于阁集》诗八十馀页为一本，刻在装订中；词二十馀页一本，缮蜡月内亦可工毕。""宝森先生诗稿，昨晚与写手金锡琳君洽定续办。""京中马里千先生工诗词，久仰先生大名，谓庄子一案，印象尤深，迅翁偏激之见，实难服人云。"

9 日　复黄坤尧函："《唐词长调考》编入［《词学》］第 2 集，尚不知何时可以出版，尊文如不嫌迟滞，可以寄来，但恐只能编入第 4 集耳。希望 1982 年印出三本。"

10 日　复师陀一函。

12 日　北京闻宥来函。湖南彭燕郊来函。

15 日　致谭正璧函。复黄坤尧："昨日收到大札及书单，恰巧下午要上街，即到南京路、福州路各书店去访书。""刘永济《词论》及《唐五代两宋词简析》这二书是我奉赠的。""《敦煌词校录》也已收到，如果见到罗忼烈先生，请代我致谢。他最近送了我一份《桃叶渡填词图》照片，我将用作《词学》插绘。"

16 日　参加华东师大成立 30 周年庆祝活动，并与徐中玉、史存直等教授与校友合影。

18 日　程千帆致函介绍南京大学张月超来访："拟请其将'涉江词'稿带回。""前马兴荣先生编词论集，略有献替，仍嘱请兄裁定。"

21、22 日 致黄坤尧函:"托一位朋友到古籍出版社去商量内部买书,你要的书全部买到。"黄坤尧来函。

24 日 按程千帆日记:"得蛰存信,言词刊事。"

25 日 复崔耕函:"今拟了一个次序纲目,您如高兴依此改写,可以更成熟些。""我很希望《中原文物》能陆续发表些《中州现存碑目》,《嵩山塔铭目录》也希望见到。"附为崔耕《秦王告少林寺教碑考》初稿而撰"次序纲目"。

26 日 致萧斌如函。南京大学张月超来访。

30 日 张珍怀致函,谈及"前岁秋在徐永端处获聆海益,其后又曾为查询龙先生旧编《词学季刊》事与您通信","近笺日本三家词,已完成初稿,兹奉上'前言'"。

同日 彭燕郊致函,谈及"你和望舒的译诗集什么时候能寄出? 我希望最近就能得到"。

本月 《希达奴谣曲》刊于《榕树文学丛刊》第 3 辑。

11 月

1 日 南京东路新华书店开设"文史哲专柜",即往访书。

2 日 致湖南彭燕郊函。

3 日 复黄坤尧函。吕贞白致函,谈及"闻严绥丞研究韩柳,又有法师指导,定不凡也"。

8 日 卞之琳来函。吕贞白致函:"杨积庆来云,已拜见法座。小僧将所过录冒鹤亭、夏映庵、吴眉孙、曹君直批清真词,嘱积庆整理,将来当陈法座审定。"

10 日 叶圣陶致俞平伯函谈及:"施蛰存则编《词学》,旧体大概将传下去矣。"

11日 叶圣陶复函,谈及"闻尊体略有病患,失聪与我同,不胜遥念"。

12日 冯亦代为译著海明威《第五纵队及其他》作"重译后记"提及:"施蛰存同志征求我的意见,希望把《蝴蝶与坦克》一书编入江西人民出版社出版的'百花洲文库'中。"

14日 彭燕郊致函:"你说周煦良同志译的霍思曼能加入我们这个'译丛',这真是太好了,同时你又告诉我金克木同志的地址,这都得感谢你!"

17日 复黄坤尧函,言及"我因房屋要大修,而居住问题尚未解决,落实政策遥遥无期,存放书籍之晒台上小屋,即须改建,故一月以来,向学校要求,借得临时用小房一间,将家中书籍文物,统统迁移到校中"。

18日 程千帆收到先生来信即复函。

19日 致叶圣陶函。致彭燕郊函。金名来函。

23日 陈兼与致:"前晚聚谈甚懂。顷汪欣生来云,近有37号文件,将网罗旧人整理古籍,并谓承公雅意提举,有明年退休后转地之念。"

26日 叶圣陶复函:"现仅有一品极适于尊需,为朱彊村手书词三首(长调一,短调二)赠与夏丏翁者,书法极工,为一长卷。刊入《词学》,必为读者所喜。"黄坤尧来函。

27、29日 复黄坤尧函。

29日 吕贞白致函:"有黄葆树者,黄仲则之后裔也。曾将'两当轩诗集'木板捐献国家,并搜辑黄仲则遗文轶事及有关评论黄仲则之文章,虽前弟函公请赐以珠至,谅已趋府矣。"

30日 程千帆致函,谈及"谨绍介江苏人民出版社编辑王士君、陆国斌两同志奉访。他们有一个值得支持的好打算,即印行研究生的毕业论文,分'集刊'及'专刊'","想请您担任审稿人"。

月内 北京刘北汜来晤。山西师范学院储仲君等来访。

月内 西北大学符景垣在沈诗醒陪同下来访并合影。

本月 主编《词学》第1辑出版。《词学》编辑委员会由先生与张伯驹、夏承焘、俞平伯、任中敏、唐圭璋、潘景郑、黄君坦、钱仲联、宛敏灏、吕贞白、王起、徐震堮、程千帆、万云骏、马兴荣组成。《词学》主编由先生与夏承焘、唐圭璋、马兴荣担任。刊有《读韦庄词札记》《陈大声及其〈草堂馀意〉》,并始载所撰《历代词选集叙录》,署名"舍之";别有《新出词籍介绍》《丛谈》《编辑后记》,署名"北山""是水""痴云""丙琳""编者"。

本月 译著《轭下》,由人民文学出版社新版重印。

12 月

3、7 日 致林乾良函。彭燕郊复函,谈及"我也有些想法,恐亦不切实际,不过极想征求你的意见"。

9、10 日 应卢玮銮撰《戴望舒在香港》之征询作复函;复朱雯函。致黄坤尧函。

上旬 为编定《词学》第2辑撰"编辑后记"。

12 日 冯亦代致函:"《第五纵队及其他》清稿送给了汤真。""真感谢你给我这个机会。"陈巨来来函。

17、22 日 复冯亦代函。俞平伯致函:"《杂拌儿》承绍介重印有成议,欣荷。""今题词约兄代之,最为恰当,庶几吾道不孤,尽可放笔为之。"

25、26 日 复宋桂煌函。黄葆树来访,因往校开会而留言:"两部诗集我要对校其中一部分(词),请再留几天。"

27 日 阅藏岑仲勉著《金石论丛》。

约在期间　主编(未署名)"百花洲文库"第一辑 10 种,由江西人民出版社先后出版。

1982 年(壬戌)　77 岁

▲12 月,五届全国人大五次会议通过并公布施行经全面修改的《中华人民共和国宪法》。

1 月

1 日　元旦。按程千帆日记:得"施蛰存信"。

3 日　陆贞弘、周圣伟、陈茵眉相继来访。张珍怀致函:"最近中央指示整理古籍,想您已早知,词学书籍需要整理者,想也在内。"冯亦代复函,谈及"我所见到的书是《西班牙抗战谣曲选》,此书我记得是出版过的","《西班牙歌唱了》一书,已托人在人民出版社及人民文学出版社的资料图书室去查"。

4 日　下午张文江来访。

5 日　上午到校。午后往华东医院探视徐震堮、周煦良。

6 日　上午到校。下午拟招考研究生试题。复黄坤尧函。为魏绍昌《红楼雅集》"花名酒令签图册"题书。

7 日　午后上街购买宣纸。邓云乡来晤。

8 日　先生"写字数纸应付求索者"。徐静华、汤真、王智量、陈文华先后来访。

9 日　批阅严寿澂论文稿讫。晚上陈茵眉,左燕来谈。

10 日　杨晋豪,黄葆树来晤。致叶圣陶函。沈从文复函:"从《书谱》中得读兄谈唐碑文章,篇章不大,却极有内容,增长知识不少。但愿不久能集印成书,弟或可称—'好读者'!"

11日 早晨到校。下午编定《外国独幕剧·第三集》篇目。

12日 叶小铿,戴平来访。致吴心海明信片。

13日 李宗为来请教。续作《唐诗绝句杂说》。

同日 叶圣陶复函:"彊村词幅当俟便托人摄影寄奉","《西川集》承念及之,良感厚爱"。

14日 上午至长宁区房地局使用科,谈归还住房事宜。杨耀斌,吴心海来访。

15日 赵昌平,左燕,马兴荣来访。长宁区房地局来谈归还住房事宜。致彭燕郊函。

16日 上午到校开会。

17、18日 外甥女周聿宸来晤,周劭来谈。上午到校。

19日 始编《词学》第3辑。叶小铿,仲娟芳来访。徐定戡致函:"顷得儿子域外家报,有夏威夷大学同事马君幼垣曾勾长者词翰,以未蒙班赐为念,禀请代为敦促。"

20日 为重印俞平伯《杂拌儿》撰"题记"。

21日 欧阳翠介绍朱永康来访。马祖熙,周劭,李学颖来谈。

22日 晚上王西彦宴请先生与许杰,徐中玉和钱谷融夫妇。

24日 除夕。马祖熙,戴自中,范泉来谈。彭燕郊致函:"拙诗有承奖誉处,内心甚为感奋,特别是你指出我的一个老毛病。""你说我那首'钢琴演奏'可删节至少在三分之一,可谓痛下针砭矣!""'望舒集'仍非赶一赶,尊集望接下去就赶。"

25日 春节。周东璧来贺年,研究生陈文华、黄明、严寿澂、赵昌平、李宗为来贺年。

27日 张文江,沈仲章,董双来贺年。

28日 俞平伯复函,谈及"承赠《燕子龛诗》","搜罗宏富,未易得也";"《杂拌儿》中文字瑕瑜互见","今荷雅爱为介绍重刊","又荷允代看校样";"知《词学》已见样本","兄之热情毅力,续遐丈、榆兄未竟之业,为词坛护法,功德不浅矣"。程千帆来函。

29日 蔡仲德,雷平一,陆国斌,邵修青,金名,陶嘉炜,黄葆树来贺年。

30日 蒋小雯,包谦六,盛毓瑾来贺年。午后初访徐定戡。复崔耕短笺。致黄坤尧函:"10日寄出书一包(《夜郎考》等3册)","台港方面如有词学新刊,还请你收集或报导。"

31日 徐定戡来访。济南唐郁南来晤,唐祖伦来谈。

本月 《施蛰存谈〈现代〉杂志及其他》刊于鲁迅博物馆鲁迅研究室编《鲁迅研究资料》第9辑。

2月

1日 上午到校。下午富寿荪,封耐公,蒋哲伦来访。

同日 叶圣陶复函,谈到"久想重读曼殊诗,今接到赐寄新印《燕子龛诗》,喜甚"。

2日 范泉,黄葆树来访。俞平伯复函:"昨得手书并'题记',至欣。文情委婉,不蔓不支,允推合作,惠我良多。""来书云:'书名不可改',诚然。"

4日 校研究生科陈子良来谈成立古籍整理研究所事。

同日 在《新民晚报》开设"语文病院"专栏,署名"王了二"(以下均同),始刊《语文病院开业词》《语文病院·病例一》。

5日 徐永明陪同陈懋恒之子赵之云、许宛云夫妇来访。据许宛云回忆:"他正打算编撰一本《中国女诗人集》,非常希望我们能提供陈懋恒和陈小翠女士的诗作及生平简介。后来,我给他送去了资料。"

6日 上午到校。为《安持精舍印冣》撰序。

7日 下午钟荑,薛文才来谈。

8日 元宵节。朱永康来访。夏承焘、吴闻夫妇寄赠《天风阁诗集》。

9日 蒋小雯、陈文华来谈。按程千帆日记:"得蛰存信。"

10日 上午到校。下午史承钧,陈茵眉携女儿来访。

同日 《也谈松江鲈》刊于《新民晚报》,署名"舍止"。

11日 马祖熙,陈伯海、蒋哲伦夫妇,左燕来谈。

12日 晨至兼于阁参加"星五老人"茶会。中午在周退密家吃元宵。午后访陆宗蔚。赵景深来函。

同日 《语文病院·病例二》续刊《新民晚报》。

13日 叶小铿,徐定戡来谈。叶圣陶致函:"《词学》已收到,""作者甚众,内容赡富,胜于以前之《词学季刊》。"

14、15日 戴自中来晤。上午在校,许杰题赠《〈野草〉诠释》;下午赵昌平来谈。

16日 上午访边政平。午后观看电影。晚上沈毓刚来谈。张珍怀致函:"笺注日本三家词,有几个典故想求教于您。"

同日 《语文病院·病例三》续刊《新民晚报》。

17日 上午到校。下午薛文才,马蹄疾,陈茵眉,黄明,凌霜来访。

18日 上午在校赁屋中查检书籍,又晤杨勤辉。下午赵之云,北京董秀玉来访。

19日 晨至兼于阁参加"星五老人"茶会。下午戴自中、晚上司徒伟智来谈。

20日 王兴康,吴心海,周劭来访。

同日　《唐诗绝句杂说》(上)刊于《语文学习》。

21 日　黄清士,陈中英,包谦六来谈。

22 日　为江苏人民出版社选定出版古典文学研究生论文集、讨论古籍整理出版计划,下午与研究生陈文华、复旦大学王运熙乘火车赴南京,晚上 8 时到达,下榻双门楼宾馆。

23 日　上午与王运熙、孙望、程千帆、徐朔方参加江苏人民出版社副总编高纪言召集的会议,定审稿办法。下午审阅论文。

同日　黄坤尧来函。楼适夷复函:"您编这套文库,介绍古今中外艺文精品,很有意义。关于曼殊身世,这里收录的柳亚子'新传',后来是有订正的。""这是我最近偶然翻阅 81 年 6 期《人物》杂志,见到柳无忌《关于苏曼殊》一文才知道的。""天马书店出版的《创作的经验》,为左联筹款,由我编辑的,""您看看是否值得重印,由您决定好了。您一直在勤恳地写作、翻译与编书,非常钦羡。"

24 日　全天审阅论文。晚上日本大阪女子大学副教授横山弘来访。

25 日　继续审阅论文,选定 15 篇。晚上南京大学中文系副主任包忠文、现代文学教研组主任邹恬来访。

同日　《语文病院·病例四》续刊《新民晚报》。

26 日　下午在南京大学与中文系现代文学组青年教师座谈,南京师范学院也派人参加。会后访陈瘦竹。晚上与唐圭璋、孙望、金启华、程千帆、王运熙、徐朔方出席南京师范学院宴请。

同日　张伯驹在北京病逝。撰"丛碧词丈千古"挽联:"春海移桑闲老京华贵公子,尘琴掩瑟歌残梁苑旧词人。"

27 日　下午出席讨论江苏人民出版社古籍整理出版计划的会议。晚上日本爱知女子大学坂田新、南京大学王九衡来访。

28 日 下午江苏人民出版社招待与会者前往中山陵观赏梅花。又与程千帆、孙望、王运熙同谒叶恭绰墓,并留影。

3 月

1 日 中午与研究生陈文华、复旦大学王运熙由南京乘坐火车返回上海,下午 6 时到家。

同日 经教育部批准,华东师范大学建立了学位评定委员会,下设十个专业学科分委员会,被聘为文学(中文、古籍整理、图书馆学)学科分委员会委员。

2 日 沈师光,马兴荣来谈。复吴福辉函,言及所作"大多数小说都偏于心理分析,受 Freud 和 H. Ellis 的影响为多"。

3 日 朱秉正来访。复谭正璧函。

4 日 董红钧来访。复黄坤尧函。《语文病院·病例五》续刊《新民晚报》。

5 日 上午在校参加学术委员会会议。复张国瀛函。冯亦代致函,谈及"小董[秀玉]回来,知近况甚慰";"我写了一篇译后记,说明对海明威的新看法","请你指教";"你寄给我的望舒照片,找到小丁认人","自左至右:丁聪、周而复、张光宇、洪遒、特伟、望舒、韩北屏、黄新波。据丁说是摄于 1948 年香港六国饭店,是刘火子、金端苓的结婚之日"。

6 日 上午到校。曹旭来访,题赠辑录《燕子龛诗》。

7 日 下午访高仁偶,徐润周,汤天陶。

8 日 上午到校。下午盐城周梦庄来晤。俞平伯复函:"得 4 日手书,内子之丧,承致唁慰。""附奉遗作小词一首俟正,又检七十年前旧小说译本中词一首塵眛。"

9 日 上午黄葆树来谈。下午往华东医院探视徐震堮,赵家璧,周煦良,柯灵。

10日 为编讫《戴望舒译诗集》而撰序。

同日 赵昌平,邓云乡,刘同毓来谈。致周颖南函。

11日 与邵修青应沈师光之请吃西餐。

12日 上午在校开会。《文学报》边凤豪来访,陆宗蔚为松江修志事来谈。《语文病院·病例六》续刊《新民晚报》。

15日 下午陈邦炎来谈,又访沈宗威。

16日 应国靖,蒙慕,厦大校友许维梓,陈文华来访。

17日 黄明、赵昌平来请教。张珍怀致函:"如果词学整理是在您的主持之下,《词学》当可列为古籍整理之刊物的一种,以后印刷总可以方便些了。王小婧女士有信来云,她的词已由陈兼与先生转给您了。"《语文病院·病例七》续刊《新民晚报》。

20日 齐森华陪同《社会科学战线》马兰来约稿。复审《词学》第4辑稿件。黄明、陈文华来探望。

同日 《唐诗绝句杂说》(下)刊于《语文学习》。

22、23日 马兴荣来谈。王建定,蒋哲伦来访。

24日 始批阅赵昌平毕业论文。端木蕻良致函:"我对'百花洲文库'的开本及其装帧,感到有些新鲜感,这都和您及江西人民出版社同志们辛勤工作分不开的。"

25日 金名来取去独幕剧目及书五本。朱明华来访。

26日 富寿荪晨来谈。

27日 左燕来,托其代抄《陈小翠年谱》。

28日 早上周退密来谈。

29日 陈文华、徐静华、李宗为来谈。《语文病院·病例八》续刊《新民晚报》。

30日 《中国大百科全书·中国文学卷》编辑送来"隋唐文

学条目"印样请予审校。连日批阅赵昌平论文讫。

31 日 始批阅严寿澂毕业论文。

本月 《说"诗馀"》刊于《文艺理论研究》第 1 期。

本月 上海古籍出版社出版华东师大中文系古典文学研究室编《词学研究论文集》(1949—1979),本集由马兴荣编选,施蛰存参订;内收其作《读温飞卿词札记》《读冯延巳词札记》。

4 月

1 日 黄明来请教。访高君藩。郭成九来晤。《语文病院·病例九》续刊《新民晚报》。

2、3 日 赵昌平来取论文作修改。左燕,陆贞弘来访。

4 日 中午在蓝村西菜馆参加厦门大学校友聚餐,餐后在科学会堂合影,万鸿凯、陈德恒、萧贞昌均来。

5 日 拟写中国古代文学硕士研究生培养方案。齐森华来商研究生留校事。沈师光迁居北京来辞行。

6 日 上午到校开会。夫人七十九生辰,"三子二媳诸孙及外甥女聿宸夫妇均来贺,并合作治筵,晚间聚餐"。

7 日 蒋哲伦,郭明道来访。程千帆来函。《语文病院·病例十》续刊《新民晚报》。

8 日 富寿荪、蒋哲伦来谈。《解放日报》登载《开启"中国近代现代丛书"之库的钥匙——上海图书馆编印的〈目录〉〈索引〉介绍》提及:"华东师大施蛰存教授说:'这是一本很重要的工具书,为近代现代文献的探索和研究,打下了坚实的基础'。"

9 日 赵昌平、陈伯海相继来谈。

10 日 徐静华,应国靖,陈文华,左燕来谈。为《陈从周画竹卷》题跋。楼适夷致函:"希望您选印一些望舒的诗和您自己的别具风格的短篇；今天文艺出版似乎很兴旺，但是有点杂乱，'［百花洲］文库'树立一个自己的方针，是很好的。"

11 日 为赵昌平修改提纲。

12 日 赵昌平等来请教。审阅"百科全书·隋唐文学条目"稿 30 页。在陈从周绘竹条幅上题书："淇奥风流宛在"。

13 日 上午到校。下午应国靖来谈。《语文病院·病例十一》续刊《新民晚报》。

14 日 姚昆田，赵之云，张文江来晤。续审阅"百科全书·隋唐文学条目"稿 20 页。连日续批阅严寿澂论文讫。

15 日 晨访谭正璧。下午司徒伟智，陈文华来谈。杨纪璋来函。始批阅黄明论文。

同日 复端木蕻良函："我的主张则是，较重要的文学史资料，印一些有参考或研究价值的书出来，为现代文学研究者提供方便。第二集中我本想印胡适《尝试集》，出版社不敢，现在听说已有四川新印本。我还想印一本张资平早期作。"

16 日 撰指导研究生交流稿。叶小铿，万紫，主万来谈。

17 日 上午在校开会。阅读日本村上哲见寄来词学著作。

18 日 周劭，叶鹿金，吴劳来访。至静安寺新华书店购《词学》第 1 辑，"云已售罄"。

19 日 下午到校。黄清士来晤。《语文病院·病例十二》续刊《新民晚报》。

20 日 全天在校批阅招考研究生入学试卷。

22 日 上午到校。下午朱秉正，黄明，南京师范学院吴锦陪同日本坂田新来访。复张厚仁函："我以为 Boll 的小说或 Rilke 书信总有一本可以出来，岂知至今犹无消息。""我有 *Marie Grubbe*，""最希望你把他的六个短篇译出，我给你写个序文。"

23日 晨至兼于阁参加"星五老人"茶会。下午严寿澂来取论文作修改。晚上钟黄来,"觅得望舒照片二纸"。

24日 上午周贻胜等来访,下午曹旭,蒋哲伦,陈文华,郭成九,邓云乡,晚上左燕,刘大为来访。复施议对函:"关于词派问题,我意已尽,亦不想多涉及。我不同意的是一个'派'字,并非不同意风格有'豪放'、'婉约'之别。"

25日 夏承焘致函,谈及"寇梦碧翁来书,示悼念张丛碧翁词一阕,转呈文几";"《词学》问世,求阅者甚多,惟购买不到","下次能否稍稍增印"。

26日 上午在校审定中国近代文学专业研究生榜,复试四名。下午金名,丁言昭,王寿兰来访。《语文病院·病例十三》续刊《新民晚报》。

27日 访沈仲章,借照相机。午后沈仲章来教照相机用法。

28日 上午到校。下午宋学勤、刘同毓来谈,耿百鸣送来赴西安火车票。

同日 连日批阅黄明论文四章讫,始批阅李宗为毕业论文。

29日 下午叶鹿金来取《外国独幕剧选》稿,赵昌平来请教。

30日 耿百鸣,《西湖文艺》董校昌,陈文华,叶治来访。"治行装,明午去西安"。

下旬 师陀寄赠长篇小说《结婚》。

本月 译著保加利亚伊凡·伐佐夫《轭下》,经樊石、于景斌、陈九瑛、叶明珍据保文原版本校订,校订署名"石斌、陈珍",列入"外国文学名著丛书",由人民文学出版社出版第四版。

5月

1日 下午与万云骏夫妇、沈广仁乘火车赴西安参加中国唐代文学学会成立大会暨第一次讨论会。据符景垣回忆："会前施老两封致我的信函尤其感人至深,先是说他打算偕夫人同来西安,'希望给我们安排一个简单的住处,能二人合住一室最好,只要普通的宿舍,不要奢侈。'后来他改变计划又来信说:'弟则单独来,内人不健,未能西行了。''我与研究生可合住一室,不一定要 10 元的,就是 3 元的也可以;或者几位老人合住。'"(《我所了解的文学大师施蛰存》)

2 日　下午 2 时抵达西安,由会务组接到止园招待所,下榻五号楼 113 室。西北大学党委书记兼校长郭琦来访。

3 日　参加预备会。

同日　《语文病院·病例十四》续刊《新民晚报》。

4 日　上午在西北大学礼堂出席开幕式。下午在止园招待所礼堂参加发言。据符景垣回忆："施老作了几次言简意赅的发言,为唐文学研究的兴盛出谋划策。"(同上)作"西游"第一诗。

5 日　夜受风寒,晨大咳不止,未能赴会,接受治疗。

6 日　大会组织参观昭陵、乾陵,乘车经浐水、灞水,作"西游"第二诗。

7 日　上午出席大会发言,下午参加小组讨论。

8 日　参加游览华清池、秦兵马俑坑、始皇陵、半坡遗址,作"西游"第三、第四、第五、第六诗。

同日　俞平伯复函:"大作雒诵,欣佩。词之初起,盖未定名。'诗馀'之称,良多歧义。""今得斯篇,引证源流,明辨以析,令人心悦,何不刊诸《词学》? 想必改定旧稿,在编辑创刊号之后软? 兼示以吴君'三家词法'一文,亦甚精细恰当,或与今日风尚有异。""拙作佚词一首,未入集中,今抄奉备览。"

9 日　上午出席选举理事大会,会上当选为第一届中国唐代文学学会理事。下午参加由大会组织吟诗、书画活动，与杨植霖、萧涤非、苏渊雷等用方言吟诵唐诗。晚上观看由陕西省委招待的电影《少林寺》。

10 日 上午出席大会，正式通过《中国唐代文学学会章程》《中国唐代文学学会理事会名单》。下午参加游览兴教寺、香积寺、杜公祠和大雁塔，又赋诗一首。

同日 《语文病院·病例十五》续刊《新民晚报》。

11 日 上午参加大会闭幕式。下午自行参观西安碑林，随后登上钟楼观景，"和两位萍水相逢的老人攀谈，从西安市容讲到历代皇都"。晚上西北大学安旗来访，为其纪念册题诗。

12 日 晚上 10 时 30 分与佟培基等乘上 132 次列车。

13 日 早晨 7 时抵达洛阳，委托佟培基把旅行包带到开封便下车。湘潭大学张式铭来火车站迎接，下榻在洛阳军人招待所三楼 314 室，同游龙门、关林。

14 日 上午张式铭陪同游览白马寺，下午乘坐 188 次列车抵达开封，刘朱樱、王宝贵接至开封宾馆 3 号楼 112 室。

15 日 在王宝贵、王澄和刘朱樱陪同下游览柳园口、黄河古渡、铁塔、龙亭，下午参观开封市博物馆，游禹王台、相国寺。

16 日 刘朱樱来接至其家午餐。午后佟培基陪同访河南师范大学高文，任访秋也来晤，晚上在高家聚餐。

17 日 王宝贵来邀至其家聚餐，同席者桑凡及子大钧、王澄、尹文正、周俊杰、刘梦璋、王胜泉、刘朱樱。下午王宝贵、刘朱樱等六人送至火车站，乘坐列车返沪。

同日 《语文病院·病例十六》续刊《新民晚报》。

18 日 早晨 7 时 30 分抵达上海火车站（北站）。

19 日 上午到校。下午陈文华、黄明来请教。

20 日 晨在校为所招研究生王兴康、张文江、宫晓卫复试。

21 日 晨至兼于阁参加"星五老人"茶会。下午戴自中,张国瀛来谈。晚上王勇来访。

22 日 上午复去外地期间来信。下午陈文华,李宗为,金名来访。晚上左燕,吴广泽,苏渊雷来谈。陈兼与来函,附黄君坦词作《石州慢·题蒋鹿潭戴笠持竿小象》。《艾登伯致戴望舒信札引言》刊于《新文学史料》第 2 期。

23 日 陈文华晨来,同访包敬第。晚上韦秋琛携女儿来访。

24 日 陈文华来,托其还图书馆书。喻永祚来晤。为进修班备课。楼适夷来函。

25 日 上午在校,为华东师大文艺理论教师进修班讲"艺术之起源"课二小时。下午赵昌平来请教。

27 日 午后访沈仲章,还照相机;又访朱雯,吕贞白。晚上杭州陈植锷来访,包国芳来送赵昌平论文。

28 日 上午在校晤马兴荣,又托周圣伟向校部办文致市委教卫办,"要求拨房屋"。

同日 复沈师光函,言及"这个苏格兰剧本[乔·柯利著《山屋》],是我指定给你译的,我看,这些人中,也只有你能译。我以为查查字典当然更好,不查也可以意会处理"。

29 日 上午在校托刘国梁向校部反映房屋事。下午应国靖,陈文华,左燕,黄明来谈。

30 日 上午访边政平。下午张汝砺来谈。

31 日 赴南京参加教育部召开的中国古代文学及中国古代史硕士研究生培养方案讨论会,中午 11 时到达南京,下榻在钟山宾馆 1 号楼 305 室。下午游览明孝陵。

同日 《语文病院·病例十七》续刊《新民晚报》。

下旬　王西彦寄赠《王西彦小说选》。

本月　上海人民出版社编辑出版《怎样打开自学之门》，收录其作《自学古文有没有快速的办法？》。

6月

1日　上午在住所阅览会议文件。下午参加大会，听取教育部副部长黄辛白讲话。

2日　参加古代文学小组讨论会。下午4时半参观美龄宫。

3日　仍参加小组讨论会，讨论古代文学研究生培养方案。

4日　晨散步至参观四方城。全天继续参加小组讨论。

5日　上午在住所阅览会议文件，下午参加讨论古代文学研究生论文标准。

6日　休会，参加游览梅园新村、煦园和瞻园，午后至莫愁湖、中华门城堡、雨花台。

7日　全天参加小组讨论"论文标准"及"会议纪要"。

8日　下午参加大会交流。

9日　上午继续参加小组讨论"会议纪要"。

10日　早晨自行往南京博物院参观。下午出席闭幕大会。

同日　北京李健吾复函："你说需要的材料和书，估计我所大概都有一些。"

11日　早晨乘坐301次列车返回上海，11时半到家。

12日　赵昌平来提交修改后的毕业论文。复旅宁期间的积压来信，其中复内蒙古师范学院中文系申建中函："爱冬同志有什么问题，可以惠示，我当尽力支助。"

13日　上午周劭，吴奔星，黄葆树，陆宗蔚来访。下午陈文华来提交修改后的论文，左燕来访。复吴福辉函："你们决定选用《春阳》,很有眼力,这篇也是我自己满意的。""你提的四个问题,简复如下。""捷克有一个人叫迦列克,发表过一篇文章,讲了三个中国作家,茅盾、曹禺和我。此文我未及过目,听说发表在'诺贝尔奖金文学论文集'内。"

14日　上午到校。下午严寿澂来提交修改后的论文。张文江,施议对来访。

15日　早晨戴咏素来探望。下午孔海珠陪同到淮海路上海书店仓库选购旧书。

16日　上午到校。下午周聿宸,薛文才来访。复崔耕函。

17日　午后至锦江饭店924室访钱歌川,"遇吴铁声,同出,至淮海路成都饭店定座"。

18日　连日批阅陈文华修改后论文完毕。

19日　下午左燕来谈。晚上戴咏素来晤。

20日　上午去叶鹿金家,"不遇,交'独幕剧集'一本与其夫人"。中午与吴铁声一起宴请钱歌川及其二女、二甥。下午陈文华,沈师光,徐大荧来谈。

21日　整理书籍刊物。黄明,任钧来谈。

同日　《〈红鼻子〉的作者》刊于《新民晚报》。

22日　下午左燕,蒋哲伦来谈。复崔耕函:"我的收藏已停止,现在整理碑刻著作,有十馀种,三十多万字,最重要的是《水经注碑录》。"

同日　张式铭致函:"《词学》第1辑印数太少,如能重印,乃学界大幸。彭燕郊先生已去北京,到上海定去拜望您。姜书阁先生于前几日去汨罗、秭归参加屈原学术讨论会,""他们都常谈及您老。"

23日　始批阅赵昌平修改后的论文。下午蒋小雯、晚上周圣伟来访。复周良沛函。

24 日 上午在校,晤周缵武、苏渊雷。下午叶治,蒋哲伦,陈大年,何惠明,陆谷苇,石四维来访。刘北汜来函。

25 日 上午应国靖,陆宗蔚来谈。楼适夷寄来为《创作的经验》而作《三点说明》,经编辑即发往江西人民出版社排印。

26、27 日 上午在校开会,传达南京会议情况;下午黄明,姚昆田来谈;晚上偕妻观看电影《少林寺》。郭明道来访。

28 日 张文江、王兴康、宫晓卫来请教,戴咏素来探望。

同日 丁玲复函:"拟出版早期拙作《夜会》《在黑暗中》,我均可同意。"并赠《生活·创作·时代灵魂》《丁玲中篇小说选》。

29 日 上午在校晤徐震堮。下午沈师光来谈。

30 日 下午北京陈占元来访,同去华东医院探视周煦良。姚春树,黄葆树来访。

7 月

1 日 批阅赵昌平修改后论文完毕。叶小铿,喻永祚来谈。傍晚访汤天陶。

2 日 上午与徐润周、汪欣生、周退密等,在兼于阁参加"星五老人"茶会。

3 日 赵昌平,左燕来谈。崔耕来函。

4 日 连日批阅黄明毕业论文讫。陈文华、赵昌平来请教。

5 日 上午吴福辉来访,下午宋学勤来谈。复英国学者利大英函,谈及"希望不久能会见你","H. Read 的 *Meaning of Art*,这本书最好能买到,我很想再读一下"。

6 日 上午到校。下午吴福辉,司徒伟智来访。

7 日 曹旭、蒋哲伦来谈。致沙汀函。

8日　连日批阅严寿澂修改后论文讫。王晓明,陈文华来访。复黄坤尧函。

9日　晨至兼于阁参加"星五老人"茶会。又访黄裳。下午赵昌平,吴劳,黄明来谈。

10日　上午批阅李宗为修改后的论文。下午施琦民,左燕,严寿澂来访。

11日　始作《卖糖诗话》。严寿澂,徐继扬来谈。复崔耕函。

12日　早晨金名来谈。批阅李宗为修改后的毕业论文讫。

13日　汪欣生来谈。从李宝森友人处购得《历代诗馀》。

14日　陈文华,徐宗琏来访。续作《卖糖诗话》。许白凤致函:"毛边纸存陈兼老家,最为妥当便利,俟有人往取。"

同日　《卖糖诗话》(一)始刊《新民晚报》,署名"蛰存";连载于19日(二)、23日(三)、26日(四)、27日(五),8月3日(六)、5日(七)、8日(八)。

15日　叶小铿,欧阳翠携女儿来访。为赴山西讲学备课。《冰麒麟》刊于《新民晚报》,署名"中舍"。

16日　下午访黄裳,又访陆宗蔚。叶鹿金来访,未遇。

17日　上午马兴荣来晤,下午赵昌平,蒋哲伦,左燕来谈。

18、19日　萧斌如,李宗为来晤。马祖熙来谈。

20日　连日审《词学》稿。黄明,任钧来晤。复杨华松函。

21日　在市政协礼堂出席上海图书馆30周年纪念会。下午唐祖伦,曹旭,蒋哲伦来访。

22日　晨在校批阅黄明、赵昌平论文"提要"。午后金尔烜,蒋哲伦,左燕来谈。审阅蒋哲伦《尊前金荃集》"前言"。

同日　彭燕郊致函:"在京时,刘北汜同志给我看了你的近影,确实很健朗,依稀仿佛,尚存当年风采。""'望舒集',当照你的意见,将道生的那两首仍编进去。""秋凉后,望能把《域外诗抄》编起来。""'外国散文译丛'仍望你给予支持。"

23日 黄葆树晨来,同往兼于阁参加"星五老人"茶会。访黄裳。下午封耐公,覃英母子,毕修勺来访。

24日 陈文华,黄明,应国靖来访。审阅《词学》来稿。

25日 孔海珠夫妇来谈。为李宝森《海天楼吟草》撰跋。

26日 晨至华东医院就诊。山西刘长丁,蒋哲伦来访。

27日 上午到校。下午周聪、喻永祚、晚上左燕来谈。

28日 上午承宗绪、陈文华,下午喻永祚、沈师光来访。仍为赴山西讲学备课。

29日 严寿澂,包谦六,徐大荧来谈。继续为赴山西讲学备课,审阅《外国独幕剧选》第二集校样。

30日 黄明、陈文华来谈。为赴山西长治讲学备课,校阅请黄明代抄的稿件,审阅左燕译《波特莱尔诗》,为黄葆树《纪念先哲诗人仲则公两当轩册子》而作七绝四首并题笺。许白凤来函。

同日 《洋泾浜汉语》刊于《新民晚报》,署名"中舍"。

31日 仍为赴山西讲学备课,金名,沈师光,左燕来访。

本月 上海图书馆编印《中国近代现代丛书目录索引》,"编后记"提及:"编纂过程中,承施蛰存、赵家璧、王元化、贾植芳、朱雯、秦鹤皋、徐恭时先生等热情指导和精心校正。"

8 月

1日 下午访吕贞白。沈仲章,李楚材来访,未遇。

2日 继续为赴山西讲学备课。蒋小雯,刘长丁来访。晚上梁永成"为杨静带物来"。致黄葆树函,寄赠为《纪念先哲诗人仲则公两当轩册子》所作诗笺。

3日 上午访边政平。晚上姚昆田、刘长丁来晤。

4日 应晋东南师范专科学校邀请,赴山西长治为全国师范专科学校古代文学教师讲习班授课,与刘长丁、姚昆田同行,乘坐 166 次列车离沪。

5日 早晨 6 时到达郑州站,下车至中原大厦 309 室休息。下午 4 时换乘列车,深夜 12 时抵达长治,晋东南师专李、宋校长来车站接至市第三招待所 340 室下榻。

6日 晨至晋东南师专校部参观,并与讲习班全体人员合影。中午校领导在市三招待所餐厅设宴欢迎。下午姚昆田陪同参观上党门,"门内有明嘉靖年碑,乃《重修潞州府治碑记》"。

同日 《暴行实录》刊于《新民晚报》,署名"中舍"。

7日 早晨宋元校长陪同搭乘便车往沁县,10 时到达县城,参观沁县文物馆。下午 3 时返程,沿途在夏店看车马店,经虒亭观水库,5 时返回长治。

8日 上午为讲习班讲授唐诗研究课程三小时。下午前往老顶山参观电视台,下山时途经嶂头村,探访丁玲下放所住居室。晚上储仲君邀至家里招待晚餐。

9日 上午写家信,又致开封杨华松、刘朱樱函。下午各地学员多人来访。张仁健、张安塞从太原赶来,邀请去讲学。

10日 上午为讲习班讲授词的基础知识课程三小时。下午自行散步街头,参观市容。

11日 晨与宋元、宋谋旸、姚昆田同车前往晋城,在玉皇庙观赏元代二十八宿像,还会见县委郭书记。傍晚 6 时回到长治。

12日 上午原拟参观清化寺古石刻及古塔,天雨未往。下午为讲习班学员讲课"艺术之起源"。长治地区文化局副局长孙舒松来谈本地文物情况。

13 日 下午 3 时乘坐汽车离开长治,由副校长孙即华、语文教师崔老师、女生李爱民陪同照料,姚昆田同行。6 时途经祁县晚餐。夜 10 时抵达太原,下榻三晋大厦 108 室。

14 日 早晨一行由太原出发,经五台县,过松岩口,参观白求恩纪念馆及当年工作处。夜 9 时下榻五台山招待所。

15 日 上午一行驱车游龙泉寺、南山寺、普化寺,下午游碧山寺,观骊马会、集市。

16 日 晨游大显通寺。自述:"大殿上二十多尊金身佛像,是我生平所见最壮丽的佛像。"(《旅晋五记》)参观南禅寺。晚上 7 时一行返回太原,下榻于并州饭店 376 室。

17 日 上午山西人民出版社招待参观晋祠。下午 3 时为山西人民出版社编辑五六十人讲授"编辑工作的经验"。晚上 7 时乘坐 408 次列车去郑州,沿途经过石家庄、邯郸、安阳。

18 日 中午 11 时半抵达郑州,崔耕、杨华松来车站接至崔耕家午餐,下午入住中州宾馆东楼 124 室。致储仲君函。

19 日 晨 5 时与姚昆田,由崔耕夫妇、杨华松夫妇、张万钧、登封文管会王雪宝陪同,分乘两辆吉普车往嵩山,参观密县汉墓二所、中岳庙、太室阙,并游少林寺嵩阳书院。自述:"忽见院庭有一石,供游人坐憩用,趋视之,畴昔所见《萧和尚残碑》也。大惊喜,邀旅伴数人共起之,刮除泥土,则阴侧皆有刻文。"(《北山集古录》)晚上在崔耕家用餐。

20 日 中午到杨华松家午饭,并会见中州书画社徐澄平,文化局张帆、张瑞塘、张景恒,图书馆张万钧。

21 日 上午中州书画社徐澄平、陈协琴来访。下午 2 时 40 分与姚昆田乘坐 168 次列车返沪。

22 日 早晨 7 时 44 分到达上海火车站。下午戴自中,陈文华,陆安定来访。

23日 上午金名来谈,杭州周采泉介绍方春阳来访。下午徐汇区房地产局二人来,"为启明新村房屋事"。

24日 上午到校。复赵德明函:"Lorca 的剧本,我已译出了二个:*Yerma* 和'血姻缘',我也希望你译出他的 *La Casa de Bernarda Alba*。"卞之琳致函,谈及"李广田家属在北京","托我代谢你打算把它编入'百花洲文库'的好意"。

25日 上午何国芳来,"催'大百科全书'定稿"事。下午复函五通。蒋哲伦来谈。

26日 在校安排研究生答辩委员会人选。茅于美来函。

27日 晨至四妹企襄家探视,又往兼于阁参加"星五老人"茶会。下午马祖熙来谈,晚上杨华松夫人来访。

28日 下午陈文华,李宗为,周圣伟来谈,晚上杨华松夫人来访。茅于美来函。

29日 下午陪同杨华松夫人及其弟妹游览上海动物园,晚上在愚园西菜社招待晚餐。

30日 上午到校。晚上在家招待杨华松夫人等晚餐。

同日 李立明由香港复函:"拙著《中国现代六百作家小传》中错误百出,戴望舒先生,为当代大诗人,诚正派人物,想不到小报造谣,而传播之广,散放之深,几于人人均以为确有其事,治史之难,于此可见一斑!今得先生赐教,当纠正文坛史料,俾戴先生回复本来之面目,使后人不再错误下去。"

31日 钱谷融托陈惠芬来借书。复张厚仁函、复吴福辉函。

下旬 为徐志摩译著《赣第德》编入"百花洲文库",根据1927年北新书局初印本作润改,改正原本错字,修饰译文,统一译名,并加必要的注释。

下旬 24 日至 30 日连续审阅《外国独幕剧选》第三集稿。

月内 罗洪寄赠其著《践踏的喜悦》。

9 月

1 日 北京孙可中,孔海珠,朱雯,姚昆田来谈。

2 日 赵昌平来提交修改的论文。复万君超函,言及"近来人民文学出版社要我编一个自选集,""我自己要用,你要借,只能一本一本的借给你。"

3 日 招收新一届中国古代文学专业硕士研究生王兴康、张文江、宫晓卫,指导研究明清文学。晨至校与研究生会面,并布置学习计划。

4 日 上午访沈仲章,还照相机。又访陈巨来,观其旅日所得书画篆刻册。

6 日 上午在校查阅外国剧作家生平。下午应国靖来谈。湘潭大学张式铭来函。

7 日 访高君藩,"识虞虞山"。为陈巨来代撰《斗盦藏印序》。

8、9 日 致黄葆树函。上午在华东师大图书馆书库觅书,下午整理文件及新得诸书,方仁念来访。

10 日 严寿澂来谈。复张天翼夫人沈承宽函:"我和望舒、杜衡始终在一起搞新文学,叶[秋原]转向民族主义文学,我们就分路了。""我以为,天翼兄 1924 年前的作品,只是文学青年的习作,不必收到他后来的创作集里去,虽然他的讽刺笔调在这些作品中已透露了。"

上旬 2 日至 10 日审定《外国独幕剧选》第三集稿。

11 日 上午李楚材来邀为小学教师讲习班授课。下午金名,戴平,陈文华来晤。

12 日 续审《中国大百科全书·中国文学卷》"隋唐文学条目"。收到谢国桢逝世的讣告,"即发电唁其家属"。

14 日 早晨二妹施咏沂从美国来电话。下午访四妹企襄。

15 日 始译德国汉斯·格罗斯独幕剧《明天的战争》。陈文华来访。致彭燕郊函。

16 日 续译独幕剧《明天的战争》。黄明,李宗为来谈。

17 日 上午续译独幕剧《明天的战争》。下午在校参加学习党的十二大文件,听取校党委书记施平的报告。

18 日 上午参加系里会议。下午审阅研究生"论文自述"。

19 日 续译独幕剧《明天的战争》。续审研究生"论文自述"。始撰《文艺理论研究者的庄严职责:文艺理论工作者的新任务》,翌日完稿。孙可中,蒋哲伦,曹曾亮来访。

20 日 上午到校。下午严寿澂、陈文华、黄明来谈。译讫独幕剧《明天的战争》。

21 日 上午在校组织研究生答辩事。下午赵昌平、李宗为,晚上周劭来晤。

22 日 晨至校第二宿舍,看望请来主持研究生答辩的孙望、周勋初。下午富寿荪来,"见惠《范石湖集》"。吕贞白来函。

23 日 在校组织研究生答辩(上午陈文华、下午李宗为)。金名来取剧本,应国靖来访。

24 日 上午在校组织研究生严寿澂答辩。下午王鲁彦之子来访。晚上在师范餐厅招待孙望、周勋初。

25 日 在校组织研究生答辩(上午赵昌平、下午黄明)。

26 日 开始整理《戴望舒散文集》。李宗为来谈。

27 日 早晨汪欣生来晤。仍整理《戴望舒散文集》。湖南彭燕郊复函,谈及"《域外诗抄》务必在明年1月一定交稿","'外国散文丛书'一定要搞","希你能俯允"。

28日 继续整理《戴望舒散文集》。托左燕抄望舒遗文。

29日 晨至校图书馆借书。下午陈文华,叶鹿金来谈。

30日 为选编《外国独幕剧选》第三、四集始撰"引言"(中)。刘明浩,包国芳,邵修青来谈。

本月 贵州人民出版社出版波兰显克微支小说集《为了面包·诺贝尔文学奖得奖作家中篇小说选》,内收译作《为了面包》并附"作者和作品简介"。

本月 选编《外国独幕剧选》第二集,由上海文艺出版社初版;内收译作荷兰海尔曼·海裘曼《马戏团员》。

10月

1日 国庆节。晚上孙可中来访。致赵德明函:"你和占元兄住得近,麻烦你去看看他。"张珍怀致函:"昨日富寿荪同志来访云,先生拟国庆后,驾临寒舍,珍怀实不敢当。"

2、3日 撰讫《外国独幕剧选》第三、四集"引言"(中),林立勋、戴自中来晤。杂览,邓长风来访。

4日 准备研究生本学期学习计划,又包扎书籍。

5日 审阅《词学》第3辑稿件。致屈兴国函,言及"仔细看了你的文章,发觉有许多地方,需要再修改一下"。

6日 上午到校。下午审阅《词学》第3辑稿件。夏威夷大学马幼垣来函。

7日 续审《词学》第3辑稿件。阅《论语》,备讲课。撰《神仙故事》。致谭正璧函。

同日 《"傢具"与"垫皮"》(署名"北山")、《喜读〈三叶集〉》

（署名"中舍"）刊于《新民晚报》。

8日 续审《词学》第3辑稿件。下午在校学习党的十二大文件，听报告。复万君超函。

9日 续审《词学》第3辑稿件，赵昌平等研究生来谈。

10日 为编辑《词学》撰"编辑附记"。访周连圻，"自美归，曾晤咏沂，为述会面情况，因得知其三十年来经历"。访黄裳。

11日 续阅《论语》，备课。续审《词学》第3辑稿件。陈文华来访。致巴金函。

12日 在校为研究生讲《论语》，并布置本学期学习任务。

13日 《书林》杂志编辑王善初来约稿。

14日 上午在校为研究生讲授《论语·为政》。下午始作《喜读三草》。按：发表时题为《"管城三寸尚能雄"》。

15日 上午与汪欣生、周退密等在兼于阁，参加"星五老人"茶会。《五台赞佛记》刊于《新民晚报》，署名"蛰庵"。

16日 早晨陈文华来谈。下午至申江饭店730室会见英国学者利大英，谈二小时。晚上阅利大英带来之书。

17日 阅新得西书。下午访陈伯海夫妇。复万君超函。

18日 晨至申江饭店访英国学者利大英，中午在新雅粤菜馆请客，餐后仍为解答关于戴望舒思想及作品问题。

19日 上午在校讲课。下午至锦江饭店，与利大英会晤。

20日 汤真、李宗为来谈。阅蒋哲伦编《尊前集》《金奁集》。

21日 在校为研究生讲授《论语》。《再谈"傢具"》刊于《新民晚报》，署名"北山"。

22日 午后戴自中来，又同访边政平。致北京丁玲函。

23日 早晨为吴晓铃、马幼垣写字；应国靖、孔海珠、李宗为，赵昌平夫妇来谈。

24 日　上午在上海展览馆观赏《法国 250 年画展》。下午姚昆田陪山西宋谋旸来晤,在愚园西菜社招待晚餐。

25 日　上午撰讫《喜读三草》并作诗《题聂绀弩诗集》,即寄《读书》编辑部。下午刘絜敖和女儿明澜来谈,胡忌来晤。

26 日　在校为研究生讲授《论语》。晚上在大同酒家宴请吴晓铃、马幼垣、米列娜等。

28 日　应届毕业研究生赵昌平、严寿澂、陈文华、黄明、李宗为邀至万象照相馆合影,中午在绿杨村酒家宴请先生夫妇。下午宋学勤及姚玉华之女郑琦来晤。晚上周圣伟来谈。

同日　《法国画展侧记》刊于《新民晚报》,署名"中舍"。

29 日　下午上街购买礼物,赠研究生作毕业纪念。

同日　《山西的塑像》刊于《新民晚报》,署名"蛰庵"。

30 日　上午到校。常熟文化印刷厂邵山来谈《词学》排印。

31 日　上午北京楼适夷、李易来访。中午徐定戡宴请马幼垣,邀至作陪。

月内　为张万钧主编《河南地方志论丛》封面题签。

11 月

1 日　上午到校。下午邀请毕业班研究生赵昌平、严寿澂、陈文华、黄明、李宗为来寓所,茶叙话别。

2 日　上午在校为研究生讲授《论语》。下午审阅江西寄来"百花洲文库"校样。

3 日　上午到校,周圣伟陪同访总务处赵处长,托以住房事。在校内遇王央乐。下午访王元化、朱雯。晚上至锦园赵家璧女儿家晤赵家璧。

4 日　上午在校为研究生讲课。

同日 《山西的唐塑》刊于《新民晚报》,署名"蛰庵"。

5 日 早晨访赵清阁,在其寓所识葛一虹。下午赵昌平、严寿澂来取校样。

6 日 上午到校。下午在民主促进会为小学教师讲授"唐诗欣赏"课。程千帆来函。

7 日 下午为《新民晚报》撰稿二篇。

8 日 乍浦许白凤来晤,沙叶新陪同香港古剑来访。

9 日 《书林》杂志编辑金永华来约稿。

10 日 上午至长宁区房地产管理局"催落实政策",下午整理信札书籍。

11 日 早晨到校讲课。下午蒋哲伦来谈。

12 日 与陈琴趣、包谦六、汪欣生、许白凤、周退密等在兼于阁,参加"星五老人"茶会。《解放日报》陈诏、汤娟来访。

13 日 为《书林》杂志撰稿即邮寄。下午赵昌平陪毕华珠来访,傍晚孙勋先来晤。

15 日 继续润改徐志摩译著《赣第德》。应蔡国梁之请,为其著《明清小说探幽》题签,即付邮并函。

16 日 润改徐志摩译著《赣第德》、三校《张祜诗集》讫。

同日 与许杰、钱谷融等担任校学生散文社的顾问。

17 日 中午至汾阳路海关招待所访刘谦功,取利大英托带之打字机。

18 日 上午在校为研究生讲授《论语》。下午审阅温州师范专科学校游任逡论文,"甚见学识"。《沁县文物》刊于《新民晚报》,署名"蛰庵"。

19 日 与汤天陶在儿童剧场观看美国作家 Wouk 之影片二部,遇见徐迟夫妇。《丁玲故居》刊于《新民晚报》,署名"蛰庵"。

20 日 下午徐迟来晤,谈二小时而辞。

21 日 下午陆宗蔚,吴慧来谈。吴晓铃介绍电影演员王晓棠来访。晚上周良沛来晤。始撰《怀孔令俊》,翌日完稿。

23 日 早晨在校为研究生讲授"诗史大纲"。下午审阅杭州大学平慧善论文。常熟文化印刷厂邵山等来访。

24 日 始与马兴荣分别审校《词学》第2辑二校样。大百科全书出版社姚芳藻,华东师大出版社向阳来访。

25 日 早晨在校为研究生讲授《论语》。下午孔海珠来谈。

同日 《艺术与宗教》刊于《新民晚报》,署名"蛰庵"。

26 日 下午应王晓棠之邀,在国泰电影院观看影片《翔》。访张珍怀。顾炳权来函。

27 日 为徐志摩译著《赣第德》撰"重印题记",即同书稿邮寄江西人民出版社。

28 日 下午访叶鹿金,推荐张厚仁译稿。致黄伟经函:"今天寄去三篇散文,一篇是我自己的,两篇是友人钱歌川的,他寄来托我在国内投寄报刊发表。"

29 日 程千帆复函:"《词学》江苏人民出版社愿意出版,只要师大出版社愿放,他们就接受,一年出两本不成问题。"

30 日 下午到校参加硕士学位审议会。

下旬 25 日至 29 日续审《词学》第 2 辑二校样。

下旬 为姚昆田《流霞集》撰序。

本月 《十月》第 6 期刊载《春阳》,并刊吴福辉《中国心理小说向现实主义的归依——兼评〈春阳〉》:"施蛰存的小说不乏佳篇,但大部分不为今人所知。"

本月 陕西人民出版社初版孙琴安著《唐人七绝选》,作者"前言"提及:"也谢谢马茂元先生、施蛰存先生,此书在编写过程中,也曾得到他们的指教。"

12月

1日 包扎中外文书籍30包,翌日送至校内东楼宿舍存放。

2日 上午在校为研究生讲授《论语》。下午应国靖,蒋哲伦,马兴荣,叶小铿来谈。

3日 早晨《名作欣赏》张仁健来约稿,陈文华来谈。下午金名来晤。续审《词学》第2辑二校样。顾炳权致函:"'辑馀'体系不严不纯之病,实是箴砭之言,谨领尊教。拙编如录入'词学动态',缺当之处,尚望不废言。"

5日 早晨福建阙国虬来访。

6日 到校欲为研究生补课。审《词学》第2辑二校样。

7日 编辑"百花洲文库"稿件。下午杭州大学王文彬来访。张文江来谈。任钧介绍金鼓来征诗,备选《四十年代诗选》。

8日至10日 续审《词学》第2辑二校样、《陈子龙集》排样。

10日 《绸被面的来历》刊于《新民晚报》,署名"中舍"。

11、12日 寓所房屋即将大修,收拾什物,腾出晒台上搭间备翻造。蒋哲伦,左燕来谈。

13日 上午林乾良来,托其将《吴越金石志》书稿带给沙孟海,附函:"希望能就馆藏吴越文物中增补若干名目并略附说明,使拙稿能更有充实,然后据此录入,俾得定稿。"下午在校为研究生讲授《论语》"泰伯"。

14日 复审蒋哲伦校编《周邦彦集》校样,即寄往江西人民出版社。仍编《词学》第3辑稿件。晚上周圣伟来谈。

15日 上午整理书物,下午至华东医院探视周煦良。

16日 在校为研究生讲授《论语》"子罕"。程千帆来函。

17 日　继续整理书物。郭成九,蒋小雯,周惠芬来谈。

19 日　农历生日。早晨严寿澂来谈。邵修青适来,"留面畅谈"。晚上家宴庆贺。

20 日　上午周东璧来访。下午在校为研究生讲课。晚上严寿澂送来代借《陈忠裕公集》。马祖熙作诗《齐天乐·蛰庵师书告何天宇消息喜赋》。

21 日　整理书物。喻永祚,廖宝盛,赵之云,蒋小雯来访。

22 日　继续整理书物。审校《词学》第 2 辑排样。致崔耕明信片:"近日修理房屋,大动乾坤。找到《嵩山三阙》拓片一份,已不全,昨日已奉寄,备参考。"

23 日　下午到校参加硕士学位审议会。

24 日　上午在兼于阁参加"星五老人"茶会。下午宋学勤,余凤高,应国靖来晤。

25 日　南京大学屈兴国来访。《文艺理论研究者的庄严职责:文艺理论工作者的新任务》刊于《文艺理论研究》第 4 期。

26 日　赵昌平,余凤高,王惺俍来访。

27 日　下午在校为研究生讲授《论语》。复董秀玉函:"我想还是写关于书的事,1983 年打算送上三篇,以酬您的敦促之情。关于林译小说,还想写,要不,辜负了你的'不如归'。"

28 日　崔耕寄赠《晋元康九年贾皇后乳母美人徐氏墓铭》。复吴福辉函。

25 日至 29 日　审校《词学》第 2 辑排样竣事。钟萸来谈。

30 日　下午在校参加中文系迎新年联欢会。

31 日　上午应上海古籍出版社之请,在大光明电影院观看电影。周圣伟来晤。

下旬　王晓棠复函:"每次收到您的信,都给我很大慰藉和力量。""再有机会来上海,当从容请教,您一定得答应教我!"

本月 译著匈牙利莫尔那《丈夫与情人》,列入"百花洲文库"第2辑,由江西人民出版社初版。(1985年12月再版)

本月 福建人民出版社出版林仲铉、丘幼宣等选注《武夷诗词选》,内收《二曲玉女峰》。

1983 年（癸亥） 78 岁

▲3月,纪念马克思逝世100周年大会在京隆重举行。

1 月

1 日 元旦。早晨周松龄来晤。复古剑函。

2 日 万鸿凯携外甥杨新天来晤。邓云乡,陈文华来谈。

3 日 上午到校交《词学》第2辑校样。下午赵家璧来晤。

4 日 审阅《词学》第3辑稿。应国靖、喻永祚来谈。

5 日 续审《词学》第3辑稿。晚上钱鸿英来访。

6 日 上午到校。陈伯海,喻永祚,徐宗琏来谈。致张文江函。复张厚仁函:"我真想自己办一个刊物,为被压迫'民族'出出气!""Jacobson,他们不知此人,他们现在都跟着美国杂志跑,没有了解欧洲文学的人,呜呼!"

7 日 晨马兴荣、夜蒋哲伦来谈。致郑道传、陈兆璋函。

8 日 《书林》第1期"大学文科阅读书目介绍之五"专栏刊载《中国古典文学部分》,署名"施蛰存、周圣伟"。

10 日 下午在校为研究生讲授《论语》"先进"。

12 日 审定《词学》第3辑稿一篇。

13 日　下午在校为研究生讲授《论语》"颜渊"。

14 日　赵之云来,以《寿香社词抄》《翠楼吟草》还之。蒋小雯,万福三母子来访。

15、16 日　续审《词学》第 3 辑稿。严寿澂来晤。

17 日　下午在校为研究生考试。晚上出席绿杨村酒家宴请,同席有钱君匋、程十发、刘旦宅、俞振飞夫妇、陈巨来父女。

18、19 日　毛时安,费成康,屈兴国,姚昆田,左燕来访。

20 日　中午出席许海秀(李宝森夫人)在美心酒家宴请,与陈巨来、郭学群、糜耕云、陈九思、包谦六、陈兼与、汪欣生、苏渊雷、虞愚同席。晚上葛渭君来晤。楼适夷致函,谈及"冯雪峰同志诞生 80 年","金鉴才等二同志来过北京,后去上海,我曾介绍他们去拜访您";"您允许给《新文学史料》写纪念雪峰的文章,现在希望早日写寄"。

21、22 日　续审《词学》第 3 辑稿,金名来谈。师陀来函。

23 日　始编《外国独幕剧选》第四集剧目。复赵德明函,言及"我得到一本英译本《西班牙现代剧》","我想如找到原文本,就选此三剧编入第五集也好"。

24 日　上午到校。晚上撰《也谈东坡中秋词》。

25 日　《安持精舍印冣序》刊于《社会科学战线》第 1 期。

26 日　续撰《也谈东坡中秋词》。陈元林来问兰社事。

27 日　在中文系资料室查资料。续撰《也谈东坡中秋词》。

28 日　仍审《词学》第 3 辑稿。姚昆田来谈。致葛渭君函:"顷奉到辑录《映庵词评》样式,已稍稍改定,请依此式抄录。"

同日　马祖熙来晤。据马祖熙回忆:"蛰老告诉我,他已收集了清词二三百家,你有需要,可以来取。""上海教育学院杨廷福教授有整编部分《全清词》的任务,蛰老介绍我作为杨先生的

634

助手和杨先生会见。"(《化雨春风七十年》)

29 日 　上午到校。下午曹长欣，王兴康来晤。

30 日 　审阅《陈子龙集》校样。

31 日 　早晨马兴荣来谈。下午至汪欣生寓所参加茶会。

2 月

1 日 　《新文学史料》编辑郑延顺，刘明澜来访。

2 日 　王兴康陪同戴尧天来访。赵昌平来谈。复赵德明函。

4、5 日 　晚上在四川饭店出席杨伦婚宴。周劭来晤。

7 日 　晨至校访周缵武，致《外国独幕剧选》校阅费。下午王西彦儿子、汤天陶、应国靖，晚上邵洵美之侄邵林来谈。

8 日 　上午盛毓瑾来访。应黄裳为"万叶散文丛刊"《绿》约稿，誊录所作《瓦当文拓本题跋》，拟交付发表。

9 日 　晨访边政平。誊讫《瓦当文拓本题跋》，即寄黄裳。

10 日 　金锡琳来晤。俞平伯致明信片："《词学》可续出多期，锲而不舍，深佩毅力。"《"管城三寸尚能雄"》刊于《读书》第 2 期，署名"北山"。

11、12 日 　下午马兴荣来，送《词学》第 2 辑四校样。

12 日 　邵修青，赵家璧来晤。

13 日 　春节。早晨在校参加华东师大新春团拜会。下午戴自中来贺年。

14 日 　下午王兴康、张文江来贺年。撰讫《最后一个老朋友——冯雪峰》。

15 日 　上午杨伦夫妇，下午陈文华等五位研究生，薛文才来贺年。《也谈东坡中秋词》刊于《光明日报·文学遗产》。

16 日 　周东璧来贺年。

20日　病卧三日,青海陈登颐来访,"强起见之"。应国靖来"就床前谈事"。

21日　下午胡忌,陈文华,张贯一来晤。

22、23日　金名,宫晓卫,倪蕊琴来谈。刘明今来晤。

24日　复古剑函:"谈的问题正是我在解放以后竭力回避、不想谈的问题,你希望我如何奉复?"

25日　早晨顾炳权来访,随后到校。下午陈文华来谈。

26日　晨访高仁偶。李鲁人,周退密,左燕来晤。

27日　下午林文菁夫妇,雷平一来晤。

28日　华东师大校刊阮光贞来访,陈秋实等来探望。

3 月

1日　审校《词学》第2辑四校排样讫。周圣伟来谈。

2日　选编《外国独幕剧选》第四集剧目。胡忌,姚昆田,蒋哲伦来晤。

3日　上午在校为研究生讲《论语》"子路"。

4日　编定《外国独幕剧选》第四集剧目。程湘云母女来晤。刘惜闇来,未遇。

5、6日　审阅《外国独幕剧选》第四集稿件。陈文华,应国靖,陈元林来谈。

7日　下午在校为研究生讲《论语》"宪问"半篇。

8日　《对蔡尚思同志"书目"的一点意见》刊于《书林》。

10日　王兴康、张文江、宫晓卫、蒋小雯来探视。

同日　《神仙故事》刊于《随笔》第2期。

上旬　周采泉由杭州来访,托其带手札致沙孟海。

约在期间　拟续作《唐诗百话》。自述:"正想挤出时间来完

成这个工作,想不到从 3 月中旬起患了一场大病。"(《唐诗百话·序引》)

12 日 上海书店刘华庭来,选定小说 24 篇为自选集。

13 日 审阅《外国独幕剧选》第三集校样,为杨纪璋《龙套人语》"注稿"。

14 日 王兴康来代作复书三通。陈文华、黄明来探视。

同日 复古剑函:"千万不要以'说公道话''打抱不平'的态度出现。""'第三种人'问题,只说我是'自称为第三种人';'庄子与文选'的问题,也只因为是尊鲁迅而贬抑我。我的实际情况是:文艺上非正统;大家知道我不反革命,与国民党的关系,比左翼作家更清白,因此也没有人批判我。只是由于非正统,故压抑着绝不提起我,用的是'闷杀'的办法。"

15 日 上午于华东医院经直肠镜检查,诊断直肠癌,医嘱住院治疗。下午在校办理住院所需相关手续。

16 日 入住华东医院南楼 310 室病房,始作"住院日记"。

19 日 开始每天被送往肿瘤医院接受放疗照射钴 60。

20 日 北京大学严家炎来函。

中旬 沈从文寄赠《沈从文散文选》。

25 日 下午王兴康、宫晓卫和张文江到病房探望。赵家璧复函,谈及"你是带领我走上文艺大道的第一位良师益友,我现在写回忆史料,不免想起许多提携我的老朋友,巴金兄也是通过你,我才第一次去见他的",拙译"半月内将遵嘱直寄南昌"。

26 日 连续被照射钴 60 已达 3000(伦琴),遵医嘱结束放疗;又经多次会诊,主持医生决定实施手术治疗。

约在期间 应国靖来病房探望。据应国靖回忆:"坐在藤椅上,聚精会神地在看稿子。""接着,他滔滔不绝地谈起编选戴望

舒文集的事,回答我提出的有关现代文学史的某些问题。"(《一刻也离不开书的人》)

27日 复北京大学严家炎函。

30日 沙孟海致函:"尊著《吴越金石志》需要新资料,自当我所知尽量提供。""待我出院后往库房查阅再奉告。"

下旬 巴金题赠《真话集》。

4月

1日 金名,应国靖来探视。据应国靖回忆:"给我一张纸,上面写着放在家里一口黑橱子里面的两包旧稿,那是新文学有关史料的稿子,希望我能取去整理。""要我将校对戴望舒原稿的情况向他说一下。上海文艺出版社编辑来探望他,施老又迫不及待地跟他说起几本外国独幕剧的编辑和审阅情况。"(同上)

4日 傍晚陈文华来病房探视,交给她一函,详细托付处理自己的著述文稿。

5日 王兴康等来看望,"他正在津津有味地看英文杂志,见我进屋就抬起头来说:'隔壁住着巴金,楼上住着周煦良,这是我向周煦良借的。'"

7日 上午接受直肠癌切除手术,由罗鸿钊医师主刀,输血800毫升,手术持续到下午2时,方推出手术室,移至314室病房接受监护治疗。据马兴荣回忆:"除他的家属外,中文系的领导和我也在医院守候。"(《没齿难忘五十年间二三事》)

同日 程千帆由南京致函介绍严迪昌、谢伯阳来访:"请在编纂《全清词》方法及资料方面赐予指示。此次重点在想顺利地将微昭夫人手中之六百种词集复印,如可能,国务院古籍小组愿收购,请指点如何进行。"

10 日　按程千帆日记:"中玉函告蛰存得肠癌,可忧。"

11 日　应国靖、陈文华、王兴康、张文江、宫晓卫来探视。据宫晓卫回忆:"先生恢复得很快,一周后,就能每天下午会见来访客人。""我们大约每周到医院看望先生两三次,谈谈各自的学习进展,聆听先生的指导。"(《1983,蛰存师二三事》)

12 日　端木蕻良致函:"收到西彦的信,知您住院,我和耀群,都非常惦记。"

18 日　按程千帆日记:"得陈文华信,知蛰存开刀安好。"

20 日　按程千帆日记:"寄人参给施老。"

中旬　包谦六为先生选定《清花间集》题跋。

22 日　伏枕复黄坤尧函:"《唐声诗》一部已托师大助手寄出,今将再寄一部。《校碑随笔增补》亦可得,亦已托学生去买寄。""见卢玮銮女士,望将我的情况告诉她。"

24 日　伏枕复董秀玉函:"《一氓题跋》收到。"

25 日　审阅《词学》第 3 辑来稿。伏枕复赵德明函:"西剧三本均收到,其中二剧可编入第五集。"

27 日　按程千帆日记:"得蛰存、迪昌信。"

29、30 日　乍浦许白凤来探望。倚枕复葛渭君函。

本月　《一幅漫画像》刊于天津人民出版社出版《鲁迅生平史料汇编》第 3 辑。

本月　整理《戴望舒译诗集》(未署整理者名),由湖南人民出版社出版。自述:"我用了一年时间,把散见在二三十年代各种刊物上的望舒的译作,连同 1947 年刘以鬯印的《恶之花掇英》和 1956 年的《洛尔伽诗钞》。"(《诗人身后事》)

5 月

1 日　黄坤尧来函。

3 日　《说"城阙辅三秦"》刊于《光明日报》。

4 日　复杭州沙孟海函:"《吴越金石志》体例同《金石萃编》,有文可录者皆录存其文。"

8 日　为重印王鲁彦《黄金》撰"题记"。倚枕复黄坤尧函。

10 日　改订旧稿《读李白词札记》。写讫《宝姑》。

12、16 日　郑逸梅来函。复张厚仁函,马幼垣来函。

22 日　《最后一个老朋友——冯雪峰》刊于《新文学史料》。

23 日　下午叶嘉莹来病房探望。

24、27 日　复古剑函:"《文学研究动态》第 4 期,集中报导了关于现代派的各家评论,可以代表当前的种种看法。该刊又摘译一篇日本人的著作《从穆时英为例看第三种人》,此文写得很深。""我不承认是'第三种人',也不承认《现代》是第三种人的刊物。现在各方面的论点是:《现代》杂志虽不成为'派',但这个刊物的倾向性是中而偏左,这个刊物中有许多作家的创作倾向是心理分析的小说、象征主义的诗,这说明它也属于'现代派'。"

28 日　为《中国现代作家选集·施蛰存》撰"引言"。

月内　郭隽永为选注《南北朝小品》作"引言"提及:"在编选过程中,曾得到施蛰存先生和陈迩冬先生的亲切指教。"

6 月

1 日　手术伤口愈合甚慢,转至住院部四层 114 号病房。

4、5 日　王西彦来函。复古剑函。

6 日　复张厚仁函："你的一切未刊译稿,可将序言、题记等附件统统写好,如临走时尚未得出版处,可交给我。"

10 日　应卢润祥之请为《明人小品选》撰"题记"。

13 日　《宝姑》刊于《新民晚报》,署名"蛰庵"。

14、17 日　包谦六来函。致夏承焘、吴闻夫妇函,言及《词学》第 2 集排印又历一年","今后可由上海中华书局印刷厂承印,或可稍稍迅速";"10 月或 11 月,华东师大拟召开一小型词学讨论会","希望届时能来一发言稿"。

中旬　因屡次要求落实政策恢复二楼南间、三楼两间住房的租赁权,未能归还。自述:"我病在医院,于 6 月中向中共中央组织部上书求援。7 月初即承中共中央组织部通知上海市委组织部,转知长宁区房管局,迅速予以解决。"(书面材料)

22、28 日　复古剑函。收到黄葆树寄赠《纪念诗人黄仲则》,内收《奉为葆树先生题其纪念先哲仲则公册子》,复函致谢。

30 日　《番茶·木犀》刊于《新民晚报》,署名"中舍"。

本月　浙江文艺出版社出版《〈世界文学〉三十年优秀作品选》(2),内收译作显克微支《奥尔索》。

7 月

3、4 日　复古剑函。复黄坤尧函。

5 日　撰讫《罗洪,其人及其作品》。

7、12 日　按程千帆日记:得施蛰存函。函蛰存。

17 日　致欧阳文彬函:"知您已光降过,失迎为歉,给沈静芷的信是去年的事。""《词学》已在华东师大出版社出版。"

约在期间　据倪蕊琴回忆:"我想最好有权威的学者任《中国比较文学》主编","我曾去请求过徐震堮教授","建议我请施先生出马,我急于办成此事,就不顾一切地跑到华东医院去了。"

"当施先生听了我对近年来比较文学研究情况和刊物筹备进展的叙述,知道上海外院肯合作,浙江文艺出版社愿出版,现在,只欠东风,我系作为主办单位之一,恳请施先生挂帅时,他爽朗地笑起来,而且一口答应。"(《难忘的教益》)

本月 与马祖熙合编标校《陈子龙诗集》(全二册),由上海古籍出版社初版。

夏间 俞平伯书笺并识:"六十年后录奉蛰存词人吟正。"

8 月

1、7 日 《瓦当文拓本题跋》刊于"万叶散文丛刊"第 1 辑《绿》。郑逸梅来函。

15 日 应《书林》杂志编辑之约而撰《我治什么"学"》。

16 日 《一束鲜花——纪念王莹》刊于香港《大公报》。

23 日 程千帆复日本村上哲见函谈及:"施先生前以直肠癌做手术,久住医院,不知能见客否,幸一询华东师大中文系马兴荣副教授,如此老精神尚好,无妨一谈也。"

下旬 在中共中央组织部直接过问下,在"文革"期间被侵占的二楼南向房间(25 平方米),获归还租赁使用。

本月 选编《外国独幕剧选》第三集,由上海文艺出版社初版;收录其撰"引言",译作德国汉斯·格罗斯《明天的战争》。

本月 《文学的散文》刊于《江城》第 8 期。

本月 《文教资料简报》第 7、8 期合刊登载"施蛰存研究资料"专辑,刊有其作《我的创作生活之历程》,应国靖《施蛰存传略》《施蛰存年表》(附著作目录);"施蛰存作品选刊"有小说《妻之生辰》、诗《桃色的云》《秋夜之篝溜》《题先哲仲则公册子》,以及朱湘《致施蛰存的一封信》、适夷《施蛰存的新感觉主义》、沈从文《论施蛰存与罗黑芷》、张又君《一个未被遗忘的作家》、应国靖《施蛰存的小说检阅》。

9 月

6 日　致古剑函。

8 日　包谦六致函："知尊寓住屋已经落实政策,公回寓时大可整理藏书,以前各书放置楼梯之上,受委受屈久矣。"

10 日　《解放日报》登载《新建的上海大学正式开学》："任教于当时上海大学的教师、全国政协副主席周建人,以及阳翰笙、俞平伯、谭其骧、施蛰存等,纷纷发来贺词、贺电。"

15、28 日　河南师范大学张国臣来函。北京姜德明来函。

10 月

1 日　国庆节,向医生请假回家。据宫晓卫回忆："大房退还后,已整修一新,先生可以在这里待客。""医院给假时间不长,下午四点就要回去。"(《1983,蛰存师二三事》)

7 日　为《中国现代作家选集·戴望舒》撰"引言"。

上旬　为上海书店影印全份《现代》撰"引言"。

13 日　写讫《关于比较文学的一些意见》。

14 日　复葛渭君函,言及"姚鹓公诗集用纸承慨允代办","与许白凤先生联系,恐封面纸亦要购备";《近代百家词》可改为《现代百家词》,以辛亥革命后成长之词家为限。现在可先编目录,看看到底有多少家词集已有印本(包括油印),每一种做一张卡片(格式另附上)。我所藏亦有二三十种"。

18 日 《关于"现代派"一席谈》刊于《文汇报》,署名"施蛰存、应国靖"。

21 日 按程千帆日记:得施蛰存函,复蛰存。

本月 主编《词学》第 2 辑出版;刊有《张志和及其渔父词》《船子和尚拨棹歌》《蒋平阶及其〈支机集〉》《历代词选集叙录·二》《新出词籍介绍》《丛谈》《编辑后记》,署名"舍之""北山""丙琳""编者"。

本月 经先生据 1927 年北新书局初印本润改的徐志摩译著《赣第德》列入"百花洲文库"第 3 辑,由江西人民出版社出版。同辑孙望编《战前中国新诗选》,内收《乌贼鱼的恋》。

秋间 自述:"人民文学出版社计划排印洁本《金瓶梅词话》的消息透露出来,""正在医院中养病,接连有几家出版社的编辑同志来访问,有的出版社说打算重印上海杂志公司版的'词话',希望我写一篇序文。有一个文艺刊物编辑同志说:打算在他的刊物上分期连载'词话',要我同意署名为'整理、标点者'。对于这些尊重我的好意,我都很抱歉地婉谢了。"(《杂谈〈金瓶梅〉》)

11 月

1 日 始译泰戈尔诗《爱人的礼物》60 首,费时一个月。

3、4 日 按程千帆日记:函蛰存。汇还施垫裱词集 35 元。

8 日 《书林》第 6 期封二刊载"文学家施蛰存正在写作"的照片和签名手迹,并题辞"知之为知之,不知为不知,是知也"。

20 日 复古剑函。

25 日 赵景深住入华东医院。据赵景深记述:"有王西彦、施蛰存、师陀等来看我,施蛰存患直肠炎,但他仍然坚持着为华东师大出版《词学》创刊号。"(《陆谷苇写〈文坛漫步〉》)

26 日　来自各地 80 多位学者专家在华东师大参加首次词学讨论会开幕式。因正在住院治疗,以书面形式致开幕词。

30 日　在闭幕大会上成立中国词学会筹备委员会,推举夏承焘为名誉主任,唐圭璋为主任,先生为副主任。

12 月

5 日　译讫印度泰戈尔《爱人的礼物》并撰"译者前记"。自述:"不意和吴岩撞了车,现在我这个译本搁着,共 60 篇约一万六七千字。"(复周良沛函,1983 年)

7、10 日　复周退密函。《巩县文史资料》第 8 期登载庄甫《巩县汉代摩崖刻石》:"崔耕同志将拓片寄到上海,请教了施蛰存先生。施先生复信对这一刻石作了评价和注释。现将施先生给崔耕同志的信摘抄于后,供编志参考。"

14 日　复周良沛函:"我的创作诗,如蒙'钩'出来,也很荣幸。虽不多,还不止你们抄的那些。"

中旬　为编定《词学》第 3 辑撰"编辑后记"。

23 日　《南国诗人田汉》刊于《新民晚报》,署名"蛰庵"。

26 日　复葛渭君函:"'现代词集目录'可仍进行编录。"

本月　上海辞书出版社出版《唐诗鉴赏辞典》,名列"撰稿人"之一,内收其作《陈子昂〈感遇三十八首(其四)〉赏析》。

约在期间　主编(未署名)"百花洲文库"第二辑 10 种、第三辑 10 种,由江西人民出版社出版 6 种。

1984 年（甲子） 79 岁

▲12 月，中英两国政府签署《关于香港问题的联合声明》。

1 月

1 日 元旦。晚上致周良沛函："请假回家，找到一些诗稿，这里寄奉 15 首，加上你那边可补入的 6 首，一共有了 21 首。还有 2 首在胡适办的《现代评论》中。"

同日 应周良沛之约，为拟出版诗集《纵扇集》撰"小引"。按：此书后未能出版。

14 日 《石屋水乐话旧》刊于《新民晚报》，署名"北山"。致黄坤尧函，致饶宗颐函。

25 日 复张厚仁函："希望去〔美〕后时有信来，俾知发展情况。""Jacobson 的译稿完成否？ 如未成，请将原书及译稿都交给我，我来设法补译付印。"

26 日 复葛渭君函："陈兼与、周退密二老已将其所有词集写一目录寄来，今附上，请一并编入你的目录。"

2 月

2 日 春节。张文江来贺年。

16 日 元宵节。为《姚鹓雏诗词集》撰序。

19 日 姚明华、姚玉华为《姚鹓雏恬养簃诗》（五卷）缮写油印线装本作"附记"提及："得以先后付刊，皆赖乡先辈施蛰存、宋学勤二世丈经营擘画之功。"

23 日　上午由华东医院抱病前往龙华殡仪馆出席陈巨来追悼会。

24 日　徐润周来函。

27 日　沈从文（张兆和执笔）致函："已经给四川人民出版社写了信，我认为，五四以来老作家中，你的小说，至今未重新出版，这是个空白。"

同日　沈从文致信四川人民出版社编辑李定周、陈天笑，信中推荐出版《施蛰存短篇小说选集》。

29 日　《读李白词札记》刊于《华东师范大学学报》第 1 期。

3 月

6 日　审阅《词学》第 4 辑来稿，填写复审意见。

8 日　《我治什么"学"》刊于《书林》第 2 期。

9、10 日　复黄坤尧函。为邵瑞彭《山禽徐响》编入《词学》第 4 辑撰"附记"；复审金启华《金词论纲》。

13 日　沈从文（张兆和代笔）致函："四川人民出版社回信来了，他们很愿意出版你的短篇选集。他们提出选集由我编选并写序言，这事如在我健康情况良好的时候，自是义不容辞。""请他们直接同你联系，并建议由作者自己编选，自己写序言。"

20 日　为将所藏晚清粤中陈庆森未刊稿本《百尺楼词》编入《词学》第 4 辑撰"附记"。

21 日　续审《词学》第 4 辑稿件，填写复审意见。

同日　致刘尚荣函："尊稿我已大胆删削改动了不少，你如存有原稿，将来印出后请仔细校对，或者于足下今后撰文有些贡献。""另外有些意见［计 6 条］，写在一纸附奉。"

同日　复张香还函:"收到《小诗自咏》[鲁兵旧体诗线装自印本]。""他的诗可与聂绀弩成双璧,我很希望他多写一些运用新词白话的旧诗,为旧诗开一条新路。"

下旬　编讫《枕戈录》,为交付出版撰"前言"。

月内　蔡乃康治印"蛰存之印"。

月内　据陈正宽回忆:"文坛大兴意识流、弗洛伊德心理分析等创作时髦,究其实,早在二十世纪三十年代,那些时髦早由主编《现代》的施先生,在创作中开了风气之先了。为了解情况,我鼓起勇气,写信向施蛰存先生请教。""我意外收到施蛰存教授在上海华东医院病床上写来的亲笔回信。"(《我与施蛰存》)

4 月

1 日　为编定《词学》第 4 辑撰"编辑后记"。

同日　复薛汕函,言及关德栋邀我加入俗文学会,虽然已多年不涉猎俗文学,但我仍愿意作一名赞助会员。

9 日　薛汕复函:"您提到三、四十年代三个俗文学期刊复制的问题,很好,我与书目文献出版社谈一下。""您现在先养病,能动笔再写来不迟。"

13 日　《"一"字的故事》刊于《新民晚报》,署名"舍之"。

21 日　复葛渭君函:"我要的是宋人笔记中抄出的词话,例如从《碧鸡漫志》中抄出的,从《容斋随笔》中抄出的,在《词学》上每期发表几千字,总名即曰《宋人词话辑录》。"

22 日　齐森华来看望,先生谈及拟整理旧稿《词学文录》,谋求出版。先生自述:"经过二十多个寒暑,纸都霉腐了,墨色也淡化了。这样的原稿,怎么能送到排字车间去排版呢? 中文系主任齐森华同志为我做了一件义事,他发动高年级的中文系学生,

分别把几十万字的原稿重抄。"(《词籍序跋萃编·序引》)

同日 《寒山寺碑》刊于《新民晚报》,署名"舍之"。复薛汕函:"写一篇回忆记谈'民风'的经过,""文章重点在'民风'兼及戴望舒和你的一段关系。"

23日 执笔与马兴荣致邱世友函。致马兴荣函:"第4辑已编成,还有几件事请即办。"

24日 致《文物》编辑部函:"'虎子形器',这个说明是不适当的,应该就注作:'虎子'。又墓志石连盖的,向来都称'一合',《文物》上常写作'一盒',也不妥当。"

28日 复葛渭君函,宋人笔记"你已看五十多种,也可以先合为一二卷,在《词学》发表,不过要按著作年代先后排列次序。这个工作,我本来已做好,有稿三四十万字,现在都损失了"。

月内 致钱歌川函,请他帮助联系作者孙康宜。据孙康宜回忆:"我突然接到由普林斯顿大学出版社转来施先生的短函,信中说他多年来热衷于词学研究,不久前听说我刚出版了一本有关词的英文专著,希望我能寄一本给他。"(《施蛰存对付灾难的人生态度》)

5月

8日 《盐角儿》刊于《光明日报·文学遗产》。

9日 薛汕复函,谈及"目录中有您的杂文集","因您已有写的动机和可能,而且已有过杂文,当可促成"。

上旬 倪蕊琴陪同季羡林来访。据倪蕊琴回忆:"从三四十年前他们在昆明时的往事谈到当前他们各自研究和关怀的事情;谈到敦煌学,他们又倾诉着对作为古代中外文化交流桥梁的西藏文化和新疆文化的看法。"(《难忘的教益》)

13 日　《词学名词解释·长短句》刊于《文史知识》。

同日　《寒山寺碑信息》刊于《新民晚报》，署名"舍之"。

15 日　《阿滥堆》刊于《光明日报·文学遗产》。

23 日　崔耕致函，附稿《重修面壁庵记》《新修雪庭西舍记》，请帮助审阅。

25 日　修订完成《说杜甫〈戏为六绝句〉》。据黄裳回忆："我曾作文介绍郭绍虞先生关于杜甫论诗六绝句的辑订本，觉得编得不错，蛰存特写一信来，表示异议，且论及郭老对中国古代文学评论论著的一些不同意见。"(《忆施蛰存》)

27 日　端木蕻良致函："在《文学遗产》上看到你的小文，很有吸引力，将来结集时，望能得窥全豹。"

6 月

12 日　孔海珠来病房探望并为摄影。

13 日　《词学名词解释·雅词》刊于《文史知识》。

14 日　上午与姜德明、黄裳等在淮海路上海书店库房选购旧书。据姜德明回忆："见我已选好的书堆中有一本戴望舒的译著说：'这本让与我吧。'我说：'我挑的书中有您需要的，尽可拿去。'施先生见我还挑了他 1933 年在良友出版的小说集《善女人行品》，又说'这本我买下签名送你。'"(《读〈施蛰存日记〉》)

15、17 日　为《宋之问〈奉和晦日幸昆明池应制〉》交付发表而撰"附记"。复古剑函。

27 日　《旧诗新做》刊于《新民晚报》，署名"舍之"。

本月　山西人民出版社出版邓云乡《红楼识小录》，收到赠书作诗书笺"题邓云乡《红楼识小录》"。

7 月

5 日　许白凤致函:"《旧诗新做》一文,已见报载,正平湖县文代会、嘉兴市文代会召开时也。""鸰公诗集上册即将告成。"

13 日　《词学名词解释·近体乐府、寓声乐府》刊于《文史知识》。

20 日　写讫《震旦二年》并撰"附记"。

28 日　写讫《我们经营过三个书店》。

30 日　《籍贯小议》刊于《新民晚报》,署名"舍之"。

同日　致《新文学史料》李启伦函。

本月　《晚明二十家小品》由上海书店据光明书局 1935 年版次影印重版。

8 月

1、4 日　在中国作家协会上海分会第四次会员大会上,当选为第四届理事会理事;《宋之问〈奉和晦日幸昆明池应制〉》刊于《艺谭》第 4 期。致周退密函。

5 日　为《唐诗百话·边塞绝句四首》撰"增记"。

9 日　江西人民出版社寄来徐志摩译著《赣第德》稿费 286 元,认为"稿酬应归徐志摩后代所得",退回出版社。

12 日　复周退密函:"《刘平国碑跋》奉还,待弟所藏拓本及拙跋找出后,还要告借对看。""今日起补作《唐诗百话》,明年终完成百篇之数。"

13 日　《词学名词解释·琴趣外篇、阕》刊于《文史知识》。

14 日　复李启伦函。张文江持先生介绍信访黄裳,并代还书。据黄裳回忆:"他因病住院许久,常向我借书闲看,我有一部康熙刻的钱谦益尺牍,""我随手在书头写了些读后感,他读后还书,请一位他的学生送来,附一笺要我对来客就钱牧斋研究说些意见。"(《忆施蛰存》)

15 日　写讫《唐诗百话·张继:枫桥夜泊》。

23、27 日　江西人民出版社重寄徐志摩译著《赣第德》稿费,说明其中 10 元是"重印题记"稿费。遂托陈从周将 276 元书稿费转给徐志摩儿子徐积锴。致周退密函。

29 日　《美国的男女》刊于《新民晚报》,署名"幸丸"。

31 日　应国靖来病房探望,并带来天津谢大光致函。

下旬　作词《虞美人》并识:"余与大理周泳先[云南图书馆]别四十载不相闻问,近日始奉音书,知其夫人吴氏湘君已下世。因作小阕寄泳先,恐未能慰藉或助其哀。"

9 月

6 日　复周退密函:"兼老处仍'星五'聚首否?弟想在国庆前出院,近日正在作复检。"

9 日　复古剑函,言及每天早晨写文章二三千字。

同日　柳北野寄赠《太湖诗简》并致函。

12 日　写讫《我和现代书局》。

18 日　致李启伦函。复葛渭君函,言及许白凤来过,拟借阅高晓邨评《山中白云词》。庞薰琹自北京复函。

21 日　《"知多少"知多少》刊于《新民晚报》,署名"北山"。

住院期间　自述:"曾和来访者谈起,我们国家闭关自大了三十年,和外面的世界太隔阂了。现在一下子开放,就发现了东西方的文化代沟。因此,我以为在文学上,我们必须补课,续

断。"(《且说说我自己》)

住院期间 据贾植芳回忆:"探望生病的陈子展先生,陈先生说:'施蛰存也在隔壁。'我就顺便去看望,推门进去,见他伏案在审编《词学》。"(《人格、人性、人情、友情》)

23 日 在华东医院治疗 19 个月,办理出院手续回家。

24 日 整理书物。曹长欣,丁景唐偕丁言昭来访。

同日 按程千帆日记:得施蛰存函。

25 日 继续整理书物,陈文华来探视。

26 日 金韵琴偕孔海珠,张文江、王兴康、宫晓卫来谈。

27 日 昆明王晓云,《文学报》顾家干,钟明来访。

28、29 日 马兴荣、朱碧莲、韩黎范来看望。复古剑函。

本月 主编《现代》杂志全套(合订本八册),由上海书店影印出版;刊有其撰《重印全份〈现代〉引言》。

本月 安徽人民出版社出版《外国抒情小说选集之四·田园交响乐》,内收译作显尼志勒《爱尔赛》。

10 月

1 日 国庆节。应国靖,钮庭栋来谈。

5 日 续作《唐诗百话》,为《唐诗百话·李白:蜀道难》撰"增记"。自述:"我改用漫话的方法,可以比较自由活泼地和读者漫谈唐诗,因而把书名改为《唐诗百话》。"(《唐诗百话·序引》)按程千帆日记:发致施蛰存函。

6 日 金名,陈文华,李宗为夫妇来看望。

7 日 写讫《唐诗百话·张志和:渔歌五首》。周退密来晤。

8 日 写讫《唐诗百话·孟郊:诗三首》。葛渭君来晤。

同日 惊闻下午 4 时吕贞白"以心肌梗塞暴卒"。

9日 包谦六致函:"弟顷妄作'寒山拾得体'数首[《仿寒山拾得体八首》],附录,乞郢政并望下一转语,以开愚蒙。"

10日 严寿澂、王兴康、张文江、宫晓卫、戴园晨来晤。

11日 汇还董秀玉书价。马兴荣来谈。

13日 《词学名词解释·令、引、近、慢》刊于《文史知识》。复郑逸梅函:"始知吴德铎诸君已为公晋寿,此事弟早已为吴君言,必参加一份,但恐未必能亲临嵩祝。"

同日 按程千帆日记:得施蛰存函。

14日 黄清士来晤。寄赠古剑《晚明二十家小品》。

15日 《中国比较文学》出版创刊号,出任副主编。其作《关于比较文学的一些意见》刊于此期"笔谈会"专栏。

同日 蒋哲伦,方智范,薛文才来谈。

16日 写讫《唐诗百话·严维:酬刘员外见寄》。

同日 周劭,杨积庆,郭豫适,徐中玉来探望。

17日 张文江、王兴康、宫晓卫、蒋哲伦来谈。

18日 写讫《唐诗百话·贾岛:诗六首》。

同日 董红钧以所译《泰戈尔传》来赠。

19、20日 杨伦,陈文华来晤。张文江、王兴康来谈。

21日 写讫《唐诗百话·寒山子:诗十一首》。翟同泰来,赠以鲁迅研究书十馀册。四妹企襄偕聿宸来探望。

22日 早晨包谦六来,书赠《老子》句篆书条幅。徐定戡来函并附词作"踏莎行·瞿髯前辈词宗八十晋五寿辰教学六十五年纪念贺词,北山前辈词宗诲正"。《祠庙·宫观·庵寺》(上)刊于《新民晚报》,署名"舍之"。

23日 茅于美来探访。《祠庙·宫观·庵寺》(下)续刊《新民晚报》。《晏殊〈玉楼春〉》刊于《光明日报》。

24 日　包谦六,徐定戡,金名,胡建强,陈影来晤。

25 日　写讫《唐诗百话·柳宗元:五言古诗四首》。丁言昭,施建伟,张文江,王兴康,宫晓卫,徐传芬,马祖熙,邵修青来访。

同日　复刘以鬯函:"望舒逝于 2 月 28 日,专辑可在 3 月份刊出,拙文当如命在 11 月寄奉。中文大学卢玮銮女士专研究望舒在香港的资料,也可以请她写一篇。"

26 日　张文江,邓云乡来谈。

27 日　赵山林来,为其写致谭正璧介绍函。应国靖来谈。

28 日　复古剑函,建议《良友画报》可开辟人物专栏。

29 日　葛渭君等,蒋哲伦来晤。

30、31 日　陈文华,王西彦来谈;赵家璧托女儿赵修慧来看望;吴奔星偕子心海来访。王进珊夫妇来晤。

本月　上海社科院出版社出版《中国现代作家历史小说选》,内收《阿褴公主》。

11 月

1、2 日　杨伦来晤。严寿澂来谈。

3 日　为马祖熙《缉庵词存》撰跋。

同日　梁平甫,徐蒙,张文江和宫晓卫来访。

5 日　写讫《唐诗百话·白居易讽谕诗:两朱阁》。

同日　包谦六陪同施议对来访。

6 日　丁言昭、施建伟携上海大学学生陈丽娟、黄品芳、胡万、石玮、刘克诚来访。

7、8 日　王兴康,赵昌平,周聪,张珍怀来晤。

9、10 日　复吴羊璧函。黄明,杨耀斌来谈。

11 日　周劭,周聿宸,朱雯来晤。

12 日 写讫《唐诗百话·白居易感伤诗:霓裳羽衣歌》。万鸿凯来晤。《堂名的起源》刊于《新民晚报》,署名"舍之"。

13 日 《难忘的情谊》刊于《文汇报》。《词学名词解释·变、徧、遍、片、段、叠》刊于《文史知识》。宫晓卫,陈慧忠来谈。

14 日 邵修青,许杰来看望。

15 日 写讫《唐诗百话·元稹艳诗:会真诗》。

同日 汤天陶,马兴荣,倪蕊琴,陈挺来谈。

16 日 喻永祚,陈文华,张文江,方正耀来晤。

17 日 为中国韵文学会在长沙举行成立大会致贺电。

同日 同济大学喻调梅来晤。

18 日 周劭,孔海立,欧阳文彬来访。

20 日 整理完毕戴望舒香港时期日记,以题为《林泉居日记》交付发表而撰"题记"。

22 日 《震旦二年》刊于《新文学史料》第 4 期。

23 日 谢大光来访,并建议重印《域外文人日记抄》。王兴康、张文江、宫晓卫来请教。

24 日 吴慧和宜山中学高宗琦来访。致香港刘以鬯函。

25 日 写讫《唐诗百话·刘禹锡:绝句二首》《唐诗百话·白居易:闲适诗十一首》。

同日 致沈仲章函,言及"望舒有二本日记在我这里","有几个问题另纸写出,请兄加批注寄回";"兄能否写一篇回忆记,说说望舒在港时的生活情况,恐怕你是最详知的人"。

26、27 日 陈英眉偕子小显,严寿澂,黄葆树来谈。

28、29 日 赵昌平来谈。唐圭璋来函。赵家璧来晤。

30 日 中国社会科学出版社文学室季寿荣来组稿,谈及旧稿《词学文录》。陈伯海、蒋哲伦夫妇来看望。

12 月

1 日 刘以鬯致函:"'特辑'能发表戴望舒的日记,非常理想,但没有你的文章,就会缺乏权威性。""冯亦代、卢玮銮的文章已寄来,王佐良也在赶写中。"

2、3 日 陈丽娟、黄品芳、胡万、石玮送来与先生合影照片;施亚西、邵修青来晤。马兴荣来谈。

5 日 写讫《唐诗百话·李贺:诗三首》。

同日 "夏承焘教授从事学术与教育工作 65 周年庆祝会"在北京全国政协礼堂举行,与马兴荣及《词学》编辑部联名致贺:"词坛尊北斗,诗教寿南山。"

7 日 枣庄王晓祥来访,张文江、宫晓卫来谈。

10 日 为了纪念开明书店成立 50 周年,应欧阳文彬之约,撰讫《缅怀开明》。写讫《唐诗百话·张祜:诗十首》。

11、12 日 上午左燕来借书(译诗三册)。严寿澂来晤。

13 日 《词学名词解释·双调、重头、双曳头》刊于《文史知识》。

15 日 张文江、宫晓卫、王兴康来帮助调整寓所家具摆设。

同日 校中文系主任齐森华来看望,并邀请出席为先生等老教授举办的庆贺茶话活动。

17 日 致夏承焘函。"承赐《天风阁学词日记》,发封喜极,此书极有价值,既是近代词史,亦是日记文学之佳著。灯下披览,不胜佩服。"严寿澂来晤。

18、19 日 陈文华,赵山林,包谦六来谈。

20 日 陶型传,喻永祚来谈。吴闻复函,谈及"《天风阁学词日记》匆匆抄录付印,其中定多谬误,尚祈不吝指教;承嘱续抄

1938年1月开始","自当遵命"。

中旬 中国社会科学出版社季寿荣来函。自述:"来信说他们的出版社可以考虑印行这部书稿。"(《词籍序跋萃编·序引》)

21日 杨伦、严寿澂来谈。

22日 下午到校出席华东师大中文系为许杰、施蛰存、史存直教授举行的祝贺学术、教育和创作60周年茶话会。

23日 应邀担任枫林诗词社顾问。陈英眉,何文声来访。

同日 《新民晚报》登载《华东师范大学三位教授创作六十周年庆》提及:"刚从医院里出来在家养息的施蛰存身患重症,手术后仍坚持写作、编著、指导研究生,由他主编的《词学》丛刊,在国内外赢得较高声誉。"

24日 杨耀斌,耿百鸣,赵山林来晤。

25日 下午华东师大中文系古典教研组16人前来寓所祝贺先生八十大寿,并赠大蛋糕。研究生王兴康、张文江、宫晓卫送蛋糕,陈文华送鲜花一束来贺寿。

26日 农历生日。为贺先生八十寿辰,举办家宴。祝贺有陈九思《甲子吉月奉祝蛰翁吟长八秩寿》、陈兼与《蛰存翁自病院来书,知犹在亲勘〈词学〉第3辑校样,今年翁亦八十,作小诗二首奉怀并以祝寿,即乞粲正》、包谦六《五言一首,敬祝蛰存先生八旬嵩庆,即乞郢政》、陈琴趣《蛰存翁八十大寿俚句奉祝步壶叟韵》、周退密《浣溪沙·北山前辈八十》、马祖熙《沁园春·祝蛰庵师八秩生辰三首》、徐定戡《踏沙行·恭祝北山前辈词宗开九双寿》《减兰·北山尊丈词宗教学六十年纪念贺辞》。

27日 上午屈兴国、严迪昌来访,下午陈英眉来谈。

28日 赵山林来谈。马彦祥复函:"承询先父遗作,五十年代曾经由他学生陈梦家、傅振伦俩先生编印过两种。"

29 日　钮庭栋夫妇来访。

30 日　周退密,徐永江来晤。复陈从周函:"瑞芬[先生四儿媳]携来志摩少君手书,""尚祈代为婉谢徐世兄,此款亦请足下作适当处置。"据刘润记述:"陈从周向施蛰存和徐积锴建议,将这笔款子购买松枫,植于徐志摩墓前。"(《一张珍贵的照片》)

31 日　诗作《枫林颂》刊于《新民晚报》。

本月　《〈现代〉的始末》刊于《出版史料》第 3 辑。

本月　浙江古籍出版社出版夏承焘《天风阁学词日记》(一),夏承焘在"前言"提及:"1981 年,应施蛰存先生之嘱,始选抄部分日记,刊载于《词学》创刊号,名之曰《天风阁学词日记》。"

约在期间　主编(未署名)"百花洲文库"第三辑 10 种,由江西人民出版社出版 4 种。

1985 年(乙丑)　80 岁

▲1 月,六届全国人大常委会通过《关于教师节的决定》。
▲3 月,中国现代文学馆在北京开馆。

1 月

1 日　元旦。自述:"1985 年是我的生命与生活的分水线。"(《文艺百话·序引》)

同日　《词学文录》原稿缺二册,故补录《唐五代词序跋》。复周退密函:"稼翁火攻甚猛,迫使弟填词献丑,又为周梦庄催出一词,录奉粲正。"

2 日　又补录《王国维辑词跋》。复香港刘以鬯函。

同日　沈宗威复函："大札以笔谈形式，惠示娓娓，曷胜欣乐。所示诸点'文苑珠林'，尚未考虑何书奉献。"

3 日　仍补录《王国维辑词跋》。

4 日　复审《词学》第 4 辑稿件。晚上钟明来访。

5 日　批阅研究生张文江毕业论文。陈文华、张文江、宫晓卫、黄明、蒋哲伦来访。

6 日　为《词学》第 4 辑编图，补录"词集跋"。施亚西来谈。致古剑函。闻宥复函："在'文史'上得读大作，甚佩。"

7 日　编定《词学》第 4 辑文稿及图版。

8 日　宫晓卫，蒋哲伦来谈。Weiss Tein 寄来《比较文学年鉴》二份，各 15 本。

9 日　阅《比较文学年鉴》。按贾植芳日记：收施蛰存信。

10 日　写讫《唐诗百话·姚合：诗十首》。审校《词学》第 3 辑付印清样。马兴荣，包谦六来谈。

同日　《华东师大》校报登载王郊天《祝愿——庆贺许杰、施蛰存、史存直教授从教六十周年》。

11 日　审《词学》第 3 辑付印清样。张珍怀，陈文华来谈。

12 日　张文江、王兴康、宫晓卫在寓所拍摄毕业合影。马兴荣，倪蕊琴，陈挺来访。

同日　译作泰戈尔《爱人的礼物》刊于《当代外国文学》。

13、14 日　戴自中，卢润祥来晤。写讫《唐诗百话·朱庆馀：七言绝句二首》；王璨来访；吕叔湘寄赠《语文杂记》。

15 日　写讫《唐诗百话·中唐诗馀话》。

16 日　撰《十年治学方法实录·谈天风阁学词日记》："我编《词学》，虽然干劲十足，希望每年出版 4 期，可是碰上了牛步化的出版社和印刷厂。""两年的日记还没有发表完毕，十年日记已印出单行本。对于一个刊物编辑,岂不是一件伤心透顶的事。"

17、18 日 蒋哲伦,李宗为来谈。富寿荪,陈文华来晤。

19 日 吴灏,曹旭,王兴康等来谈。《善秉仁的〈提要〉——兼记苏雪林的两面之缘》刊于《新民晚报》,署名"舍之"。

20 日 姚昆田,宋学勤来晤。

21、22 日 华东师范大学出版社袁进来访。复古剑函。

24 日 徐永江来请"写字,留纸而去"。应国靖来谈。着手编《外国独幕剧选》第五集,托人至金名处借书。

25 日 早晨杨耀斌来,明日赴京,"托其带年历一份去送灿妹"。下午陈文华来,"托其送一函致王璞"。

26 日 上午陆谷苇,下午张文江、宫晓卫来谈。

同日 复屈兴国函,言及"我想排印几种词籍名家词钞,得你们合作甚好,我希望列入第一批发稿计划中",并具体列举了有关编辑方面的八个问题,"请你们和千帆先生谈谈,应如何决定";"《峡流词》《罗裙草》已找出,'青城集'还没有找到"。"《词学》(4)秋间可出,第 5 辑 3 月底发稿,希望南京诸君有文章来"。

28 日 写讫《唐诗百话·沈亚之:诗二首》。

29 日 上午朱明华来访。下午赵昌平来谈。

30、31 日 张文江、宫晓卫来谈。陈邦炎来晤。

2 月

1 日 续写《唐诗百话》。孔海立来谈。

同日 《黄鹤楼与凤凰台》刊于《名作欣赏》第 1 期。

2、3 日 封耐公偕严寿澂,邵修青,富寿荪,邵显来晤。

4 日 张珍怀托人来送书。苏雪林致函:"流光迅速,别来已三十馀年,忽香港《良友画报》编辑古剑先生影映大作'善秉仁提要'提及贱名,始知故人无恙,不胜欣慰。"

5日 经整理节录的戴望舒《林泉居日记(片段)》和"附记"刊于《香港文学》第2期"戴望舒逝世35周年纪念特辑"。

6日 盛毓瑾,陈文华来访。复欧阳文彬函。

7日 续写《唐诗百话》。钮庭栋来谈。

9日 孔海珠,喻永祚,王兴康,周聿宸来晤。

11日 周退密书赠诗作四首一轴"蛰存先生八十双寿,周退密敬祝",复函致谢,谈及"近日在检敝藏民国时人词集作一卡片,寄奉篇纸,请将尊藏词集亦写一纸来,壶公处亦拟寄几纸去"。复黄坤尧函:"台港方面如有新出词学书籍,亦希望你帮助收集,或写一篇500字以内的介绍来。"

同日 马祖熙,上海社会科学联合会高可来访。

12日 午后陈文华、黄明、严寿澂、李宗为、赵昌平携茶点礼物来,为祝寿茶会。方正耀来访。

13日 马兴荣来谈。复古剑函。《词学名词解释·换头、过片、么》刊于《文史知识》。

14日 川沙顾炳权来访。自述:"得到我的鼓励,又扩大范围,进一步收集大上海的竹枝词。"(《关于竹枝词》)

15日 上午齐森华、方智范来慰问。蒋哲伦,孔海珠来晤。下午张文江取去论文五章。

16日 作词书笺《踏莎行·奉怀周梦庄兼题大著海红词》。

18日 写讫《唐诗百话·李商隐:锦瑟》。邵修青来访。

同日 复周退密函:"近日正在忙于补抄词籍序跋,缘旧稿《词学文录》有机会付北京〔中国〕社科院出版社印行,为了争取时间,早日发稿,故正在作最后一次编辑。""弟不是要选录而是要先编一个辛亥以后的词集书目。"

19日 除夕。应国靖,吴怀德来晤。

20日 春节。陈文华,聿选夫妇,庭栋,庭玉夫妇,钟荚,聿宸母女,喻永祚来贺年。

21日 上午黄明、周东璧、楼昔勇,下午赵昌平夫妇、李宗为夫妇、朱明华来贺年。

22日 上午覃英偕儿、朱婉娥、钱虹,下午戴自中、张文江和王兴康来贺年。

同日 《我们经营过三个书店》刊于《新文学史料》第1期。

23日 上午周劭、穆丽娟夫妇,包谦六等来贺年。

24日 上午周退密,下午周纫秋、彭燕来贺年。

同日 作词《金缕曲·贺稼研先生金婚双庆》并题记。马祖熙亦作《金缕曲·徐稼研先生结缡五十岁星之辰,有词志庆,北山词丈出视原韵,洛诵之馀,觉其温醇大雅,不染尘滓,藻翰之工犹其馀事也,因蛰丈之命,依韵敬和》。

25日 赵之云来贺年。致马祖熙函:"昨日收到周梦庄寄来《鹿潭年谱》原稿一册,已转寄与足下作参考。"马祖熙作词《金缕曲·周梦庄先生藏有水云楼词珍本及蒋鹿潭襄笠垂纶小像,复撰蒋鹿潭年谱稿寄〈词学〉北山蛰存嘱余代为校写过。先生来书致谢,感其高谊因赋此词》。

26、27日 徐永江,金名,雷平一来贺年。

28日 吴慧、高宗琦来赠高邮文游台纪念礼物。

本月 主编《词学》第3辑出版;刊有《读词四记》《鹧鸪天·赋赠叶嘉莹女史》《历代词选集叙录·三》《新出词籍介绍》《丛谈》《编辑后记》,署名"北山""舍之""丙琳""编者"。据卢润祥回忆:"施先生知道我妻子在沪上一家大型印刷厂工作,就要我想办法。厂方知晓情况后,安排专人负责《词学》印刷事宜,且

每期作为'急件'来办，很快使刊物得以正常出版。"(《先生真长者》)

3 月

1 日 写讫《唐诗百话·李商隐：七言绝句四首》。

2 日至 4 日 沈师光，徐永明，左燕，马祖熙来谈。

5 日 宋路霞，张文江、宫晓卫和王兴康，喻永祚来晤。

6 日 元宵节。复《江南》编辑部余小沅函。

7 日 上海书店出版社刘华庭来，赠影印《现代》八册。

8 日 早晨张文江来，取介绍信去谒徐震堮。复张万钧函，言及"承为介绍拙编《唐碑百选》出版机会"，"今附上说明一份，请你问问中州书画社或中州美术出版社"。

9 日 为选编多人译作英国毛姆小说集《便当的婚姻》撰"编后记"。按：出版未署名。

10 日 龙厦材来访。梁永成送来杨静托其带的食品。

11 日至 13 日 孔海立，宫晓卫，赵之云，朱大刚来晤。

14、15 日 张翰勋，周圣伟来晤。蒋哲伦，张文江，陈文华来谈；写讫《唐诗百话·温庭筠：五七言诗四首》。

16 日 赵家璧来晤。致陈兼与函，言及"高邮县将举行四贤雅集纪念"，"拟请阁下及星五(诗会)有赋咏，至 4 月底书一诗卷寄去"，"退密、九思、琴趣诸公乞为代达"。

17 日 邵修青、沈师光来晤。

18 日 余小沅，操剑峰，孔海立来访。致周退密函。

20 日 写讫《唐诗百话·温庭筠：菩萨蛮》。

21 日 沈仲章，王兴康来谈。香港赵令扬托来者取书件。

23 日 下午边含光，陈英眉偕子邵显来访。

24日 写讫《唐诗百话·杜牧:七言绝句十一首》。

25日 王兴康、张文江、宫晓卫来晤。

26、27日 陈文华,宋路霞,喻永祚,王兴康,蒋哲伦来谈。

28日 写讫《唐诗百话·许浑:金陵怀古》。

29、30日 吴长林,张文江来谈。许永生,赵昌平来晤。

31日 宋元,严寿澂,李宗为,黄珅来谈。致古剑函。

月内 吕叔湘致函,请帮助为浦江清诗中提到的人名加注。

4月

1日 宫晓卫,王鲁彦之子来访。复余小沅函。

2日 写讫《唐诗百话·郑鹧鸪诗》。张文江、王兴康、赵昌平来谈;浙江古籍出版社王翼奇、杨剑虹来访。

5日 写讫《唐诗百话·曹唐:游仙诗》。宋路霞来谈。

6日 《李白〈蜀道难〉解》刊于《中文自学指导》。《外语界》编辑郑有志来约稿。赵家璧女儿来访。

7日 孙望介绍江苏古籍出版社张惠荣来,了解所作汉唐碑著述出版事。曹旭,钟英,翁德森来谈。

8日 徐静华,孔海立来谈。

9日 写讫《唐诗百话·章碣:诗三首》。包谦六来晤。

10日 为况周颐《织馀琐述》编入《词学》第5期撰"附记"。《十年治学方法实录·谈天风阁学词日记》刊于《读书》。

11日 施亚西,种明章来谈。致谭正璧函。

12日 写讫《唐诗百话·李群玉:黄陵庙诗》。

13日 《词学名词解释(九)·拍》刊于《文史知识》。戴咏絮,翁德森来访。按程千帆日记:得蛰存信。

15日 写讫《唐诗百话·刘驾:诗八首》。严寿澂,吴令海来谈。复古剑函。《读〈现代〉重印本书感》刊于《书讯报》。

17日 南京严迪昌、张宏生来访，李欧梵，柯灵，吴令海，陈伯海来晤。黄君坦复函："每于陈兼老函中得悉起居康复，仍勤于撰述；""顷奉惠书将编次'近代词选'。"

18日 作诗书卷《乙丑九秋，高邮将举行文游台四贤雅集九百年纪念会，承邀观光，病不能赴，寄诗志盛》。曹乃云来访。

19日 四妹企襄来探望。游中山公园。陈文华、黄珅来谈。

20日 写讫《唐诗百话·秦韬玉：贫女》。

21日 早晨沈轶刘偕子沈颖，周劭来访。下午包谦六，朱雯、罗洪夫妇，沈师光来晤。

22、23日 邵修青，沈师光，严寿澂来谈。陈兼与致函。

24日 上午汤天陶，下午富寿荪、吴怀德来晤。

25日 写讫《唐诗百话·皮日休、陆龟蒙：杂体诗五首》。戴咏絮来，"午饭后去，取去望舒杂件，外文书信等"。

26日 张厚仁赴美前来辞行。葛渭君来晤。

27日 赵昌平来谈。晚上人民文学出版社刘小沁来访。

29日 上午汤笔花、陈元林来访。复施议对函。

5月

1日 为贺翌日夫人生辰，午餐与家人吃面祝寿。包谦六、昆山吴桥中学郑世昌来访。

3日 上午冯其庸、邓云乡等来访。下午严寿澂、陈文华来谈。晚上写讫《唐诗百话·三家咏史诗十首》。

4日 早晨蒋哲伦来谈。吴闻复函并附寄夏承焘文稿，文中写到"顷承施蛰存教授函示，三十年代龙榆生先生主编之《词学季刊》，即将在沪影印出版，闻讯不胜欣慰"。

5、6日 包谦六来谈。王兴康、张文江来晤;沈宗威复函:"承垂询'近代名家词'一书编例,曷胜之宠。""蒙示大作五古,极高妙,并世作手,令人不作第二人。"

7日 写讫《唐诗百话·韩偓:香奁诗、长短句六首》。包谦六,许白凤,陈文华,喻永祚来访。

10日 编定《域外诗抄·第一辑英国诗抄》并撰"后记"。苏渊雷,彭靖,陈文华来访。

上旬 佟培基由开封来上海出差,曾往先生寓所访问。

11日 翟同泰来,"赠以资料刊物一包"。

12日 上午云南大学李埏、周庚鑫来访。徐开骏来,"为写字数纸"。《施蛰存谈〈金瓶梅〉》刊于香港《信报》。

13日 写讫《唐诗百话·晚唐诗馀话》。上午张冰独,邓云乡和许宝骙来晤。下午王兴康、张文江和宫晓卫来谈。

同日 《词学名词解释(十)·减字、偷声》刊于《文史知识》。

14日 沈仲章、邵嫣贞来晤并合影。陈文华,张文江来谈。

15日 写讫《唐诗百话·韦庄:秦妇吟》。又为所作《唐诗绝句杂说》编入《唐诗百话》撰"附记"。

16日 张文江、宫晓卫、王兴康来谈,午后沙叶新来晤。

17日 上午包谦六,下午 Patrick Hanan(韩南)来访。晚上观看电影 *Marco Polo*。

18日 上午王进珊夫妇来晤。晚上王智量夫妇来谈。致黄坤尧函,附转致卢玮銮函。

20日 张文江、宫晓卫来,毕业论文即出。

22日 许宝骙,陈伯海,陈影,胡建强来谈。复葛渭君函。

23日 上午徐开骏,陶洁民来谈,下午范泉来辞行。

24日 王壮弘、沈培方来访。张文江、宫晓卫、王兴康来谈。

25日　写讫《唐诗百话·唐女诗人》。包谦六来晤。

26日　陈伯海来谈。

27日　陶洁民，包国芳，吴琦幸，复旦大学邬国平来访。

28日　金名，陈文华，张文江来谈。沈师光来取去英剧译文四篇。作词《调寄清商怨·奉题张珍怀女士飞霞山民词稿》。

29日　写讫《唐诗百话·六言诗》。托人复印《墨林快事》。马兴荣，宋路霞，沈颖，徐震堮之子来晤。

30日　陈文华，喻永祚，吕贞白之女吕姮来谈。致黄坤尧函："想在第5辑《词学》中转载一篇台湾著述。"

本月　人民文学出版社出版严家炎编选《中国现代文学流派创作选丛书·新感觉派小说选》，内收《梅雨之夕》《将军底头》《石秀》《魔道》《四喜子的生意》《春阳》《名片》《鸥》。

6月

1日　为《唐诗今译集》撰稿而复人民文学出版社李易函。

5日　写讫《唐诗百话·联句诗》。为《唐诗百话·张继：枫桥夜泊》撰"补记"。

6日　赵文漪由加拿大寄赠《高梧轩诗全集》。

10日　写讫《唐诗百话·唐人诗论鸟瞰》。为《唐诗百话·王梵志诗》撰"补记"。

上旬　经吴晓铃推荐，将旧著《水经注碑录》重新整理后交付天津古籍出版社。

13日　冯宗陈由杭州致徐定戡函谈及："遵命涂呈拙劣，能否附骥，尚祈我公并施丈（蛰存先生，吾浙耆宿，心仪久之，憾未识荆），削正是幸。"

17日　编定《域外诗抄·第二辑美国诗抄》并撰"后记"。

20 日 撰《叶恭绰墓》等照片说明,编入《词学》第 7 辑。

25 日 写讫《唐诗百话·历代唐诗选本叙录》。至此,《唐诗百话》全书脱稿。

下旬 所指导的中国古代文学明清时期专业硕士研究生王兴康、张文江、宫晓卫,取得学位,毕业。

是月 吉林省地方志编纂委员会、吉林省图书馆出版由张万钧主编《河南地方志论丛》,封面刊有先生题签;扉页致辞:"承蒙华东师范大学教授、作家施蛰存同志为本书题签,特向施蛰存同志致谢。"

7 月

1 日 撰讫《翠楼诗梦录》。

2 日 将所藏《宋景定元年建康府修城砖》廿七纸装为一册,并撰《宋建康府修城砖装册后跋》,书于册末。

5 日 誊清《唐诗百话》书稿,为交付出版撰"序引"。

9 日 致金名函:"有 10 个剧本要看,还要为每一个剧本写介绍,必须我重新按排版样式重抄一遍。此外还要一篇'引言',我一定赶在本月内交出。"

同日 复周陶富函:"我以为南宋人定义'词'为这个文学形式的名称,实在是误人不浅,词乃辞之简化字,凡一切配合乐曲的韵语都是词。""任中敏先生坚持词起源于隋代,也是由于他不肯把一般意义的词乐与特定意义的词乐分别看待。王力的那个定义'一种律化的长短句,固定字数的诗'几乎全不妥当,他把'诗'字也讲糊涂了。"

上旬 为将《琵琶记弹词》(道光四年菊日治山王济阳抄本)赠给天津刘燕及而题跋。

13 日 《词学名词解释·摊破、添字》刊于《文史知识》。

14 日 复金名函:"将德国 4 个剧本留下,编入第六集。"

同日 复邵迎武函:"苏曼殊这个人并不复杂,不过有二重人格。""也不是真心学佛求道的,与李息霜(弘一)不同。""生活是日本人,思想本质是中国儒家,佛学、和尚是他的化装品。"

15 日 为沈轶刘《繁霜榭诗词集》撰序。

24 日 复葛渭君函:"《近代名家词》甲编已拟定书目。"

25 日 欧阳文彬寄来《缅怀开明》校样,校讫复函。

28 日 致金名函:"我得花一个月编《词学》(5),编好后即编'外独'(六)。"

月内 自述:中文系"新任总支书记杨达平同志来访问,他问起我有没有尚未落实政策的事情,我就提起许多著译稿尚未发还。过了一二个月,他给我送回两批文稿"。(《域外诗抄》)

本月 夏承焘为将《天风阁学词日记》(二)交付浙江古籍出版社出版作"前言"提及:"《读书》杂志近期刊出施蛰存先生之评介文字,奖饰有加,且惭且感。"

8 月

1 日 作诗《华东师范大学出版社复社五年颂词》并题记。

6 日 《刘禹锡〈石头城〉和〈乌衣巷〉》刊于《中文自学指导》。

7 日 为编定《域外诗抄·第三辑古希腊诗抄》而撰"解题""解释""附记"。

9 日 致金名函。复古剑函。复张万钧函,言及"江苏古籍已有章耀达同志来过,并将《唐碑百选》稿取去";"我现在为杭州古籍编一部《近代百家词》","不知郑州图书馆中有多少近代词集,特别是解放后私人油印或木刻及铅印的词集"。

14日 致香港《明报月刊》编辑函:"贵刊233期发表了梁厚甫先生的大文,""甚感他关心语文的好意,但梁先生毕竟不解'国情',说来未免隔阂。""我是从事古典文学教学的,也做些出版工作,面临语文的浅陋、混乱现象,实在有点'杞人之忧'。"按:此函以题为《最好回来考察语文水平》刊于《明报月刊》238期。

16日 周退密为《翠楼诗梦录》题签并作诗《蛰公前辈命题大著翠楼诗梦录即乞吟正》。

20日 复周退密函:"叔雍杂文曾载海外报刊者,亦均由其女文漪寄来,嘱弟处理。""接下去编《近代百家词》甲编(共四编),以王半塘始。""此后即编《文苑珠林》甲集(亦共出四集),拟印入《弇州题跋》。""辑本《王修微集》,亦已在师大文史楼厕所旁小间中找到发还,尚待整理。1965年译有《法国象征派诗抄》,凡十馀抄本,现已找到五本。《北山楼碑跋》四册尚未找到。"

24日 为《唐诗今译集》撰稿,致人民文学出版社李易函。

27日 按程千帆日记:得蛰存信,即复蛰存。

30日 为所藏《北齐桑买造像》题跋并书于卷轴。

31日 复古剑函。致人民文学出版社现代文学编辑室函。

下旬 福建刘蘅寄赠诗稿并题记:"乙丑初秋重到上海,承同辈诗翁八老设斋筵招饮于玉佛寺,爰赋此律以志胜游并申谢悃,即呈蛰存先生吟正。"另,黄裳寄赠《银鱼集》。

本月 选编(未署名)多人译作薇拉·凯瑟《摇钱树》,列入"百花洲文库"第4辑,由江西人民出版社初版。

本月 中国青年出版社出版《我与开明》,内收《缅怀开明》。

本月 山西人民出版社出版《诗词曲赋名作赏析》(二),内收《韩愈诗〈华山女〉串讲》。

9 月

1 日 致唐圭璋函:"足下箧中如尚有前辈词人手札,亦恳惠赐复印本若干。弟亦拟辑录'词人论词手札'一小集,编入第 5 辑。"附致孙望函。

同日 按程千帆日记:函施蛰存,要祖棻遗札复印本。

3 日 陈邦炎、黄屏来,接洽《唐诗百话》编辑出版事宜。据黄屏回忆:"我差不多每月一次提前下班去施老家,与他商榷书稿编辑中的一些问题。"(《施蛰存先生摭忆》)

9 日 致罗玉君短笺,介绍许光华趋候请教。

10 日 致周退密短笺,并录奉旧作"和陶诗"。

同日 《读书》第 9 期封三刊载致编者函影印件。

12 日 按程千帆日记:"以《湘春夜月》寄蛰存。"

15 日 为选编《外国独幕剧选》第五、六集撰"引言"(下)。

16 日 复葛渭君函:"这几天在整理晚清四大词人著作及刻书目录。""缺一部《苔雅》,王鹏运词缺最多。我想将四大家的词及其他刻本收全。"

18 日 复古剑函,言及"我是在慢慢地活过来,可是,永远是一个冷门货,你想为我炒栗子,恐怕再也炒不热"。

23 日 复葛渭君函:"我已大略拟定第一辑[《近代名家词甲集》]目录,现在抄一份给你。"另附致许白凤函。

24 日 复岳洪治函:"看到书尾的一个目录,觉得这套选集中还可加一本'乡土文学选'。"

27 日 闻宥在北京逝世,获悉即致唁电悼念。

28 日 《临近中秋的随想》刊于《人民日报·海外版》。

月内 范用、董秀玉由北京来晤。

本月　重庆出版社出版《中国四十年代诗选》,内收《枯树》。

10 月

1 日　国庆节。为编讫《词学》第 5 辑撰"编辑后记"。为编入梁永《从三首词谈辛弃疾和韩侂胄的关系》作"编者按"。

2 日　复李欧梵函:"我为足下向南京师范大学索取'参考资料',承他们慨许赠送 83、84、85 年全份。"

8 日　徐定戡作词《调寄浣溪沙·敬题北山先生〈清花间集〉》、作诗《奉读北山尊丈所著〈翠楼诗梦录〉,为之辄笑奈何,敬题小诗乞海正四首》。

10 日　包谦六作诗《奉题蛰老翠楼诗梦图乞政》。

17 日　复朱宏达函。马彦祥来函。

20 日　编定《域外诗抄·第四辑波兰诗抄》并撰"后记"。

同日　沈轶刘《繁霜榭诗词集》印行,刊有"施序",收录《过施先生蛰存话旧》。

中旬　《书讯报》记者葛昆元来采访。

24 日　沈从文、张兆和复函:"从文健康近日大体上不错。""您手术后虽然恢复得很好,但也要注意身子,劳逸结合。"

25 日　为孔海珠编《现代作家书简二集》撰序。

同日　按程千帆日记:得蛰存信并退稿。

29、30 日　吴万平致函:"丁词[《还轩词》]能得以正式出版,先生的评价起了极大作用!""如蒙先生不惮烦劳,亲加指教,以备再版时参照。"致古剑函。

下旬　从校图书馆借阅黑斋旧藏《诗人图像》并撰跋。

月内　收到卢玮銮寄赠《承教小记》。二妹施咏沂由美国加州回沪探亲。

11 月

1 日 为《水经注碑录》付排撰"后记"。复宫晓卫函。

2 日 向浙江省博物馆捐赠丰子恺书八言联一对(两件)。

同日 吕叔湘由北京来上海出差,专程来探访。

3 日 《华东师范大学出版社复社五年颂词》刊于《华东师范大学》校报。

5 日 寄赠古剑《新感觉派小说选》并致函。

同日 《书讯报》登载葛昆元《"我一生开了四扇窗子"——访华东师大中文系施蛰存教授》。

8、10 日 按程千帆日记:得蛰存信。复葛渭君函。

11 日 编定《域外诗抄·第五辑西班牙诗抄》并撰"附记"。

13 日 向绍兴有关部门捐赠陆游像石刻拓本。《词学名词解释·遍、序、歌头、曲破、中腔》刊于《文史知识》。

15 日 按程千帆日记:复蛰存函。

19 日 致张万钧函。复邵迎武函。晚上复古剑函。

20 日 上海书店邀请上海社科院文学所、《文学报》举办座谈会,因身体健康原因未能莅会,作了书面发言:"希望上海书店把这一个工作继续做下去,今后应当考虑重印一些抗战时期内地印的土报纸本新文学书,甚至也不妨印一些敌伪时期的书。"

25 日 按程千帆日记:得施蛰存函。

26 日 吴闻复函,答复询问夏承焘近期病况。

28、31 日 姜德明致函。陈兼与来函。

本月 东方出版社出版中国书展(1985·香港)筹备委员会编《书人书事新话》,刊有近影并《〈现代〉的自我推荐》。

本月 中华书局初版李宗为著《唐人传奇》,"后记"写到"导师施蛰存教授,在本书初稿的写作过程中自始至终给予极大的关注,为此付出了很多心血"。

12 月

1 日　黄裳致函:"《词学》4 期何日可出?念念。适得人民日报姜德明兄信,内附致先生一笺,有所请问,谨转呈。"

2 日　《当代事,不成史》刊于《文汇报》。复宫晓卫函,言及《花间集》是一种流派文选,不应作为普及读物出版。

3 日　复李欧梵函。马彦祥来函。

5 日　《我的第一本书》始刊《书讯报》,又于 15 日续刊。

上旬　自制贺卡一百份(红色油墨、尺幅为 8.5 厘米×14 厘米),印有宋代赵长卿《探春令》并撰"题记",寄赠友人。

13、18 日　《词学名词解释·自度曲、自制曲、自过腔》刊于《文史知识》。为谷苇纪念册书作《写藏书目录竟因题一绝》。

20 日　为陈以光《云水楼集》撰序。

23、24 日　撰讫《"当代"已经过去?》。复朱宏达函。

27 日　黄墨谷复函:"圭璋翁曾告知,先生对戴亮吉老人所藏《词林翰藻》颇为关注。"

28 日　复古剑函,言及"去年 9 月 23 日出院回家后,做了不少工作,前几天总计一下,""一年来,差不多做了编、写、校 200万字的工作,我一辈子没有这样紧张工作过。"

31 日　致佟培基函,附寄宋词《探春令》贺年柬,托转致高文、任访秋、刘朱樱。另寄赠崔耕、桑凡、张万钧、杨华松。

下旬　撰讫《北山楼绝句·序引》。

月内　苏渊雷题赠《易学会通》并赋诗一首。

本月　《我和现代书局》刊于《出版史料》第 4 辑。

1986年(丙寅) 81岁

▲4月,中国翻译工作者协会首次全国代表会议在京举行。

1月

3日 许宝骙复函:"三处即当分别转致。"附赠贺年卡。

5、7日 复施议对函:"如是则我有五首词可供编用。"钱歌川来函。按贾植芳日记:"收到施蛰存先生的贺年词。"

10日 复许宝骙函:"请为代达平伯师,《红楼梦》这一碗冷饭,只可让别人来炒,我以为平伯师最好不必自己来炒此冷饭。""玉佛寺聚餐照片已在添印。"

12、19日 复王紫平函。致屈兴国函:"承还词籍九种,收到已月馀,昨日始作检点,有几件事奉询。"

21日 致宫晓卫函:"《梦秋词》是词学出版物中第一流书本,也只有你们齐鲁书社肯印行。"复常国武函:"《词学》几乎是一手单干,种种稽缓,无能为力,宥之宥之。"

22日 复李欧梵函:"谈凤梁先生带美之'参考资料'已交与克拉克门托大学的石汉椿先生转交。""我的学生严寿澂已向芝加哥及康奈尔两校送了申请书,你可否帮助他一下?""现代主义是一种新的创作方法及表现方法,不是指题材内容为大都会中的现代生活。"

月内 寄赠程应镠夫妇《探春令》自制贺年片。端木蕻良收到寄赠的贺年片,即步原韵作诗回赠。

本月 中山大学出版社出版饶鸿竞编《亿兆心香荐巨

人·鲁迅纪念诗词集》,内收《吊鲁迅先生诗并序》(五古)。

2 月

1、2 日　复蔡国梁函。始润改旧译《域外文人日记抄》。

5 日　俞平伯致明信片:"奉惠书并赐贺柬祝词,感谢。""我兄深知鄙况,定荷鉴原也。"

9 日　春节。《新年祝诗》在上海人民广播电台"文学爱好者"节目中播出,并刊于《每周广播电视报》。

10 日　为与周松龄、谢英合译库尔特·辛格《间谍和卖国贼——第二次世界大战间谍史话》交付出版而撰"译者附言"。

同日　为《词学名词释义》交付出版而撰"引言"。

11 日　书赠诗笺:"陈九思惠赠《转丸续集》,报以一诗。"

13 日　《词学名词解释·填腔、填词》刊于《文史知识》。

15 日　复北京大学严家炎一函,言及"'新感觉派'这个帽子,从此戴定了。我既无法自己'摘帽',也并不要求'摘帽'"。

20 日　黄墨谷致函:"郑文焯致朱祖谋书札已缮写。"

23 日　元宵节。为退密楼藏《玉泉簧韵图》题跋。陈九思书赠诗笺:"辱蒙蛰老诗宗宠锡佳章,敬次原玉奉呈哂正。"

28 日　致唐圭璋函,附致肖鹏函。致古剑函:"去年秋季以后,我成为'重新发现的作家'(英国某刊物介绍语),居然走了红运。"附转致卢玮銮函。

月内　孟浪、贝岭、沈忱来访。据孟浪回忆:"施先生饶有兴味地翻阅我们带去的刊物,还感慨道,到我们这一代才与他们(老一代)接续上了。""顺手拿出当时出版不久的墨西哥诗人奥克塔维奥·帕斯(Octavio Paz)的英文版诗集,说那些天正在读。"(《施蛰存先生的六封信》)

3 月

1 日 复葛渭君函,言及题词已做好,此间诸老诗友也允题诗或词,等汇集后一起寄奉。厦门大学创建 65 周年校庆,上海校友会要送一份礼品给母校,大家托我办,我想送一幅画及一副对联,请兄先与藕汀联系一下。

3 日 复李欧梵函。

月初 编定《域外诗抄·第七辑比利时诗抄》。

7、9 日 唐圭璋来函。托人将《唐诗百话》校样带给黄屏,并致函:"初盛唐两部分都已看过,你签出的地方都已分别处理。"

上旬 自述:"正在抄写失而复得的法国诗和比利时诗,无意中看到一本《丹麦诗选》的英译本,诗兴复萌,重理故业,又译了 18 首。"(《域外诗抄》)

12 日 复葛渭君函。致陈兼与函:"退密、谦六来,知起居康复。""'诗话'已拜诵一过,附纸陈意见及勘误。"附赠诗笺《陈兼与丈惠赐新著诗话,奉题长句兼寿九秩》。

15、16 日 复唐圭璋函。复赵清阁函,言及"前天收到卢玮銮信,她说 5 月中要来","我当然要招待,你当然仍是陪客。丰一吟不吃荤,我给她吃素";复李欧梵函:"四本书中惟 De Sade 的一本 *Justine* 最惬心,此人著作我未在国内买到过,今得一读,亦平生快事。""我要的是一本《古希腊诗选》。"

中旬 应彭燕郊之约,润改旧译《蓓尔达·迦兰夫人》。

22 日 复陈兼与函:"昨日已去函浙江古籍,为公介绍。"

24 日 复马祖熙函,言及"上海教育出版社约稿《历代哲理诗选》","我有《两汉魏晋南北朝诗》,故此一段时期中诗,我可代为选定,唐以后由足下自选","我写一二篇样式"。

25 日　复青海师范大学范泉函:"浦汉明在贵校否?"另附答所询《中国现代文学社团流派辞典·总目录》意见。

27 日　复张香还函,言及"近来正在遣散藏书","尚乞示知品种,他日上阁楼检书时,即选出寄奉"。

30 日　致彭燕郊函:"我现正在赶抄《域外诗抄》。"

同日　复古剑函:"卅年代,鲁迅还不是圣人,还是凡人,我并不需要什么勇气去碰他。郭沫若、茅盾、钱杏邨都碰过他的,他们也并没有多大勇气。""许多编辑,不愿谈我卅年代的文学创作,也并不是受上级指示,只是善观气色,心照不宣而已。"

本月　在上海翻译家协会成立大会上,被推选为第一届理事会理事。

4 月

1 日　为《唐诗百话》撰"后记"。致葛渭君函:"昨天杭州古籍编辑来,他们把'历代名家词'计划搁起了。""我从此只好放慢脚步,一本一本的搞。"

同日　《说孟郊诗》刊于《名作欣赏》第 2 期。

2 日　许白凤复函:"嘱刻'编者呈教本',改刻石章。""《龙顾山房词》刻正着手标点。"

5 日　为《汉乐府建置考》交付发表而撰"附记"。

8 日　阅《新民晚报》登载陆谷孙《"好向渊明学率真"》——悼念徐燕谋教授,即作诗并撰《哀徐燕谋》。

上旬　徐定戡编印《依然静好楼绝句钞》,内收《北山楼绝句》。

14、19 日　致周退密函。萧斌如晨来,午后致其函:"友人[邵洵美]的儿子,正在找工作,不知你能否给他帮助介绍。"

23 日　沈宗威复函："前日喜奉惠翰,《苕雅》一书,得以详悉。""承垂询《墨林快事》一书,经查系接收之物,早已发还。"

24、26 日　许白凤来晤。《哀徐燕谋》刊于《新民晚报》。

27 日　范泉由青海师范大学来函。

30 日　又为邵洵美妻儿作致萧斌如短笺:"如能大力帮助,感同身受。"

下旬　应王智量教授之请在寓所为王圣思、王璞等五位研究生讲课。据王璞回忆:"给我们上一堂课,并让我们顺便取一些他捐赠给系里的外文书。"(《到底是名师》)

月内　日本学者水原渭江题赠所著《词乐研究》。

本月　四川文艺出版社出版卢润祥选注《明人小品选》,收录其撰"题记"。

5 月

1 日　《新民晚报》刊载应国靖《施蛰存的丰收年》。

2 日　编定《域外诗抄·第八辑丹麦诗抄》并撰"后记"。

4 日　周退密书赠词作"浣溪沙·和珍重阁词"并题:"俚句录呈无相前辈词宗正谬。"别录诗作"兼老示新作次卷"。

11 日　夏承焘在北京逝世,即致夏夫人吴闻唁电。

12 日　复齐鲁书社宫晓卫函。

13 日　李欧梵到复旦大学讲演,旅沪期间来访并合影。

15、17 日　复常国武函。收到包谦六来函,即致陈兼与函,附寄为《兼于阁诗话》所作"勘误表"。

18 日　俞平伯复明信片:"赐件感谢! 先公墨迹,吉光片羽,当什袭葆之。"

20 日　写讫《支那·瓷器·中华》。复孟浪函:"你们来两次,使我知道许多青年诗人的信息,很感兴趣。对于新诗,我有不少意见,很愿意同青年诗人谈谈。"

21 日　应国靖、孔海珠等来谈。

22 日　陈兼与致函:"尊处有胡[翔冬]集,愿赐一阅,用毕连前两种一并奉还。昨张珍怀君来,谈及大著有两种,浙社今年亦有不能印行者。"

24 日　为译著《域外文人日记抄》撰"重印后记"。

25 日　程千帆复函:"得手教,知沈老[尹默]手书词稿已由黄[怀觉]君装讫,极感。"

本月　人民文学出版社出版蓝棣之编选《中国现代文学流派创作选·现代派诗选》,内收《桥洞》《祝英台》《夏日小景·蛏子、沙利文》《银鱼》《卫生》《嫌厌》《桃色的云》《秋夜之簷溜》《彩燕》《冷泉亭口占》《乌贼鱼的恋》《你的嘘息》。

本月　选编(未署编者名)多人译作英国毛姆小说集《便当的婚姻》,列入"百花洲文库"第4辑,由江西人民出版社初版。

本月　上海古籍出版社出版黄葆树、陈弼、章谷编《黄仲则研究资料》,内收《奉题纪念先哲黄仲则册子》。

6 月

1 日　《名作欣赏》第3期刊载罗田《一幅清丽淡雅的"心画"——施蛰存〈梅雨之夕〉心态扫描》,并附录其作《梅雨之夕》。

3 日　将《域外文人日记抄》润改本及"重印后记"寄付谢大光并致函。按:此书出版改名《外国文人日记抄》。

9 日　《支那·瓷器·中华》刊于《新民晚报》,署名"北山"。吴闻由杭州大学专家招待所来函。

10 日　编定《域外诗抄·第六辑法国诗抄》并撰"后记"。

上旬　继续从事选编《外国独幕剧选》第六集。

13 日　《坑儒的办法》刊于《新民晚报》,署名"北山"。

同日　唐圭璋致函:"兴荣说上海市同意《词学》年出两期,我笑话兴荣:我不解战前还出《词学季刊》,何以今不如昔。""上海市要重视,要知晚清是词学复兴时期,是仰攀宋贤时期,应该继续发扬,胡乔木、李一氓都是作词藏词的。"

14 日　复崔耕函:"中原碑版,存金元文不少,我以为都可以录存其文,增补《辽金文存》。""《归潜志》所载文字多误,应以拓本为正。"

15 日　为编定《域外诗抄》撰"序引"。复张香还函。

16 日　致唐圭璋函。姚学礼来访,据姚学礼回忆:"他说他很想来西北去敦煌莫高窟看一看,他想写一本《敦煌壁画百话》。"(《怀念施蛰存》)

25 日　撰讫《杂谈〈金瓶梅〉》。

本月　选编《外国独幕剧选》第四集,由上海文艺出版社初版;内收《出版说明》、译作美国欧汶·萧《阵亡士兵拒葬记》。

本月　《善女人行品》由上海书店据良友图书公司 1933 年版影印重版。

7 月

1 日　将《域外诗抄》书稿寄往湖南人民出版社交付出版。

5 日　按程千帆日记:函复施蛰存,"索印词集"。

7 日至 9 日　为黄贤俊《王碧山四考》、朱宏达笺释《朱生豪遗词》编入《词学》第 6 辑撰"附记"。为所作《历代词选集叙录·六》编入《词学》第 6 辑撰"附记"。

10 日　撰讫《"变文"的"变"》。为所作《白居易词辨》编入

《词学》第 6 辑撰"附记"。

上旬 自述:"用了整整两天时间,读完夏衍的《懒寻旧梦录》,知道了不少文艺界的旧事。"(《访问伐扬·古久列》)

11、14 日 为《中国诗人成名作选》撰写赏析戴望舒《雨巷》;张珍怀复函。按程千帆日记:"得施蛰存书。"

15 日 《全集、文集、选集》刊于《新民晚报》,署名"北山"。

16 日 下午孙大雨来谈至晚上 9 时,雇出租车送回家。

18 日 撰讫《访问伐扬·古久列》并作"附记"。

23 日 为主编《词学》拟载顾随文稿而致其女儿顾之京函,写到"一则是为了我极喜爱这两部'词说',二则是为了可以扩大读者群"。

25 日 叶永烈来访。薛汕致函:"[中国俗文学]学会决心出版代表中国研究水平的《俗文学研究》,不能少老一辈的文章。同志们恳切请您就过去三个俗文学期刊的情况,回忆并评价一下,长短不论,请您俯允。"

26、27 日 《丁玲的"傲气"》连载于《新民晚报》。

29 日 复黄坤尧函。

本月 岳麓书社出版荒芜编《我所认识的沈从文》,内收《重印〈边城〉题记》。天津人民出版社出版孙玉蓉编《俞平伯研究资料》,内收《重印〈杂拌儿〉题记》。中国文史出版社出版《回忆雪峰》,内收《最后一个老朋友——冯雪峰》。

8 月

1 日 《许浑〈金陵怀古〉赏析》刊于《名作欣赏》第 4 期。

4 日 为黄墨谷所录戴正诚辑《大鹤先生手札汇钞》编入《词学》第 6 辑撰"编者附记"。致葛渭君函:"天津词友寄来六纸,都是我去代你求来的。其中五纸是词,你另抄一纸交我,备编刊入《词学》。"

5 日　致陈兼与函:"今检得二件,寄奉供采撷。其一为黄秋岳诗,周今觉写本。""其一为陆维钊(微昭)手书诗稿。"

6 日　复金名函:"为《新民晚报》写了十多篇小文,本月起要预备开学后带研究生事,又要编定《词学》第 6 辑。""'外独(六)'共 17 剧,已编定,但每篇要看过,再要写一篇全集'后记'。""'自传'我不会写,也不希望有人写传,我不配做立传人物。"

同日　按程千帆日记:"复蛰存,收到《湘瑟词》钞本。"

13 日　致葛渭君函:"昨夜发现你那本高亮功评《山中白云词》,是一本很名贵的书,因为藏者钱斐仲是咸丰、同治年间的女词人。""这位女词人议论甚高,词亦好。"

同日　按程千帆日记:得蛰存信。

15、16 日　《谈今年的语文考题》刊于《新民晚报》,署名"舍之"。周采泉来函。

17 日　按程千帆日记:"发致施蛰存函,论瞿翁词。"

20 日　致《新民晚报》严建平函。

21 日　上海教育出版社韩焕昌来谈《历代哲理诗选》选编事宜,即致马祖熙函。致苏渊雷函:"《词学》第 6 集,拟为夏瞿翁编一个纪念特辑。""甚盼阁下能惠我一篇。"

28 日　致古剑函。上海图书馆张伟来送《兰友》复印件,先生回赠新版重印《善女人行品》和北山楼藏书票数枚。

30 日　《〈中国历代文论选〉标点商兑一则》刊于《华东师范大学学报》第 4 期。

本月　主编《词学》第 4 辑出版;刊有《说杨柳枝、贺圣朝、太平时》《历代词选集叙录·四》《港台版词籍经眼录》《新出词籍介绍》《丛谈》《编辑后记》，分别署名"舍之""北山""蛰庵""丙琳""秋浦""云士""编者"，还刊北山楼藏晚清粤中词人陈庆森手书未刊稿本《百尺楼词》书影。

本月 应国靖编《施蛰存散文选集》列入"百花散文书系"，由天津百花文艺出版社初版。（1991年1月再版、1992年1月三版、1994年1月四版）

9 月

1日 招收中国古代文学专业硕士研究生宋广跃、何昱、龙茵，指导研究汉魏六朝时期文学，每周一、二下午在寓所授课。

2、3日 到校参加中文系外国文学教研组举办的"助教进修班开学座谈会"。《纪念傅雷》刊于《新民晚报》；周退密来函。

9日 为编定《词学》第6辑撰"编辑后记"。

10日 为所藏《钿阁女子治印钤本》题跋。

12日 致赵德明函，询有关《外国独幕剧选》第四集事宜。

14日 致宫晓卫函："昨天汇出10元，今附书目，请代为转交经营部，作为邮购。"复耶鲁大学孙康宜函。

15日 《三军与匹夫》刊于《新民晚报》，署名"北山"。

16日 为江苏学院校友会成立志喜作诗并书幅。

18日 中秋节。沈轶刘书赠条幅并题识："读蛰存施先生慧华陈夫人养生六字诀。"

29日 下午到校出席中文系欢送退休教授茶话会，与许杰、史存直等9位教授再次退休，仍被聘为研究生导师。晚上参加校部在师范餐厅宴请退休教授。

本月 华东师范大学中国古典文学研究室编《词学论稿》，由华东师范大学出版社出版；收录《说"诗馀"》《读韩偓词札记》

《读韦庄词札记》《南唐二主词叙论》和《蒋平阶及其〈支机集〉》。

本月 严家炎选编《中国现代各流派小说选·第二册新感觉派与心理分析小说、早期普罗小说》,由北京大学出版社出版。内收《周夫人》《鸠摩罗什》《梅雨之夕》《鸥》《特吕姑娘》等。

10 月

3 日 卢玮銮作《戴望舒在香港》"前言"提及:"得到陈君葆先生(已故),吴晓铃先生、施蛰存先生提供了极宝贵的资料。"

5、9 日 撰讫《知己之感》;《重读"二梦"》刊于《新民晚报》,署名"北山"。为《词学书目集录》编入《词学》撰"题记"。

11 日 复马祖熙函:"宣城能访得近代词集否?烦注意。""《天风阁学词日记》抄好后,你费神细校一遍。"

12 日 致姜德明函。周退密书赠词稿并识:"杂抄最近俚作,呈无相居士大词宗正误。"

15 日 复古剑函。周笃文寄稿《夏先生教我改诗词》,即编入《词学》第 6 辑"夏承焘先生纪念特辑"。

16 日 《赌博的诀窍》刊于《新民晚报》,署名"北山"。

23 日 编讫《北山集古录·残石题跋》并撰"序引"。

24、27 日 写讫《古甎文》。徐定戡致徐曙岑函谈及:"顷得施蛰老来书,特附呈钧鉴。""昨周君退密来言及,施老近为穿窬者见过,损失颇大。"

29 日 复古剑函。复崔耕函:"恢复玩碑的兴趣,可以将旧稿编出一部'金石文物题跋',一部'碑话',也耽心无处出版。""《河南名人名胜大辞典》已看过一部分,有些意见。"

30 日 李欧梵来访。张寿平寄赠自印本《缦盦藏镜》。

本月 主编《词学》第 5 辑出版;刊有《历代词选集叙

录·五》《新出词籍介绍》《丛谈》《编辑后记》,分别署名"舍之"
"北山""丙琳""编者"。

11 月

3 日 复赵清阁函:"在我 1935 年所编《文饭小品》中发现王
莹散文一篇,即复印一份寄谢和赓,想必尚未收到。我字迹'蹩
脚',不敢为《王莹传》题字,诗可以作几首。"

8 日 《关于明人小品》刊于《书林》。

9 日 周退密为先生所藏《唐少林寺厨库记残石》题跋。

10 日 下午正在给研究生上课,中国现代文学馆刘麟等来
采访,并录像录音。《杂谈〈金瓶梅〉》刊于《随笔》第 6 期。

12 日 富寿荪来赠其与沈轶刘选编的《清词菁华》。

15 日 复崔耕函:"《四续寰宇访碑录》由你接力完成,最为
理想。前日检出原稿,觉得应该先做好一点说明,定出你接手后
的工序,再做好编年卡片样式,一起寄上。"

23 日 陈兼与书赠篆书条幅。

28 日 为《"变文"的"变"》交付发表撰"补记"。

本月 岳麓书社出版伍国庆编《域外小说集》,书内同时收
录周作人"旧译"波兰显克微支《灯台守》以及施蛰存"新译"波兰
显克微支《灯塔看守人》。

12 月

1 日 《钿阁女子治印题记》刊于《书谱》,署名"施舍"。

2 日 复崔耕函:"送上《四续寰宇访碑录》草稿一份,我的工
作方法是……。你继续做下去,可以扩大范围,拣有史料价值的

抄入，但也不宜太滥，因为明清石刻实在太多。"

5、7日　复古剑、谢大光函。程千帆寄赠《治学小言》。

16日　复刘麟函："我请茅［盾］公写首唐诗，后来他给我写了一首温飞卿的《过陈琳墓》。茅公信大约我还有几封，一时不易找出，过新年后找出即寄你。"

同日　复葛渭君函："我所辑的宋人词话已发还，可与你所辑互相补充。""《丛书集成》中所有宋人笔记，我都抄了。"

18日　由华东师大、南京大学、南京师范大学、杭州大学筹办的第二次词学讨论会，在上海金山宾馆召开。因健康原因未能出席，与唐圭璋、王季思作了书面发言。

20、22日　赵家璧题赠新著《回顾与展望》。复贺起函。

25日　周退密作诗《丙寅岁末怀人诗·松江施蛰存教授》。

同日　人民文学出版社岳洪治来函。

29日　复马祖熙函："《唐诗百话》校样已送来，有八百页之多，这几天正在校阅，抽不出时间来写哲理诗序文。我看还是你写一篇，经我过目即可。""不要为作广告而夸大其事。"陈伯良寄赠篆刻作品贺年卡，回赠《探春令》贺年柬和"施蛰存藏书"票。

下旬　寄赠厦门大学郑道传、陈兆璋夫妇贺年明信片。

月内　致在瑞典留学的周普一函。

本月　《汉乐府建置考》刊于《中华文史论丛》第4辑。

本月　上海文艺出版社出版由吴欢章、徐如麒编《中国诗人成名作选》，内收赏析戴望舒《雨巷》。齐鲁书社出版《辛弃疾词鉴赏》，内收《赋笔写景，闲适恬淡——说〈西江月·夜行黄沙道中〉》《怀古咏今，沉郁悲壮——读〈永遇乐·京口北固亭怀古〉》。

1987 年(丁卯)　82 岁

▲4 月,中葡两国政府签署《关于澳门问题的联合声明》。

▲10 月,国务院办公厅公布有关接待探亲台胞的办法。

1 月

1 日　《谈戴望舒的〈雨巷〉》刊于《解放日报》。

6 日　浙江古籍出版社王翼奇复函:"'宋、清花间集'一直列题,今年并计划发稿。""'读词札记'先生谓编定需三、四个月,则上半年想可交下,当于夏、秋间发稿。"

上旬　应方行之请,为李一氓藏邵氏编纂《至圣道斋六十家词》抄编本《烬馀录》题跋。

17 日　作词并书幅《沁园春·同鞠国栋同志韵赋颂上海诗词学会成立》。

20 日　《"变文"的"变"》刊于《古典文学知识》第 1 期。

21 日　致刘麟函。复岳洪治函。复崔耕函,言及"序文、凡例我会写的","过春节后我再寄你一份'引用书目'"。

26 日　致古剑函。

29 日　春节。作诗《题包谦六诗稿》。

下旬　杨可扬为制作藏书票"施蛰存藏书"。

月内　与朱东润、马茂元等被聘为上海诗词学会顾问。

2 月

2 日　撰"拟编'欧风美雨丛书'设想"并第一辑拟目。

3 日　《读书乐,乐读书》刊于《新民晚报》。

6 日　撰讫《颜鲁公〈离堆社〉残石题记》并"附记"。

12 日　元宵节。撰讫"拟编普及本大众读物出版计划设想":"我建议一个书籍刊物化的办法,以刊物形式的版本印行大众化的各种读物。"

13 日　《金石丛话·一"金石""文物""考古"的各自含义、二说碑》刊于《文史知识》。

15 日　日本《野草》第 39 号登载青野繁治《施蛰存〈鸠摩罗什〉——以及它的虚构过程》。

20 日　按吕叔湘日记:"蛰存以'汉乐府'论文抽印本来问好,报以《论胜和败》一文。"

26、27 日　复葛渭君函。应方行之约,为"上海文献丛书"《船子和尚拨棹歌》撰"序"。

3 月

1 日　《金石、文物、考古》刊于《人民日报》。

同日　开始选编历年的文艺杂文,拟书名为《文艺百话》。

6 日　为《词学》第 6 辑"夏承焘先生纪念特辑"撰编者按。

10 日　上午巴蜀书社编辑周锡光来访并约稿。

13 日　《金石丛话·三说帖》刊于《文史知识》。

17 日　徐曙岑寄赠书笺《忆江南·题谢稚柳画帧,岁丁卯草长莺飞之月,书奉北山词长兄正声》。

20、24 日　复古剑函。复赵清阁函。复姚桐椿函。

月内　古剑寄来所作"施蛰存访问录"两稿,即批阅回复。

本月　中国文联出版公司出版《鲁迅研究学术论著资料汇编》(1940—1945),内收《鲁迅的〈明天〉》《关于〈明天〉》。

4 月

1 日 《谈唐人咏史诗》刊于《艺谭》第 2 期。

2、5 日 为《词学书目集录（1）》编入《词学》第 7 辑撰"编者按语""编者跋语"。复姚桐椿函。

8 日 编讫《北山集古录·碑刻题跋》并撰"序引"。

上旬 继续选编《外国独幕剧选》第六集。

13 日 《金石丛话·四谈拓本》刊于《文史知识》。

20 日 为选定《花间新集》作"总序""凡例"并撰"附录词人小传"。致宫晓卫函。周退密来谈。

21 日 周退密来函并附"近作词稿"三页。

22 日 致彭燕郊函："寄上法国象征派诗人木刻头像八幅，请转给《域外诗抄》责编。"

28 日 午后北京季羡林来晤。

下旬 《唐碑百选·乙速孤行俨碑》刊于香港《书谱》第 2 期，署名"施舍"。

本月 与周松龄、谢英合译美国库尔特·辛格著《间谍和卖国贼——第二次世界大战间谍史话》，由浙江人民出版社初版。

5 月

1 日 为《全福庄汉墓画像石题跋》作"补记"。

2 日 王进珊、唐采湘夫妇来访。

3 日 编讫《北山集古录·镜铭题跋》并撰"序引"。

同日 致陈文华函，请代我买礼物，补送宫晓卫婚礼。

7 日 上午南京程千帆来晤。

10 日　为《益延寿瓦拓本题跋》撰"补记"。

上旬　赵珩由北京来访。

13 日　云南大学李埏和复旦大学谭其骧、葛剑雄来访。

15 日　《从〈唐诗串讲〉到〈唐诗百话〉》刊于《书林》。

20 日　审阅谢桃坊《姜夔事迹考辨》,编入《词学》第 8 辑。

24 日　编讫《北山集古录·杂器题跋》并撰"序引"。

25、31 日　复古剑函。应邀任中华诗词学会第一届顾问。

本月　广西教育出版社出版陈晓芬选析、施蛰存审订《中国古典文学作品选析丛书:欧阳修作品赏析》。

6 月

1 日　为编纂《四续寰宇访碑录》而撰"凡例"。

同日　《释秦韬玉〈贫女〉诗》刊于《名作欣赏》第 3 期。

2 日　复崔耕函。按程千帆日记:"得蛰存信。"

5 日　编讫《北山集古录·彝铭题跋》并撰"序引"。

8 日　《"老婆"》刊于《新民晚报》,署名"北山"。

同日　《人民日报》刊载先生接受该报记者采访的《中外文化交融的"断"与"续"——答本报记者钱宁问》。

10 日　《花间新集》书稿邮寄浙江古籍出版社王翼奇。

12、13 日　王映霞致函。《金石丛话·五碑额、碑阴、碑侧、碑座》刊于《文史知识》。

14 日　复马祖熙函:"哲理诗稿我已于上月底全部看好(序文尚未看),加了些签条。""你的选目要删换不少。"

15、17 日　致宫晓卫函。复崔耕函,复古剑函。

19 日　复葛渭君函。范泉致函:"方军同志来看您,他正在筹备中国通俗小说研究会上海分会。""总会端木蕻良、刘北汜、贾芝、薛汕同志等希望您能参加研究会,并任上海分会顾问。"

20 日　编讫《北山集古录·砖文题跋》并撰"序引"。林庚致函:"介绍研究生徐志啸君拜谒,带呈拙作。"

23、25 日　致张万钧函。俞平伯寄赠全家照留念。

27、30 日　致李启伦函。下午方行等来晤。

下旬　《唐碑百选·衮公颂碑》(署名"施舍")、《嵩洛新出石刻小记》刊于香港《书谱》第 3 期。

本月　《水经注碑录》由天津古籍出版社初版。

本月　中国人民大学出版社出版《中国现代史资料选辑1919－1923》,内收《上海大学的精神》。

7 月

1、4、5 日　王映霞来函。复古剑函。为曾昭岷《冯延巳词考辨》编入《词学》第 7 辑撰"编者附记"。

6 日　为方行所藏《乐府补亡》编入《词学》第 7 辑题跋。

7 日　复崔耕函。为方行提供、夏衍所藏《词人纳兰容若手简》编入《词学》第 8 辑撰"解题"。

10 日　为编讫《北山集古录》交付出版而撰"自序"。

13 日　《金石丛话·六秦石刻文》刊于《文史知识》。

14、15 日　复张万钧函,据张万钧回忆:"我写了一本中国古代名女人故事,想请施先生写个序言。但施先生考虑此书性质,认为还是由一位女作家写序为恰当,又为我转请了上海社会科学院的赵清阁。"(《施蛰存先生二三事》)复古剑函。

16 日　吴常云寄赠吴无闻编《夏承焘教授纪念集》。

18 日　复钟来因函:"烦转胡天民同志,我不想另写文章,或即将此文在《社科信息》上发表。"附致胡天民函:"我那篇文章

[《'变文'的'变'》]的意义,似乎你没有完全理解。""这样说明,你以为可以同意了吗?"按:后以题为《再谈"变文"的"变"——答胡天民同志》发表。

22、24日 致古剑函。按贾植芳日记:"张静莹在神户大学攻读博士前比较文学研究生,以穆时英论为专题,为此给她写信介绍去访问施蛰存,可能会得到一些实际材料。"

28日 复钟来因函:"《三洞群仙录》就值得抄出单刊流传。""符咒起于秦汉,但晋宋以后受了佛家密宗的影响,此事亦值得注意。""南大有从前商务印书馆印的《道藏》,你应该趁早去翻。"

本月 人民文学出版社出版《唐诗今译集》,内收其撰《杜甫·潼关吏》《元稹·田家词》《新乐府五十首·涧底松》之"今译"。浙江文艺出版社出版《中国现代文学作品选评》,内收《名片》。

8月

7日 致谭正璧函:"天津小友刘燕及办《俗文学》杂志,由青岛出版,来函要借解放前三种'俗文学'刊物的样张,""可否请令爱选出一张较整齐者寄我。"

9日 复葛渭君函:"你的《山中白云词评语》,""我已大为删削,省了许多字,其中有误字、缺字、疑字,我都在上边加了一个问号,今寄回请你复核一下。"

10日 致孟涛函:"还有三个剧本未看,每天看一个,15日以后请你来取去。""有内地青年来信,他说曾二次向上海文艺出版社函购《外国独幕剧选》,出版社复信说都已售缺。"

同日 按程千帆日记:"函蛰存询得书套事。"

12、14日 赵清阁复函。致张万钧函;复谭正璧函;按程千帆日记:"得施老复函。"

17、21 日 梁秉钧、吴玉英夫妇来访。复古剑函。

22 日 致崔耕函。《杂忆二事》(访问伐扬·古久列、知己之感)刊于《新文学史料》第 3 期。

25 日 为完成选编《外国独幕剧选》而撰"编后记"。

下旬 《唐碑百选·寂照和尚碑》刊于香港《书谱》第 4 期,署名"施舍"。

9 月

3、6 日 致施议对函。撰讫《百尺楼词之作者》。

8 日 郑逸梅来函。

10 日 为编讫《词学》第 7 辑撰"编辑后记"。

13 日 《金石丛话·七先秦金文》刊于《文史知识》。

25 日 致朱雯函。复上海音乐学院蔡国梁函。

26 日 范泉来邀主编《中国近代文学大系·翻译文学集》。

28 日 应彭燕郊之请,为戴望舒译著古罗马奥维德《爱经》重印而撰"新版序"。

30 日 按贾植芳日记:"午后四时浅野纯一来,他要访问施蛰存,给他写一封介绍信。"

本月 《唐诗百话》由上海古籍出版社初版。(1988 年 4 月再版)据黄裳回忆:"佳誉如潮,连巴金都向我借了去读过。此书好处在新见层出,敢说自己的话,取传统的唐诗评论一一检讨,分期、作者、风格变迁、名篇解析,都有自己的见解,读之如遇一部崭新的唐人诗话。"(《忆施蛰存》)

10 月

1 日　台湾《联合文学》第 3 卷第 12 期登载李欧梵《中国现代小说的先驱者——施蛰存、穆时英、刘呐鸥作品简介》。

3 日　沙孟海致函，谈及"大著《吴越金石志》书眉敬题就附呈"；"刻石与刻银笔迹大不同，前贤少此经验，以讹传讹"；"手中正检编《中国书法史图录》"，"最好能得先生审正"。

7 日　中秋节。复北京范用函。

8、9 日　致孟涛函。复张万钧函，言及"胡士莹的《弹词目录》，即以我所藏[《琵琶记弹词》]著录"，"'中州'如有兴趣流传此书，可与刘燕及联系"。

13 日　复葛渭君函。

15 日　《解放日报》刊载先生致《小作家》编辑函。

20 日　润改去年所作稿并题为《说"俗文学"及其他》。

23、27 日　吕叔湘致沈昌文函谈及："我带去一本浦[江清]先生日记送施蛰存，他说还有浦公一位老朋友宋育勤尚健在，托我转告浦夫人送他一本。"致孟涛函。

30 日　为浦汉明《四婵娟注释本》撰"序言"。

下旬　《边家飞白书》刊于香港《书谱》第 5 期，署名"施舍"。

本月　译著《域外诗抄》，由湖南人民出版社初版。

本月　河南大学出版社出版华钟彦编《五四以来诗词选》，内收《谪居·1959 年己亥在嘉定作》《苏仲翔滞迹辽东近有书来作此奉怀》《闻安持归以诗申慰》《乙卯冬至感赋》。

本月　华东师范大学出版社出版由上海文献丛书编委会编《船子和尚拨棹歌》，刊有其撰"序"。

11 月

4 日 按贾植芳日记:"收到施蛰存信,晚上写复信。"

6 日 致杨德豫函:"我觉得这一套书选题尚宜考虑,如《失乐园》这种长诗还是另外单行为宜。'诗苑译林'恐怕只适宜于诗选,版本也不宜厚薄相差太远。"

7 日 下午范泉来商谈"翻译文学集"编辑计划。

8、11 日 叶永烈来函。复叶永烈函,答复结婚日期。

13 日 《金石丛话·八汉代石刻文》刊于《文史知识》。

同日 叶永烈来函。

17、18 日 按程千帆日记:得施老函。复古剑函。

25 日 复杨德豫函:"我主张译诗只能取其达意,正如外国人译中国诗也无法译律诗的音节一样。""我看'诗苑译林'中许多译家,各人有各人的译法,不妨各有千秋。"

同日 复葛渭君:"余叟所引资料已在我所辑《宋元词话》中,其评亦简,彊邨评仅二句,均不能用。"

28 日 包谦六来函。

本月 与应国靖合编《中国现代作家选集·戴望舒》,由三联书店(香港)有限公司、人民文学出版社联合编辑出版香港第一版,内收其撰"引言"及《戴望舒诗校读记》。

12 月

2、3 日 撰讫《郁达夫墨迹》。范泉、刘华庭来谈。

7 日 按贾植芳日记:"午后,刘华庭来,他已找了施蛰存先生,拟就了一套十册的'新感觉派小说选辑'的书目,施先生因为是局中人,所以同意由我出面编辑。"

8日 辑录完成《〈邵亭知见传本书目〉著录词籍》,又为编入《词学》第10辑"词学书目集录19"撰"跋语"。

10日 下午前往古北路大百科出版社出席《中国近代文学大系》编辑工作会议,编委王元化、施蛰存、徐中玉、贾植芳、柯灵、章培恒等相继发言。

同日 为《蓓尔达·迦兰夫人》拟新版重印撰"引言"。

12、13日 复古剑函。《金石丛话·九魏晋南北朝石刻》刊于《文史知识》。

17、19日 复刘小沁、张伟函。按程千帆日记:上午"去施蛰存先生家送书并取回手抄词本两册";下午范泉与林国华、孙继林来访,讨论《中国近代文学大系》编辑工作。

20日 《〈中国近代文学大系〉编辑工作信息》第1号刊载编委会名单,为《翻译文学集》(第26、27、28卷)主编。

21、22日 致范泉函:"'大系'抄写工作,关系甚大,必须定出规格。草拟抄写要求如下,供参考。"致赵清阁函。

26日 沙孟海复函:"弟前说太湖简乃清代出土,我馆有拓本。""碑板刻字问题承赐示至感。""大著《唐碑百选》,博大精深,在《书谱》杂志拜读数篇。原稿损失太可惜,追忆重写,信今传后,实有必要。"附赠三尺条幅。

下旬 《唐碑百选·臧希晏碑》刊于香港《书谱》,署名"施舍"。

本月 词作《踏莎行·秦少游纪念会》刊于《当代诗词》。

1988 年(戊辰)　83 岁

▲3 月,国家语言文字工作委员会、新闻出版署发出《关于发布〈现代汉语通用字表〉的联合通知》。

1 月

2 日　《编委施蛰存建议关于抄件规格要求的制订》刊于《〈中国近代文学大系〉编辑工作信息》第 3 号。

11 日　下午范泉来讨论《中国近代文学大系》编辑事宜。

17、20 日　复古剑函。复杨德豫函:"《域外诗抄》已看过,可知此书编校质量很高。"致范泉函,言及"《翻译文学集》编选工作已开始进行,拟分三个阶段推进"。

26 日　《〈翻译文学集〉编选情况汇报》刊于《〈中国近代文学大系〉编辑工作信息》第 5 号。按程千帆日记:得施老函。

28 日　撰讫《我写〈唐诗百话〉》。

30 日　阅《〈中国近代文学大系〉编辑工作信息》,致范泉函。

本月　应国靖编《中国现代作家选集·施蛰存》,由三联书店香港有限公司、人民文学出版社联合编辑出版香港第一版。

本月　漓江出版社出版戴望舒译著古罗马奥维德《爱经》,收录其撰"新版序";彭燕郊"重印后记"提及:"感谢罗念生教授、施蛰存教授的支持和指点。"

2 月

1、3 日　复古剑函。致周退密函:"《近代名家词》在进行,

《彊邨词》待复印后,送上请为标点。"

5、6 日　周退密作诗《北山翁撰〈唐诗百话〉,余曾为题耑,兹已问世,喜赋一绝》。《我写〈唐诗百话〉》刊于《解放日报》。

7、11 日　《读〈信息〉随想录》刊于《〈中国近代文学大系〉编辑工作信息》第 6 号。致范泉函,附稿《读〈信息〉随想录》(关于"书信""日记""俗文学")。

12 日　沙孟海复函:"惠书并大著《水经注碑录》,敬收到。大著金石各书,博大精深,独步一时。""继《北山楼金石百咏》之后,似可扩充为'北山楼金石丛书'或'丛著'。"

13 日　《金石丛话·十摩崖》刊于《文史知识》。

14 日　致陈文华函,言及"近日肝炎猖獗","春节请免拜年,心领盛情,并望通知赵昌平、王兴康、程怡诸君"。

17 日　春节。撰写《施蛰存著述未出版者》。

18、19 日　复古剑函。复沙孟海函:"承示西湖淘得金龙,顿开茅塞,从此'金龙驿传'始得其解。""'投龙'名词,似已见于《史》《汉》,义为投祀龙君,简称'投龙'。后世不察,铸金龙投之,恐非本义。"张文江来贺年。

21 日　复范泉函:"25 日至 27 日这三天你不要来,我这里有人同赶任务。"

26、27 日　复宫晓卫函,《读〈信息〉随想录之二》刊于《〈中国近代文学大系〉编辑工作信息》第 7 号。致古剑函。

下旬　《颜鲁公离堆记残石题记》(署名"北山")、《唐碑百选·景昭法师碑》(署名"施舍")刊于香港《书谱》第 1 期。

3月

2 日　元宵节。致古剑函。

8、9 日 致古剑短笺。致葛渭君函。

10 日 《从〈四婵娟〉想到浦江清》刊于《解放日报》。

上旬 编讫《中国近代文学大系·翻译文学集》第一卷短篇小说选目。

约在期间 为纪念词人、画家陈小翠，委托高伷云在香港印制一百张"翠楼纪念卡"（北山楼印，纪念画史逝世二十年）。

12、13 日 丁景唐、丁言昭来访并合影。致古剑函。

14 日 致张万钧函，另附邮致梁平甫函。

15、16 日 按程千帆日记："施蛰存赠书。"复陈诏函。

23、31 日 均致古剑函。

月内 编译旧著《外国文人日记抄》，由天津百花文艺出版社重版付排。按：此书付排后直到 1996 年 6 月方印行。

本月 上海古籍出版社出版、由华东师大中文系古典文学研究室编《词学研究论文集》（1911－1949），"编辑说明"："本集由马兴荣编选，施蛰存参订。"四川美术出版社出版《民国时期书法》，内收书赠王伯祥《题武夷宫》诗笺。

4 月

1 日 《夏洛蒂·勃朗特和〈维莱特〉》刊于《湖南新闻出版》第 4 期，署名"舍之"。李广作诗《读施蛰存著〈唐诗百话〉》。

3、5 日 复古剑函。始审阅《词学》第 7 辑初校样。

9 日 致施议对函："承示大作'百年词通论'，已读一过。有几点意见，另纸录奉。"

13 日 《金石丛话·十一造像》刊于《文史知识》。

19、29 日 致葛渭君函；复张万钧函，据张万钧回忆："我又接受主编《中国地方志总目提要》河南部分，""在施先生帮助下，问题得以圆满解决。"(《施蛰存先生二三事》)复李启伦函。

下旬 《薛仁贵造像记》(署名"北山")、《唐碑百选·改修吴延陵季子庙碑》(署名"施舍")刊于香港《书谱》第 2 期。

本月 上海辞书出版社出版《唐宋词鉴赏辞典》(唐·五代·北宋卷),名列"《唐宋词鉴赏辞典》撰稿人"之一。

5 月

1 日 拟编《秦汉石刻图录》出版,为向上海古籍出版社吴旭民提供计划而撰《〈秦汉石刻图录〉编辑进程》。

3、5 日 杨纪璋致函。邵修青致函。

7 日 致范泉函:"两个月来,检阅'五四'运动以前外国文学的译品,大致已了解其情况,有几点是出于我的意外的。"

9 日 致张万钧函:"'方志提要'华东师大 8 种,上图 23 种,均已托人,5 月底交稿。"

10 日 偕妻在长宁电影院观看电影《红高粱》。

12 日 致范泉函:"'小说集'的选题标准,我有二点意见,提出供讨论。"按程千帆日记:3 日至今收来信内有施蛰存。

13 日 《金石丛话·十二唐碑》刊于《文史知识》。

16 日 阅《新民晚报》,"看到沈从文逝世的消息,极为惊讶。前不久,我还收到从文夫人张兆和的信,说从文的病已大有好转"。"当晚拟了一副挽联,翌晨,托老友包谦六写好,寄去北京"。

20、21 日 致张万钧函。萧斌如邀为《刘大白研究资料》作序来信,即复函,附致陈秉仁函。

25 日 为梁仁编《戴望舒诗全编》撰"引言"。致痖弦函。

同日 《〈翻译文学集〉选录情况汇报》《关于〈小说集〉选题

的意见》刊于《〈中国近代文学大系〉编辑工作信息》第 13 号。

26 日 郑逸梅复函，谈及"大函及法书题签拜领。"

29 日 《光明日报》登载《悼沈从文挽联三副》，内收其撰："沅芷湘兰一代风骚传说部；滇云浦雨平生交谊仰文华。"

31 日 致柯灵一函。

6 月

1 日 致古剑函，谈及"沙叶新来过"，"字写了两纸"。

9、10 日 复黄坤尧函。按程千帆日记："整理好祖棻《涉江集外词》，函施蛰存提出几点要求。"

12、14 日 致范泉函，附寄《中国近代文学大系·翻译文学集》第一卷短篇小说选目和说明，并请公布讨论。致古剑函。

16 日 按程千帆日记："砺锋带来施老赠两本书。"

20 日 为上海图书馆藏《兰友》《无轨电车》《现代》题记。

21 日 复古剑函，致《书谱》编辑函。端木蕻良来函。

22 日 《〈翻译文学集〉第一卷短篇小说选目》刊于《〈中国近代文学大系〉编辑工作信息》第 15 号。下午张伟来谈。

23 日 谢大光寄来《施蛰存散文选集》样书，即复函。

27 日 致范泉函："每卷的助理编辑最好也公布一下名单，将来每卷书的里封面也应有他们的名字。"

本月 《词学名词释义》由中华书局初版。（1997 年 10 月再版）

7 月

1 日 复沙孟海函："'投龙简'应释作'投水府金龙银简'，

'龙简'是二物,非一物,其文字则应以'告水府文'为正。""十五岁之吴越国王,此简大可研究。""容当在暑假中考索之,将来拟写一跋,当以呈教。"

2日至4日 午后张伟来访,商量《中国近代文学大系·翻译文学集》编辑事宜。致张万钧函。复古剑函。

9日 《文汇读书周报》登载丁言昭《施蛰存与香港大学生的谈话》。

11日 复耶鲁大学孙康宜函:"我正在编《词学》第8辑。"

13日 《金石丛话·十三唐墓志、塔铭、经幢》刊于《文史知识》。

14日 复《新文学史料》编辑函:"既然雪峰、丁玲、傅雷、王莹都写了,难道可以不写沈从文吗?但是戴望舒死了近40年我还没有写过一文纪念,张天翼我也没有写,大约越是熟人,越不容易写。这回你们来逼我动笔了,我决计写了。"附致人文社西欧文学组函。

16日 香港《大公报》登载言昭《北山楼头"四面窗"——访施蛰存》:"他自得地说:'我的文学生活共有四个方面,特用四面窗来比喻:东窗指的是东方文化和中国古典文学的研究;西窗指的是西洋文学的翻译工作;南窗是指文艺创作,我是南方人,创作中有楚文化的传统,故称南窗。还有,近几十年来我其他事情干不成,把兴趣转到金石碑版,这就又开出一面北窗。'"

18日 致薛汕函,后以《关于潮州唱本的通信》为题发表。

19日 《不死就是胜利——致痖弦》刊于台北《联合报·联合副刊》,附刊秦贤次《施蛰存简介》。

20日 复范用函,言及"暑假后,我想动手编几本杂文集","另外是回忆记,书名拟为《平生我自知》"。

24 日 孙康宜致函:"您编的《晚明二十家小品》已成为我那明清文学 Seminar 的教材。"

25 日 撰讫《说"话本"》,并撰"附记"。

26 日 《我为什么写作》刊于《新民晚报》。

同日 致孙康宜函:"我建议足下写一篇《消构主义与比兴论》,一定可以成为东西新旧文评的比较研究宏著。""希望你为我编一个'海外词学书目',凡近年所出英文本词学书籍,一并列一目录,我想与大文一起发表,目录规格如下。"

28 日 润改《蛮书碑录》,为交付发表撰"解题"。

本月 主编《词学》第 6 辑出版;刊有《白居易词辨》《历代词选集叙录·六》《踏莎行·奉怀周梦庄先生兼题〈海红词〉》《新出词籍介绍》《丛谈》《编辑后记》,署名"舍之""北山""蛰庵""丙琳""寅如""编者";另影印夏承焘书赠词稿。

本月 作家出版社出版《市井小说选》,内收《栗芋》。

8 月

1 日 撰讫《读报雌黄》。

2 日 《祝由科的巫术》刊于《新民晚报》,署名"北山"。

3、5、8 日 孙康宜来函。致范泉函。复古剑函。

10 日 《历史的"近代"和文学的"近代"》刊于《〈中国近代文学大系〉编辑工作信息》第 19 号。

同日 按程千帆日记:得"施蛰存函"。

11 日 复孙康宜函:"读中国诗原文和译文时,所得到的 Vision 和 Feeling 不一样,有时原诗平平,读译文时却觉得美。""你看过 Amy Lowell 和 Ayscough(爱诗客)的通信集吗?""Lowell 对中国诗的意见大有可取。"附致张充和函。

18 日　包谦六来函。薛汕来函。

21 日　致沙孟海函："弟拟编碑刻图集两种，或有实现之可能。待秋凉后，欲试编成集，贮稿待命。此二书拟恳公为题封面，(1)唐碑百选，(2)汉碑图录。""'唐碑'一本，请用行楷，'汉碑'一本，略参隶意。"

23 日　撰讫《滇云浦雨话从文》。范泉来函。

24 日　致牛汉、李启伦函，并附稿《滇云浦雨话从文》。

27 日至 29 日　钦鸿来函。致周退密函。复古剑函。

下旬　《江南藐书画》刊于香港《书谱》第 4 期，署名"北山"。

本月　上海辞书出版社出版《唐宋词鉴赏辞典》(南宋、辽、金卷)，内收《赵长卿〈探春令〉赏析》。

9 月

1 日　复孙康宜函。孟涛致函："《外国独幕剧选》五、六〔集〕，我均已在上半年付型。""出版科电话告诉我《外国独幕剧选》印数不足，只有 500 册，不能开机而造。"

2、4 日　复古剑函，附致高倬云函。复周退密函。

6 日　《读报雌黄》刊于《团结报》。

8 日　致范泉函。叶永烈来谈。

10 日　《北山集古录》书稿邮寄交付巴蜀书社周锡光。

11 日　范泉致函："您提的意见很中肯、恰切。"

13 日　《金石丛话·十四金石小品》刊于《文史知识》。

17 日　范泉复时萌函提及："编辑室讨论了一次施蛰存、何满子等对选目提的意见，认为：施老提的意见绝大部分是中肯的、相当准确的。"

19 日　按程千帆日记："得施老函，不作序。"

20日　为萧斌如编《刘大白选集》撰"序"。

同日　《对〈小说集〉编选设想和选目初稿的意见》刊于《〈中国近代文学大系〉编辑工作信息》第22号。

24日　复李启伦函。致范泉函。

本月　江西人民出版社出版《简明中国新文学辞典》,内有"作家小传·施蛰存""社团流派·现代社""文学期刊·《现代》"。

10月

6日　复张万钧函:"《唐碑百选》原定今年由江苏古籍出版,迟迟未上马。今春上海古籍来要,并许与《汉碑图录》二书同出,我即驰书与江苏商量,至今还未决定谁印,看来明年亦无希望。""有几个编书计划,另纸写奉,请足下向中州古籍联系。"附"《文苑珠林》设计及'甲编'目录""《文物趣味》或《文物鉴赏》设想"。

7日　为启功《记饮水词人夫妇墓志铭》编入《词学》题记。

10日　《一九〇〇年以后的近代文学》刊于《〈中国近代文学大系〉编辑工作信息》第24号。

同日　上午秦贤次来访并合影。据秦贤次记述:"施先生在我的手册上题写'好风东来'。""赠送我二本他珍藏多年的20年代现代书局初版《法兰西短篇杰作集》一、二册外,还请我将1940年纪弦先生赠送给他的诗集《爱云的奇人》带回台湾后,再还赠给目前居住美国的原作者。"(《上海六日记》)

上旬　复古剑函:"卢小思来上海开会,带了四位台湾朋友来访,谈了二小时。《唐诗百话》已被联经出版公司要去,'散文选集'给了《中国时报》的应凤凰,都已签了同意书。"

11日　童银舫来函并所作《穆时英小说考》稿,阅后复函。

《团结报》登载吴小如《续〈读报雌黄〉响应施蛰老》。

13 日　《说"话本"》刊于《文史知识》。

16、17 日　致范用函。复张香还函。

18、19 日　致范泉函。为致范泉函撰"附记"。

20、21 日　到校会晤英国学者白安尼女士。与中文系古典文学教研室部分同仁合影。撰讫《李密〈陈情表〉解析》。

23 日　复沙孟海函："尊著所录唐碑目,已斟酌一过,有几点意见,另纸写奉。"

11 月

1、4 日　《"小说"的历代概念》刊于《〈中国近代文学大系〉编辑工作信息》第 26 号,复魏新河函。致范泉函。

14 日　复古剑函。张兆和致函:"您的文章我拜读,朋友中您对从文了解较多。了解他的长处,也了解他的弱点,文章如实写来,读来十分亲切。"

20 日　沈从文次子虎雏来信,希望提供沈从文致函件,拟编入《沈从文全集》。即检出手抄邮寄,并撰"按语"。

22 日　《滇云浦雨话从文》刊于《新文学史料》第 4 期。

23、27 日　复童银舫函。复古剑函,复常国武函。

本月　江西人民出版社出版《〈现代〉诗综》,收录载于《现代》《无轨列车》《新文艺》等的诗作及译诗,包括先生诗作和译诗。(1990 年 2 月再版)《中华诗词年鉴》内收《从〈唐诗串讲〉到〈唐诗百话〉》、词作《踏莎行·秦少游纪念会》。

12 月

2、3 日　孔海珠来为先生夫妇拍摄合影。致范泉函。

10日 《〈翻译文学集〉交稿、排印计划》刊于《〈中国近代文学大系〉编辑工作信息》第 29 号。

12、14日 致施议对函。复张香还函。

28日 撰讫《蛇的祝愿》,发表时题为《蛇的祝福》。

下旬 《郁达夫墨迹》刊于香港《书谱》第 6 期。

本月 《将军底头》由上海书店据新中国书局 1933 年再版本影印重版。

本月 上海古籍出版社出版《古文观止新编》,名列"译注者",内收与黄素芬合作"题解"、"今译"、"注释"、《庄周〈秋水〉》、《孔稚珪〈北山移文〉》,黄素芬译注、先生参定《韩愈〈原道〉》。台北允晨文化实业股份有限公司出版李欧梵编选《新感觉派小说选》,内收《将军的头》《石秀》《魔道》《在巴黎大戏院》《梅雨之夕》《春阳》《狮子座流星》《雾》。

1989 年(己巳) 84 岁

▲2 月,中共中央发出《关于进一步繁荣文艺的若干意见》。

▲10 月,我国建立救助贫困失学少年的"希望工程"。

1 月

1日 元旦。为李广《劲草书屋诗词选》撰"序"。

同日 《曹植〈赠白马王彪〉析》刊于《名作欣赏》第 1 期。

2日 复黄裳函并附赠《施蛰存散文选集》。

同日 早晨张充和于耶鲁大学书赠扇面并题识。

3、6、9日 致邓乔彬函。钱锺书致函。复崔耕函。

10 日　连日整理编定《词籍序跋萃编》(原名《词学文录》)全稿,邮寄交付中国社会科学出版社文学编辑室季寿荣。

14 日　致李启伦函,附致王央乐函。

16 日　致古剑函,谈及"高倬云来谈了两天"。

18 日　《蛇的祝福》刊于台湾《联合报·联合副刊》。

23、30 日　复魏新河函。姚一苇夫妇来访。

本月　《白居易词辨》刊于《中华诗词年鉴》。《李密〈陈情表〉解析》刊于《中文自学指导》。

2 月

1 日　致古剑函。

4 日　周松龄来晤,题赠《施蛰存散文选集》。致孙康宜函:"拟于 1990 年 5 月在上海召开国际性的词学讨论会。""我想将《词学》第 10[9]期办成海外学者研究词学的专号。"

6 日　春节。作诗《奉酬穗轩先生兼贺春正》。

12 日　作诗《赠香港高润霞女史》并题记。致李焕明函:"我的许多油印诗稿及手迹,你还好好保存着,尤其感激。""想必知道张荃的情况,能否告我一些。"复古剑函,附致姚一苇函。

15、16 日　为纪念母校松江县第二中学(原江苏省立第三中学)建校 85 周年书写题词。撰讫《饮水思源》。

17 日　汪静之致函,谈及创办西湖文学院,"更要紧的是要你和许杰、陈子展三位名教授为董事"。

20 日　元宵节。周退密作诗《怀施北老》。

22、27 日　复汪静之函。复丁言昭、丁景唐函。

下旬　《唐玄奘法师造像题刻》刊于香港《书谱》,署名"北山"。

本月　主编《词学》第 7 辑出版；刊有《唐诗宋词中的六州曲》《新得词籍介绍》《丛谈》《编辑后记》，分别署名"北山""蛰存""丙琳""编者"。

本月　与马祖熙合编选评《历代哲理诗选》，由上海教育出版社初版。

本月　中国人民大学出版社出版张腾霄主编《中国共产党干部教育研究资料丛书第二辑》，内收《上海大学的精神》。

3 月

2、5 日　与陈旭麓担任华东师大出版社"中国近代文学丛书"顾问，致编辑函："'丛书'五种已大略看过，关于编排方面，有些意见，请施亚西转告各位责任编辑。"复古剑函。

6 日　致张充和函："发封展诵，惊喜无状；我但愿得一小幅，以补亡羊，岂意乃得连城之璧，灿我几席，感何可言？"

同日　复孙康宜函："不宜再用旧的批评尺度，应当吸取西方文论，重新评价古代文学，用西方文论来衡量文学创作。"

11、13 日　致范泉函。复葛渭君函，言及道光元年金氏刻三卷本《淮海词》，可算是个罕见本了。

14、15 日　复古剑函。下午龚建星来，交付编定的《中国近代文学大系·翻译文学集》第一卷书稿。

16 日　应《收获》编者之约，撰讫《且说说我自己》。在中国作家协会上海分会第五次会员大会上被推选为顾问。

17 日　为《说"俗文学"及其他》发表而撰"附记"。

21、23 日　致范泉函。孙康宜复函。

25 日　《〈翻译文学集〉第一卷目录和〈解题〉》刊于《〈中国近代文学大系〉编辑工作信息》第 34 号。

月内 为编选《中国近代文学大系·翻译文学集》而撰《大魔窟》(原名《塔中之怪》,日本押川春浪著,弱男译)"解题"。

4月

1、3日 致范泉函。复沙孟海函:"承嘱为浙博纪念集刊撰文,《杭州石屋洞造像题名》《墨妙亭玉笥题名》皆著录性质,亦为浙江文物,如可用,当抄奉。"

4日 致方智范函。复孙康宜函。致周退密、陈九思和陈琴趣函,言及新加坡潘受托周颖南带来其诗集及书法二件,嘱为邀请海上诸老题辞。

同日 松江文学艺术界联谊会聘请先生担任顾问。

5日 杜国清来沪参加"第四届台港暨海外华文文学学术讨论会",在钱虹陪同下来访。

10日 为编定《词学》第8辑撰"编辑后记"。

同日 王西彦致函,谈及《滇云浦雨话从文》是"我所读到的回忆悼念文章中最好的一篇","最欣赏的是后半篇您对他作品和为人处世的看法","我以为都发人之所未发、或不便发、不敢发的。我觉得,您这种公允而符合实情的评议,就是真知灼见"。

11日 复周退密函:"晚清五家词亦在'六十家'之中,期以6月底发完全稿,明年夏能印出。"

12日 复孙康宜函。黄墨谷致函:"读大作《乙卯冬至感赋》到'得句已无前辈赏,咏怀难共后生言',真出自肺腑,感人至深。"附赠词稿《念奴娇·笔山感旧》《访笔山旧居》。

同日 《说"俗文学"及其他》刊于《〈中国近代文学大系〉编辑工作信息》第35号。

18、19日 复古剑函。孙康宜来函。

21日 沙孟海复函,谈及"名家笔墨,寸楮尺素,皆足为'浙刊'增光,弥当钦幸"。

23日 为《十年创作集》撰"引言"。

25日 撰讫《〈翻译文学集〉第一卷编选说明》。

28日 致谢大光函。据谢大光回忆:"还附了一幅自绘的封面[《外国文人日记抄》]草图,连颜色与字号都标好了。"(《一个有趣的灵魂》)

本月 花城出版社出版《新诗选读105首》,内收《卖梦》。湖南文艺出版社出版《长河不尽流——怀念沈从文先生》,内收《滇云浦雨话从文》。

5月

1日 《金元明清词鉴赏辞典》出版,名列"领衔撰稿人"。复周退密函,言及《近代名家词》决定6月底发稿。

2、3日 致古剑函。撰讫《雨窗随笔》并作"题记"。

6、7日 复李焕明函:"尊著已阅大半,极有灼见,书中所附诗尤有兴趣,有些诗似是在长汀所作,当时不知足下能诗,可谓'深藏若虚'矣。"致沙孟海函,复周退密函。

9日 《〈翻译文学集〉第一卷编选说明》刊于《〈中国近代文学大系〉编辑工作信息》第36号。包谦六来函。

15日 《且说说我自己》刊于《收获》第3期;并载宋广跃《施蛰存先生印象记》。

16日 薛汕来函。包谦六致函并书赠横幅"蛰盦"。

19日 为所藏清代抄本钱芳标纂《湘瑟词》题跋。

26、30日 致黄伟经函,附《雨窗随笔》五篇。致沙孟海函。

本月 浙江文艺出版社出版《戴望舒诗全编》,收录其撰"引言"、为戴望舒译著《屋卡珊和尼各莱特》所撰"序"。

本月　上海文艺出版社出版《中国现代十大流派诗选》,内收《桥洞》《桃色的云》《嫌厌》《卫生》。

6月

4日　复邵燕祥明信片。

5日　邮寄旅德留学生张东书7册书籍。

6日　致古剑函,附致吴兴文函及一份勘误表。

7日　复张东书函:"'法国诗选'我很中意,因为我所有法国诗,不论原本或英译本,都是1949年以前的,你给我的这一本已译到1960年代的诗人。""'企鹅丛书'目录很有用处。""Reclam丛书是德国著名出版物,看到他们的目录,也很有兴趣。""高觉敷《精神分析引论》,看了新的译序,我觉得他变得太'左'了,而且'左'得幼稚。还是苏联学者的一本,论点较平稳。"

12日　润改词作《水调歌头》并附记,编入《词学》第8辑。

18、20日　周梦庄复函。沙孟海致函。《施蛰存谈读书》刊于《新民晚报》,署名"张国瀛、施蛰存"。

21、22日　复古剑函。复沙孟海函。

25、26日　译作美国瓦特·惠特曼著《日光浴——赤身裸体》刊于《散文》第6期。复黄伟经函。

30日　致沙孟海短笺,并附《墨妙亭玉简题名》稿。

下旬　指导的中国古代文学汉魏六朝时期文学专业硕士研究生宋广跃、何昱、龙茵,通过论文答辩取得学位,毕业。

本月　辽宁教育出版社出版《中国新文学作品选评》,内收《春阳》,附金芹、姬学友"评介"。

7 月

3 日　早晨黄屏来晤,为《上海滩》杂志约稿。

5 日　复卢润祥函:"《词学》第 8 期我已发稿,现在师大出版社编辑室审阅,我叮嘱他们在本月内发交'中华'排版,请向尊夫人关照一声,仍请帮助。"

8、10 日　复古剑函。按程千帆日记:得施蛰存函。

13 日　《解放日报》刊载王勉《古城有朵美丽的小花》,提及"著名儿童文学家陈伯吹、著名作家赵家璧、施蛰存等,都曾给《小作家》以热情指导和鼓励"。

15、18 日　复李焕明函:"苏籛诗文能印行,甚好。我箧中存有几首,待我寻觅出来抄奉。"致施议对函。

20 日　致《文史知识》编辑函,希望作者及青年文物工作者都沿用旧名,保持学术传统,免得使后人误以为是两种器物。

25、28 日　复古剑函。致孙康宜函;复杨德豫函:"'诗苑译林'出到现在,发表译诗数量,已超过了 1919 至 1979 年所出译诗总数。我相信你们这一项工作,对现今及未来的中国诗人会有很大的影响,颇有利于中国新诗的发展。"

30、31 日　致黄伟经函。复丁言昭函;致黄坤尧函:"《词学》第 9 辑拟为'国际词学研究专辑',希望足下及饶[宗颐]、罗[忼烈]二公都能赐稿。"

8 月

1、2 日　复孙玉蓉函。徐无闻致函并书赠条幅。

3、4 日　按程千帆日记:"复蛰存,告以要《[涉江]集外词》10

册。"撰讫《边氏竹艺》。

8日 致沙孟海函。按程千帆日记:得施蛰存寄《词学》。

10日 致范泉函:"见到《信息》第41号,关于《大系》各集的英译名,有一点意见,供汤钟琰同志考虑。"

同日 按程千帆日记:得施蛰存函。

13日 致范泉函:"看了《〈少数民族文学集〉选目》,想提供意见。""是我所认识的'少数民族文学'的选录标准。"

15、17日 沙孟海致函。复莫渝函:"《卅年来中译法诗的回顾》一文,我最感兴趣。""如果海峡两岸合作,办一个专刊法国文学的小刊物,也很有意思。"

18日 撰讫《〈翻译文学集〉第二卷编选说明》。

19日 《解放日报》刊载《〈现代都市小说专辑〉出版》。

21日 下午莫渝来访。

约在期间 秦贤次、吴兴文来访。据吴兴文回忆:"送我当时采用肯特版画、嵌上他姓氏的英文字母 S 而合成起来的自用藏书票。更有意思的是,上海的友人后来送我一册施先生的藏书——叶芝的诗集《塔》,书封的内页贴上'施蛰存无相庵藏书之券 1945—1948'。"(《我的藏书票·无相庵藏书》)

22日 致古剑函。复孙康宜函,言及"《词学》从发稿到出版,至少一年","希望美国方面有四五万字,台港方面可有三万字,日本可有二万字,此外南朝鲜、新加坡可有二万字"。

23、25日 复杨德豫函。《读〈信息〉随想录》(两则)刊于《〈中国近代文学大系〉编辑工作信息》第42号。

27、28日 均致范泉函,其中言及"我建议改为《〈近代文学大系〉编选讨论集》"。"'大系'是有时代性的,将来有人引用,也必须保存原文文本,改了简体字,就有人会以为在 1919 年以前已改用简体字了"。

30 日 《再说"坐"》刊于《新民晚报》,署名"北山"。

9 月

1 日 《逸梅选集·序言》刊于《散文》第 9 期。《人民日报》以《既不溢美,也不贬损》为题登载王西彦 4 月 10 日来函。

8 日 致周退密函:"今年在编《近代六十名家词》,由华东师大出版社印行,已发稿 20 家。"

11、12 日 致孙玉蓉函。为主编《中国近代文学大系·翻译文学集》撰"导言"。

15 日 《雨窗随笔》(一篇"译序"、平等的批评、批评与自我批评、人是政治的动物、人民的分类史)刊于《随笔》第 5 期。

16、17 日 致范泉函。撰讫《董其昌是什么人》。

19 日 上海文管会主任方行来晤。致周退密、徐定戡函。

同日 《驴马的笑话》刊于《团结报》,署名"秋浦"。

25 日 为李焕明编《张荃诗文集》撰讫《题〈南阁遗集〉后》,致函:"今附寄赠荪篌诗、小跋及其他资料,以备采录。"

同日 《读〈信息〉随想录》(四则)刊于《〈中国近代文学大系〉编辑工作信息》第 44 号。

30 日 撰讫《论老年》。

本月 《蛮书碑录》刊于《中华文史论丛》第 2 期。

本月 学林出版社出版《枫林诗词选》,内收诗作《贺友人九秩寿》《七律·谢九思翁》《文游台咏》。

10 月

7 日 《读杨绛〈洗澡〉》刊于《解放日报》。

11 日　《翻译文学集·导言》(节录)刊于《〈中国近代文学大系〉编辑工作信息》第 45 号。复周退密函,言及黄屏参与编《上海滩》,托约写点上海掌故。

13 日　沈宗威复函:"昨晚奉到寄赐《读书》7、8 合期,《文史知识》第 9 期及借阅吕伯子词集。""《云起轩词》书大纸软,仍俟陈文华老师便路来取呈览。"

14 日　应青年诗人徐芳之请,为《徐芳诗集》撰"序"。

16 日　致黄伟经函,寄《雨窗随笔》稿五段。

21 日　复孙康宜函,言及"足下热心介绍六位美国朋友为《词学》撰稿,极感高谊"。

23 日　史美圣来约稿,商定连载《浮生杂咏》。

26 日　《为了透视近代文学发展的轨迹》刊于《〈中国近代文学大系〉编辑工作信息》第 46 号。致李焕明函:"今将足下要的苏鋎诗二首及朱生豪和词二阕抄奉。近日又找到苏鋎诗笺四纸,""录诗廿三首。"复周退密函:"绍兴新建沈园,派人来请我撰园中对联,凡亭、馆十馀处,要我一手包办,已寄去五联,还在绞脑筋再作四五联。"

本月　《北山集古录》由巴蜀书社初版。

本月　《浙江省博物馆馆刊》第 1 期"纪念浙江省博物馆建馆 60 周年专辑"出版,内收《墨妙亭玉筍题名》。

11 月

1 日　香港商务印书馆关秀琼来访。续为绍兴沈园撰对联。《读〈康克令小姐〉想到往事》刊于《上海滩》第 11 期。

2、4 日　致古剑函。致周退密函:"《近代名家词》又有可能上马,由校中出版社出版,决定排字印。"

6 日　复莫渝函,言及"我近来却在多译散文诗,希望将来可以凑一本出来"。

10 日　选定编讫《十年创作集》上下册"集外"。

上旬　应友人之请,撰讫《施蛰存著译编辑书记录》。

12 日　复巴蜀书社周锡光函。

13 日　《关于"铸型"》刊于《文史知识》。杨绛复谢海阳函谈及:"施蛰存先生是我的前辈,承他为拙作《洗澡》撰写评论,十分感激。尽管他的称赞出于过奖,我也深受鼓舞。""你如遇见施先生,请代我向他道谢。"

15 日　致范泉函。复古剑函。新加坡潘受致函:"月前周颖南兄自沪来,携示九思、琴趣、退密、定戡诸老赐题拙卷诸大诗,""闻尽出于蛰老代为征求,尤感纫无既也。兹值李思诗女士再度赴沪,托先致谢忱。"《雨窗随笔》("文化"与"文学")、《自题画像》刊于《随笔》第 6 期。

16 日　致周退密函:"晚清五大家词共二十六集,约廿七八万字,已纳入明年出版计划,由师大出版社出版。"

22 日　俞平伯来函并附诗笺。致黄屏函:"我整理成文的题为《业师赵叔孺》,文章是组织起来的,署名则是'安持'。""还有一文记吴昌硕,都给《上海滩》。"

25 日　撰录完毕《业师赵叔孺》并撰"附记"。因着手全面整理历年所藏拓本,无时间继续编写陈巨来手稿为文,遂托付周劢帮助整理并谋出版。

28 日　复孙康宜函:"承赐评介,语皆切实,确是你们海外学人的观点。""反正此间出版工作,一向是牛步化的,我即使如期发稿,出版社和印刷厂也会拖好久。"附致叶嘉莹函。

29 日　上午胡乔木由陈至立、郭豫适陪同来访。

30 日 复周退密函:"《语业》卷三已付门人马祖熙标点。"
"《近代名家词》拟用 60 种。""现已决定第一集书名为《晚清五大
家词》。""高[吹万]、姚[光]二家书皆散,周氏[来雨楼]书尚有部
分在北新泾,以松江文献为多,如去访问,可说我介绍。"

本月 浙江教育出版社出版徐中玉主编《古文鉴赏大辞
典》,名列"主要撰稿人"。

12 月

2 日 农历生日。中午沙叶新夫妇来祝贺。

4 日 《说书》刊于《书讯报》,附刊近影。致黄伟经函。

6、10、11 日 致崔耕函。复宋路霞函:"从 1940 年起收辑王
微作品,今已编成《王修微集》,有诗词各一百多首。""我要查《露
书》。""如能向上图设法把《袖墨》《虫秋》二集复印一份给我,我
的《晚清五大家词》就全了。""杨慎的一部《百琲明珠》,现在上
图,能否允许复印一本。""《华东师大善本书目》《积学斋碑目》,
还有一本《徐乃昌(善本)藏词籍书目》(我见过),如能借我看一
星期。"复古剑函。

17、18 日 开始设计自制拓片袋,用以存放重新整理的碑版
拓片。设计制作"集古册",用以编贴金石小品拓片。

20、24 日 吴立岚来访。致范泉函。

27、28 日 致古剑函,言及戴望舒逝世 40 年,《香港文学》可
出纪念辑否,可有吴晓铃、孙源、冯亦代、纪弦等文章。

29 日 李圃来晤,并题赠所著《甲骨文选注》。

31 日 应友人之请,即兴撰写"简历"。

下旬 《边氏竹艺》刊于香港《书谱》第 6 期,署名"施舍"。

本月 学林出版社出版李广著《劲草书屋诗词选》,收录其

撰"序"及李广诗作《读施蛰存著〈唐诗百话〉》。

1990年(庚午) 85岁

▲3月,上海文学艺术界集会纪念左联成立60周年。
▲9月,《中华人民共和国著作权法》正式公布。

1月

7日 复张香还函。范泉复钦鸿函谈及:"等您春节来上海时我可带您去施老处谈谈。"

8日 致黄屏函,言及吴凯声是30年代上海著名大律师,建议去访问,看他还能写点旧上海重要讼案不?《上海滩》可用。

12日 致范泉函:"侦探小说已选定,请小龚来取去复印,在本月内标点好,春节后第二卷即可交出。"

14日 复程自信函,谈受邀任《词学百科辞典》顾问等事宜。

15日 应上海图书馆张伟之请,在《唐诗百话》上题词。

17日 复孙康宜函,并航寄《戊寅草》《湖上草》复印件。

18日 《文化过渡的桥梁——翻译文学对中国近代文学的影响》刊于《文学报》。

19、22日 均复古剑函。

26日 除夕。为编定《词学》第9辑撰"编辑后记"。

27日 春节。林燿德、郑明娳来访。致孙康宜函。

28日 纪弦由美国致来函。

30日 为《浮生杂咏》交付发表撰"引言"。

2 月

5 日 《〈翻译文学集〉第二卷（通俗小说卷）选目》刊于《〈中国近代文学大系〉编辑工作信息》第 52 号。

10 日 撰讫《〈翻译文学集〉第三卷编选说明》。

11 日 《浮生杂咏》（一）始刊《光明日报》，署名"北山"。每两周续载四首，历时一年。

12 日 复孙康宜函："高友工先生的大作来得正好，给我很大的鼓舞。我正在丧气会开不成，似乎连一本专号也编不成。"附致高友工函。

13 日 徐定戡书赠《读宝骡先生跋俞平老重圆花烛歌，敬呈长句》。

14 日 寇梦碧在天津逝世，获悉即与《词学》编辑部联名发出唁电；作诗《挽寇梦碧》并"题记"。致林玫仪函。

17 日 复李焕明函，言及有冰莹序文，拙文用作跋文为妥。

21 日 致古剑函，言及收到高倬云艺展请柬，想请你代送两个花篮，另一送陈石濑、陈文天父子，我会打一个贺电去。

23 日 致林玫仪函："是否可请郑［骞］先生也为《词学》寄一文？此外，台湾尚有词坛先辈，亦请代为征稿，如有忆事怀人之文亦要，记录一点民国初年词林掌故。"

25 日 《浮生杂咏》（二）刊于《光明日报》，署名"北山"。致赵清阁函。

28 日 撰讫《为书叹息》。复杨德豫函："遇夫先生之少君乃事外国文学，亦出意外。""足下译笔无凑韵之弊，故为高手。""附拙文一纸，阅后送彭燕郊。"

下旬 《名作欣赏》第 1 期登载江锡铨《小说家的诗——施

蛰存诗四首诵读札记》并"附施蛰存诗四首"。

本月 应国靖编《施蛰存·三十年代中国作家选集》由台湾大台北出版社印行。

本月 齐鲁书社出版朱一玄编《明清小说资料选编》(上册),内收《〈金瓶梅词话〉跋》。

3 月

1 日 复刘以鬯函,言及"贵刊可以发望舒纪念专辑,""我计划有下列诸文:1. 吴晓铃、冯亦代、纪弦、我、利大英各一篇。2. 望舒未完译稿《吉诃德先生传》之一章。"

3 日 作诗《雨窗小咏》并"序"。

4 日 复宋路霞函:"古籍我远远不是藏家,西书前后所得,亦不过三四千册,今仅存六七百册,只有一套目录卡。碑拓亦有一个目录,不过三千种,比起缪艺风、徐乃昌的一万八千种差得远了。不过,比起《天一阁碑目》来,还是我多些。"

5、11 日 致黄伟经函。《浮生杂咏》(三)刊于《光明日报》,始署"施蛰存"。

15 日 《雨窗随笔》(为人民服务、子贡问政、文学遗产、又一份遗产、国粹)刊于《随笔》第 2 期。据黄伟经回忆:"即不胫而走,在读者中传诵一时。"(《忆念施蛰存》)

同日 《为书叹息》刊于《书林》第 3 期。

16、17 日 范泉来取稿。《〈翻译文学集〉第二卷编选说明及"解题"》刊于《〈中国近代文学大系〉编辑工作信息》第 54 号。

24 日 《书〈徐芳诗集〉后》刊于《文学角》第 2 期。

25 日 《浮生杂咏》(四)刊于《光明日报》。

26 日 复徐宗琏函,言及洙泾小庵石刻船子和尚像的情况。

28 日 复孙康宜函:"你们的讨论会,我已托陈邦炎作记录,但仍希望你写一点摘要。"

29 日 复张香还函:"李齐贤文已有着落,由南朝鲜岭南大学中文系主任李章佑撰稿,你那位朋友处不必催了。"

本月 台湾明文书局出版李焕明编《张荃诗文集》,内收其撰"序",张荃《别诗,蛰存文海先生将离汀州即赠》,附《北山楼诗:赠张苏簃大家、赠张苏簃即题其诗稿、苏簃省亲归里迟久未来赋寄、治装北归寄苏簃汀州、登南平明翠阁寄苏簃》,署名"蛰庵"。

本月 青岛出版社出版《古今中外文学名篇拔萃·中国童话卷》,内收《鹦鹉的回家》。

4 月

4、8 日 致施议对函。李广寄赠《劲草书屋诗词选》。

10 日 复陈福康函。保加利亚茨维塔娜·巴佐娃—迪米特罗娃由北京外国语学院致函:"请允许我在约四十年之后,向您表示崇高的敬意,您在 1952 年从英文翻译出版了最杰出的保加利亚作家伊凡·伐佐夫的小说《轭下》,""我们的这部小说在您的国度也当之无愧地'生活着'。"按:苏欣译,后以《关于〈轭下〉的两封信》刊于《东欧》杂志。

11 日 致沈宝基函。复李焕明函,致黄沛荣、林玫仪函。

14 日 为《关于世界短篇小说大系》撰"附记"。

16 日 复陈福康函:"那本《中国古典文学[研究]在苏联》,其中有没有提到苏联学者研究中国'词'的记录?因为我正在编一本'海外词学研究'。"

17 日 主编完成《中国近代文学大系·翻译文学集》(第

26、27、28卷)交付出版。自述:"三卷200万字,忙了二年。""一篇总序、三篇分序、数十篇解题,合起来,晚清民初几十年间外国文学的译介情况有了较详细记录。"(致古剑函,本月)

20日 致饶宗颐函。致沙孟海函并寄赠《北山集古录》。

22日 《浮生杂咏》(五)刊于《光明日报》。

24日 饶宗颐复函,谈及"命为《词学》撰稿","以近作《〈李卫公望江南〉短引》塞责";"忱烈处当代告"。

25日 李辉来信征询"沈从文、丁玲、胡也频1929年至1930年在上海的情况",作函答复。致古剑函。

26日 复卢润祥函,言及"建议用'女词人集汇编'或'大系',估计数量不少,徐乃昌刻《小檀栾室汇刻闺秀百家词》就有一大堆,再加《众香词》","宋元明甚少,加起来不到四五万字,清代则不少,可有150家";"如有适当人选编辑,我可以写前言"。

28日 复黄坤尧函:"'海外词学专号'现在已收到美四文,日二文,台湾二文,南朝鲜一文,加一文,可能还有苏联一文,尚缺香港,故极盼望足下为我组织一二篇来。""还想刊载一个《海外出版词学书目》,足下能否提供台港历年出版词学书目。"

30日 据刘以鬯回忆:"利大英忽然来访,告诉我,施蛰存请他为《香港文学》'戴望舒逝世40周年特辑'写的稿子已写好。""到了上海,他会将稿子交给施蛰存,由施蛰存直接寄给我。"(《忆施蛰存》)

本月 复旦大学出版社出版吴欢章主编《海派小说选》,内收《梅雨之夕》《薄暮的舞女》《春阳》《鸥》。《汉声杂志》第34期刊载诗作《三宿武夷永乐庵得十绝句》。

5 月

1 日 上午范泉来讨论"翻译文学集"第三卷字数问题。

3 日 复保加利亚茨维塔娜·巴佐娃—迪米特罗娃函,后以《关于〈轭下〉的两封信》刊于《东欧》杂志。

5 日 复陈福康函:"我想托你写一信与李福清,托他联系苏联汉学家搞中国诗词的人,有哪几位。巴斯马诺夫还在不在?如还在,可否请他为《词学》写一篇文章。"

6 日 《浮生杂咏》(六)刊于《光明日报》。

8 日 致刘以鬯函:"昨天收到路逾[纪弦]从美国寄来的文章《戴望舒二三事》。"

9、10 日 复魏新河函。致孙康宜函,致张香还函。

12、16 日 《〈翻译文学集〉第三卷编选说明、选目》刊于《〈中国近代文学大系〉编辑工作信息》第 57 号。致徐迟函。

17、20 日 《浮生杂咏》(七)刊于《光明日报》。复陈福康、葛渭君函;为许思园《中国文化与近代西方》撰"题记"。

21 日 徐迟复函:"7 月初我到上海时再谈,""已经翻箱倒箧过一次,未找到望舒结婚照全景的一张,当继续找。"

24、25 日 沙孟海致函,谈及"惠赠大著《北山集古录》早收读","此书博洽翔实,质量俱胜,多有创见,学术价值极高,钦佩无量","乃由边地出版,足见出版界风气之不正常,良可叹息";"主编曹锦炎兄,不日将亲自到沪拜谒致谢,先生前说愿将'石笋题名'拓片捐赠我馆,亦祈先行检出,面交曹兄"。复秦贤次函。

26 日 为纪念戴望舒逝世 40 周年而撰《诗人身后事》。

本月 湖南师范大学出版社出版《中国现代文学作品选析》,收录《春阳》。浙江美术学院出版社出版《辛亥革命以来名人墨迹》，内收《奉为葆树题其纪念先哲仲则公册子》。

6 月

3 日　《浮生杂咏》（八）刊于《光明日报》。

4 日　早晨身体不适入住华东医院，按医嘱作全面检查。

10 日　《论老年》刊于《文汇月刊》第 6 期。

13 日　复刘以鬯函。复吴福辉函。

14 日　上午由华东医院出院回家。

15、16 日　致贾植芳函。复秦贤次函。

17 日　《浮生杂咏》（九）刊于《光明日报》。致张香还函。

20、21 日　致古剑函。下午贾植芳、任敏夫妇来晤。

23 日　富寿荪来谈，请为《晚晴阁诗存》撰序。

同日　钱歌川收到由孙康宜转赠的《北山集古录》。

25 日　《〈翻译文学集〉内容介绍》刊于《〈中国近代文学大系〉编辑工作信息》第 59 号。

30 日　收到苏渊雷赠书，致函答谢。复吴福辉函。

本月　江西百花洲出版社出版、由上海大学文学院新文学研究室选编《心理分析派小说集》，内收其作 25 篇。

7 月

1 日　译作《法国散文诗三章》刊于《散文》第 7 期。复徐宗琏函，言及请程湘云在五十年代抄录的石刻船子和尚像赞二首的情况。致崔耕函："凡是以前四本中已有的，你在《千唐志目录》上做一个记号，然后把书寄给我，我叫人抄卡片。"

同日　台湾《联合文学》第 6 卷第 9 期登载郑明娳、林燿德

《中国现代主义的曙光——与新感觉派大师施蛰存对谈》。

3日 唐郁南为谋求许思园遗稿出版,致函山东大学领导乔幼梅谈及:"施蛰存先生一而再、再而三地说,最好把文集整理成册带往上海,由他负责找出版社。"

4日 包子衍在上海病逝。自述:国民党上海市党部公布共党大学生名单事,五年前,承包子衍同志抄示全文,附记于此,用申哀悼。(《浮生杂咏》)

5日 《诗人身后事》刊于《香港文学》第67期"戴望舒逝世40周年纪念特辑"。致徐宗琏函。

10日 《浮生杂咏》(十)刊于《光明日报》。

11日 孙康宜致函:"为了使您对'词会'的内容有所了解,我特寄上一份Schedule给您。""说起施议对,使我想起他在词会中对您的百般赞扬(我自然是非常高兴)。他特别说起那首自撰的《八声甘州》,是您润色过的。"

12、14日 为富寿荪《晚晴阁诗存》作序。复古剑、崔耕函。

15日 《古文名句赏析·小引、悠然、先忧后乐、匹夫无责论》及《外一篇·诗话》刊于《随笔》第4期;据黄裳回忆:"有一篇是就'天下兴亡,匹夫有责'的名言反其意而论之的'匹夫无责'论,深刻痛切,不愧名笔。可惜不久就辍笔了,人们也都不再记起这位出色的杂文作者。"(《忆施蛰存》)复施议对函,复李辉函。

18日 致谭正璧及女儿谭寻函:"希望寻侄写个信来,讲讲璧兄近况。""我想在下月稍凉时,介绍一个记者来访问,写一篇访问记,为璧兄宣传一下,亮亮相。"

中旬 徐定戡作词《浣溪沙·北山丈来书言,终日闭目静坐吹风饮水不作一字,衍为小阕博粲》。

27、28日 致《香港文学》刘以鬯函。复范泉函;致孙康宜函:"钱歌川、陈邦炎、施议对都已有信来,词会情况亦已粗知大略。""我觉得你对柳如是评价太高了。她的诗词,高下不均,我怀疑有陈子龙润改或捉刀之作。"

30 日 复黄伟经函。

31 日 《浮生杂咏》(十一)刊于《光明日报》。

月内 自述:"检出'拾遗',互为核对,则我所得者,仍有五首未见于《全宋词》,八首未见于《全金元词》。因删去复出,增入近年搜罗所得,共得二十首。"(《〈宋金元词拾遗〉题记》)

月内 徐无闻应先生之邀莅沪,畅谈金石文字。

本月 《〈中国文化与近代西方〉题记》刊于《辽宁教育行政学院学报》第 4 期。

8 月

4 日 撰讫《文学史不需"重写"》。

同日 致范泉函:"只删一部《大魔窟》,我以为还是太多。""我主张再删《獒崇》,因此书有许多印本。"

6 日 致黄伟经短笺。孙康宜复函:"知道您将要出版《王修微集》,使我十分兴奋。"

9 日 设计"无相庵""无相庵钞校本""北山楼""北山楼稿"用纸样式,拟自印。

13 日 致沙孟海函:"曹锦炎先生来过。""惟阁下书自北碑出,大有清刚之气。""'墨妙亭玉笥'四轴想已鉴及,承馆中寄惠捐赠证书,亦已收到。"

14 日 《浮生杂咏》(十二)刊于《光明日报》。

16 日 致孙康宜函:"不过你所拟书名,我有疑问,Tradition有两性之别,恐怕不妥。我妄为改拟两个书名,供参考。"

23 日 致张厚仁函:"前年李欧梵在《联合文学》封我为'先驱者',现在晋升为'大师',三年时间,升得好快!"

24 日 作诗《奉贺葵花诗社建社五年志庆》。徐迟来函。

25、26 日 孙康宜均来函。

28、30 日 《浮生杂咏》(十三)刊于《光明日报》。致郑明娳函,谓《论老年》与《人生五题》内容似合适。致徐迟函。

本月 《罗洪,其人及其作品》刊于《沈阳师范学院学报》。上海文艺出版社出版《中国现代百家千字文》,内收《独笑》。明天出版社出版《中国现代文学补遗书系·小说卷二》,内收《将军底头》《周夫人》《鸠摩罗什》《梅雨之夕》《在巴黎大戏院》《魔道》《李师师》《薄暮的舞女》《春阳》《鸥》。北方文艺出版社出版《世界优秀散文诗精选》,内收译作法国马拉美《秋》、兰波《闪电》。

9 月

2、3 日 致黄沛荣、林玫仪函:"《词学》第 8 辑至今未印出,第 9 辑海外词学专号,已编好,尚未付排字。此间学术书出版不景气,殊使人扼腕。"致古剑函。

6 日 致黄伟经短笺,附书赠诗幅。

9 日 《关于竹枝词》刊于《解放日报》。

10 日 致孙康宜函,附录柳如是佚诗《寒食雨后》《清明行》《次韵永兴寺看绿萼梅作》。

11 日 《浮生杂咏》(十四)刊于《光明日报》。

15 日 写讫《闲话孔子》。

16 日 致黄伟经函。致孟涛函。复徐开垒函。

17、19 日 致郑明娳函。为储仲君、宋谋旸书写诗幅。

20 日 撰讫《批〈兰亭序〉》。广州徐续来函。

22、29 日 复崔耕函。致古剑函。

30 日 复孙康宜函:"伦敦 Times 的文学副刊,我在 1932 至 1936 年是长期定户。承你送我,又见到五十年前的'老朋友',不免有些感喟。《纽约时报》的书评周刊也不坏。"

10 月

3、4 日 撰讫《禅学》《花的禅意》。致黄伟经短笺。

6 日 托人由沪港三联书店代购容庚编《丛帖目》。

7 日 应徐开垒约稿,为《外国独幕剧选(五、六)·引言》以题为《二战以后的西方戏剧》交付发表撰"附记"。

上旬 史书美来访,谈了三个下午。

13 日 上午施议对来访。据施议对回忆:"说及缅因词会,非常高兴,仿佛就在现场一般。先生吟诵,亦曾为录音。"(《渊明矢凤愿,沾衣付一笑》)

14、15 日 复朱雯函,孙康宜致函,谈及"多谢为我买到《众香词》《名媛诗归》"。致郑逸梅函。

18 日 获悉俞平伯 15 日在京逝世,即与《词学》编辑部联名发出唁电,表示悼念。

21、25 日 复孙玉蓉函。杨义致函:"拙著《中国现代小说史》第二卷曾以专门的一节介绍您的小说创作,国外学者(比如美国夏志清教授)对此甚为重视。""我现在整理有关小说史的材料,尚感到有些问题需向您请教。"

28 日 《浮生杂咏》(十五)刊于《光明日报》。

月内 《辛弃疾国际学术研讨会论文集》登载邓广铭《〈稼轩词甲集〉序文作者范开家世小考》提及:"看到了蛰庵先生《范开》一文,读后深受启发,但也觉得略有应加商榷之处。"

本月　主编《词学》第 8 辑出版；刊有《说忆秦娥》《水调歌头》《词学书目集录(2－7)》《新得词籍介绍》《丛谈》《编辑后记》，署名"万鹤""北山""蛰庵""丙琳""编者"。

本月　主编《中国近代文学大系·翻译文学集》(第一卷)，由上海书店初版。浙江文艺出版社出版郑逸梅《艺林拾趣》，扉页题签"艺林拾趣，北山署检"。

11 月

1 日　上午范泉来，讨论"近代文学大系"编辑事宜。

10、11 日　为所辑《宋金元词拾遗》题记。复古剑函。

15 日　《人道主义》《魔棍》《富贵、贫贱》刊于《随笔》第 6 期。
同日　复葛渭君、李辉函。

20、24 日　《花的禅意》刊于《龙门阵》。纪弦来函。

25 日　为《李逸丰瓷钤艺展》撰"序引"。复孙康宜函。
同日　《浮生杂咏》(十六)刊于《光明日报》。

28 日　唐圭璋在南京逝世，与《词学》编辑部联名发出唁电，作《挽圭璋先生联》。

29 日　《文学史不需"重写"》刊于《文学报》。

30 日　致郑明娴函。复林玫仪函。

12 月

1 日　中国现代文学馆刘麟发来贺电，祝贺八十六寿辰。

2、5 日　复张香还明信片。致浙江博物馆曹锦炎函。

8 日　曹锦炎复函，附寄《岣嵝碑》照片原底片。

13 日　于书亭寄赠编著《云峰天柱诸山北朝刻石》。

16 日　《浮生杂咏》(十七)刊于《光明日报》。

17 日　致时在昆明师专中文系客座教授陈文华函。

18、20 日　撰讫《贺年卡一劫》。复刘麟函。

23 日　致范泉函，言及"近代文学大系"的印制事宜。

25 日　周退密作诗《庚午岁暮怀人诗·松江施北山教授》。

26 日　《贺年卡一劫》刊于《新民晚报》。

30 日　复葛渭君函："吴文英家世有新发现，你应当写一文作初步考究，但最好能将吴氏家谱这一页复印下来。"

31 日　为《浮生杂咏》定稿撰"附记"。

同日　复杨义函，并答复所征询的八个问题。

月内　吴宏一、李丰楙来访。顾国华编《文坛杂忆·卷六》(一九九○)登载钟韵玉《施蛰存北山楼绝句旧作》。

1991 年(辛未)　86 岁

▲10 月，辛亥革命 80 周年纪念大会在京举行。

1 月

1 日　元旦。为周退密词作《鹧鸪天·挽天津寇梦碧词人》编入《词学》第 9 辑撰"附记"，附录诗作《挽寇梦碧》。

4、6 日　撰讫《告存》。为《文汇报·学林》创刊四百期题词；《浮生杂咏》(十八)刊于《光明日报》。

8、9 日　复陈诏函。为上海师范大学举行"朱雯教授从事文学、教学工作 60 周年座谈会"题词："乡国有光。雯兄教学著述六十年展览，乡弟施蛰存贺。"

11 日　《告存》刊于《新民晚报》。

12 日　范泉来访。《心系〈大系〉的出版和发行》刊于《〈中国近代文学大系〉编辑工作信息》第 62 号。

14 日　赵清阁致函:"接谢和赓信,嘱特告,王莹陈列室在芜湖建成,与阿英同志比邻,想请您写一点题词。"

15 日　《匹夫有责论》《闲话孔子》刊于《随笔》第 1 期。

16、19 日　复孙康宜函。邓云乡致贺年诗笺并"跋"。

20 日　《二战以后的西方戏剧》刊于《海上文坛》创刊号。

22、23 日　致陈晓芬函。《香囊罗带》刊于《文汇报》。

27 日　《浮生杂咏》(十九)刊于《光明日报》。

30 日　致孙康宜函。

下旬　致范泉函:"《翻译文学集》第一卷版权页上方英文 Book Eleven Division。不妥,以后应改为……"

本月　《十年创作集》上册《石秀之恋》、下册《雾·鸥·流星》,由人民文学出版社初版。(1994 年 5 月再版)

本月　诗作《榕城风物》刊于《中华诗词年鉴》。

2 月

1、4 日　《书目》刊于《青年报》。复常国武函;按程千帆日记:"蛰存寄《词学》第 8 辑二册,有《涉江集外词》。"

6 日　《西明寺》刊于《文汇报》。致彭燕郊函,请联系漓江出版社能否印行戴望舒《陶尔逸伯爵的舞会》。

8 日　致葛渭君函,并寄赠《词学》第 8 辑。

10 日　苏雪林复函:"请古剑先生带去拙著《二三十年代的作家》。""成功大学要为我举行一个[95 寿辰]庆祝会,邀海内外文人及学者各撰文一篇印行为纪念,""先生文坛巨匠,声华藉藉,未知肯赐撰一文,以为光宠否。"

11 日 复顾国华函:"我以为岳飞决没有与祝允哲唱和的事,故第一首是伪造的,原来一向流传的一首,确是宋朝人的作品,是不是岳飞所作,就无法断定,可能是岳飞自作,也可能是他的秘书所作。""也不是亲笔,只好承认它是岳飞所作。不过这首词不见于宋人记录,这是一个疑点。"

15 日 春节。复郑明娴函。

18 日 复马祖熙函:"想用以写一点文词送厦大校庆用。"

20、24 日 复常国武函。致范泉函;《浮生杂咏》(二十)并"附记"刊于《光明日报》,共计连载 80 首结束。

25 日 复马国亮函:"承邀为《良友画报》65 周年纪念刊撰文,理当奉命。""柯灵处已将尊意通知。"

26 日 复黄坤尧函:"此间学术书出版困难,《词学》只能坚持出一本,编一本,能出至几期,尚未可知也。"

27 日 复康健函:"我并不长期写日记,只有在生活起大变动的时候写过一些日记。"

月内 缪钺致函:"惠赠《词学》第 8 期,拜领感谢。朱[碧莲]君函中道及,先生拟聘钺为《词学》编委,甚感盛意。"

3 月

8 日 致赵清阁函:"昨日得苏雪林函,嘱为问候。"

同日 《答季镇淮和郭延礼同志》刊于《〈中国近代文学大系〉编辑工作信息》第 66 号。

10、14 日 撰讫《旅游景点设计》。致孙康宜函。

15 日 撰讫《怀念几个画家》。《禅学·外一篇(批"兰亭序")》刊于《随笔》第 2 期。

17、18 日 复葛渭君函:"我已动手编《近代名家词》,正在一本一本复印。"复黄伟经函。《讣告》刊于《新民晚报》。

20、21 日 王翼奇致函:"《花间新集》压到现在,""现社委会已决定将此书付印。"复古剑函。

24 日 致宫晓卫函。《石库门房子》刊于《新闻报》。

26 日 致崔耕函:"抄得四个石刻,今奉寄卡片。"复李辉函。

27 日 复周退密函:"要编两部书,1.《近代六十名家词》;2.《唐碑百选》。前书去年已决定由华东师大出版社印行,近日正在征集词集,逐部复印,请人标点,晚清五大家词已全部发稿。"

本月 被推选为上海翻译家协会第二届名誉理事。

4 月

4 日 作诗《白马》并撰"小引"。

6、7 日 撰讫《鲁少飞的心境》。致黄伟经函。

8 日 朱一雄、庄昭顺回国参加厦门大学校庆后专程探望,在家招待晚餐,晤谈三小时。

11 日 《〈中国近代文学大系〉编辑工作信息》第 68 号登载王元化《读〈翻译文学集·导言〉》,写到"这篇内容详赡、文笔流畅的'导言',真是令人可喜可敬","对林纾作出了公允的评价","提出当时翻译文学对创作界的文学语言起过显著的影响","指出当时翻译文学的严重缺点在于删节原作"。

14、15 日 复吴福辉函。下午柯文辉来访。

17、18 日 复郑明娳函:"明娳称我为'前辈',我受之不愧,因为文艺作家大约十年为一代,我确实是你的前三四辈了。燿德称我为'大师',此二字请以后不要再用,古今中外,文学界堪称大师者,我以为不到两打。"附诗赠燿德。复沈师光函。

26 日 杨绛复范泉函,谈及"奉到大函并附施蛰存先生《论老年》,文章大是有趣"。

28、29 日 复孟浪函:"有一个日本人,这几天在向我了解中国卅年代文学。5 月 5 日有一个国际文化研讨会,我虽不参加,但南朝鲜有人来,可能会在我家里会见。""欢迎你在 5 月 10 日以后任何一日下午来。"复顾国华函。

30 日 《鲁少飞的心境》刊于《新民晚报》。

本月 主编《中国近代文学大系·翻译文学集》(第二、三卷),由上海书店初版。

5 月

4 日 致黄伟经函。

11 日 《林微音其人》刊于《文汇读书周报》。

15 日 孟浪来访。复魏中天函。

17、18 日 沙叶新、吴正来访。复孙康宜函。

19 日 致古剑函。下午应上海文艺出版社之邀,前往丁香花园出席座谈宴会,并与柯灵、许杰和赵超构等合影。

23 日 致常国武函:"我有一本王木斋的《娱生轩词》,卢冀野刻本,缺少第 14 页,拟拜托足下,在南京各校找一找,如有请为补印。""要觅一本夏仁虎的《歗庵甲乙稿》,请代物色。""我在编《近代六十家词》已发稿二十馀家。"

28 日 《樊楼异史》刊于《解放日报》。

本月 辽宁人民出版社出版《当代世界文学名著鉴赏辞典》,应邀题写书签。

6 月

1 日 致彭燕郊函,言及"惠赐《宗岱和我》","两天读完,印象甚好。我与宗岱在上海、香港各见过二次,略知其人,今读此书,始识全面"。

2、4 日 致赵清阁函。复李辉函。

5 日 撰《勉铃》。致沈师光函。《别枝》刊于《文汇报》。

8、9 日 致黄屏函。获国务院颁发"政府特殊津贴证书"。

10、11 日 高佟云来函。复黄伟经、海帆函:"四万字的散文小丛书,计划有无改变?我已选出卅篇千字文,如果你们仍要,我剪贴一下即可交稿。"

13、14 日 复范泉函。均致古剑函:"台湾出版业亦不景气,《唐诗百话》暂不去问。"

中旬 致《香港文学》刘以鬯函。

21 日 《读书人报》登载为该报题词:"《读书人报》见到三期,内容甚佳,并未虚誉,蜀中人才多,想必能日进无涯,渐露头角,以此为颂。"

25 日 《小不点儿》刊于《新闻报》。

28、29 日 致孙康宜函:"王玉映乃王思任之女,明末一大女诗人,其诗集《吟红集》,国内未闻传本,日本有一部,不记得是否见于《内阁文库书目》,你不妨查一查。"复李辉函。

本月 上海三联书店出版汤高才主编《历代小品大观》,内收《张岱〈西湖香市〉赏析》。

7 月

1 日 致吴青霞贺卡:"奉贺青霞女史从事艺术 70 周年。"

2 日　复孟浪函："我只是同情你们突破了意识形态的枷锁，使中国新诗走向广阔的天地。至于你们的创作方法，我还有保守的意见，我怀疑你们的意象架构，能否取得读者的通感，主要的缺点，是过分打乱了思维逻辑的程序。要注意，汪国真的兴起，是为你们敲丧钟了。""我希望你们不要走得再远，要走一点回头路，先决定意象的托喻目的或象征目的，再在以不远离思维逻辑的结构方式去表现。"

3 日　《武陵春》刊于《文汇报》。《应制定"谈"的范围或要求》刊于《〈文化老人话老年〉编辑工作情况》简报第 3 号。

5、6 日　致黄伟经函。撰讫《鲁拜、柔巴依、怒湃》。

7 日　复姚学礼函："1982 年到西安，想去敦煌，亦未如愿。""西出阳关，我之梦寐而已。《陇东人》拜读已三之二。"

8 日　致彭燕郊函。

10 日　录讫明陈第《世善堂书目》著录词籍并撰"附记"。录讫周子美《嘉业堂藏钞校本目录》内词籍目并"跋"。

12 日　高准来访并赠《高准诗叶》。致彭燕郊函。

15、16 日　《怀念几个画家》《旅游景点设计》刊于《随笔》第 4 期。复孙康宜函。

17 日　复孟浪函："写诗要注意文字节奏，句法要稍稍调整，读起来可以体会到作者的思维逻辑，使读者不是'绝对不懂'，而是'似懂非懂'，这就收到诗的效果。"

18 日　复彭燕郊函："近来读 F. 耶麦的诗，总数不多，想用三四个月时间全部译出。"

21 日　撰讫《林纾》《房内》。致黄伟经函。

25、26 日　《"乾坤正气"至公堂》刊于《新闻报》。致孟浪函。

本月　《金石丛话》由中华书局初版。（1997 年 10 月再版）

8月

4日　整理完成万鸿开记录《闻一多讲杜诗》并撰"题记"。应学林出版社编辑之约,撰"编印《文物欣赏》计划"。

9、10日　复杨迎平函。致《解放日报》陈诏函。

11日　复彭燕郊函:"近来已有几个人在为我与穆、刘作区别,大致与兄所见略同。""王友轩已去英否?如未成行,希望他临走时来舍下一晤。《新故事百篇》拟译名为《法国百家话本》,说明即写,一二周后可寄上。"

同日　编讫杂文集《雨窗梦话》,将全稿及"叙言""目录"邮寄黄伟经,并致短笺。

12日　致古剑函:"上星期来了四个日本人〔谈了三个下午〕,都是研究中国现代文学的各大学中人。"复张香还函。

13日　早晨致辛笛函:"望舒诗既以《雨巷》闻名,〔《二十世纪中国新诗辞典》〕似不可不选。弟写过一小文,可以供用。"下午王圣思、陈文华来访,并带来辛笛题赠《王辛笛诗集》。晚上胡从经来晤,赠以《十年创作集》。

14、18日　复古剑函。复陈诏函,复李焕明函。

23日　陈鹏翔来访并合影。

24日　致崔耕函:"碑目进展甚缓,一点一点的抄,又得到各地供给新出石刻目,无重要东西,但不可不采入。中原有无新出土古石刻?请随时提供信息。"

28日　复寒波函:"我以为,中国的章回小说亦有其长处,它们与西方小说的不同,主要有:1.有叙述,无描写。2.始末成直线,无曲折的结构。""希望足下试写一部参用西方小说故事结构,而能用章回小说文体,也许这是一条新路。"

月内 学林出版社致函,邀请评审该社"'二十六史分类精华'和'二十六史精华'这两个选题中选择一个,进行编辑出版",先生在提供的"选题报告""专家指导意见表"上提出详尽意见。

本月 河南教育出版社出版孙玉蓉编《俞平伯书信集》,内收俞平伯致施蛰存函五通。

9 月

1 日 整理《闻一多讲杜诗》(一)刊于《解放日报》。《桂花如此香》刊于《新闻报》,署名"北山"。高倬云致函。

2 日 始撰《杂览漫记》并作"引言",陆续写至 1993 年末。

3 日 整理《闻一多讲杜诗》(二)续刊《解放日报》。

4 日 复胡从经函:"承介绍台湾商务印书馆为我刊行拙稿金石杂著,极感高谊。"

5 日 整理《闻一多讲杜诗》(三)续刊《解放日报》。

6 日 撰讫《乐句与文句》。

10 日 撰讫《杂览漫记·一个女人的自传、启功韵语》。

11 日 致林玫仪函:"我与因百〔郑骞〕先生,似乎酸咸有同嗜,先生有《八十述怀》,我有《浮生杂咏》,先生有《论书百绝》,我有《金石百咏》,兴会步趋,何其合辙也。"附致林燿德函。

12 日 按程千帆日记:"复北图,请转询黄裳、施蛰存。"

15 日 《上海大学学报》第 5 期登载吴立昌《三十年代的创新能手——心理分析小说家施蛰存》。据陈孝全回忆:"吴立昌教授和华师大研究生饶新冬要写关于中国现代派的作品赏析,要去拜访他,我乃去信代为联系。""得到热情接待,还拍了些照。吴立昌和他还成莫逆之交。"(《施蛰存先生点滴》)

18、24 日 复杨迎平函。复周颖南函。

30 日 萧斌如来函,约请为上海图书馆建馆 40 周年撰文,即复。卢玮銮来函并寄赠《香港文学散步》。

本月 《说杜甫〈戏为六绝句〉》刊于中华书局《文学遗产·增刊 17 辑》。词作《踏莎行·奉怀周梦庄先生兼题海红词》刊于中央文史研究馆编《诗书画》丛刊第 2 辑。

10 月

1、3 日 复杨迎平函。致李焕明函;复葛渭君函:"《宋元词话》我已全辑,已写好清稿,待明年出版。""《近代名家词》已发稿卅家,兄惠假之书,均已用过。"

5 日 致崔耕短笺,另就其为作《洛神与洛神文化现象》而请教曹植与甄妃之问题,写了二纸答复。

9 日 邓广铭复函,谈及范开家世考索的诸条件。

10 日 《鲁拜、柔巴依、怒湃》刊于《读书》第 10 期。柏丽阅后作诗《〈怒湃译草〉既梓,有感,兼谢钱锺书、施蛰存二老题签、推荐之惠》。

15、16 日 高倬云来函。《筝雁》刊于《文汇报》;据黄裳记述:"此文可作蛰存对学术问题从不马虎,敢提出自己见解,诚直对待朋友的一例。"(《忆施蛰存》)

21 日 复孙康宜函:"你有两个学生,在译我的《唐诗百话》,先后有信来。刘裘蒂译了三篇,还不坏,我鼓励他们全译。"

22 日 复高倬云函。复杨迎平函。

23 日 《莼羹》刊于《新民晚报》。复孙康宜函,言及"你得到了《吟红集》","1982 年我托日本东北大学的村上哲见教授去找这本书,他也无法获得"。"请你查一查有没有王微(修微、草衣道人)的资料,我想可能有往还诗词"。

25 日　下午王圣思来晤。

28 日　复崔耕函，言及"开封龙亭有翻刻的《岣嵝铭》，我想抄得铭后的一段跋文"，"我有长沙宋刻拓本，西安本，浙江博物馆有一个明拓本，我已得到照片。我在编一本《岣嵝铭》，已知从明到清，共有 14 种拓本"。

31 日　邓广铭复函："日来排除一切冗杂，急切地拜读了这本'集古录'。虽不是一口气读完，却也确实是爱之不忍释手。最后的《金石百咏》，更有曲终奏雅之感。""范开、竹洞翁及《龙潭寺记》中诸问题，恐唯有待尊处找得拓片后方可得到确解。"

约在期间　朱大可（文化批评学者）来访。据朱大可回忆："以后的话题里，他开始嘲笑那些'当代文学史'的炮制者，笑指他们不是在'修史'，而是在'践实'，也就是践踏当下的文学事实。"（《施蛰存，一个百年孤独的灵魂》）

11 月

1 日　致马祖熙函："已发稿 30 家，手头尚可用十馀家，后此则难于为继，须物色底本了。"复林玫仪函。

3 日　早晨张充和、傅汉思夫妇来访。自述："突然惠临，使我惊喜。充和五十年未见，不意此生犹能一晤，所恨他们来去匆匆，未能尽东道之谊。"（致孙康宜函，1991 年）

5 日　致彭燕郊函："有一篇译稿样本，请兄看过后即转与湖南文艺出版社管筱明同志。另有一信，亦一并转去。""上海书店明年将影印我的'中国文学珍本丛书'。"

8 日　《看书·读书》刊于《青年报》，并刊近影。

13 日　《补充得好》刊于《新民晚报》。

15 日　《杂览漫记·房内、林纾、红白喜事》刊于《随笔》第 6

期。复顾国华函。

16 日 撰讫《杂览漫记·两宋文学史》。

19、21、26 日 高倬云来函。致孙琴安函。复李辉函。

27 日 孙康宜复函："希望我的学生们能继续翻译大作《唐诗百话》。""我常利用开 seminar 时,请他们以翻译大作来代替 term paper,如此他们可以细读大作,也可学习翻译。"

同日 复张香还函。纪弦来函。

下旬 致周退密函,言及沙孟海书学院成立,赠贺件事宜。

12 月

2、3 日 复周退密函:"《词学》9 期尚在二校中,恐须阴历年内可出。12 月底发第 10 期,亦须 1992 年终方能出版,现在只能做到一年一期。"高倬云来函。

5 日 为郑骞《成府谈词》编入《词学》第 10 辑撰"编者按"。

10 日 撰讫《闺情诗》。

同日 按程千帆日记:"复赵昌平并请其以诗寄蛰存。"

11 日 复吴醁禅函:"此石宾虹老人定为南朝物,足下云是五代物,未知孰是。观其书法、刻法,甚似北齐石经,如能知其出土时地,当可鉴定。"

12 日 复孙康宜函:"映然子词不甚佳,视柳如是、王修微,瞠乎远矣。""词曲之间,不应再有别的文学型式。又称词为诗馀、曲为词。此一观念,大可注意,盖沿袭元人之观念也。宋人称词为诗馀,当时未立词名,故以词为诗人之馀事,卑之也。元明人的曲为词,尊曲也。曲既为词,则词为诗馀。此时之诗馀乃词之尊称矣。此意前人所未言,我从《吟红集》卷目中悟得之。""如晤及[张充和、傅汉思夫妇],请为致意。"

744

13、17 日　邓云乡来函。复周退密函:"李立中亦来过,他们[沙孟海书学院]延期。""兄书'千秋墨妙'可先寄去,万一弟诗不成,亦总算有一份贺礼。"

20 日　寄赠冯亦代贺年卡。

24 日　中午收到谭正璧讣告,即致其女儿谭寻慰问函。

25 日　寄赠郑道传、陈兆璋夫妇贺年明信片。

30 日　周松龄来访,带来其与素封等合译、许君远校对的斯文·赫定著《西藏探险记》(上部)译稿(草底),附言:"请施老过目一下,是否有价值译齐,再设法补译后半部出版。"

31 日　复张香还函:"一雪之后,老夫老妻均受不住,老妻卧床三日,我也终日蜷缩。"

本月　《西学东渐与外国文学的输入》刊于《中国文化》。

1992 年(壬申)　87 岁

▲6 月,《中国古籍整理出版十年规划和"八五"计划》颁布。

▲11 月,海协会与台湾海基会达成"九二共识"。

1 月

3 日　按程千帆日记:得施蛰存贺年片。

5、10 日　致谭寻函;程千帆来函。复罗炯光函。

15 日　撰讫《苏曼殊侠画题记》。复杨迎平函。

17 日　赵清阁病中来函,"阅之凄然,又无法去尊寓奉慰,一直感到非常难过"。

19 日　《杂览漫记·引言、中国现代百家千字文、一个女人的自传、启功韵语》刊于《文汇报》。

月内 张充和致函："得信及祝福词，至感至谢！""命书芜词，词者不堪入目，乞谅。回来重观录相，神采焕发，绝不类八十以上人也，可喜可庆！""问慧华师母好。"据董桥记述："是题蒋风白双鱼图的一首词：'调寄临江仙，即呈蛰存词宗两正。'下署'辛未十二月充和'。"（《随意到天涯》）

本月 选编《外国独幕剧选》第五、六集，由上海文艺出版社初版；收录其撰"引言""编后记"。中华书局出版《中华书局收藏现代名人书信手迹》，内收致钱歌川二函、张梦麟一函。上海古籍出版社初版《古诗海》，名列"撰稿人"之一。

2 月

3 日 除夕。寄赠《文学报》李福眠贺卡。

4 日 春节。致沈师光函并贺卡"恭贺岁朝春"。

6 日 陆谷苇来贺年，为其题写纪念册。

同日 复古剑函："苏雪林处我已去信。台版《唐诗百话》还没有消息，我也不想去问，听其自然。"

8、10 日 张香还来贺年。致陈诏函。

18 日 元宵节。邓广铭致函："托华东师大古籍研究所中一友人裴汝诚同志，持《至元嘉禾志》所载该文之复印本趋府拜访，以此本与我公所藏之本通校一过，勘正其异文，补录其阙漏。"

20 日 致孙康宜函："我以为应该逐句直译，必要时加注，用 Blank Verse 形式译较妥。最好是用二道工序译法，先逐行译为白话汉文，再从白话译为英文，律诗仍可大致保留对仗形式。"附致傅汉思、张充和夫妇函。

21 日 复林淇函，言及邵洵美敌伪时，"不落水，与邵式军无来往,亦不沾染邵式军的关系,这都是他洁身自好的优点"。

22 日　《怀念李白凤》刊于《新文学史料》第 1 期。

29 日　致萧乾函。复林淇函:"洵美是硬汉,经济困难,没有使他短气!"

本月　选定《花间新集》,由浙江古籍出版社初版。

3 月

1 日　《乐句与文句》刊于香港《中国语文通讯》第 19 期。

同日　《苏曼殊佚画题记》刊于《解放日报》。

3、6 日　复古剑函。萧乾复函:"弟曾多次与上海文史馆领导表示,希望多向老兄请教,全国'文史笔记丛书'尤望兄大力鼎助。""已近九旬了吧,仍在大写文章,我们中华民族幸。今天,如兄那样古今中西贯通之学者作家,哪里去寻见啊!"附文洁若致函并赠《蜜月》。

7、8 日　复杨迎平函。致范泉函:"'新文学大系'已收的论文,'近代文学大系'就不必收了。但是'近代文学大系'的文艺理论部分,可以收一些 1840 年以前的开风气的文论文章,以反映近代文学新倾向的泉源。"

9 日　致黄伟经函:"'花城'曾重印孔另境所编《现代作家书简》,""其女海珠又增辑不少新得资料,编为二集。我希望'花城'能接受出版,使此二集由一家印出。"

10、11 日　致茅于美函。复古剑函:"高倬云又要开书画展,""请你代我送一个花篮。"

15 日　致卢润祥函。据卢润祥回忆:"要我代借《中国佛教史》,其中有关鸠摩罗什的章节,他还要细读一下,据此再作润色。"(《先生真长者》)

20日 致湖南文艺出版社译文室函:"'玲珑文丛'目录已见到,我以为最好不要中外文学合编,例如'中外散文'就不妥当,还是分中外二册为妙;'小品文'与'散文'也不易区别。"

21日 复林之满函。致崔耕函:"希望知道登封文保所同志要什么碑的旧拓本,我要爬上楼去找出,我的拓片都在四楼小屋中,我上楼取书,简直是爬上去的,一年不过几次。"

27日 为编定《词学》第10辑撰"编辑后记"。

本月 汉语大词典出版社出版《中国现代短篇小说欣赏辞典》,内收《梅雨之夕》,并附沈其茜所作"赏析"。长江文艺出版社出版《中国现代新诗三百首》,内收《桃色的云》。

4月

4日 致赵清阁函。

5日 致陈诏、查志华函。《闺情诗》刊于《解放日报》。

6日 《新春第一事》刊于《书讯报》,写到"是编好两本书稿,第一本是《唐碑百选》","十多年前早已编好,交给香港《书谱》分期发表。《书谱》于前年停刊,总计只发表三十多块碑。未发表的照片和文字,被前任编辑取去不还,因此不得不重新编补缺失,我想用三个月时间重新编定";"一本书是《文物欣赏》","计划选择历代文物的拓片一二百种,印一本图谱"。

12日 书赠梁雪予(披云)诗笺。

同日 为李福眠寄来的《金石丛话》题记。

17日 周退密作《蝶恋花·施蛰老惠赠〈花间新集〉喜赋》。

19日 《杂览漫记·两宋文学史》刊于《文汇报》。

20日 《书讯报》登载陈诏《〈金瓶梅〉中有王世贞的诗句》。据陈诏回忆:"看到拙文后立即来信说:'运去黄金失色,时来顽铁生光。此语恐怕早已出现在王世贞之前,你的证据还有待查考。'老人的提示确有道理,后来我果然发现此系俗话,元代就有人引用。"(《施蛰存先生印象记》)

21 日 《关于独幕剧》刊于《新民晚报》

26 日 《绿肥红瘦》刊于《新民晚报》。

同日 沙孟海书学院举行成立典礼,赠送挂轴:"沙孟海先生书学院成立志庆,千秋墨妙。施蛰存、周退密同贺。"

5 月

2 日 近影、近况及关于读书之语录刊于《解放日报》。

4 日 致孙康宜函:"此间出版水平大跌,《词学》第 9 期去年11 月已排版完成,至今尚未印出。我已毫无兴趣,决定编到 12期,即停刊了。龙榆生编《词学季刊》出至 11 期,我比他多出一期,聊以自慰。不过,'季刊'11 期历时三年,我的 12 期,却历时十年矣。""如见傅汉思、张充和夫妇,代为问好。"

6 日 《文汇报》登载华风《施蛰存与词学研究》提及:"编纂出版《近代名家词》,是施蛰存多年的心愿,经数十年的苦心搜辑,现已编定为四集六十家。"

7、8 日 致陈如江函。按程千帆日记:"以'版本'[《校雠广义·版本编》]寄徐中玉、施蛰存。"致林玫仪函。

10 日 致张充和函:"你有一个闻一多治印,可否印几纸给我?我正在收拾闻老所治印。""张珍怀女士,去年到美依其女为居。""她作词不坏,要我介绍几位词友,我已把你的地址告诉她了,如果她来奉访,请予接待谈谈。"

12 日 《"垮掉的一代"质疑》刊于《解放日报》。

13、15 日 致古剑函。致孟涛函:"你送样书来时好好谈谈。""附奉一信,如果你社函购部工作人员怕麻烦,请你代我买五、六集各 10 册,我来代办函购部也可以。"

18 日　致陈诏函。复古剑函。

20 日　复孙康宜函:"纪晓兰女士寄来两篇拙作译稿,我已为润改寄回。""纪译大体甚好,但对李义山诗意不免误解。中国诗难解,李诗尤甚,看来我这本书不很容易有英译本。在看纪女士译文时,感到中国诗的各个名词必须有一个统一的译名。""另纸写了一点意见。"

24 日　周劭来晤。复费在山函。致马祖熙函:"周岸登词集名《蜀雅》,已见到,百分之七十是和韵之作,数量又多,故不拟用。夏仁虎、闰枝及吕凤词可托吴格在复旦图书馆中找找看。"

27 日　致崔耕函:"想搁笔休息,又做不到,真像是在与生命搏斗。""我不愿在生前印出书信集,更不愿让水平低的人编辑我的书信。"

下旬　加拿大哥伦比亚大学施吉瑞(Schmidt)教授来访,"谈了两个下午,他研究中国宋诗,专研杨万里"。

月内　为费在山制笺题记:"墨妙亭前玉筍石题字,奉贻在山先生制笺,以志乡邦文献。"

本月　吴立昌选编《心理小说》,由上海文艺出版社初版。(1993 年 5 月再版、1994 年 2 月三版、1995 年 8 月四版)

6 月

1 日　致孟涛函,附致《小说界》徐如麒函。

7 日　《杂览漫记·鲁迅增田涉师弟答问集、汉碑大观》刊于《文汇报》。

8 日　应请撰讫《碑版学著述目》。

同日 按程千帆日记："蛰存寄《花间新集》。"

9 日 撰讫《蛰存编撰词学书目》。

10 日 复古剑函："高倬云久无信来，恐怕病了，或是回番禺去了，有空再打个电话去为我问好。"

11 日 复葛渭君函："今将问题开列于后，并代你做了结论，你以为对不对？"

14 日至 19 日 其间致林玫仪、彭燕郊、古剑、朱宏达函。

21 日 《"自由谈"旧话》刊于《劳动报》。致李福眠函。

23 日 《解放日报》登载彭忠晓《关于"垮掉的一代"》并刊先生所撰"附记"。赵文漪来函。

27 日 《尺牍新抄·杨刚、施蛰存》刊于《文汇读书周报》。

28 日 应浦汉明之请，为《浦江清文史杂文集》撰"序言"。

29 日 赵之云、许宛云来晤，并赠所著《围棋词典》。

本月 饶峋、吴立昌编《施蛰存、穆时英、刘呐鸥小说欣赏》，由广西教育出版社出版。

7 月

4、5 日 复顾国华函；致叶嘉莹函，言及"《词学》9〔辑〕至今未印出，我想编至 12 辑，即停刊"，"足下可否再惠一小文"。为李福眠寄来的《心理小说》题记。

11 日 《杂览漫记·胡萝卜须》刊于《文汇读书周报》。

14 日 林玫仪来访。

16 日 孙康宜复函："多谢您给 Mary Ellen Kivlen 译本做了批评指正，已把您写的那一页'名词英译'给了她。"

18 日 下午因高烧不退，入住华东医院治疗。薛汕来函。

20 日 贝岭寄赠其选编《外国百家爱情诗选》，"在病床上看了一遍,此书中选译的都是现代诗,我十分欣赏"。

24 日　下午出院回家。

26 日至 28 日　复杨小佛函。复寒波函。致林玫仪函。

本月　《枕戈录》由海峡文艺出版社初版。

本月　主编《词学》第 9 辑(海外词学特辑)出版;刊有《宋金元词拾遗》《减字木兰花·葛渭君方校〈阳春白雪〉,乞吴藕汀作句斋校词图索题,因赋此》《词学书目集录(8—18)》《新得词籍介绍》《丛谈》《编辑后记》,署名"北山""舍之""蛰庵""丙琳"等。

8 月

1 日　《杂览漫记·心理分析派小说集》刊于《文汇读书周报》。

5 日　《怀念孔令俊》刊于《香港文学》第 92 期。

9 日　新加坡作家刘慧娟来访。

10 日　为《世界文学随笔精品大展》撰"序引"。

11 日　致孙康宜函:"托裘蒂带去此信,先以问候。"

13 日　致刘以鬯函。张兆和寄赠《湘行集》。

14 日　致孙康宜函:"此文[《花蕊夫人宫词考证》]为亡友浦江清教授之力作,十分精审。今复印一份,供参考。"

15 日至 17 日　《杂览漫记·〈收获〉1992 年第 1 期》刊于《文汇读书周报》。沙叶新来晤,致古剑函。复黄伟经函。

20 日　致陈如江函。阅《文汇读书周报》转来柳苏的信,即复函。新加坡《联合早报》登载刘慧娟《为中国文坛擦亮"现代"的火花——专访施蛰存教授谈现代中国文学》。

21、23 日　致张充和函,邀为《文艺百话》《人事沧桑录》题签。复郑明娳函。

24 日　致林玫仪函。致孙康宜函,附致刘裘蒂函。

25 日　黄伟经致函:"《雨窗梦话》小册子书稿已付排,预计要明年初才能印出来。"

26、28 日　致陈文华函。复范泉函。

29 日　《杂览漫记·唐宋词集序跋汇编》刊于《文汇读书周报》。复刘裘蒂函:"《唐诗百话》如果译,可以大量删节,外国人不必知道的一些事,如四声、平仄、对偶之类,可以简略不译。"

本月　香港中文大学中国文化研究所、吴多泰中国语文研究中心出版黄坤尧、朱国藩编《大江东去——苏轼〈念奴娇〉正格论集》,内收《乐句与文句》。

9 月

1、5、8 日　复古剑函。致黄伟经函。致葛渭君函。

9 日　《我看心理小说》刊于《新民晚报》,署名"施蛰存、刘克鸿"。黄伟经来函。

13、14 日　复魏中天函。复古剑函。

15 日　致叶鹿金函。致王辛笛函。复王永顺函:"松江北门外某尼庙有一块石刻,乃名妓王修微画像,有董其昌题词。此石我访之多年,不得消息,可否请兄再访求之。"

19 日　《杂览漫记·杜米埃画集》刊于《文汇读书周报》。

26 日　《杂览漫记·山水诗》刊于《文汇读书周报》。

月内　中国新闻社记者陆谷苇多次来访,记录访谈并撰《与施蛰存先生对谈》发表。

本月　《世界文学随笔精品大展》由上海文化出版社出版,收录其撰"序引"及《独笑》。

10 月

17 日　致李欧梵函。致孙康宜函:"徐永江将去美国,我托他带奉《闺秀词》。""永江之姊永端,现在亦在洛杉矶,是苏州大学中文系教授,其父徐澄宇是语言学者,母陈家庆是著名女词人。"《杂览漫记·湘行集》刊于《文汇读书周报》。

23、25 日　李辉来函。王圣思来谈。

下旬　为《关于"当代文学史"·当代事不成"史"、"当代"已经过去?》编入《文艺百话》而撰"附记"。

月内　与冰心、曹禺、陈原任《宏观语言学》出版顾问。

本月　《作家通讯》第 3 期登载谷苇《施蛰存先生剪影》。

11 月

3 日　复崔耕函:"《四续访碑录》补不胜补,陆续有新的目录可加入,我想先请人抄一本。""以待机会出版。"

7 日　下午宋连庠来访。

同日　《杂览漫记·退庵谈艺录》刊于《文汇读书周报》。

14、15、17 日　致崔耕函。复古剑函。复邵燕祥函。

19 日　复魏中天函:"冰莹二函亦收到。""我给冰莹一信,只好仍请兄转致。"致赵清阁函:"冰莹似很悲观,你劝劝她,希望她写些回忆记之类的小文章。"附致朱雯函。

21、27 日　《关于杨刚的几点说明》刊于《文汇读书周报》,署名"柳苏、施蛰存"。复古剑函。

29 日　《作家墨迹·施蛰存》刊于《华侨日报》。

本月　上海文艺出版社出版《文化老人话人生》,内收《论老年》并附"关于作者"及手迹、相片。山东文艺出版社出版《中国新时期抒情散文大观》,内收《在福建游山玩水》。

12 月

1、5 日　致古剑函。为《中外漫画艺术大观》撰"序言";《杂览漫记·外国百家爱情诗选》刊于《文汇读书周报》。

8 日　偕夫人致耶鲁大学孙康宜贺年卡并附言。

11 日　致刘石函并贺年卡。

17 日　为编定《词学》第 11 辑撰"编辑后记"。

18 日　寄赠黄伟经贺年卡并附言。

25 日　为《文艺百话》撰"序引"。

26、28 日　偕夫人致周退密函。上午范泉来谈。

30 日　《海外学者怎样研究"词"?》刊于《新民晚报》。

本月　主编《词学》第 10 辑出版;刊有《挽圭璋先生联》《词学书目集录(19)》《丛谈》《编辑后记》,署名"北山""舍之"等。

1993 年(癸酉)　88 岁

▲2 月,中共中央、国务院印发《中国教育改革和发展纲要》。

1 月

1 日　元旦。寄赠许杰、林燿德、古剑贺年卡。

4 日　撰讫《华文文学、华人文学、中国文学》。

5 日　经李焕明推荐,《唐诗百话》由文史哲出版社接受印行,致林玫仪函:"每次校样往返需廿天以上,可否请你代校或请你托一位熟悉古典文学的人代校,我可以送一点酬金。""此事你有困难,亦请直接告诉焕明,让他将校样仍寄我自校。"

8 日 致孙康宜函:"我托徐永江带去《百家闺秀词》。""施吉瑞(Jerry Schmidt)上月来访,我托他带去《词学》第 9 辑 5 册,请他回加拿大后寄给你。""内有张珍怀一册,请你转致。"

9、12、13 日 彭燕郊寄赠贺卡。复古剑函。应李欧梵来信征询,作函解答现代文学研究方面的七个提问。

16 日 为旧作《终于敢骂"洋鬼子"了》重刊撰"题记"。《杂览漫记·嘉业堂藏钞本书目》刊于《文汇读书周报》。韩国柳己洙题赠《李齐贤及其词之研究》。

18 日至 20 日 致马祖熙函:"《王修微集》你为我编好,我加一个序,即可送出。"复杨迎平函。孙康宜来函。

22 日 除夕。复郑明娴函。

23 日 春节。致黄沛荣、林玫仪函:"《唐诗百话》第一批校样已寄来,我以二日之力校讫寄回,以后不必再烦玫仪了。"

24、27 日 旧作《终于敢骂"洋鬼子"了》并"题记"刊于《文汇报》"旧梦新说"特辑。致魏昆函。复古剑函。

30 日 按程千帆日记:"以'诗集'[《沈祖棻程千帆新诗集》]分寄蛰存、中玉、谷融。"

本月 诗作《癸丑岁阑寄郑逸梅》刊于《中华诗词年鉴》。

本月 春风文艺出版社出版《性的屈服者》,内收《鸠摩罗什》《在巴黎大戏院》。

2 月

4 日 为《关于〈现代〉诗的三份史料》编入《文艺百话》撰"引

言"。致古剑函。

5日 为旧作《关于文学语言的几个问题》改题为《论文学语言》编入《文艺百话》撰"附记"。

8日 复魏昆函:"袁爽秋神道碑文已改正了一二处标点。"

10、13日 为《丁玲致施蛰存函》交付发表而撰"附记"。复林玫仪函:"承允代校《唐诗百话》,甚感。""出版社可否同时寄我一份校样,不必等我校阅,但如我发现有重要错处,即随时通知你代为改正。""附奉三纸,有三处必须改正。"复魏昆函。

14日 致《青年报》编辑函:"《旧派武侠小说源流》读后有一些意见,随后写奉,给武侠小说的作者、读者、小说史家作参考。"

同日 按程千帆日记:"蛰存函告收到'新诗集'。"

15、16日 程千帆来函。致孙康宜函;致林玫仪函。

中旬 撰讫"拟创办《文心雕龙》文学季刊的设想"。

20日 致范泉函:"我在想办一个文学刊物,改变一下当代文风,兄有无意思来出面主编?让上海书店出版?"

21日 致林玫仪函:"寄奉'百话'改本243—348页,可依此校正。""以后每星期寄一批。"

23日 《谈"武侠小说"》刊于《青年报》。

25日 撰讫《杂览漫记·现代名人书信手迹》。

3月

5日 致陈诏函。黄裳题赠《榆下杂说》。

6日 《杂览漫记·人类的艺术》刊于《文汇读书周报》。

同日 致林玫仪函:"寄上第三批校正本,备参校。"

10日 致赵清阁函,言及晶清有消息否,为我问安。

12、15日 复林玫仪函。应请撰"拟编《施蛰存全集》设想":

"一、文学著述""二、金石碑版著述""三、编选古典文学""四、编辑云间掌故""五、编纂目录"。

21日 《华文文学、华人文学、中国文学》刊于《华侨日报》。

23、24日 致孙康宜函。复古剑函。致赵清阁函:"我为你印一二百张卡片,作为寿辰纪念,兼作今年的贺年卡。"

25日 致林玫仪函:"唐诗各种版本,文字差异甚大,这笔账也无从清理。我的原则是依古本,择善而从。"附"签注"。

26、29日 致孙康宜函。复林玫仪函。

本月 长江文艺出版社出版《现当代名家小品精选·情趣小品》,内收《赞病》。华夏出版社出版范希文选编《名家人生散文精品》,收录《画师洪野》。

4月

1日 复古剑函:"日本中央大学教授前田利昭,来上海住在华东师大,他要住一年,研究中国现代文学,现在收集我的资料,看我的作品,已来访问过几次。""德国青年 Roly Johm,海特堡大学的博士生,他写的论文也是我的作品研究,十天前他来看我。"

3日 《杂览漫记·现代名人书信手迹》刊于《文汇读书周报》。孙康宜来函。

4日 应邀担任"春兰·世界华文微型小说大赛"顾问。

6日 费在山致函,写到"先生果然吴兴人也"。

9日 上午卢小思、张敏慧来访。致彭燕郊函。

10日 为拟将旧作《鲁迅的〈明天〉》《关于〈明天〉》以及陈西滢《〈明天〉解说的商榷》提供发表而作"缘起"。

11、14日 致赵清阁函。复古剑函。

15日 《报纸的副刊》刊于《劳动报》。复张珍怀函:"前日寄奉一信。""昨日得永端信,及你的附函。"复杨迎平函。

16 日　致林玫仪函。

17 日　《杂览漫记·春游琐谈》刊于《文汇读书周报》。

18 日　为英译本《梅雨之夕》撰"序言"。致林玫仪函。

21、26、29 日　致孙康宜函。致古剑函。复范泉函。

本月　与应国靖合编《中国现代作家选集·戴望舒》,由人民文学出版社、三联书店(香港)有限公司出版北京第一版,内收其撰"引言"及《戴望舒诗校读记》。

本月　华东师范大学出版社出版周退密、宋路霞《上海近代藏书纪事诗》,内有《施蛰存》。清华大学出版社出版由浦汉明编、季镇淮审订《浦江清文史杂文集》,内收其撰"序言"。

5 月

1 日　《杂览漫记·读岭南人诗绝句》刊于《文汇读书周报》。

2 日　《丁玲致施蛰存函》刊于《华侨日报》。

同日　致林玫仪函,附致章益新函。

4 日　为庆贺夫人陈慧华九十寿辰举行家宴。

13 日　致古剑函,言及"蔺常志来过","恰巧钱虹也在我家,她带来了蒋芸送我的三本杂文集"。

14 日　撰讫《〈沈从文的一张大字报〉读后感》。

15 日　《我的杂文》刊于《随笔》第 3 期;复黄伟经函。

16 日　孙康宜来函。

18 日　《文汇报》登载《当代著名作家支持申办奥运》提及,先生与巴金、冰心、许杰、夏衍、艾青等捐献亲笔题词的代表作二百多册,公开拍卖,所得全部捐献给中国奥申委。

19、20 日　黄伟经来函。为张珍怀《清代女词人选集》交付台湾文史哲出版社印行而撰推荐书。

21 日 致孙康宜函："我希望《唐诗百话》有一个英译本。""中国古典诗词,每一个成语,每一个语词,差不多都有历史的审美意义。光从文本去理解,常常不能得到作者的含义。为此,必须有详细的注解。"

29 日 《纯文学·严肃文学·垃圾文学·痞子文学》刊于台湾《中央日报》。

31 日 复林玫仪函："今寄去《同声月刊》词学文目一份,是我托龙榆生之子厦材编录的。""烦代问候老友王梦鸥。"

下旬 致彭燕郊、黄伟经、周良沛、范泉、朱宏达函。

本月 北京大学出版社出版严家炎、孙玉石主编《中国现代文学作品精选》,内收《梅雨之夕》。

6 月

4 日 按程千帆日记："得中玉函,""施蛰存亦获上海市文学界杰出个人,可喜。"

5 日 《杂览漫记·联珠诗格》刊于《文汇读书周报》。

同日 程千帆致函："近数十年文坛铁豌豆,惟兄与从文。"

8 日 浦汉明寄赠《浦江清文史杂文集》并题："施蛰存伯伯,衷心感谢您为本书付出的心血! 世侄女浦汉明敬赠。"

12 日 《杂览漫记·曼哈顿的中国女人》刊于《文汇读书周报》。

13、14 日 《〈沈从文的一张大字报〉读后感》刊于《华侨日报》;复孙康宜函。致叶长海函。

21 日 下午应请书写小幅："匹夫不可夺志""清辞丽句必为邻""虚心""惟精惟一"。

25 日　致沈师光函。寄赠古剑《十年创作集》。

同日　按程千帆日记:"以'［宋诗］精选'寄蛰存。"

26 日　复林玫仪函。

29 日　晚上在上海商城剧院出席第二届上海市文学艺术奖颁奖典礼,荣获"杰出贡献奖"。据《上海文化年鉴》记述这项上海市最高规格的政府大奖,"本届获上海文学艺术杰出贡献奖的有被誉为'百科全书式的专家',年届九旬的施蛰存教授"。据陈文华回忆:"颁奖大会上,先生说:'奖励,奖励,奖的目的就是励,我已是年近九十的老人,不需要鼓励了;所以,我认为,这个奖应该授予年轻人。'他的发言赢得了全场经久不息的掌声。"

30 日　新华社赵兰英、文汇报傅庆萱发表《"我尽我心,我尽我力"——访著名作家、学者施蛰存》。《新民晚报》登载翁思再《宽容豁达的文学老人——昨访"杰出贡献奖"的施蛰存教授》。

本月　中国大地出版社出版《读书的艺术》,书中章节有"施蛰存谈读书"。

7 月

1 日　《世纪》出版创刊号,出任该刊编委。致古剑函。

3 日　复萧斌如函。致葛渭君函。

4 日　《叶圣陶书信二封》刊于《华侨日报》。

7 日　在费在山寄来《花间新集》《北山集古录》上题词。

8 日　致林玫仪函:"寄奉'同声'中词学论文补目,可与前寄一份补成完璧。"

上旬　季聪来访,并治印"北山米寿后作"。

13 日　《东北的四言民歌》刊于《解放日报》。

14 日　《"自传体小说"极其灾难》刊于《新民晚报》。

15 日　《纯文学·严肃文学·垃圾文学·痞子文学》刊于《文学报》，后又刊于《中国学术会议文献通报》。

27 日　撰讫《是谁侵害了他们的名誉？》。复葛乃福函，并答复所提出的五个有关诗歌评论方面的问题。

28 日　《什么是"汇校本"？》刊于《新民晚报》。

下旬　致周绍良、李辉、古剑、赵清阁等函。

8 月

11 日　《是谁侵害了他们的名誉？》刊于《新民晚报》；复崔耕函："《唐碑百选》原定今年一季度编好发稿，岂知搁到如今，尚未完成，现在想待秋凉后赶编。"

22、26、30 日　致林玫仪函。致彭燕郊函。复尹庆一函。

31 日　致林玫仪函："《唐诗百话》排样大有问题，我以三日之力，校了 200 页，今寄上勘误表。""我将以每三日校 100 页的速度寄出续校表。"

本月　主编（未署主编名）"百花洲文库"，改由百花洲出版社新版"文学快餐丛书"重印，包括其作《燕子龛诗》《丈夫与情人》。《恬养簃诗·苍雪词——姚鹓雏诗词集》由河海大学出版社初版，内收其撰"序"。

9 月

1、2 日　复古剑函。致林玫仪函，附《唐诗百话》勘误表（P201－P398）二纸。

4、7 日　复李辉函。致林玫仪函，附《唐诗百话》勘误表（P402－P606）三纸。

10 日　致林玫仪函,附"《唐诗百话》勘误表(P667－P885)、注意事项(诗题版式统一、索引、插图)等"十一纸。

12 日　应陈为海之请,在"中国邮政明信片"上题字。

19 日　书赠尹庆一小幅:"不薄今人爱古人。"

20 日　为《词籍序跋萃编》出版而撰"序引"。

22 日　复李欧梵函:"刘慧娟女士来,得手教及承赠 *Baudelaire* 一册,谢谢。关于现代派问题,我已有一页剪报,托刘女士带奉,请参考。""《现代》月刊的《社中日记》中,我先后有过三段谈到诗的意见,现在常被人引用,你可以找来参考。"

24 日　致倪蕊琴函。

25 日　下午许杰突患脑溢血而猝然辞世,惊悉即委托学生代致哀悼。

本月　《小说界》第 5 期封面刊载先生近影,还载《施蛰存访谈录》,署名"施蛰存、谷苇、钱红林"。

10 月

4、12 日　复林玫仪函。撰讫《功风名雨》;复古剑函。

14、18 日　改定《功风名雨》并撰"附志"。致郭豫适函。

19 日　致崔耕函:"赵君平为我抄得洛阳近年所出碑志目录四百多种,我的《四续访碑录》增加了不少新资料。"据赵君平回忆:"他根据我以前信中所告诉的这本书[《邙洛碑志三百种》]的体例,准备从文字句读,到书法、史学研究提纲挈领索引出价值的想法,给予了极为具体的指导。"(《十年磨剑寸心知》)

同日　致秦贤次函,言及"想找杜衡的政论及经济学著作,如遇见,亦请代收一本"。

25 日　复林玫仪函:"我近来在编三本碑版书……。都是利用我所藏拓片,书编好出版后,这些东西都可遣散了。""苏雪林,王梦鸥都健安否,请为我带个口信去问候。"

26、27 日 致张香还函。为戴望舒著《我的记忆》题词:"此为水沫书店创办时第一批出版物,去今六十年矣。至今犹存者,恐为数有限。香还兄得此本可喜,幸珍藏之。"

下旬 斯洛伐克科学院汉学研究者 Elena 来访。据倪蕊琴回忆:"她是该国汉学家高利克的研究生,正在翻译、研究施先生的小说创作。""Elena 回国后还写信请教施先生,提出很多问题,施先生都乐于赐教。"(《难忘的教益》)

本月 《待旦录》由中国文联出版公司新版印行。(1995 年6 月再版、1998 年 1 月三版、2001 年 11 月四版)

11 月

6 日 《杂览漫记·棕槐室诗》刊于《文汇读书周报》。

9 日 为庆贺萧斌如夫妇六十寿辰,书赠题词"仁则寿"。

上旬 为庆贺赵清阁八十大寿,委托高倬云印制二百张赵清阁《泛雪访梅图》"贺画史八十寿"纪念片。致赵清阁函。

13、15 日 复萧斌如函。应请为周松龄《〈北山楼藏西文书目〉读后记》撰"附记"。

18 日 萧冰如、冯金牛来访,题赠《枕戈录》。致陈诏函,推荐倪蕊琴赴俄罗斯讲学观感的稿件。

20 日 应邀担任《上海文化》杂志顾问。

21、23 日 复林玫仪函:"上星期编好《王修微集》。""我搜集到她的诗及词各 100 多首,加以身世资料,得五万字,可以印一小册,明年由华东师大出版社印出。"复倪蕊琴函。

29、30 日 致孙康宜函:"凡有旧书店的书目,均请代我收集惠寄。我不一定要买书,亦不过看看书目,'过屠门而大嚼'而已。张充和夫妇常见否,请代我问候。"复李辉函。

本月 主编《词学》第 11 辑出版;刊有《词学书目集录(20－21)》《丛谈》《编辑后记》,署名"北山""蛰庵""丙琳""编者"。

12 月

1 日 《钱锺书打官司》刊于《新民晚报》。

同日 复李欧梵函:"关于受大陆文艺理论的影响,我主要是指几位日本学者,他们用大陆六十年代的文艺评论来评价我的创作,实在不很对路。日本现在有五六位在评论我的作品,文章见到最多的是前田利昭和斋藤××(?)。Galik 的学生 Elena 九月中来过,我和她谈了一个下午。"

7 日 顾国华寄赠所编《文坛杂忆·卷十一》。

13、15 日 复尹庆一函。《我说漫画》刊于《新民晚报》。

17 日 华东师大中文系同仁来寓所举行庆贺先生九十大寿茶话会。

18 日 复卢玮銮函,言及"日本朋友寄来一份复印件,是一篇香港潘少梅写的《〈现代〉杂志对西方文学的介绍》"。按:刊于《中国现代文学研究丛刊》1991 年第 1 期。

21 日 《"妻子"》刊于《解放日报》。

22 日 偕夫人致沈师光贺年片并附言。

23 日 《不要移花接木》刊于《新民晚报》。

27 日 致陈九思函。致黄伟经短笺。复孙康宜函。

下旬 寄赠冯亦代自制贺卡(赵清阁《泛雪访梅图》)。

月内 为费在山《闲闲书》题辞:"网罗文献,敬恭桑梓。"

本月 中国文学出版社出版《中国新时期文学精品大

系·隐身衣》,内收《论老年》。中国广播电视出版社出版林非主编《20世纪中国名家散文200篇》,内收《论老年》。

1994年(甲戌) 89岁

▲5月,由上海工业大学、上海科技大学等校合并组建的新的上海大学正式成立。

1月

3日 致古剑函。

8日 复秦贤次函:"杜衡曾任河南大学教职一事,确是大家都忘记了。""我们认识朱湘在此以前,《新文艺》中已有朱湘之文,杜去河大,可能是朱湘介绍的。""我希望足下编一个《杜衡年表》,我可助成之。"

同日 黄伟经致函:"尊著《雨窗随笔[梦话]》,至今还未印出来,我实在感到对不起你,为出版社难过。"

9、14日 致张厚仁函。复古剑函,谈及"胡从经寄贺年卡来","请为我致意"。

16、17日 复黄伟经函,言及"读手示始知此书已四校","一本四万字的小书,'花城'总负担得起,算是照顾我'行将就木'的老人罢"。复彭燕郊函。

19日 邓乔彬来函,为所著《有声画与无声诗》宣传事宜,拟请先生帮助。

22、23日 致孟浪函:"虽然诗是创造性的文学,但也必须有一个传统性。"复孙康宜函。

25 日 复邓乔彬函言及,你的书我看了半本,先找宋路霞,托她催一催;如真的不用,我介绍给"文汇读书"或《北京日报》,最好你自己写一篇书评,我给你介绍发表。并附批语:"名利之念不必否定,人人都该有名利之念,只怕你要利,不要名。"

26、31 日 复林玫仪函。复黄伟经函。

本月 《东方》第 1 期登载葛乃福《文学批评家不可没有历史观点——答葛乃福问》。

2 月

2 日 致古剑函,谈及"何达来见过"。

4 日 复张香还函:"'西书'定价贵?我不知。但我的都是好书,外文书店没有的。"据张香还回忆:"我曾在顺昌路凤鸣书店付高价买了他收藏过的西人某作家、英文本的巴尔扎克,当时想等有机会送还给他。"(《重读施蛰存先生给我的 27 封信》)

24 日 作诗《奉贺石民先生九秩双庆》。复古剑函。

27 日 复崔耕函。

本月 江苏文艺出版社出版冯至主编《世界散文精华》(中国卷),内收《驮马》。《香港文学》第 110 期登载葛乃福《施蛰存谈戴望舒的诗》。

3 月

4、15 日 复林玫仪函。致古剑函。

18 日 致彭燕郊函,言及"香港文人无保障,诗人何达贫困而死,为之寒心"。

19、20 日 致周退密函:"闻琴趣已回福州,包谦六亦已于月初移居南京其女儿处，徐定戡已去澳洲就养，'茂名南路星期五'，风流云散矣。"复倪蕊琴函。

27 日　致《文学自由谈》编辑函刊于《文学自由谈》第 2 期。

29 日　致李辉函。

本月　《唐诗百话》由台湾文史哲出版社初版。

本月　《梅雨之夕》英译本，列入"熊猫丛书"，由中国文学出版社初版。

本月　百花文艺出版社出版张华编《中国杂文大观》，内收《读报心得》。《语文学习》转载《什么叫［是］"汇校本"》。

4 月

2 日　萧乾致函："中国文学社寄来《梅雨之夕》英译本，寄者说是兄嘱寄的，倍感亲切，足见兄犹未忘记'河口故人'。弟近年都为 *Ulysses* 忙，即嘱出版社，首先寄呈吾兄，因为意识流小说之实践，足为先驱，当之无愧；只有吾兄有资格对此给予鉴定。""希望有识出版家早日把兄在三十年写的那些名作，重印成集。"

9 日　林玫仪来访。据林玫仪回忆："他知道我与吴熊和、严迪昌两位先生合作编纂清人词籍知见书目，即将珍藏数十年的一批词籍及书目卡片等毅然相赠。这些词籍大多是别集，包括宋元明清词及近人词作，共有三四百本。"(《施蛰存先生的词学研究》)

13、21 日　复古剑函。中华书局古籍规划小组刘石来访。

下旬　许文未治印"蛰存"。

本月　《文艺百话》由华东师范大学出版社初版。（1995 年11 月再版）

5 月

4、8 日　复崔耕函。复马祖熙函;复古剑函。

上旬　校阅北京开明出版社寄来的《灯下集》新版排印清样并撰"重版后记"。

15 日　《功风名雨》刊于《随笔》第 3 期。钟光珞致函。

16 日　复李辉函。致黄沛荣、林玫仪函。

17、19 日　致黄伟经函。致彭燕郊函。致周退密函。

24、25 日　复李欧梵函。纪弦致函。

26 日　复余凤高函:"关于杜衡一文,颇为公允,写得不坏。"

28 日　致李辉函,言及《现代作家书简》甚得海外研究中国现代文学者重视,以为有不少史料;另境还留下许多未用信件,现在由他的女儿海珠增加材料,至 1949 年止,编成二集,现在我处,代她审定;你问问北京各出版社,有人肯接受否?

30 日　向母校松江县第二中学图书馆捐赠 58 册书籍。

31 日　致崔耕函:"存在文管会的许多新出墓志,如有重要人物,亦应当介绍一下,提供志文中史料。"

本月　译著《轭下》由人民文学出版社新版重印。

6 月

1、2 日　复古剑函。致彭燕郊函:"我在想编译《超现实主义文学选》。""编好两本散文集,一本是回忆记,将由华东师大出版社印行;一本是真正杂文,由北京一家新出版社印行。"

4 日　致康正果函。复孙康宜函。

5、7 日　日本村上哲见来函,附诗《甲戌岁三月,将引年辞官偶成》,赠所著《中国文人论》。下午李欧梵来访。

8 日 《一本未出版的图书》刊于《新民晚报》。

9 日 王文彬来访。据王文彬回忆:"当我接到他老人家回答我的求教的来信,真是激动难已。随后他又接待我的来访。"(《戴望舒·穆丽娟》)

12 日 寄赠沈宗威《词学》第 11 辑。

14 日 致陈如江函:"《宋元词话》何时可以发稿付排?你该写一个'前言',或者我写一个'后记'。我有一份'宋人笔记时代先后表',希望检出还我。""找出一部《金石遗闻》稿,也是五六十年代抄写的历代笔记中的有关文物资料,想根据你编定的次序,在年内编好。"

16 日 复《苏州杂志》朱衡函,言及"苏州是我少年成长地,总角之交,多已下世。前年老妻在灵岩山下购得墓地,我百年之后,魂魄当仍归苏州也"。

18 日 《现代作家书简二集·序》刊于《文汇读书周报》。

同日 致林玫仪函:"还有二份目录:1.北山楼藏词集书目,可以送你,代为打印一份给我。2.北山楼藏碑目,又文物拓片目,下月可复印一份寄上。"

19、20、23 日 致陈如江函。复宋路霞函。复崔耕函。

下旬 编讫《沙上的脚迹》初稿。

本月 团结出版社出版《悠悠心会·名家笔下的友情世界》,内收《画师洪野》。

7 月

1 日 郑孝禹为治印"北山玩古"。

10 日 为译著挪威哈姆生《恋爱三昧》新版重印撰"译序"。

同日　下午张寿平来访,并题赠自印本《印章藏珍》《印章藏珍·续》《历代钱币题识》。

15日　《中华诗词》杂志创刊号出版,刊有其诗作。

16日　《沪上来鸿》刊于《浙江日报·三味书屋》。

24日　复《苏州杂志》朱衡函:"写了一段推荐语,倒填了月日,可与该文一起发表。我正在发高烧,""本来还想写一段关于'苏台'的文章,这两天无法写,等稍健后再写奉。"

25日　复古剑函。

26日　按程千帆日记:"函蛰存,询其见《雍庐书话》否。"

30日　复程千帆函:"弟已甚衰,不能著书,今年只能编一些旧稿,企图能及身印出。'自传'决不写,不自以为'名人'也。"

月内　邓云乡陪同日本名古屋大学杨亚平来访。

8月

1日　王元化主编《学术集林》出版创刊号,先生出任编委。

2日　松江王永顺来访。

3日　按程千帆日记:得蛰存函,可不复,蛰存体欠佳。

5日　复林玫仪函:"要编二部大书,《历代碑刻图录》共八册,《历代文物拓片图录》一册,上海出版社不敢承印,正在与福建美术出版社及日本出版社联系,台湾如有可能亦请介绍。"

7日　复黄伟经函。致林玫仪函。

9日　杨晓晖、龚建星来访,"他正与几位弟子笔谈(因耳背故),空调没开。老先生说:'你们是今天下午第三批访客了'"。

12、13日　致赵清阁函。黄裳赠《河里子集》;邓云乡来函。

15日　致王永顺函:"《松江文物胜迹志》及'年鉴'均看过,甚好。""已编好一册《王修微集》,很希望能得到这个石刻拓本画像一起印入。"

18、20、26 日　致葛渭君函。复李辉函。复古剑函。

27 日　复林玫仪函:"《词学》我已编好第 12 辑,以后我不问了,有事可与马兴荣或方智范联系。"

28 日　复赵清阁函。复李辉函。

本月　《灯下集》由开明出版社新版。(本年 12 月再版)

本月　译著挪威哈姆生《恋爱三昧》由岳麓书社新版。

本月　学林出版社出版《枫林诗词选二集》,内收《七律·癸丑岁阑寄郑逸梅》《七绝·追怀雷君彦先生四首》。海燕出版社出版《名人笔下的猫狗虫鱼》,内收《鸦》《蝉与蚁》。河北大学出版社出版《恋殇现代系列·苦涩卷》,内收《周夫人》。

9 月

1 日　复黄伟经函。致彭燕郊函,言及"我早年就想介绍外国文学,最好按国家或流派编译一些选集,例如《法国浪漫主义文学选集》《西班牙'98 文学选集》《苏联"拉普"文学选集》"。

4 日　撰讫《也谈〈存目丛书〉》。

5 日　在病榻上作函答复裴中心请教有关古典诗词的问题。

6 日　致《苏州杂志》编辑函:"在贵刊第 4 期第 36 页上见到'假泥麻麻'一文。""因此,贡献一些解说。"

7 日　复于慎忠函:"陆续找些自己的书送给你们,希望家乡图书馆也存一份我的书。"

8 日　为《世界文学大师小说名作典藏本》撰"总序"。此"序"又另作《经典著作系列·外国小说》丛书"总序"。

13、15 日　复范笑我函。致李辉函。

16 日　《也谈〈存目丛书〉》刊于《光明日报》。

19 日　苏渊雷书赠对联。

20 日　中秋节。符景垣来访。致周锡光函。复张香还函。

25、27、29 日　为《文汇报·学林》题写刊名；致冷寅顺、古剑函。致黄伟经函。顾国华寄赠《文坛杂忆·卷十二》。

10 月

1、6 日　黄伟经来函。致林玫仪函。

7 日　朱雯突发心脏病逝世，闻讯即致唁函悼念。

8、9 日　复黄伟经函。《短篇小说的历程》刊于《新民晚报》。

12 日　复范笑我函，言及"'猗园集'中有王修微诗百首，'寓园文集'中有王修微小传"，"但只缺上列资料"。

14 日　致林玫仪函："我要专力于《历代碑刻图鉴》的编辑工作，全书八册，今年编好二三册。明年暑假以前完成，书已决定由华东师大出版社印行。""《近代六十家词》已发稿 40 家，尚有 20 家未发，希望年内发全，明年秋季印出。"

15 日　《关于"斋泥模模"》刊于《苏州杂志》第 5 期。

18 日　复中华书局古籍规划小组刘石函。

本月　上海文艺出版社出版《经典著作系列·外国小说》丛书，担任名誉主编，各册书前均刊其撰"总序"。

11 月

2 日　复罗炯光函。

5 日　王文彬在《戴望舒·穆丽娟》"代后记"提及："过去我所进行的戴望舒研究都是在先生的指导下进行的。"

8 日　应费滨海之请题词："此乃小说的插图，亦是作者的画传。"按：后收录《百年巴金——名家诗文书画手迹集藏》。

9、19日 致张香还明信片。李焕明寄赠《追忆长汀厦大的诗缘》（修订稿），并题"呈请蛰存师教正"。

20日 为《沙上的脚迹》交付出版撰"序引"。

25日 《旧体诗中的谐趣》刊于《晋阳学刊》第6期。

同日 按程千帆日记："得蛰存函，收到'笺本'。"

28日 为《宋元词话》付印撰"序引"。

12月

1日 为《英译本〈梅雨之夕〉序言》发表撰"附记"。

同日 《勉铃》刊于《学术集林》（卷二）。

7日 先生90生辰，徐中玉、钱谷融和陈文华、赵昌平、李宗为、王兴康、张文江、黄明来寓所祝贺并合影。

9、12日 致孙康宜函。复杨迎平函。

17日 陈伯良致函并附赠拟古砖瓦样式刻作拓片三品。

24日 《沙上的脚迹·序引》刊于《文汇读书周报》。

28日 周退密作诗《甲戌岁暮怀人诗·施北山先生》。

下旬 完成辑录《近代六十名家词》。据马祖熙回忆："蛰老着手编辑《近代六十名家词》，约我分批进行校点，我谨遵师命，在两三年内，按期完成近五十家。"（《化雨春风七十年》）

本月 主编辑录《词籍序跋萃编》，由华东师大中文系资料室策划、中国社会科学出版社初版。

1995 年(乙亥)　90 岁

▲3 月,八届全国人大会议通过《中华人民共和国教育法》。

▲5 月,东方明珠广播电视塔落成并发射开播。

1 月

5 日　黄伟经为《羊城晚报》约稿来信,即复函。

7、8 日　复杨迎平函。致赵清阁函。

11 日　托人代购叶昌炽撰、柯昌泗评《语石·语石异同评》。

14 日　复古剑函。

18 日　魏绍昌等来谈。以钢笔书写:"艺精于一。"

21 日　复刘凌函:"我希望'碑刻'今年能印出三至四册,'文物'一册,在第二季度印出。""'全集'事,是否先出创作小说及散文部分?"

本月　中国社会出版社出版麻文琦、杨云峰编《有梦不觉人生寒》,内收《三个命运》。

2 月

4、5 日　复杨迎平函。《解放日报》登载许君伟《怀陈巨来师》:"往谒施蛰存老先生,先生说'巨来去世已十年,应该有些文章以资纪念'。"

6 日　《常州日报》登载李业文《深藏于内心的至宝——记施蛰存先生》:"前数日忽然收到了施老申城来信,""施老在绫纸上写的一幅是录刘禹锡《柳枝词》,另赠一幅为'虚心'。"

上旬 倪蕊琴来谈。据倪蕊琴回忆:"斯洛伐克科学院 Elena 写信给我,告知她已翻译完施先生的小说《鸠摩罗什》,发表在斯洛伐克的《外国文学》杂志 1 月号上,还写了一篇详细介绍作者生活、创作情况,分析小说的文章附后。她又告诉我,另一篇文章《莲花之奥秘》(记述她与施先生会面的情况)也在斯洛伐克中央广播电台播出。"(《难忘的教益》)

14 日 元宵节。王兴康等来晤。据张文江记述:"兴康兄回忆,先生曾向他建议,上海古籍出版社也可以考虑出版西方古籍:中西的'古籍'都是 classics,那你们为什么不出版西方古籍呢?"(《施蛰存先生的名号和"四窗"》)

15、17 日 撰讫《"贝齿"与"裘"》。复季聪函。

18 日 《英译本〈梅雨之夕〉序言》刊于《文汇读书周报》。

19 日 《解放日报》登载《解读经典》提及:批评家饶岿等撰著《施蛰存、穆时英、刘呐鸥作品欣赏》,"在当初动笔时,显然并没有想到今日,施蛰存先生等人的作品再度被炒得红红火火,再度搬入了经典的书架,但作者确是将之作为经典来解读"。

3 月

2 日 《文汇报》登载谢海阳《十五年仅出十一辑,周期何其长,每辑只印千馀册,印数何其少:〈词学〉丛刊境地窘迫,有关人士呼吁扶持这本在海内外有影响的学术丛刊》。

4、6、7 日 复张香还函。致林玫仪函。张远齐来函。

10 日 《欧洲短篇小说的典藏本》刊于《书城》第 2 期。

11 日 《劳动报》登载管志华《施蛰存出版文博研究专著·华东师大出版社还拟出〈施蛰存全集〉》。

17 日　应吴立昌之约，为旧作《鲁迅的〈明天〉》《关于〈明天〉》及陈西滢〈〈明天〉解说的商榷》重刊撰"引言"。

19、23 日　致周退密函。郑孝禹寄赠《郑孝禹印稿》。

24 日　童银舫来信，附《出版家张静庐轶事》稿，即复函。

30、31 日　按程千帆日记，拟《全清词·顺康卷》编委会名单，先生名列顾问。复陈左高函。

本月　《沙上的脚迹》，列入"书趣文丛"第一辑，由辽宁教育出版社初版。（1996 年 4 月再版）

本月　浙江文艺出版社出版《中国百年散文选·怀人卷》，内收《一个永久的歉疚——对震华法师的忏悔》。中国社会科学出版社出版《塞纳河畔的无名少女》，内收《鸦》《赞病》《栗和柿》《纪念傅雷》《论老年》。

4 月

5 日　复陈左高函，谈及陈巨来身后事，愿与协同出力。

9 日　上午萧乾、文洁若夫妇来访。

10 日　《"老娘家"》刊于《读书》第 4 期，署名"北山"。

13 日　上午在上海作家协会大厅，与柯灵、王辛笛接受亚洲华文作家基金会访问团的致敬及授予敬慰奖，并作了即席发言。

16 日　华东师大中文系等单位举办清代词学研讨会。据林玫仪回忆："原希望施先生能够莅会讲话，先生因为身体欠佳辞谢了。但是中文系派人连夜往返京沪，带回刚出版的《词籍序跋萃编》，及时在大会闭幕式结束之前赶回会场，作为大会送给与会者的礼物。"（《施蛰存先生的词学研究》）

19 日　致苏雪林函："我想请足下编一本散文或杂文集，在大陆印行，使大陆后生，不忘足下，不知有此意愿否？如有兴趣，可将文稿及自序寄来,编辑之役,我可任之。"

22、23、27 日 致古剑函。陈左高来谈。致王永顺函。

29 日 《"贝齿"与"裘"》刊于《文汇读书周报》。

5 月

2 日 应请撰《拟编〈历代碑刻文字图鉴〉》。

6 日 北京凤子托带致函并附赠与丈夫沙博理的合影。

9 日 《解放日报》刊载符家钦《从〈孽海花〉到〈赛金花〉》:"施蛰存先生认为我写的《译林百家》'摆不平'。关于漏收方面特别提到'有伍光建父子,却无曾孟朴父子!'我尊重先生提示。"

中旬 《美文》编辑部穆涛来访。据穆涛回忆:"他说目前散文写作的'趣味'太浓,'一时的好恶'成就了太多文章,不是'深入浅出',而是'浅入深出',浅浅地感觉深深地写,'很深沉地,很长篇宏论地说一个小东西',他说这些文章也不是不好,就是过几年就没什么意思了。"(《时代烙印还是时尚趣味》)

21 日 《忘不掉的刘大白》刊于《解放日报》。

同日 复崔耕函,言及"编一套《历代碑刻墨影》","已编好第一册'秦汉部分'","由华东师大出版社印行"。

25、28 日 复陈诏函。撰讫《米罗的画》;薛汕来函。

6 月

3 日 下午徐迟来晤。

4 日 《米罗的画》刊于《解放日报》。《新民晚报》登载秦绿枝《惊喜》:"画片六张,有一张是施蛰存先生写给我的短笺:'寄奉近年所印邮片,皆感事怀人之举,足下必知我老来心态。'""品味施先生的短笺,我忽然想起有位朋友说,施先生虽不以书法闻名,但曾经看到过他为人写的条幅,觉得一种清逸之气。"

17、18 日 包谦六致短笺。北京舒諲来沪,与罗洪来探望。

20 日 李辉寄赠《人生扫描》,即复函。

23 日 孔海珠陪同《交际与口才》杂志孔明珠来采访。

本月 《施蛰存作品精选》由广西师范大学出版社初版。

7 月

1 日 梁永安、张英来访。

5 日 早晨因身体不适入住华东医院接受治疗。

10 日 《我来"商榷"》刊于《书城》第 4 期。

25 日 《漫谈七十年来上海的文学》刊于《文艺理论研究》第 4 期,署名"施蛰存、夏中义"。

月内 张珍怀为《清代女词人选集》作"前言"提及:"编写过程中,蒙荷施蛰存、钱仲联、顾廷龙诸先生赐予指导,提供资料。"

8 月

12 日 从华东医院出院返回家中。

14 日 复桑农函:"《别枝》一文是我的,全文被抄,这不稀奇。""'贝齿'句你说得不错,'有落时'就没有问题。"

18 日 毛光义来访,并赠送王文濡选辑《续古文观止》。

31 日 复范笑我函。

本月 《春阳·施蛰存心理小说选》由新疆大学出版社出版。(1997 年 9 月再版、1998 年 7 月三版)中国对外翻译出版公司出版《红菊·忆故人》,内收《画师洪野》。

9 月

9 日 中秋节。黄明来赠《魏晋南北朝诗精品》。

上旬 为整理《云间语小录》而撰《缽焦头》(外一篇)。

21 日 复崔耕函:"《历代碑刻墨影》第一册'秦汉部分',今年可印出。第二册'魏晋及南北朝',今年亦可编好。"

22 日 复匡一点为《当世百家律诗选》征稿函,并附"简介"言及:"吾诗初学温李,甚幼稚。后受陈散原影响,好作艰涩句。最后则摆脱前人影响,自抒情感,所为诗,不唐不宋,亦唐亦宋,不自知其为何派也。"

本月 人民出版社出版《新编中国文学史》(下册中国民国文学史),书内章节有"现代派与戴望舒、施蛰存"。

10 月

1 日 范泉、吴峤夫妇来晤。按范泉日记:"一年多不见,瘦得只剩 60 斤,但精神尚好,仍很健谈。"

4 日 范笑我寄来《秀州书局》第 29 期,即复函:"'书局'不能分期,应改为'秀州书局简讯'。"据范笑我回忆:"至此,《秀州书局简讯》有了固定的名字,到目前为止已出了 169 期,我每期都寄给施先生看。"(《忆施蛰存先生》)

10、12 日 致赵光潜函。复程朝富函,言及"你讲的完全正确,情况果真如此,我现在不会写文章谈旧事,翻老账了"。

16 日 阅陈白尘《牛棚日记》,"很佩服他的目光远大"。

18 日 为《施蛰存七十年文选》出版而撰"自序"。

22 日 致马祖熙函。

24 日　王元化为《〈学术集林〉卷六》撰"编后记":"编委施蛰存先生最近给编者寄来一封信,内称:'承惠《学术集林》第 4 卷,已拜读一过,甚好,现在应该有这样一种读物。不过,此卷似乎编得太硬,以后希望每辑中,文史哲的篇幅分配可均匀一些。英文目录,大有问题,从下期起,不必有此一疡。'施先生已年逾九旬,身体也不太好,仍关心文丛,使编者十分感动。他提出文丛的篇幅分配在文史哲方面可均匀一些的意见是值得注意的,今后当设法改进。关于英文目录问题,正在从多方面进行考虑。"

本月　曾煜编先生小说集《魔情》由吉林人民出版社初版。

本月　四川文艺出版社出版《名家经典散文精选·珍藏版第 1 卷》,内收《鸦》。黄河出版社出版《中国现代爱情小说精品·昨夜纯情》,内收《鸠摩罗什》。

11 月

1 日　邓云乡、侯军来访。孔明珠来赠《交际与口才》第 11 期,刊有《"一不拍马屁,二不骄傲"——施蛰存先生访谈录》。

3、8 日　致古剑函。致彭燕郊函;致马祖熙函。

15 日　复金文兵函:"希望你向南大中文系任曲学的老师反映我的期望,为钱南扬编个'全集',你们南大是曲学的发源地。"

20 日　复范泉函,言及"问题是还有不少工作结束不了,还得每天挥笔","只希望能见到香港收回"。

中旬　购得苏州木渎凤凰山凤凰池区一墓区西三路 60 排 1 号墓地寿穴并立碑,延请包谦六题书碑文:"妣陈慧华夫人考施蛰存教授之墓。"

22、24、27 日　复古剑函。《华夏吟友》王成纲致约稿函,即复并寄赠《依然静好楼绝句钞》。致彭燕郊函。

月内 朱亚夫来赠所著《名人书斋》。

12 月

1 日 《文学生活的历程》刊于《新民晚报》。

3 日 上海浦东华夏集邮研究会印制"中国当代文化名人系列明信片之五·施蛰存先生90寿辰纪念",丁聪绘先生像,沈柔坚题辞,由中国邮政出品。

同日 沙孟海书学院寄赠《沙孟海先生纪念集》。

11 日 北京范用题赠所著《我爱穆源》,并托人带奉。

15 日 偕夫人陈慧华致孙康宜贺年卡并附言:"《词学》12辑尚未印出,看来不能继续下去了。张充和伉俪请为致意。"

27 日 下午《解放日报》查志华来访。

31 日 《文汇报》谢海阳来访。

本月 青岛出版社出版《活着的滋味》,内收《论老年》。

1996 年(丙子) 91 岁

▲8月,《中国古籍整理出版"九五"重点规划》颁布实施。

▲12月,中国文联第六次全国代表大会和中国作协第五次代表大会在北京举行。

1 月

2 日 《文汇报》刊载记者谢海阳《耄耋银发人,新著犹可读——访施蛰存先生》:"这两天从世界各地寄来的贺卡如雪片似的飞到,他笑着说,'可把我忙坏了,要一张一张回复。'谈到新出的几本书,施先生说,'都是旧作,年纪到了,写不了文章了;不过旧作里头有不少东西还是头一回发表。'"

7 日　为查志华《玻璃垫上的风景》撰"序言"。

10 日　《我的散文集》刊于《书城杂志》。致范用函。

20 日　凤子在北京逝世。自述:"要了她的住址,预备给她写信。想不到我自己病了,无法动笔,又耽搁下来。到今年 1 月 21 日,突然在报纸上见到她逝世的消息,这样,就成为我的一份无法解救的内疚。"

22 日　为《施蛰存文集·文学创作编》(小说卷·十年创作集)撰"引言"。

24 日　复彭燕郊函,言及"文学与时代气质随波逐影,无可逆转,请从此搁笔,改写杂文如何? 岳麓书社已取去我的《迦兰夫人》,他们愿印,我以足下托人代抄之本付之"。

本月　复旦大学出版社出版《海派小说精品》(修订版),内收《梅雨之夕》《薄暮的舞女》《春阳》《鸥》《牛奶》《汽车路》。湖北教育出版社出版《生活百解》,内收《我的爱读书》。沈阳出版社出版《新编今文观止》,内收《画师洪野》。

2 月

7 日　下午徐如麒来访。

上旬　阅张然赠书黄湧泉、孙元超编《费晓楼传神佳品》。

12 日　复李辉函:"有人去访钱锺书夫妇,烦为我问候。"

18 日　为《唐诗百话·刘禹锡:绝句二首》撰"补记"。

28 日　为《施蛰存文集》撰"序言"。

29 日　复林玫仪函:"收到《词学论著总目》后即写了一点意

见。""建议你编一本:(甲)《清代词籍知见目录》或(乙)《词籍知见目录》。""我有《嘉庆松江府志》,其《艺文志》中所收词集,大半未有刻本。我建议你索性编《历代词集(籍)目录》,可成全璧。""《忆云词甲乙稿》是作者在福州刻印的,后来携版回杭州,家中失火,版皆烧掉,故此本传世甚少。《元遗山新乐府》是孤本,你看了书中序跋即知。"

3 月

14 日　致彭燕郊函:"我今年必须做的事甚多,华东师大出版社为我印文集,全书 8 册,每册 60 万字。另外还有一系列的《历代碑刻图鉴》,拟出 6 册,已编好秦汉部分一册。"

15 日　复古剑函。

18 日　朱子鹤寄赠《春来阁词》,复明信片致谢。

本月　《十年创作集》由华东师范大学出版社列入《施蛰存文集·文学创作编》(小说卷)重版。

本月　浙江教育出版社出版徐中玉主编《古文鉴赏大辞典》,内收《张岱〈柳敬亭说书〉鉴赏》《张岱〈西湖七月半〉鉴赏》《张岱〈陶庵梦忆·自序〉鉴赏》。

4 月

3 日　致赵清阁函:"寄书三册,一本送你,二本请你的阿姨分别代送王元化及罗洪。""冰莹有信否?不知安否?请她编一本文集如何?你还画不?挑选二三十幅,印一本或二套卡片。"

8 日　黄明、郑麦来晤,并奉赠译注《南北史续世说》。

9 日　复赵清阁函,言及"你选定后,给我看看,我找人去照相,在华东师大印刷厂印"。

16 日 为《唐诗百话》列入华东师范大学出版社"施蛰存文集·古典文学研究编"(第一卷)而撰"新版引言"。

23 日 按程千帆日记:"王元化及其弟子傅杰、钱文忠来,以蛰存所录郑大鹤校梦窗词校本付之整理。"

本月 《施蛰存七十年文选》列入"当代文坛大家文库",由上海文艺出版社初版。

5 月

4 日 复崔耕函:"承惠志拓,并为佳品。""上月又从洛阳得到二份志拓,有王昌龄书撰者,亦为珍品。"

5 日 丁景唐、丁言昭来访。

7 日 《素华在本体》刊于《新民晚报》。

8 日 撰讫《悼念凤子》。

9、24 日 孙康宜致电函:"这次真的能去上海了,而且是为了要看你,才专程由上海入境。"致孙康宜函。

本月 《唐诗百话》又被列入"施蛰存文集·古典文学研究编"(第一卷),由华东师范大学出版社重版。

本月 汉语大词典出版社出版徐培均、范民声主编《诗词曲名句辞典》,名列"撰稿人"之一。上海文艺出版社继续刊行《世界文学大师小说名作典藏本》"出版说明"提及:"另请著名前辈作家施蛰存先生撰写总序,置于每本书的书前。"东方出版社出版《书梦飘香·读书与人生》,内收《绕室旅行记》。长江文艺出版社出版《中国当代美文三百篇》,内收《论老年》。

6 月

3 日　为松江图书馆馆庆题字："峰泖钟灵，机云遗韵。"

6 日　下午耶鲁大学孙康宜来访。据孙康宜回忆："我鼓起勇气，问了一个较富哲学性的问题：'你认为人生的意义何在？'对于这个坦率而不甚实际的问题，91 岁的长者起初报以无言的微笑，接着就慢慢地答道：'说不上什么意义。不过是顺天命、活下去、完成一个角色。'""人生的苦难只有使他更加了解自己真正要的是什么：'反正被打成右派也好，靠边站也好，我照样做学问。对于名利，我早就看淡了。'""他反复对我说：'Discover、Discover、Discover 才是我真正的生活目标。'"

同日　晚上委托陈文华代表在梅陇镇酒家宴请孙康宜。

12 日　《文汇报》萧关鸿、田永昌来访。

13 日　下午萧关鸿、田永昌陪同上海电视台达奇珍来采访。

15 日　《知堂书简三通》并"题记"刊于《文汇报》。

19 日　复宋路霞函："谢谢你为我作了平反结论。""你知道'丽娃河'的来历否？我想给你写一小文。"

20、22 日　《悼念凤子》附《凤子书简三通·致施蛰存》刊于《文汇报》。复孙玉蓉函。

23 日　陈文华陪同孙康宜来辞别并合影。据孙康宜回忆："施先生慢慢立起身来，交给我一包雨花石：'这是我 80 年代初从南京带回来的纪念品，现在送你做礼物。'回到美国的家中，我迫不及待取出那包珍贵的雨花石。发现其中还夹着一张小条子，上面有施先生的亲手笔迹：'南京雨花台的雨花石，放在玻璃盆中，加水，作摆设品用。'"

本月　编译《外国文人日记抄》，由天津百花文艺出版社新版(1988年第1版)第一次印行。

本月 《将军底头》,列入"中国现代小说名家名作原版库",由中国文联出版公司新版重印。(2001年11月再版)

本月 复旦大学出版社出版《海上论丛》,内收其撰"引言"及《鲁迅的〈明天〉》《关于〈明天〉》。冯牧、柳萌主编"二十世纪文学争议代表作品丛书",《白金的女体雕像》内收《梅雨之夕》《魔道》;《醉眼中的世界》内收《书目》《庄子与文选》《致黎烈文先生书——兼示丰之馀先生》《突围》《关于围剿》《"不得不读"的〈庄子〉与〈颜氏家训〉》《服尔泰》《"杂文的文艺价值"》。

7 月

1、5日 致萧乾函。致范泉函,建议编《中国文学大系》:古典文学大系(汉—清)、近代文学大系(1840—1916)、现代文学大系(1917—1949);还希望上海书店办一个书法或书画双月刊,可以做顾问,提供协助。

9日 萧乾由北京托带题赠所著《一个中国记者看二战》。

10日 致范泉函:"'近代文学大系'出全了,煌煌卅大卷,历时十年,终于完成巨业。""从传统文学到新文学时期之间,有一个转型期的文学现象,这个时期的情况,向来文学史家都不很注意,或者说,没有发现它的重要性。这部'近代文学大系',突出地表现,或说记录了这一个转型期的各方面文学现象,同时又系统地保存了这一文学期的文献资料。""我参与了这部大书的编辑全程,在老兄的主持之下,我很欣赏老兄的工作方法。""尤其欣赏的是在编辑过程中,印发了一种工作'简报',使散在各地的编辑人员有一个互通信息、互相讨论的场地,有利于编辑进程,我建议把这74期'简报'合为一书。""我今年体力衰颓,无法参加 8 月中的研讨会,即以此函申述我的意见。"

同日 范笑我寄赠《秀州书局简讯》,即复短函。

11 日 赵光潜致函,谈及"关于《千唐志斋藏志》的情况"。

13 日 致费在山函:"我也想印一本旧诗集,只有二百多首,大约一百多页,格式悉如大集,不过要用繁体字直行排。"

17 日 赵光潜来函。

18 日 撰"拟创办《古典文学集林》丛书设想"。

25 日 复范泉函,言及"'古典文学大系'及'书谱'能筹印,很好,我可全力支持","《书谱》双月刊,《书画舫》季刊,《书画文物》季刊,可以决定一种"。

下旬 施康强来晤,赠予所藏的法文原版书籍。据施康强回忆:"施先生吩咐把他早就准备好的一个纸箱从阳台上搬进来,箱中有三十多本书,多数是二十至四十年代的文学书,以超现实主义为大宗。"(《施蛰存先生的西窗一角》)

本月 文汇出版社出版《走过半个世纪·笔会文粹》,内收《咬文嚼字》。

8 月

1 日 复李奇函:"我爱玩石,是六十年以前的事了。""国内还有许多著名玩赏石,过几天我将所知者写给你。也希望你的《美石》继续刊行,为石友通声气,为名石作调查记录。"《序与跋:〈玻璃垫上的风景〉》刊于《美文》第 8 期,署名"施蛰存、查志华"。

2、5 日 致周退密函。复范泉函:"建议你再编一个'中国古典文学大系',秋后筹备上马。我又建议上海书店重印黄宾虹编的《美术丛书》,但要增补很多资料。"

10、13 日 致黄沛荣、林玫仪函。致吴加宝函。

14 日　下午王兴康、李祚唐等在北京访问杨绛,杨绛谈及"施先生给她的小说《洗澡》写的书评很实在"。

16 日　与柯灵、王元化、季羡林、萧乾等 50 位,在 50 本《走过半个世纪·笔会文粹》上签名,签名本义卖款捐献希望工程。

18、20 日　致周颖南函。范泉、吴崎夫妇来晤。

中旬　与陈如江为《宋词经典》合撰"前言"。

25、26 日　吴加宝来函。范泉致函,谈及办刊物事。

29 日　复陈福康函,解答征询"大系""中国译家"问题。

31 日　复赵光潜函:"此志主宇文氏乃李峤之孙媳,李融之媳,亦名门也。"

本月　浙江文艺出版社出版《海岳风华集》,担任编委会特聘顾问。

9 月

1、2 日　复吴加宝函。致古剑函。

5、10 日　《澳门日报》登载陈怀萱《"施蛰存文集"》:"昨日收到自上海寄来的邮包,打开一看,赫然是两册《施蛰存文集》,上面还有施老题赠的签署。"复赵光潜函。

11 日　上午因身体不适,入住华东医院检查治疗。

同日　《文汇报》"历史的转折,时代的呼唤——〈中国近代文学大系〉出版座谈发言摘录"专栏刊载书面发言。辛笛来函。

26 日　上海文艺出版社在北京召开"当代文坛大家文库"(巴金、冰心、夏衍、施蛰存、柯灵七十年文选)出版座谈会。

27 日　单剑锋寄赠《单剑锋其人其画》。

本月　福建美术出版社出版陈声聪著《荷堂诗话》,书中章节"施蛰存""蛰存补录"。湖南文艺出版社出版《凡尘清唱》,内收《论老年》。

10 月

9 日 致入住同院的赵清阁便函:"一包麦片、一盒洋参丸,是华东师大中文系送我的,今借花献佛,转赠给你。"下午由华东医院出院回家。

同日 《文汇报》登载谢海阳《"四面开窗"挥彩笔,八卷文集慰暮年——访文坛大家施蛰存》:"他现在一天差不多要睡上十五六个小时,馀下的时间除了读书看报,写几封信,便用来编选文集。""施先生对文坛的动态十分关注,前不久上海市作协推举出席全国作协代表大会代表,他也认真地填写了选票。"

14、17 日 龙应台来访。致任访秋短函。

18 日 范泉来晤。按范泉日记:"今天去看他时,他夫人陈慧华说,出院后反而好了不少,又在继续工作。"

20、21 日 张寿平寄赠《安缦室诗词》。致彭燕郊函。

22 日 下午龙应台来访。

26、27 日 为上海文艺出版社"世界文学大师小说名作典藏本·总序"撰"附记";复范笑我函。范泉来函。

本月 山谷诗社印行《当世百家律诗选》,内收《北山楼诗》15 首。百家出版社出版《上海近百年诗词选》,内收《枫林颂》《癸丑岁阑寄郑逸梅》《追怀雷君彦》《浮生杂咏四首》。

11 月

1、5 日 《丽娃河》刊于《华东师范大学》校报。复范泉函。

6 日 《〈玻璃垫上的风景〉序》又刊于《宁波日报》。

14 日   致林玫仪函:"我现在编二册杂文集,须明年第一季度可印出。""我希望你把清代词集目录先编出来。台湾方面如有几位老词人的词集出版,希望为我收集一下。"

25 日   以特制"施蛰存先生 90 寿辰纪念"笺纸致范笑我函。

30 日   复古剑函。

本月   《巨人》杂志第 6 期封二刊载近影和题词:"儿童是赤子,希望儿童文学作家笔下留神,不要损伤了赤子之心。"

12 月

上旬   阅王伯敏编著《中国民间美术》。

12 日   《解放日报》登载江曾培《当代文学的一个标杆》:"'当代文坛大家文库'首批推出的五部书,以健在的作家七十年创作经历为选本年限,分别为《巴金七十年文选》《冰心七十年文选》《夏衍七十年文选》《施蛰存七十年文选》和《柯灵七十年文选》。著名学者蒋孔阳在这套书的首发座谈会上,概括这五位入选的'大家'有'三高':'一是高寿。''二是高产。''三是高质。'"

27、29 日   黄显功来访,先生介绍藏书票见闻,赠送"北山楼藏书票",并为《唐诗百话》题词留念。复古剑函。

本月   复旦大学出版社出版《新编中国现代文学作品选》,内收《周夫人》《梅雨之夕》。

1997 年(丁丑)   92 岁

▲7 月,中国政府对香港恢复行使主权,香港回归祖国。

▲9 月,中国共产党第十五次全国代表大会举行。

1 月

5 日　《解放日报》登载陈诏《集四十年作品精粹，推荐大型文集〈朝花〉》提及："当代绝大多数一流作家都在《朝花》上留下他们的力作，例如……施蛰存《东北的四言民歌》。"

9 日　程千帆致傅杰函谈及："施蛰存先生前两年在上海某出版社重印过他的小说，请代购一册。""如无处可买，请代我向他要一本，五十年老友，不方便写信就不写了。"

12 日　复葛渭君函："我正在编第二、三册'散文集'，忙得很。平湖有无图书馆？我有一些陆维钊的字画，想捐赠。"

20 日　江苏古籍出版社《中华大典》编辑部致函，邀请审读《文学典·宋辽金元文学分典》第 1 册"绪论、宋文学部一"。

28 日　颜逸明致函并书赠诗笺。

本月　《中国现代文学名著·施蛰存卷》由太白文艺出版社初版。

本月　山东文艺出版社出版《中国散文传世之作·现代卷》，内收《栗和柿》《论老年》。学林出版社出版《鲁迅印象》内收《关于鲁迅的一些回忆》、《沈从文印象》内收《滇云浦雨话从文》。

2 月

3 日　复刘凌函："我不好意思多占出版计划，故想把'碑刻'一书交别处承印。现在既然师大出版社愿出版此套书系，我十分感激。过了春节，即当着手。"

9、10 日　刘惜闇来贺年。《新民晚报》登载《在安谧中生活与写作——春节访施蛰存先生》。

16 日　刘惜闇书赠对联两幅。按程千帆日记:寄书施蛰存。

21 日　元宵节。陈伯良来赠《陈伯良印存》。

24、25、28 日　复赵光潜函。张伟来访。致周退密函。

本月　《致陈福康》刊于《小说》第 2 期。

3 月

2、3 日　致沈师光函。致邓声国函,言及"看到你写的《异名同指》,我要给你补充一个资料"。

7 日　《走向世界》杂志苏葵、姜东来访。

8 日　校讫《华夏吟友》王成纲寄来校样,内有《为女学生题堆绢花鸟·六首选二》《昆明杂诗·六首选二》《蛮娘谣·四首选二》《三宿武夷永乐庵·十首选四》。

21 日　致王克非函:"你要把拙文收录入大著,没有问题,也不必付稿费。""你翻译文化史,应该对佛经翻译研究一下,到底有过多少译者?鸠摩罗什译过多少?佛经翻译,对我国中古语文,大有影响。'如是我问''佛如是说',这种语法结构都是前所未有的。这些情况,应当多作说明。胡适的《白话文学史》中有关于译经的叙述,你应该参考。"

同日　在上海作家协会第六次会员大会上被推选为顾问。

30 日　范笑我寄赠汉建康砖拓片,即复函。

同日　程千帆复周退密函,谓"蛰翁颐养安和,极慰。其著述似皆已重印,亦可自慰,且使今之后生知中国文坛有此大师"。

31 日　中午因心脏不适,入住华东医院治疗。

4 月

2 日　在病房复范笑我函。

11 日　上午由华东医院出院,返回家里休养。

16 日　翁闿运题赠复印本《新出土北魏张猛龙墓志》。

17、21 日　《解放日报》登载简讯《华东师大颁发终身成就奖,施蛰存徐中玉钱谷融三教授获此殊荣》。复崔耕函。

22 日　华东师大中文系向先生和徐中玉、钱谷融教授颁发"华东师范大学中国语言文学系终身成就奖"。

23 日　《中华读书报》登载马海甸《施蛰存老的两册赠书》:"终究爱书心切,遂决然修书施蛰老,我要的书是'道生诗选'。""收到施蛰老复函,他说:'此事足下来迟了,我已将英文书大半送给××,陶逊(道生)诗集亦在其中。现在我已将此书取回,可以奉赠足下。'两个星期后,《道生诗文选》便摆在了案前。""信还有一段:'我还有两本诗人签名本,1928 年版,只印五百册,编号签名,我有的两本是 T. S. Eliot 及 Edith Sitwell。Eliot 一本已被杜国清取去,现在只存一本 Sitwell,你如有兴趣可以奉赠。'"

25 日　致上海图书馆萧斌如函。

26 日　下午将《唐诗百话》《金石丛话》书稿,捐赠上海图书馆中国文化名人手稿馆。

30 日　《西窗短句》刊于《羊城晚报·晚会》。

同日　黄伟经来函。致古剑函。

本月　"世纪的回响"丛书开始出版,名列"丛书顾问"。

5 月

1 日　致佟培基函:"华东师大出版社为我编印六卷本文集,想收一部分书信,我给白凤的信不少,想麻烦你去看一下刘朱樱或白凤的子女,请她找一找。""如有幸存者,可否复印七八封给我编用。""见到王宝贵、任访秋、高文诸君,为我问候。"

2日 上午罗洪来晤,约请为朱雯《动乱一年》重版作序。

3日 晚上为朱雯《动乱一年》重版撰"序言"。

6、7日 复范笑我函。致黄伟经函:"你又为我在广州报纸上亮相,甚感高情。摘取拙文,不必惠我稿酬。"

8日 下午托购张中晓《无梦楼随笔》、李锐《大跃进亲历记》、谢泳《旧人旧事》、《陈寅恪最后二十年》、戴厚英《性格,命运,我的故事》等书。

10日 《谈文学新人的发掘和培养·一封五十年前的信》刊于《书城》第3期,并附"范泉按"。

14、18日 致萧斌如函;黄伟经来函。复彭燕郊函。

22日 致《书城》编辑函:"看了贵刊第3期中关于复旦本《中国文学史》的报导,甚有兴趣。我未见此书,不知有哪些内容是'石破天惊'的。我希望您在贵刊下期把此书内容摘录一些,以便在此书重写本印出后,可以对照研究。"

26日 吴立昌来谈。据吴立昌回忆:"书桌上放了厚厚一本书,是师哲写的一本回忆录。他说,'每天晚上躺在床上就着床架上夹灯看几页。'我说,'你年纪大了,但心态一点不老。'"

6月

4日 《解放日报》刊载《回顾本世纪中国文学全貌大型丛书"世纪的回响"出版,收入不同流派、风格和理论主张的作品、文章》:"这项具有抢救文化遗产意义的工程,由巴金、于伶、王元化、辛笛、王西彦、柯灵、施蛰存、贾植芳等任顾问。"

11日 赵清阁致函:"我有旧作册页一本,画了十帧花卉、人物、山水,而画前空白应当题诗,你是书法大家,又能诗,倘得为我题款,则拙画生辉,既可记念,亦文艺佳话。"

15日 北京古陶文明博物馆开馆,馆长路东之寄赠邀请函及馆藏介绍册。

16日 《解放日报》登载报道:"汇集我国五位文坛大家巴金、冰心、夏衍、施蛰存和柯灵作品的'当代文坛大家文库'有限印刷共一百本,其中四套用羊皮精装、红木作盒,且书扉有巴金、冰心、施蛰存、柯灵四老亲笔签名和夏老钤印。""昨天拍卖成交,所得全部捐献给希望工程。"

19、21日 复林玫仪函。牛群来摄影,并赠《牛眼看家》。

25日 致卢辅圣函:"我收藏历代碑版文物拓片一千四百馀纸,不久即将遣散,想趁今年编印两本书以留踪迹,不知贵社有无兴趣承印?我已老残,久不出门,无法走访阁下,此事如有可能,请随时惠临寒舍一谈。"

27日 《劳动报》胡绳樑来访,先生题赠《花间新集》。据胡绳樑回忆:"不久我收到并编发了施老那篇《大起大落说收藏》的大作。"(《永远的现代,高耸的北山》)

30日 卢辅圣来访,恰巧身体不适,"没有力气接待"。

月内 孙玉蓉寄赠《古槐树下的俞平伯》。

7月

1日 收看香港回归祖国电视实况转播。

2日 复黄伟经函。据黄伟经回忆:"十多年间他写给我的最后一封信。"(《忆念施蛰存》)

4日 范笑我陪同嘉兴电视台记者来采访。

同日 阅读来新夏主编《清代目录提要》。

7日 黄伟经复函,谈及"你询问的鸥外鸥老诗人,我跟他以前没有交往,经打电话请问与鸥外鸥来往较多的老诗人野曼,承他告知"。

10 日　致编辑函刊于《书城》第 4 期,并附"编者说明"。

上旬　经吴小如介绍,张晖来访。据维舟记述:"施老要他遍读唐五代北宋词做根基,又嘱他注意整理乡邦文献。"

19 日　复崔耕函:"承示印钤,大约印文是'元帅之印',二人姓赵,又是九曲篆文,此必是北宋时官印,不过,锡印却少见,亦可能是辽金官印。"

21 日　下午萧关鸿、曹维劲等来,商谈拟为出版"历代碑刻文字图鉴",告已有出版社接受出版。

28 日　《解放日报》登载《赵清阁向上图捐赠一批名人手稿》提及:"有巴金、郭沫若、冰心、茅盾、端木蕻良、丁玲、施蛰存等写给赵清阁的 168 件亲笔信函。"

本月　《梅雨之夕》被列入"海派作家作品精选"丛书,由黑龙江人民出版社和北方文艺出版社新版重印。

本月　《海派名家名作赏析·施蛰存名作:薄暮的舞女》,由中国华侨出版社出版。

8 月

3、5 日　致赵光潜函。施议对、徐培均和孙琴安来访。

24 日　阅张秉成著《纳兰词笺注》。

25 日　下午武汉大学博士研究生黄献文为写作论文来访。

31 日　致彭燕郊函。

9 月

6、9 日　复古剑函。张晖致沈茂华函,谈及"弟欲撰《龙榆生年谱》，为之乞传。奈龙氏材料少有，昨日已修函施蛰存先生讯问若干事宜，盼老先生能为弟提供一二材料云"。

中旬 据佟培基回忆："李蓉裳由开封专程来上海探望先生，并带来历年先生致李白凤信函约二百通。"（佟培基来件）

24日 张晖致沈茂华函，谈及"前得蛰老函，云身体不健，心脏已衰，欲送我《词学》各辑云，似有散书之意"；"因收集龙氏材料，有施老之助，投函钱仲联先生"。

本月 《狮子座流星》由新世纪出版社印行。

本月 汉语大词典出版社出版《中华名人书斋大观》，名列"文化顾问"，内收词目"北山楼（施蛰存）"。

10 月

5日 下午即兴以墨水笔题写："君子佩玉。"

7日 复蒋颖馨函，言及"《唐诗百话》已有三个版本"，"即将有第四个版本，香港天地图书公司版。台湾版都是繁体字直行本，你要买，还是等港版为妙，可能年内即印出"。

15日 高式熊应请为"羽琤诗镇"拓本题跋："龚自珍诗砚，制作精雅，属为手拓，以奉北山蛰存老人教正。"

24日 复彭燕郊函："我的日记、书信总共不到五万字，无法印一册。""望舒的书信、日记，我都已交给他的第二女咏絮。"《台港文学选刊》宋瑜（余禺）来访。

本月 中国广播电视出版社出版《灯下书影》，内收《买旧书》《我的爱读书》《为书叹息》《全集、文集、选集》《关于图书馆》《书序四则》。

本月 百家出版社新版朱雯著《动乱一年》，内收其撰"序言"。

11 月

2、13 日　下午胡晓明等来访。复古剑函。

20 日　致韩国东义大学客座教授陈文华函："请你注意一下韩国古书市肆，1.汉文本韩国古典文学；2.韩国印的汉文书籍；3.流落在韩国的中国书；4.韩国尚有而中国已佚的中国书。""有没有韩国画册，如有，可买一二册来，我没有见过韩国书画册。"

12 月

6 日　张晖致沈茂华函，谈及寒假欲来沪访问施蛰存等人。

12 日　赵光潜致函并寄赠《画像砖石刻墓志研究》。

14 日　范泉、吴崎夫妇来晤，并代顾军所编副刊约稿。

15 日　先生夫妇致韩国东义大学客座教授陈文华贺年卡。

20 日　《解放日报》登载《当代文库特精本赠图书馆》："以羊皮装帧封面、分别铭有巴金、冰心、夏衍、施蛰存、柯灵印章的'当代文坛大家文库'编号为 020、021、022 的三套特精装本，昨天由上海文艺出版总社分别赠送给北京图书馆、上海图书馆和中国现代文学馆三家单位。"

25 日　范泉致顾军函，谈及"施老已 94 岁，不再写稿，好不容易取来这篇，有吸引力"。

月内　早年同学许思园遗著《中西文化回眸》，在华东师范大学出版社出版。先生获悉后，赞为"一件大好事"。

本月　《卖糖书话》由湖南人民出版社初版。

本月　文汇出版社出版《新文学里程碑》，"小说卷"内收《恢复名誉之梦》《上元灯》《将军底头》；"散文卷"内收《街车随笔》

《画师洪野》《栗和柿》。上海文艺出版社出版《中国新文学大系(1949－1976)第九卷》，内收《才与德》。复旦大学出版社出版《二十世纪中国散文英华·海上卷》，内收《画师洪野》。甘肃教育出版社出版《笔端的流云：中国现代美文品读》，内收《驮马》。

1998 年(戊寅)　93 岁

▲7 月,《文汇报》和《新民晚报》组成报业集团。

▲9 月,中国版权保护中心在京宣告成立。

1 月

3 日　孙康宜致陈文华函谈及:"我昨日才寄卡片给施先生,""没想到施先生身体更好,令人欣慰。他居然在收盘子,真有兴趣。请特别代我问好。"

28 日　春节。下午陈文华、赵昌平等来贺年。据陈文华回忆:"先生却一如既往地端坐在北山楼上,看书、读报、专注地做他的研究工作。""常常不得不放下手头工作,接待各种慕名来访者、回复来自世界各地的求教问候信件。"

31 日　王兴康、张文江来贺年。

本月　《中国现代文学百家·施蛰存代表作》由华夏出版社初版。中国友谊出版公司出版《书斋漫话》,内收《书目》。

2 月

13 日　张晖为写作《龙榆生先生年谱》来访。

16 日　转赠《画像砖石刻墓志研究》并题识。

21 日　复赵清阁函："你编好的文稿看了,都是回忆一代女作家的文章,我的序文不敢写了,十分抱歉。"

本月　杭州大学出版社出版《文人自述》,内收《〈现代〉杂忆》。中国文联出版公司出版《二十世纪中国名人书信集·文情卷》,内收致戴望舒函四封、叶圣陶致函一封。天津人民出版社出版《坐看云起·〈论语〉散文随笔选萃》,内收《鬼话》《过年》;《雾外江山·〈现代〉〈文饭小品〉散文随笔选萃》,内收《五月》《橙雾》《"彼可取而代也"》。

3 月

7、9 日　《逃学》刊于《文汇报》。在《施蛰存七十年文选》上题词:"朝斌同志的拙著,为签名留念。"

11 日　张晖致沈茂华函,谈及"弟去施蛰存先生家中拜见老人,老人要赠我书"。

16 日　为《散文丙选》交付出版而撰"引言"。

20 日　下午台湾学者许秦蓁等来访。

4 月

1 日　《新民晚报》登载韩沪麟《施蛰存近况》:"他因签字困难,干脆定购了一长方印章,上刻'作者呈教本',几乎来者不拒,送完为止。所幸他目力尚可,一天除了睡眠就是看书看报。"

9 日　吕叔湘在北京逝世。收到从北京寄来的讣告,但因讣告及信封上均无回复邮址,故无法发唁电,"深感遗憾"。

本月　《施蛰存短篇小说集》由湖南文艺出版社出版。

本月 复旦大学出版社出版《二十世纪中国散文英华·江南岭南卷》，内收《栗和柿》。

5月

26日 北京大学刘树森致友人函谈及："以前从赵[萝蕤]先生那里听到施蛰存先生的不少事情，还曾目睹过施先生早年与陈梦家先生的通信。""施先生也是我景仰的前辈，我正在从事一项国家社科基金资助的课题的研究，即探讨清末民初的翻译文学。施先生正是这方面的专家，我也希望近期能够有机会赴上海拜访施先生，说说有关赵先生的情况并向他老人家请教。"

月内 《散文丙选》，被列入"文坛漫忆丛书"，由黑龙江人民出版社初版。

本月 上海文艺出版社出版《百家文粹·文学报1000期》，内收《文学史不需"重写"》。上海人民出版社出版《中国当代名家散文小品精选》，内收《论老年》。

6月

1日 下午韩国白承道、梁兑银夫妇来访。

4日 《上海金融报》登载朱亚夫《施蛰存治碑》："见他的写字台上放着几本唐诗帖，他说这是编选者赠送与他。"

26日 《我有好几个"自己"》刊于《新民晚报》。

7月

上旬 北山楼用印始作钤拓。

17日 下午浦江清女儿浦汉明与丈夫彭书麟来访并合影。

26 日　为严均在《金石丛话》扉页签名。

本月　重庆出版社出版《书林佳话》,内收《冷摊负手对残书》《买旧书》。新疆大学出版社出版《中国现代文学作品选读》,内收《春阳》。

8 月

1 日　《文汇读书周报》刊载近影并创作与学术成就介绍。

7 日　作函:"你好久不来,我每星期一下午都有寂寞之感。""我在上海已住了七十年,也算今年最热。现在我们一双老公老婆,整天躺在床上,西瓜、冷饮,无济于事。室内开了空调,也还有 34 度,你的暑假,还无法决定何日开学,希望不久就可降温。"

10 日　作函:"'收藏知识小丛书',辽宁教育出版社《玩石》《陶瓷》《砚台》,""请代我买来,有同类的书,也要。"

11 日　续作一函。

17 日　《秋夕》刊于《解放日报》。

31 日　下午台湾学者陈怡真等来访。

本月　文汇出版社出版《收获文库·冰冷的是火》,内收《且说说我自己》以及宋广跃《施蛰存先生印象记》。文汇出版社出版《杂文 300 篇》,内收《匹夫无责论》《人道主义》《魔棍》。

9 月

9 日　北京出版社文史编辑部刘剑宏来函。

18 日　为上海文化出版社"第一推荐丛书"撰"总序"。

25 日　《乐句与文句》刊于《解放日报》。

本月　上海教育出版社出版《松江历代诗人诗词选析》,内收题词"黄歇遗风",杜家毫"序"提及:"本书在编写过程中曾得到施蛰存老先生的垂询并题词。"上海教育出版社出版《中国作家自述》,内收《且说说我自己》。文汇出版社出版《旧上海风情录》,内收《绕室旅行记》。

10 月

5 日　为所藏画像砖拓本撰《宜僚弄丸砖》。

9 日　下午北京古陶文明博物馆馆长路东之等来访。

20 日　中国现代文学馆张广生等来摄像采访。

24 日　彭小妍、贺麦晓来访,并赠所著《浪荡天涯:刘呐鸥一九二七年日记》,以及影印本《刘呐鸥一九二七年日记》。

25 日　复范泉函,言及"我劝你绝对休息至少三个月","到明年春季,必须把创口全部养好,才可做些小工作"。

本月　西北大学出版社出版《不可不读的二十世纪中国短篇小说》(现代卷),内收《渔人何长庆》《名片》《黄心大师》。

11 月

1 日　《给路易王子讲的故事》并附译作片断《聪明的尼姑》刊于《万象》创刊号。

2 日　施议对夫妇来访。

20 日　在《词学名词释义》题写:"为朱铭同志签名留念。"

月内　据卢玮銮回忆:"施先生来了一封短信,说希望我有个来信,讲讲近况,他更说写字不灵活了,记忆力差了,最后慨叹'人生真如电光石火,可悲'。"(《记施蛰存先生对我的指导》)

12 月

2 日 王圣思来晤，带来其父辛笛所赠《夜读书记》。

7 日 为宋路霞《百年收藏》撰"序"。

14 日 按程千帆日记：发致施蛰存贺年卡。

月内 陈晓芬来探望。据陈晓芬回忆："孙女正忙着在为他安放一个玻璃橱，施先生则在一边不停地指点着，原来施先生想把自己喜欢的古董及一些小器物好好整理摆放一下。"(《与施先生在一起的时候》)

本月 上海文化出版社出版"第一推荐丛书"《先知全书》《奇妙的生灵》《自然与人生》《昆虫世界》，书前均收录为丛书所撰"总序"。河南美术出版社出版《当代诗词手迹选》，内收诗稿《兼丈惠赐新著诗话，奉题长句即贺九秩并求教正》。

1999 年(己卯)　94 岁

▲10 月，首都举行庆祝中华人民共和国成立 50 周年典礼。

▲12 月，中国政府对澳门恢复行使主权，澳门回归祖国。

1 月

1 日 元旦。《有生命力的散文》刊于《解放日报》。

2 日 教育部陈至立部长寄赠贺年卡。

7 日 《北山谈艺录·〈唐碑百选〉缘起》刊于《文汇报》，编者按："施蛰存先生最近正在编选一本有关金石书画题跋类的文集,找出一些未曾发表过的旧作,抄录给《笔会》发表,现设'北山谈艺录'专栏,以飨敬仰先生的读者。"

13 日 《中国青年报》登载王丽《"把我的意见发表出去"——华东师大教授施蛰存先生谈教育》。

15 日 《北山谈艺录·郁达夫墨迹》刊于《文汇报》。

21 日 《北山谈艺录·江南蘋书画》刊于《文汇报》。

本月 与陈如江主编《宋词经典》由上海书店出版社初版。

本月 《施蛰存散文》由浙江文艺出版社初版。《东方赤子、大家丛书·施蛰存卷》由华文出版社出版。

本月 山东人民出版社出版《名家解读唐诗》,内收《中唐诗馀话》《唐诗绝句杂说》。北京出版社出版《鲁迅回忆录》,内收《关于鲁迅的一些回忆》。河北人民出版社出版《中国现代历史小说大系》(第三卷),内收《鸠摩罗什》《将军底头》《石秀》《阿褴公主》《李师师》《黄心大师》。

2 月

5 日 《北山谈艺录·安持精舍印冣序》刊于《文汇报》。

9 日 邓云乡在上海逝世。闻讯撰《为〈红楼识小录〉题》"补记","以伸哀思"。

12 日 《北山谈艺录·边氏竹艺》刊于《文汇报》。

16 日 春节。下午陈文华、赵昌平等来贺年。

20 日 钱虹来贺年,先生题赠《施蛰存散文》。

21 日 倪蕊琴来贺年。

25 日 上午上海图书馆陈燮君、萧斌如来访。

26 日 《北山谈艺录·丁娘布》刊于《文汇报》。

27 日 史美圣、吴惠娟夫妇陪同为纪念《光明日报》创刊 50

周年专程来沪约稿的张义德来访。

本月 与陈如江辑录《宋元词话》，由上海书店出版社初版。

本月 复旦大学出版社出版《二十世纪中国散文英华·台港澳卷》，内收《薄凫林杂记》。

3 月

2 日 元宵节。王兴康、张文江来贺节。

4 日 下午上海古籍出版社黄屏、高克勤来访。

7 日 《北山谈艺录·松江本急就篇》刊于《文汇报》。

8 日 《文汇报》登载周普《书缘——记与施蛰存教授的一段忘年友情》。

10 日 躲斋（姜铭）来访。

12 日 《北山谈艺录·钿阁女子治印题记》刊于《文汇报》。

17 日 为所藏《宋徽州城砖》题跋。

27 日 《北山谈艺录·颜鲁公〈离堆记〉残石题记》刊于《文汇报》。

本月 《沙上的脚迹》经青野繁治译成日文，由大阪外国语大学学术出版委员会印行日文版。人民文学出版社出版《中华散文百年精华》，内收《驮马》。

4 月

1 日 《北山谈艺录·〈洛阳龙门山北魏造像题记五十品集释〉序》刊于《文汇报》。

5 日 下午北京古陶文明博物馆馆长路东之来访，并出示所得陆惕夫《意园图册子》，册末附有先生 1965 年的题诗。

7日 致古剑函："上海大变,你高兴来看看否?暑假中,带你的夫人一起来玩玩,住在华东师大,食宿费我包,好不好?"

9日 邵绡红来访。据邵绡红回忆:"病弱的施老伯重听,但记忆清晰,看着我写下的问句作答。"(《我的爸爸邵洵美》)

10、15日 《北山谈艺录·唐玄奘法师造像题刻》《北山谈艺录·杭州石屋洞造像题名序引》刊于《文汇报》。

26、27日 下午张昌华等来访。复古剑函。

30日 《北山谈艺录·唐幢》刊于《文汇报》。

5月

6日 陈其范来函。

7日 下午龚建星、陈如江等来访。

同日 《北山谈艺录·戏鸿堂帖》刊于《文汇报》。

13日 《北山谈艺录·弘一法师赞并序》刊于《文汇报》。

27日 受托请程十发题写匾额"清源阁",并题赠《宋元词话》;程十发回赠所绘线装本连环画《胆剑篇》。

月内 《文教资料》第5期刊载龙厦材《记父亲的一篇佚文》提及:"几年前,施老蛰存交给我一部《同声月刊》,嘱我将有关词学的文章汇集编目。"

本月 海南出版社出版《点燃欢乐——〈劳动报〉五十年文粹》,内收《大起大落说收藏》。

6月

8、15日 李欧梵等来访并合影。致彭燕郊函。

18、26日 复古剑函。撰讫《胡小石书五言联》。

月内　《亚洲周刊》"二十世纪中文小说一百强"评选,其作《将军底头》名列其中。

本月　汉语大词典出版社出版《现代作家书信集珍》,内收"施蛰存致张香还""施蛰存致陈诏""施蛰存致徐宗琏"。河南人民出版社出版《人生至悟》,内收《论老年》。

7 月

2 日　《中间多少志士泪》刊于《解放日报》。

3 日　为旧藏古书刀拓本撰《削》。

9 日　《北山谈艺录·〈墨妙亭玉筍题名〉序》刊于《文汇报》。

18 日　《北山谈艺录·宝云寺碑刻》刊于《文汇报》。

同日　湖州费在山来函。

19 日　北京师范大学中文系研究生罗靓等由北京来访。

22 日　下午为旧藏玉璧拓本撰《其人如玉》。

24 日　《北山谈艺录·宜僚弄丸砖》刊于《文汇报》。

31 日　《北山谈艺录·云间谈笺》刊于《文汇报》。

月内　《文学报》登载云起《华东师大著名学者施蛰存说——作家到大学讲什么?》:"听说现在有的大学削减古代汉语的课程,没有道理。外国文学的课也不全面,过去按照'阶级斗争'的眼光划分作家,只讲巴尔扎克、托尔斯泰,很多外国经典作家没有讲,这样就限制了学生的眼界。"

8 月

1 日　英汉对照本《施蛰存小说选》,列入"大学生读书计划丛书",由中国文学出版社、外语教学与研究出版社联合初版。

4日 灯下作一函。

5日 应吴立昌之邀，为《弗洛伊德在中国》撰"序"。

13日 《弗洛伊德、〈明天〉及其它》刊于《新民晚报》。

20日 《北山谈艺录·黄道周用砚》刊于《文汇报》。

月内 日本学者青野繁治来访。

本月 岳麓书社出版《近百年诗钞》，内收《咏文游台》。内蒙古大学出版社出版《二十世纪杂文选粹》，内收《怎样纪念屈原》。上海远东出版社出版《夜光杯文粹》，内收《籍贯小议》《纪念傅雷》《宝姑》《卖糖诗话》《堂名的起源》《"老婆"》《莼羹》《短篇小说的历程》。

9月

3日 《北山谈艺录·书画家胡公寿》刊于《文汇报》。

4日 黄伟经由广州寄赠所著《文学路上六十年——老作家黄秋耘访谈录》。

7日 下午史美圣、吴惠娟夫妇来访，赠送《名人与光明日报》，收录史美圣《施蛰存教授的〈浮生杂咏〉组诗》。

9日 为所藏"清帝御玺"钤本题跋。

同日 《北山谈艺录·牙雕孔雀明王造像》刊于《文汇报》。

13日 下午与上海教育出版社签署《唐碑百选》出版合同。

17日 清晨不慎跌跤，额头右侧流血，在家人陪护下去华东医院包扎治疗。返家后，黄伟经夫妇在徐开垒陪同下来访。

27日 下午与文汇出版社签署《北山谈艺录》出版合同。

本月 《雨的滋味》由吉林摄影出版社出版。

本月 团结出版社出版《中国现代知名学者传世文典》，内收《绕室旅行记》。青岛出版社出版《生命的天平》，内收《禅学》。

上海古籍出版社出版《玻璃建筑——〈现代〉萃编》内收《创刊宣言》《画师洪野》，《钓台的春昼——〈论语〉萃编》内收《赋得睡》。

10 月

8 日　下午上海教育出版社段学俭等来访,商谈拟为出版词学著述的合集。

14、16 日　《文学报》登载张英《施蛰存:当代作家应该直接读外文》。《北山谈艺录·吴越萧山祗园寺塔砖》刊于《文汇报》。

23 日　为《北山谈艺录》出版而撰"叙引"。

同日　《北山谈艺录·胡小石书五言联》刊于《文汇报》。

27 日　《文汇报》刊载《作文大家谈》,"著名学者施蛰存:要选那些经过长期历史考验的作品作为语文教材的范文"。

31 日　《北山谈艺录·书董其昌事》刊于《文汇报》。

11 月

3、7 日　张香还来晤。黄裳托人带赠《来燕榭书跋》。

8 日　《北山谈艺录·削》刊于《文汇报》。

13 日　《北山谈艺录·为〈红楼识小录〉题》刊于《文汇报》。

14 日　《为〈世纪肖像〉序》刊于《新民晚报》。

18 日　撰《北山四窗·序》。

21 日　《北山谈艺录·墨妙亭断碑砚》刊于《文汇报》。

24 日　陈文华偕华东师大中文系基地班同学来访。

27 日　《北山谈艺录·唐大碑》刊于《文汇报》。

同日　赵清阁逝世,获悉即托人代为表示哀悼。

12 月

3 日　为编定《词学》第 12 辑撰"编辑后记"。

4 日　《北山谈艺录·龙华寺塔瓦当》刊于《文汇报》。

11 日　《解放日报》刊载《施蛰存先生新著〈北山谈艺录〉出版》。《文汇读书周报》登载周退密《我与施蛰存的金石缘》。

12 日　农历生日。为贺先生九五华诞，下午萧关鸿、戎思平等送来《北山谈艺录》样书，作为庆贺礼物。《文汇报》邢晓芳，《新民晚报》项玮、胡晓芒也来祝贺并采访。母校松江第二中学以及多位友人纷纷登门祝福。马祖熙作诗《沁园春·祝蛰庵师暨师母九秩晋五双寿》。周退密书赠红纸对联："贯花贝叶繙长寿，炊饭香粳请应真。"

同日　《北山谈艺录·叙引、云间书家沈度、跋唐太宗屏风帖》刊于《文汇报》。

13 日　郦国义、田永昌等代表《文学报》同仁来祝贺。

同日　《文汇报》登载邢晓芳《施蛰存一生治学"四扇窗"》。《新民晚报》刊载项玮《做人不趋时，作文不避苦——施蛰存教授喜度九十五岁生日记》。

15 日　《南方周末》朱强等来访，先生为《南方周末》特刊"世纪感言"撰文。

21 日　应请在 1988 年撰写"简历"上增补："九〇年代：楼居独坐，看看书报，以待天年。"

23、26 日　中共上海市委副书记龚学平寄赠贺卡和《百年沧桑回眸》光盘。陈诏来访。

29 日　所撰"世纪感言"手稿、近影刊于《南方周末》二千年特刊。

本月　《北山谈艺录》,被列入"大艺术书房"丛书,由文汇出版社初版。

2000 年(庚辰)　95 岁

▲2 月,首届冯牧文学奖在北京揭晓,并在人民大会堂举行隆重而别开生面的颁奖仪式。

1 月

1 日　《以健康之身迎 2000 年》刊于《新民晚报》。

同日　用自印贺年片"贺岁"致张昌华并题"千禧"。

17 日　应请作诗:"残年新岁两参差,落落平生只自知;老境萧条无趣味,灯窗还你一笔诗。"曾以圆珠笔书于赠"小铁"的自印贺年片"贺岁"背面。

21 日　下午《南方周末》向阳由广州来访。

本月　《北山四窗》由上海文艺出版社初版。

本月　《往事随想·施蛰存》由四川人民出版社初版。

本月　吉林人民出版社出版《高中现代文课外阅读》,内收《说帖》《说拓本》。

2 月

2 日　刘汉中夫妇等来访。

3 日　中共上海市委副书记龚学平与华东师大领导来看望。

5 日　春节。下午陈文华、赵昌平等来贺年。

14 日　孙康宜致函："此选集刚出版，在'序'中特别谢了您（见 p. vii），但还是语犹未尽，因为若非您的帮助，许多女诗人的作品很难找到。多年来您对我们（指 63 位汉学家）的帮助，岂是语言可以表达的？"按：此书系孙康宜、苏源熙编《中国历代女作家诗词及相关评论选集》，斯坦福大学出版社，1999 年版。

同日　下午陈飞雪等来访。

19 日　元宵节。下午王兴康、张文江来贺节。

3 月

15 日　杜宣托人带赠《桂叶草堂诗钞》，并致问候。

16 日　龚建星、陈如江等来访。

17 日　《我为他感到高兴》刊于《解放日报》。

19 日　应邀撰《贺〈解放日报〉副刊〈朝花〉5000 期》。

20 日　为《云间语小录》出版而撰"序引"。

22 日　《五千期的祝贺》刊于《解放日报·朝花》。

同日　王承义来访，为在《狮子座流星》扉页上签名。

27 日　应请撰《为陈从周画竹卷题跋》之"按语"。

31 日　与文汇出版社签署《北山谈艺录续编》出版合同。

4 月

1 日　《云间语小录七则·蝤蛑螯、落苏、梅酱、莼、菰、菱、酒》刊于《文汇读书周报》，并附"编者按语"。

11 日　闻广致函："姪是先父在宥公长子，多年来一直在搜集先父手迹，近闻老伯存有先父书信多通，乞赐复印本一份。"信末谈及"老伯是先父挚交与同乡，故一诉衷肠"。

24、25 日 下午子张皆来访。据子张回忆:"随即又说:'不过新诗这个名词应该取消了,当时是相对于旧诗而言。'我接上说:'叫现代诗比较合适。'施先生表示肯定:'对,从1917年开始至今,现代诗歌已经有了八十年的历史。'"(《寻访北山楼》)

27 日 《云间语小录·序引、鲈、鹤》刊于《文汇报》。

29 日 《云间语小录·白龙潭、声妓》刊于《文汇读书周报》。

本月 主编《词学》第12辑出版。

5 月

上旬 康正果等来访,并带来孙康宜赠送的礼物。

13 日 《云间语小录·百幻诗》刊于《文汇报》。

14 日 下午张昌华、蔡玉洗等来访。

17 日 下午《文汇读书周报》周伯军等来采访。

21、27 日 撰讫《忆雁公赠诗》。黄伟经来函。

月内 徐培均、施议对、躲斋先后来访。

本月 《云间语小录》由文汇出版社初版。

6 月

2 日 《云间语小录·古宗曲》刊于《文汇报》。

6 日 黄献文由武汉寄赠所著《论新感觉派》。

7 日 下午许觉民偕彭令范来访。

10 日 《文汇读书周报》登载周伯军《晴窗下的喜悦——访新著迭出的九五老人施蛰存》。《文汇报》刊载《云间语小录》。

13 日 《新民晚报》刊载记者林伟平报道《湮没几十载,旧作变新颜——施蛰存〈云间语小录〉等新书问世》。

15 日 《云间语小录·沈度》刊于《文汇报》。

19 日 据旧稿润作《知堂遗迹》。

26 日 为《武夷行卷·题序》撰"按语"。

本月 文汇出版社出版《默守高尚·1999 笔会文粹》,内收《〈唐碑百选〉缘起》。

7 月

5 日 澳门大学中文学院举办中华词学国际研讨会,施议对委托上海参会人员带赠先生《宋词正体》。

7 日 《解放日报》登载《雅致的〈云间语小录〉》。

14 日 《河北日报》登载辛心《"看问题"的施蛰存》。

16 日 撰讫《浦江清遗墨》。

17 日 下午撰写《沈从文的书法》。

29 日 《文汇读书周报》登载《云间语小录》书讯。

本月 《北山楼诗》由华东师范大学出版社初版。

本月 《中国现代文学研究丛刊》第 3 期刊载哈尔克《施蛰存的旧体诗》。文汇出版社出版《朝花·散文随笔精选 1997—1999》,内收《秋夕》。

8 月

6、7 日 撰讫《李白凤的篆书》《微昭题签》。

16 日 日本大阪外国语大学青野繁治论文《施蛰存〈阿褴公主〉与郭沫若的〈孔雀胆〉》译成汉语。

21 日 下午为台湾远流出版公司"救助地震灾民义卖"而在《北山谈艺录》《云间语小录》书上签名。

9 月

3 日 下午撰写《清阁绘〈泛雪访梅图〉》。

6 日 下午华东师大中文系研究生李金凤来访。

7 日 《新民晚报》登载孔海珠《施家伯伯》。

本月 上海社会科学院出版社出版《新千年千字文》,内收《短文两篇》(题《陈从周画竹卷》、关于《云间语小录》)。

10 月

7 日 《文汇读书周报》刊载《北山老人与〈唐碑百选〉》。

12 日 周退密作诗《崇堂嘱题〈北山谈艺录〉》。

29 日 《时大彬砂壶铭》刊于《新民晚报》。

11 月

5 日 《新民晚报》登载李辉《施蛰存写广告》。

6 日 下午范用等来访。

9 日 黄宗英致函:"昨天范用大哥打电话来,说您要看我新出的书,我实实在在想不到。""您坦荡,将那么复杂的世界、人生和深奥的学识,明明白白,干净利索地表达出来,有滋有味。"并寄赠《卖艺黄家》《绿的痴迷》。

10 日 与文汇出版社签署《施蛰存日记·闲寂日记、昭苏日记》出版合同。

12 日 为《北山谈艺录续编》出版而撰"小引"。

14 日 下午《读书》编辑部吴彬等来访。

30 日 《文学报》登载简讯《施蛰存〈北山楼诗〉出版》。

月内　贾植芳偕严锋、郑晓芳来访,并题赠《解冻时节》。

12 月

4 日　下午黄永玉来访,并为写生肖像。

5 日　《中国文化报》登载刘志一《北山楼头赋古诗》。

11 日　应邀为梦麇在《北山楼诗》扉页题词留念。

20、23 日　黄永玉来函。黄永玉寄赠《吴世茫论坛》《黄永玉艺术随笔》《黄永玉:走在这个世界上》等书。

26 日　下午张厉君、郭诗咏来访。

28 日　《文学报》登载谢海阳《文坛耆宿施蛰存寄望后辈报人——编副刊要当事业》。

本月　河北教育出版社出版"回望鲁迅"丛书,《永在的温情:文化名人忆鲁迅》内收《关于鲁迅的一些回忆》;《围剿集》内收《推荐者的立场——〈庄子〉与〈文选〉之论争》《致黎烈文先生书——兼示丰之馀先生》。

2001 年(辛巳)　96 岁

▲3 月,庆祝人民文学出版社创业 50 周年大会在北京举行。

1 月

1 日　元旦。《我的三个愿望》刊于《文汇报》:"只有对国家,希望海峡两岸能够早日统一;对上海,能够更加繁荣;对自己,能够凑足百岁。"

2 日　余婉儿来访并合影。

20 日　《文汇读书周报》刊载《施蛰存又出新作》。

24 日　春节。下午陈文华、赵昌平来贺年。

月内　《云间文艺》创刊号刊载徐中玉《云间人文传统好》：
"我们多年同事，是老朋友，更是我敬重的老师。这样的老师，在
今尚健在的前辈中，已凤毛麟角。他是松江的才子，仍在孜孜不
倦、尽力贡献于社会，确属多才多艺多学的罕见大学者。"

本月　《北山谈艺录续编》，被列入"大艺术书房"丛书，由文
汇出版社初版。

本月　中央编译出版社出版《征程与归程》内收《西行日
记》，《浪迹滇黔桂》内收《跑警报》。上海文化出版社出版《箭与
靶：文坛名家笔战文编》，内收《文学之贫困》。人民文学出版社
出版《绿天雪林》内收《善秉仁的〈提要〉——兼记苏雪林的两面
之缘》，《别了莎菲》内收《丁玲的"傲气"》。吉林教育出版社出版
《阅读先锋：现代文分类阅读与解题思路》，内收《纪念傅雷》。
《说碑帖与拓本》刊于《北京书法艺术年鉴》。

2 月

1 日　下午张文江来贺年。

2 日　《北山谈艺录续编·小引》刊于《解放日报》。

3 日　《文汇报》登载董桥《晚香》：《云间语小录》"每篇都附
印他的小楷原稿，随意走笔而摆布有致，旧文人满身的书卷气，
一丝丝飘进那一叶叶的笔痕墨影之间。书卷书香都成兴旺发达
的绊脚石了，俗气满世界，北山老人那样的修行，自是秋夜庭院
里袭人的晚香"；"《北山谈艺录》也甚是讨喜，淡淡的笔调透着古
意"，"施蛰存这样的高龄国宝，难得他桑榆佳景，思路清明，求他

掏出腹中一丁点学问给后学开眼界,那是人间的福份了"。

10 日　《文汇报》登载《北山谈艺录续编》书讯。

15 日　《新民晚报》刊载林伟平《"谈艺录"有续编——施蛰存"博古小文"具雅趣》。

28 日　华东师大古籍所张政平来访,并受仇良矩委托,赠送仇埰《金陵词钞续编》。

本月　《驮马》刊于《语文世界》。

3 月

19 日　诗作《翠湖闲坐》刊于《新民晚报》。

30 日　下午 4 时夫人陈慧华因突发心脏病被急送华山医院,经抢救不治,于当晚 11 时逝世,享年 98 岁。

本月　《云间花月志》刊于《万象》第 3 卷第 3 期。农村读物出版社出版《鱼》,内收《银鱼》《乌贼鱼的恋》。

4 月

1 日　早晨因悲伤而身体不适,往华东医院就诊,入住 15 楼 31 床接受治疗。

2 日　下午王兴康、张文江等来病房探望。

3 日　傍晚陈文华、赵昌平来病房探视。

5 日　早晨从华东医院出院返回家里休养。

6 日　正在上海参加厦门大学(长汀时期)校友会的 1946 级、1947 级学生朱一雄、吴厚沂、王兆奎和王凤翔来探望。

7 日　上午亲属以及友人学生在龙华殡仪馆,为先生夫人陈慧华举行追悼会。

10 日　午后陈文华、王圣思来看望。

16 日　上午先生夫人陈慧华安葬于苏州凤凰山凤凰池墓区一墓区西三路 60 排 1 号位,墓侧预留先生之生圹。亲属及友人学生前往举行安葬仪式。

同日　徐芳等来照顾先生起居。

本月　山东教育出版社、湖北教育出版社出版《中国出版史料》,内收《〈现代〉的始末》《我和现代书局》。

5 月

2 日　《新民晚报》刊载《北山楼里玩骨董》。

22 日　傍晚王圣思来看望。

27 日　因身体不适再次入住华东医院 16 楼 27 床。

本月　《唐碑百选》由上海教育出版社初版。

本月　文汇出版社出版《志存远山·2000 笔会文粹》,内收《云间语小录·序引、鲈、鹤》。东方出版中心出版《百年儿童名家译作精选》,内收译作匈牙利拉育思·皮洛《两孤儿》。

6 月

6 日　《中文自修》刊载题为"著名学者作家施蛰存"近影,并刊陈文华《文坛寿星施蛰存》、李盈《我眼中的太爷爷》、其作《橙雾》《中学生与课外书》,以及《智者施蛰存》为题的王兴康、宫晓卫、徐芳、彭燕郊、赵昌平、张文江、周退密、徐培均之赞语。

9 日　"世纪老人的话"丛书主编林祥来华东医院病房探望。

15 日　上午由华东医院出院回家休养。

本月　人民文学出版社出版《中华百年游记精华》,内收《在福建游山玩水》。山东画报出版社出版《世纪学人·百年影像》，内收先生照相、手迹和简介。

7 月

10 日　《〈为了忘却的纪念〉及"丰之馀"》刊于《文汇报》"名家访谈"栏。

12 日　《情同手足戴望舒》刊于《文汇报》"名家访谈"栏。

22 日　《"文坛剑客"杜衡》刊于《文汇报》"名家访谈"栏。

8 月

15 日　《新民晚报》登载金性尧《新旧〈文饭小品〉》提及："但我的兴趣，却在'现代化'的《文饭小品》中，这就是 1935 年 2 月由康嗣群、施蛰存两位先生主办。"

20 日　《寻根》第 4 期封二刊载近影和题词，还刊《施蛰存：一道美丽丰富的人生风景》以及各时期照相九幅。

28 日　即兴作打油诗："朝花笔会夜光杯，三报闲情渐见衰；英子绿枝俱搁笔，何人后起接班来。"

本月　台北允晨文化出版社出版李欧梵选编《上海的狐步舞——新感觉派小说选》，内收《将军的头》《石秀》《魔道》《在巴黎大戏院》《梅雨之夕》《春阳》《狮子座流星》《雾》。

9 月

6 日　下午北京闻进（闻宥之孙）、冯统一专程来访，先生把《云间花月志》手稿赠送冯统一留念。

30 日　向上海松江区图书馆新馆捐赠《松江方言考》、《金石丛话》（十四卷）、《词学名词释义》、《湘滇阁词》等六部手稿。

10 月

6 日　复顾国华函。

17 日　上午王兴康、宫晓卫和张文江来看望。据张文江记述："先生躺床上，很静，用笔交谈。先生招呼给钱，请三人去吃蟹，中午在百乐门酒店吃饭。""先生赏饭，铭感于心。"

月内　《文教资料》第 5 期登载《臧克家等致范泉信函》，内收先生致范泉函。

本月　《北山散文集》（一）（二）列入"施蛰存文集·文学创作编"，由华东师范大学出版社出版。

11 月

5 日　因申领"上海社会保障卡"，在家中拍摄证件照。

21 日　为《上海作家散文百篇》签名本义卖捐赠慈善基金会活动而签名。

同日　上午楼昔勇来晤。

26 日　早晨因身体不适，入住华东医院治疗。

月内　《词学》第 13 辑出版，始改任名誉主编。

本月　《世纪老人的话·施蛰存卷》（附《施蛰存先生年谱初编》），由辽宁教育出版社初版。

本月　《唐诗百话》由华东师大出版社以第二版次，列入"施蛰存文集·古典文学研究编"（第一卷）重版。

12 月

19 日 农历九七生辰。周退密书赠对联:"生面果能开一代,及身早自定千秋。"

28 日 《解放日报》刊载《丰富有致的人生风景》:"淅沥的雨丝飘洒不停,病房内也似乎湿漉漉的,那天施蛰存老人斜躺在病床上,""听他说起文学批评理论的事,关于朱光潜、周作人,感喟之馀,偶然也会说些医院里的事。"

30 日 《文汇报》刊载《愚园路上的人文风景》。

本月 《唐诗百话》(普及本)列入"施蛰存文集·古典文学研究编"(第一卷),由华东师大出版社再版。

2002 年(壬午) 97 岁

▲6 月,举行庆祝上海文艺出版总社成立 50 周年活动。

▲9 月,"十五"期间加强"211 工程"建设启动。

1 月

17 日 《解放日报》简讯:"献爱心捐书义卖仪式上的《上海作家散文百篇》,是巴金、施蛰存、王元化等文化名人领衔签名的编号珍藏本,义卖所得款项全部捐赠给市慈善基金会。"

23 日 中译外资深翻译家表彰大会在京召开,先生荣获由中国翻译工作者协会颁发的"中国资深翻译家"荣誉称号。

本月 《施蛰存日记·闲寂日记、昭苏日记》,由文汇出版社初版。

2月

1日 余婉儿致函,并寄赠贺卡以及去年与先生合影照片。

5日 在华东医院住院治疗三个月后,出院回家休养。

12日 春节。陈文华、赵昌平等来贺年。

15日 萧斌如来贺年,先生题赠《云间语小录》。

19日 上海翻译家协会举行上海地区获"中国资深翻译家"荣誉称号表彰大会,表彰了先生等九位获得者。

22日 王兴康、张文江来贺年。

3月

8日 《解放日报》登载书讯《施蛰存日记》:"辑录施蛰存先生的两种日记,属首次发表。征得先生同意,把1960年代部分题为'闲寂日记',1980年代题为'昭苏日记'。"

下旬 在寓所接受中央电视台《读书时间》节目的采访,谈与萧乾的交往及作品。

月内 应华东师大东方文化研究中心之邀,为陆晓光主编《人文东方——旅外中国学者研究论集》题词:"现在应当是东西文化溶合的时代。"

4月

9日 张索时由美国来探访,奉赠所译《里尔克的绝唱》,"他叫我离沪之前再来一次,届时要送给我书"。

16日　将《北山散文集》题赠古剑。

17日　下午崔耕在女儿的陪同下专程从郑州来晤，先生题赠《唐碑百选》。

28日　《上海翻译家》创刊号登载"上海'九老'获'中国资深翻译家'荣誉称号"专版，刊有先生近影和介绍。

5 月

3日　张索时返美前专程来晤，"施先生忽然抬起头望着我说：'你的书解释得很好。'老师当面夸奖，我又激动又不好意思。四十年的苦功，值得。我写道：'感谢老师的栽培！'施先生说：'你要译，我爱好，我们是同声相应。'说着拿过笔写出'同声相应'四个字。我不作辩解，用笔写：'永远铭记师恩'"。

23日　吴立昌来谈。

本月　文汇出版社出版《卧听风雨·2001 笔会文粹》，内收访谈录《〈为了忘却的纪念〉及"丰之馀"》。

7 月

7日　下午黄屏来晤。

8 月

27日　施议对来访。

下旬　据梦晨回忆，"拜访过施蛰存先生"，"嘱我回京后向他的老朋友冯亦代、范用等问好"。(《善动感情的施蛰存》)

9 月

2 日　下午为林祥在《世纪老人的话·施蛰存卷》上题词。

4 日　入住华东医院体检,查出胸部主动脉有一血管瘤,经诊断有危险。

7 日　香港《大公报》登载李国涛《施蛰存日记可贵》。

23 日　午后陈飞雪等前往华东医院病房看望先生。

28 日　早晨出院回家休养,每日仍阅书报。

本月　施议对编纂《当代词综》由海峡文艺出版社出版。据施议对回忆:"先生既为提供名单,开列地址,帮助征求作品,编集过程中,遇到问题,亦予以热情指导。诸如作品断代问题、全编命名问题以及十大词人推举问题,先生都曾明确地提出自己的看法。"(《渊明矢凤愿,沾衣付一笑》)

本月　武汉出版社出版《新编中国现当代文学作品选》,内收《梅雨之夕》。河南大学出版社出版《河南大学忆往》,内收《怀念李白凤》。

10 月

3 日　《文汇报》登载李国涛《沉寂中的悲苦与奋争——读施蛰存日记》。

7 日　为松江新桥镇春申村即将落成的春申君祠堂题写"厚德载物"匾额。

25 日　下午钱虹来访。

月内　钱谷融来看望。

11 月

上旬 林玫仪旅沪期间曾前来探望。

18 日 与东南大学出版社签署《施蛰存序跋》出版合同。

22 日 《文汇读书周报》登载庄际虹《云间才调最纵横——读施蛰存〈北山楼诗〉》。

25 日 丁羲元来访,奉赠所著《任伯年·年谱、论文、珍存、作品》,又赠所作《晚听斋诗稿》并识:"蛰存先生吾师大雅之教。忆昔受业,老师讲授文学史、唐宋词,琅琅之音,今犹在耳。匆匆四十年前事,时余青春年少,渐此岁月老去。每感文徵明句,白发惭愧老门生,感慨系之矣。旅美多年,归来附记数语。"

12 月

2 日 身体不适,下午入住华东医院治疗。

15 日 《罗洪,其人及其作品》又刊于《苏州杂志》第 6 期。

16 日 《解放日报》登载顾咪咪《与程十发先生聊画》提及:"得知同行的徐芳是施蛰存的学生时,他马上说,'我们是同乡,记得抗日战争时,在云南施先生送给我一幅元代文学家杨显之的画像。'他问施蛰存先生在松江有没有故居,'松江历史上出了许多名人,这笔文化遗产不能丢。'""一再关照:'向施蛰存先生问好,等有机会一定去看他。'"

20 日 《解放日报》登载《上海作家手稿展昨揭幕》:"集中展出了巴金、陈望道、夏衍、柯灵、傅雷、施蛰存、王元化等 131 位上海作家的 133 份珍贵手稿。"

本年　据周良沛回忆："我陪同一群敬仰他的海外学者到他上海愚园路的居所拜访，他因为听力有点障碍，说话嗓门特大，语声朗朗，谈笑风生。"(《施蛰存与新诗及〈现代〉派》)

本年　据陈福田回忆："虹口政协拟与九十高龄的施蛰存教授联系，""知笔者与施公为华东师大同事，请与沟通。于是，笔者陪政协叶建生副秘书长同往沪上愚园路施府，师兄口齿清晰，思维敏捷，良晤畅叙，十分欢欣。"(《施蛰存先生》)

本年　据李欧梵回忆："到上海拜访施蛰存先生的时候，有朋友提到他'明年将届百岁寿辰'，所以我对他说：'施先生，届时我们要盛大庆祝！'不料施先生听后颇有忤意，回答时语气十分干脆：'一百岁对我毫无意义！'然后又加了一句：'我是廿世纪的人，我的时代已经过去了。'"(《廿世纪的代言人：庆贺施蛰存先生百岁寿辰》)

2003 年(癸未)　98 岁

▲春，我国取得防治非典疫情工作的重大胜利。
▲10 月，"施蛰存、徐中玉先生学术思想研讨会"召开。

1 月

16 日　身体状况稳定，要求出院，经医生同意返回家中。

27 日　《文学自由谈》第 1 期登载麦琪《两位施先生》："先生的《石秀之恋》，我读后不胜骇异。这篇小说即便写于现在，也可以被称作前卫，而它竟然写于上世纪三十年代初。在佳作如林的中国现代作品中，它算得一个惊世骇俗的异数。""先生不久前还说,目前的写作,一时的好恶成就了太多的文章,这些文章也不是不好,只是再过几年就没什么意思了。""有几个写东西的人能有把握,自己写的东西,在七十年后还能让后辈吃一大惊?"

月内 吴小如作诗《壬午岁暮,恭读北山楼诗,俚句敬题》。

本月 春风文艺出版社出版朱铁志编《中国当代杂文经典》,内收《匹夫无责论》。

2 月

1 日 春节。陈文华、赵昌平等来贺年。

12 日 王兴康、张文江来贺年。据张文江记述:"看望施先生,先生完全丧失听力,清瘦,稍脱形。以手写交谈,外边很多事他都知道。先生说,要多写。""赠新出的《唐诗百话》。"

中旬 据梦晨回忆:"我和施先生在纸上随意地交谈着,从他的写作到生活,还有他的健康。"(《善动感情的施蛰存》)

本月 江苏教育出版社出版《二十世纪中国文学作品选》,"诗歌卷"内收《桃色的云》,"小说卷"内收《梅雨之夕》。

3 月

17 日 《解放日报》登载李国涛《施蛰存六十年书信》。

月内 据潘靓记述:"华东师范大学学生会举办'华夏学子讲坛',著名学者施蛰存、陈彪如、徐中玉、钱谷融、王元化、王养冲等担任'讲坛'的总顾问。"(《华东师范大学年鉴》)

4 月

27 日 下午罗洪来看望。

5 月

19 日 《解放日报》登载王铁仙《率真的人——记施蛰存先生》。

本月 北岳文艺出版社出版《中华百年经典散文》,内收《雨的滋味》。

6 月

3 日 徐中玉为祝贺先生百岁华诞而作《回忆蛰存先生》:"同事至今垂五十多年,合起来已超过七十年。建国后历次运动,各种磨难、艰苦,相濡以沫,以至改革开放后的复苏、看到希望、跌倒和爬起,我们都在一起。这样的经历、情况,在我的所有同学、朋友、同事中,没有第二位。""蛰存先生知识修养面极广,凡所著译,都站得住,有特点,不做则已,做必有显著的个性。""他自认为对的,决不屈从、趋附于人。我理解他这样的心情,用不着什么来装点、炫耀自己。"

4 日 钱谷融作《我的祝贺》:"他早年虽然曾经加入过共青团,骨子里却完全是一个自由主义者。他的自由主义是彻头彻尾、彻里彻外的,他是用自由主义的眼光观察、衡量一切的。他重性情,讲趣味,热爱和追求一切美的东西。""亲眼看到他屡遭横逆,种种不堪忍受的境遇,他都挣扎着挺过来了,而且还在这样的情况下,努力在许多不同的领域里作出了令人赞叹的贡献。""这样的百岁老人,普天之下能有几个?"

23 日 因患急性肠胃炎,再次入住华东医院治疗。据夏琦记述:"他常常和医生进行笔谈,也能进行语言交流。""想去探望

一下巴金,无奈身体状况欠佳,力不从心。"(《绵绵阴雨寄深情》)

29 日　徐中玉来病房探视。

本月　《施蛰存序跋》由东南大学出版社初版。

7 月

8 日　躺在病床上接受上海电视台纪实频道记者摄像采访。

10 日　辛笛作诗《奉祝蛰存先生期颐健康长寿》。

中旬　因病情加剧而转到监护病房。据徐中玉回忆:"病状
很快恶化,逐渐连进食也主要靠打针鼻饲。""我先后去看过他四
五次,他是越来越严重。"(《序〈永远的现代〉》)

21 日　《文汇报》登载钱谷融《施蛰存先生》。

8 月

6 日　王元化为《庆祝施蛰存教授百岁华诞文集》题签,并书
陆士衡句以"恭祝施蛰存前辈先生百岁华诞"。

月内　华东师范大学校长王建磐为《庆祝施蛰存教授百岁
华诞文集》作"贺辞":"施老是中国现代文学史上著名的小说家、
诗人、散文家和文学编辑家,也是中国现代学术史上著名的专家
学者。在八十馀年的文学创作和学术研究生涯中,施老开启了
'四扇窗'以中国文学为主的东方文学研究的'东窗'、文学创作
的'南窗'、文学翻译的'西窗'和金石碑刻研究的'北窗',为文学
界和学术界贡献了大量优秀的文学作品和学术论著,""是中华
文学和学术宝库的重要组成部分。""为华东师大中文学科的奠
基和发展、为一代又一代人才的培养做出了重大贡献,他是华东
师范大学的功臣之一。施老的人格精神、学术成就和教学思想,

还将对学校未来的发展产生重要的影响。"

本月　担任名誉主编的《词学》第 14 辑出版；刊有《北山楼校定断肠词一卷》(宋朱淑真撰)，并影印手稿。

本月　文汇出版社出版《假如鲁迅活着》，内收《也必然已经死了》。

9 月

上旬　颜逸明绘赠《菊花图》。

月内　痖弦等先后前往华东医院病房探望。

本月　山东教育出版社出版《高中语文自读本》，内收《纪念傅雷》。

10 月

16 日　《新民晚报》登载西坡《他是一团棉花》。

17 日　华东师大在校科学会堂举行"庆祝施蛰存教授百岁华诞与徐中玉教授九十华诞暨施蛰存、徐中玉先生学术思想研讨会"。据《华东师范大学年鉴》记述："来自全国各地的专家学者及两位先生的至亲好友、同事和弟子共三百馀人参加会议，华东师范大学党委书记张济顺、校长王建磐出席了会议。"

同日　《新民晚报》登载徐中玉《小记施蛰存先生》。

18 日　施议对来病房探访，奉上贺联"斯文大厦，词学正宗"以及所编《当代词综》。

同日　《解放日报》《文汇报》《新民晚报》均登载"施蛰存徐中玉学术思想研讨会在沪举行"。据夏琦记述："将拍下的录像带到病房里给他看，当时家人正想为他指点录像中的人物，想不到他竟一个个地报出名字来。把录像全部看完后,施老显得很高兴,不过还是批评了一句:'你们把我抬得太高了。'"

约在期间　据林玫仪回忆:"我在上海还停留四天,每天都到病房和施先生聊天。"(《悼念施蛰存先生》)

23、24 日　《文学报》《文汇读书周报》登载《施蛰存徐中玉学术思想研讨会在沪举行》。

月内　香港《文学世纪》第 3 卷第 10 期出版"施蛰存先生百岁寿辰专辑"。

本月　华东师大中文系编《庆祝施蛰存教授百岁华诞文集》由上海古籍出版社出版。

11 月

6 日　据夏琦记述:"一位耶鲁大学的学生去施老的病房,这个学生正在准备自己的博士论文,主题是'三十年代的中国文学状况研究',其中很重要的一部分就是施老的作品研究。施老不顾自己身体虚弱,与这位学生一谈就是两个多小时。"

7 日　《解放日报》登载《施蛰存序跋》书讯。

10 日　病情恶化,发出病危通知。据林玫仪记述:"查出他胃部有积水,肝脏、心肺等也有些感染。"(《悼念施蛰存先生》)

15 日　据夏琦记述:"施老的病情急遽恶化,开始出现间断性的昏迷。"

17 日　据罗四鸰记述:"中共上海市委副书记殷一璀等市委领导亲临医院探望,施老所在的华东师范大学的校领导也赶到了医院,华东师大中文系的师生、老教授等先后前往医院探望守候。"(《学是通家,德称达士》)

18 日　徐中玉、陈文华、王圣思来探视。据王圣思回忆:"父亲[辛笛]嘱我到华东医院去探望,""他微抬起身,凝神望了几秒钟,好像在辨认——认出了我们,点了点头,还说了什么。""过了半个多小时,施先生向我们挥手。"

19 日　上午 8 时 47 分先生在华东医院逝世。

27 日　下午上海教育界、文化界人士约三百馀人在上海龙华殡仪馆举行了"施蛰存先生追悼会"。

后世影响

2003 年 11 月 19 日　　上海师范大学蒋哲伦作词《西江月·悼蛰存师》。

同日　　耶鲁大学孙康宜致唁电："敬悼施蛰存教授——施老千古,施老千古;言志抒情,终其一生;逝矣斯人,永怀高风。"

2003 年 11 月 20 日　　新华社上海 11 月 20 日电(记者冯源):"著名文学家、翻译家、教育家、华东师范大学中文系教授施蛰存 11 月 19 日上午在上海逝世。"

同日　　《解放日报》《文汇报》《新民晚报》《东方早报》《青年报》《新闻晨报》《新闻晚报》等均刊载先生逝世的报道;还有《中国青年报》刊载《中国现代派小说奠基人施蛰存逝世》、《京华时报》刊载《著名作家施蛰存逝世》、《兰州晨报》刊载《现代文学大师施蛰存逝世》等全国各地数家报刊作了报道。香港《明报·中国社会》刊载《名作家施蛰存病逝》,《星岛日报·消息》刊载"中国现代文学界硕果仅存的国宝级人物之一、文学翻译家施蛰存先生,昨日在上海逝世",以及《大公报》《文汇报》等报也作了报道;台湾《民生报·文化新闻》刊载《新感觉派小说家施蛰存病逝》;澳门《澳门日报》刊载《中国现代小说先驱施蛰存教授在上海逝世》。

同日　《新民晚报》刊载记者夏琦《绵绵阴雨寄深情——文坛老人施蛰存在最后的日子里》。《新闻晚报》刊载记者综合报道《一代宗师风范长存:朋友、学生眼中学者施蛰存·晚辈眼中常人施蛰存——施蛰存一生》。

同日　马祖熙作词《沁园春·蛰公逝世怆情万端赋词志悼》。

2003 年 11 月 21 日　《法兰克福汇报》刊载《萨德的弟子、中国最后的先锋派文学家:施蛰存辞世》。

同日　香港《信报》刊载柳叶《说些旧话送别施先生》。

2003 年 11 月 23 日　《新民晚报》刊载赵昌平《写在碎碎的秋雨中——悼念业师施蛰存先生》。

2003 年 11 月 26 日　《外滩画报》刊登记者张宏艳报道《半生蛰伏,一世赤子》提及:"施蛰存先生过世第二天,上海依旧下着雨,徐中玉先生——施最好的朋友和同事,此刻正坐在书房窗前悲恸不已,'我没想到这么快,这么快……'满地梧桐的愚园路,潮湿滑漉的弄堂,红色油漆的木门。叩门,没人应。邻居阿姨从另一扇门里出来说:'老先生去了。'"

2003 年 11 月 27 日　《南方周末·文化》刊载记者朱强《施蛰存的"趣味"》、李欧梵《"我的时代早已过去了!"》等。

2003 年 11 月 28 日　上海《解放日报》《文汇报》《新民晚报》等多家报刊均刊载了"各界人士为施蛰存先生送行"。

同日　《文汇读书周报》发表先生辑录《云南遗事》之遗稿。

同日　《文汇报》刊载《学识为通家的文化大师——学界人士追忆施蛰存先生》。《华东师范大学校刊》刊载陈文华《道德文章是吾师——怀念恩师施蛰存先生》。《解放日报》刊载《〈为了忘却的记念〉是怎么发表的》,《施蛰存小传》和孔海珠《施家伯伯》。

2003 年 11 月 30 日 《上海新书报》刊载刘智慧《文坛老人施蛰存一生开了四扇窗》。

2003 年 11 月 长江文艺出版社出版何子英编《百年百篇经典游记》,内收《旅晋五记》。

2003 年 12 月 2 日 《解放日报》刊载许道明《坦然的人生》。

2003 年 12 月 3 日 周退密作词《金缕曲·悼施蛰存先生》。

2003 年 12 月 4 日 《文学报》刊载《学是通家,德称达士——上海学界追思施蛰存先生》。

2003 年 12 月 7 日 《亚洲周刊》第 17 卷第 49 期刊载江迅《一生四个"窗",四方面都成就骄人——现代派文学巨星陨落》。

2003 年 12 月 8 日 《人民日报》刊载冯源《施蛰存先生逝世》。

2003 年 12 月 14 日 《新民晚报》刊载松江二中邱剑云《"饮水思源":"老学生"的题词——追思施蛰存先生》。

2003 年 12 月 16 日 《大河报》刊载张万钧《施蛰存先生二三事》。

2003 年 12 月 24 日 《青年报》刊载《五十年不变施先生》。

2003 年 12 月 25 日 《香港作家》第 6 期刊载《现代文学大师施蛰存病逝》。

2003 年 12 月 《上海文学》第 12 期刊载贾植芳《人格·人性·人情·友情——记施蛰存先生》。

2004 年 5 月 22 日 在上海青浦福寿陵园举行了"施蛰存先生安葬仪式暨铜像揭幕典礼"。

引用文献举要

《杭州市志》，杭州市地方志编委会辑，中华书局1997年版。

《苏州市志》，苏州市地方志编纂委员会编，江苏人民出版社1995年版。

《松江县志》，上海市松江县地方史志编纂委员会，上海人民出版社1991年版。

《在出版界二十年》，张静庐著，上海杂志公司1938年版。

《现代作家书简》，孔另境编，花城出版社1982年版。

《香港近现代文学书目》，胡从经编，朝花出版社1998年版。

《中华全国文艺界抗敌协会资料汇编》，文天行、王大明、廖全京编，四川省社会科学院出版社1983年版。

《徐州文史资料》第十辑，江苏省政协徐州市委员会文史资料委员会编，1990年印行。

《华东师范大学校史》(1951—2001)，袁运开、王铁仙主编，华东师范大学出版社2001年版。

《鲁迅全集》，鲁迅著，人民文学出版社1981年北京第1版。

《朱自清全集》，朱乔森编，江苏教育出版社1997年版。

《茅盾全集》，茅盾著，人民文学出版社1987年版。

《沈从文全集》，沈从文著，北岳文艺出版社 2002 年版。

《夏承焘集》，夏承焘著，浙江古籍出版社、浙江教育出版社 1997 年版。

《叶圣陶年谱》，商金林编著，江苏教育出版社 1986 年版。

《顾颉刚年谱》，顾潮编著，中国社会科学出版社 1993 年版。

《龙榆生先生年谱》，张晖著，学林出版社 2001 年版。

《周作人日记》，周作人著，大象出版社 1996 年版。

《周作人 1966 年日记》等，周吉宜整理，《现代中文学刊》。

《清华园日记　西行日记》，浦江清著，生活·读书·新知三联书店 1987 年版。

《顾颉刚日记》，顾颉刚著，中华书局 2011 年版。

《吴宓日记》，吴学昭整理，生活·读书·新知三联书店。

《刘呐鸥全集·日记集》，康来新、许秦蓁合编，彭小妍、黄英哲编译，台南县文化局 2001 年版。

《俞平伯书信集》，孙玉蓉编，河南教育出版社 1991 年版。

《中国近代文学大系争鸣录》，范泉主编，上海书店出版社 2012 年版。

上海图书馆近代文献阅览室所藏有关民国报刊，及浙江、南京、苏州图书馆，华东师范大学图书馆、中文系资料室所藏相关史料，本书内有注。

上海图书馆《全国报刊索引》，本书内有注。

特别鸣谢：中国历史研究院近代史研究所承办《抗日战争与近代中日关系文献数据平台》。

后　记

　　正在筹备增订《施蛰存先生编年事录》(上海古籍出版社，2013 年 9 月版)的 2018 年秋间，忽然接到杭州师范大学人文学院院长洪治纲教授来邮邀约，命我撰著这部《施蛰存年谱》，真是喜出望外。其实我早有志于撰述施氏年谱，毕竟"编年事录"与年谱是不尽相同的两种文本形式，编纂要求与目的显然迥别，而学术规范和方法却是大同小异的。

　　年谱以及所谓"编年事录"都为传统的史学体裁，就是以爬梳文献、揭示史料来弄清并还原历史人物的本来面目，通常以编年体记载人物生平事迹，依据谱主或传主的有关文章著述、文献资料等所载记录，加以严谨考订，评判有据；尤其甄别真伪，合理取舍，进而按时编次，"记事者，以事系日，以日系月，以月系时，以时系年，所以纪远近，别同异也；故史之所记，必表年以首事"(杜预《文选卷四十五·春秋左氏传序》)。

　　相对而言，从承继文史学传统性来论，"编年事录"这类文体的编撰方法，与年谱息息相通，着意撰述之周详缜密，力求"探赜索隐、钩深致远"(《周易·系辞上》)的方式，叙述多以引文为载体，旨在构建史实现场感、强化事迹阅读感；更重要的是可对传主生平活动细加考索辨析,是赋有考证特征的研究性传记文本。从这方面来论,蒋天枢编撰《陈寅恪先生编年事辑》堪称典范之作,老先生恂恂谦厚地在"题识"里写道:"所知粗疏缺略,不敢名曰年谱,故题'编年事辑'。"如此学术风范,不仅使我尊崇,而且指明这类文体从属于年谱,也可以说是年谱类的分支体裁。

而从传统年谱的体例、规范、考索方面来论,则要求更规整、更精练,"故撰录事迹,诠次法程,钩元提要,庶有取尔"(章炳麟《正学报缘起·例言》)。行文往往述而不作、叙而不议,句型句式更为简明精准,提纲挈领,言简意赅。对谱主行谊应有相对的明确性和肯定性,纯属树碑立传式的文本。

历来撰述年谱的学术传统,非常重视"精审"功夫,"用绣花针的细密功夫来搜求考证他们的事实,用大刀阔斧的远大识见来评判他们在历史上的地位"(胡适《南通张季直先生传记序》)——则是我所期盼的著述境界,于我又是一项学术挑战。所以,我认定对自己要求有较完善的研究基础训练,方能完成这项撰著施氏年谱的任务。

一

早在 1998 年初春,承三联书店吴彬女史高谊,推荐我加入林祥主编"世纪老人的话"丛书,由此拙著《世纪老人的话·施蛰存卷》(辽宁教育出版社,2001 年 11 月版)问世。书内"小传""访谈实录",都尽力用心撰写,且注意系统性叙述。按丛书体例,要求有个千馀字的"大事年表",可我一发而不可收,却撰写三万字的《施蛰存先生年谱初编》(讫 2001 年 5 月),附于书尾。

当时撰述颇有拓荒体验,悠然浮现眼前。长期以来,有关施先生的资料庞杂零散,记录有同有异,个别说法互为牴牾的也有。为此，费时三年，业馀时间大半都在图书馆度过，从找寻素材入手，点滴累积；而对于具体问题，很多是在施先生的帮助之下，逐一探究梳理而获知，如生辰，名、字、学名，中学毕业时间，任教多所学校的薪水情况，还有多种未完稿、未刊稿和遗失稿题名，以及抗战胜利后曾编《大晚报》副刊之经历，不可胜数。当时囿于"丛书"的体例和篇幅，未能详尽，可作为研究性文本，印行整整二十馀年来，在写作方法、过程和搜辑史实的扎实层面上，姑且有些自得。

接着撰著《世纪老人的话·贾植芳卷》(辽宁教育出版社，2003 年 4 月版)，亦写作《贾植芳先生年谱初编》附于书末。对我来说，不仅是迎难而上的课题，尚能促使自己更好地掌握研究方法，获得提升专业的学术觉悟与识见。

然后，又费了十二年的工夫，奋力得 125 万字，撰成《施蛰存先生编年事录》，至此所耗时都十六年。最初的撰述构思，即以编年体例为"经"，以纪实体裁为"纬"，考索细节，把适用的零碎材料组织串连起来，构成其毕生行谊。并于这部研究性纪实文本，注重引文的表述形式，坚持"事录有据，录有所源"，在撰述上做到听闻的就是听来的，见诸于资料的就是抄来的；假如绘声绘色、添油加醋地像自己亲闻、亲见和亲历似的，岂非穿窬。

这期间，图书馆查阅显然是重中之重，多少有点"读书破万卷"的抱负，以求实践读书得间、博洽多闻的志愿，目标是要把施先生的著译以及所刊文章，其版次、期号、篇目、署名，争取调查清楚，虽说是撰述于《编年事录》，可我的撰述过程恰似在编一份施先生的全集篇目，其殆庶几乎。

那时，从施先生的出生地杭州起，苏州、松江、慈溪、长沙、贵州、云南、香港、福建、南京、北京，凡他经过之处，均为我寻访踪影必到之站，并写作《遗留韵事——施蛰存游踪》（文汇出版社，2007年版），相继出版拙编《北山谈艺录》（文汇出版社，1999年版）、《云间语小录》（文汇出版社，2000年版）、《北山谈艺录续编》（文汇出版社，2001年版）、《唐碑百选》（上海教育出版社，2001年版）、《施蛰存日记·闲寂日记、昭苏日记》（文汇出版社，2002年版）、《施蛰存序跋》（东南大学出版社，2003年版）、《雨的滋味》（江苏文艺出版社，2011年版），别有《从北山楼到潜学斋》（上海书店出版社，2014年版）。这些阶段性成果，如同构造大厦那样添砖加瓦，都为我撰著《编年事录》打下稳固地基。

在《编年事录》印行后，仍不懈不馁，兴味尚盎然，按王国维教导"故深湛幽眇之思，学者有所不避焉；迂远烦琐之讥，学者有所不辞焉。事物无大小，无远近，苟思之得其真，纪之得其实，极其会归"（《国学丛刊》序），在力图全方位持续阅读文献的基础上，积日积时地搜集，拥有了十来袋卡片和复印素材。同时选编《北山译雨》、《文饭百衲》、《施蛰存诗卷》（二卷），还编定《施蛰存集古文录》（十二卷）拟目，皆因延宕而错失良机，但编纂过程亦为扎实基础；好在拙著《北山楼金石遗迹》（三卷本，华东师范大学出版社2021年版）得以印行，更使我准备增订《编年事录》的信心倍增，亦是我撰述这部年谱之"粮草先行"。

二

我当然加倍珍惜治纲教授提供的如此难得的治学机缘，下了决心，谨慎从事，心愿不能制造伪劣品。于是，重温顾起潜老人对于年谱论述的辅导，以及罗尔纲老先生治史考证方法的启示，制定了撰述流程与路径，将2012年以后所得的十来袋素材，细加整理出适用的电子文档资料，择取重要并精准应用，先行增订《编年事录》，待有了一个初稿轮廓，再在此架构上梳理谱主行迹，参照传统年谱的范式从事写作，在研究性的深化层面，致力于严格的清晰的文本转变、叙述调整和妥善撰作。

遂即倾力整理这十来袋素材，一鼓作气辑录半年，深感量大繁重，考虑再三，这确是一条学术训练之正路，治学好比跑马拉松，讲究耐力，发扬细致沉着的学风，像沈从文先生的"欢喜打硬仗，不求什么侥幸速成，不怕泥沙杂下，总认为这个工作，就必需坚持下去"。其间治纲教授常来邮件鼓励，终于收获可用于增补的 30 馀万字资料，大大充实了撰著这部《年谱》的前期准备。

这批材料，大都已进入公共领域，基本上是栖息在图书馆、数据库，或散落于市肆网站、拍卖图录，也有最近新出、新见的材料；纵然孔孟老夫子尚未见过，抑或四书五经亦失收，可实为研究公器，更无"先见是王、后见为贼"之分，在我只是做了搜辑、归纳、整理和运用的工作。除了当年施先生以及师友们提供的资料外，尚有散见于市肆材料，起初露面或模糊，或隐蔽，也有仅见信封邮戳，过数年后流转方露真相，皆为我撰述的增益良机。

毕竟闻见有限，在恪守"不知为不知"之训的同时，也明白贪多求全并不可取，捡到篮里未必是菜，诸如讹字笔误、有失公允之词、"记忆并不可靠"等疑问；而搜采信札、日记以及未刊私稿、手抄稿更需辨证，因其文体相对主观感情色彩浓厚，时有发生离实际相去甚远的情形，盲从极为可怕；还要警惕充斥"卖点"的低级庸俗小报书刊之造谣，如果是非不分，为着猎奇而搜求隐私，或轻信这些侮辱性谣传而抄引入谱，势必跌落以讹传讹的泥沼，误导读者，进一步诋毁谱主。况且从人类祖先抓起树叶遮羞之时，隐私就已为人们的自然权利。编纂年谱岂能道听途说，一份证据说一份话，亦可适用"疑罪从无"原则。这就需要披沙简金般的辨伪考据,致力于撷取精华的剪裁功夫。

顾起潜老人教言"窃谓年谱之作,难于资料之搜集","均必点滴积累而成,非一蹴即就之业。勤采博访,偶遇一事,如获至宝,亟以入谱,深恐一纵即逝。在同好者见之,自能称赏;在不事考证者见之,往往以为繁琐,此乃见仁见智之异也"(《文衡山先生年谱序》)。我为这部《年谱》搜辑的材料,除了施先生的日记、书信和作品之外,还广泛于文学史、教育史、学术史、地方史、出版史、抗战史等关联,以及许多与施先生交游者的信件、笔记,乃至传记、年谱、全集等,包括与鲁迅、周作人、茅盾、郭沫若、郁达夫、朱自清、沈从文诸位的往还文字,凡目力所及,有的放矢地摘录要点,如关于"《庄子》《文选》""献策""第三种人""《现代》和《文学》"等史实,也就一目了然。

既然勤于搜求,手头已有积累的材料,然而写作过程在于理性的学术判断,激活已入囊中的资料,更好地把握谱主事迹与编年之间的关系与准确度,采用综合互证的研究方法,从背景宏观至个体微观,尽力依据历史文献与时期语境,有机地将引文融入于编年叙述之中,使这位知识人近百年的生活与文学轨迹,能置于二十世纪历史文化的大框架中来展现,试图以"发未发之覆,道未尽之言"的理念,体现自我思考、认识、见解以及刻意探究史实的学术价值取向。

三

从《施蛰存先生年谱初编》到《施蛰存年谱》,在这二十馀年间,正是图书馆检阅方式的转型期,由抄写、复印、相机翻拍、手机拍摄到随意下载;由查检目录卡片、一页页翻阅原刊、一盒盒观览缩微胶卷到电子屏检索,直至访问数据库。一路走来,体悟便捷，衷心希望各类数据库发达，更加公益性地开放；但无论如何，数据库仅仅是服务学术的工具，而在研究质量上万万不可因速成而退化。

谢泳教授长期关注网络时代的治学，多有坦率观点："辑佚工作的收获很多，中国现代文学尤甚，但我们都知道，其中的许多工作是通过机器来的。""机器瞬间能找到的史料，严格说就不是史料，是现成知识，现成知识只能是解决新问题的辅助史料。"（《新时代的文史研究》）因此在检索和写作时，应有起码的学术追求和目标，不能满足于为"辑佚"而"争功"，何况凡进入公共领域的材料都具有共享属性，无"佚"可辑，大可不必"抢跑道"。

这些年来，大家都注意到"如今检索这么方便，研究者断章取义，胡乱发挥，是常有的事"（陈平原《为何以及如何编"全集"》），遑论有待于不断完善的阶段性著述，亦有失实失误之处，更有草率编印的伪本。倘若缺乏判断，优劣不辨，盲目引用，极易沾染"移花接木"之疾。章太炎语重心长地说："今日著书易于往哲，诚以证据已备，不烦检寻尔。然而取录实证，亦非难事；非有心得，则亦陈陈相因。不学者或眩其浩博，识者视之，皆前人之唾馀也。"（《再与人论国学书》）谢泳教授也说得通透："有些学者，总能长篇大论，但细心的读者会发现，那些长篇大论和高头讲章，总是要在别人已见史料或者原创结果上的延伸。"（《新时代的文史研究》）果如是乎？"演义笔法"泛滥，因袭徒标字数，则獭祭饾饤，助长了泡沫化环境。

葛兆光教授指出"对于他人的论著只选择看与自己所需要的部分，甚至把他人的论著当作'资料转运站'，从里面转手抄撮一些文献"，"完全不顾上下文语境，很少体会他人的研究思路、资料取舍、分析立场"（《从学术书评到研究综述》）；又谈及"很多人不按照规矩、堂堂正正来读书引书，而是拍拍脑袋，好像都是自己的新发现，甚至把别人说的话题做的课题拿过来，包装包装，改造改造，就算自己的了"（《在旧传统和新时代之间》）。有次在图书馆阅览室与我所敬重的"冷板凳"长者攀谈，不知怎的竟然说起"文抄公""文剪公""文窃公""文盗公"，老人家忿然说："一边捧着我的书在窃思路、剽材料、偷字句，一边却虚张声势、不懂装懂，如何为人师表？"在我认识，多有轸慨，以当儆戒也。虽说"谁没有年轻过"，可在继承发展前辈学者的学术成果方面，应该理性地体味不同研究环境和条件的差异，学习前辈学者们那种披荆斩棘、百折不挠地探索未知领域的精神，连伟大的牛顿也有名言"如果说我看得比别人更远，那是因为我站在巨人的肩膀上"。可见，不断提倡严格的学术伦理、朴实健康的研究风气，显得多么重要。

有位学刊编辑在谈及刊物质量下滑时说，当治学基础和学术素养明显不足时，在急功近利动机的驱使下，数据库也会发生副作用，有时面对轻而易举的检索结果，大惊小怪、望文生义地生搬硬套。他戏言，最初是"辑佚大兵"压境学术报刊，近年"找碴大军"伏击学术阵地，罔顾过去式的阶段性成果，抓来当活靶子瞄射，"更有一批人，完全不按学术基础和规则，以一知充百知，拿放大镜在别人身上找碴儿，只要找到一个碴儿，就证明我比你高明"（葛兆光《在旧传统和新时代之间》）。因而，时有违背常识，一知半解地闹笑话。

看来面临的关键是，"萝卜干饭"还要吃、"冷板凳"还得坐，应该以深入研究的学问支撑来检索所需素材，注重运用新见史料进行探索自我的崭新的学术见解。我的体会是，要有大量阅读文献的基础，只有读书多，才能见识广，就会激发问题意识，产

848

生设法研究的驱动力,思考议题不时跳出,那就一个个地消化。这样研究与写作便有提升的目标,就需要更充实的相应资料论证,再在数据库的协助下搜集潜在资料,把握源与流、表与里、因与果的内在关联性,通过整体与局部、现象与本质的分析,着力打通新见材料在基础层面与深度研究之应用,进行客观的学术史评估,以宽广视角去解读、分析、判断,感悟具有探究价值的论题,体现自我的钻研赋能。

当这部年谱写定成稿时,尚有意犹未尽之感,忆及 1998 年暑间看望施先生,他抬头就递来手上的书,说"胡从经送来的新书,你看看后面的跋",何也?读了立刻想到先生早已有的诲教和一再提醒,而经过这些年体验,则更是明白了。清朝学者郎梅溪谓:"若不多读书、多贯穿而遣言性情,则开后学油腔滑调、信口成章之恶习矣。"既然为学岂能如此,我的这部年谱实在向往走走治学的"渔人之路",期待像张文江教授所解释的那样"行行复行行,包含着渔人一路的精进","'忘路之远近'极要",而"山口'初极狭才通人',正是进入桃花源前的艰难境地,所谓'黎明前的黑暗',坚持走完最后的数十步,终于'豁然开朗'而到达目的地——'桃花源'"(《渔人之路和问津者之路——〈桃花源记〉解释》)。

有关这部年谱的缘起,很值得纪念,先于此略叙大概,竭诚致敬施蛰存先生诞辰 120 周年。同时,承蒙洪治纲、宋旭华、吴心怡诸君鼎力相助加持,敬致谢忱。

沈建中壬寅小满记于沪上谦约居南窗下